KB234145

禪, 빈거울의 언어

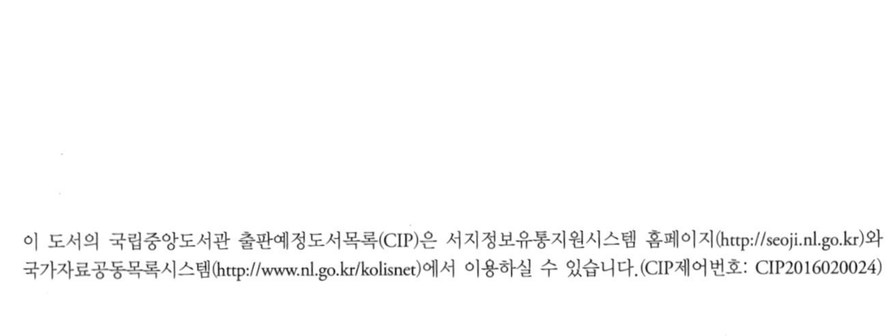
이 도서의 국립중앙도서관 출판예정도서목록(CIP)은 서지정보유통지원시스템 홈페이지(http://seoji.nl.go.kr)와
국가자료공동목록시스템(http://www.nl.go.kr/kolisnet)에서 이용하실 수 있습니다.(CIP제어번호: CIP2016020024)

불교문학연구 01

禪,
빈거울의 언어

송준영

선(禪)은 한 송이 연꽃과 한 번의 미소에서 탄생된다. 그렇지만 우리에게 꿈과 낭만을 준, 이 매혹적인 선화를 접해본 사람은 누구나 직감한다. '염화시중(拈花示衆)의 미미소(微微笑).' 어쨌든 선은 미소짓는 한 송이 꽃이 피어나는 미소를 머금는다고 보는 아름답고 매혹적인 이야기, 선화야말로 선의 핵심이며 선시를 있게 하는 당위가 아닌가.

부자가 함께 모일 큰 자리를 벌이고	抛他祖父大家筵
꽃가지 든 것을 바른 전법으로 삼았네	拈出花枝作正傳
피해 입은 후손들이 몹시도 가난해서	帶累兒孫貧到骨
할미 옷 빌려 입고 할미에게 세배하네	借婆裙去拜婆年

— 열재거사

여기 뒷날 눈뜬 속인이 있어, 한 송이 연꽃과 한 사람의 미소를 한 수의 시로 들어 바치고 있다.

보이는가 보이는가 보이는가.

석가세존과 가섭 이후에 대대로 이어받아 등불이 다함 없이 꽃가지를 들어 보임으로써 바른 전법으로 삼으니 바르게 전하고 비밀히 준 자리는 말로서는 표현치 못할 바는 아니나, 말로는 미치지 못하는 바가 있기 때문에 비록 가리켜 보이는 일이 있을지라도 문자는 세우지 않고 마음으로써 마음을 보일 뿐이었다. 악!

丙申年, 부처님 오신 날, 樂園齊에서
越祖 醉玄 송준영 근지

◆◆◆ **차례**

선시에 관한 몇 가지 물음들

질문 : 이재훈(시인 ·『현대시』 편집장)

대답 : 송준영(시인 ·『시와세계』 주간)

이재훈 이번 대담은 선시의 세계를 접한 많은 독자들의 요청으로 이루어
졌습니다. '선시'는 실제로 시를 읽는 독자들에게는 가까우면서도 멀게 느껴
지기도 합니다. 그 연유에는 여러 가지 시 내부의 정황과 그간 '선시'라는 장
르 자체에 대한 소홀함이 존재하기 때문일 것입니다. 우선 먼저 '선시'라는
장르 자체에 대한 개념 규정이 시급한 듯합니다.

첫 번째 연재에서 혜능이 말한 '본래무일물(本來無一物)'의 게송이 선시의
기원을 이야기할 때 모두를 장식한다고 하였습니다. 현재 선시의 효시와 그
뿌리에 대한 간략하게 설명해주시고 선시에 대한 개념에 대해서도 언급해주
시면 감사하겠습니다.

송준영 지금은 선시라 일반적으로 통칭하지만, 원래 어원은 산스크리트
어 gata입니다. 이 말이 가타(伽陀) 혹은 게타(偈陀)로 음역되었고 게(偈) 송
(頌)을 합쳐서 게송(偈頌)이라 의역된 것입니다. 게송은 불전 가운데 운문으
로 된 시입니다. 물론 불경의 전래로 중국에 유입되었지요. 게송이라 의역하
게 된 근거는 『시경』의 「시경 육의」 가운데 가장 흡사한 송에다 산스크리트어
게(偈)가 합쳐진 단어입니다. 이것이 오늘날 선시로 굳어진 것이라 할 수 있
습니다. 아직 선문에서는 게송이라 부르고 있습니다.

선시를 말하기 전에 선을 얘기 안 할 수가 없겠지요. 아시다시피 선은 한마
디로 규정되지 않지요. 억지로 굳이 말하자면, 선은 역사상 일컫는 불교 이전
부터 있었습니다. 아니 인류가 생기기 이전부터 있었다 말할 수 있겠지요. 바
로 이 선을 인류의 정신 테두리로 틈입시켜 그의 후예들에 의해 정립시킨 원
조, 석가조차도 『화엄경』에서 "신기하고 신기하다. 모든 생물 무생물이 불성
을 가지고 있구나" 하였는데, 여기의 불성은 만물이 가지고 있는 스스로의
성품을 말합니다. 선은 바로 고요에 들어 자기의 본래 성품을 보는 것입니다.
이 자성(自性)을 보았을 때, 견성(見性)이라 하며 깨달았다는 각자(覺者)가 되
는 것입니다. 이 각자가 Budda, 부처입니다.

선은 불교의 계(戒) 정(定) 혜(慧) 세 가지 배움 가운데, 정에 해당합니다.
정은 산스크리트어로 Dhyana로 선나(禪那)라 음역되어 약칭 선이라 불리게

됩니다. 곧 정려(靜慮), 사유수(思惟修), 정(定)이라 의역되었습니다. 이 의역에서 보다시피 '생각을 고요에 들게 한다', '생각을 닦는다'라고 말할 수 있지요. 이 '고요에 들게 하여 생각을 닦는 것'에 시(詩)라는 단어가 합쳐져 선시가 된 것입니다. 고요에 든, 생각을 닦는 혹은 닦은 이런 노래가 게송, 선시입니다.

본래무일물(本來無一物)이 선시의 기원이 된다는 말은, 오늘날 선시는 아니 선종의 뿌리는 인도의 불교에 잉태되었다고 하지만, 인도에는 오늘날과 같은 선은 없다고 학자들은 말합니다. 물론 내용상 말입니다. 오늘날 선은 깨달음을 닦는 데 적극 동참하여 견성을 목적으로 하고 있는 수레이며 뗏목입니다. 수레나 뗏목은 그 필요가 다했을 때는 제자리를 지킬 뿐이지요. 선종은 불교가 중국에 뿌린 종자가 발아하여 중국, 우리나라, 일본을 포함한 동북아 땅, 동북아 사람의 손에 의하여 요리된 음식입니다. 물론 종자가 없을 때는 아무것도 없는 것이지만,

이런 의미에서 보면 지구상에 가장 오래되었지만, 오늘날 새로운 사상으로 정신세계를 강타하고 있는 선은, 선종은, 선불교는 6조 혜능을 중시조로 하는 사상 집단임이 분명합니다. 이 혜능선 곧 조계선의 시원이라 할 수 있는 자성게(自性偈)의 포인트인 본래무일물(本來無一物)을 선의 시원이라고 해도 과언이 아닐 것입니다.

이재훈　우리의 시에서 불교적 세계관이 시 속에 큰 사유의 세계로 자리잡고 있습니다. '선시'의 개념이 이 불교적 색채를 띠는 시들과는 어떠한 변별점을 둘 수 있는지 여쭙고 싶습니다. 우선 생각되는 게 선시는 일정한 형식적 틀을 가지고 있는 듯 보입니다. 또한 내용 면에서도 여타의 시들과는 구분되는 특색을 띠어야만 선시가 되는 것 같습니다. 선시가 일반적인 특징으로 나타나는 것들이 있다면 어떤 것일까요?

송준영　우선 선시를 불교시 범주에 두고 볼 때, 교시와 선시로 크게 나눌 수 있습니다. 교시는 불교의 현상적 교리를 노래하고 교리를 전도하기 위

해 지어진 시라고 말할 수 있겠지요. 그러나 이 교시는 다른 종교의 종교시와 마찬가지로 그다지 현금 시단에 논의 대상이 되지 못하는 것은 다 잘 알고 있는 사실입니다. 이는 선시가 생명 그 자체를 움직이는 그대로 포착하려고 하는 데 비해, 교시는 움직임의 흔적을 지적으로 추상화하여 일반화하려고 하기 때문이라 생각합니다. 곧 선시는 생명의 최고를 구체적인 것, 실제적인 것 가운데 구현하려고 하고, 교시는 그 움직임으로부터 벗어나 상대적으로 대상화하여 눈앞에 세계를 고착화하고자 애쓰기 때문일 것입니다. 이것은 일반적인 집단화된 종교의 정신세계와 선사상과의 차이에도 해당하는 내용입니다.

제가 알기로는 선시를 불교적 범주에 두고 논의하느냐 불교 밖에서 논의하느냐에 따라 주제의 흐름이 달라지기 마련입니다. 일체의 삼매가 선적이다 하는 경우, 세상에 존재하는 일체 두두물물(頭頭物物)이 모두 성불하고 있다는 화엄법계관을 벗어날 때, 그 진리의 세계에서 숨죽인 채로 면목을 드러내는, 선을 우리들이 논의할 대상이 될 수 있는 것입니다. 역사상 불교에서 파생시킨 선종과 그의 제자들이 오랫동안 탐구 발전시키고 계승한 선사들. 기상천외의 상상력을 동원해도 파악하기 어려운 선화, 죽음의 언저리를 몇 번이고 돌고 돌아 나오는 묵조선. 세계의 근저를 고요로 접근하기보다 활활발발(活活潑潑)한 적극적인 자세, 행위, 사유와 행동이 일치되므로 화산으로 폭발하는 간화선(看話禪). 이 간화선자들이 개발한 말머리(話頭)인 1,700공안. 이러한 배경의 밑바탕에는 생명의 근원인 자성을 철저히 보겠다는, 인간의 근원 고뇌에서 벗어나겠다는 강한 의지에 의한 의심이, 마침내 그 의심에서 벗어난 선자(禪者)들이 선시를 형성했다고 봅니다. 이러한 불가분의 관계들이 총체적으로 모여 선시의 배경을 이룬다고 볼 수 있겠습니다.

한마디로 선시는 내용상으로는 선사상을 시적으로 표현한 언어 양식을 말하겠지요. 곧 선수행자들의 선적 체험, 선수행으로 체득된 오도의 경지를 표현한 시입니다.

선시의 수사법으로는 압축, 절연, 기상, 모순, 병치, 사물의 가탁에 의한 형상화 등이 있으며 현대시의 수사법과 거의 동일하다고 봅니다. 그러나 특히 많이 나타나는 수사법은 적기어법(賊機語法)입니다. 선시의 적기어법은 스스로 깨친 세계를 문자로 보여주어 미혹한 중생들을 깨닫게 하기 위한 선사들의 간절한 노파심의 발로입니다.

이 적기어법을 세분해보면 대체로 다음 세 가지로 집약될 수 있습니다. 선시의 반상합도(反常合道), 선시의 초월은유(超越隱喻), 선시의 무한실상(無限實相)이 그것이지요. 이 적기어법은 2002년 『현대시』 11월호에 「현대선시의 새로운 기미」란 논제와 '이승훈의 시집 『人生』을 중심으로'라는 부제의 논문으로 밝힌 바 있습니다.

다시 간단히 이해를 돕는다면, 선시의 반상합도란 우리가 정상이라 규정하는 일상을 돌이키고 뒤틀어서 정상과 비정상이 융통하고 회감하여 수승된 다른 세계로 보여주는 것을 말합니다. 즉 서로 다른 것이 상호 합일되어서 고차원의 세계로 합도되는 걸 말하지요. 수많은 선시가 거의 이런 수사법을 자유자재로 쓰고 있습니다. 그중 한 예로는 부대사가 노래한 "빈손에 호미 들고"나 "다리는 흘러가고 물은 흐르지 않네" 하는 시행과 조선시대의 소요 태능의 "물 위에 진흙소가 달빛을 밭 간다/구름 속 나무말이 풍광을 밭 간다"라는 시행은 반상합도에 의한 다른 수승된 세계로 우리를 몰아넣기에 충분하지요. 이 세계는 선사들이 우리에게 보여주는 진리의 세계이지요.

다음 선시의 초월은유를 봅시다. 아시다시피 현대시에서 중요한 수사법인 은유로 동일성의 치환은유와 비동일성의 병치은유를 말하지만, 이질적인 두 사물에서 유사성을 발견하는 비유, 곧 비동일성에서 동일성을 발견하게 하는 은유가 초월은유입니다. 그 이유는 A=A, A=B라는 상식적이고 정상적인 논리로서 나타낼 수 없는 선의 도리에 의한 선사상에서 기인하는 것이지요. 이러한 것은 선시의 반상합도에서 나타나듯이 'A는 A가 아니므로 A이다'라는 선시의 적기어법을 바탕으로 선사상을 표현하기 위한 양변의 견해를 융합하면서 동시에 초월하는 비유 상태를 말하는 것이지요. 선시의 용례로는 서산대사의 "진흙은 푸른 돌 속의 뼈"나 조선 말 무경선사의 게송인 "일이삼사로 가고/사삼이일로 오라"와 같은 시행은 선문답적인 초월은유란 명칭으로 씀이 마땅하다고 생각이 듭니다.

선시의 무한실상을 생각해보겠습니다. 서구의 상징주의자들은 일체 현상 세계가 허구세계이며, 궁극적으로 상징세계로 간주합니다. 선의 입장에서는 이 서구의 상징이란 단어에서 색(色)이나 가상(假相)과 비슷한 느낌을 받게 됩니다. 바로 색이나 가상은 현상적으로 나타나는 일체의 만물을 뜻합니다. 곧 '공(空), 실상(實相), 본체(本體), 본성(本性)'과는 상대적인 의미를 제시하는 단어입니다. 사실 서구의 상징은 무한한 해석의 가능성을 간직하고 있는 암호의 숲으로 생각하는 경향이 다분하지요. 이 상징이란 말은 불교에서 말하는 색즉시공 공즉시색(色卽是空 空卽是色)의 사유법인 선적인 사유법과는 근본적으로 다른 것입니다. 선의 도리는 본질과 물질적 현상을 따로 구분하지 않습니다. 선시에서 실상이란, 상징에 남아 있는 논리적 고리를 단절시킴으로 우리와 같은 중생의 분별 간택심을 초월시키려는 아니 제자리로 환지본처하게 하는 불립문자(不立文字)의 표징일 뿐이지요. 곧 선시에서는 단어, 시구 혹은 선시 자체가 낱낱이 암시적 상징이 아닌 끝없는 실상으로 형성됩니다. 따라서 선시어의 암시성, 상징성이 일반시보다 연결성 혹은 밀도 면에서 훨씬 복잡다단하다고 생각할지 모르지만 사실 아주 간단명료할 따름입니다. 전후좌우상하가 완전히 끊어진 실상을 몰록 드러내고 있을 따름입니다. 인드라망처럼 연결 고리와 굴레가 복잡하고 그 행간의 의미가 무한 점핑하는 세계, 어디든지 편재해 있고 딱 떨어져 있는 이 세계에 현현하는 상을 무한실상이라 칭할 수밖에 없지요. 이런 무한실상의 양태가 선시적 적기어법과 궤를 같이하므로 A=Ā의 등식으로 표현할 수 있지요. 이런 선시의 예가 부지기수이지만, 우리나라 근래의 선승인 효봉스님의 "바다 밑 제비집에는 사슴이 알을 품고/불 속 거미집에 물고기가 차 달이네/이 집안 소식 뉘라서 알리오/흰 구름은 서쪽으로 달은 동쪽으로 달리네"라는 게송에서 보듯이 선적인 도리를 비추어보면 무한계, 무작정으로 그린 것 같지만 오직 이 자리를 벗어나지 않고, 오직 이것만이 드러내는 두두물물을 무한실상으로 표현할 수밖에 없습니다. 이것은 선이 그렇고 우리의 본성이 그렇고 일체 만물의 자성이 그렇다는 것이지요. 그렇게 때문에 선에서 무자성(無自性)을 말합니다. 문제는 앞의 선시가 서구의 쉬르(쉬르레알리슴, Surrealism)와 같이 자동기술에 의해 무작위로 씌어진 것이 아닌, 무자성을 철저히 깨친 선사들의 명료함에서 흘러나온 노래여서 무한실상을 한량없이 휘두르고 있습니다. 역시 이런 무자성을 도식화하였을 때, 선시적 수사법인 A=Ā로 쓸 수밖에 없겠지요.

이재훈 선시와 선화(禪話)가 불가분의 관계를 맺고 있다고 알고 있습니다. 선화란 무엇이며 어떻게 선시와 각별한 친연성을 가지고 있는지 듣고 싶고요. 선화의 전개 방식은 또 어떠한지요?

송준영 앞에서 말씀드린 것같이 선시를 몇 가지로 나누어 말하지만, 근본적으로 선승들의 오도를 읊거나, 중생의 미망을 벗겨주기 위해 진리를 드러내 선리를 보이는 것으로 축약할 수 있습니다. 여기서 선시와 함께 화두(話頭) 혹은 공안(公案), 선문답이나 선화(禪話)란 말을 접하게 됩니다. 위의 혜능의 본래무일물(本來無一物)과 같은 시행은 바로 화두입니다. 화두란 '말머리'이지요. 제일 명제를 의미합니다.

이것은 스스로에게 던지는 삶의 근본적인 질문이어서 생각을 깊이 한다고 해서 풀리는, 근본적인 의심이나 불안이 떨어지는 것이 아닙니다. 바로 그 자리에 들어섬으로 근본적인 의심이 떨어지지요. 이곳에 발을 디디기 위해 그체로 화두를 사용합니다. 역사상 이런 화두를 탄생시킨 선화가 1,700개나 됩니다. 바로 산문체로 씌어진 『전등록』이나 시문으로 편집된 『선문염송』은 바로 선화나 선시를 모은 책자이지요. 그리고 오늘날의 임제종이나 우리나라 조계종은 참선에 들 때에 화두를 드는 간화(看話)에 의한 선공부를 합니다. 다시 말하면 선화란 화두가 생기게 된 선의 에피소드를 말합니다. 이 선이야기는 고도의 정신세계에 든 선자들의 문답이어서 바로 일상을 비틀고 돌이키는 반상합도와 초월은유, 무한실상을 무제한 무한정 휘둘러 한 치의 상호 빈틈을 주지 않고 대화를 주고받으므로 예부터 선문답은 칼을 쓰는 검객의 검법에 비유되기도 합니다. 세상에는 동문서답을 하는 것을 선문답한다고 풍자하기도 합니다.

이재훈 『禪, 빈거울의 언어』 1장 「본래 한 물건도 없다(本來無一物)」에서 한 마디로 압축되는 것은 혜능의 돈오법문입니다. 선생님은 혜능의 돈오법문의 입체적 다층적 전개가 바로 오늘날 선종의 근원이라고 갈파하셨습니다. 그리고 혜능의 돈오사상이야말로 선시를 이해하는 데 포인트라 하신 이 점을 간명하게 요약하여주시기 바랍니다.

송준영 네, 그렇습니다. 선의 황금시기에 다층적으로 확산된 5가 7종의 선문은 모두 혜능의 돈오법문의 전개였습니다. 그리고 오늘날 우리의 생활 저변에 틈입되어 그 기층을 이루는 선의 생활화나 문화 각층에 확충되어 영향을 준 선사상들은 바로 그 근원은 혜능의 돈오입니다. 이 돈오의 의미는 본래무일물(本來無一物)로 풀 수 있고, 이 공안은 바로 선사상의 특질이라 할 사구게 '불립문자(不立文字) 교외별전(敎外別傳) 직지인심(直指人心) 견성성불(見性成佛)'로 전개시킬 수 있습니다. 이 사구게는 제가 『禪, 빈거울의 언어』 1장분에서 『육조단경』의 혜능의 법문을 비교 배대한 결과 혜능의 법문을 축약한 대의임을 밝혔습니다. 그 이후에 당송의 선사들이나 우리나라 일본의 선사들은 혜능의 법문을 더욱 심화 내지 생활화하였고, 이것을 행동으로 옮겨 우리 삶을 이끌어가는 데 능숙한 자유로운 사유와 행동으로 이어지는 참인간을 만들어내고 있다고 봅니다. 선시 하나하나가 모두 중생의 마음을 눈뜨게 하는 데 바쳐지지 않는 게 없고, 선시에 지극한 이취가 풍기지 않는 시가 없습니다. 이것은 선의 초점이 인간의 삶, 바로 인간의 사유와 행위에 맞추어 있기 때문이라 생각이 됩니다. 확암선사가 지은 〈십우도〉 같은 선수행의 열 가지 단계에 마지막 보이는 입전수수(入廛垂手)적 깨달음의 행위 선에서도 이걸 깨우쳐준다고 봅니다.

이재훈 선시의 원전은 한자로 씌어졌다고 한다면 이것을 번역하는 게 중요한 문제일 것 같습니다. 번역상의 문제점은 없는지요?

송준영 선시가 한자로 씌어졌고 오늘날 한글 세대에 있는 독자들은 한자

와 한문 그리고 그 당체를 보이기 위한 선자들의 고도의 선시적 수사법에 의
한 표현을 이해한다는 것은 아무래도 어렵겠지요. 실제로 요즘 제가『시와
세계』에「한국의 선」을 연재하는데, 한학에 밝은 노대가들조차도 이해가 가
지 않는 번역을 하여 당혹케 합니다. 또는 선문에서 오랜 관습에 의해 특징적
으로 읽는 한자어가 있습니다. 예를 들면 南泉斬猫는 남전참묘로 金剛經冶
父頌은 금강경야보송으로 읽습니다. 마른 지혜를 乾慧라 써놓았지만 간혜라
부릅니다. 이런 것은 선문에 들어본 사람이어야 그냥 습관적으로 아는 선어
화된 단어이지요. 그리고 그 시대 상황과 선도리를 충분히 읽어야 선시 번역
이 가능할 것이라 판단됩니다. 그냥 글자 해독에만 그치지 않고, 선자들이 우
리에게 보이고자 하는 창망한 세계를 짐작할 수 있겠지요. 선시는 말과 생각
이 끊어지고(離言絕慮) 마음의 길이 멸해지는(心行處滅) 곳에서부터 전개되
는 까닭에 선시의 번역은 해박한 지식을 뛰어넘어 그 보따리를 벗어놓은 사
람, 선의 일미를 가늠할 수 있는 사람의 몫입니다.

이재훈　화제를 바꾸어보겠습니다. 선생님의 법명인 '취현(醉玄)'의 이름
으로 간행된『반야심경』은 대단한 역작입니다. 그것을 직접 손으로 쓴 원본
까지 목격한 저로서는 그 지적 에너지에 대단히 놀랐습니다. 『반야심경』을
쓴 당시의 상황이 궁금해집니다. 또한 그 상황과 더불어 선문에 든 연유와 그
이후의 범상치 않은 삶에 대해서도 알고 싶습니다.

송준영　쑥스러운 일입니다. 그리고 별로 꺼내기 싫은 일이기도 합니다.
어쨌든 충실한 답변자로 최선을 다해 말씀 올리겠습니다.
　저는 열여덟 살에 발심하여 지금 우리가 살고 있는 이 세계 말고 또 다른
세계가 있다는 것을 알게 되었습니다. 몇 해 선사(禪寺)에서 흉내나 내는 얼
뜨기 선객으로 방황의 시기를 보내었습니다. 이때 만난 스승이 동암 성수(東
庵性洙) 선사와 탄허 택성(呑虛宅成) 선사이고 그 외 많은 운수납자들을 만
났고 나는 늘 흉내 내는 허수아비에 불과했습니다. 1969년, 춘천에서 이승훈
선생님을 만나서 시를 쓰는 척했지만 이것 역시 미리 나를 점령하고 있는 '도

대체 이게 무엇인가? 하는 의심에 비교하면 심드렁한 별로 재미없는 놀이이 었습니다. 그래서 나는 시인도 되지 못했습니다. 이때 만난 문우가 최돈선, 이외수, 임동윤 등입니다. 그리고 그 후, 이 근본적인 앎에 점점 깊이 들어선 나는 삶의 틈만 있으면, 모두 '이 뭐꼬?' 하는 근본적인 화두에 침잠하게 되었 습니다. 이 시기에 만난 분은 만공 월면(滿空月面), 고송 종협(古松宗協), 백봉(白峰)거사, 퇴옹 성철(退翁性徹), 서옹 상순(西翁尙純) 등의 제 선사들입니다. 지면 관계상 낱낱이 적을 수는 없지만, 한 분 한 분이 모두 나의 길을 일러주신 선의 스승들입니다. 특히 만공스님께서는 꿈속에서, 지금도 생생히 기억되는 건 금강산 마하연 선방이었고, 만공조실께서 차고 명징한 눈으로 나의 수선을 지켜보는 무언의 경책이 있었고, 다음부터 공부가 부풀어갔었 습니다. 선연한, 눈초리 지금도 잊을 수 없습니다.

마흔에 들던 음력 설날에 객지로 떠도는 나는 고향에도 가지 못하고 처갓집 뒷방에서 울울한 심사에 못 견딜 정도로 풀이 죽어 허탈 상태에 빠져 있었습니다. 이날도 습관적으로 『전등록』을 넘겼는데, 눈에 들어오는 "어떤 것이 너의 부모가 만나기 전의 너의 참 얼굴인가?(如何是父母未生前眞面目消息麼)"가 보이는가 싶더니, 어디선가 병이 부딪히는 소리, 마음의 길이 끊어지고 재떨이에 타는 담배연기가 마음의 길을 따라가는가 싶더니, 천장엔 오직 형광등만이 있고, 벽면엔 벽이 오래 그곳에 있고, "이뭐꼬"가 있고 "부모미생전 진면목"이 없고, '조주구자불성'이 뻥 뚫리고, '마삼근'은 깃털로 날아가고, 20여 년 나를 따라다니던 체증이 쑥 둘러빠지는 이 실제 상황이 펼쳐졌습니다. 만 이틀을 공허한 웃음으로 보냈지요. 나를 웃게 하는 것은 조사들이 쳐놓은 화두라는 질긴 올가미에 갇힌 나를 찾아 헤매는 내가 비로소 알몸으로 보였기 때문일 것입니다. 아무런 옷도 걸치지 않은 나, 나는 가볍고 투명한 깃털보다 가볍고 유리보다 투명한, 본래무일물(本來無一物)의 나라 해도 한 겹 막힌 표현일 뿐, 정말 기가 막힌 일이었습니다.

이때부터 이 허깨비 같은 사실 아닌 사실을 확인받기 위해 가야산 백련암 방장스님을 참문했고, 다시 운문암 서옹 스승님을 찾아 참문하게 되었지요. 서옹선사께 7년 동안 꼭 일곱 차례를 참문할 수 있는 그분의 간절노파심절을, 법은(法恩)을 입었습니다.

이『반야심경』은 내 나이 마흔 살에서부터 마흔일곱 살까지 쓴 나의 수도일지입니다. 서옹 스승님께 올린 나의 심행일지(心行日誌)이지요. 이후 스님께서 나를 긍휼히 여기고 월조(越祖)라는 이름과 진리의 노래「示 超佛越祖是眞人」을 내리시고,『반야심경』서시(序詩)까지 내려주신 은혜를 입게 되었습니다.

뭐, 대단한 삶을 산 것 같은 질문은 감당하기 어렵습니다. 그저 욕심이 큰 사람이어서 욕심을 채운 것뿐이지요. 그럼 30여 년 넘게 찾은 것이 무엇인가 하는 질문에 본래 잃은 것이 없으므로 얻은 것조차 없다는 걸 알았을 뿐이지요. 이젠 저 밑에서 올라오는 희미한 의심만이 사라졌다고 말할 수 있을 뿐이지요.

이재훈 무엇보다 선문에 들어 제 조사를 참문하고 공부한 것이 시에 큰 영향을 주지 않았을까 생각합니다. 선생님의 시는 선취시라기보다는 모더니즘적인 성격이 강합니다. 즉 세계를 끌어안기보다는 세계와 적극적으로 부딪히려 합니다. 언어 또한 투명하고 명징한 언어와는 달리 화려하고 많은 시적 장치가 숨겨져 있는 언어입니다. 선생님께서 가진 사유와 표현해내는 시관(詩觀)의 상이점은 어떻게 이해해야 할까 궁금합니다.

송준영 물론 옛 선시의 강한 영향을 받았습니다. 더욱이 저에게는 어렸을 때, 경상도 향리에서 서당을 다닌 경험이, 한문의 훈습된 향취가 몸에 배어 있습니다. 지금도 눈에 늘 어른거리는 것은 상투 틀고 망건을 쓴 수염이 흰 조선의 훈장님입니다. 그리고 살아 계시면 100수가 되실 조선시대 스님들의 환영들로 가득 차 있습니다.

젊은 시절 조금 한 시 공부의 욕심을 또 떨치지 못하고, 늦게나마 내가 본 세계를 시로 담아보겠다는 욕망이 다시 일게 되었습니다. 이 없는 것을 언어 문자로 유형화시켜야 한다는 것에 대한 갈등을 오래 겪어야 했지요. 그건 그렇고, 사실 내가 쓰고자 하는 것은 한마디로 현대선시인 전위선시입니다. 서

구의 긴장과 부조화로 팽배한 문장과 언어의 건축을 우리 선시적 오랜 사유
와 결합함으로써 전개되는 세계에 대한 갈망이 만들어낸 시입니다. 그런 반
상합도에 의해 새롭게 만들어지는 시를 그려 보여주고 싶다는 욕망이지요.
아직 미숙하여 제대로 표현해내지는 못하지만 말입니다.

시란 동시대를 선험적으로 반영하거나 동시대를 최소한 반영해야 한다는
것이 저의 생각입니다. 시는 시대의 정서를 정리하고 완성하는 것이 아니라
는 생각이 들고 나서는 이전에 내가 쓴 시에 대해 뼈저린 참회를 하게 되었습
니다.

그리고 세계를 끌어안느냐 부딪치느냐 하는 문제는 성정과 관계가 있을
것 같습니다. 선가도 조주 같은 선객과 임제 같은 선객으로 크게 양분할 수
있지요. 조주선사는 할머니와 같이 자상하고 후학 제접 시 간절하게 돌보아
주어서 조주 고불이라는 칭송을 듣는 선문의 일급 선사입니다. 임제선사는
흔히 출림맹호 같다는 말을 들을 정도로 후학을 제접할 때, 사정없이 정신이
나갈 정도로 몰아갑니다. 바로 임제의 할은 오늘날에도 제방에서 애기되는
그런 선사이지요. 아마 저는 성정이 임제를 닮았나 봅니다. 그래서 세상을 껴
안기보다는 바로 접전을 벌이는 그런 스타일이 저의 스타일이 아닌가 싶습니
다. 사실 이 두 사람은 모두 선문에서 존숙으로 추앙을 받고 있습니다. 그 까
닭은 그들이 진실불허(眞實不虛)했기 때문일 것입니다.

이재훈 독자들의 궁금증이 많이 해소되었으리라 생각됩니다. 앞으로도
좋은 글 계속 부탁드립니다.

1장

본래 한 물건도 없다(本來無一物)

몸은 보리수   身是菩提樹
마음은 명경대   心如明鏡臺
때때로 부지런히 털고 닦아   時時勤拂拭
티끌 끼지 않도록 하라   莫遣有塵埃

— 대통 신수

깨달음에 본래 나무 없고   菩提本無樹
거울 역시 대가 아니니   明鏡亦非臺
본래 한 물건도 없는데   本來無一物
어디에 먼지 일어나리오[1]   何處惹塵埃

— 6조 혜능

위의 시는 선시의 기원을 이야기할 때 모두를 장식하는 게송이다. 그리고 초기 선종의 기원에 속하는 북종선과 남종선을 가름하는 노래다.

신수의 게송에서 "신시보리수(身是菩提樹)"라는 말은 '마음과 색을 모두 여의면 아무것도 없다'라는 의미고, "심여명경대(心如明鏡臺)"라는 말은 '청정한 마음은 거울과 같아서 만상이 나타나지만 물든 적이 없다'라는 말과 같다.

---

[1] 신수(神秀, 605~706)의 시는 만법이 실재하고 일체 상이 비어 있지 않기에 우리의 몸은 성불할 수 있다. 또 마음은 거울같이 맑고 고요하지만 온갖 상념에 사로잡혀 오염되었으므로 닦고 털고 티끌이 끼지 않도록 하면 근원이 드러난다고 노래했다. 그러므로 '늘 부지런히 수도하여 마음에 때가 끼지 않도록 하라'는 내용이다. 그러나 혜능(慧能, 638~713)의 자성게는 일체 만상은 모두 비어 있음을 갈파한다. 불법의 본체는 본래 보리가 아니며 청정과 오염이라는 양변의 견해는 깨달음이 아니다. 따라서 모든 것이 허상이며 가유(假有)인 까닭에 "깨달음에 본래 나무가 없고 거울 역시 대가 아니다." 이러한 절대현재 참사람에 이르면 수행도 없다. 수행이 없으니 따로 먼지와 때를 닦을 필요가 당연 없지 않은가. 그런 까닭에 "본래 한 물건도 없는데 어디에 먼지 일어나리오"라고 노래한다.

이것은 수양을 함으로 점차 깨달음을 이룬다는 점수사상이어서 신수는 점수를 주장하였다 하여 북부지방에 세력이 분포되어 북점(北漸)이라 한다. 그러나 혜능은 "보리본무수 명경역비대(菩提本無樹 明鏡亦非臺)"에서 읽히는 것같이 '보리란 나무가 본래 없고 명경은 또한 대가 아니다'란 의미에서 '보리는 이름이고 거울 역시 그 이름이 명경일 뿐'이며 마음이 참으로 돌아가면 만법이 모두 비어 있음을 노래한다. 이런 경지에 이르면 무사한지(無事閑地)이며 무위진인(無位眞人)이어서 수행하는 경지가 아니다. 신수와 혜능의 깨달음의 경지가 자연 드러난다. 이로써 혜능이 남쪽에서 교화를 했으므로 남돈(南頓)이라 칭한다.

이 두 게송은 경지의 깊고 옅음이 있으나 모두 심오한 선리를 담고 있다. 또 선과 시가 융합되어 아시아 한자권 시문학에 지대한 영향을 준 진정한 의미의 선시의 출발점이다. 선과 시는 종교와 문학의 서로 다른 영역에 속하여 그 성질 면에서는 융화될 수 없지만 앞의 시에서 보듯이 선사들은 깨침의 경지를 시로 표현한다. 시와 선의 상보적 발달을 볼 수 있다. 선사들은 시에다가 선리를 담고, 시인들은 선리와 선취를 시에 받아들이고 선리로 시작 이론을 세웠다.

원호문(元好問, 1190~1257)은 「답준서기학시」라는 7언 절구에서 "시는 선객들에게 꽃을 수놓는 비단이 되었고, 선은 시인들에게 옥을 자르는 보도가 되었다(詩爲禪客添花錦 禪詩詩家寶玉刀)" 하였고, 또 엄우(嚴羽, 1290~1364)는 그의 시론지인 『창랑시화(滄浪詩話)』에서 선리를 빌려 묘오론(妙悟論)을 주장하였는데, 이 묘오는 근원에 도달하는 깊은 깨달음을 말한다. "가슴속에서 발효하여 오래되면 절로 오입하게 된다(醞釀胸中 久之自然悟入)"고 한 말이 그것이다. 물론 엄우가 한 말은 선가의 돈오(頓悟)는 아니다. 그 내용으로 보아 점진적 수련 뒤에 얻어지는 점오점수(漸悟漸修)를 말한다.

물은 높은 곳에서 낮은 곳으로 향하듯이, 모든 앎을 떨친 이들이 있어 우리가 생각하지 못하는 곳으로부터 홀연히 나타난다. 혜능(慧能, 638~713), 그는 중국이 배출한 노자(老子), 공자(孔子), 장자(莊子), 맹자(孟子)에 버금가는 천재다. 사후 제자들에 의해 수집, 기록되어 인쇄된 그의 어록과 상당법문,

법거량은 중국의 유구한 역사상 나타난 수많은 저술 가운데 우뚝하다. 불교의 대장경은 붓다의 말씀인 경, 율법인 율, 뛰어난 스승에 의해 해설된 논인 삼장과 어록 등으로 집대성된다. 그러나 석가모니의 말씀이 아닌 것으로 제목에 경이라고 붙은 책으로는 유일하게 혜능의 사상의 기록인『법보단경(法寶壇經)』이 있을 뿐이다. 이 작은 책자는『금강경』이나『묘법연화경』『화엄경』과 같은 빼어난 경들과 어깨를 나란히 하며 영향 면, 품격 면에서도 뒤지지 않는 것으로 후세 학자들은 말한다.

이『법보단경』에서 위의 선시 두 편은 가장 우리를 저 숨 막히는 세계로 틈입시키는 것이다.『법보단경』은 논리적이고 체계적인 논서가 아니다. 깨달음으로 내달은 한 참사람의 외침이며 감격과 감동으로 가득 찬 빛의 잔치와 같다. 이 반야의 맛을 한 번이라도 본 사람이면 누구나 우리의 깊은 곳에 묻혀 있는 본성을 보게 될 것이다. 사는 동안 끊임없이 용솟음치는 반야의 샘물을 마시며 청량한 솔바람이 코끝을 흔들 것이고, 늘 싱싱하고 감미로운 삶 속에 저밀 것이다.

6조 혜능. 석가모니의 선의 등불을 이은 마하가섭(摩訶迦葉)을 1대로 하여 28대에 이르러 달마(達摩)가 중국으로 건너와 중국 선종의 씨앗을 뿌린다. 다시 달마를 초조로 하여 2조 혜가(慧可), 3조 승찬(僧璨), 4조 도신(道信), 5조 홍인(弘忍)을 잇는 선의 여섯 번째 조사 혜능이란 뜻이다.

이 선시의 배경은 이와 같다.

일찍이 아버지를 여의고 홀어머니 슬하에서 자란 혜능은 638년에 광동성 영남에서 태어났다. 성은 노씨고 이름은 능이다. 어려서 가족은 모두 남해로 이사를 했고, 너무 가난하여 글자를 깨칠 기회조차 없었던 그는 청년 시절 시장에다 땔나무를 팔아 어머니와 생계를 꾸렸다.

어느 날 장작을 팔고 돈을 받아 나올 때 우연히 어떤 사람이 읽는『금강경』독경 소리 "머무는 바 없이 마음이 난다(應無所住 而生其心)"를 듣고 바로 그 글 뜻을 알았으며, 엄습하는 황홀함과 빛남에 가득 찬 혜능은 이 경전의 말씀을 베푸는 곳이 하북 황매산 5조 홍인임을 알게 된다.

많은 일들은 필연을 동반한 우연으로 나타난다. 중국 역사상 지대한 영향을 준 몇몇 천재들 가운데 한 사람인 혜능 역시 우연의 일치로 멀리 하북 황매현 빙무산(별칭 동산)을 찾아 들게 된다. 홍인(弘忍, 601~678)은 그를 보자,

“그대는 어디서 왔는가, 무엇을 원하는가?” 물었다.

“제자는 영남 신주에 사는 백성입니다. 스님께 이렇게 참배 드림은 오직 부처 되기를 원할 뿐입니다.”

홍인은 투박하며 진솔한 참배자에 마음이 움직여 짐짓 떠보는 말로 묻는다.

“그대는 영남 사람이니 오랑캐로군. 그런 주제에 어떻게 부처가 된다는 말인가?”

이 핀잔에 대하여 혜능은 침착하며 알맞은 대답을 드린다.

“사람에게는 남북이 있겠습니다만 불성에 어찌 남북이 있겠습니까? 이 오랑캐와 스님이 어찌 같겠습니까마는 불성에야 무슨 차별이 있겠습니까?”[2]

汝何方人 欲求何物 能 對日弟子 是嶺南新州百姓 遠來禮師 惟求作佛 不求餘物 祖言 汝是嶺南人 又是獦獠 若爲堪作佛 能日 人 雖有南北 佛性 本無南北 獦獠身 與和尙不同 佛性 有何差別

홍인은 이 사람이 다듬어지지는 않았으나 근기가 빼어난 사람임을 발견한다. 그러나 주위의 시선을 두려워하게 된다. 이것은 큰 스승이 하찮은 사람의 자질을 인정하는 친절에 대해 얼마든지 다른 생각을 가질 수 있다는 것으로 이해가 된다. 홍인은 이들의 시선을 피하기 위해 또 혜능의 본성을 담금질하기 위해 방앗간 일을 하도록 한다. 그러나 스님의 간절노파심을 모르는 혜능은 말을 이었다.

“스님, 저는 자기 마음이 항상 지혜를 내어서 자성(自性)을 여의지 않는 게, 복전(福田)이라 알고 있습니다. 그런데 어떤 일을 다시 하라 이르십니까?”

“이 오랑캐가 근성이 너무 날카롭구나. 더 이상 말 마라.”

子日慧能啓和尙 弟子自心 常生智慧 不利自性 卽是福田 卽是和尙 敎作何務 祖 云 這獦獠根性太利

---

2) 탄허, 『육조단경』 「오법전의」, 영은사, 1959. 여기서 간추려 소개하는 『법보단경』은 고균비구 덕이의 서문이 있는 본을 사용하였고, 필요에 따라 장경각에서 편 돈황본 『육조단경』을 병용하여 참고하였다.

여덟 달이 지난 어느 날, 조사께서 방앗간에 잠시 들렀다.

"내 자네의 견해를 인정하지. 단지 혹 그렇지 못한 무리들이 자네를 시샘할까 염려되어 말을 멈춘 게지. 알고 있는가?"
"예, 저도 스님의 뜻을 짐작합니다. 그래서 스님 앞에 서지 않으므로 다른 이들이 눈치채지 않도록 주의하고 있습니다."
思汝之見 可用 恐有惡人 害汝 遂不與汝言 知之否 能日弟子 亦知師意 不敢行 至堂前 令人不覺

그 후 어느 날, 홍인은 법통을 전승시킬 때가 되었음을 알고 산중 모든 대중을 모아놓고 다음과 같이 말했다.

"세상 사람들은 삶과 죽음의 문제가 가장 큰 중요한 문제다. 그런데 너희들은 종일토록 다만 복전만 구하고 생과 사의 고달픈 바다에서는 벗어나려는 생각이 없는 것 같다. 자성이 미혹하다면 복을 가지고 어떻게 생사를 벗어날 것이라 생각하는가. 너희는 각각의 지혜를 스스로 살펴 자기 본심인 반야의 성품으로 게송을 하나씩 지어 나에게 가져오너라. 만일 큰 뜻을 깨친 사람이 있으면 법과 옷을 전하여 제6대조를 삼을 것이다. 지체하지 마라. 생각으로 헤아린다면 핵심을 놓칠 것이고 견성한 사람은 말 아래에 모름지기 볼 것이니, 이런 사람은 칼싸움하는 진중에도 볼 수 있다.
世人 生死事大 汝等 終日只求福田 不求出離生死苦海 自性 若迷 福何可救 汝等 各去 自看智慧 取自 本心般若之性 各作一偈 來呈吾看 若吾大意 付汝衣法 爲第 六代祖 火急速去 不得遲滯 思量 卽不中用 見性之人 言下須見 若如此者 輪刀上 陳 亦得見之

모든 제자들은 분부에 따라 각기 방으로 물러갔다. 그들은 서로 말을 나누었다. 우리 모두 게를 지어 바칠 필요가 없다. 현재 신수상좌는 우리들의 교수사이니 틀림없이 그분이 받을 것이 아닌가. 쓸데없이 게송을 짓는다는 것은 주제넘은 일이다. 신수는 대중에게 존경을 받는 아주 정신적 깊이가 있고 진정한 믿음과 겸손을 지닌 사람이었다. 그래서 신수는 대중이 아무도 게송을 지어 조사께 바치지 않으리라는 것을 알고, 법과 옷을 받으려 함이 아니라 스승의 분부를 받드는 의미로 게송 하나를 지어야 했다.

"내가 게송을 바치려는 뜻이 법을 구한다면 옳은 일이지만 조사의 직위를 구하는 데 있다면 옳지 않은 일이다. 이것은 범부가 성인의 지위를 빼앗으려는 생각과 무엇이 다르랴. 그러나 만약 게송을 바치지 않으면 결국 법을 얻지 못하니, 참으로 어렵고 난처하구나."

諸人 不呈偈者 爲我與他 爲敎授師 我須作偈 將呈和尙 若不呈偈 和尙 如何知 我心中 見解深淺 我呈偈意 求法卽善 覓祖師惡 却同凡心 奪其聖位 奚別 若不呈偈 終不得法 大難大難

위의 말에서 신수의 겸허한 마음과 진실함이 그대로 전해온다. 이것은 후대에 가필됨이 아니라 이 이야기를 말한 사람이나 기록한 사람이 혜능 자신이거나 혜능 문도임을 감안할 때, 신수의 인격을 명확히 알 수 있는 구절이라 할 것이다. 또 남종 돈오니 북종 점수니 하여 상호 공박함은 신수나 혜능의 다툼에서 기인한 것이 아님을 알 수 있다.

신수는 앞의 게송을 조사스님이 보고 판단하도록 복도의 벽에 붙였다. 『법보단경』에는 이때 상황에 대해 4일간 열네 번이나 게송을 바치려 하나 심중이 황홀하고 온몸에 땀이 흘러 어쩔 수 없이 벽에 붙였다고 기록하고 있다. 이에 5조께서 보시고 신수가 깨닫지 못함을 알고도 여러 제자들에게 이 게송을 암기해서 따르면 악도(惡道)에 떨어지지 않을 것이라고 칭찬하였다. 그러나 조사는 그날 저녁 삼경에 신수를 가만히 불러들였다.

"자네가 지은 게송을 보니 자네는 아직 견성하지 못하였네. 다만 문턱에 이르렀을 뿐이야. 문 안에는 들지 못하였네. 이런 견해로는 무상보리를 찾는다면 끝내는 얻기 어렵지. 무상보리는 언하에 자기 본심을 깨달아야 하며 직관에 의해 자기 본성을 보아야 하네. 나지도 않고 없어지지도 아니하여 어느 때나 모든 사변을 능가하여 만법에 막힘이 없음을 스스로 보아야 하네. 그러면 하나의 진리가 참됨으로 일체가 참되는 것일세. 이러한 만 가지 경계가 스스로 여여(如如)함을 보니, 이러한 통찰은 곧 무상보리인 자성이네."

汝作此偈 未見本性 只到門外 未入門內 如此見解 覓無上菩提 了不可得 無上菩提 須得言下 識自本心 見者本性 不生不滅 於一切時中 念念自見萬法無滯 一眞 一切眞 萬境 自如如 如如之心 卽是眞實若如是見 卽是無上菩提之自性也

그러고는 하루 이틀 더 생각하여 다시 게송을 지어 보여달라 하였다. 그러나 신수는 마음의 안정을 찾지 못하고 혼미함에 휩싸였다. 아무런 게송도 지을 수 없었다.

그즈음 한 동자가 방앗간을 지나며 신수의 게송을 외우는데 혜능이 한 번 듣고 이 게송이 본성을 보지 못하였음을 알았다. 그래서 혜능은 동자에게 지금 외고 있는 게송이 누구의 게송이냐고 물었다. 이에 동자가 핀잔을 주며 요즈음 일어난 일을 자세히 이야기해주었다. 혜능은 동자에게 자기도 게송이 붙은 당전으로 가서 예배를 드리고 싶으니 인도하여달라고 간청하여 그곳에 이르러 동자에게 그 게송을 읽어달라고 다시 부탁하였다. 마침 지방관리의 예방이 있어 이 말을 듣고 곧 게송을 큰 소리로 읊었다. 낭송을 들은 혜능은 자기도 게송을 짓겠으니 대신 그것을 기록해줄 것을 청하였다.

"뭐, 오랑캐가 게송을 짓다니, 별 희한한 일도 다 있군!"
"무상보리를 배우고자 하면 처음 배우는 자를 너무 가벼이 여기지 마십시오. 형편없는 사람(下下人)도 상상(上上)의 지혜가 있고 상상인에게도 얼빠진 지혜(沒意智)가 있는 법입니다. 사람을 경멸하는 것은 한량없고 가없는 죄가 되는 줄 아십시오."

獦獠 汝亦作偈 其事希有 能 啓別駕言 欲學無上菩提 不得輕於初學 下下人 有上上智 上上人 有沒意智 若輕人 卽有無量無邊罪

이렇게 하여 씌어진 게송이 앞의 혜능의 자성게이다.

5조께서는 혜능을 밤 삼경에 불러『금강경』을 설하여주었다. "마땅히 머문 바 없이 그 마음이 난다(應無所住 而生其心)"에서 언하에 크게 깨달음을 얻어 일체 만법이 자성을 여의지 않았음을 체득하였다. 혜능은 희열로 충만한 나머지 무아지경에서 다음과 같은 말씀을 올렸다.

자성이 본래 청정한 줄 내 어찌 알았으리오!
자성이 본래 생멸 없음을 내 어찌 생각했으리오!
자성이 본래 스스로 모두 갖추었음을 내 어찌 기대하였으리오!
자성이 본래 동요 없음을 내 어찌 예측했으리오!
자성이 그 자체로 능히 만법을 냄을 내 어찌 알았으리오!

何期自性 本自淸淨

何期自性 本不生滅
何期自性 本自具足
何期自性 本無動搖
何期自性 能生萬法

5조께서 본성 깨달음을 알고, '그대는 대장부요, 하늘과 사람의 스승인 부처가 되었다(不識本心 學法無益 若識自本心 見自本性 天人師 佛 世尊)'고 말씀하셨다.

이로써 점차적인 수양을 통하여 깨달음을 얻는 북종선 점오사상과 단박에 깨달음을 이루는 남종선 돈오사상이 동아시아의 사상 논쟁과 그에 따른 무수한 선시를 낳게 되는 출발점이 된다. 이때 혜능의 나이 약관 23세였고, 출가 전 속인의 신분이었다.

여기에 후학 납자들이 6조가 의발을 전수받은 이야기를 공안으로 삼은 많은 게송이 있다. 그중 두 수만 음미하자.

㉮

6조는 그때 장부답지 못했네	六祖當年不丈夫
남의 손으로 벽에 게송을 붙여 스스로 속임수 썼지	倩人書壁自糊塗
게송엔 분명 본래 한 물건도 없다고 말하고는	明明有偈言無物
오히려 다른 이에게 의발을 전수받았네[3]	却受他家一鉢盂

— 조인명

㉯

황매 회상 수많은 스님 가운데	黃梅席上數如麻
혜능의 언구에 선기 드러나니, 슬프다	句裡呈機事可嗟
직시하면 본래 한 물건도 없는데	直是本來無一物
청천백일이 구름에 가리듯 하여라	靑天白日被雲遮

— 서탑

---

3) 두송백, 『선과 시』, 박완식 · 손대각 역, 민족사, 2000, 55~56쪽. ㉮와 ㉯의 게송 재인용.

㉮의 게송에서 1행과 2행은 아이러니, 즉 반어법을 쓰고 있다. 역설법이다. 유머로 눙치는 조인선사의 안목이 재미있다. 이 역사적 사실이 본래 조사의 뜻과 상반되지 않느냐 하는 것은 '정말 장부의 면목을 드러내었고, 당당한 일이다' 하는 의미다. 또 3행에선 앞의 혜능의 게송 3행이 "본래무일물(本來無一物)"이라 해놓고는 오히려 의발을 전수받았다고 했다. 역시 풍자적 수사법이다. 그러나 실제는 게송으로 수승한 경지를 표현하여 스승으로부터 인가(認可)를 받을 수 있었음을 찬양하는 시다.

㉯의 게송은 '황매(5조의 별칭)의 문하에 무수한 일급 수자들 가운데 "본래무일물"을 읊은 것 자체가 없는 절대 경지를 드러내는 것이니, '가만히 놔두면 청천백일인데 다시 구름을 가리는구나'로 읽힌다. 서탑의 이 게송은 혜능의 무상게를 더 깊숙한 데로 몰고 가고 있어 묘미가 한껏 돋보이는 시다.

『선문염송(禪門拈頌)』 제112칙에 의발 전수를 두고 읊은 재미있는 게송이 있다.[4]

㉮

그 옛날 황매가 이 뜻을 전하니	當日黃梅傳意旨
불법을 아는 이가 갈대같이 많았네	會佛法人如竹葦
기린과 용의 두각이 모두가 허사 되니	麟龍頭角盡成空
노도령은 그들과 비슷하지 못했네	盧老無能較竿子

— 불인원

㉯

못 끊고 쇠 자르니 큰 재주는 도리어 바보와 같다	斬釘截鐵大巧若拙
한마디로 한 사람에게 전하니 불법을 알지 못하네	一句單提不會佛法
제멋대로 잎이 지고 꽃이 피나니	儘他葉落花開
봄가을의 춥고 더움을 묻지 않으리	不問春寒秋熱
다르다 다르다	別別
만고의 푸른 못엔 하늘의 달이니라	萬古碧潭空界月

— 원오근

---

4) 『선문염송』, 동국역경원, 1981, 289~294쪽 참조.

후대에 게송을 짓게 한 재미있는 이야기가 있다

> 6조에게 한 중이 물었다.
> "황매의 참 뜻은 누가 받았습니까?"
> "불법을 아는 이가 얻었지."
> "스님께서 얻었습니까?"
> "나는 얻지 못했네."
> "스님께서는 어째서 얻지 못했습니까?"
> "나는 불법을 알지 못한다."[5]
>
> 六祖因僧問 黃梅意旨 什麼人得 祖曰 會不法人得 僧云 還得不 祖曰 我不得 僧云 和尙爲什麼不得 祖云 我不會佛法

황매는 5조 홍인의 별칭이다. 황매현의 황매산에는 쌍봉산과 빙무산이 있는데, 쌍봉산에서 4조 도신이 중생 제도했고, 빙무산에서 5조 홍인이 회상을 펴서 널리 중생을 제도했다. 그 회상의 당시 새로운 선풍을 동산법문이라 함도 빙무산이 동쪽에 위치해 있기에 나온 이름이다. 6조가 의발을 전수받았음은 곧 불법을 알았기 때문임이 분명한데, 위 이야기의 언표는 불법을 모르기 때문에 5조의 참뜻을 받지 못하였다는 것으로 읽힌다. 역시 아이러니 기법에 의한 의미 전달이다. 그리고 불법을 안다는 것은 알지 못함에 있다. 그래서 『반야심경』에서는 "반야라는 것도 거기 없으며 깨달았다는 것도 없고 또한 깨닫지 못했다는 그런 생각조차 없다(無智亦無得)"라고 직설한다. 그리고 『벽암록』에는 절대 진리를 묻는 사람에게 이렇게 말한다. "여러분, 말후구(末後句)를 만나고자 하는가? 단지 노호를 아는 것은 허락하지만, 노호를 만나는 것은 허락하지 않는다(諸人 要會末後句麼 只許老胡知 不許老胡會)." 여기서 『반야심경』의 말씀이나 『벽암록』의 선구를 명확히 읽는다는 것은 위의 두 게송을 이해하는 것이 되니 철저히 분석해보자. "무지역무득"은 『반야심경』 가운데 가장 핵심이 된다. 여기서 지(智)란 산스크리트어로 jnana인데, 이것은 주관과 객관이 대립에서 벗어나 사물을 투시할 수 있는 직관지(直觀智)다.

---

5) 위의 책, 112칙 「황매」, 289쪽.

반야(般若, prajña)는 지(智)에서 한층 심화된 근본지(根本智)를 말한다. 주관과 객관이 완전히 허물어진, '자/타,' '능/소,' '주/객'이 미분화되기 전의 둘이 아닌 절대 경지, 최상의 경지를 말한다.

진리의 세계인 둘이 아닌 지혜, 바로 『반야심경』에서 말하는 "색즉시공(色即是空) 공즉시색(空即是色)"의 지혜를 일컫는다. 이 구경의 진리는 보는 자와 보여지는 자가 녹아서 허물어졌으므로 무엇을 판단하는 가장 날카로운 직관지마저 있지 않다. 이곳은 진리의 당처(當處)이므로 주관적 인식과 객관적 인식의 대상이 없으며, 있다면 이는 이미 상대적 대립의 세계지 절대무이(絕代無二)의 세계가 아니다. 여기서 알았다면 못 알았을 것이고 얻었다면 이미 분리되므로 다른 것을 얻었을 뿐이다.

다음으로, 노호(老胡)는 달마의 별칭이다. 늙은 오랑캐, 반어적인 존경이다. 또 달마(dharma)는 산스크리트어로 진리나 법이니 다의적인 의미로 쓰이고 있다. 곧 노호는 절대무이인 진리 당처를 지칭한다. 곧 실상의 당처를 앎으로 받아들이는 차원은 이야기되고 가능하다 할 수 있지만 그 자리, 바로 그곳에 만났다(領會)고 감지했을 때는 이미 다른 것일 수밖에 없다는 이 당처, 본래면목(本來面目)의 인식 방법에 대하여 이렇게밖에 할 수 없음을 말하는 것이다.

이 지루한 해설을 꼼꼼히 챙긴 분들은 앞의 두 게송의 요체를 간파했을 것이다.

㉮의 게송 1행과 2행에서 '5조가 뜻을 전하니 불법을 아는 이가 갈대같이 많다'라고 함은 지식이나 좀 더 나아가 직관지로서의 진리의 구경처, 본래면목을 간파한 사람이 많다는 의미이다. 이렇게 아는 것은 가능하다. 진리 당처와 계합하는 것은 이미 안다는 차원이 아니므로 이미 알았다는 생각이 들면 그것은 단지 알았다 이해한다는 차원일 뿐, 바로 그것이 되었다는 것이 아니다. 그래서 노호를 아는 것은 허락하지만 노호와 영회(領會)함은 허락하지 않는다고 말한다. 그럼 이것을 어떻게 영회할 것인가? 4행에서와 같이 '단지 노행자가 그들과 다를 뿐' 그 외는 달리 무어라 표현하겠는가?

㉯의 게송은 선문 제일서라는 『벽암록』을 편찬한 원오 극근의 시다. 이취(理趣)와 선지(禪旨)가 물씬 풍기는 게송이다. 1행과 2행에서는 '뛰어난 견해

를 가진 대중이 무수히 많지만 오직 불법을 혜능에게만 전한다고 했는데, 그
이유는 불법을 모르기 때문이다'라고 적고 있다. 진리의 당처인 본래면목을
영회하는 표현법을 쓰고 있다. 3행과 4행의 "제멋대로 잎이 지고 꽃이 피나
니/봄가을의 춥고 더움을 묻지 않으리"는 불법의 운행을 말한 것이다. 자, 여
기서는 부지불식간에 피고 지는 만물, 봄이다 가을이다를 잊는, 함이 없는(無
功用) 삶. 이것은 일체 만물, 불법, 구경의 당처인 본래면목을 인식하지 못한
가운데 그럭저럭 산다는 의미이다. 마지막 행인 "별별, 만고벽담공계월(別別
萬古碧潭空界月)"에서 '다르다 다르다'는 세계가 숨기고 있는 진면목에 대한
계합(契合)이니, 놀랍고 놀라울 뿐이다. 그 놀라움을 알고자 하는가? '만고의
푸른 못, 하늘엔 달. 달 속에 갇힌 푸른 못'이다.

위의 게송들은 중국 명대의 시론가 서정경(徐楨卿)이 『담예록(談藝錄)』에
서 시와 선이 합해질 수 있는 이유를 밝힌 논지와 부합된다.

> 이치를 대략 말하지 않고 사물의 상태를 형상화하여 이치를 밝히며, 도를 헛
> 되이 말하지 않고 그 그릇의 쓰임(器用)을 묘사하여 도를 싣는다. 형이하의 사물
> 을 들어 형이상의 이치를 밝혀, 고요하고 텅 비어 형상이 없는 것을 사물에 가탁
> 하여 일으키고, 황홀하여 조짐이 없는 것이 자취를 드러내어 눈에 보이듯 한다.
> 비유하면 무극과 태극이 응결하여 하늘과 땅(兩儀) 태양, 소양, 태음, 소음(四象)
> 이 되는 것과 같다.
> 乃不汔說理 而狀物態以明理 不空言道 而寫器用之載道 拈此形而下者 以明形而
> 上者 使廖廓無象者 託物以起興 恍惚無朕者 著迹而如見 譬之無極太極 結而爲兩
> 儀四象

이를테면 신수의 시에서 '몸을 보리수, 마음을 명경대'에 가탁(假託)하여
표현한 것과 혜능의 "본래무일물 하처약진애(本來無一物 何處若塵埃)"는 자
취 없음을 드러내어 눈에 보이듯 그리고 있고, 조인의 시나 서탑의 시 역시
아이러니 기법을 사용하여 표현상 긴장과 부조화를 주어 독자를 그윽한 곳으
로 몰아가고 있으며, 불인이나 원오 역시 『담예록』에서 말한 것과 같이 개념
이나 추상, 이해를 사물에 가탁하여 명징하게 이미지로 드러내고 있다. 용과

기린. 또 잎과 꽃. 못, 하늘, 달과 같은 사물로 나타냄이 그것이다.

이제 선시를 차례차례 음미하기 전에 선시의 뿌리를 하나씩 들추어봄으로 선시를 이해하는 데 도움을 주고자 한다. 선은 그 정점이 실생활 자체를 여과 없이 보여줄 뿐 아니라, 여과 없다는 그 자체를 말한다. 그래서 선시의 이해는 그 변두리에 있다고 판단되는 선화(禪話) 속이 바로 요체다. 마치『금강경』이 서양에 처음 전해져 번역되었을 때, 심오하며 철학적이고 종교적인 교리로만 가득 차 있지 않고 왜? 짧고 중요한 경문에 '밥을 빌러 가고 밥을 나누어 먹고 발을 닦고 똑바로 앉고' 같은 일상사가 기록되었는지 납득을 못한 것과 같은 이치라 하겠다.

혜능의 가르침은『법보단경』한 권에 집약된다. 그의 가르침을 한마디로 말할 것 같으면 돈오법문(頓悟法門)이다. 돈오법문을 가장 알맞고 명료하게 요약한 사구게(四句偈)가 있다.[6] 물론 혜능 당대에 지어진 것은 아니지만, 이 사구게는 선종의 특질을 가장 간단명료하게 드러낼 뿐 아니라 혜능의 사상을 가장 극명하게 나타낸 선시다.

문자를 세우지 않고	不立文字
가르침 밖에 따로 전하며	敎外別傳
사람의 마음을 곧바로 가리키니	直指人心
자성을 보고 부처를 이룬다	見性成佛

위의 사구게를 혜능의『법보단경』과 하나하나 배대해보면, 이후에 나타나는 선종의 일체 가풍이 혜능의 돈오법문에 근거를 두고 있음을 알 수 있다.

----

6) 이 사구게는 어느 경전에 출처가 있는 것은 아니지만, 그 근거는『능가경』권3 "일자불설(一字不說)"과『대품반야경』권7의 "일자불설" 혹은 "무자무설(無字無說)" 등에 나타난다. 석가모니의 처음 가르침으로 돌아가자는 초기 선종의 이슈였다. 곧 불교의 근본정신에 복귀하자는 실천불교로서 황매현 쌍봉산 일대와 강서, 호남 지방의 산사에서 일어난 대중적인 불교운동이다. 학자들의 연구에 의하면, 혜능 당대에 완성된 말은 아니나 후대에 점차적으로 혜능의 법손에 의해 제작되었음이 확실시된다.

1. 문자에 매이지 않는다(不立文字)

역사상 불립문자만큼 많은 오독을 일으켜온 문구는 없을 것이다. 여기서 문제가 되는 '입(立)'은 세운다, 정립한다는 뜻이다. 불립문자의 전체적 이해는 언어나 문자에 매달리지 않아야 하며, 단지 불립문자란 자구에 집착하여 고지식하게 문자를 사용하지 않는 것에만 매달리는 편집된 생각의 노예가 되지 말 것을 당부하였다. 이런 의미의 말은 『법보단경』 도처에 나타난다. 특히 「법문대시(法門對示)」 제9에 이러함을 우려하여 문인들을 모아놓고 '나 죽은 후에 그대들은 한 곳의 스승이 될 것이니, 그대들은 삼과법문(三科法門)[7]과

---

7)　송취현, 『반야심경강론』, 경서원, 1993, 240~242쪽 참조.

　　5蘊, 12處, 18界에 관한 설법을 三科法門이라 한다. 삼과란 생멸의 세계를 모두 말한다.

```
        ┌─ 五蘊      ─ 색 수 상 행 식
        │
        │           ┌─ 안 이 비 설 신 의 (6근)
  三科 ─┼─ 十二處 ─┤
        │           └─ 색 성 향 미 촉 법 (6경 혹은 6진)
        │
        └─ 十八界    ─ 안 이 비 설 신 의 (6식)
```

　■ 위의 도표는 삼과의 관계표다.

　　五蘊 – 다섯 더미, 곧 우리라는 이 몸을 지탱케 하는 육체와 정신을 지칭한다. 色은 물질, 受는 느낌, 想은 따짐이니 곧 인식 작용이고, 行은 의지적 충동이며, 識은 버릇 곧 습관적인 내정된 앎을 말한다.

　　六根 – 우리의 객관세계를 대하는 뿌리가 되는 기관을 말한다. 그래서 根이라 하며, 여섯을 합하여 六根이라 한다. 곧 주관세계이다. 눈(眼根), 귀(耳根), 코(鼻根), 혀(舌根), 몸(身根) 그리고 생각의 능력과 그 작용(意根)을 말한다.

　　六境 – 혹은 六塵이라 말하며, 六根의 대상이 되는 여섯 가지 객관이다. 이는 6근의 대상이 되며, 6경의 바깥 對境이 된다. 또 마음을 가리는 티끌이 되므로, 여섯가지 티끌 六塵이라고도 한다. 곧 그 대상이 되는 현상생멸계의 모든 색깔과 형상(色境), 소리(聲境), 냄새(香境), 맛(味境), 닿음(觸境)과 비감각적인 그 도리(法境)를 말한다.

　　十八界 – 界는 영역, 종류, 능히 지니다(能持)의 뜻. 곧 눈의 마음(眼識), 귀의 마음(耳識), 코의 마음(鼻識)~意識을 합쳐서 六識이라 한다.

　■ 6근과 6경과 6식을 통틀어 18계라 한다. 천하의 영웅호걸 미인절색도 18계를 넘

움직이고 사용함(動用)에 36대[8]를 말하고, 또 나아가고 사라짐에 양변을 여의고 일체 법을 설하는데 자성을 여의지 말아야 한다. 그리고 법을 묻는 사람에게 설법은 반드시 쌍으로 하여 대법을 사용하여 오고 감에 서로 원인이 되게끔 하여 마지막에 두 법이 다 제거되어 다시 갈 곳이 없게 해야 한다'고 말한다. 이것은 혜능이 말하듯이 '유(有)를 물으면 무(無)의 의미로 대답하고 범상한 것을 물으면 성스러운 것을 말하고, 또 성스런 것을 물으면 범상한 것으로 대답한다. 이렇게 두 극단의 상호 관계에서 중도(中道)의 의미가 드러난다.' 다음 이어서 불립문자에 대한 법문을 말한다. 여기의 중도는 혜능이 말하는 자성으로 읽힌다.

> "만일 완전히 공에 집착하면 곧 무명을 기르는 것입니다. 공을 집착하는 사람은 경전을 비방하면서 바로 문자를 쓰지 않는다고 말하지만, 이미 문자를 쓰지 않는다 할진대, 사람과 말하는 것도 합당하지 않다고 하겠으나, 이 말, 또한 문자의 형상입니다."[9]

> 若全執空 卽長無明 執空之人 有謗經 直言不用文字 旣云不用文字 人亦不合語言 只此語言 便是文字之相

이어서 글자 그대로 '문자를 세우지 않음(不立文字)'에 집착하는 사람들에 대하여 다음과 같이 말하였다.

> "또 말하되 곧은 도는 문자를 세우지 않는다(不立文字) 하지만, 곧 이 불립(不立)의 두 글자도 또한 문자의 형상임을 어찌하겠습니까? 이런 사람은 남이 말하는 것을 보고, 곧 비방하면서 문자에 집착했다 합니다. 여러분들은 반드시 알아야 합니다. 스스로 미혹한 것이 오히려 옳은 것이지, 어찌 부처님 경전을 비방할 것이겠습니까."

> 又云直道 不立文字 卽此不立兩字 亦是文字 見人所說 便卽謗他 言着文字 汝等

나들며 산다, 이것이 인생만사이다.

8) 혜능이 제자들에게 마지막 설법에서 서른여섯 가지의 상대적 관념을 열거하였다(『육조단경』「법문대시」 제9). 곧 36대는 有/無, 色/空, 動/靜, 淸/濁, 凡/聖, 僧/俗, 大/小, 長/短, 正/邪, 痴/慧, 煩惱/菩提, 慈悲/惡意, 恒常/無常, 虛/實, 喜/怒, 進/退, 生/邪, 化身/補身 18짝의 이항대립을 말한다.

9) 탄허, 『육조단경』「법문대시」, 영은사, 1959, 219~221쪽.

　여기서 우리가 읽을 수 있는 것은 불립문자에 대한 6조의 견해다. 불립문자란 문자를 사용하지 않음이 아니라 문자에 대한 집착이 없어야 함을 말한다. 그럼 어떻게 하여야 문자를 사용하되 집착하지 않고 사용하는 것이 되는가 하는 것이 문제이다. 바로 문자를 쓰되 적합하게 매달리지 않고 사용할 수 있을까. 이것은 지혜와 관계가 있다. 반야바라밀다, 곧 지혜의 완성은 중도이고 견성(見性)이다. 자성(自性)을 본 사람은 지혜를 완성한 사람이어서 모든 사물에 자연 응답을 하며, 또한 응답을 할 줄 안다. 6조는 『법보단경』「전향참회」에서 '스스로 미망을 제거하여 안과 밖이 밝게 관철(內外明徹)'되면 자성 가운데 만법이 모두 나타난다. 견성한 사람도 이와 같다(自除迷妄 內外明徹 於自性中 萬法皆現 見性之人 亦復如是)'고 설한다. 그리고 「남돈북점」 제7에서는 견성한 사람은 자성을 여의지 않고 모든 일을 자성 위에서 행하며 또 정신의 자유로움이 만끽함을 설한다.

> "견성한 사람은 세워야(立) 할지 세우지 말아야 할지 훤히 안다. 그것은 가고 옴이 자유로워 머뭇거림도 없고 걸림도 없기 때문이다. 그는 사물에 순응하여 움직이며 말에 알맞게 응하여 대답을 하며, 자성을 여의지 않고 모든 상황에 자기 처신을 한다. 이렇게 자재신통을 얻어 유희삼매에 든다. 이것의 이름이 견성이다."[10]
> 見性之人 立亦得不立亦得 去來自由 無滯無礙 應用隨作 應語隨答 普見化身 不離自性 卽得自在神通 遊戲三昧 是名見性

　곧 자성을 보지 못하면 결국 미망에 빠지고 견성을 하면 매사에 정신적 자유로움을 얻는다. 이런 사람에게 불립문자(不立文字)가 무슨 장애가 되겠는가.

---

10)　위의 책, 「남돈북점」 제7, 190~191쪽.

2. 가르침 밖에 따로 전한다(敎外別傳)

가르침 밖에 특별히 전할 것이 있는가가 문제다. 사실 별로 다르게 전할 것이 없다. 바로 이것을 전할 뿐이다. 이것을 아는 것이 선을 공부하고 선시를 이해하는 데 절대로 필요한 명제다. 3조 승찬도 그의 「심신명」에서 "지극한 도는 어렵지 않다. 분별하고 선택하는 마음만 꺼릴 뿐이니 단지 미워하고 좋아하는 양변의 견해만 버리면 대낮처럼 뚜렷하고 환해진다(至道無難 惟嫌揀擇 但莫憎愛 洞然明白)"고 노래하듯이 있는 그대로 평상심을 벗어나지 않고 있을 뿐이다. 그럼 이것을 입증할 수 있는 『법보단경』의 선화를 음미해보자.

이야기는 이렇다.

5조가 노행자에게 비밀히 의발을 전했다는 것을 듣고 진혜명은 동지 수십 명을 데리고 대유령에 이르러, 혜능을 가장 먼저 발견하였다. 노행자는 혜명이 오는 것을 보고 의발을 돌 위에다 던지면서 말했다.

"이 옷은 믿음을 표시하는 것, 어찌 힘으로 다투겠는가. 마음대로 가져가시오."

"제가 온 것은 법을 구하기 위한 것이오. 옷을 위한 것이 아니니 행자는 저에게 일러주시오."

"그럼 모든 연(緣)을 다 버리고 한 생각도 내지 마시오. 내 말하리라. 선도 생각하지 않고 악도 생각하지 않는 바로 이러할 때, 어떤 것이 상좌의 본래면목인가?(不思善 不思惡 正與麽時 那箇是明上座本來面目)"

이 말을 들은 혜명은 바로 크게 깨달았다. 그리고 몇 차례 절하고 물었다.

"그 외에 조사께서 보이신 비밀한 뜻이 있습니까?"

"내가 이제 말한 것은 비밀이 아니다. 스스로의 본래면목을 돌이켜 비추어보면 비밀함은 도리어 그대 자신에게 있다(與汝說者 卽非密也 汝若返照 密左汝邊)."

"제가 비록 오랫동안 황매에 있었으나 사실은 아직도 자신의 본래면목을 살피지 못했습니다. 이제 가르침을 받으니 마치 스스로 물을 마셔보고 차고 더운 것을 아는 것과 같습니다(慧明雖在黃梅 實未省自己面目 今夢指示 如人飲水 冷暖自知)."[11]

흔히 지식을 선가에서는 알음알이라 한다. 머리 하나만 이해되고 통달되

---

11) 위의 책, 「오법전의」, 29~32쪽 ; 『전등록』 권4, 동국역경원, 1970, 152~153쪽.

어 아는 기술적 지식과는 달리 선적 체험은 정신적 지혜와 육체적 경험, 머리와 마음을 모두 통하여 증장(增長)시킴을 의미한다.

이 선화에서 보는 바와 같이 사량분별(思量分別)하지 않는 평상심 그대로가 조사들의 입각처(立脚處)다. 이것을 체득하는 것이 중요하고 이전할 것이 없는 것을 전하니 교외별전(敎外別傳)이라 한다.

3. 사람의 마음을 곧바로 가리킨다(直指人心)

와륜은 뛰어난 기량이 있어	臥輪有技倆
능히 백 가지 생각을 끊고	能斷百思想
경계를 마주해도 마음 일지 않으니	對境心不起
보리수가 나날이 자란다	菩提日日長

— 와륜

혜능은 별 재주 없어	慧能沒技倆
온갖 생각이 끊이지 않네	不斷百思想
경계 마주함에 마음 자주 일어나	對境心數起
보리인들 어찌 자랄까	菩提作麼長

— 혜능

사실 혜능은 마음을 자성의 하수인이라 생각했다. 자성이 본체이고 마음을 응용으로 보았다. 자성과 관계없이 마음이 외경(外境)에 이끌리어 시시각각 변화하니 마음을 휘어잡는 것보다는 자성을 밝게 꿰뚫어 보는 것이 무엇보다 중요하다고 말한다. 마음이 주인을 배신하고 밖의 유혹에 넘어가 천방지축으로 날뛰면 결국 망하게 된다. 결국 수도 끝에 자아 완성을 실현하는 것도 응용인 마음이고, 패가망신 멸문지화를 당하는 것도 마음에 의해서이다. 마음이 없는데, 마음에 의해 나타나는 천당/지옥, 보리/번뇌, 광명/암흑, 긍정/부정 등등의 이항대립적인 것이 있을 수 없다. 그러나 이런 마음들은 둘이 아니라 일심(一心)이다. 이 마음은 정태적인 것이 아니라 항상 움직이고 끊임없이 변화하는 동태적인 것이다. 마치 흐르는 시냇물과 같아서 외부의 변화에 따라 맑기도 하고 고요하기도 하며 혼탁하기도 하고 시끄러운 소리도 낸다. 마음은 이렇게 흐르는 것. 혜능의 깨달음은 『금강경』의 "머무는 바 없이 마음을 낸다(應無所住 而生其心)"에 기인한다. 이것이 바로 본원을 통견(通見)하는 돈오(頓悟)의 내용이다.

위의 와륜의 게송을 한 승려가 혜능에게 매우 올바른 견해인 것 같다고 읊은 것인데, 혜능이 듣고 단박 견성하지 못하였음을 간파했다. 그래서 혜능은 와륜의 견해가 바르지 못함을 게송으로 답했다. 그의 게송은 4행에서 보리수가 본체이고 마음이 작용이며 3행에서는 경계에 대해 마음이 일지 않으면 죽은 마음이니, 어찌 마음이라 할 수 있는가, 단지 무주(無住)로서 마음을 사용하는 것이 중요하지 않겠는가로 읽힌다. 그리고 혜능은 "온갖 사물을 생각하지 않음으로써 항상 생각이 끊어지도록 하지 마시오. 이는 곧 법에 묶임이니 변견(邊見)이라고 합니다."[12]라고 말한다. 곧 이것은 어떤 것에 고착됨이 없이 집착하지 않고 만물을 본다는 의미이지 생각을 끊어서 돌이나 나무가 되자는 것이 아님이 명백하다. 이런 경지는 앞에서 보았듯이 견성만이 있을 뿐이다. 와륜의 견해대로 따라가면 결국 자기 속박과 미망으로 이어진다.

> "선지식아 마음을 깨끗이 하여 마하반야바라밀을 생각하시오."
> 잠시 후,
> "보리자성은 본래 청정하니 단지 이 마음을 사용하시오. 바로 성불될 것입니다."[13]

善知識 總淨心 念摩訶般若波羅密 大師良久 復告衆曰 善知識 菩提自性 本來清淨 但用此心 直了成佛

이 말은 혜능이 조계의 보림에 이르렀을 때, 대범사 강당에서 베푼 설법의 첫 마디며, 『법보단경』 모두의 글귀다. 돈오법문을 간결하게 나타낸 것이다. '마음을 깨끗이 하시오.' 여기서 말하는 마음이 바로 선을 아는 요체이다. 선

---

12) 퇴옹 성철, 『돈황본단경』, 18. 돈오, 장경각, 1988, 180쪽. 莫百物不思 常令念絕 即時 法縛 即名邊見.

13) 탄허, 『육조단경』 「오법전의」, 2쪽.

은 앉아서 고요를 지키고 고요를 즐기는 것이 아니라, 마음의 본성 곧 자성을 보아야 하며, 자성을 봄이 견성이며, 견성은 혜능에겐 성불이다. 바로 견성성불이 선의 궁극적인 목표이기 때문에 대중에게 총정심(總淨心)하라 한 것이다. "염마하반야바라밀(念摩訶般若波羅密)"을 해석하면 '마하'는 '크다, 많다, 뛰어나다'의 의미를 가진 산스크리트어고 '반야'는 프리즈나(prajñā)란 산스크리트어를 음사한 말인데, '근원적 지혜'를 말한다. 이를테면 knowledge는 경험을 갖지 않고 얻어진다면, wisdom은 삶의 경험을 통하여 얻어진다. 그러나 프리즈나는 존재 자체의 자발광(自發光)으로 '본질에서 솟는 근원적인 예지'다. 곧 분별함이 없는 상태에서 솟는 지혜인 무분별지(無分別智)다. 이제 혜능은 '지혜의 완성만 생각하십시오' 하고 대중에게 조용히 말한다. "지혜자성은 본래 맑고 깨끗합니다. 단지 이 자성의 응용인 이 마음만 사용하십시오. 이러면 성불해 마칠 것입니다."

혜능은 좌선에 관해서도 앉아서 마음을 쉬고 고요를 즐기는 것이 아니라, 선은 마음을 완전히 자유롭게 하는 열망 그 자체임을 간파하였다.『법보단경』「남돈북점」[14]분에 보면 "지성이라는 승려는 신수의 문도인데, 신수가 혜능에게 가서 가르침을 듣고 돌아와서 나에게 설해달라는 부탁을 받고 조계로 왔다. 이어 혜능이 지성에게서 신수가 '마음을 머무르고 고요함을 관하여 오랫동안 앉아서 눕지 말라' 한다"는 말을 듣고, 그는 다음과 같이 말하고 게송을 읊었다.

"마음을 머물게 하고 고요함을 봄은 병이지 선이 아니다. 오랫동안 앉아 몸을 구속한다는 것이 공부에 무슨 이익이 되겠습니까. 나의 게송을 들으시오."
住心觀靜 是病非禪 長坐拘身 於理何益 聽吾偈曰

살아서는 앉아 눕지 못하고	生來坐不臥
죽어서는 누워서 앉지 못하니	死去臥不坐
냄새나는 한 구의 뼈일 뿐이니	一具臭骨頭
어찌 삶의 기쁨을 얻을 수 있으랴	何爲立功課

---

14)　위의 책, 「남돈북점」 제7, 184~185쪽.

혜능은 좌선을 하되, 그 목표는 견성에 있다는 것을 강조한다. 자칫 방편에 몰입하다 보면 본래의 목적을 잊을 수가 있음을 환기시킨다. 자성을 통견함이 깨달음이고 성불이다. 일체 바깥의 경계에 집착하면 마음에 생멸(生滅)이 일고, 마음에 생멸이 일어나면 곧 행위로 이어지기 마련인 것이 우리들의 삶이다. 모름지기 자성에 입각하여 마음을 분별 없이 냄이 바깥 경계에 집착하지 않는 것이고 생멸에서 벗어나는 것이라고 혜능은 말한다.

4. 자성을 보고 부처를 이룬다(見性成佛)

> 모든 법은 모두 자신의 마음 가운데 있습니다. 어찌하여 자기의 마음에 진여 본성을 단박 나타내지 못할까?『보살계경』에 '나의 본래 근원은 자성이 맑고 깨끗하다'고 하였습니다. 마음을 알아 성품을 보면(識心見性) 스스로 부처의 도를 이루는 것입니다. 곧 확연히 깨쳐서 본래 마음을 도로 찾는 것입니다.[15]
> 一切萬法 盡在自身心中 何不從於自心 頓現眞如本性 菩薩戒經 云我本源 自性淸淨 識心見性 自性佛道 卽時豁然 還得本心

위의 말은『돈황본단경』「견성」분이다. 마음을 알아 성품을 보면 부처이고 본래 마음(진심)을 도로 찾는 것이라 명백히 선언한다. 혜능에게는 자성이야 말로 절대절명의 것이다. 자성은 시간과 공간의 저쪽에 있으며, 우리의 말과 글이 표현할 수 있는 일체의 속성을 초월한다. 우리의 언어는 단지 현상세계와 사물과 사물이 끝없이 대립하고 융화하는 사이에 가유(假有)해 있을 따름이다. 가유해 있는 흔적을 우리는 자성 위에서 마음대로 사용할 뿐이다. 견성한 사람은 언어로 유희하되 마음에 흔적이 남지 않는다.

우리가『법보단경』에서 읽을 수 있는 것은 함이 없는 무위적인 초월 사상이다. 자성을 돈오함으로 오는 자유로움 이것은 노장적(老莊的)이나, 마지막 고요에 빠지지 말고 고요에서 오는 환희에 안존하지 말고 혜능은 저잣거리로

---

15) 퇴옹 성철,『돈황본단경』, 17. 견성, 장경각, 1988, 173쪽.

돌아오라고 소리친다. 이것이야말로 실사구시의 공맹적(孔孟的) 사상인 인간 중심적 사유의 맛이 한껏 드러나는 대문이다. 일체의 불경과 선어록은 우리를 위하여 설하여졌고 우리의 자성, 곧 불성 위에 건립되었음을 주장한다. 그리고 혜능은 일체만물에 대한 집착이 없어져 무집착이 되었을 때, 이 무집착에 집착하는 위험에 대하여 말한다. 흔히 공에 빠지는 것을 8마계(八魔界)[16]에 빠진다고 말한다. 고요와 적적에 쌓여 혼자의 환희를 즐기는 것을 말한다. 이 빠져나가기 어려운 문제에 대해, 그 이후 혜능의 후손들은 "백 척의 낭떠러지에서 한 발 내디뎌라, 십만 세계가 모두 부처님의 진짜 몸임을 알게 되리라"[17]는 멋진 선어로 경책을 하지만, 그는 더욱 친절하고 인간적인 말로 우리에게 들려주고 있다.

"그대들의 마음이 이미 선과 악의에서 벗어났다면, 깎은 듯한 공허에 떨어지지 말도록, 앞과 뒤가 끊기는 고요를 지키며 즐기는 경지에 빠지지 않도록 주의해야 합니다. 그대들은 오르지 학문을 넓히고 많은 견문을 쌓도록 애써야 합니다. 그러면 스스로의 본심을 깨달아, 모든 깨달은 이의 근본 이치를 알게 될 것입니다. 그렇게 되면 다른 사람과의 사귐에 있어서 화합이 자연 이루어지고 나와 남이라는 생각이 없어지게 됩니다. 바로 보리에 이르러, 움직이지 않는 우리의 진심을 깨달을 것입니다.[18]

---

16) 8마계 : 공부가 순숙하여 한 생각도 바깥 경계에 끄달리지 않고 일체의 인연이 끊어져 마음이 常寂常照하여 헐떡거림이 없는 기와나 벽돌 같아야만 견성성불에 들어간다고 선문의 제 조사들은 한결같이 말한다. 이럴 때 '기와나 벽돌'과 같이 무심경계나 勝妙境界에 빠져 홀로 즐기는 것을 8마계라 한다. 성철선사는 그의 저서『선문정로』에서 "거친 망상인 제6 의식이 모두 멸한 제8 아뢰야식의 無記가 大死이니, 이는 숙면에도 일여한 자재 보살의 지위다. 극미한 망상인 제8 아뢰야를 이탈하지 못하면 이는 질긴 의식의 뿌리를 끊지 못한 것이다. 그리고 10지의 等覺의 大死의 늪에서 豁然大悟하여 아뢰야의 무기까지 멸진해야 진짜로 대사이니, 常死常活하고 常寂常照하여야 선문의 本分宗師가 된다"(『선문정로』, 장경각, 1987, 125~126쪽)라고 말한다.

17) 백척간두진일보 십만세계시진신(百尺竿頭進一步 十萬世界是眞身),『오등회원』권4, 경잠 초현의 게송. 선의 정신은 이 게송과 같이 '머물지 않음(不住)'에 있다. 하루 살면 하루, 한 시간 살면 한 시간만큼 흐른다. 위의 게송은 이와 같은 사상을 단적으로 표현하고 있다.

18) 탄허,『육조단경』「전향참회」, 102~104쪽.

自心既無所攀緣善惡 不可沈空守寂 卽須廣學多聞 識自本心 達諸佛理 化光接物
無我無人 直至菩提眞性不易

우리는 혜능의 설법에서 인도의 명상적이고 난해하게만 느껴지던 불교 교리가 매우 현실화되고 보편화되었으며, 또 한편으로는 생활 속으로 성큼 다가옴을 느낄 수 있다. 이와 마찬가지로 혜능의 가르침은 그와 그의 사상을 잇는 선사들에 의하여 더욱 심화되고 실증되었으며, 이윽고 실생활, 문화, 문학, 사상, 정치 전반이 막대한 그의 영향 아래 놓이게 되었고, 오늘날에는 전 세계의 사상계를 강타하고 있다.

2장

염화시중의 미소(拈花示衆微笑)[1]

---

1) 이 선화는 『대법천왕문불결의경』에서 나왔다. 부처님의 뜻을 가섭이 알았다는 내용. 『선문염송』 제1권 5칙에 "세존께서 기사굴산에서 설법을 하는데 하늘에서 청 · 황 · 적 · 백 네 가지 연꽃이 내리거늘, 세존께서 그 꽃을 대중에게 보이니 가섭이 빙그레 웃었다." 세존께서 말씀하시기를 "나에게 정법안장이 있는데 마하가섭에게 전해주노라"고 한 것에 대한 게송이다.

㉮

세존이 손으로 꽃을 들어 보이시니 世尊自手拈花
가섭이 낯을 피어 빙그레 웃었네 迦葉破顔微笑
두 늙은이는 한 쌍의 오래된 송곳이 되지만 二老一雙古錐
위로 향한 한 구멍은 알지 못하네 未知向上一竅

— 천복일

㉯

한 송이의 꽃을 드신 일이여 拈起一枝花
멋이 제자리에서 흘러 나왔다 風流出當家
만일 마음을 전했다 한다면 若言付心法
천하의 일은 어지러우리 天下事如麻

— 운문고

㉰

부자가 함께 모일 큰 자리를 벌이고 拋他祖父大家筵
꽃가지 든 것을 바른 전법으로 삼았네 拈出花枝作正傳
피해 입은 후손들이 몹시도 가난해서 帶累兒孫貧到骨
할미의 옷 빌려 입고 할미에게 세배하네 借婆裙去拜婆年

— 열재거사

『선문염송』의 제5칙「염화미소」의 게송[2]들 가운데 임의대로 뽑은 글이다.

---

2)　『선문염송』 제1권, 5칙「염화미소」, 동국역경원, 42~51쪽.
　　여기서 게송의 의미를 정의하고자 한다. 게송의 어원은 산스크리트어 gata로서, 불
교와 같이 중국으로 들어와서는 가타(伽陀), 게타(偈陀)로 음역되었고, 게(偈), 송(頌)
두 자를 합쳐서 게송(偈頌) 혹은 선게(禪偈)라 의역되었다. 이것은『시경(詩經)』의「詩
經六義」가운데 송에 해당하기 때문이다.
　　六義를 밝히면 다음과 같다.

이 시들을 감상하기 전에 우리는 선에서 말하고자 하는 사상적 특질로 기인하는 언어 초월에 관하여 명확한 이해가 있어야 선시의 온전한 이해와 감상에 닿을 것이다.

선의 사상적 특질, 곧 선문의 종지는 앞 장에서 살펴본 것과 같이 흔히들 불립문자(不立文字) 교외별전(敎外別傳) 직지인심(直指人心) 견성성불(見性成佛)로 표현한다. 문자는 언어를 표기하는 수단인 만큼 이 선의 특질은 특히 언어 초월을 강조한다. 이것은 초기 선의 소의경이라 할 수 있는 『능가경』이나, 남종선의 소의경이라 할 『금강경』 도처에 천명되어 있다.

> 어느 날 밤에 정각을 이루고
> 어느 날 밤에 열반에 들지만
> 이 두 중간에서
> 나는 아무것도 말한 바가 없다
>
> 안으로 몸소 증득한 법으로서
> 나는 이와 같이 말한다

興 – 어떤 것을 알리고자 다른 사물이나 그에 따른 狀況을 끌어와 비교하게 하여 은연중에 알게 하는 시문체의 일종.

賦 – 직설. 뜻하고자 하는 것을 서슴없이 바로 읊는 시문체.

比 – 상호 비교하면서 시를 전개시키는 시문체.

風 – 서로 다른 지방의 풍속이나 민요.

雅 – 궁중의 아악을 위한 가사체의 시문.

頌 – 성왕을 칭송하기 위한 운문과 종묘재나 외국의 사신을 영접, 또는 군악대를 위한 가사체의 시문.

위의 여섯 가지 시문체 가운데, gata는 송에 해당하므로 자연 偈頌, 頌이라 불렸다. 그러나 게송은 형식상으로는 한시의 엄격한 율격을 나타내고 있으나, 내용 면으로는 한시의 송과는 현격한 차이를 보인다. 곧 gata는 언어를 빌려 언어 밖의 현묘한 이취를 읊고 있다. 바로 不立文字 敎外別傳 直指人心 見性成佛의 선문의 종지를 表詮하기 때문이다. 따라서 선시는 독특한 선시적 수사법이 오랜 기간 동안 개발 발전되는데, 선시의 반상합도, 선시의 초월은유, 선시의 무한실상이 그것이다. 선사들은 "풍류가 되지 않는 곳에 오히려 풍류가 있다(不風流處也風流-『벽암록』)"고 노래하고, "한 말 한 획의 모든 마음이 부처와 조사의 근원에서 흘러 나왔다(片言隻字皆流出佛祖之淵源-『종용록』)"고 말한다.

　　시방 부처님과 또한 나의
　　모든 법은 차별이 없다[3)]

　석가모니는 정각을 이루고 열반에 들기까지 45년 동안 8만 4천 법문으로 지칭되는 대기설법(對機說法)을 남겼다. 그러함에도 불구하고 "나는 아무것도 말한 바가 없다"고 자신이 말한 바를 부정하고 있는 이 게송은 분명 언어 초월 사상을 역설적으로 강조하고 있다. 또 남종선의 소의경인『금강경』에서는 정하여진 정상성(定相性)을 부정할 뿐 아니라, 모순적 어법인 역설을 사용하여 관습적인 고정관념을 깨뜨리며, 세계가 숨기고 있는 존재를 개시하고 있다. 이러한 언어 초월 사상은 석가모니의 초기 근본 경전인『아함경』[4)]과

---

3)　『입능가경』, 동국역경원, 131쪽. 1장 각주 6)에서『입능가경』의 일자불설(一字不說)이나『대품반야경』에 무자무설(無字無說)은 선의 사상적 특질이라 할 수 있는 "불립문자 교외별전 직지인심 견성성불" 사구게의 언어 초월 사상의 근거를 제시한다.

4)　선이 왜 언어 초월의 길로 내닫는가. 이 질문에 논리적인 대답을 얻을 수 있는 기반은 불교의 실상설(實相說)과 연기설(緣起說) 양대 교리 중 연기설에 기반을 두고 있으며 연기설에서 실마리를 풀 수 있다. 연기설의 원형은『잡아함경』중『인연경』에서 볼 수 있다. 곧 연기란 '말미암아 일어난다'이다. 이것은 상호 의존하는 상의성(相依性)에 의해 일체 만물이 가유(假有)에 있음을 말한다. 근본적으로 연기에 의해 가유해 있는데, 그것을 지칭하는 언어기호 역시 잠시 짐짓 흔적으로 있다. 여기에 초점을 맞추면 곧 바깥의 경계인 응용을 근본 체로 삼는 것이 된다. 6조 혜능이『법보단경』에서 말하듯이 우리의 체는 진여자성(眞如自性)인 참마음일 뿐이다. 자성을 바로 보는 것이 견성(見性)이고, 견성은 성불(成佛)이다.

　　이것이 있음에 말미암아 저것이 있고
　　이것이 생김에 말미암아 저것이 생긴다
　　이것이 없음에 말미암아 저것이 없고
　　이것이 멸함에 말미암아 저것이 멸한다

　『雜阿含經』12卷『因緣經』, 동국역경원, 344~345쪽.
　'나는 이제 인연법과 연생법을 말할까 한다. 무엇이 인연법인가?'
　이른바 '이것이 있기 때문에 저것이 있다'는 것이니, 무명(無明)을 인연하여 행(行)이 있고, 행을 인연하여 식(識)이 있으며…… 내지 이렇게 하여 큰 괴로움의 무더기가 모이는 것이다. 어떤 것을 연생법이라 하는가?
　이른바 무명의 지어감은 부처님이 세상에 나오시거나 나오지 않으시거나 확정된 법의 세계로 항상하는 것이다. 그것이 바로 상의성이다. 나는 이를 깨닫고 이를 완전

『금강경』 제7 「무득무설분」과 제8 「의법출생법」 외에 경전 도처에 나타난다.[5]

> "결정된 내용이 없음을 여래께서 말씀하셨습니다. 왜냐? 여래가 말씀하신 진리는 취할 수도 없고, 말할 수 도 없고, 진리도 아니고, 진리 아닌 것도 아니기 때문입니다. 모든 깨달은 현인과 성인은 상대의 세계를 빼어난 함이 없는 절대법 가운데 차별이 있기 때문입니다."
>
> 無有定法 如來可說 何以故 如來所說法 皆不可取 不可說 非法 非非法 所以者何 一切聖賢 皆以無爲法 而有差別 ―「無得無說分」第7

> "이른바 불법이란 불법이 아니고 그 이름이 불법입니다."
>
> 所謂 佛法者 卽非佛法 是名佛法 ―「依法出生分」第8

선시의 백과사전이라 할 수 있는 고려시대에 간행된 수신사 2세 국사인 혜심은 『선문염송』 서문에서 더 한층 선의 특질을 명료하게 천명하고 있다.

> "세존과 가섭 이후에 대대로 이어받아 등불과 등불이 다함이 없이 차례차례 비밀히 전함으로써 바른 전법을 삼으니, 바르게 전하고 비밀히 준 자리는 말로써 표현치 못할 바는 아니나, 말로는 미치지 못하는 바가 있기 때문에 비록 가리켜 보이는 일이 있어도 문자를 세우지 않고 마음으로써 마음을 전할 뿐이었다.
>
> 그렇거늘 일을 좋아하는 이들이 그 행적을 억지로 기억하여 책에 실어서 지금까지 전하니, 그 거친 자취야 소중히 여길 바가 아니나 흐름을 더듬어 근원을 찾고 끝에 의거하여 근본을 아는 것도 무방하리니, 근원을 얻은 이는 비록 만 갈래의 다른 말이라도 맞지 않는 일이 없고, 이를 얻지 못한 이는 비록 말을 떠나서 간직한다 해도 미혹하지 않는 일이 없으리라."[6]
>
> 世尊迦葉已來 代代相承 燈燈無盡 遞相密付 以爲正傳 其正傳密付之處 非不該言義 言義不足以及故 雖有指陳 不立文字 以心傳心.
>
> 而已 好事者 强記其迹 載在方册 傳之至今 則其麤迹 固不足貴也 然 不妨尋流

히 이해했다. 그래서 이를 가르치고 선포하고 설명하고 나타내고 명백히 하여 드날리는 것이다. 이른바 '무명에 연하여 행이 있고…… 내지 생을 연하여 노사(老死)가 있다.'

5) 송준영, 『표현방법으로 본 선시 연구』, 청송출판사, 2001, 7~8쪽.

6) 진각 혜심, 『선문염송』, 설봉 학몽 현토, 불서보급사, 1979, 1쪽.

而得源 據末而知本 得乎本源者 雖萬別而言之 未始不中也 不得乎此者 雖絕言而
守之 未始不惑也.

이상으로 우리는 선의 사상적 특질과 선이 표현하고자 하는 것은 간택심을 초월한, 불립문자(不立文字)가 아닌 불리문자(不離文字)로서의 언어 초월 사상을 간략하게나마 읽을 수 있다. 따라서 선문에서는 그 뜻을 드러내기 위하여 문자를 무시하지 않고, 여러 곳의 선원에서는 징(徵), 염(拈), 대(代), 별(別), 송(頌), 가(歌)[7] 하여 이치를 드러내어 후대 사람에게 보여주었다. 조사들의 간절노파심이 이와 같았고 반면에 이런 언어의 불완전성, 또는 이것으로 인하여 이론적인 선으로 오전됨을 두려워하여 '뭍에 오르면 뗏목을 버리는(捨筏登岸)' 경구나 '고기를 잡으면 그물을 잊는다(得魚忘筌)'는 말씀으로 경책하였다.

선의 근원을 이야기할 때 선문에서는 흔히 삼처전심(三處傳心)[8]을 말한다. 삼처전심 가운데 염화시중에 관한 재미있는 이야기가 있다.

옛날 석가모니가 기산굴산(의역 : 영산, 영축산, 취봉)에서 대중들에게 설법을 베풀었다. 한참 무아경에서 말씀을 이으시다 말문을 닫았다. 잠시 후 연

---

7) 徵 – 물음. '이 문제를 어떻게 생각하는가?' 등의 논리.
    拈 – 들추어 냄. 남의 말을 다시 예로 들어 사람들에게 보이는 형식.
    代 – 남의 대답을 대신함. 문답에서 대답이 막힐 경우 '나 같으면 이렇게 대답하지' 하는 등의 형식.
    別 – 남의 말과 다르게 말하는 형식. 누구는 이렇게 말했지만 나라면 이렇게 하겠다는 논리.
    頌 – 게송. 시를 읊는 일.
    歌 – 시가 정해진 운문으로 된 데 반하여 불규칙한 긴 노래의 형식.

8) 삼처전심은 다자탑전 분좌, 염화시중 미소, 곽시쌍부를 일컫는다. 다자탑전 분좌는 '세존이 다자탑 앞에서 설법을 하는데 가섭이 늦게 도착했다. 그와 자리를 나누어 앉히자 대중이 모두 어리둥절하였다는 내용이고, 곽시쌍부는 세존이 사리쌍수 사이에서 열반에 들자 가섭이 7일이나 늦게 도착하여 관을 세 바퀴 돌면서 "생사의 무상을 초월하셨다 말씀하시더니 어찌하여 이렇게 빨리 돌아가셨습니까?" 하니 세존께서 관 밖으로 두발을 내어 보였다는 선화다. 염화시중의 미소와 함께 세존이 세 곳에서 마음을 전했다 하여 선가에서는 선의 근원으로 삼는다.

꽃 한 송이를 집어 들고 대중에게 보이면서 말씀이 없었다. 대중들은 무엇을 의미하는지 아무도 몰랐고 어리둥절할 뿐이었다. 그때에 가섭만이 엷은 미소를 띠었다.

> "나는 정법안장(正法眼藏)과 열반의 미묘한 통찰력을 가지고 있습니다. 이 열반은 무형의 모양과 실제의 모양을 다 같이 갖춘 것이며, 문자로써 알 수 있는 건 더욱 아니며, 모든 경전 밖에 따로 전달되는 것입니다. 이제 나는 이 비전을 마하가섭에게 부촉합니다."[9]

吾有正法眼藏 涅槃妙心 實相無相 微妙法門 不立文字 敎外別傳 付囑摩訶迦葉

이와 같이 선의 기원은 모호한 전설 속에 가려져 있다. 따라서 선의 근원을 말할 때 자연 석가모니로 올라간다. 인류의 정신 유산 중 가장 미묘한 선은 한 송이의 연꽃과 한 번의 미소에서 탄생되었다. 삼처전심 중 오직 염화시중 미소만이 출처가 분명하지 못하나, 얼마나 낭만이 있고 멋스럽고 아름다운가는 이야기를 접해본 사람이면 바로 직감하게 된다. 선의 멋은 선화가 정말이냐 거짓이냐에 있는 것이 아니다. 염화시중의 미소가, 선 이야기가 우리에게 전수되면서 만들어졌다 해도 이것은 아주 정확하게 선의 정곡을 찌른 이야기다. 어쨌든 선은 미소 짓는 한 송이 꽃이 피어나는 미소를 자아낸다고 보는 이 이야기야말로 선의 핵심이 아닌가.

---

9) 이지관, 『사집사기』「선요」, 해인총림, 1986, 232~234쪽 참조.
정성본, 『중국선종의 성립사 연구』, 「보림전의 성립과 정법안장」, 민족사, 1991, 756~779쪽 참조.
『보림전』『持月錄』『무문관』『오등회원』『연등회요』 등에 기록되었음. 역시 문헌상 최초의 기록은 『보림전』 권1, 「도중부법장열반품」 제3에 있는 기록(801)이다.
여기서 좀 더 고찰하여야 할 문제는, 다자탑전 분반좌는 『아함경』『중본기경』에, 쌍림수하 곽시쌍부는 『대열반경』「다비품」에 기록되었음이 밝혀지나 염화시중 미소는 경전 출처가 분명하지 않다는 것이다. 『대법천왕문불결의경』 권3 「염화품」 제2에 기록되어 있으나, 근자에 와서 학자들의 연구 결과 이 경이 위경으로 밝혀졌다. 그러나 이런 내용은 『법화경』에 '靈山說法 天雨四花'나 『열반경』에 '吾有正法眼藏 付囑迦葉'과 같은 경문이 있는 것으로 보아 염화시중과 같은 구체적인 이야기로 발전된 것으로 보인다.

선은 산스크리트어 Dhyana의 음역이며, 원어의 어미에서 모음을 생략하고 Dhyan만 음사한 말이다. 혹은 원어에 충실히 음사하여 선나(禪那)라고도 하며, 의미는 정려(靜慮), 정사유(正思惟), 사유수(思惟修)로 번역된다. 의역하여 정(定)이라고도 부르며 선 자를 합하여 선정(禪定)이라고도 한다. 통불교적인 입장에서는 계·정·혜, 삼학 가운데 정을 가리킨다. 선은 원래 불교 이전 인도 고대 각종 고행자인 구도사들이 취하는 명상을 내용으로 하던 것이 중국으로 전파되면서 선사들에 의하여 본체에 대한 돈오나 자성에 대한 직관적 자각, 즉 증득을 본질로 한다. 선사들은 하나같이 제자들에게 명상과 사유로 선의 본질을 파악할 수 없음을 강조해왔다. 이런 것은 앞 장 혜능의 설법에도 잘 드러나 있지만, 이것이 한층 구체화되어 훗날 혜능의 제자인 남악 회양과 마조 도일의 선화에도 잘 나타난다.

> 도일이 전법원에서 매일 좌선을 하고 있었다. 대사는 그가 법기임을 간파하고 물었다.
> "좌선은 하여 무얼 하려는가?"
> "부처가 되려 합니다."
> 대사가 나가서 벽돌을 가지고 와서 바위에다 갈고 있었다.
> "큰스님 무얼 하시렵니까?"
> "거울을 만들려 한다."
> "벽돌을 간다고 어찌 거울이 되겠습니까?"
> "좌선을 한들 어찌 부처를 이루겠는가?"
> "어찌해야 하겠습니까?"
> "사람이 수레를 몰고 가는데 수레가 가지 않으면 바퀴를 때려야 할까? 소를 때려야 할까?"
> 너는 좌선을 배우는가, 앉은 부처(坐佛)를 배우는가. 만일 좌선을 배운다면 좌선은 앉은 곳에 있지 않고, 앉은 부처를 배운다면 부처는 일정한 형상이 없다.
> 머무를 곳이 없는 법에 대하여 취하고 버리려는 생각을 내지 말라. 네가 만일 앉은 부처가 된다면 그는 부처를 죽이는 일이 된다. 앉은 일에 집착된다면 그 이치를 통달하지 못한다.[10]

10) 『전등록』 권5, 「남악회양선사」, 동국역경원, 195쪽.
『선문염송』 제4권, 121 칙 「마전」, 동국역경원, 304쪽.

호적(胡適, 1891~1962)은 "중국의 선은 인도의 요가나 선나에서가 아니라, 오히려 그들에 대한 하나의 반선나적으로 발생하였다"[11]고 말했다. 이러한 해석은 인도 선에 대한 반동이라기보다는 불교의 넓은 사유의 폭과 물이 스며듦과 같은 자연스러움이 빚어낸 포괄적인 편재성에서 기인된다고 본다. 역사적으로 대승불교는 한 나라에 전파되는 것과 동시에 그 민족의 고유 신앙을 포괄하는 것을 많이 본다. 중국에 들어오면서 노장사상과 중국 민족의 현실적 감각, 우리나라의 토템사상이나 삼신사상, 일본의 신사불교가 그것을 말해준다.

스즈키 다이세쓰(鈴木大拙, 1870~1966)는 그의 저서 『선의 역사』에서 '오늘날 선은 깨달음에 관한 중국적 해석'이며 중국인의 실천적 상상력은 선을 창조하기에 이르렀고, 이것을 그들 자신의 종교적 요구에 알맞게 최대한 발전시켰고, "현재와 같은 선은 인도에서는 없었다"라고 기술하고 있다.

또 가톨릭 신부로 동양사상에 침잠했던 토마스 머튼(Thomas Merton, 1915~1968)은 장자의 연구서인 『장자의 길(The Way of Chang Tzu)』에서 "장자의 사상과 정신을 전통으로 계승한 사람들은 당나라 때(7세기~10세기)의 중국 선사들이다"라고[12] 단언한다.

오경웅(吳經熊, 1899~1986)은 동서를 넘나드는 중국계 미국인으로 법학자요, 철학자이고 저술가로 잘 알려진 석학이다. 그의 선에 대한 견해는 그의 저술 『선학의 황금시대(The Golden Age of Zen)』에서 "나의 견해로는 선종의 형성은 그 원초적 자극이 풍부한 대승불교의 충동에서 유래했다고 본다. 그렇지 않다면 이와 같이 생기발랄하고 역동적인 정신 활동은 비록 노자, 장자 같은 근본 도가사상이 부흥하였다 하더라도 발생하지 못했을 것이다. 노장자의 근본정신을 선의 형식으로 실제로 부활시키고 반전시킨 것이 대승불교의 충동이었다"[13]고 말하고 있다.

처음 불교가 중국에 들어왔을 때는 격의(格義)라는 방법에 의해 이해되었

---

11) 오경웅, 『선학의 황금시대』 서돈각 · 이남영 역, 삼일당, 1978, 59쪽. 재인용.

12) 토마스 머튼, 『장자의 길』, 고려원미디어, 1991, 21쪽.

13) 오경웅, 위의 책, 59쪽.

다. 격의불교는 기존의 노자, 장자의 사상을 차용하여 불교를 이해하는 방법이다. 가령『도덕경』제40장에 '천하의 모든 만물은 유에서 생하고 유는 무에서 생한다(天下萬物於有 有生於無)'라는 말은 대승불교의 공사상을 노자의 무라는 용어로 이해하는 계기가 된다. 불교가 처음 중국에 유입되었을 때 불교의 열반(nirvana)을 무위(無爲)로, 보리(bodhi)를 도(道), 진여(tathata)를 본무(本無)라고 격의적으로 수용 번역하였다. 곧 노자, 장자의 사상을 빌려 불전을 번역하고 불교를 이해한 것이다.

인도의 불교와 중국의 불교는 전자가 명상을 통해 현실의 괴로움을 초월하려 했기 때문에 인식론적 논리가 발달하게 되었다면 이와는 반대로 후자는 그 국민성에 기인되는 행동적이고 현실적인 직관이 발달했다. 그런 까닭에 직관적으로 체험하고 실천하는 실제적인 종교정신이 발달하게 된다. 곧 불교의 궁극적인 경지를 어떻게 체득하고 실참실수(實參實修)하느냐 하는 문제가 바로 참선과 같은 수행법으로 발전하여 선종의 태동을 보게 된다.

우리는 앞 토마스 머튼의『장자의 길』이나 오경웅의『선학의 황금시대』에서 '선은 중국 노장사상의 다른 표현이며, 노장의 사상을 계승한 이들은 당과 송의 선사들이다'라고 주장하였다. 오늘날 장자의 좌망(坐忘)이나 조철(朝徹), 견독(見獨)의 경지가 선과 같은 것이라고 보는 견해가 널리 퍼져 있는데, 이 점에 대해 서옹 상순(西翁尙純, 1912~2003)은『벽암록』의 원오 극근의 평창(評唱)을 빌려 다음과 같이 명확히 밝히고 있다.

> 그 자리는 우리의 심식(心識)으로 되어 있는데, 공부에 깊이 들어가면 모두가 무심의 경계가 된다. 곧 무심의 경계가 되어서 우주 대자연과 차별이 없는 절대경지에 들어간다. 그러나 참선은 그것이 그치지 않고 더 정진을 하면 아뢰야식(8식 : 무의식)을 완전히 타파한 부처의 반야지가 된다. 그리고 부처의 경지도 타파하고 초월하여 자유자재하게 된다. 이것을 평상심시도(平常心是道)라 한다. 배고프면 밥 먹고 목마르면 차 마시고 자유자재하게 되어야 선의 구경인 낙처(落處)인 것이다.[14]

---

14) 서옹,『사람』, 고요아침, 2003, 48쪽.

이어서 서옹은 『장자』의 「대종사」편을 빌려 좌망(坐忘)에 대해서 명백하게 선의 구경처와 다름을 밝힌다. 공자와 그의 제자 안회의 대화에서 나오는 좌망은 다음과 같다.

> 안회가 말했다. "저는 얻은 바가 있습니다." 공자가 물었다. "무슨 말이냐?" "예, 손발이나 몸을 잊어버리고 귀와 눈의 작용을 잊고 형체를 떠나 지(知)를 버리고 도(道)와 하나가 되는 것, 이것을 좌망이라 합니다." 공자가 말했다. "도와 하나가 되면 좋고 나쁨이 없어지고, 화하여 도와 하나가 되면 집착이 없어진다. 과연 현명하다. 나도 이제 너를 좇아가고 싶구나." 이로 보아 장자의 좌망이란 의식이 끊어진 자리에 불과하다. 선은 유심(有心)이 끊어지고 무심(無心)마저도 초월하고 부처의 경지도 초월한 자유자재한 경지인데, 장자의 좌망은 무심 경계에 그친 경계다. 그리고 「대종사」편에서 "3일 후에는 능히 천하를 초월하고 이미 천하를 밖에 하고, 내가 그것을 수지(守之)하며 7일 이후에는 능히 외물(外物)하며, 9일 이후에는 능히 외생(外生)하고, 이미 생을 밖에 한 연후에는 능히 조철(朝徹)하고, 조철한 이후에는 능히 견독(見獨)하고 견독한 이후에는 고금(古今)이 없으며 고금이 없는 이후에는 능히 불생불사(不生不死)에 들어감이니라." 이 글에서 장자는 외물, 외생해서 조철한다고 했는데, 외생이란 인간의 현실적인 한계를 초월한 것이고, 조철이란 말은 인간의 현실적인 한계를 초월한 경지를 깨달았다는 것이다. 곧 의식적인 한계를 초월했다는 것을 의미한다.[15]

정성본(鄭性本, 1950~　)은 그의 역저 『중국선종의 성립사 연구』[16]에서 중국 선종의 성립은 인도에서 전래된 외래 종교였던 불교를 중국인의 일상생활의 종교로 승화시켜 정착시킨 것이다, 또한 그것은 중국인의 예지와 중국적인 불교의 새로운 출발을 의미한다고 하면서 조사선의 특성을 다음과 같이 적고 있다.

> 종래의 전통적인 권위주의와 형식적인 입장을 일체 탈피하고 새로운 인간적 불교를 전개하고 있는 것이다. 즉 마조 도일의 '평상심시도(平常心是道)'라는 명구로 나타난 것처럼 구체적인 인간의 일상생활에 철저하면서 현실의 생생한 평

---

15) 위의 책, 49쪽.

16) 정성본, 『중국선종의 성립사 연구』, 민족사, 1991, 24쪽.

상생활 가운데 불교의 참 정신을 찾아보려는 생활종교였다.

중국의 고전인 『논어』『맹자』『중용』『장자』 등에서 한결같이 '도는 가까운 곳에 있다'[17]라고 설하고 있는 것처럼, 중국민족이 예부터 구하려고 노력해온 생활적 진리관을 조사선의 불교를 통하여 실현한 것이었다고 할 수 있으며 또한 일찍이 승조(僧肇)가 말한 촉사이진(觸事而眞)[18]의 세계를 평상심의 생활에서 구현한 것이다.

이상과 같이 우리는 선의 사상석 특질과 선의 기원을 대략 살펴보았다. 이제 앞에 예시된 선시를 감상하기로 하자.

㉮의 게송은 '세존의 꽃을 듦과 가섭이 보인 얼굴의 무늬', 이런 찰나의 만남, 이 만남은 시작도 끝도 없이 정지하지 않은 채로 계속된다. 그것은 어제나 오늘 혹은 내일의 사건이 아니며 그것은 무시간성, 무 그리고 절대적인 공으로부터 생긴다. 조물주의 창조는 언제나 절대적인 현재 그리고 '그 자체 시간과 공간인 무시간적 지금'에서 행해진다. 이런 만남엔 당연히 한 치도 양보가 없다. 여기서 노고추(老古錐)는 오래된 송곳, 송곳이 빼족하여 아무리 감싸도 결국 삐져나오는 것과 같이 순수한 무(無)를 전개시키는 덕이 높은 사람도 결국 송곳과 같이 드러난다는 의미이니, 곧 스스로 공(空)이며, 무를 무위(無爲)로 행하는 덕이 높은 깨달은 각자[19]를 가리키는 말이다. 두 사람을 칭찬

禪, 민가불의 언어

---

17) 『논어』「述而篇」, "子曰 仁遠乎哉 我欲仁 斯仁至矣."

『맹자』「離婁章句」, "孟子曰 道在邇 而求諸遠 事在易 而求諸難 人人親其親 長其長 而天下平."

『중용』, "天命之謂性 率性之謂道 修道之謂敎 道也者 不可須臾離也 可離非道也."

『장자』「知北遊篇」, "東郭子 問於莊子曰所謂道 惡乎在 莊子曰 無所不在."

이런 사유는 중국인의 오랜 세월 동안 형성된 고유한 사상 체계이다. 또 여기서 실천적이고 현실 긍정적 사유 방법을 충분히 읽을 수 있다. 이런 것이 인도의 드야나가 전파됨에 따라 도화선이 되어 중국적 선이 형성된다고 봄이 타당하지 않겠는가.

18) 승조는 현장법사의 4대 제자 중 한 분이며 『肇論』의 저자다. 32세에 요절한 천재다. '觸事而眞'은 『조론』 가운데 '본질을 어떻게 이해할 것인가?'를 다룬 「不眞空論」에서 나온 말이다. '부딪치는 일마다 진리다'란 의미니, 임제 의현의 隨處作主 立處皆眞과 같다.

19) 『法句經』179에서는 이러한 사람에게 다음과 같은 자격을 부여했다.

"어느 누구도 그의 정복을 재정복하지 못할 그러한 사람,
이 세상의 어느 누구도 그의 정복으로 들어갈 수 없는 그러한 사람,
覺者, 무한한 지위에 있는 자, 자취가 없는 자인 그를

한 것은 좋으나, "위로 향한 한 틈(向上一竅)을 알지 못했네"란 무엇인가? 향
상일규란 '위로 향한 한 틈', 진리, 당처(當處), 무, 도의 다른 말이다. 앞 장에
서 말한 노호(老胡)나 『반야심경』의 무지역무득(無智亦無得)의 다른 표현이
다. 이 향상일규는 지식으로 아는 차원의 이해는 가능하나, 바로 항상일규와
만나다(領領)는 것을 알았을 때는 이미 서로 분리된 앎의 차원이 되므로 이렇
게 알았을 땐, 이미 만남이 아니다. 그래서 석가도 모르고 가섭 역시 모른다
고 선가에서는 말한다. 멍청한 아비가 몰라서 꽃을 들었는데 영리한 그 자식
이 웃는다. 다시 한 번 맛이 간 아들이 아무 이유 없이 픽 웃는데 한가운데 앉
아서 늙은 아비가 꽃을 든다. 꽃을 든다. 여러분, 이 분탕질하는 아버지와 아
들을 잘 보면 일을 마칠 것입니다.

⒵의 게송에서 전한 것은 마음이 아니다. 『금강경』 앞 각주에서도 말하듯
이 "여래가 말씀하신 마음은 마음이 아니라 그 이름이 마음이다." 단지 꽃을
들었고, 꽃 따라 엷은 웃음만 지었을 뿐. 바로 이곳에서 알아야 하지 마음을
전했다 하면, 바보들이 모두모두 모여서 갑론을박, 불법은 망하고, 여전히 아
비가 꽃을 드니, 그 아들이 빙그레 웃음 웃는다. 그런데 천하의 일이 왜 어지
럽겠는가? 가섭의 웃음을 그대로 편안히 보아두면 그만인데, 우리의 분별심
은 이런 자리일수록 나타난다. 이것은 무시이래(無始以來) 둘로 갈라 보는 이
원적인 사고의 결과 때문이다. 사실 분별 간택심은 원래 없는데 우리는 지금
이리저리 생각을 내고 있다. 이것이 문제다. 혜능도 우리에게 우리의 "보리
자성은 본래 청정하니 단지 이 마음을 사용하시오. 이러하면 바로 깨달음을
이루어 부처가 될 것입니다(菩提自性 本來淸淨 但用此心 直了成佛)"[20]라고
간절히 설법을 한, 이 마음이 문제다. 우리나라 조계종 종조로 받들어지는 고
려시대의 보조 지눌(普照知訥, 1158~1210) 역시 이원화된 마음자리를 궁구
하다가 『화엄경』에서 그 득처를 얻는다. 바로 마음의 본향인 자성과 그 자성
의 응용을 깨닫는다. "제 마음의 생각 생각에 부처가 정각하여 밝은 모든 부
처가 되었음을 알게 된다"[21]는 구절에서 의심이 풀린다. 이와 같이 명명백백

　　너는 어떤 흔적을 따라서 그를 쫓아가겠는가?

20) 탄허, 『육조단경』 「오법전의」 제1, 2쪽.

21) 보조 지눌은 선과 교가 양극화되어 오랜 다툼을 보고 이것을 해결하기 위하여 대장경

하게 자기 자신의 확인이 무엇보다 중요하다. 그러면 순수하고 투명한 이 마음이 난다. 물 흐르듯 눈 오듯 사용하라. 그럼 바로 천하가 태평해지리라고 선장들은 말한다.

㉐의 게송 '부자가 함께 모일 대연회를 베푼다'는 인위적이 아니어서 마침이 없고, 만들어진 것이 아니라 시작이 없어서 석가모니와 가섭이 베푼 이 연회는 인류를 위한 세세연연(世世緣緣) 이어지는 연회다. 이 연회장은 천하에 눈 있는 자들이 뛰어 노는 곳이다. 현금의 정리된 단어로는 공(空), 도(道), 진리, 역장(field)[22], 화엄법계, 통일장(統一場)[23]과 같은 느낌을 받는다. 이 연회

을 탐구하다가『화엄경』「여래출현품」에서 범인의 마음과 성인의 마음이 본래 청정하여 다름이 없음을 발견하고 이 법으로 행위의 지침을 삼았다.

"보살은 당연히 안다. 제 마음의 생각 생각에 부처가 정각하여 밝은 모든 부처가 되었음을, 여래도 이 마음을 떠나지 않고 정각을 이루었음을. 또 말씀하기를 일체 중생의 마음도 이와 같아서 모두 여래가 이룬 정각이 있다는 것을(菩薩摩訶薩應知 自心念念 常有佛性正覺 爲明諸佛 如來不離此心 成正覺故 又云一切衆生心 亦如是 悉有如來成正覺)."

22) 블랙 마운틴파로 불리는, 1950년에 발표된 미국의 포스트모더니즘의 이론적 체계를 형성한 올슨(C. Olson)의 시론 '투사시'나 던컨(R. Duncun)의 시론에 의하면 '시란 대상의 세계를 서술하는 것이 아니라, 시는 하나의 역장(field)로 인식된다. 역장으로서 시는 시를 구성하는 무수한 물리들의 하모니, 단편들의 앙상블의 형식, 거대한 또 다른 세계로 나타난다. 곧 상이한 사태와 정서가 서로 대조되면서 변주된다. 이러한 것은 아인슈타인이 말하는 통일장 원리나, 불교에서 말하는 화엄의 인드라망적인 중중무진법계로 이해된다.

23) 統一場의 이해
주커프,『춤추는 物理』, 김영덕 역, 범양사, 1979, 294쪽.
■ 질량–에너지의 이원론은 양자론이나 상대성이론의 형식 체계에는 존재하지 않는다.

E=mc^{2}이란 아인슈타인의 상대성 공식에 의하면 질량이나 에너지가 에너지 혹은 질량으로 변하는 것이 아니라, 에너지 자체가 질량이다. 에너지 E가 있으면, $E=mc^2$ 만큼의 질량 m이 있다. 전체 에너지 E와 질량 m도 보존된다. 질량은 곧 중력장의 원천으로 정의된다(F. 카프라,『현대물리학과 동양사상』(원제 : The Tao of Physics)「14. 공과 형상」에서 발췌. 이성범 · 김유정 역, 범양사, 1979, 249쪽).

■ 아인슈타인의 중력장이론과 양자장이론은 둘 다 소립자들이 그것들을 둘러싸고 있는 공간으로부터 분리될 수 없다는 것을 밝혀주었다. 한편 그것들은 그 공간의 구조를 결정하는 반면에 독립된 실체로서 여겨질 수 없고, 전 공간에 미만해 있는 연속적인 場의 응결로서 이해해야 한다. 양자장이론에서 이러한 장은 모든 소립자들과

에 한 번이라도 참석한 사람들은 이곳은 진수성찬과 가무음주가 끝이 없음을 알게 될 것이다. 2행의 '연꽃을 들어 보임, 그저 연꽃을 들어 보였지. 전법은 무슨 전법, 여기 몰록 들어가야지 무얼 또 사량(思量)하는가.' 이리하여 3행에 '피해 입은 후손 몹시도 가난하여'란 말은, 본래 있던 이 대연희장을 특별한 장소인 양 알고 찾아 헤맨 후손들, 뼈저리게 마지막 공부에 이르렀다는 뜻이다. '몹시도 가난'이란 말은 '정녕 더 버릴 것이 없다' '한 물건도 없다'는 말이니, 공부가 근저(根底)에 들어왔다는 의미다. 그래서 선가에선 '돈이 많으면 도가 없고, 가난하면 도가 코앞에 있다'란 말로 경책한다. 4행은 더 이상 가난해질 수 없다, 바로 가난 자체가 된 선시적 수사법상 사물에 가탁한 형상화이니, 곧 선가에서 계합(契合)이니 노호불허회(老胡不許會) 등의 선어로 말하는 부분이다. "할미의 옷 빌려 입고 할미에게 세배하네(借婆裙去拜婆年)"라는 4행이야말로 언어도단(言語道斷)하고 이언절려(離言絕慮)의 소식이다.

앞 ㉮의 게송에 "위로 향한 한 구멍을 알지 못했네(未知向上一竅)"나 ㉯의 게송의 "만일 마음을 전했다 한다면/천하의 일이 어지러우리(若言付心法/天下事如麻)"와 같은 '시의 이취(理趣)가 한껏 더해지는 묘구다'. 바로 앞에 말한 자/타, 시/비의 이항대립이 허물어져 불이의 세계에 계합함을 형상화한 시행이다.

㉰의 게송 4행은 『금강경』 제17 「구경무아분」 경문 중 "수보리야, 보살도 또한 이와 같다. 만일 '네가 마땅히 헤아릴 수 없는 중생을 멸도한다' 말을 하면 곧 보살이라 이름하지 못한다. 왜냐하면 수보리야, 실로 법이 있지 아니한 것이 보살이 되기 때문이다. 때문에 부처님이 말씀하시기를 일체 법은 나도 없고 남도 없고 중생도 없고 수자(壽者)도 없다 한 것이다"[24]에 대하여 야보 도

그것들 서로의 상호작용의 바탕으로서 이해되고 있다. 장은 어디서나 존재한다. 그것은 결코 제거될 수 없다. 그것은 모든 물질적 현상의 수레이다. 그것은 그것으로부터 양성자가 파이중간자들을 생기게 하는 '虛空'이다. 소립자들의 나타남과 사라짐은 단지 장의 운동 형태에 불과하다.

24) 함허 득통, 『금강경오가해』 제17. 究竟無我分, 김운학 역주, 현암사, 1980.
　　須菩提 菩薩亦如是 若作是言 我當滅度無量衆生 卽不名菩薩 何以故 須菩提 實無有法名爲菩薩 是故 佛說一切法 無我無人無衆生無壽者

천(冶父道川)은 게송으로 뜻을 밝혔는데, 위의 게송 4행과 같이 읽힌다. 「야보송」을 분석해보면 자연 이 게송의 마지막 행이 드러난다.

소라고 부르면 곧 소요,	喚牛卽牛
말이라 부르면 바로 말이다	呼馬卽馬
노파의 적삼을 빌려서 노파의 문 앞에 걸어둔다	借婆杉子拜婆門
예의의 차림은 이것으로 넘친다	禮數周旋已十分
대 그림자 댓돌을 빗질해도 먼지 하나 일지 않는다	竹影掃階塵不動
달은 연못을 뚫어도 수면에 흔적 하나 없다	月穿潭底水無痕

그렇다. 아무리 소를 부르고 말을 부르고 모든 이름을 부른다 해도 알맞지 않을 뿐, 설사 한 물건이라 해도 곧 맞지 않다. 또 마음이다 진리다 공이다 해도, 마음이 아니고 진리가 아니고 공이 아님이 분명하니 그냥 일물(一物)이라 해도 일물이 아님이 분명하다.

바로 앞 장에서 밝힌 '지허노호지 불허노호회(只許老胡知 不許老胡會)'와 같은 선게에서 보듯이 진리를 아는 것은 말할 수 있는 차원이지만 진리 당처와 만난다 할 때는 이미 주객이 분리된 이해 차원으로 떨어진다는 것이다. 진리를 영회하는 것은, 진리 당처와 계합하는 것은 이미 안다는 차원이 아니므로 이미 알았다는 생각이 들면 그것은 단지 이해한다는 차원일 뿐, 바로 그것이 되었다는 것이 아니다. 그래서 노호를 아는 것은 허락하지만 노호와 영회(領會)함은 허락하지 않는다는 표현을 쓸 수밖에 다른 도리가 없다. 그래서 ㉰의 게송 4행과 같이 "피해 입은 후손들이 몹시도 가난해서/할미의 옷 빌려 입고 할미에게 세배하네(帶累兒孫貧到骨 借婆裙去拜婆年)" 노래할 수밖에 없다. 이런 수사법이야말로 선시의 모순적 어법이다.

이것을 간파하면 어디에 가나 어디 있으나 평상심을 이루니 눈 있는 자, 알면 그뿐이다.

알더라도 가능한 한 함구하라. 조사가 그대의 발밑에 한 번 밟힐지라도 당신은 30년 더 참구(參究)해야 한다.

3장

조사가 서쪽에서 온 뜻은?(如何是祖師西來意)

㉮

용아산 속의 용은 눈이 없구나   龍兒山裏龍無眼

썩은 물의 용이 어찌 옛 풍광을 떨친단 말인가   死水何曾振古風

선판도 포단도 활용할 줄 모르다니   禪板蒲團不能用

차라리 노행자나 불러 주어버리게   只應分付與盧公

㉯

선판이나 포단을 노공에게 준들 무슨 소용이랴   盧公付龍亦何憑
(노행자에게 기대어)

불조의 명맥을 잇는 생각 따위 아예 없다네   坐倚休將繼祖燈

보라 저녁 구름 머흘머흘 내리고   堪對暮雲歸未合

먼 산 층층이 끝없이 푸르다네   遠山無限碧層層
(조사서래의가 여기 넘치고 있지 않은가!)

— 설두 중현

"어떤 것이 조사가 서쪽에서 온 뜻입니까?(如何是祖師西來意)"[1]은 선종에

---

1) 이 화두는 후대 선승들에게 가장 많이 질문하는 정형구로 아마『조당집』권3, 「노안국사」, 「남악회양」 그리고『종경록』권97에 실려 있는 것이 가장 오래된 예다. 위의 선시는『벽암록』20칙 「용아서래무의」의 설두 중현의 게송이다.

  '조사서래의' 공안이 전등사에 처음 보인 기록은 다음과 같다(『조당집』권3, 「노안국사」, 동국역경원, 1981, 125쪽).

  5조 홍인이 법을 잇고 숭산에 있었다. 탄연이라는 선사가 물었다. "어떤 것이 조사가 서쪽에서 온 뜻입니까?"

  선사가 대답했다. "자기의 뜻은 묻지 않고 남의 뜻만 물어서 무얼 하려는가?"

  "어떤 것이 탄연의 뜻입니까?"

  "그대는 비밀한 작용이 필요하니라."

  "어떤 것이 비밀한 작용입니까?"

  이에 선사가 눈을 감았다가 다시 뜨니, 탄연이 얼른 깨달았다.

있어서 선문답의 정형구로 가장 잘 알려진 화두(話頭)다. 이 질문은 인도, 석가모니로부터 전승 전등된 정법안장(正法眼藏)의 28대 상승자로 중국으로 와서 2조 혜가에게 정법을 전했다고 하는 달마조사의 서래전법(西來傳法)의 의미를 묻는 말이다. 보리달마는 인도의 마지막 28대 조사인 동시에 중국으로 건너온 초조인 셈이다. 다음에 나오는 선화를 보고 후대의 선승인 설두 중현(雪竇重顯, 980~1052)이 게송을 읊은 것이 앞의 선시다.

이 선시의 출전은 『벽암록』 20칙, 이야기는 이렇다.

> 용아가 취미에게 "달마가 중국에 무엇하려 왔습니까?" 하고 물었다. 그러자 취미는 대답은 하지 않고 "자네 선판 좀 갖다주게" 하고 말했다. 용아가 고지식하게 선판을 가져다주자, 취미는 바로 그것으로 후려쳤다. 얻어맞은 용아는 "칠 테면 치십시오, 하지만 그 때린 손으로는 달마가 서쪽에 온 목적이 해결되진 않습니다" 했다.
>
> 이번에 임제를 찾아가서 "달마가 서쪽에서 온 뜻은 무엇입니까?" 하고 또 물었다. 그러자 임제도 대답 대신 "저 방석 좀 갖다주게" 했다. 용아가 방석을 가져다주자 임제가 방석으로 사정없이 후려쳤다. 이에 용아는 "칠 테면 치십시오, 그런다고 달마가 중국에 온 목적이 해결되진 않습니다" 하고 들이댔다.
>
> 龍牙問翠微 如何是祖師西來意 微云 與我過禪板來 牙 過禪板與翠微 微 接得便打 牙云 打卽任打要且無祖師西來意 牙 又問臨濟 如何是祖師西來意 濟云 與我過蒲團來 牙 取蒲團過與臨濟 濟 接得便打 牙云 打卽任打 要且無祖師西來本意

이 선화 속에 감추어진 이야기나 그 전개는 매우 해학적이며 극적인 줄거리로 구성됐다. 취미, 임제, 용아 세 명의 선객들이 나온다. 여기에 나오는 용아 거둔(龍牙巨遁, 835~935)은 혈기가 드높은 젊은 선객으로 '조사서래의' 공안을 이미 깨쳐서 안다는 생각으로 가득 차 있다. 그래서 용아가 선배 선승들에게 "여하시조사서래의(如何是祖師西來意)"를 묻자, 취미가 "선판(안석)을 가져와 봐라" 하였고 임제는 "포단(방석)이나 좀 가져와 보게" 하고 대답한다. 두 선승의 말속에는 '주제에 꼴값 떠는구나' 하는 측은과 해학이 깃들어 있다. 곧 '달마가 무얼 하려 중국에 왔는지 아는가, 그야 면벽 9년 하려 왔지. 그래 우리는 그 좌선 9년의 흉내나 내보련다' 하는 의미로 '안석이나, 방석이나 네가 가져다주면 나도 달마 따라 오래 앉을 준비나 해보련다' 하는 반어적 어법을 통하여 후학을 깨우치게 하려는 간절노파심이 감추어져 있다. 그러나 깨닫지 못한 용아는 이것을 눈치채지 못하고 그것들을 가져다주자, '이 멍청이야 깨쳐라' 하는 뜻으로 '받자마자 바로 후려친 것이다(接得便打)'.

앞 게송의 작가, 설두 중현은 운문종의 지문 광조에 사법한 후, 운문종을 크게 일으킨 중흥조다. 설두는『전등록』등에서 고칙 100개를 뽑고 게송으로 제창한『송고백칙』의 저자다. 이것을 다시 임제종의 원오 극근(圜悟克勤, 1063~1135)이 수시, 착어, 평창을 더 붙여 편찬한 책이『벽암록』이다.

앞 ㉮의 게송 1행과 2행은 '용아산 속의 용은 눈이 없네/어찌 썩은 물의 용이 조사서래의를 안다고 떨친단 말인가'가 되고 4행과 5행은 '선판(안석)을 가져오라는 뜻도 포단(방석)을 가져오라는 뜻도 모를 정도니/영특한 노행자(6조)나 불러줌이 마땅하다'로 읽힌다.

㉯의 게송은 앞의 게송으로 만 끝내기는 미진함이 느껴져 다시 한 수 읊은 것이다. 노행자를 들먹인다 하여 노행자의 바른 안목에 기대어 부처님과 조사의 정법안장을 잇겠다는 생각을 가질 필요가 있겠나? 눈 있으면 보라, 여기 저녁 구름 내리고 먼 산이 층층이 다가온다, 이 끝없는 푸르름이여! 이 얼마나 조사서래의를 보여주는 풍광이냐?

이 조사서래의는 전등사에 너무나 많이 회자된 공안이다. 결국 '불법의 적적 대의가 무엇이냐?' 또는 진리란 무엇입니까?를 묻는 질문이다.

이『벽암록』17칙, 향림좌구성로(香林坐久成勞)라는 공안이 있다. 이 공안 역시 한 중이 '조사서래의'를 묻는데, 향림 징원(香林澄遠, 909~987)이 '너무 오래 앉아 있어 팔 다리가 쑤셨다네' 란 대답으로 언어도단한 곳을 우회하여 답한다는 선화이다. 달마가 숭산 소림사에서 면벽 9년의 오랜 세월을 보냈다는 고사를 인용한 대답이다. 자세히 살피면 '조사서래의'의 참뜻이 자연 드러난다.

그럼 조사서래의에 대한 후대 게송을 하나 더 음미해보자.

조주 종심(趙州從稔, 778~897)은 6조 혜능–남악 회양–마조 도일–남전 보원을 잇는 조주 고불(趙州古佛)이라는 이름으로 존경을 받는 선문의 1급 선사다. 이야기는 이렇다.

조주에게 한 스님이 물었다.

"달마조사께서 서쪽에서 오신 뜻이 무엇입니까?"

"뜰 앞에 잣나무니라."

그 스님이 알아듣지 못하고 다시 물었다.

"스님께서는 경계로서 사람을 대하지 마십시오(다른 물건으로 비유하지 말고 바로 대답해주십시오)."

"나는 경계로써 사람들에게 보이지 않았네(나는 다른 물건을 비유한 적이 없다)."

그러자 그 스님이 다시 물었다.

"조사께서 서쪽에서 오신 뜻은 무엇입니까?"

"뜰 앞에 있는 잣나무니라."[2]

趙州因僧問 如何是祖師西來意 師云 庭前栢樹子 僧云 和尙 莫將境示人 師云 我不將境示人 僧云 如何是祖師西來意 師云 庭前栢樹子

결국 진리를 물을 때 숨은 말을 제거하면 '뜰 앞에 잣나무(庭前栢樹子)일 뿐이다'라고 조주는 말한다. 도의 편재성, 장자가 말하듯 '천지는 나와 함께 그 뿌리에 있어서 같고/만물은 나와 함께 한 몸이다(天地與我同根 萬物與我一體)'일 때, 우리의 한 눈에 들어온 '뜰 앞의 잣나무'는 단지 불법의 대의 '뜰 앞의 잣나무'이다.

위의 선화에 후대의 많은 선객들이 게송을 읊으니, 오늘날 시인 묵객들이 정신없이 끌려다닐 것을 예측한 조주 고불, 그가 파놓은 함정이 아닐까.

㉮

뜰 앞의 잣나무 땅에서 나오니	庭前栢樹地中生
소와 보습, 산마루에 밭 갈 필요 없어라	不假犁牛嶺上耕
서쪽에서 오신 뜻, 천 가닥 길에	正是西來千種路
빽빽이 우거진 숲, 바로 그의 눈알일세	鬱密稠林是眼睛

— 분양소

---

2) 『선문염송』 제12권, 421칙 「백수」, 동국역경원, 421쪽.

후원 뜰에 도사려 푸른빛 짙거늘	深院盤根翠色幽
늙은 선사, 가리키며 납자들께 보였네	老師曾指示禪流
해마다 늠름하게 절개 바꾸지 않으니	年年不改凌霜節
솟아나는 맑은 바람, 언제 쉬리오	下載淸風何日休

— 천복일

무쇠소가 천고의 푸른 언덕에 누웠으니	鐵牛千古臥靑坡
이 땅 위엔 아무도 그를 어쩌지 못하리	大地無人奈汝何
그 누가 한 올의 실 들고 가벼이 실타래 움직이는가	誰把一絲輕捩轉
누런 밭의 시골 아씨, 밤에 북을 던진다	黃田村女夜抛梭

— 열재거사

분양 선소는 임제의 정맥이다. 곧 임제 의현-흥화 존장-남원 혜옹-풍혈 연소-수산 성념-분양 선소가 된다. 분양을 이어 석상 초원에서 양기파와 황룡파가 갈라져 드디어 7종을 이루니, 전등사에 중요한 위치에 있는 선장이다. ㉠의 게송의 1행과 2행에서 '뜰 앞에 잣나무 땅에서 나고/소와 보습(쟁기)으로 산마루에 밭 갈 필요 없다'고 한 것은 본래 자성의 땅은 바다에 파도가 일었다가 스러졌다 하듯이 그렇게 잣나무 소나무 구름 바람 일체 물상들이 인연 따라 모였다가 흩어졌다 하니 쓸데없이 무상을 향상으로 오인하고 힘쓸 필요가 없다로 읽힌다. 3행과 4행은 조사가 서쪽에서 와서 보여준 그 뜻은 원래 자성의 밭에 난 만상 만물이니, 어디 '천종로(千種路)'뿐이겠는가. 무한 수와 무한 상이다. 그렇다면 눈에 보이는 '뜰 앞에 잣나무'가 아니고 무엇이 겠는가. 바로 이것이 안정(眼睛), 눈알 아닌가. 이쯤에 이르면 아무 염려가 없으니 그저 쉬어 쉬어 가면 그뿐이다.

다음 천복의 게송 3행 "해마다 늠름해 절개 바꾸지 않으니"는 이 자성의 땅에서 솟는 일체만상 두두물물은 우리가 보는 6근, 6경, 6식에 의해 이루어지는 18계(十八界)의 표피적인 삶, 그런 눈이 아니니, 실상본지의 입장에서는 바꾸고 바꾸지 않고와는 관계 지어지지 않는다. 4연은 역설법이다. '솟아나는 청풍, 쉬지 않는다.' 곧 본연실상지(本然實相地)에서 자발광(自發光)하는 이 소식은 ‘쉰다/쉬지 않는다’는 차원이 아니다.

㉰의 열재거사의 게송, 1행과 2행 “무쇠소가 천고의 푸른 언덕에 누웠으니/이 땅 위엔 아무도 그를 어쩌지 못하리”에서 무쇠소(鐵牛)는 혜능의 자성이나 무, 도, 공, 실상, 본체가 형상화된 상징적인 선어다. 선시엔 석녀(石女), 목작(木鵲), 니우(泥牛), 목인(木人) 등은 바로 우리가 만들어낸 이항대립적인 언어로는 표현되지 않는 진리 당체를 우회 상징한 표현이니, 주체이며 바로 그곳에 만날 때만이 계회(契會)되는 그 표현을, 현실로 존재하지 않는 이것을, 이렇게밖에 나타낼 수 없는 선사들의 곤혹스런 표현이다. 물론 이런 표현들은 결국 이항대립적인 세계를 일원의 세계로 환지본처(還至本處)시키고자 하는 선사들이 오랜 세월을 두고 형성시킨 언어 형식들이다. ‘천고의 푸른 언덕에 눕는다’는 무엇인가? ‘푸른 언덕’, 역시 환지본처한 그곳을 가리키니, 이 언덕은 어찌 천년의 오랜 언덕일 뿐이겠는가. 천년 뒤의 푸른 언덕이라 해도 무엇이 다르겠는가. 이 언덕은 바로 이 찰나, 절대현재의 참 사람의 또 다른 표현이니, 바로 혜능의 자성이며 임제의 무위진인(無位眞人)이다. 그래서 1행은 ‘아무것도 아닌 소가 아무것도 아닌 언덕에 누우니’ 2행의 ‘이 땅의 어떤 것들도 아무것도 아닌 그를 어떻게 할 수 없으니’, 이것은 바로 그가 그여서 무얼 어떻게 하는 그런 상대되는 대상이 아니다. 이것이 자성의 편재성과 진리 당체의 주객을 벗어난 계회(契會)함을 말할 뿐이다. 3행에 와서 갑자기 시가 한 번 꿈틀대며 사유가 상승하니, 위 1행과 2행과 같은데 ‘어느 사람이 한 생각 한 행위로 이 진리 당체를 어떻게 할 수 있겠는가.’ 여기서 ‘한 올’은 개개인이 생각하는 진리란 생각이고, ‘실타래’는 진리본원인 당체를 말한다. 4행의 ‘누런 밭의 시골 아씨, 밤에 북을 던진다(黃田村女夜抛梭)’, 이것은 무엇인가? 순수한 아무런 분별심이 없는 본연의 사람이 전후좌우를 분간할 수 없는, 곧 시간과 공간이 없는 칠흑 밤, 사량분별이 없는 순수 본연지로 환지본처한 이곳, 칠흑의 밤. 단지 이름이 북인, ‘북을 던진다’로 읽힌다. 이것이, 오직 이것이 우리 삶의 본래모습이 아닐까? 이것은 주체자가 주체로 행동함이니, 바로 활연계회(豁然契會)나 당처영회(當處領會)인 것이다. 바로 이르는 곳마다 모두 주체가 됨이요, 머무는 곳마다 모두 참되다는 임제의 언설과 같다(修處作主 立處皆眞). 그리고 또 4행은 ‘누가 있어 마치 한 올의 실을 들고

실타래를 풀듯이/순진한 시골 여자가 광활한 본연에 북을 던지는' 본연의 행위, 분별 없는 행위를 아무도 어쩔 수 없는 것이 아니겠느냐? 로 읽힌다.

선을 말할 때 자연 석가모니에게로 그 연원이 올라가듯, 중국의 선종을 물으면 바로 보리달마에게로 소급된다. 게송을 이해하고 감상한다는 것은 선종의 초조인 달마를 안다는 것과 불가분의 관계가 있다. 후세 그의 법손들에 의해 점점 신비와 베일로 가리어지게 한 달마를 들추어보고, 달마가 선종에 있어 차지하는 역사적 종교적인 의미를 비추어봄이 순서일 것이다. 달마는 선종이 흥성함에 따라 각 선문의 필요에 의해 그의 모습이 사실 변화되었다. 그러나 초기 선종의 동토 초조로서 달마는 대략 다음 두 가지로 비추어진다. 하나는 6세기 초경 북위의 수도 낙양에 들어온 외국 유행승의 모습이고, 다른 하나는 중국 선종의 발달사에 알맞게 변이된 선종의 초조로서 모습이다.

우선 전등사에 나타난 보리달마의 특징지어진 모습을 비추어볼 것 같으면 아래와 같다.

북종 신수계의 전등사인『전법보기』(712)에 의하면 남인도 국왕의 제3자인 보리달마는 중국으로 와서 숭산에서 혜가에게 단비(斷臂)의 선화를 남기며 전법하였다. 그 후 독약을 먹고 천화해 보였으며, 무덤에는 빈 관을 남기고 인도로 돌아가던 중 총령에서 귀국하던 동위의 사자 송운과 만나 임금의 죽음을 알려주는 신비한 승려로 묘사하고 있다.[3]

---

3) 유전 성산(柳田聖山),『조기선종사Ⅱ』「전법보기」, 양기봉 역, 김영사, 1990, 322~324쪽.『전등록』제3권「제28조 보리달마」, 동국역경원, 98~102쪽 참조.
    달마와 혜가의 문답과 달마 외짝 신발의 선화는 초기 선의 모델을 보여주는 좋은 예다.

    "네가 눈 속에서 오래 섰으니 무엇을 구하는가?"
    "스님께서 자비로운 말씀으로 저를 구제하소서."
    "부처님들의 깨달음은 한량없는 세월을 정진하여야 하고, 참기 어려운 일을 참아야 하네. 어찌 작은 지혜와 경솔한 마음, 교만한 일시적인 바람으로 진리를 깨칠 수 있겠는가? 헛수고할 뿐이네."
    이때 신광이 칼을 뽑아 왼팔을 끊어서 대사 앞에 놓으니 비로소 대사는 그에게 감

또 남종, 하택종의 신회가 주장하는 초조 달마는 양무제를 만나 확연무성(廓然無聖)[4]의 공안을 만든 후, 숭산 소림사로 들어가 면벽 9년 하며, 눈 속에

동하여서, 혜가란 이름을 지어주고 법을 설했다.

그로부터 9년이 지나, 당시 북위는 불법을 숭상하여 많은 고승대덕이 있었는데, 그 중 광통율사와 보리류지 삼장이 가장 뛰어났다. 그들은 대사가 설법할 때 형상을 배척하고 바로 마음을 지적함을 보고 대사와 토론하여 시비를 일으켰다. 이로 인하여 옹색한 마음이 일어나 대사를 해치고자 자주 독약을 음식에 넣었다. 여섯 차례에 이르러서는 이젠 전법도 하였고 교화할 인연이 다했음을 알고 독을 먹고 좌화하였다. 이때가 536년 10월 5일이었다.

대사가 열반한 3년 뒤, 위의 송운이라는 서역 사신이 귀국 도중 총령에서 손에 신 한 짝을 들고 훌훌히 혼자 가는 대사를 만났다. "스님, 어디로 가십니까?" "나는 서역으로 돌아가오. 그런데 그대의 임금이 세상을 뜨셨소." 송운이 돌아와 보니 말 그대로 새 임금이 등극하였다. 모두들 놀라서 대사의 관을 열어보니, 빈 관 속에 신발 한 짝만 남아 있었다.
후대의 임제종 오조 법연이 이 선화를 읊은 아름다운 게송이 있다. "조사가 남긴 한 쪽 신발/천만 년 사람들의 귀를 울렸네/부질없이 어깨에 메고 맨발로 갔다고/하지만 언제 스스로 걸은 바가 있었던가(祖師遺下一隻履 千古萬古瞞人耳 空自肩擔跣足行 何曾踏着自家底)."

4) 「廓然無聖」의 공안은 모든 전등사나 공안집에 실려 있다. 『벽암록』에는 제1칙으로 다룰 만큼 유명하다. 전등사에 의하면 달마는 인도 향지국왕의 3자로 태어나 제27대 반야다라 존자의 법통을 이은 후, 중국 광동에 이른다. 그리고 지금 남경인 금릉에 가서 양의 무제를 만났다고 전한다. 그때, 달마의 나이가 130세였다고 한다. 당시 중국은 남북이 갈려져 있었는데, 북쪽에는 북위가 낙양에 도읍을 정하고 있고, 남쪽에는 양나라가 있었다. 양무제는 불심천자라 불릴 만큼 대단한 불교신자이어서 몸에는 가사를 늘 걸치고 있었으며 『방광반야경』을 강의했다. 그 밖에 불교에 관한 많은 저술도 남겼다. 그런 그가 달마를 만나자 "짐은 절을 세우고 경을 사서하며 중들을 권장하였소. 그러면 무슨 공덕이 있겠소?" 하고 질문했다고 한다. 그러자 달마는 "무공덕" 한 마디로 일축해버렸다. 다음은 『벽암록』에 이어진다.
  양무제와 달마의 문답.
  "불교의 최고 이상은 무엇입니까?"
  "끝없이 크고 넓어 거기에는 범인도 성인도 없소(廓然無聖)."
  "짐 앞에 마주한 사람은 누구입니까?(성제제일의를 전하려고 인도에서 여기 온 성자인 당신이 지금 짐의 앞에 있지 않는가)"
  "모르오(不識)."
  무제는 달마의 말을 알아듣지 못했고, 달마는 양자강을 건너 위나라로 갔다.

서 단비구법의 의지를 보인 혜가에게 부법하고 가사를 전승하였다 한다.[5] 또는 4인의 제자를 교화하여 피(皮) · 육(肉) · 골(骨) · 수(隨)의 인가[6]를 내리고 북위의 불교학자인 광통율사 등에게 독살되자 무덤에 짚신 한 짝만 남기고 인도로 되돌아 간 신승으로 전해진다. 또 양무제 536년에 입적하니 소명태자가 제문을 짓고 성주대사란 시호를 내렸으며, 무제가 친히 달마의 비문을 지었다고 전한다.

이상과 같이 시대의 요청에 의하여 다양하게 중국 선종의 초조로서 명성과 품격이 갖추어진다. 9세기에 들어서면『보림전』에 이르러 체계 있게 오늘날과 같이 정리되었다.

다른 하나는 중국에 들어온 외국의 유행승으로서 보리달마다. 달마의 전기를 처음 정리한 사서로는 당나라 정관 19년(645)에 도선(道宣, 596~667)이 지은『속고승전』이 있는데, 이 역시 달마 재세 시보다 약 200년 뒤에 기록된 것으로 보아 믿기 어렵다 하겠다. 그리고 동위의 양현지가 지은『낙양가람기』(547)에 최초로 달마의 기록이 보인다. 이 기록은 선종의 전등사와는 관계가 없는 그 당시 낙양에 있던 절의 시세 풍경을 기록한 책이다.

> 서역사문 보리달마라는 사람이 중화에 와서 유행하던 중, 북위의 수도 낙양의 영녕사에 9층탑의 금반이 태양에 비치어 그 빛이 구름 위에까지 비처지고 있는 것을 보고, 또 보배로운 금목탁이 바람에 흔들려서 울리니 그 소리의 여운이 중천에까지 미치는 모습을 보고, …(중략)… 입으로 나무(南無)라고 염불하며 연일 합장하였다.[7]

---

5) 신회,「보리달마남종정시비론」,『신회어록』(호적교돈황본 사본), 대북, 1968, 261쪽. 단지, 혜가의 단비구법은『전법보기』에 시작된 이야기다.

6) 골(骨) · 육(肉) · 수(隨)의 인가설은 처음『역대전법기』에 처음 기록되었고,『보림전』『조당집』『전등록』등 후대 전등사에는 피(皮)가 첨가되어 기록되어 있다.

7) 정성본,『중국선종의 성립사 연구』, 민족사, 1991, 32~49쪽 참조. 양현지의『낙양가람기』는 당시 북위의 수도 낙양에 있던 유명한 사원의 실태를 기록한 책이다. 영녕사는 516년 건립한 절인데 당시 북위 불교를 대표하는 사찰이다. 여기의 9층탑은 신앙의 상징이었다. 권1의 영녕사조의 기록을 옮기면 아래와 같다.

권1의 「수본사조」에도 보리달마가 방문한 기록이 있다. 이러한 기록을 종합해볼 때, 실제 달마라는 서역승이 있었음은 확실시된다.

또 『속고승전』 권16 「습선편」에 '제업하남천축승보리달마전'과 '제업중석승가전'이라고 제목을 붙여 전기를 싣고 있는 것을 보아 보리달마의 존재가 실증된다 할 것이다.[8]

그리고 돈황석실에서 발견된 돈황본 자료 중에 달마와 그의 제자들의 가르침과 어록들을 모은 『이입사행론(二入四行論)』이 있다. 특히 책머리에 제자 담림의 서가 있고, 여기에 보리달마의 약전도 실려 있다. 이것은 도선이 기록한 『속고승전』의 달마전기와 거의 같다. 도선이 참고한 자료가 바로 『이입사행론』이라는 것이 학계의 정설이며, 달마전기 뒷부분에 '그의 언고를 기록한 책이 세상에 유통된다'고 기록하고 있다.

여기서 이입, 곧 입도(入道)에는 여러 가지 문이 있지만 본질적으로 두 가지로 말할 수 있다. 하나는 이입(理入)으로서 이성에 의한 입문이고 다른 하나는 행위에 의한 입문인 행입(行入)을 말한다.

'이입'이란 경전의 연구를 통한 교리의 이해를 말하는데, 이것은 신앙심에 의하여 일체의 유정물이 자성을 공유한다는 사실에 대한 이해이다. 그러나 이 참마음(眞心)인 자성이 자기 자신을 드러내지 못하는 이유는 외경에 집착하게 되어 번뇌 망상에 의하여 흐려져 있기 때문이다. 거짓을 버리고 참으로 돌아와 전심으로 벽관(壁觀)하면 자/타가 무너지고 성/범, 시/비, 애/증도 하나의 본질임을 깨닫는다. 그리고 이 믿음에 계합(契合)하게 되면 지각의 분별에서 완전히 벗어남으로써 다시는 문자의 노예가 되지 않을 것이다. 이것이 이입이다.

또 하나는 행위에 의한 행입이다. 행입에는 네 가지 규범이 있다. 첫째 보원

71

時有西域沙門菩提達摩者 波斯國胡人也 起自荒裔 來有中土 見金盤炫日 光照雲表 寶鐸含風 響出天外 歌詠讚嘆 實是神功 自云年一百五十歲 歷涉諸國 非不周遍 而此寺精麗 閻浮所無也 極物境界 亦未有此 口唱南無 合掌連日

8) 『속고승전』 권16 「승가장」에는 '혜가는 나이 40이 되었을 즈음 천축의 사문 보리달마가 낙양에 유행할 때 만났다'고 적혀 있다.

행(報怨行), 곧 증오를 갚는 규범. 둘째 수연행(隨緣行), 곧 삶의 가변적인 여러 조건과 환경에 적응하는 규범. 셋째는 무소구행(無所求行), 곧 집착을 버리는 규범. 넷째는 칭법행(稱法行), 법에 맞추어 행동하는 규범을 말한다. 우리는 달마의 설법인 『이입사행론』의 대강을 보아서 알듯이 대단히 면밀하고 심오한 교설임은 느껴지나 당송 선가의 풍이나 현존의 우리나라 조계 선종의 가풍이 보이지 않는다. 선에 대한 원론적인 『이입사행론』 이외에 우리에게 선미를 한층 더 느낄 수 있는 것은 그의 전법제자인 혜가와의 선문답이다.

> 달마대사에게 혜가가 묻다.
> "부처님의 법인을 들려주십시오."
> "부처님의 법인은 남에게 들려줄 수 있는 것이 아니네."
> 혜가가 다시 물었다.
> "제 마음은 편안을 찾지 못했습니다. 제발 제 마음을 진정시켜주십시오."
> "그래, 마음을 가져오너라, 그러면 내 편안케 해주지."
> "마음을 찾았으나 찾을 길이 없습니다."
> 달마가 말했다.
> "네 마음에 이미 진정한 평화를 주었네."[9]
> 達摩大師因慧可諸佛法印 可得聞乎 師云諸佛法印 匪從人得 可曰 我心未寧 乞師與安 師云 將心來 與汝安 可曰 覓心了不可得 師云 與汝安心竟

이것이 우리의 사유를 끝없이 비상시켜 저 피안으로 몰아넣는, 고독하게 하고 동시에 황홀하게 하는 전등의 시작이다. 이 선화가 제1조 보리달마, 제2조 혜가로 이어지는 부정적이며 역설적인 방법에 의한 전통적 선문답의 전형이 되었다. 혜가가 애써 찾고자 한 마음은 자성인 참마음(眞心)이 아니라, 수초와 같이 일렁이는 진심의 응용인 마음인 것이다. 끊임없이 바깥 경계에 의해 변화되는 깜박이는 마음을 찾은 것이다. 자성인 진심은 늘 고요하며 어디든지 그대로 있다. 진심의 변화는 없다. 이 참마음은 생각하는 대상이 아니라, 생각 그 자체인 것이다. 다시 말하면 주체 그 자신이다. 그래서 이것을 찾

---

9) 『선문염송』 제3권, 100칙 「법인」, 247쪽.

고자 한다든가 어떻게 하고자 하면 이미 주체가 아니라 대상으로 변화하므로 참마음일 수 없다. 그래서 진심이 진체(眞體)다. 곧 마음은 없다. 그래서 "마음을 찾았으나 찾을 길이 없습니다(覓心了不可得)"라고 한 대답은 이미 혜가가 마음을 찾는 자기도 모르는 순간 행위를 하고 있다 할 것이다. 바깥 경계에 흔들리는 마음으로 참마음인 자성을 찾았음이 아니라, 자성과 포개어지고 합쳐진 순수진공 상태로 행위함으로 다음에 이어지는 달마의 "네 마음에 이미 진정한 평화를 주었네(與汝安心竟)" 하는 말을 듣는 순간 줄탁동시(啐啄同時)가 되어 활연돈오(豁然頓悟)한다. 달마가 혜가에게 이미 마음을 편안케 진정시켰다고 말함은 바로 참마음인 자성을 지적하고 있다. 이 참마음은 표현하자면 고요하고 평화로운 것이라서 따로 특별히 진정시킬 필요가 없다. 달마는 혜가에게 마음을 내놓아보라고 함으로써 혜가의 잘못 인식된, 곧 대상화된 마음이 바깥에 대해서 집착함으로써 생기는 한갓 환영임을 스스로 발견하도록 만들었다. 혜가는 스승의 진언에 의하여 스스로의 직관적 지각을 통해 자기의 참마음을 발견하게 되었다.

후세의 선사들은 이 대상이 아니고 주체인 참마음을 돈오시키기 위해 반어적인 역설법, 별안간 후려치는 몽둥이질, 찢어질 듯한 고함, 눈썹을 찡그림, 사정없는 주먹질, 눈부신 언어의 섬광, 신비한 화두 등등의 기상천외의 방법을 동원하여 이 헛것에서 벗어나 참마음에 계합하도록 친절을 베풀었다.

우리는 앞 『이입사행론』의 가르침보다 보리달마와 2조 혜가의 선화에서 선화의 원형, 선장의 능수능란한 수완을 발견하게 된다. 위의 선화에 대하여 후세 선승들이 게송으로 우리의 눈을 열어주기도 한다. 몇 수 음미해보자.

㉮

팔 자르는 어려움, 눈 속에 서 있는 어려움	斷臂難於立雪難
마음 찾을 수 없을 때 비로소 마음 편해졌네	覓心無處始心安
백만 이랑의 한없는 갈대 갈대가	誰知萬頃蘆花境
낚싯대 되어 어부 손에 잡힌 줄 뉘 알았으랴	──魚翁把釣竿

― 지해일

털끝만큼이라도 전해준 것 있다면　　　　　　若有絲毫付與人
혜가가 어떻게 온전할 수 있었을까　　　　　　可師何得更全身
인간들이나 하늘이 어리둥절하는 곳　　　　　　人間天上未逢處
여덟 양(八兩)은 원래가 반근(半斤)이네　　　　八兩元來是半斤

　　　　　　　　　　　　　　　　　　　　　— 불안원

㉰

2조가 소림에 서 있던 날　　　　　　　　　　二祖當年立小林
뜰에는 눈이 쌓여 허리에 닿았었네　　　　　　滿庭積雪到腰深
두 손을 가슴에 모으고 아무 일도 없었으니　　叉手當胸無一事
구하지도 찾지도 않고 마음마저 편치 않았네　不求不覓不安心

　　　　　　　　　　　　　　　　　　　　　— 죽암규

　㉮의 게송, 2행에서 "마음을 찾을 수 없을 때 비로소 마음 편했네"는 위의 선화에서 보듯이 혜가의 '불안한 마음을 가져오게'란 말을 듣고 마음을 애써서 찾았으나, 진정 찾을 수 있는 마음이 없다는 것을 깨달음으로 마음이 평안을 찾았다는 의미다. 참마음은 그냥 그대로 있다. 불안/평안은 호수에 일렁이는 물과 이랑이다. 아니 스스로가 물과 이랑일 뿐. 3행과 4행은 본체인 자성과 마음의 응용을 노래한 것이다. 바깥에 보이는 백만의 생각생각(갈대)이 모두 참마음(농부)에 잡힌 환영(幻影)과 가유(假有)의 흔적에 불과함을 사물에 가탁(假託)하여 노래한다. 선가에서 흔히 말하는 진공묘유(眞空妙有)를 형상화한다. 진짜로는 활활발발(活活潑潑)하게 비었는데 묘하게 가짜로 가득 차 있는 것을 구체적으로 보여준다.

　㉯의 게송, 1행과 2행 역시 ㉮의 게송과 같은 의미다. 조금이라도 전할 것이 있어 전했다면 전혀 전한 것이 없게 된다. 그때마다 일어났다가 사라지는 변이의 한 가닥을 알려주고 전해주었을 뿐이다. 그렇다면 2조 혜가의 말이 온전할 수가 없다는 뜻이다. 3행의 "인간들이나 하늘이 어리둥절하는 곳"은 '말과 글이 끊어지고 마음의 길이 사라진 곳(言語道斷 心行處滅)' 위에서도 누차 언급하였듯이 이곳은 스스로가 주체일 때는 만나지고, 상호 대상으로 파악할 때는 알 수 있을 뿐인 곳이다. 뭘 생각하는가! 어리둥절 어리둥절.

당시 중국에서는 16량이 한 근이니 당연히 '8량은 반 근이다' 어떤가, 그래도 모르면 "설날은 정월 초하루다." 또 모르면 "음력 1월 1일이다."

㉰의 게송에서 3행과 4행은 '아무 일 없었다, 아무 일 없었다'를 연발하고 있다. 무슨 일이 있었으면 어떻게 하나 가슴 졸인다. 특별한 일이란 바로 평상심에서 벗어난 마음의 작용이어서 진짜로는 별로 특별할 것이 없다. '반드시 구하였고, 찾았고 드디어 마음이 편하여졌다'의 역설적 반어법이다. 찾아서 마음이 편하여진 것은 본래 그대로 그 자리를 떠나 있지 않은 진여자성을 찾은 것일 뿐이다. 이 4행은 역설법으로 이루어진 시구로 볼 수 있으나, 사실 자성 자체, 온통 자성 자체인 '참나'의 입장에서 볼 때는 바로 "구하지도 찾지도 않고 마음마저 편치 않네"로 표현된다 하겠다. 우리의 견해로는 '구하고 찾아야 다소 위안을 얻게 되니 마음이 편하다'로 이해되나 사실 '구하려 해야 구할 수 없고 찾으려야 찾을 수 없으며, 마음이 편하려고 해야 편하지 않다' 함은 바로 자성인 주체와 꼭 맞게 포개어 만난다(領會)는 뜻이다. 곧 일체의 진리를 안과 밖을 꿰뚫어 봄이니 이렇게 표현됨이 당연한 것이 아닌가. 이 당착적인 적기어법(賊機語法)은 선사들이 이원적인 상대세계에서 그들이 보았던 일원적인 세계관을 표현하는 데 사용한 주된 수사법이다. 이들은 일상적인 것을 비틀고 돌이키고 융화시켜 다른 수승된 일원론적 세계관을 보여준다. 곧 반상합도(反常合道)[10]의 솜씨를 능수능란하게 사용하는데, 이것은 우

---

10) 필자가 생각하기로는 선시적 어법인 반상합도는 역설에 의해 표현되는 속성을 모두 포함한다. 수사학적으로 모순어법을 대립명제, 당착어법이라 부르는 옥시모론은 관습과 고정적인 관념에 길들어진 우리의 이원론적 세계관을 일원론적 세계로 귀향시키는데, 일원론적 세계관을 표현해내는 가장 전형적인 언어 형식들이다. 선승들은 이항대립, 즉 개념, 상징, 이미지, 가치의 모순을 잡아내어 비틀고 돌이키어 융합시키어 반상합도함으로써 선시의 독특한 어법을 발전시켜왔다. 이를 선시의 적기어법이라 통칭하게 되는데, 이 적기어법은 예부터 선의 세계를 표현하는 데 선사들이 줄기차게 개척한 수사법 중 하나다.

> "빈손에 호미 들고/걷다가 물소 탄다
> 다리 위를 지나는데/다리는 흘러가고 물은 흐르지 않네"　　—부대사 선혜
> "물 위에 泥牛가 밭 간다/구름 속 木馬가 풍광을 고른다"　　—소요 태능
> "반야검이여, 佛祖를 쳐 죽이고/취모검을 쓰면 곧 갈아라

리를 더 심원한 세계로 몰아넣기에 족하다.

선시에서는 현대적 수사법의 개념인 표층적 역설과 심층적 역설인 적기어법[11]이 많이 사용된다. 그러나 4행의 "구하지도 찾지도 않고 마음마저 편치 않네"는 적기어법인 적기수사법으로 이루어진 문장이다.

木鵠은 비상하여 하늘 밖 사무치니/바로 천봉만악을 뚫고 가도다 — 서옹 상순

예시된 게송들은 시대별로 선시적 적기어법을 알맞게 구사한 선시들이다. 부대사 선혜(497~569, 중국 양[梁]나라), 소요 태능(1562~1649, 조선), 서옹 상순(1912~2003, 조계 5대 종정)의 게송으로 보아 시대적으로 면면히 이어오는 수사법을 읽을 수 있다. 이 게송들은 하나같이 일상을 비틀고 허물어뜨리고 융화하여 수승된 차원인 일원론 세계관을 우리에게 보이고 있다.

11) 김준오, 『詩論』, 삼지원, 2000, 318~323쪽 참조.

역설, Paradox는 'para(초월)+dox(의견)'의 합성어다. 20세기 신비평가 브룩스는 "시의 언어는 역설의 언어"라 하여 현대시의 구조 원리를 세웠다. 아이러니와 병용하기도 한다. 엄밀하게 말하면 아이러니는 시인이 의미하고자 하는 것이 "귀엽다"인데 반대로 "얄밉다"로 진술하는 것이다. 그러나 역설은 진술 자체가 모순이면서 그 속에 진리가 숨어 있는 경우다. "살고자 하는 자는 죽을 것이고 죽고자 하는 자는 살 것이다"는 그 예이다. 곧 역설은 아이러니의 하위범주나 아이러니의 한 특징으로 간주되어왔다. 휠라이트는 역설을 세 가지로 분류했다.

(1) 표층적 역설 : 언어상으로 바로 드러나는 모순되는 두 용어의 결합 형태, 곧 수식어와 피수식어 사이의 모순이다. 모순어법(oxymoron)을 말한다. 예, "이것은 소리 없는 아우성."

(2) 심층적 역설 : 종교적 진리와 같이 모순적 내용을 병합함으로써 스스로 모순을 극복하는 표현법. 예, "道를 도라 하면 이미 도가 아니다."

(3) 시적 역설 : 시의 구조 전체에 나타나는 역설이다. 즉 내포로 사용되는 시의 언어를 말한다. 예, "먼 훗날 당신이 찾으시면/ 그때에 내 말이 잊었노라" 이 시행에서 보이듯이 먼 훗날의 미래에 나타날 상황을 미래시제가 아닌, "잊었노라"의 과거시제를 사용한 것 자체가 역설이다. 김소월의 시 「먼 後日」에서 님이 不在하는 '어제'와 '오늘'엔 님을 잊지 않고 있다가 님이 찾아올 때는 도리어 이미 잊어버리겠다는 화자의 태도는 모순이다. 시에서 나타나듯 이 모순어법을 통해 화자의 간절한 그리움의 내적 진실을 한층 실감나게 하고 있다.

4장

혜능의 제자들

6조 혜능에게 역사상 드러난 다섯 명의 덕 높고 빼어난 제자들이 있다. 행사(行思), 회양(懷讓), 현각(玄覺), 혜충(慧忠), 신회(神會)가 그들이다.

1. 청원 행사, 성스런 진리도 행하지 않다(聖諦亦不爲)

㉮

성제(聖諦)는 본래부터 하는 일이 없고	聖諦從來尙不爲
더구나 계급도 닦을 것 없다네	更無階級可修持
지금까지 노로(盧老)는 쌀 방아를 찧는데	至今盧老猶舂米
쌀까지 겨까지 누구를 주려는가?	和穀和糠付與誰

— 금산원

㉯

우뚝한 그 경지, 정안으로도 엿보기 힘들고	卓爾難將正眼窺
고금을 초월하여 무엇으로도 견주기 어렵네	迥超今古類難齊
이끼 낀 옛 궁전엔 모시는 이 없는데	苔封古殿無人侍
벽오동, 달이 걸려 봉황이 오지 않네	月鎖蒼梧鳳不棲

— 단하순

㉰

계급도 없고 구할 것도 없어서	無階無級更無求
조계의 첫 자리를 차지하였네	奪得曹溪第一籌
그러고는 여릉의 쌀값을 물으니	却向廬陵言米價
백 고을의 천 시장에서 앞다투어 흥정하네	百行千市競相酬

— 불국백

위의 게송은 6조의 수제자인 청원 행사(淸源行思, ? ~ 740)의 선화에 대해 후대의 선사들이 붙인 게송이다. 후일 청원산 정거사에 주석하였던 까닭에

선종사에는 청원 행사라고 불렸다. 5종 가운데 조동종과 운문종, 법안종은
바로 행사의 후손임을 보아도 그의 선풍과 덕행이 우뚝하였음이 짐작된다.
이야기는 이렇다.

> 청원 행사가 처음 6조를 뵙고 6조에게 물었다.
> "어떤 일에 힘을 써야 상대적 계급에 떨어지지 않겠습니까?"
> "그대는 일찍이 무엇을 했었는가?"
> "성스런 진리까지도 행하지 않았습니다."
> "그러면 무슨 계급에 떨어졌던 일이 있는가?"
> "성스런 진리까지도 행하지 않았는데 무슨 계급이 있겠습니까?"
> 조사께서는 매우 갸륵하게 여겼다.[1]
>
> 淸源行思禪師問 六祖 當何所務 卽不落階級 祖曰 汝曾作什麼來 師曰 聖諦亦不
> 爲 祖曰 落何階級 師曰 聖諦尙不爲 何階級之有 祖深器之

『전등록』에는 청원 행사가 강서지방의 길주 사람이고, 성은 유씨로 기록되
어 있다. 조계에 찾아가 6조에게 위와 같은 문답을 한 후, 6조가 매우 기특하
게 생각하여 회중에 아무리 문하생이 늘어도 행사를 수좌(首座)로 있게 했다
고 적혀 있다.

"일찍이 무엇을 했는가?"라고 6조가 행사의 수행 과정을 물었다. 그런데
행사는 "성스런 진리도 행하지 않았다(聖諦亦不爲)"고 대답한다. 성제는 세
제(世諦)와 상반되는 말이니, 곧 성인의 진리, 여기서는 부처님의 진리도 행
하지 않았다는 대답이 된다. 세제 곧 속제는 세속적인 이치나 규범을 말한다.
이런 행사의 대답은 곧 성인과 속인의 간택심이나 분별심을 모두 버렸으니,
무엇이 되고자 하거나 무엇을 닦는다는 인위적인 마음을 일으키지 않았음을
의미한다. 6조가 묻는 "어느 단계에 있느냐?"는 어느 경지에 이르렀는가를
묻는 것. "부처님의 지위, 곧 성제도 행하지 않았는데 무슨 지위(계급)가 있겠
습니까?" 하고 되묻는다. 이것은 이미 일체의 분별 간택심이 사라졌고, 성인
과 속인의 차별심이 없으며, 이 때문에 자연 차별 관념이 있는 어떤 단계에도

---

1) 『선문염송』 제5권, 147칙 「所務」, 348쪽.

머물지 않음을 의미한다. 이미 내적 자증(內的自證)이 되었음이 드러난다.

선종사에 의하면 행사는 단지 석두 희천(石頭希遷, 700~790), 한 사람의 제자를 두었다. 그러나 행사 자신은 "비록 뿔 난 짐승이 많지만, 기린 하나면 족하다(衆角雖多 一麟足矣)"라고 말했다.

㉮의 게송, 1행과 2행에서 성스런 진리(聖諦)인 부처님의 진리는 무위(無爲)고 무위(無位)다. 함이 없으나 일체가 두루 갖추어 있고, 지위가 없으나 일체 지위에 앉았으니, 무엇을 닦고 무엇을 바라겠는가. 노로(老盧)는 6조 혜능을 가리킨다. 3행의 '지금까지 노로는 쌀 방아를 찧는다'는 6조가 5조의 회상에서 방아 찧는 잡일을 하는 행자였으므로, 방아를 찧었다는 말은 맞으나, 지금까지 방아를 찧는다는 무슨 말인가?

선가에는 본래 시간과 공간의 개념이 없다. 그래서 『선문염송』 제1칙 「도솔래의(兜率來意)」에서 "세존께서 도솔천을 여의기 전에 이미 왕궁에 태어나셨으며, 어머님의 태에서 나오시기 전에 이미 사람들을 다 제도하였다(世尊 未離兜率 已降王宮 未出母胎 度人已畢)"[2] 하고 제1 공안으로 천명한다. 이것이

---

2) 이 게송은 『화엄경』 「이세간품」을 요약한 것. 곧 화엄법계의 소식이다. 이 본칙에 대하여 그 의미를 드러내기 위한 많은 게송이 있다. 그중 원오 극근과 대혜 종고의 게송을 소개하고자 한다.

큰 형상은 본래부터 형체가 없어	大象本無形
지극히 빈곳에 만물을 포함하네	至虛包萬有
꼴찌가 그대로 앞장을 섰고	末後已大過
남쪽으로 얼굴 돌려 북두칠성을 보네	面南看北斗
왕궁과 도솔천과 중생 제도와 태에서 출생함이	龍宮兜率 度生出胎
시종일관하여 당초부터 거래가 없으니	始終一貫 初無去來
자취를 쓸어 없애고 뿌리를 뽑아버려야	掃蹤滅迹除根帶
불 속의 연꽃이 곳곳에 피어나리	花裡蓮花處處開
	—원오근

비수 끝에 발린 꿀을 핥지 말고	利刃有蜜不須舐
비상 파는 집에서 물맛을 보지 마라	蟲毒之家水莫嘗
핥지 않고 맛보지 않아 모두 범치 않으면	不舐不嘗俱不犯

무슨 소리인가? 이 낌새는 화엄무애법계, 인드라망적인 '거듭거듭 다함이 없는 법계(重重無盡法界)'의 소식이다. 도솔천은 욕계의 중앙 하늘로서 모든 부처님이 이 하늘에 계시다가 우리 세계로 태어난다고 하는 하늘이다. '도솔천을 떠나지 않고 가빌라성 왕궁에 태어나고, 어머니 배 속에 들어 있으며 일체 중생의 제도를 마쳤다' 하니, 시간으로 동시성이고 공간으로 전(全)공간성이다. 두루두루 편재되어 있어 바로 꼬리며, 머리다. 미립자인 동시에 전 우주다. 또 시작인 동시에 끝이니, 바로 경포대 난간에서 최 서방이 그린소주를 마시면 LA에 있는 리처드 박이 코를 고는 진경이 선가의 형상이다. 4행에 '쌀과 겨, 누구를 주려는가?'는 3행에서 '지금까지 능행자가 방아를 찧는데' 아직 쌀과 겨를 구분도 못 하고 있는데 무엇이 바빠서 줄 사람부터 찾을까. 이렇게 진리의 입장에서 살펴보면, 노능(老能)이 방아 찧는 것과 우리가 지금 이것을 알기 위하여 한 마음 집중하는 것은, 전 시간이나 전 공간을 놓고 볼 때 아무런 차이가 없다. 바로 시공이 둘러빠진 소식이 골고루 편재된 소식이고 이것이 선가의 소식이다. 이 선가의 소식은 『화엄경』에서 말하는 쌍차쌍조(雙遮雙照) 차조동시(遮照同時)를 말하며, 바로 반상합도되는 곳의 소식이다. 이곳의 표현은 정상을 비틀고 돌이켜 나타나는 일원적인 수승한 세계다.

이형기는 선시의 한 표현 방법인 반상합도를 A=Ā라는 도식[3]으로 제시하였는데, 이것은 바로 『화엄경』에서 말하는 시/비의 이항대립을 모두 막고 융합하여 모두 비추니, 막고 비춤이 동시를 보여주는 것을 도식화한 것이다. 곧 정상이라 하면 A는 A인 동시에 A가 Ā인 세계가 바로 공성이 활활발발한 세계니 시공이 초월된 세계다. 바로 쌍차쌍조 차조동시의 세계[4]다.

단연 비단옷 입고 고향에 돌아가리   端然衣錦自還鄉
— 대혜고

3)　이형기, 『현대문학과 선시』「현대시와 선시」, 불지사, 1992. 40쪽 참조.

4)　쌍차쌍조 차조동시의 세계 : 쌍차(雙遮)란 시/비, 자/타, 미/추, A/Ā의 양변적인 견해, 이항대립적인 견해를 '막는다' '없앤다'는 의미이고, 쌍조(雙照)란 이항대립적인 견해를 回感融通하는 곧 A=Ā의 의미다. 이것은 인드라망처럼 거듭거듭 다함이 없으므로 중중무진화엄법계라 한다.

㉯의 게송, 1행과 2행은 '행사가 이룬 경지가 바른 혜안으로도 측량하기 어렵고', '고/금'을 초월하고 '성/범'을 모두 벗어나 그 수행됨을 가늠하기 어렵다'고 말한다. 여기서 정안은 정법안장(正法眼藏)의 준말, 바른 법을 내외명철(內外明徹)하게 보는 혜안을 말한다. 그리고 3행의 "이끼 낀 옛 궁전엔 모시는 이 없다"는 절대 경지를 형상화한 말이다. 바로 행사가 이러한 경지를 깨침으로 '성제역불위(聖諦亦不爲)'의 경지에 이르러 아무도 같이 할 수 없는 곳에 독거(獨居)하고 있음을 구체화하고 있다. 아무도 같이 할 수 없다는 말은 바로 누구나 행하기 때문에 행함을 알지 못한다는 의미다. 마지막 4행 "벽오동, 달이 걸려 봉황이 오지 않네"는 최상의 정신적 경지에 오른 행사가 이 경지에 유유자적함이 아니라 세속으로 돌아가 세속 일을 하며 세속을 제도한다는 의미로 읽을 수도 있고, 또 '봉황이 서식하는 자리에 달이 차지하고 있다'로 읽히기도 한다. 곧 정신적 최상의 경지를 형상화하고 있다. 이런 경지는 『반야심경』에 이르는 '깊은 반야바라밀다를 실행한다(行深般若波羅密多)'의 경지다. '반야바라밀다를 깊이 행한다'는 무엇을 어떻게 사고하거나 행위한다는 것이 아니다. 곧 수행함에 있어서 계교를 부리고 생각을 깊이 하여 파고 들어갔다는 내용과 상반되는 의미다. 이 경지는 본래 그대로 그 자리를 말한다. 이것은 본래 그 자리를 '이끼 낀 궁전에 모실 이 없고/벽오동, 달이 걸려 봉황이 오지 않는다'라고 형상화하였다. 최고 최상 최대의 경지에 이른 그가 발가벗은 땅 위에 발가벗은 채 있을 뿐이지, 이끼 낀 궁전이 당키나 한가? 벽오동과 봉황이 짝하지만 달은 이미 오동 가지에 걸려 있다. 여기서 벽오동은 홀로 즐기는 최상의 조용한 득도처를 상징한다. 역시 구중궁궐 홀로 즐기

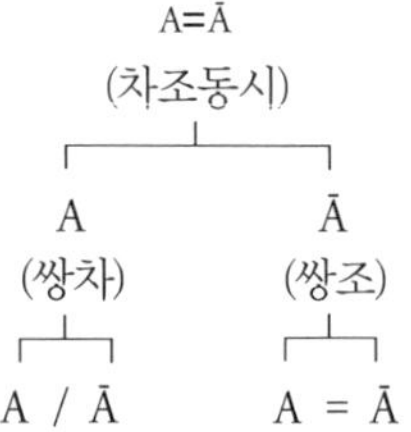

이와 같은 도식이 수천 수만이 아니라 거듭거듭 다함이 없이 펼쳐지는 세계다.

는 곳, 이곳을 달에게 내어주고 저잣거리로 돌아간다. 그러나 아무런 결심도 의심도 분별심도 없이 봉황은 돌아오지 않는다. 더 이상 설명할 수 없는 정적이고 고매한 정신적 깊이가 보이는 시행이다. 사물에 가탁하여 정신적 깊이를 형상화한 시구이다. '이로(理路)에 관계되지 않고 언전(言詮)에 떨어지지 않는 경지'(不涉理路 不落言全)[5]의 표현이라는 생각이 든다.

ⓓ의 불국의 게송, 1행과 2행은 위의 선화와 조계 혜능 회상에 수좌가 되었음을 사실대로 읊었고, 3행은 어느 스님이 청원에게 "불법의 대의가 무엇입니까?" 물으니 "여릉의 쌀값은 어떻던가?" 하고 답한 데서 나온 시구이고, 4행은 3행의 선화에 각 선방과 공부하는 무리들 수천수만이 모두 입을 마주하고 각자 사량분별(思量分別)하고 횡설수설함을 말한 것이다. 곧 절대 진리를 묻는 사람에게 여릉의 쌀값은 어떻던가? 하는 반문은 반어적인 대답이다. 이 되묻는 대답은 선사로서 납자를 제접하는 능숙한 솜씨는, 인간의 관념과 개념, 관습으로 뒤덮여 있는 두꺼운 벽을 깨는 줄탁동시(啐啄同時)의 비범하고 매혹적인 수법으로 읽힌다.

이 선화는 『선문염송』 148칙 「여릉」[6]에 실려 있다. 또 후대의 선사들이 많은 게송을 읊었는데 몇 수 감상하기로 하자.

ⓐ

쌀값의 시세는 고장마다 같은데	米價隨方貴賤同
헤매는 마음으로 보아도 모른다네	輪廻心識見難通
행사 노장의 끝난 곳을 알려 하는가	欲窮思老歸源處

---

5) 엄우는 그의 시론집인 『창랑시화』에서 "시는 별난 재능에 있는 것이지 학문에 관계된 것이 아니며, 시에는 별난 旨趣가 있는 것이지 이치에 관계된 것이 아니다. 그러나 해박한 독서와 깊은 궁리가 없으면 지극한 경지에 이를 수 없다. 이른바 理路에 관계되지 않고 言詮에 떨어지지 않는 것을 최상으로 친다(夫詩有別材 非關擧也 詩有別趣 非關理也 然非多讀書 多窮裡 則不能極其至 所謂不涉理路 不落言詮者上也).

6) 청원에게 어느 날, 한 학인이 물었다
"어떤 것이 불법의 대의입니까?"
"여릉의 쌀값은 어떤가?" 하였다.
清源 一日因僧問 如何是佛法大意 師云 盧陵米作麼價

달은 서산에 있는데 해는 동쪽에 있네　　　　　　月在西兮日在東

　　　　　　　　　　　　　　　　　　　　　　　　　　— 천장초

㉯

여릉의 쌀값이 해마다 바뀌는데　　　　　　　　　盧陵米價逐年新

길가에 들은 소문 거짓일까 두려워　　　　　　　道聽處傳未必眞

큰 시세는 샛길에서 물을 것 없나니　　　　　　大意不須岐路問

비싸고 싼 것은 장사꾼을 찾아가라　　　　　　高底宜見本行人

　　　　　　　　　　　　　　　　　　　　　　　　　　— 황룡남

㉰

여릉의 쌀값이 얼마나 되는가?　　　　　　　　　盧陵米價今多小

보름에는 달이 크고 그믐에는 적다네　　　　　　月圓時大缺時小

그리고 강변에는 혼자 깬 사람 있어　　　　　　更有江邊獨醒人

눈을 뜨고 새벽까지 꿈을 꾸고 있다네　　　　　開眼做夢倒天曉

　　　　　　　　　　　　　　　　　　　　　　　　　　— 열재거사

84

㉮의 천장초의 게송 1행과 2행에서 "쌀값의 시세는 고장마다 같은데/헤매는 마음으로 보아도 모른다네" 한 것은 일체 사물의 진여 자성인 공성은 모두 한가지로 편재되었다는 말이고, 이 참마음에서 바깥 경계에 미혹되어 볼 수 없음을 노래한다. 3행 4행은 '행사의 득도처를 알고 싶은가/달은 서산에 해는 동녘에'는 조금도 흔들리지 않는 일상의 흐름, 평소의 무심이든 유심이던 일상의 하루가 있고 하루가 운행된다. 그 외는 별달리 할 말이 없다.

㉯의 황룡 혜남의 게송은 청장의 게송과는 반대쪽에서 표현하지만 ㉮의 게송 1행과 2행이나 ㉯의 게송 1행과 2행은 서로 의미는 같으나, 문자상 다른 표현일 뿐이다. ㉮는 자성 본체의 입장에서 보는 표현이고, ㉯는 자성의 응용. 마음의 입장에서 표현한 시구다. 우리 마음은 늘 저잣거리를 헤맨다. 설사 그 헤맴이 고상하고 명상적인 데 마음을 준다 해도 마찬가지다. 우리는 일상생활, 사회를 벗어나 살 수는 없다. 유식학에서는 마음을 여덟 가지[7]로 나

---

7)　이런 마음을 주인공으로 삼는 불교의 유식사상에 의하면, 우리는 '눈, 귀, 코, 혀, 신체, 뜻의 기관(6根)'을 가지고 물질, 소리, 냄새, 맛, 촉감, 이치를 대상으로 하는 여섯

누어 말한다. 이 제8식을 벗어나야 진여자성(眞如自性)을 본다. 곧 견성한다고 한다. 그렇지만 6식의 표피식이든, 8식의 무의식이든 참마음(자성)을 벗어나 있지는 않으므로 게송 ㉮의 표현이나 ㉯의 표현이 한 선상에서 요해된다 할 것이다. ㉯의 게송, 3행과 4행의 "큰 시세는 샛길에서 물을 것 없나니/비싸고 싼 것은 장사꾼을 찾아가라"의 뜻은 깨달음의 참 소식은 저잣거리에서 물을 필요가 없다, 하지만 가격의 흥정 정도는 장사꾼에게 답을 얻어야 한다로 일차적으로 읽히고, 또 하나는 3행의 "큰 시세는 샛길에서 물을 것 없나니"가 4행 "비싸고 싼 것은 장사꾼을 찾아가라"로 연계되면서 '큰 시세를 묻는 것은 역시 전문가인 장사꾼을 찾아가 물어보라'고도 읽힌다. 깊고 오묘한 것은 따로 특별한 무엇이 있는 것이 아니라 보편적인 능수능란함이 바로 진제(眞諦)의 심오함과 다름이 없음을, 곧 평상심이 진리임을 보여준다.

㉰의 게송은 '진리란 무엇입니까? 하는 질문에 "여릉의 쌀값은 얼마인가?" 하는 행사의 대답은 곧 "보름에는 달이 크고 그믐에는 적다"이고 다시 "여름에는 비가 오고 겨울에 눈이 온다"로 보면 어떨까?

2. 남악 회양, 한 물건이라 해도 맞지 않다(說似一物卽不中)

㉮

숭악 꼭대기에 저렇게 와서	崇頂來是伊麼來

가지 바깥경계(6境)로 하여 끊임없는 여섯 가지 마음을 일으키며 살아간다. 곧 6識—안식(眼識), 이식(耳識), 비식(鼻識), 설식(舌識), 신식(身識,) 의식(意識)—을 시시각각 대응하며 살아가는데, 이것을 표피적인 마음, 표피식(表皮識)이라 한다. 그렇지만 이 표피식이 바깥 마음 진여자성을 벗어나 있지는 않다. 불교 유식학에서는 마음을 여덟 가지로 말한다. 앞에 설명한 6식과 산스크리트어의 음사로 말나식이라고 불리는 제7식, 곧 잠재의식에 해당되는 중간마음의 설정이 있고, 다음 마지막 제8식인 아뢰야식이 있다. 이 8식은 프로이트의 무의식에 배대가 된다. 한자로 의역하여 장식, 함장식, 함몰식이라 하는 것이 그것이다. 우리의 일체 행위가 업이 되어 갈무리되는 마음이다. 이 8식을 완전히 벗어남이 견성이고 성불이다. 선사들이 '천 길 낭떠러지에서 한 발 내디뎌라(百尺竿頭進一步)'고 경책함도 이 뿌리 깊은 관습과 인연의 사슬에서 한 발 나서라는 말씀이다.

한 물건도 맞지 않는단 말 벌써 티일세 　　　不中一物早塵埃
그러고는 남악에서 벽돌을 갈아 　　　便於南嶽磨甎片
재빨리 마조의 눈치를 일깨웠네 　　　照得秋風馬子迴
　　　　　　　　　　　　　　　　　　　　　　— 불국백

㉯
무엇이 그렇게 낭낭히 와서 　　　什麼堂堂伊麼來
마주 서서 빨리 보되 돌아보지 않네 　　　當機覿面不迂迴
거닐고 앉고 누움이 딴 물건이 아니거늘 　　　經行坐臥非他物
세상 사람 스스로가 눈을 뜨지 않았네 　　　自是時人眠不開
　　　　　　　　　　　　　　　　　　　　　　— 법진일

㉰
옥은 진흙에 묻히고 연꽃은 물 위에 솟으니 　　　玉在泥中蓮出水
더럽힐 수 없고 견줄 이 없네 　　　汚染不能絶方比
여러분이 이와 같이 깨닫는다면 　　　大家如是若承當
동정호 하룻밤에 가을바람 불리라 　　　洞庭一夜秋風起
　　　　　　　　　　　　　　　　　　　　　　— 운거원

후세에 남종선, 6조 혜능의 선사상은 5가 7종(五家七宗)의 선문으로 개화하면서 선학의 황금시대를 맞는다. 앞의 청원 행사의 법손들에 의하여 운문종, 조동종, 법안종이 형성되었고, 남악 회양(南嶽懷讓, 677~744)의 후손들에 의해서 임제종과 위앙종이 설립된다. 그리고 송대에 이르러 임제종에서 양기파와 황룡파가 흥성하게 되니, 후대에 이를 5가 7종이라 총칭한다.

회양의 속성은 두씨이며 형주 옥천사에서 출가하였다. 그는 처음 율종을 익힌 뒤, 숭산 혜안의 소개로 6조와 인연을 맺게 된다. 그리고 그의 문하에서 6조 다음으로 중요한 마조 도일이 배출됨으로써 선문 양대의 개창주가 되었다. 『전등록』의 「남악회양」 장에 그가 깨달음에 이르는 선화가 기록되어 있다. 이 과정에서 그가 6조에게 대답 올린 "설사 한 물건이라 해도 맞지 않습니다(說似一物卽不中)"는 오늘날까지 제방에 널리 알려진 선객이 살피는 화두가 되었다. 이야기는 이렇다.

조계로 가서 6조께 참배하니 조사가 물었다.

"어디서 왔는가."

"숭산에서 왔습니다"

"어떤 물건이 이렇게 왔는가."

"설사 한 물건이라 해도 맞지 않습니다."

"닦아서 증득할 수 있겠는가."

"닦아 증득함이 없지 않으나, 더럽힐 수는 없습니다."

"이 더럽힐 수 없는 것만이 여러 부처님들이 걱정해주신 것이다. 그대도 그렇고 나도 이와 같다. 서천의 반야다라 존자께서 예언하기를 그대의 발아래 망아지 한 마리가 나와 천하 사람들을 짓밟아 죽이리라 하였으니, 모두 그대 마음에만 간직해 두고 너무 섣불리 말하지 말라."

스님이 확연히 깨닫고, 곁에서 15년 시봉하다가 당 선천 2년에야 비로소 남악으로 가서 반야사에 살았다.[8]

乃直詣曹谿六祖 祖問 什麽處來 曰 崇山來 祖曰 什麽物恁麽來 曰 說似一物 卽不中 祖曰 還可修證否 曰 修證卽不無 汚染卽不得 祖曰 只此不汚染 諸佛之所護念 汝旣如是 吾亦如是 西天般若多羅讖 如是何出一馬駒 踏殺天下人 並在汝心 不須速說 師 豁然契會 執侍左右 一十五載 唐先天二年 始住南嶽 居般若寺

회양의 구도 과정과 6조와의 인연에 대한 선화이다. 얼핏 보면 6조에게 인가만 받았다는 느낌을 받기 쉬우나, 선객들이 보여주는 개안은 아무렇지도 않는 곳, 아무것도 없을 것이라고 생각이 들 때 이루어진다. 마치 이른 아침 햇살에 안개가 걷히듯, 이렇게 여시하게 일어남을 앞으로 많은 선화에서 느낌만 받을 수밖에 없는 것은 '언설을 떠나고 생각이 끊기는 곳(離言說 絕思量處)'이기 때문일 것이다. 그래서 『전등록』에선 단지 활연계회(豁然契會)라고 적고 있을 뿐이다. 그리고 '망아지가 나타나 천하 사람을 밟아 죽일 것'이라는 참기(讖記)는 일반적으로 회양 문하에 도일이 나타나 선문을 평정할 정도로 큰 세력을 형성할 것이라는 말로 받아들여진다. 도일의 속성이 마씨인 까닭에 선학자들이 그렇게 생각함은 당연하다. 이런 예언은 후손들에 의해 첨입된 것이 분명하지만, 종교적인 측면에서 보면 허용되는 부분이다.

---

8) 『경덕전등록』 제5권, 「남악회양」, 보련각, 1971, 한문 옮김.
　　『전등록』 제5권, 「남악회양」, 동국역경원, 1970 참조.

이 선화 초점은 일물(一物)이다. 이것의 이해는 혜능의 "본래무일물(本來無一物)"이나, 회양의 "설사일물즉부중(說似一物卽不中)"에서 일물이라는 선어를 밝힘이 무엇보다도 중요하다. 혜능이 말하는 자성(自性)의 본체는 무자성(無自性)이어서 언설로 표현되지 않음을 앞에서 누차 밝힌 바와 같다. 이것의 이해는 대상과 주체의 문제를 가름하는 데 있다. 자성은 주체 그 자체이다. 이것을 문자와 말로 표현될 때는 대상으로 진환되기 때문이다. 여기 『전등록』 9권 말미에 기록된 희운의 『전심법요』에 좋은 설명이 있다.

> 이 마음은 비롯함이 없는 옛날부터 나지도 멸하지도 않고, 푸르지도 누르지도 않고 형상도 모습도 없고 있고 없음에도 속하지도 않고 새것과 옛것에도 속하지도 않고 길고 짧고 크고 작음도 아니어서 온갖 한량과 이름과 자취와 상대를 초월하여 본체 그대로다.[9]
>
> 此心自無始以來 不曾生不曾滅 不靑不黃 無形無相 不屬有無 不計新舊 非大非小 超過一切限量名言蹤迹

이 설법으로 "설사일물즉불중"에 있는 일물(一物)은 충분한 이해가 될 것이다.

'일물'은 선사에 따라 다른 글자로 표현하였는데 혜능은 자성(自性), 곧 견성을 역설하는 성(性) 자로, 하택 신회는 '지지일자중묘지문(知之一字衆妙之門)'이라 하여 성(性) 자보다는 지(知) 자를 말한 것은 동태성이 보인다. 마조 도일의 '즉심즉불(卽心卽佛)' 혹은 '평상심시도(平常心是道)'라 해서 성(性)보다는 작용의 뜻이 있으므로 심(心) 자를 사용한 것으로 보인다. 그리고 마조 때부터 할(喝)과 방(棒)을 쓰고 손으로 때리고 발로 차는 대기대용이 시작되었다. 이어 백장 회해나 황벽 희운까지는 심(心) 자를 많이 사용하였다. 임제 의현에 이르러서는 무위진인(無位眞人), 무의도인(無依道人), 무사인(無事人), 청법저인(聽法底人)이라 해서 인(人) 자를 많이 사용하게 된다.[10] 이는 성

9) 『경덕전등록』 제5권, 「남악회양」, 보련각, 1971.
   『전등록』 제5권, 「남악회양」, 동국역경원, 1970, 1쪽 참조.
10) 서옹 연의, 『임제록』, 임제선원, 1992, 42~43쪽 참조. 이 뛰어난 고찰은 서옹선사의

(性)과 지(知)와 심(心)보다는 구체적이고 행동적이며 현실에 가장 가까운 활활발발한 행위가 눈에 나타나기 때문이라는 생각이 든다. 사실 종교가 현실적으로 잘 먹고 잘 사는 범주를 벗어날 때, 문득 생각해보기를 선은 가르치고 있다.

이와 같이 모든 표현은 '일물(一物)'의 또 다른 표현일 뿐이다. 일물을 바로 아는 것이 아니 계회(契會)하는 것이 무엇보다 중요하다. 위의 선화에서 이 계회함은 견성을 말한다. 이 내용이 "닦아 증득함이 없지 않으나 더럽힐 수 없습니다"이니 이렇게 바로 만나면 그뿐이다. 이로써 회양의 희미한 의심이 맑게 거두어지니, 『전등록』이나 선어록에선 이를 '활연계회(豁然契會)'라고 적고 있다.

자, 그럼 회양의 득처는 어디에 있는가? 나무 아래서 잘 상량(商量)해볼 일이다.

『선문염송』에서 이 선화에 부친 여러 선객들의 게송[11] 중 임의대로 뽑아놓은 것이 앞의 선시이다.

㉮의 게송에서 1행의 "숭악의 꼭대기에서 저렇게 와서(崇頂來是伊麼來)"는 '숭산의 정신적 수승한 경지에서 이곳까지 이렇게 왔다'이니, 바로 마음 없이 머무름 없이 여시하게 왔다로 읽힌다. 또 2행의 "한 물건도 맞지 않는단 말 벌써 티일세(不中一物早塵埃)"는 '한 물건이라 해도 적확한 표현이 아니라 한 겹 막히는 표현이다'라는 뜻이다. 이것은 앞 장에서도 누차 살펴본 것같이 자성 당체를 표현하는 데 어쩔 수 없는 표현 방법이니, 말의 끊어지고 마음이 없어짐의 언어 표현이다. 앞 장에서 살펴본 시적 역설에 의한 반상합도(反常合道)된 선시의 표현방법이다. 3행은 회양이 깨달음을 이룬 후, 전법원에서

『임제록』「진인」 장에서 발췌하였다. 생사의 절대적 이율배반적인 이성에 의한 인간 완성이 부정되고 임제의 무위진인으로 전환하는 데는 돈오돈수만이 있다고 말씀하시며, 임제의 상당법문을 옮기고 있다. "빨간 몸 덩어리 위에 한 차별 없는 사람이 있어서 항상 여러분의 눈 귀 코 입 등을 통해서 출입한다. 아직 똑똑히 보지 못한 사람을 보아라, 보아라(赤肉團上 有一無位眞人 常從汝登諸人 面門出入 未證據者 看看)."

11) 『선문염송』119칙「일물」, 동국역경원, 299~301쪽 참조.

매일 좌선에 매달려 있는 마조에게 벽돌을 갈아서 거울이 될 수 없듯이 좌선을 해서 부처가 될 수 없음을 깨닫게 한 고사를 이르고 있다.

㉯의 게송, "무엇이 그렇게 당당히 와서/마주 서서 빨리 보되 돌아보지 않네" 하는 1행, 곧 '십마당당이마래'에서 보여주듯이 이와 같이 당당한, 그렇게 온 이 물건, '마주 서서 빨리 보되 돌아보지도 않는 이 물건', 이 일물(一物)에 대한 이해를 이미 우리는 충실히 해왔다. 3행의 "거닐고 앉고 누움이 딴 물건이 아니거늘(經行坐臥非他物)"은 바로 이 일물의 계회이니 스스로 주체가 되는 것이다. 이 주체가 됨을 선문에서는 벙어리가 꿈을 꾼 형상이다라고 말한다. 4행의 "세상 사람 스스로가 눈을 뜨지 않았네(自是時人眠不開)"는 세상 사람뿐만 아니라 세간 출세간 모두 통틀어도 아는 사람이 없으니, 역시 선문에서는 이 일을 불조(佛祖)도 모른다고 표현한다.

㉰의 게송 중 1행과 2행 "옥은 진흙에 묻히고 연꽃은 물 위에 솟으니(玉在泥中蓮出水)/더럽힐 수 없고 견줄 이 없네(汚染不能絕方比)"는 이 일물의 본성은 『반야심경』에서 "태어나지도 없어지지도 않고/더러워지지도 깨끗해지지도 않고/늘어나지도 줄어들지도 않는다(不生不滅 不垢不淨 不增不減)"고 직설하듯이 이 본성을 옥에다 가탁하여 표현한 상징적 비유다. '이렇게 활연 계회하면 마치 동정호 달 밝은 밤에 신선하고 청량한 한 줄기 바람, 바람이고 동정호고, 나고 너고 우리고 특별히 기특함이 없다'라고 읽힌다. 마치 일월이 중천에 두둥실 떠가듯이. 동정호나 가을바람은 본래 유유자적하는 본성, 이것이 일물임을 알면 그뿐이다.

3. 영가 현각, 체달한즉 남이 없고 요달한즉 빠름이 없다
(體卽無生 了本無速)

혜능의 또 다른 제자로는 「증도가」로 유명한 영가 현각(永嘉玄覺, 665~713)이 있다. 그는 절강성 영가현 사람으로 성은 대씨다. 『전등록』에 의하면 일찍이 출가하여 삼장을 두루 탐구하였으며, 천태지관에 정통하여 항상 마음에 선관을 모두고 있었고, 좌계 현랑의 격려로 조계로 갔다고 한다. 그의 기연은 다음과 같다.

> 처음 조계에 이르러 주장자와 병을 들고 6조를 세 번 도니, 조사가 말했다.
>
> "대개 사문인 자는 3천 위의와 8만 가지의 세행을 갖추어야 하는데, 대덕은 어디서 왔기에 이렇게 오만무례한가?"
>
> 현각이 대답했다.
>
> "생사의 문제가 가장 중요하고, 만물은 무상이 빠르기 때문입니다(生死事大 無常迅速)."
>
> "어찌하여 태어남이 없음을 체달하여 신속한 무상이 없음을 알려 하지 않은가?(何不體取無生了無速乎)"
>
> "체달한즉 태어남이 없고, 요달한즉 본래 빠름이 없습니다(體卽無生 了本無速)."
>
> "그래 바로 그거야!"[12]

생사가 무너진, 시간과 공간을 초탈한 백척간두에서 한 걸음 내디딘 견해는 조사로 하여금 "그래, 참으로 그렇다(如是如是)"를 연발하게 하였다. 이때에 모든 대중들이 깜짝 놀랐고, 현각은 비로소 위의를 갖추어 조사에게 참례를 하고 곧 하직을 고하고자 하였다.

> 6조가 말했다.
>
> "왜 그렇게 빨리 돌아가려 하는가?"
>
> 현각이 대답했다.
>
> "본래 움직이지 않았거늘 어찌 빠름이 있겠습니까?(本自非動 豈有速耶)"
>
> "누가 움직이지 않았음을 아는가?"
>
> 현각이 대답하였다.
>
> "스님께서 스스로 분별을 내십니다(仁者自生分別)."
>
> "그대는 참으로 무생의 요체를 체달하였구나."
>
> "어찌 무생에 뜻이 있겠습니까?"
>
> "뜻이 없는 것을 누가 분별한단 말이냐?(無意誰當分別)"

---

12) 『경덕전등록』권5, 보련각, 1982, 93쪽.

『전등록』제5권, 동국역경원, 1970, 157~158쪽 참조.

필자가 참고한 보련각본은 한문본이고 동국역경원본은 한글 번역본이다. 의미를 살피는 데 요긴하다고 생각되는 곳에는 한문을 첨가했다.

“분별 또한 뜻이 아닙니다(分別亦非意).”

6조가 탄복하면서 말했다.

“좋구나, 좋아.” 조사는 현각에게 하룻밤 쉬어 가라고 붙들었다.

이로부터 당시 사람들은 현각을 일숙각(一宿覺)이라고 했다.[13]

이 선화에 후세의 많은 선객들의 게송이 있다. 몇 수 읽어보자.

㉮

영가가 만 리 길 지나 조계에 이르러	永嘉萬里到曹溪
세 번 절하고 왜 한마디 없었는가	三拜云何畧不施
선상을 세 차례 돌고 난 뒤에	却繞禪牀三匝後
석장 짚고 우뚝 서니 그게 위의런가	卓然振錫底威儀

— 법진일

㉯

조계산에 오기 전엔 무슨 의심 있었던가	曹溪未到有何疑
월면이 당당하니 그가 누구이던가	月面堂堂更是誰
하루 쉬자 어느덧 돌아가기 늦었으니	一宿已成歸計晩
노씨 노인 채찍 늦은 것 관계치 않네	不干盧老擧鞭遲

— 조계명

㉰

나고 죽는 하나의 일 크니	生死一事大
깨닫고는 머물지 않네	證了不復住
하룻밤 조계산에서 쉬고 나서	一宿留曹溪
문을 나서며 노래 불렀네	長歌出門去

— 지비자

㉮의 게송 1행과 2행에서 “영가가 만 리 길 지나 조계에 이르러/세 번 절
하고 왜 한마디 없었는가” 하였는데, 왜 정말 ‘한마디 없는지’를 살필 일이

---

13) 『선문염송』 제4권, 122칙 「진석휴병」, 동국역경원, 1977, 307쪽.

다. 왜 현각은 6조를 만나고도 말 한마디 없이 서 있었는가? 이곳의 이해를
위해 우리는『금강경』의 제2「선현기청분」[14]을 설의한 함허 득통(涵虛得通,
1376~1433)의 법문에 귀 기울여야 한다. 이 경문 모두에 부처님이 환지본처
하여 식사를 하시고 밥그릇을 거두고 발을 씻으시고 곧바로 앉았다. 그런데
수보리가 세존께서 아무 말씀도 않으셨는데, "드무십니다, 세존이시여" 하며
말을 잇는데, 이 일하고 영가 현각이 6조에게 세 번 절하고 한마디 말없이 서
는, 이일과 어디가 같고 어디가 다른가를 살펴야 한다. 어디서 그 견처를 얻
을 수 있는지 잘 살필 일이다. 함허의 설의는 다음과 같다.

> 양기가 말하기를 "황면노자가 스스로 가련하다. 수보리가 나와 '드물다(希有)'
> 라고 말하는 것을 듣고 바로 얼음이 풀리고 기와가 무너졌다" 하니, 이 노인의
> 이 말씀이 다만 사람으로 하여금 아득한 시간 밖을 향한 바로 그곳에 오르기를
> 바라는 것이다.
> 때문에 대혜 종고가 이 말을 가지고 '세존이 한 말도 하지 않았는데 수보리가
> 무슨 도리를 보고 문득 '드물다'라고 말했는가? 다만 양기 방회의 얼음이 녹고
> 기와가 무너지는 곳을 향해 보아 자연히 보고 얻어버리면 일생의 공부하는 일을
> 마칠 것이다' 한 것이다.
> 또 옛 어른의 게송에 "사해의 바람이 쉬고 달이 하늘에 뚜렷하고/파도가 없으
> 니 철선을 띄운다/수보리가 거듭 누설함에 힘입어/좋은 말이 채찍을 눈치 본 것
> 같음을 면한다" 하니 곧 세존이 단좌하여 한 말도 하지 않은 최초의 일구자(一句
> 子)를 눈앞에 가져가 여러 사람의 면전에 두 손으로 나누어 맞추었는데 수보리
> 가 벌써 이 같음을 알고 나와 '드물다'라 말한 것이다. 수보리가 없었던들 누가
> 이 어두움 속의 밝음을 알았을까?[15]
>
> 楊岐云 黃面老子 幸自可憐生 被須菩提 出來道皆希有 當下 氷消瓦解 此老此說

---

14) 『금강경』제2,「선현기청분」.
수보리가 대중 가운데 있다가 자리에서 일어나 오른 어깨에 옷을 걸쳐 메고 오른
무릎을 땅에 대고 합장하여 공경하며 부처님께 여쭈었다. "드무십니다, 세존이시여,
여래께서는 모든 보살들을 잘 보살펴주시며 모든 보살들에게 잘 부촉해주시니(時
長老須菩提 在大衆中 卽從座起 偏袒右肩 右膝着地 合掌恭敬 而白佛言 希有世尊 如來 善
護念諸菩薩 善咐囑諸菩薩)……."
15) 함허 득통,『금강경오가해』, 김운학 역주, 현암사, 1980, 25쪽.

只要教人 向劫外承當 所以 大慧 擧此話云 黃面老子 不下一言 須菩提 見介甚麼
道理 便道希有 但向楊岐 氷消瓦解處看 自然看得破 一生參事畢 又古德頌 云 四
溟風息月當天 不動波瀾駕鐵船 賴得空生重漏泄 免同良馬暗窺鞭 則世尊端坐 不
下一言處 最初一句子 覿面提持 向諸人面前 兩手 分付了也 須菩提 早知如是 出
來道希有 不有須菩提 誰知暗中明

본문의 흐름과는 다소 빗나간 느낌이 있으나, 충분히 '현각이 조계를 찾아
와 한마디 말하지 않음'이나, '지팡이 짚고 그냥 서 있는 것'의 도리가 밝혀진
다 할 것이다. 평범한 선시 속에 의외로 현묘한 세계를 숨기고 있다.

㉯의 게송에서는 "조계산에 오기 전엔 무슨 의심 있었던고/월면이 당당하
니 그가 누구던가" 하고 현각이 조계에 오기 전부터 아무런 의심을 갖지 않
았던 사람, 즉 무사한인이며 무위진인임을 노래하고, 이어 그저 평범한, 가장
예사로운 사람임을 2행에서 노래한다. '월면(月面)이 당당'하다는 말은 '너무
예사로워, 사실 딱 포개어 떨어뜨려지지 않는 주체여서 아무도 알 수 없는 사
람'이라는 의미다. 월면이 당당한 그가 누구던가. 지식으로 알려 해야 알 수
없고, 이미 알았을 때는 이해일 수밖에 없는 그는 누구던가. 아무도 알 수 없
다고 함이 정확한 표현인 진리 당처다.

이런 그는 "하루 쉬자 돌아가기 어느덧 늦었으니/노씨 노인 채찍 늦은 것 관
계치 않네." 원래 늦을 것도 없고 또한 빠를 것도 없다. 이러한데 6조의 달리는
말에 때리는 채찍도 빠르고 늦을 리 없다. 말은 말이고 채찍은 채찍일 뿐.

조계명 선사의 게송은 이미 당체(當體)와 계회된 현각은 쉬는 것이 돌아가
는 것이고 늦은 것이 이미 빠름이니, 무얼 깨달음이라 하는가, 6조의 간절한
노파심이 뭉쳐진 채찍, 아무런 역할이 되지 못함을 노래하니 현각을 찬양한
게송이다.

㉰의 게송 1행에, "나고 죽는 하나의 일 크니(生死一事大)"는 인간의 제일
명제다. 세상에 태어났던 일체의 성인이나 철인, 혹은 중생들까지 모두가 근
원적인 걱정 근심을 추구해보면 끝내 맞닿는 것은 나고 죽는 일이다. 그래서
선가에서는 생사 문제 해결을 장부일대사인연(丈夫一大事因緣)이라 잘라 말
한다. 2행의 "깨닫고는 머물지 않네(證了不復住)"는 당연한 구절이다. 무상이

신속한데 어찌 깨닫고 상주할 수 있는가? 그래서 불교에서는 '스스로 이로우면 남도 이롭다(自利利他)'나 '위로는 지혜를 구하고 아래로는 중생을 제도하라(上求菩提 下化衆生)'라고 이르고 있다. 이러할진대 어찌 잠시라도 머물 수 있겠는가. 3행과 4행은 자연 이해가 될 것이다. "하룻밤 조계산에서 쉬고 나서/문을 나서며 노래 불렀네"라는 3행과 4행의 부드러운 결구는 읽는 이에게 편안함을 준다. 평범하므로 더욱 깊은 선리가 담겨 엄습해옴을 느낀다.

일숙각 현각의 『영가집』과 「증도가(證道歌)」 한 편이 세상에 전해온다. 근래 돈황에서 출토된 태평흥국 5년(980)의 고문(古文)에 「증도가」가 「선문요결」로 적혀 있고 '초각대사 일숙각 작'이라 쓰여 있어 호적이 초각은 현각이 아니라고 발표한 바 있으나, 이어 일숙각이라고 현각의 별호가 나오고, 진각이라는 황제가 내린 시호도 있는 것을 보아 현각의 저작으로 본다.

그래서 『전등록』의 기록을 의심하였으나, 돈황 자료(태평흥국 5년)보다 약 30년이나 더 빨리 완성된(남당 보태 10년[950]) 『조당집』에 의하면 그 내용이 『전등록』과 거의 일치하므로 「증도가」가 현각의 저작임이 분명하게 되었다. 이 노래는 7언 철리시 가운데 유일한 장편으로서 장편의 고시 「공작동남비」(1,700자)에 비해 100자나 많은 1,800여 자나 된다.

「증도가」의 내용은 불교의 진리와 선에 대한 견해가 있고 구도의 요지와 선종의 전등사도 담고 있다. 이 「증도가」라는 이름은 후세에 붙여진 것이다. 전반적인 내용은 현각 자신의 깨달음을 후세의 수도자에게 보여준 것이다. 긴요한 몇 대문을 음미해보자.

그대는 보지 못하는가	君不見
학문을 끊은 하릴없이 한가한 도인을	絕學無爲閑道人
망상을 없애지도 참을 구하지지도 않는	不除妄想不求眞
무명의 실성이 곧 불성이요	無明實性卽佛性
허깨비같은 빈 몸이 곧 법신이다	幻化空身卽法身
법신이란 한 물건도 없다는 걸 깨달으면	法身覺了無一物
본원자성이 천진불이다	本源自性天眞佛
다섯 더미 떠도는 구름이 부질없이 오가고	五陰浮雲空去來

탐진치 삼독은 물거품처럼 헛되이 출몰한다	三毒水泡虛出沒
실상을 증득하면 사람도 법도 없고	證實相無人法
찰나에 아비지옥에 떨어질 업도 소멸된다	刹那滅却阿鼻業
만일 망령된 말로 중생을 속이면	若將妄語誑衆生
영겁의 발설지옥 자초하리라[16]	自招拔舌塵沙劫

위의 선시는 「증도가」 모두의 구절이다. 이 단락이 「증도가」의 대의를 천명한 것이며 "학문을 끊은 하릴없는 한가한 도인"의 경지를 밝힌다. 일반적인 불교의 종파, 교학 위주의 교종이나 다른 종파들은 모두 수지, 좌선, 독경, 구법에 치우쳐 있다. 이들은 대상화된 불교를 일반화하려는 데 반해, 선은 현실이나 생명 그 자체를 활활발발한 그대로를 포착하고 영회하여 주체가 되는 데 있다. 이러한 면에서 이 선구는 선종의 정신이며, 강령이다. 이처럼 한가롭고 자유로운 도인은 본성을 더럽히지 않고 저절로 무심 그 자체가 되어 닦는 것마다 바로 그것이 된다. 일반적으로 망상을 버리고 무명을 벗어남을 수도하는 것이 교학의 이상으로 생각하지만, 선에서는 성범(聖凡)의 분별심에서 벗어나므로 무명(無明), 실성(實性)이 둘이 아님의 경계에서 '함이 없는 행위(無功用)'가 된다. 따라서 "무명과 실성이 곧 불성이며/허깨비 같은 빈 몸이 곧 법신이라" 한 것이다.

"법신이란 한 물건도 없다는 걸 깨달으면(法身覺了無一物)"이라는 구절은 '본래무일물(本來無一物)' 바로 법신이라는 의미이다. 이런 '본래무일물'이 본원자성불이며 천진불이다. 이 '일물'은 사람마다 모두 구족한 본원이며 자성이다.

5음(五陰)은 5온(五蘊)과 같은 말이며, 인도 고래부터 물물(物物)은 색(色) 수(受) 상(想) 행(行) 식(識), 즉 다섯 더미인 5온으로 되었다고 말해왔다. 색은 물질이고 수는 느낌, 상은 따짐, 행은 의지력, 식은 알음알이를 말한다. 이 오음은 인연에 의하여 성립되어서 머물다가 허물어져 텅 빈 상태가 되는 성주괴공(成住壞空)의 흐름 속에 짐짓 가유(假有)하는 존재다. 이와 같이 뜬구

---

16) 『경덕전등록』 제30권, 「증도가」, 보련각, 1982, 236~239쪽, 한문 옮김.
　　『경덕전등록』 제30권, 「증도가」, 동국역경원, 632~633쪽 참조.

름과 같기에 '일물'의 장애가 될 수 없으며, 탐(貪) 진(嗔) 치(痴) 삼독 또한 물
거품과 같아서 자성에 방해가 되지 않는다. "실상을 증득하면 사람도 법도
없고(證實相無人法)/찰나에 아비지옥에 떨어질 업도 소멸된다(剎那滅却阿鼻
業)." '본래무일물'인 나는 사람도 법도 아니며, 또한 법도 사람이다. 이러함
을 분명히 증득한 현각은 다시 한 번 천명한다.

"만일 망령된 말로 중생을 속이면(若將妄語誑衆生)/영겁의 발설지옥 자초
하리라(自招拔舌塵沙劫)."

「증도가」를 통하여 현각은 자신이 조계선에 귀의한 것을 표명하는 시구와
전등사의 기록도 있어, 후대의 전등사 고증에 참고가 된다.

강과 바다 건너 산과 내를 지나	游江海涉山川
스승과 도를 찾는 것은 선을 참하기 위해서다	尋師訪道爲參禪
조계의 길 깨달은 후로는	自從認得曹溪路
생사와 상관없음을 알았노라	了知生死不相關
다녀도 참선이요 앉아도 참선이니	行亦禪坐亦禪
어묵동정에도 본체는 안정하다	語默動靜體安然
비록 칼을 마주쳐도 늘 마음 편안하고	縱遇鋒刀常坦坦
독약을 마실지라도 여유롭기만 하네	假饒毒藥也閑閑

앞의 연은 현각이 6조를 참문했을 때의 깨달음을 말하고 있다. 후세의 참
학자들 중에는 현각과 6조의 법거량이 거의 동동한 한 판의 무승부가 아닌
가 하는 이들도 있을 법한 싸움이었다. 그러나 현각의「증도가」중 "조계의 길
깨달은 후로는(自從認得曹溪路)/생사와 상관없음을 알았노라(了知生死不相
關)"라는 구절은 현각이 스스로의 마지막 눈이 떨어졌음을 읊은 것이다.

그리고 아래 연의 "비록 칼을 마주쳐도 늘 마음 편안하고(縱遇鋒刀常坦坦)/
독약을 마실지라도 여유롭기만 하네(假饒毒藥也閑閑)"라는 시구는 6조를 찾
고는 더 이상 흔들리지 않음을 이른다. 그것은 바로 "말하고 침묵하고 움직이고
조용한(語默動靜) 가운데도 본체는 안정하다(語默動靜體安然)"는 시구로 나타
난다.

다음은 전등사에 관계되는 연을 읽기로 하자.

법 깃대를 세우고 종지를 세우니	建法幢立宗旨
밝고 밝은 부처님 도리 밝힌 조계	明明佛勅曹溪是
제1 가섭이 법등을 전하여	第一迦葉首傳燈
28조 인도의 기록이네	二十八代西天記

법이 바다 건너 이 땅에 들어오니	歷江海入此土
보리달마가 초조이시고	菩提達磨爲初祖
6대의 의발을 전함이 천하에 들리더니	六代傳依天下聞
나중에 도 얻은 자 헤아릴 수 없네	後人得道何窮數

현각은 위의 노래에서 선종의 전등을 밝히고 있다. 호적 박사는 의발전수설이란 하택 신회의 창안이며, 선종이 28대에 거쳐 달마 때에 중국에 전해졌다는 것이 만당(晩唐) 이후에 굳어진 정설이라고 인식하였다. 그래서「증도가」가 현각의 저작이 아닌, 위작이라 의심하였다. 그렇지만 초기 전등사인『조당집』에 의하면 현각은 움직일 수 없는 6조의 제자로 나타난다. 비록 후대에 이「증도가」구절이 윤색 첨가된 것이 아닌가 하는 의심도 가능하겠으나, 그렇게 생각할 수 있다 하여 더욱 확실한 근거를 제시하기 전에 의심한다면 어떤 사서(史書)라도 믿지 못할 것이다. 그리고「증도가」는 현각의 저작이라 한 당나라 사람들의 기록에 이설(異說)이 없는데, 함부로 뒤집는다는 것은 무리한 일일 것이다.

마지막으로 현각은 깨닫지 못한 사람을 위해 이「증도가」를 노래한다고 적고 있다.

큰 코끼리는 토끼의 길을 밟지 않고	大象不遊於兎徑
큰 깨달음은 작은 규범에 얽매지 않는다	大悟不拘於小節
조그만 소견으로 하늘을 비방 말라	莫將管見謗蒼蒼
깨닫지 못했거든 내 이제 그대 위해 가르쳐주노라	未了吾今爲君決

4. 남양 혜충국사

『전등록』에 의하면 남양 혜충(南陽慧忠, ?~755)은 월재 제개인이며 성은 염씨다. 마음을 깨친 뒤에 남양 백애산의 당자곡에 살기 시작하여 40여 년, 한 번도 하산하지 않고 수행하여 그의 덕행이 대궐에까지 알려졌다. 당 숙종 상원 2년에 조칙을 내려 스승의 예로 맞아들였다. 나중에 광택사에서 기틀에 따라 16년 설법하였다.

그와 6조와의 기연은 『조당집』에 나타난다. 『전등록』 제5권에는 6조의 법을 이은 43인의 한 사람으로 편집되었다. 많은 기록은 있지만 6조와의 기연은 생략되어 있다.

조계산에 다다르니, 마침 6조께서 설법을 하고 계셨다. 예를 올리니 조사가 물었다. "어디서 왔느냐?"

혜충이 대답했다. "퍽 가깝습니다."

"태어나고 자란 곳은 어디지?"

"오음을 얻은 뒤론 잊었습니다."

6조가 가까이 오라 하며, 매우 기특하게 생각하였다.

"사실로 자네는 어디서 왔는가?"

"예, 절강성 사람입니다."

"그럼 아주 멀구나. 그래, 여기까지 무엇하려 왔느냐?"

"예, 하나는 밝은 스승을 만나기 어렵고 정법을 듣기 어렵기에 조사를 뵙는 것입니다. 다른 하나는 스님께 의지하여 출가코자 합니다. 자비로 받아주시기 바랍니다."

"출가는 그만두어라."

"어째서 그만두라 하십니까?"

"그대는 성명(聖明)하다. 전쟁을 하지 않고 60년 동안 임금이 된다는 것이 바로 자네이니, 임금이 되기만 하라. 그래서 불법을 위하는 임금이 되라."

"60년이 아니라 100년 임금이라도 원치 않습니다. 오직 스님께서 자비로 거두어주시기 바랍니다. 저는 출가를 원합니다."

이에 6조가 이마를 만지며 수기하셨다.

"자네가 출가하면 천하에 우뚝 홀로 선 부처가 되리라."[17]

혜충의 알려진 공안 중 『선문염송』 130칙에 「삼환(三喚)」이라는 공안이 있다. 이 공안에 부친 후세 선객들의 게송을 몇 수 음미해보자.

㉮

국사가 시자를 부르니	國師喚侍子
중요한 말을 어물어물하지 못하리라	重言不當吃
그의 귀가 귀먹지도 않았고	他耳又不聾
자기 또한 망신을 씻을 길 없네	自又無處雪

— 투자청

㉯

벙어리가 꿈을 꾸고 누구에게 말할까	啞子得夢與誰說
일어나서 마주 서니 눈동자만 또렷하네	起來相對眼麻彌
이미 남의 앞에 속마음만 들어	已向人前輸肺腑
그들로 하여금 짝을 얻게 하였네	從敎他自覓便宜

— 대혜고

㉰

세 번 불러도 아무도 그를 몰라서	三喚無人會得渠
지금껏 천 년 동안 그에게 속았네	至今千載被塗糊
꽃 지고 물 흐르니 내가 그대를 저버리고	落花流水吾辜汝
달 밝고 물 맑으니 그대가 날 찾는다	明月淸風汝負吾

— 열재거사

이 게송들을 낳게 한 『선문염송』에 있는 본칙을 옮기면 이렇다.

혜충국사가 어느 날 시자를 부르자 시자가 대답을 했다. 이렇게 세 차례 불러 세 차례 대답하니, 국사가 "내가 너를 배반한다고 여겼더니 네가 도리어 나를 배반하는구나" 하였다.[18]

---

17) 『조당집』 제3권, 「혜충국사」, 동국역경원, 1981, 128~130쪽.
18) 『선문염송』 130칙 「삼환」, 동국역경원, 318~323쪽.

忠國師 一日喚侍子 侍子應諾 如是三喚 侍子三應 師曰 將謂吾辜負汝 却是如辜
負吾

이 본칙 공안에 염(拈)을 들어 이해를 돕는다. 염은 남의 말을 다시 들추어
내어 다른 사람에게 보이는 것이다. 서래밀지(西來密旨)를 전하고자 사용한
여섯 가지(拈·徵·代·別·頌·歌)의 비유 가운데 하나다.

> 금산원이 상당하자 어떤 중이 물었다.
> "국사가 세 번 시자를 부른 뜻은 무엇입니까?"
> "네가 지금 귀가 무겁구나."
> 다시 물었다.
> "학인이 알지 못하겠습니다."
> "그대가 모른다면 나의 게송을 들어라."
> "학인이 알지 못하겠습니다."
>
> 국사가 세 번 부르고
> 시자가 세 번 대꾸하니
> 손님 오면 맞아들이고
> 도적이 오면 때린다

무엇을 드러내고자 하는 여섯 가지 비유법의 명칭은 거의 사라졌으나, 기
법상 선시에 녹아서 사용되고 있다. 위의 염(拈)만 해도 지금 시 형태로 보아
산문시와 운문시가 혼합된 실험적 자유시로 보아도 무방하다는 느낌이다.
특별한 것이 없다는 것, 그저 밥 먹고 쉬고 놀이하고 기쁜 일이 있으면 웃
고 쓸쓸하면 석양을 바라보며 한 잔의 차를 마신다. 그래서 "손님 오면 맞아
들이고/도적이 오면 때린다" 하고 노래한다. 일 없는 한가로운 사람(無事閑
人), 계급이 없는 참 사람(無位眞人)의 함이 없는 저절로의 삶(無功用之生),
이것은 나를 잊을 때부터 오는 삶이다.
㉮의 게송 2행의 "중요한 말을 어물어물하지 못하리라"는 그렇게밖에 다
른 도리가 없다. 바로 얼버무리지 못함은 당연하니까, '어물어물하지 못한다'
로 표현할 수밖에 달리 어떻게 표현할 수 있는 것이 아니다. 아니 어물거리지

못함이 아니라 꿀 먹은 벙어리라 말해야 할까. 달아도 그렇고 달지 않아도 그렇다. 이건 순전히 바로 그가 당사자라서 햇살에 얼음이 풀리고 세찬 한풍에 얼음이 얼어도 그렇다. 햇살은 햇살이고 얼음은 얼음이고 한풍은 한풍이다. 정녕 이러할진대, 3행과 4행에서 "그의 귀가 귀먹지도 않았고(他耳又不聾)/자기 또한 망신을 씻을 길 없네(自又無處雪)"는 이렇게 오직 가는 곳마다 주체가 되고 얼음처녀가 얼음을 먹고 불동자가 불을 마시는 꼴이어서 사람마다 귀가 열려서 열 번 부르면 열 번 대답을 당연히 한다. 이러하니 시자를 부른 국사가 당연히 망신에다 망신을 더하는 격이 된다. 반어적인 역설의 표현이다.

활연계회(豁然契會) 후에 오는 현상이니 놀라지 말라.

㉯의 게송, 1행과 2행 "벙어리가 꿈을 꾸고 누구에게 말할까(啞子得夢與誰說)/일어나서 마주 서니 눈동자만 또렷하네(起來相對眼麻彌)" 역시 앞의 투자청의 게송의 1행 "중요한 말을 어물어물하지 못하리라(重言不當吃)"와는 반대의 표현이다. '어물어물하지 않고 바로 표현하든' 대혜고가 읊은 ㉯의 게송과 같이 '벙어리가 꿈을 꾸어도 말할 길이 없어 서로 마주 보며 빤히 얼굴만 봄이 아닌가.' 3행과 4행에서 '이런 형상이 되니 남의 앞에서 마음만 보여주는 웃기는 꼴이 되니, 이런 꼴이 후학을 위해 베푸는 혜충국사의 간절노파심이어서 뒷날 공부꾼에게 짬과 틈을 준다'고 노래한다. 낌새를 억지로 주니 혜충 그도 역시 마군(魔群)이다라고 말하면 나 역시 무간지옥(無間地獄)으로 떨어질 것이 분명하다.

다음 열재거사 게송, 역시 앞의 두 게송과 별로 다를 것이 없다. 1행과 2행에서 "세 번 불러도 아무도 그를 몰라서(三喚無人會得渠)/지금껏 천 년 동안 그에게 속았네(至今千載被塗糊)"라고 노래한 것은 무엇인가. 세 번 아니라 열 번을 불러도 자기가 자기를 부름이니 목소리가 몸 밖으로 나가지 않고, 열 번을 대답해도 자기에게 자기가 대답한 것이 되니 듣는 사람이 없다. 이러한데 세 번을 부르면 아무것도 모르는 시자야 멋도 모르고 대답하겠지만, 혜충이야 분명 우리를 속인 게 되니, 천 년 동안 아니 만 년 후일지라도 우리는 혜충에게 속을 수밖에 없다.

생각해보라. 물속에서 물을 부르고, 불 속에서 불동자가 불을 부르고, 눈 속에서 눈동자가 눈을 부르는 셈이다. 3행과 4행의 '낙화유수'와 '명월청풍'

이 둘이 아니니, '내가 그대를 저버림'과 '그대가 나를 찾음'이 역시 둘이 아니다. 다시 한 번 지난 강의를 들먹이면 "여러분, 말후구를 만나고자 하는가? 단지 노호를 아는 것은 허락하지만, 노호를 만나는 것은 허락하지 않는다(諸人 要會末後句麼 只許老胡知 不許老胡會)"니 깊은 통찰력으로 살피고 살펴야 한다. 그리고 한 번 눈앞이 뻥 뚫릴지라도 진중(珍重), 진중할 일이다.

5. 오경을 지새우는 신회

㉮

한 물건이라 해도 벌써 맞지 않거늘	呼爲一物早不中
어찌 근원이다 불성이다 하리오	那堪喚作本源佛
이리저리 사물에 응하는 일 없지 않으나	應現縱橫摠不虧
움직이는 사이엔 찾을 수 없네	動用施爲收不得
살아 활발하고 검기는 옷칠같이 캄캄하구나	活潑潑黑浚浚
여러분에 묻노니 아는가 모르는가	且問時人知不知
모르거든 미륵을 만날 때까지 기다리라	直待見彌勒

— 해인신

㉯

장로색이 이 이야기를 듣고 말했다	長蘆賾 擧此話云
"나는 그렇게 하지 않으리라 여기에	山僧 卽不然
한 물건이 있으니 밝기는 거울 같고	有一物 明如鏡
맑기는 물같다 위로는 하늘을 비치고	淸如水 上照天
아래로는 땅을 비친다	下照地
오직 동작하는 사이에 있다	只在動用中
말하라 이게 무엇인가 이게 무엇인가"	且道 是甚麼

— 장로색

『선문염송』 111칙 「일물」의 송과 염이다. 이 『선문염송』의 본칙은 다음과 같다.

6조께서 어느 날 대중을 모아놓고 말씀했다.

"여기 한 물건이 있으니, 위로는 하늘을 버티고 아래로는 땅을 버티고 밝기는 해 같고 검기는 칠과 같습니다. 활동하는 사이에 항상 있으나 활동하는 사이에 찾을 수 없으니 그대들은 무엇이라 부르겠는가?"

신회사미가 나서서 대답해 올렸다.

"모든 부처님들의 근원이며, 신회의 불성입니다."

6조께서 두 방망이를 때리시고 말씀하였다.

"나는 한 물건이라 해도 맞지 않다고 여기는데, 어찌 근원이니 불성이니 하는가. 넌 뒷날 몇 사람의 스승은 될지라도 결국 지해종사 밖에는 되지 못할 것이다."

六祖一日謂衆曰 有一物 上拄天下拄地 明如日黑似漆 常在動用中 動用中收不得 汝等諸人 喚作什麼 沙彌神會出衆曰 諸佛之本源 神會之佛性 祖遂打數棒曰 我喚作一物 尙自不中 那堪喚作本源佛性 汝已後 設有把芽盖頭 只作得介知解宗徒

『전등록』에 의하면 신회는 양양인으로 성은 고씨다. 당시 서경 하택사에 주석한 까닭에 선종사에서는 하택 신회라 불린다. 『선문염송』의 본칙 기록보다 『전등록』에는 처음 6조를 뵙게 되는 기연이 더 기록되어 있다.

14세에 중이 되어 6조를 뵈니 조사께서 물었다.

"지식이 멀리 오느라고 몹시 수고하였다. 그래 본분을 가지고 왔느냐? 본분이 있다면 주인을 알아야 할 것이다. 말해보라."

"예, 큰스님. 머무름이 없는 것이 본분이고, 보는 것이 주인입니다."

"이 사미가 어디서 주워듣고 함부로 말하느냐."

6조께서 어린 사미의 알음알이를 경책하기 위하여 주장자로 후려쳤다. 그러나 신회는 맞으면서 다짐하였다.

"대선지식은 몇 겁을 지나도 만나기 어렵다. 이제 만났으니 어찌 목숨이 아까우랴."

그리고 이후 신회가 조사를 모시며 시봉하였다.

이후에 나오는 말은 『선문염송』 111칙 본문 내용과 일치한다.

㉮의 게송에서 "한 물건이라 해도 벌써 맞지 않거늘(呼爲一物早不中)/어찌 근원이다 불성이다 하리오(那堪喚作本源佛)"라고 한 1행과 2행은 본래 정해진 것이 없는데 어떤 무엇이라고 규정한다는 생각은 참으로 어리석은 생각이

다. 우리로 하여금 앞에서 강의한 「조사서래의」 중 『금강경』 도처에 깔려 있는 즉비의 원리[19]를 다시 한 번 상기하게 하는 시구다.

그리고 3행에서 5행까지의 구절인 "이리저리 사물에 응하는 일 없지 않으나(應現縱橫揔不虧)/움직이는 사이엔 찾을 수 없네(動用施爲收不得)/살아 활발하고 검기는 옻칠같이 캄캄하구나(活潑潑黑浚浚)"는 바로 본체가 상황과 기연에 따라 2행과 같이 '근원'이나 '불성'과 같이 언어나 혹은 사물의 이름으로 불리어지기도 하지만, 실제 움직이는 중에서는 우리가 그렇게 부르는 자성을 찾을 수 없다는 뜻이다. 그러나 바로 이것은 활활발발하게 살아 끊임없이 움직이고 또 검어서 아주 캄캄하기도 하고 아주 희어서 명명백백하기도 하다[20]로 읽힌다.

---

19) 卽非의 원리란? 불경 전반에 보이며 특히 『금강경』 도처에 보이는 『금강경』의 중심 사상인 동시에 선을 사상 면에서 검토하는 원리라 여겨진다.
　　■ 불법이란 곧 불법이 아니다(所謂佛法者 卽非佛法) – 금강경 의법출생분 제8
　　■ 부처가 설한 반야바라밀은 즉 반야바라밀이 아니다. 그 이름이 반야바라밀이다(佛說般若波羅密 卽非般若波羅密 是名般若波羅密) – 여법수지분 제13 이런 논리는 반야계 사상의 근간을 이루는 말들이며 선의 논리이며, 이것은 어떤 이름을 넣어도 무방하다. 이를 도식화하면 'A가 A이다 함은/바로 A가 아니다/그러므로 이것을 A라 한다.' 곧 우리가 도식화한 A=Ā이다. 이것을 다시 'A가 차지하고 있는 공간이나 시간이 A가 아닐 때, A라 부를 수 있다'로 풀 수 있다. 또 이런 원리는 『금강경』 제7분의 "여래가 설하신 법은 모두 취할 수도 없고 법도 아니고 법 아닌 것도 아니다. 왜냐하면 일체의 현성은 모두 함이 없는 가운데 차별을 두기 때문이다(如來所說法 皆不可取 不可說 非法 非非法 所以者何 一切賢聖 皆以無爲法 而有差別)"에 사상적 근거를 둔다.

20) 좀 더 현대적이고 논리적인 접근을 위하여 현대 물리학에서 말하는 아인슈타인의 場 이론을 보자.
　　"量子場은 근본적인 물리적 실체인 空으로 여겨지며 공간의 어디에나 있는 연속적인 매체로 여겨진다. 소립자들은 단지 그 場의 국부적인 응결에 불과하다. 즉 에너지의 집결로서 그것들은 왔다가는 가버림으로써 특성이 상실되고 바닥의 장으로 융합된다(空卽是色 色卽是空의 분석적 입장). 아인슈타인의 말에 의하면 우리는 물질이라는 것을, 극도로 강하게 집중된 공간의 영역들에 의하여 성립된 것이라고 볼 수 있다. 이와 같이 새로운 물리학에서는 장과 물질의 量子를 위한 것이 있을 수 없다. 場(空)이 유일한 실재이기 때문이다."(Quoted in M. Capek, *The philosophical Impact of Contemprary Physics.* p.319)
　　■ 동양적인 견지에 있어서도 모든 현상들을 떠받치고 있는 실재(本體, 空)는 어떠한 형태도 초월하고 있으며 어떠한 묘사와 상술로도 설명이 불가능하다. 그리하여

㉯의 장로색이 상당하여 이 고사를 인용하여 '밝기는 해 같고 검기는 칠과 같다. 활동하는 사이에 있지만 활동하는 사이에는 찾을 수 없다', 6조의 말씀과는 상반되게 이 '일물'은 밝기는 거울 같고 물 같다, 무색투명하고 그가 그여서 오직 동작하는 사이에 있다고 들어 보이(拈)며 대답하라 다그친다. 다시 말하면 현대 물리학에서 말하는 장(場)이나, 올슨의 '투사시'론에서 말하는 시란 시를 구성하는 무수한 물리들의 하모니로 변주되는 역장(field)으로 보는 것이나, 화엄에서 중중무진법계(重重無盡法界)로 보는 것이나, 선에서 이르는 본원처(本源處)로 되돌아간 무사한인(無事閑人)의 경지를 말하라고 다그친다. 말하라 말하라. 아아 오늘은 복날이 아닌가, 물이나 펑펑 마시자 라고 일러도 한 방망이를 면치 못하리라.

신회의 특기할 만한 행적은 6조의 많은 제자 가운데, 신수의 북종선과 돈점(頓漸) 논쟁을 불러일으켜 스승 6조의 돈오사상을 선양한 남종의 주장이라는 점이다. 돈황 석실에서 발견된 오랜 문서 가운데 『신회어록』에 의하면 혜능선이 선종 본류로 5조의 정통을 잇는 데 결정적 공헌을 하였음이 나타난다. 그의 저서 『신회어록』에는 다음과 같이 말하고 있다.

"발심하는 데는 돈과 점이 있습니다. 혼미와 깨달음에는 빠르고 늦음이 있는

그것은 종종 無形, 空 또는 虛라고 일컫는다. 그러나 이 공은 단순한 無로 생각되어서는 안 된다. 오히려 그것은 모든 형태의 본질이며 모든 생명의 원천이다. 그리하여 동양의 신비주의 공은 쉽게 아원자 물리학의 量子場과 비교될 수 있다. 양자장처럼 그것은 한 없이 다양한 현상을 낳으며 그것을 보존하면서 결국엔 다시 거두어들인다(色卽是空 空卽是色의 원리).

■ 아인슈타인의 重力場 이론과 양자장 이론은 둘 다 소립자들이 그것들을 둘러싸고 있는 공간으로부터 분리될 수 없음을 밝혀주었다. 한편 그것들은 그 공간의 구조를 결정하는 반면에 독립된 실체로서 여겨질 수 없고 전 공간에 미만해 있는 연속적인 장의 응결로서 이해해야 한다. ……가상적 소립자들과 眞空의 관계는 본질적으로 動的 관계다. 진공은 진실로 생성과 소멸의 끝없는 리듬으로 고동치는 '살아 있는 空'이다. 진공의 동적인 성질의 발견은 많은 물리학자들에 의하여 현대 물리학에서 최고로 중요한 발견의 하나로 간주된다. 물리적 현상을 담는 빈 그릇으로부터 공은 이제 가장 중요한 동적인 양으로 나타났다(F. 카프라, 『현대물리학과 동양사상』 「14. 공과 형상」, 이성범 · 김유정 역, 범양사, 1979 발췌).

것과 같습니다. 혼미는 누겁을 거치지만 깨달음은 찰나입니다. 비유하면 한 타래의 실이 많지만 모두 하나로 합하여 새끼줄을 꼬아서 나무 위에 얹어두고 날카로운 칼로 내리치면 일시에 몽땅 끊어지는 것과 같이 실오라기 수가 아무리 많아도 한 칼의 힘을 이겨내지 못합니다. 지혜의 마음을 내는 것은 이와 같습니다."[21]

發心有頓漸 迷悟有遲疾 迷卽累劫 悟卽須臾 譬如一縷之絲 其數無量 若合爲繩 置於木上 利劍一斬 一時俱斷 絲數雖多 不勝一劍 發菩提心人 亦復如是

6조의 돈오사상을 역사상 중국 본무대에 올려놓은 신회는 중앙에 세력을 가진 신수의 점수사상과 팽팽한 접전을 벌이지만, 그의 법계는 5대를 이은 후 규봉 종밀이 화엄 5조가 됨으로써 법통이 끊어지게 된다.

이제 마지막으로 신회가 직접 지은 「오경전시게(五更轉時偈)」 가운데 '일경전(一更轉)'을 음미하고자 한다.

1경초	一更初
열반의 성속에서 진여를 보니	涅槃城裏見眞如
망상은 공이요 실재가 아니다	妄想是空比有實
있지 않음과 없음을 말 마라	不言未有不言無
더러움도 깨끗함도 아니고 공허도 떠난 것	非垢淨 離空虛
뜻을 짓지 않으면 나머지가 없는 데 든다	莫作意 入無餘
본성을 깨달으면 바로 해탈이나	了性卽知當解脫
힘들여 좌선하고 공부할 필요 있으랴	何勞端坐作功夫

1행과 2행은 열반의 경지에서 망상과 실재를 보니 그대로 공이다라는 뜻이다. 이 본체인 자성의 경지를 읊은, 3행과 5행은 이항대립적인 양변의 견해 곧 유/무, 구/정, 허/실을 떠나 있음을 노래한다. 마지막 6행과 7행은 돈오 곧 "본성을 깨달으면 바로 해탈"이어서 좌선을 곧 해탈 자체가 아님을 말하며

---

21) 필자가 텍스트로 삼은 본은 巴黎藏敦煌寫本 胡適校寫『神會語錄』인데, 복사본이다. 연대는 책 말미에 민국 18년 12월 28일이라는 간지가 적혀 있고, 인쇄에 호적이 직접 펜으로 교사하여 가필한 것이다.

또 뜻을 짓고 공부함도 역시 해탈이 아님을 노래한다. 직설적이며 단도직입
적인 선언으로 느껴지는 이유는 아마 당시 상황이 논쟁시비에 휩싸여 있었기
때문일 것이다.

5장

마조, 벽돌을 갈아 거울을 만들다(磨甎成鏡)

강서 도일(江西道一, 709~788)은 한주 시방현 사람으로 성은 마씨다. 그를 가리켜 제방에서 마조(馬祖)라 불렀다. 그 이유는 그의 속성이 마씨이므로 당시 선객들에 의해 마조사(馬祖師)라 불렸고, 또 하나는 뛰어난 스승에게 바쳐진 수행납자들의 마음에서 우러나온 존경의 발로라 보아진다.

사실 중국 선종사에서 6조 이후 선문을 융성시킨 가장 중요한 선승이다. 중국엔 선이 있다는 말은 바로 마조의 초기 선문의 확립에서부터 시작된다. 6조 이후 가사 전승은 없어지고 선종에서 조사라는 명칭도 6조 이후에 끊겨졌다는 것은 너무 잘 알려진 사실이다. 도일은 어렸을 적 자주 당화상에게 머리를 깎았다. 그 후 현종 개원 연간에 남악 형산, 전법원에서 선을 닦던 중 남악 회양을 만난다.

회양은 당시 남악 반야사의 주지였는데, 도일을 보자 직관적으로 그가 빼어난 법기(法器)임을 간파하였다. 이후에 회양과 도일이 사제로 이어지는데, 이 기연은 오늘날 제방에서 많이 회자되는 유명한 선화다. 많은 의미를 우리에게 주는 재미있는 이야기는 이렇게 시작된다. 회양이 곁에 가서 도일에게 물었다.

"스님은 좌선해서 무엇을 하려 하시오."
"부처가 되려 합니다."
하는 도일의 대답에 회양이 바로 나가서 벽돌 하나를 가지고 와서 바위 위에다 갈았다. 이를 본 도일이 호기심이 나서 물었다.
"벽돌을 갈아서 무엇을 하려 하십니까?"
"거울을 만들려고요."
"벽돌을 갈아 어떻게 거울을 만들 수 있겠습니까?"
"그래 벽돌을 갈아 거울을 만들지 못한다면 좌선을 한들 어떻게 부처를 이루겠는가?"
"그러면 어찌해야 합니까?"

"소달구지를 몬다고 예를 든다면, 수레가 가지 않는다면 수레를 때리렵니까? 아니면 소를 때리렵니까?"

도일이 아무 말도 못 하자 회양이 말을 이었다.

"스님은 앉아서 명상하며 좌선을 배우고자 하는가? 그렇지 않으면 앉아 있는 부처를 흉내 내고자 하는가? 좌선을 배운다면 선은 앉고 눕는 데에 달린 것이 아니요, 앉은 부처인 좌불을 배운다면 부처님은 일정한 모습을 갖고 있는 것이 아닙니다. 법은 영원한 것이기에 어떤 것에 머물지 않습니다. 그래서 스님은 그 어떤 특정한 측면에만 집착한다거나 그 어떤 특정한 측면을 간과한다거나 해서는 안 됩니다. 앉은 모양에 집착하면 근본원리를 파악하는 데 실패하게 됩니다."

도일은 회양의 가르침을 받자 제호를 마신 것과 같이 기뻐하였다.[1]

有沙門道一 住傳法院 常日坐禪 師知是法器 往問日 大德坐禪圖什麼 一日圖作佛 師乃取一甎於彼庵甎石上磨 一日磨甎作麼 師日 磨作鏡 一日磨甎豈得成鏡耶 師日 磨甎旣不成鏡 坐禪豈得成佛耶 一日如何卽是 師日 如又駕車 車不行 打車卽是 打牛卽是 一無對 師又日 汝爲學坐禪 爲學坐佛 若學坐禪 禪非坐臥 若學坐佛 佛非定相 於無住法 不應取捨 汝若坐佛 卽是殺佛 若執坐相 非達其理 一聞示誨 飮醍醐

위의 선화에서 우리가 세밀히 살펴보아야 할 부분이 있다. 회양이 도일에게 '소달구지가 가지 않을 때 소를 쳐야 하는가, 수레를 쳐야 하는가?' 하고 묻자 도일은 아무런 대답도 못 한다. 도일같이 총명한 법기가 이런 상식적인 질문에 어찌 대답을 못 하였을까? 하는 문제다.

여기서 우리가 살펴야 하는 것은 수레와 소, 그리고 소를 모는 사람과의 관계다. 또 좌선과 참선과 선객과의 관계, 역시 곰곰이 따져야 된다. 왜냐하면 소를 쳐야 한다는 대답 자체가 꼭 알맞은 답이 아니라는 것을 도일이 간파하였기 때문이다. 소를 치면 곧 수레가 움직이겠지만, 만약 소를 치지 않았을 때는 수레가 전혀 움직이지 않을 것이다. 그럼 좌선을 통하여 선객의 마음과 신체를 닦을 수 있지만, 좌선을 하지 않을 때는 수레가 전혀 움직이지 않을 것이다. 그럼 좌선을 통하여 선객의 마음과 신체를 닦을 수 있지만, 좌선

---

1) 『경덕전등록』 권5, 「남악회양」, 보련각, 1982, 192쪽.
『조당집』 제3권, 「회양화상」, 동국역경원, 1981, 155~156쪽.
『마조록』1, 「행록」, 장경각, 1988, 17~19쪽. 참고하여 재편성하여 실었다.

을 하지 않을 때는 어떻게 될 것인가? 그렇다. 여기에 소를 치는 삶, 바로 수레를 모는 사람이 있다.

견성은 마음을 보는 것. 여기서 소는 마음이고 달구지도 마음이고 소를 모는 사람 역시 마음이다. 이 마음인 자성을 보는 것이 견성이며 부처다. 여기서 회양의 가르침에 활연계회(豁然契會)한 도일은 마조가 된다. '곧바로 마음을 깨쳐(直指人心) 자성을 보고 부처를 이룬다(見性成佛)'는 선종의 특질적 사구게(四句偈)로 표현되는, 대원경지(大圓鏡智)에 영회한다. 그래서 마조 도일을 상징하는 정형구가 된 '마음이 곧 부처(卽心卽佛)'임을 명백하게 깨닫고 그의 마음은 현상계를 초월한다.

주지하다시피 소나 수레는 선시나 선화에 많이 나타나는 언어의 형상화다. 그리고 상징적 비유이다. 선시들은 평상법문으로 '현자는 비유를 사용한다'고 할 정도로 오랫동안 전통화된 어법이며 수사법이다. 선시는 절연과 기상(奇想), 초월은유(超越隱喩)와 무한실상(無限實相), 그리고 문장을 비틀고 꼬아서 다른 수승한 경지를 펼쳐 보이는 반상합도(反常合道)의 문장 수사법[2] 이 오랜 세월 동안 발전 계승된 특질들이다.

회양의 제자가 여섯 명이 되나 도일만이 회양의 마음을 얻었다고 한다. 그 후 10년을 시봉하면서 그는 스스로 마음속에 감추어져 있던 진리의 내적 보배 속에서 무심의 나날을 보낸다. 도일의 스승 회양이 깨달은 후 6조가 비밀 하나를 털어놓았다. "인도 조사인 반야다라가 예언하기를 그대의 발아래서 망아지 한 마리가 나와 세상 사람을 밟아버릴 거라." 이것은 성이 마씨인 도일을 두고 한 말이라고들 『조당집』이나 『전등록』에 기록되어 있다. 도일은 회양의 유일한 법제자이기 때문에 그의 법손들이나 그에게 영향을 받은 선객들이 믿어 의심하지 않는 것은 어쩌면 당연하다 하겠다.

---

2) 송준영, 「선시의 수사학과 아방가르드 시」, 『시와세계』, 2006 봄호. 우리 글의 선시적 어법인 반상합도는 상기 세 역설을 모두 포함한다. 그리고 이항대립, 즉 개념, 상징, 이미지, 가치의 모순을 잡아내어 적기적 어법으로 드러나는 적기 세계를 선시의 반상합도라 통칭하고, 이 수승된 세계를 현현시키는 실상과 생각이 미치지 못하는 이름할 수 없는 세계에 대한 은유를 각각 선시의 무한실상, 선시의 초월은유라 명명한다.

그럼 이제부터 위의 선화를 두고 후세 선객들이 여러 가지 재미있는 수사법으로 자기의 견해를 나타낸 선시들을 밝혀보자.

㉮

말 죽은 뒤에 의사가 온들 무슨 소용 있나	死馬醫來無用處
수레와 소 머리에 채찍을 더하네	車牛腦後更加鞭
가죽 찢어지고 살 터진 줄 아는지	皮穿肉綻還知不
무거운 짐 실으려면 힘이 세야 되는 것[3]	任重應須角力全

— 보녕용

㉯

벽돌 갈아 거울 만들기 어렵지 않네	磨甎作鏡不爲難
갑자기 빛 쏟아져 하늘을 비추니	忽地生光照大千
우습구나, 좌선하여 부처를 구하는 자여	堪笑坐禪求佛者
지금도 소에다 채찍을 가하는구나	至今牛上更加鞭

— 불인원

㉰

소 뒤통수 아프도록 채찍을 휘둘러	車牛腦後痛加鞭
황금을 내버리고 벽돌 조각 안고 있네	棄却黃金抱碌甎
나쁘고 삿된 것 따라 오늘에 이르도록	逐惡隨邪至今日
즉심즉불 비심비불 잘못 전해오고 있네	卽非心佛錯流傳

— 소옹감

㉮의 보녕용의 게송은 평상심이 도라는 것을 그대로 보여준다. 기발나지 않는 가운데 편안함이 있고, 평범함 가운데 비범함이 스며 있다. 말이 죽은 뒤에 수의사가 온들 실제로 소용이 있을 리 없다. 그런데 2행의 "수레와 소 머리에 채찍을 더하네(車牛腦後更加鞭)"는 도대체 무얼 말하고자 하는 것인

---

3) ㉮ 부녕용의 게송이나 대혜고의 염은 『선문염송』 121칙 「磨甎」, 동국역경원, 304~306쪽을 임의대로 옮겼고, ㉯ 불인원의 게송이나 ㉰ 소옹감의 게송은 모두 두송백, 『선과 시』, 박완식 · 손대각 역, 민족사, 2000, 103~104쪽의 게송을 재인용했다.

가? 앞에서도 밝힌 것과 같이 수레와 소 그리고 소와 수레를 모는 사람, 또 소와 수레와 불가분의 관계가 있는 길, 적당한 날씨와 쾌적한 바람 한 줄기 등등의 상황과 관계는 총체적인 동시에 동공간적이고 동시간적이다. 그러나 우리는 늘 시/비, 명/암, 애/증, 희/노 등의 이항대립적인 사유와 언어로 사량분별하며 또한 총체적으로 살아간다. 5온(五蘊)4)을 가지고 있는 한 어쩔 수 없는 분별적 사유와 총체적인 뭉뚱그려진 삶은 이 이중적 구조를 피할 수 없다. 이 이항대립적인 사유를 깨뜨리기 위해 회양이 도일에게 '소를 쳐야 하는가? 수레를 쳐야 하는가?' 하는 양변적인 견해를 묻는다. 총명한 상근기인 도일이 입을 다물 수밖에 다른 도리가 없다. 그런데 왜, 2행과 같은 "수레와 소머리에 채찍을 더하네"를 사용한 것인지? 이것은 수사법상 아이러니다. '수레와 소 머리에 채찍을 가하는 것은 마치 말 죽은 뒤에 오는 의사와 다를 것이 없다'로 읽힌다. 3행은 '채찍을 가해서 가죽이 찢어지고 살점이 터져나오는 것은 이것과 저것을 분별하여서 오는 결과인, 미련함과 어리석음, 탐욕과 시기심, 이와 같은 것에서 오는 결국, 파멸로 치닫게 하는 간택심을 아는지 모르는지'로 읽히고, 4행은 3행과 같은 장애(障碍)에서 벗어나는 것은 반야의 지혜인데 이 반야는 특별한 것이 아니고 바로 "무거운 짐 실으려면 힘이 세야 되는 것(任重應須角力全)"이 아니고 무엇인가? 로 간파된다.

그렇다. 지구상에 온 모든 부처님들은 항상 불이(不二)의 세계에 들어 무공용(無功用)의 삶을 유희하고, 현자는 불이의 세계를 지향하고 실제가 아닌 이원적인 흑백의 사유를 벗어나 일원의 세계로 접입하려 한다.

㉯의 게송, 1행과 2행은 역시 반어적인 대구로 읽혀진다. 1행에 "벽돌 갈아 거울 만듦은 어렵지 않다"는 '정말로 벽돌을 갈아 거울 만들 수 없다는 것을 안다면', "갑자기 빛 쏟아져 하늘을 비춘다(忽地生光照大千)"로 봄이 타당하다. 모든 이치에 어긋나는 것은 대천세계가 사량분별의 세계인 변견뿐인 암흑의 세계요, 벽돌을 갈아도 거울이 되지 않는다는 너무나 당연한 사실을 앎,

---

4) 5온(五蘊) : 존재의 다섯 더미. 곧 색(色), 수(受), 상(想), 행(行), 식(識)이니 우리의 신체는 물질과 느낌, 따짐, 의지력, 알음알이의 인연으로 이루어졌다고 보는 견해. 고대 인도에서부터 내려오는 생각을 불교에서는 받아들였다.

이 평범한 앎은 바로 갑자기 빛이 쏟아져 대천세계를 비춤이니, 선은 당연한 이 찰나를 벗어나지 않고 그대로 영회함이다. 이 당연함이 빛이요 꽃이요 선의 안정(眼精)이다. 이러할진대 3행과 4행처럼 '좌선을 통하여 부처가 되고자 하는 외면적인 것만 지향하는 무리들은 마치 수레를 치거나 소를 쳐서 부처를 이루고자 하는 어리석음을 그치지 않는다'로 이해된다.

인간의 이항적 관습의 장애는 지금도 소를 채찍질하여 영원히 멈춤이 없는 수레를 몰고 가는 지성인과 지성인의 끝없는 행렬을 보는 것.

아아, 우습다! 지금도 소에다 채찍을 치는 거와 같이, 좌선으로 부처를 이루고자 하는 어리석은 부처들이여, 정녕 우습구나.

㉺의 게송 1, 2행은 마음이 바로 부처(卽心卽佛)인 것을 모르고 당치 않게 '소 대가리나 찢어지도록 후려갈기는 사람들은 마음(황금)을 버린 채 부질없이 벽돌을 갈아 거울이나 만들려 하는 어리석음'을 이르고 있으며, 사면팔방으로 천방지축 쏘다니면 부처 따라다니는 부처 지키는 귀신과 다를 것이 없음을 노래한다. 무엇이 마음이고 무엇이 부처고 무엇이 벽돌인가. 꼭 한마디 하고 싶은 말은 좌선은 부처가 아니며, 벽돌 갈아 거울 되지 않는다. 마조는 외친다. '마음 밖에 따로 부처 없고(心外無佛)' '마음이 바로 부처(卽心卽佛)'인 줄 알면 '마음도 아니고 부처도 아니니(非心非佛)' 이렇게 알면 그뿐이다, 이렇게 알면 그뿐이다. 마조는 지금도 외친다.

그럼 이럴 때는 어떻게 받아들이겠는가?

『선문염송』 121칙에 이 이야기를 들어 보이(拈)는, 대혜 늙은이의 익살스럽고 은근함 속에 선객을 낚아 치는 솜씨를 볼 수 있다.

여기서 '나귀의 해(驢年)'는 12간지 중 없는 해다. 없는 해이므로 평생을 가도 깨칠 수 없음을 말한다. 그럼 나름대로 한번 읽어보자.

대혜고가 보설할 때 이 이야기를 들어 보였다	大慧杲普說 擧此話云
"요즘 선객들은 도를 설명하기를	而今禪和家 理會道
소는 마음에 비유하고 달구지는 법에 비유했다	牛喩心 車喩法
마음을 밝히기만 하면 법은 저절로 밝아지고	但只明心 法自明矣
소를 때리기만 하면 달구지는 저절로 간다 하니	但只打牛 車自行矣
씨도 안 먹을 말이 우습다 만일 그렇다면	且喜沒交涉 若伊麼

마조는 나귀의 해가 되어도 깨치지 못한다"　　　馬祖驢年也不能得悟去
　　　　　　　　　　　　　　　　　　　　　　　　　　— 대혜고

『경덕전등록』제6권「강서도일선사」분에 재미있는 이야기가 있다.

> 어느 날 어떤 중이 물었다.
> "스님께서는 어찌하여 마음이 곧 부처라 하십니까?"
> "우는 아기의 울음을 그치기 위해서지."
> "울음이 그친 다음에는 어떻게 하시렵니까?"
> "그야, 마음도 아니고 부처도 아니라고 말하지."
> "그럼 이 두 가지 외에 사람이 와서 물으면 어떻게 하시렵니까?"
> "내 그런 사람에게는 물건도 아니라고 하지."
> "스님, 그런 사람이 왔습니다. 어떻게 하시렵니까?"
> "그에게 무상대도를 구현하라 하겠네."
> "어떤 것이 조사가 서쪽에서 오신 뜻입니까?"
> "지금 자네의 뜻은 무엇인가?"
> 僧問云 和尙爲什麼說卽心卽佛 祖曰 爲止小兒啼 僧曰 啼止後如何 祖曰 非心非
> 佛 僧云 除此二種人來 如何指示 師云 向伊道不是物 僧云 忽遇其中人來時如何
> 師云 且敎伊體會大道 僧問 如何是西來意 師云 卽今是什麼意

이어서 방온거사가 물었다.

> "물은 뼈도 힘줄도 없이 만 곡의 배를 이겨내는데, 그 이치는 어떤 것인지요?"
> "여기는 물도 없고 배도 없다. 그런데 무슨 힘줄과 배를 말하는가?"[5]
> 龐居士問 如水無筋骨能勝萬斛舟 此理如何 師云 這裏無水亦無舟 說什麼筋骨

우리는 이 스승과 제자의 대화에서 도일이 얼마나 제자를 가르치는 데 긍정과 부정을 돌이키는 반어적인 기법을 능수능란하게 사용하는 사장(師丈)인가를 알 수 있다. 그리고 질문하는 제자를 간파하고, 이런 현 상태를 초월시키기 위해 최선을 다하는 스승의 간절한 노파심을 엿보게 된다. 갑자기 제

---

5)　『경덕전등록』권 제6,「강서도일선사」, 보련각, 1982, 104~105쪽.

자에게 긍정법을 쓰는가 하면 돌이켜 부정법을 휘두른다. 이것은 6조가 말하는 이항대립적인 36대의 법문을 펼치어 질문하는 제자의 의심을 바로 일원적인 통일성 속으로 밀어 넣으려는 법문이다. 그래서 제자로 하여금 양변견적인 모순을 광명의 세계로 몰아넣어, 자성의 세계에 영회시키고자 한다. 스승이 휘두르는 진검, 제자를 위한 간절한 마음에 머리 숙여진다.

또 방온거사의 물음에 도일은 더 깊숙한 곳, 즉 자성의 본체에는 '있다/없다'가 모두 공함을 드러낸다. 진실로 언설을 떠나고(離言說) 사유가 끊기는(絕思量) 반야가 자발광(自發光)하는 곳이다.

이 선화는 『선문염송』의 159 본칙[6]과 동일하다. 그럼 이 이야기에 대해 후대의 선객들이 부친 게송을 몇 수를 살펴보자.

㉮

바람이 거세니 나뭇잎이 자주 지고	風剄葉頻落
산이 높으니 해가 쉽게 가리운다	山高日易沈
좌석 가운데는 사람이 보이지 않고	坐中人不見
창밖엔 뭉게뭉게 흰 구름 짙어라	窓外白雲深

— 장령탁

㉯

보신과 화신이 참 부처는 아니다	報化雖然非眞佛
마음도 아니란 말 바로 마음이란 말	比心還與卽心同
곡조 비슷하여 들을 만하더니	依俙似曲纔堪聽
다시 바람 불어 다른 곡조로 드는구나	又被風吹別調中

— 숭승공

㉮, 장령탁의 게송 1행과 2행은 마음의 운행을 나타내는 구절이다. 마음의 운행이라 하여 특이한 것이 따로 있는 것이 아니다. 바로 "바람이 거세니 나뭇잎이 자주 지고/산이 높으니 해가 쉽게 가린다"이니, 다름 아니라 자연이 저절로 풀어놓는 운행, 삶의 자연스러운 운행이 마음의 운행일 뿐이다. 이러

---

6) 설봉 학몽 현토, 『선문염송』 제5권 159칙 「즉심」.

할진대 3행과 같이 "좌석 가운데는 사람이 보이지 않고"는 당연하다. 눈을 눈동자가 보지 못하듯이, 불이 불동자를 물이 물처녀를 알지도 보지도 못하듯이 '좌석 가운데는 사람이 보이지 않으니' 이 보임은 무엇인가. 이것이 바로 4행의 "창밖엔 뭉게뭉게 흰 구름 짙다(窓外白雲深)"이니 그 외에 무어라 말할 수 있겠는가.

마조 도일이 우는 아이를 위해 즉심즉불(卽心卽佛)이라는 긍정적인 대답을 한다. 그리고 울음을 그친 아이, 스스로 편안함에 안주하는 사람을 위해 비심비불(非心非佛)이라는 부정법을 휘두른다. 이는 6조의 법을 착실히 계승한 증거다.[7] 바로 울음 우는 아이와 같이 부정으로 공격하면 즉심즉불이라는 긍정법으로 막아내고, 울음을 그친 아이와 같이 긍정에 안주한 사람에게는 비심비불과 같은 부정의 진검을 휘두른다. 정신적인 격외의 반상합도로 안내하려는 선장의 능수능란한 솜씨이니 실로 우리를 감탄으로 몰아넣는다.

장령탁의 게송은 마조의 즉심즉불과 비심비불의 시적 형상화이며 마조의 심외무불(心外無佛), 그 자체에 대한 깨우침의 시다.

㉯의 게송에서 '보신과 화신이 참 부처가 아니다', 그럼 무엇이 참 부처인가? 하는 질문은 2행에서 '마음'이 바로 법신인 참 부처다로 해석된다. 진리의 당체인 부처를 그 성질상 셋으로 나누어 삼신 혹은 삼신불(三身佛)이라 하는데, 곧 법신, 보신, 화신을 말한다.[8]

---

7) 『육조단경』「법문대시(法門對示)」 제9에 6조 혜능이 문인들을 모아놓고 중생의 양변의 견해, 두 극단의 상호 관계에서 중도의 의미 곧 자성에 영회시키기 위한 유촉이 있다. "나 죽은 후에 그대들은 한 곳의 스승이 될 것이니, 그대들은 삼과법문과 움직이고 사용함(動用)에 36대(有/無, 色/空, 動/靜, 淸/濁 등 36대법)를 말하고, 또 나아가고 사라짐에 양변을 여의고 일체 법을 설하는데 자성을 여의지 말아야 한다. 그리고 법을 묻는 사람에게 설법은 반드시 쌍으로 하여 대법을 사용하여 오고 감에 서로 원인이 되게끔 하여 마지막에 두 법을 다 제거되어 다시 갈 곳이 없게 해야 한다."

8) 운허 용하, 『불교사전』, 동국역경원, 1986, 410쪽.
三身 – 法身, 報身, 化身(應身). ① 법신은 만유의 본체에 대해 인격적 의의를 붙인 것이고 ② 보신은 원인에 따라서 나타나는 불신이니 아미타불과 같다. 곧 수행 결과로 얻어지는 유형의 불신이고 ③ 화신은 응신이니 보신불을 보지 못하는 이를 제도하기 위해 나타나는 불신을 가리키니 역사적 존재로 인정되는 석가모니불을 말한다.

보신과 화신은 법신이 유형으로 나투는 형상불이다. 2행에서 '마음이 아니란 말, 그 자체가 마음이니' 절대 긍정은 절대 부정이니 비심/즉심이고 즉심/비심이다.

3행에서 "곡조 비슷하여 들을 만하다(依俙似曲纔堪聽)"는 무엇을 말하려 하는가. 즉심이고 비심이고 심은 심이니 글자와 발음 또한 같지 아니한가. 이런 언어희롱조차 같은 곡조에서 흘러나온다. 이와 같이 처음이나 끝 역시 근원에 이르면 맞닿아지므로 들을수록 하모니를 이루어 흥이 절로 난다로 읽혀진다.

다음 마지막 행에서 "다시 바람 불어 다른 곡조로 들어간다(又被風吹別調中)"는 2행과 3행에서와 같이 고정 불변한 정상성이 진리인가 하는 마음을 깨뜨리는 핵폭탄과 같은 시구다. 즉심/비심이 모두 진리이고 그 당체의 다른 표현이어서 그렇게 머무는 마음은 다시 번뇌 망상이니, 이 번뇌 망상이 흔들흔들 걸어가며 굴러가며 번뇌가 다시 보리가 되고 망상이 참 지혜가 됨을 형상화하여 "다시 바람 불어 다른 곡조로 들어간다"라는 결구로 마무리짓고 있다.

이어서 목암충이 즉심즉불에 대하여 ㉮의 게송을, 비심비불은 ㉯의 게송을 노래했다. 각각 살펴서 감상해보자.

㉮
서시의 맵시 뉘라서 따를까	西子顏容孰可儔
화장을 안 해도 스스로 풍류라	不塗紅粉自風流
홀연히 거리에 나가 대문 앞 지나면	忽從鬧市門前過
구경꾼 모여 쉼 없이 구경하네	引得傍觀看未休

㉯
2월 봄빛에 경치 가벼이 들뜨다	二月春光景氣浮
어린 공자들이 거리에서 노닐다	少年公子御街遊
은 술상에 둘러앉아 잔을 비워 즐기다	銀床坐宴傾杯樂
두서너 아이들 말 타고 격구하네	三箇孩童打馬毬

— 목암충

㉮의 게송 2행에서 '화장을 하지 않아도 그대로 멋쟁이다' 함은 마음의 본연을 나타낸다. 또 '아무것도 마음의 바탕을 따를 수 없다' 어떤 무엇에도 마

음은 천연 그대로 대기대응(對機對應)한다' '거리에 나가 대문 앞을 지나는 이놈도 마음이고 쉼 없이 구경하는 이놈도 마음이니' 무엇 하나 머뭇거림이 없고, 한 찰나에도 끊김이 없이 잘 닦인 거울과 같이 바로 대응하니 즉심즉불이라 한다. 화장을 하느냐 하지 않느냐 하는 중생들이 분별하는 양변의 마음을 송두리째 박살내니 이것이 즉심즉불의 긍정법 사용이다.

ⓑ의 게송을 살펴보자. 2월의 봄빛에 살아나는 경치가 어찌 마음이라고 하랴.

어린 공자들이 거리에서 뛰어 논다. 이것이 마음이더냐.

은 술상에 둘러 앉아 술잔을 비워 즐기는데 무엇이 마음이고 무엇이 술잔이며 봄날의 풍류는 어떤가. 봄 햇살 등에 받으며 열심이 격구를 즐기는 아이들, 마음도 아니고 진리도 아니니, 우리는 이것을 마음 밖에 일이 아니라 한다. 이 희희낙락하는 봄 속에 펼쳐지는 대긍정, 이 대긍정 속에 조는 사람을 위하여 마조는 서슴없이 부정법을 사용하여 '마음도 아니고 부처도 아니다(非心非佛)'라고 은밀히 말한다.

마조 도일은 남악을 떠나 마조가 되어 670년에 강서에서 법석을 열었다. 마조의 가르침은 6조나 그의 스승 남악 회양의 돈오법문을 철저히 계승하였으며 마음 밖에 부처가 따로 없다는 선대의 조사들의 본질적 사유를 철저히 따랐다. 그리고 그는 훌륭한 지도에 의해 이러한 돈오법을 천하에 널리 펴뜨렸다. 마조는 역사상 가장 많은 입실제자를 두었는데 『전등록』은 무려 138명이나 마조의 법사로 열거하고 있다. 이들은 모두 한 곳의 선지식이 되어 끝없는 교화를 폈다. 그럼 마조의 법문을 직접 들어보자.

3계가 오직 마음뿐이며 삼라만상이 한 법에서 나온 것입니다. 형상(色)을 볼 때, 그것은 모두가 마음을 보는 것, 마음 스스로가 마음이라 하지 못하므로 형상을 의지해서 마음이 존재하기 때문입니다. 그러므로 상황에 따라 말하면 될 뿐, 현상(卽事)에든 이치(卽理)에든 아무 걸릴 것이 없습니다. 수행에 의해 얻어지는 깨달음도 마찬가지입니다. 마음에서 난 것을 형상이라 하는데, 형상이 공함을 알기 때문에 난 것은 동시에 난 것이 아닙니다. 이것을 체득하면 그때그때 옷 입고 밥 먹으며 부처 될 씨앗을 기르면서 그저 인연 따라 시절을 보내면 될 뿐이니, 그 이상 무슨 일이 있겠습니까?

　　나의 가르침의 게송을 들어보시오.

　　三界唯心 森羅萬象 一法之所印 凡所見色 皆是見心 心不自心 因色故有心 汝可
隨時言說 即事即理都無所导 菩提道是亦復如是 於心所生 即名爲色 知色空故 生即
不生 若體此意 但可隨時着衣喫飮 長養聖胎 任運過時 更有何事 汝受吾敎聽吾偈

마음 바탕을 때에 따라 말하니	心地隨時說
보리도 역시 그러할 뿐	菩提亦只寧
현상에나 이치에 모두 걸릴 리 없지	事理俱無碍
나는 그 자리가 나지 않는 자리라네[9]	當生則不生

— 마조일

마조의 이 법문에서 가장 중요한 것은 6조의『법보단경』에서도 강조하였듯이 관통되는 사상은 일상생활에서 긍정적인 태도다. 이러한 근본적 통찰은 선종에서 가장 기본적인 동시에 보편적인 원칙이 되는 핵심사상으로 자리매김된다.

선종의 매력은 무위에 자재하는 노장사상을 뛰어넘어 후대에 확암 지원(廓庵志遠)의 〈십우도〉에서 입전수수(入廛垂手)로 나타나며[10] 이어서 활활발발한 선화와 법거량, 고함소리, 몽둥이질과 거침없는 실제의 행위로 나타난다는 데 있다. 이것이 오늘날에 와서는 행위하고(行) 머무르고(住) 앉고(坐) 눕고(臥) 말하고(語) 침묵하고(默) 움직이고(動) 고요하고(靜) 모든 생활이 선일

---

9)　『조당집』 제14권, 「강서마조화상」, 동국역경원, 1981, 541~542쪽.

10)　선종의 가장 뛰어난, 선종이 선종으로 있게 하는 근본사상인 '入廛垂手' 사상은 필자가 생각하기에는 인류가 탐구하고 사유한, 실천을 가장 중요시하고 실천사상을 실제로 옮기고 있는 그 당체로 선은 사유 체계이기 전에 그 자체다. 선의 근본을 열 개의 게송으로 노래한 확암의「십우송」은 ① 도를 찾다(尋牛) ② 자취를 보다(見跡) ③ 도를 발견하다(見牛) ④ 도를 얻다(得牛) ⑤ 도를 기르다(牧牛) ⑥ 도와 같이 집으로 돌아오다(騎牛回家) ⑦ 도를 잊고 사람만 남다(忘牛存人) ⑧ 사람과 도를 모두 잊다(人牛共忘) ⑨ 본원으로 돌아가다(返本還源) ⑩ 저자로 돌아가 팔을 드리우다(入廛垂手)로 깨달음을 소로 상징하여 차례로 보여주고 있다. ⑩의 입전수수야말로 꽃나무가 꽃을 피우듯이, 우리는 생활로 되돌아가 팔을 걷어붙이고 노력하여 잘 먹고 잘 살자는 실제의 삶을 말한다.

뿐이다라 말한다. 바로 현실 생활의 찰나지간에 번득이는 지혜, 이것이 선이다. 삶의 끄트머리에서 반야의 검으로 삶을 재단한다.

둘째로 이 법문에서 발견할 수 있는 것은 '성태장양(聖胎長養)'이다. 이 말은 불교전래 이전부터 내려오는 도가적 언어다. 이 성태는 도교에서 불로장생을 위한 종자를 양생한다는 의미이나 마조는 6조의 견성(見性)과 동일한 의미로 즉심즉불(卽心卽佛) 심외무불(心外無佛)이라 하여 성태장양의 주체가 심(心)자로 성(性)자보다는 좀 더 구체화시킨다. 이것이 임제에 이르러서는 무위진인으로 옮겨가면서 더욱 형상화되며 이것이 대기대용인 몽둥이질(棒)이나 큰 고함(喝)으로 나타난다.

이러한 사실을 뒷받침하는 게송이 있다. 마조의 제자 가운데 방온거사가 노래한 아래 선시는 이러한 마조의 사상을 매우 구체화시키고 있다.

날마다 특별한 일 따로 없고	日日事無別
단지 내 스스로 짝하여 즐긴다	惟吾自偶諧
모든 걸 취하지도 버리지도 않나니	頭頭非取捨
곳곳에 늘어놓을 것도 버릴 것도 없다	處處沒張乖
내 영광의 상징이라고는	朱紫誰爲號
티끌 하나 없는 산들과 언덕	邱山絕塵埃
내 신통한 힘과 미묘한 쓰임은	神通并妙用
물 긷고 땔나무 나르는 일일 뿐	運水及搬柴

제자를 깨달음으로 몰고 가는 이런 마조의 대기대용의 놀라움은 앞에 들은 즉심즉불이나 비심비불의 선화에도 잘 나타난다. 긍정과 부정을 교묘히 들어 질의자에게 더 이상 사량분별처를 없앰으로써 진리의 당처를 들어가게 하는 마조의 솜씨는 많은 제자들을 깨닫게 한다.

이들 가운데 오늘날까지 제방에 널리 퍼져 선객들의 귀감이 되고 있는 선화 몇 도막과 게송을 덧붙여 소개한다.

등장하는 인물은 서당 지장(西堂智藏, 735~814), 백장 회해(百丈懷海, 749~814), 남전 보원(南泉普願, 748~834)이다. 이들 세 명은 마조 문하에서 가장 뛰어난 제자들이다.

> 어느 날 스승 마조가 이 세 제자와 함께 달구경을 하였다. 그때 스승이 제자들에게 물었다.
> "이런 밤엔 무엇을 하고 지내면 제일 좋을까?"
> 서당이 미리 대답하였다.
> "불공을 드리기에 적합한 때입니다."
> 이어서 백장이 말했다.
> "참선으로 정신 수련하기에 적당한 때입니다."
> 듣고 있던 남전이 소매를 떨치고 그냥 가버리자, 마조가 말을 했다.
> "경의 강론은 서당에게 알맞고, 선정은 백장이 빼어나나, 오직 남전만이 홀로 사물 밖을 초월하는구나."[11]
> 西堂百丈南泉侍祖 翫月欠 祖曰 正恁麽時如何 西堂云 正好供養 百丈云 正好修行 南泉拂袖去 祖云 經入藏 禪歸海 唯有普願獨超物外

위의 선화에서도 보듯이 마조에게 크게 인정을 받은 남전은 너무 높고 투명하여 그런지 그의 뒤를 이어 조주 종심, 육긍 대부 등이 선종사에 보이나 몇 대 못 가서 법손이 끊긴다.

백장이 역사상 마조의 후계자로 나타나는데, 위의 선화 가운데도 짐작이 된다. '달 밝은 밤에는 수행을 하기 좋다'는 대답에서 읽히듯이, 끊임없는 자기 수양과 외부의 상황에도 변화하지 않고 끈덕지게 노력하는 수행인의 진솔한 마음을 보인 백장, 이러함이 6조 혜능-남악 회양-마조 도일-백장 회해-황벽 희운-임제 의현으로 잇는 선종의 정맥을 계승한다.

특히 백장이 기초한 선원 규약인 백장청규(百丈淸規)는 선원사회를 자급자족하는 단체로 변화시킨다. 백장 역시 "하루 일하지 않으면 하루 밥 먹지 않는다(一日不作 一日不食)"는 생활 규범을 몸소 실천함으로써, 선종은 더욱 사회에 깊숙이 들어가, 사회 속에서 사회에 벗하게 된다. 이런 것은 뒷날 당 무종 때 일어난 회창법난(會昌法難) 같은 불교 탄압을 무사히 견디어내는 원동력이

---

11) 『마조록』(선림고경총서 11), 장경각, 1988, 부록 15쪽. 이『마조록』은『사가어록』에서 마조어록만 분리한 것이다.

되었다.

그리고 서당은 신라 승 도의(道義)를 인가함으로 우리나라 남종선의 뿌리
가 된다.

위의 선화는 『선문염송』 157칙 「완월(翫月)」의 내용과 동일하다. 여기에 실
려 있는 후대 선객들의 염과 송을 하나씩 감상해보자.

㉮

경은 장으로, 선은 해로 드는데	經入藏禪歸海
보원만이 혼자서 사물을 뛰어넘네	唯有普願 獨超物外
쯧!	咄
벽을 비추는 달만이 있을 뿐	저有照壁月
잎새를 나부끼는 바람은 없네	更無吹葉風

— 동림총

㉯

운문고 선사가 상당하여 이 얘기를 들고는 말했다	雲門杲上堂擧此話云
"네 노장들이 실수한 곳을 알겠는가? 만일 모르겠	還知四大老落處麽
다면 내 게송 하나를 들으라" 하며 노래했다	若也未知 聽取一頌
나라가 태평하니 재사가 귀히 되고	國淸才子歸
집이 부유하니 애기들이 예쁘다	家富小兒嬌
제각기 외짝 손을 내미니	大家出隻手
서로 서로 너그럽지 않네	彼此不相饒

— 운문고

㉮ 동림총의 게송에서 2행의 '보원만이 사물을 뛰어넘다'와 3행의 "벽을 비
추는 달만이 있을 뿐"은 바로 사물을 뛰어넘는 이치를 상상력에 의한 이미지
로 그린 것이다. 그리고 4행에 "잎새를 나부끼는 바람이 없"에서 남전이 지극
한 이치에 계합하나, 너무 맑고 투명하여 고기가 살 수 없으니 이것이 문제다.
잎새와 바람, 이러한 상황 역시 필요하다. 벽을 비추는 외롭고 높은 달만이 있
어도 문제는 문제다. 그래서 그런지 마조 도일의 법제자 중 도일의 법을 계승

한 문파는 백장 회해다. 이 백장의 후손들이 오늘날까지 면면이 이어져 선종사의 주맥으로 등장한다. 불교가 다른 것은 상구보리(上求菩提) 후에 하화중생(下化衆生)과 자리(自利) 후에 이타(利他)에 모든 낙처(落處)가 있다.

㉴의 선시는 염(拈)이다.[12] '네 노장의 실수한 곳(四大老落處)'은 과연 어디인가?

해가 지면 날이 어둡기 마련이고, 낙엽이 지면 외롭고 쓸쓸해진다. 이 네 명의 선사들이 무엇을 그리 가리려 하는가. 바로 한마디의 말이 떨어지면 양변의 견해에 드는 것이니 어떻게 말해야 이곳을 벗어나지 않을까. 운문 종고가 다시 게송으로 이 이치를 밝힌다.

나라가 태평하니 재사가 귀히 되고   國淸才子歸
집이 부유하니 애기들이 예쁘다   家富小兒嬌
제각기 외짝 손을 내미니   大家出隻手
서로 서로 너그럽지 않네   彼此不相饒

1행과 2행은 세상의 이치와 하늘과 땅의 운행을 말하면서 도를 드러낸다. 이와 같을진대 용장 아래 약졸 없듯이 순리를 알고 순리대로 살아가니 자연 '재사가 귀히 되고' '애기들이 예쁠 수밖에' 없다. 3행 "제각기 외짝 손을 내민다"에서 외짝 손(隻手)은 '둘이 아닌 손'을 가리키니, 곧 진리를 말한다. 양변, 상대가 있지 않는 유일무이(唯一無二)의 진리를 형상화한 상징어다. 3행을 풀면 '이런 마조 회상에 지장, 백장, 남전이 양변에 떨어지지 않는 홀로 우뚝한 견처를 밝히니' 도인들이 서로 망신을 떠는 형국이니 모양새가 별로 좋지 않다를 "서로 서로 너그럽지 않네"로 마무리짓는다.

---

12) 염(拈)은 2장 각주 7)에서도 밝혔듯이 남의 말을 다시 예를 들어 보이는 형식인데, 이 글에서는 광의의 선시로 본다. 오늘날의 자유시 형태로 보이기 때문이다.

6장

마조와 그의 제자들

1. 지장은 머리가 희고 회해는 검다

마조의 수많은 입실제자 가운데 서당, 백장, 남전이 뛰어나 스승의 아낌을 받았다.

서당 지장(西堂智藏, 735~814)은 여덟 살에 동진 출가한 아주 건실한 성격의 소유자였다. 특기할 것은 신라 9산선문의 하나인 가지산문의 초조, 도의(道義)에게 법을 전했다는 점이다.[1] 이 도의가 우리나라 최초 6조의 남종선의 초조다.

> 서당이 고을로 돌아오니 마조가 마납가사를 주면서 학자들을 제접하라 하였다. 이때 한 학인이 마조에게 물었다.
>
> "네 구절(四句)을 여의고 백 가지 그름(百非)을 끊고서, 조사가 서쪽에서 온 뜻을 저에게 곧바로 말씀해주십시오(離四句絕百非 請師直指西來意)."
>
> 마조가 대답하였다.
>
> "오늘 내가 몹시 마음이 불편하니 지장에게 가서 물어보시게."
>
> 그 승려가 지장에게 가서 물으니, 지장이 되물었다.
>
> "그대는 왜 큰스님께 묻지 않으시오?"
>
> "큰스님께서는 스님께 물으라 하셨습니다."
>
> 지장이 머리를 만지면서 대답하였다.

---

1) 『조당집』 제17권, 「설악진전사원적선사」, 동국역경원, 1986, 237~238쪽.
  강서 홍주 개원사로 가서 서당 지장을 스승으로 모셨다. 그의 성품을 보고 서당은 기뻐하면서 "진실로 법을 전한다면 이런 사람이 아니고 누구에게 전하랴" 하며 이름을 도의(道義)라 고쳐주었다. 이어 두타의 길을 떠나 백장 회해에게로 가서 배움을 닦으니 백장이 "강서의 선맥이 모두 동국으로 돌아가는구나!" 하였다.
  신라 9산선문 중 서당 지장에게 법을 받아 개산한 실상산의 홍척, 동리산문의 혜철 그리고 우리나라 최초로 남종선의 법맥을 이은 도의는 염거-보조 체징에게 전하여 가지산문의 초조가 되었다.

　　"오늘은 머리가 아파서 스님과 그런 이야기 할 처지가 못 되니, 회해사형께 가
　서 물으십시오."
　　그 학인이 회해에게 가서 물으니 회해가 대답하되
　　"이 점에 관한 말이라면, 나는 정말 할 말이 없소(我到者裡 却不會)."
　　어쩔 수 없이 그 학인이 다시 마조에게로 돌아와서 두 사람의 이야기를 했다.
　그러자 마조는 다음과 같이 말했다.
　　"지장은 머리가 희고, 회해는 머리가 검구나(藏頭白 海頭黑)."[2)]

이 선화에 대하여 많은 후대의 선객들이 염과 송을 부쳤다. 그중 몇 편을
감상해보자.

지장의 머리가 희고 회해의 머리가 검음이여	藏頭白海頭黑
눈 밝은 납자도 전혀 만나지 못하네	明眼衲僧會不得
망아지가 천하인을 다 밟아 죽이니	馬駒踏殺天下人
임제도 익숙한 도적이 아닐세	臨際未是白拈賊
사구를 여의고 백비가 끊어지니	離四句絶百非
하늘 위나 인간 중에 오직 나만 아노라	天上人間唯我知

— 설두현

위의 게송, 1행과 2행은 '서당과 백장이 교묘히 본원을 피하여 학인에게 의
심을 유발하게 하니/눈 밝은 선객들도 이것을 완전히 간파하기 어렵다'고 풀
이된다. 3행의 망아지는 도일의 속성이 마씨인 관계로 마조 도일을 가리킨

---

2)　이 선화는 『전등록』 제7권, 「서당지장선사」와 『선문염송』 제5권 164칙 「四句」의 본칙
　에 대동소이하게 기록되어 있다. 그리고 '흰 머리'와 '검은 머리'는 옛날 중국에 '흰 모
　자'를 쓴 강도와 '검은 모자'를 쓴 강도의 이야기에서 전래되는 문구이다. 이야기의 내
　용은 검은 모자를 쓴 강도가 꾀를 내어 흰 모자를 쓴 강도가 도적질한 것을 모조리 빼
　앗았다. 다시 말하면 같은 강도라도 검은 모자를 쓴 강도가 더 철저한 강도란 이야기
　다. 속이는 데 있어서 백장 회해가 서당 지장보다 더욱 철저하게 상대방을 속였음을
　말한다. 서당이 '두통을 핑계로 학인을 피한 것'은 조금 어설픈 대답이란 것이다. 그
　러나 백장은 무상대도, 즉 자성영회에 대하여서 솔직하고 단도직입적으로 '말과 이해
　로서 이르지 못함'을 밝힌다. 앞 장의 "只許老胡知 不許老胡會"를 상기할 일이다. 뒤
　에 나오는 염송은 『선문염송』 164칙 「四句」에서 필자 임의로 뽑았다.

다. 일찍이 인도의 27대 조사인 반야다라 존자가 '그대 문하에 천하인을 답살할 망아지 한 마리가 올 것이다'라고 한 참기를 말하며, 4행의 '백염적(白拈賊)'은 백은 비었다는 뜻이고, 염은 손으로 물건을 잡는다는 의미이니, 곧 손에 한 물건도 가지지 않고 교묘히 남의 물건을 훔치고서도 그 자취를 남기지 않음을 말한다. 곧 4행은 '임제 같은 선사도 백염적이라 할 수 없다'로 읽히고 5행에시 '사구백비(四句百非)'의 사구는 정립, 반정립, 긍정종합, 부정종합이니 만유제법을 유(긍정)와 무(반정립)로 판정할 때에, 제1구를 유, 제2구를 무, 제3구 역유역무(亦有亦無)를 긍정 종합, 제4구 비유비무(非有非無)를 부정 종합으로 보는 불교의 변증법이다. 처음 2구는 양단(兩單)이고 뒤에 2구는 '모두 긍정하고 모두 부정(俱是俱非)' 혹은 '모두 비추고 모두 비추지 않는(雙照雙非)' 것이라 한다. 그리고 백비는 부정을 거듭거듭 하는 것으로 수없이 부정을 하더라도 결국 사물의 진상을 알기 어려운 일이나, 수없는 부정에 의해 본체를 스스로 알게 하는 법을 말한다. 중생이 양변적이고 이항적인 유/무의 견해에 걸림이 없게 하기 위한 법을 말한다. 결국 4행은 사구와 백비가 무용이 되니, 여기에 이르러서는 아는 자는 오직 '나'뿐이다. 이 나는 절대현재의 참사람이라 해도 한 겹 막히는 표현이다. 이 '나'는 하늘이고 인간이며 나이다.

다음에 나오는 선시 두 편을 감상해보자.

㉮

가엾은 마조 등 세 사람,	可憐馬祖三人
그 중에게 일시에 간파당했네.	被者僧一時勘破
그럴지라도	雖然如是
백운은 푸른 산에 올 수 있어도	白雲乍可來靑嶂
명월은 푸른 하늘에서 내려오게 할 수 없네	明月難敎下碧天

— 장산천

㉯

대중아 희다 한 거나 검다 한 것이	大衆 說白道黑

도리어 매우 분명하다 現甚分明
여러분은 마대사를 봤는가? 諸人 還見馬大師麼
오래 섰어도 별다른 것이 없느니" 久立 也大無端
— 불안원

후대의 많은 선승들이 이 선화를 들어 대중을 지도하였다.

㉮의 염은 반어적 수사법으로 대중을 깨우치고 있다. 즉 질문하는 한 학인에게 선문의 일급 선사 3명이 오히려 솜씨가 어느 정도인가를 테스트당하였다고 말하고 있다. 아니다. 장산천은 마조, 서당, 백장 그리고 학인, 이 네 명 모두를 간파했음을 노래하고, 대중에게 깨우쳐라 종용하고 있다. 유희하고 있는 3인의 의도와 오늘 내가 상당하여 이 선화를 염하는 뜻을 알고 있는가? 로 읽힌다. 비록 그럴지라도 '잠시 백운이 푸른 산에 걸릴 수 있어도/이 도의 본체인 명월은 본연의 자리에서 내려오게 할 수 없지 않은가'로 다시 한 번 대중을 깨우치고 있다.

㉯의 염은 불안 청원이 대중에게 위의 선화를 들어 깨우침에 들게 하고자 노파심을 보인다. 1행과 2행에서 '마조께서 희다, 혹은 검다 한 자체가 매우 명명백백하다.' 아직 무엇이 있어 바로 볼 수 없는가. 다시 한 번 보라. 그렇게 이 궁리 저 궁리 해도 별다른 단서를 잡을 수 없으니, 그래도 모르겠거든 내 오늘 여러분을 위하여 하늘 틈(天竅)을 열어 보이노니

가을로 들어서니 햇살 꼽힐 나머지 땅이 없다.
바람에 날리는 낙엽 한 잎 주어 들여다봄이 이롭다"

2. 매실이 익다

마조의 제자 중에 스승의 틀을 벗어난 드높은 정신, 독자적인 정신의 소유자가 있다. 그가 대매 법상(大梅法常, 752~839)이다. 법상이 마조를 처음 방문하였을 때

"무엇이 부처입니까?"라고 물었다.

"바로 마음이 부처다(卽心卽佛)."

마조의 이 말에 법상은 바로 깨달았다. 그 후 법상은 대매산에서 대중을 교화하였다. 이 소식을 들은 마조는 한 학인을 보내 실험하게 하였다.

> "스님은 마조대사의 회상에서 무엇을 배웠기에 이 산에 머무십니까?"
> 바로 법상이 대답했다.
> "마조께서 나에게 마음이 바로 부처라고 말씀하셨지요."
> "스님, 대사께서는 그 후에 불법을 가르치는 방법을 바꾸었습니다."
> "요즈음은 어떻게 달라졌습니까?"
> "지금은 부처인 이 마음이 마음도 아니요, 부처도 아니라(非心非佛)고 가르치고 계십니다."
> 법상은 바로 말하였다.
> "이 늙은 영감탱이가 끝없이 사람의 마음을 혼란케 하는구나. 스님이 아무리 '비심비불'이라 주장해도 나는 오직 '즉심즉불'일 뿐이다(這老漢惑亂人未有了日 任汝非心非佛 我只管卽心卽佛)."
> 이 중이 돌아와 마조에게 사실을 말씀드리니, 마조가 말했다.
> "매실이 익었군!"[3]

매실은 익었다. 대매산에 있는 법상이라는 큰 매실. 그는 확실히 흔들림 없는 깨달음을 얻은 자이며, 스승과 같은 자리에서 만나고 있음을 우리는 본다.

마조의 '매실이 익었다'는 스승이 제자에게 법이 전수되었음을 인가하는 증명이다. 같은 도반끼리도 득도의 여부를 서로 날카로운 말로 주고받으며 검증한다. 이를 법거량한다고 하며, 마치 칼을 잡고 한 치의 빈틈도 주지 않고 마주 선 검객과 같아서 선객이 마주하는 선기를 주고받으니 이름하여 심검당(尋劍堂) 대매 법상이 마조에게 인가를 받은 후에 역시 방온거사에게 시험을 받았다.

---

3) 『마조록』(선림고경총서 11), 장경각, 1988, 부록 19~20쪽.
   『선문염송』 265칙 「卽佛」, 동국역경원, 34~35쪽.

방거사가 대매에게 물었다.

"오랫동안 대매를 흠모해왔는데 매실이 익었는지 익지 않았는지 모르겠군?"

"그대는 어디에다 입을 대보려 하는가?"

"그러면 산산조각 나겠지!"

스님이 말했다.

"씨는 나에게 돌려주시게."[4]

龐居士問師 久嚮大梅 未審梅子熟也未 師云 你向什麼處下口 士云 與麼 則百雜碎也 師云 還我核子來

위의 선화에서 '매실이 익었는지 익지 않았는지?' 하는 물음은 결국 그대가 스스로 깨달았다고 생각하는가 그렇지 않는가를 묻는 말이다. 참으로 곤란하다. 만약 깨달았다고 하면 대상을 깨달았다는 이해 차원이고, 또한 깨달았다는 생각을 깨달았을 것이고, 이렇게 될 때는 매실은 익지 않았을 것이다. 곧 아상(我相)에 사로잡혔을 뿐이다.[5]

자, 과연 '어디에다 입을 댈 것인가?' 매실이 익으면 맛을 보듯이, 깨달았다면 반드시 현전해 있는 두두물물을 한순간에 골고루 맛볼 수 있지 않은가. 발뒤꿈치로 맛보듯이, 모두모두 함께함을 안다. 이것을 어떻게 말할지 말해보라는 질문이다.

그러자 방온거사 역시 마조의 전법제자로 만만치 않은 대답을 한다. "그렇다면 산산조각이 나겠지!" 하는 이 말은 입을 대보고 안 대보고가 어디 있는가, 코를 대보아도 알고, 눈으로 맛보아도 알지 않는가, 만약 그런 억지를 부려서 천지운행에 혀를 대보면 천 조각 만 조각 사유의 파편을 내게 된다, 곧 번뇌 망상의 근원을 만들고자 하는가? 로 읽힌다.

이에 법상이 말한다. "그래요, 그럼 씨앗은 내게 돌려주시오" 하며 손을 내밀었을 때, 무엇을 줄 것인가. 만상이 산산조각 난 뒤에 남는 도의 핵심을 돌

---

4) 『선문염송』268칙 「久嚮」, 동국역경원, 38~39쪽.

5) 『금강경』 제14 「이상적멸분」에 "아상은 곧 상이 아니요, 인상 중생상 수자상도 상이 아니기 때문입니다. 왜냐하면 일체의 모든 상을 떠나야 곧 모든 부처라고 이름 하기 때문입니다(我相即是非相 人相衆生相壽者相即是非相 何以故 離一切諸法相 即名諸佛)." 여기서 아상은 내가 있다는 생각이니 자만심을 이른다.

려달라. 바로 이 자리에서 손 위에 내놓아보시오, 하며 다그쳤을 때, 내보일 것이 과연 있을까? 고개를 떨어뜨리고 땅을 보며 오던 길로 돌아갈 뿐이다. 왜냐? 매실이 폭 익었기 때문이다.

대매산에 매실이 익은 줄을
방거사는 벌써 알았네
바른 눈이 참과 거짓 증험하니
서로 만나 손뼉치고 돌아온다

大梅梅子熟
龐老已先知
正眼驗眞妄
相逢拍手歸

— 송원악

송원악 법상과 방온, 두 검객의 칼싸움을 게송으로 읊고 있다. 서로가 바른 검법을 익히고 알았기에 일대접전 결과 4행과 같이 "서로 만나 손뼉치고 돌아온다"라고 하였다. 이런 경우, 서로가 서로를 인정하고 안 하고가 없다. 그냥 고개를 떨어뜨리고 돌아오라.

취암지가 이 선화를 들어 보이고 '이 두 사람이 흡사 손을 맞잡고 높은 산에 오르는 것 같구나(此二人 大似把手上高山)'라 하였다.

3. 서강 물을 한입에 들이켠 방거사

마조 도일의 제자 가운데 속인으로 도를 얻은 사람이 있는데, 앞서 몇 번 소개된 방온(龐蘊, ?~785)이다. 방거사는 호남 형양의 부유한 유교 집안에 태어나 온 가족이 득도하였다고 전한다. 그의 어록과 훌륭한 게송, 유명한 공안들이 지금까지 제방에 지침이 되고 있다. 흔히 중국의 유마힐 거사로 지칭된다. 처음에 방거사는 석두 희천(石頭希遷, 700~790)을 방문했다. 석두는 6조 혜능―청원 행사를 잇는 행사의 유일한 제자다. 6조 혜능―남악 회양―마조 도일로 이어지듯이 선종을 파악하는 데 길목에 있는 대선사다.

방온은 석두에게 다음과 같이 물었다.
"우주 만물과 짝하지 않는 사람은 누구이겠습니까?(不與萬法爲侶者是什麼人)"

여기에 석두는 방거사의 물음이 끝나기도 전에 즉시 손으로 입을 막으면서 "그거지" 하고 말문을 막았다. 여기서 깨달음의 문턱까지 안내된 듯하다.

다음에 마조를 방문하여 석두에게 묻듯이 똑같은 질문을 한다.

> 마조는 대뜸 말을 받았다.
> "그대가 서강의 물을 한입에 들이켠다면 바로 얘기해주겠네(待汝一口吸盡西江水)."
> 이 말끝에 거사가 바로 깨달았다(居士言下 頓領玄要).[6]

이 선화의 핵심인 '한입에 서강 물 모두 들이켠다(一口吸盡西江水)'는 화두에 대해 읊은 『선문염송』의 게송 몇 수를 음미해보자.

㉮

천지에 홀로 가는 사람에게 묻노니	借問乾坤獨步人
전부를 내어주며 친하라고 부탁하노라	全提分付大言親
서강 물을 다 마시어 한 방울도 없으니	西江吸盡無漏滴
목구멍이 길목임을 누가 알리오	誰解喉門鏁要津

— 석문이

㉯

서강 물을 다 마신 뒤에 말해준다 하니	吸盡西江向汝道
마조는 풀섶으로 들려 하지 않았네	馬師不肯落荒草
삼천세계 한결같이 가을빛 감도니	三千刹海一成秋
명월과 산호가 싸늘히 서로 비친다	明月珊瑚冷相照

— 천동각

㉰

바람결 햇빛 아래 시체 하나 드러나니	風吹日炙露屍骸
울면서 산사람에게 묻을 땅 묻네	泣問山人覓地埋
참을성 아주 없는 말 많은 늙은이	忍俊不禁多口老

---

6) 『선문염송』 제5권 161칙「一口」.

㉮의 게송 1행과 2행은 아무런 사량분별심을 일으키지 않는 이 사람이, 투명하게 그림자 없이 가는 이 사람이 바로 '독보인'이니 그에게 다가가도 그가 될 수 없으며, 친하고자 해도 도저히 친할 수 없다. 그럼 어떻게 해야 그가 나이고 내가 그가 될 수 있는가? 바로 한입에 서강 물을 모두 마셔야 알 수 있으니, 또 그럼 어떻게 해야 서강 물을 한입에 다 마실 수 있는가? 4행에서 석문이는 물을 마시는 데는 목구멍이 길목이라 친절히 일러준다. 그러나 이 말에 속지 말고 잘 살펴야 한다. 물을 마시는 데는 목구멍, 도를 체달하는 데는 그 길목이 무엇인가?

은밀히 말하고자 한다. 목구멍이다. 목구멍으로 우리의 에너지인 음식물도 넘어간다. 또 잘 모르겠으면, 입추 이후에는 여름옷은 잘 세탁하여 옷장에 갈무리해야 하고 두꺼운 옷을 내어서 손질해야 한다.

천동각은 ㉯의 게송으로 위의 공안의 뜻을 밝혔다. 1행과 2행에서 노래하듯이 이미 깨친 마조는 저잣거리로 몸을 나투어 있지만, 방거사의 이항대립적인 양변의 견해에 빠져들 리가 없다. 오직 보살은 진리의 세계에 들지 않고 형상을 사회 속에 깊숙이 묻고 분별심으로 가득 찬 중생을 건지기 위해 틈만 나면 손을 내밀어 일원의 세계로 돈입시키고 발원하고 있다. 2행은 몸은 풀섶에 들어 있지만 마음은 풀섶 밖에 있으면서 몸과 마음이 모두 풀섶에 있는 중생을 구원하고자 하는 이다. 이 사람의 경계가 "삼천세계 한결같이 가을빛 감도니"이니 여기에 아무런 허튼 생각이 들 리 없다. 비유컨대 "명월과 산호가 싸늘히 서로 비친다(明月珊瑚冷相照)"로 형상화할 뿐이다.

보녕용은 "일구흡진서강수" 공안을 두고 "바람결 햇빛 아래 시체 하나 드러나니/울면서 산사람에게 묻을 땅 묻네"라고 1행과 2행에서 노래한다. 낙엽 몇 잎 떨어지는 것을 보고 가을이 왔음을 알고 한 숟가락의 물을 떠서 바닷불의 물맛을 알듯이 자성을 본 참사람은 "한입에 서강 물을 다 마신다"는 일구에, 몰록 알 것을 모두 알아버린다. '이 가을 햇살에 말라비틀어진 시체를 어떻게 해야 하나' 2행에서 '애써 묻을 땅을 찾는다'고 노래하지만, 3행에 와서는 "참을성 아주 없는 말 많은 늙은이"는 방온거사를 가리키니 곧 '서강 물을 다 마시기를 기다리지 않은 채 돈입되어 꿀 먹은 반벙어리가 되어 말 많은 늙은이'인 방온은 이항적인 '음/양', '시/비', '희/노'의 양변견해(兩邊見解)로는 결국 노지(露地)에 발갛게 드러난 시체 하나 묻을 곳을 끝내 찾을 수 없다. 그러나 이 게송은 이미 시체를 정안으로 보았고 이 시체를 둘러메고 묻을 곳을 찾아 나무꾼에게 물어본다. 알맞은 곳을 찾지 못하고 안절부절 못한다는 것은 깨닫고 환희용약(歡喜勇躍)하는 무위진인의 경지에 든 늙은이는 결국 불이의 세계, 일원의 세계 들었기 때문에, 음/양의 양변의 견해에 있는 묻기에 알맞은 땅을 찾을 수 없다로 읽힌다.

아이러니 기법이다. 은근히 비하하면서 실제로는 대단한 늙은이로 칭송한다. 왜냐하면 1행과 2행에서 '바람결 햇빛 아래 드러난 시체'를 안 사람이야말로 활연계회한 사람이며 자성과 영회한 사람이다. 이런 깨달은 사람이 4행에서 다시 한 번 비틀어 일상을 돌이키어 다른 수승한 경지로 향상시킨다.

방거사는 석두의 제자며 동시에 마조의 제자다. 그 당시 중국 천하에서는 강서에는 마조, 호남에는 석두 이렇게 선림을 양분하였다. 그래서 오늘날에도 무림천하를 강호라 부르기도 한다. 처음 석두에게 공부한 방거사는 나중에 마조에게 깨달음을 얻어 마조에게 법사(法嗣)하였다.

방온거사가 석두와 마조의 문하를 두루 다니며 공부를 하였듯이 약산 유엄 역시 마조와 석두의 문하를 두루 참학한 뒤 석두의 법을 이었다. 천하를 양분하며 동시대를 산 마조와 석두, 선종사에 의하면 두 선사는 이상하리만치 마주쳤다는 기록이 없다. 그러나 당시 선객들은 두 스승의 문하를 넘나들며 깨달음의 세계에 안내를 받는다.

방거사 역시 앞의 선화와 같이 "만법과 벗삼지 아니한 사람은 누구입니까?"라는 방거사의 질문에 석두는 입을 가리며 "그거지" 하는 깨우침에 반쯤 눈이 열렸고, 이후에 마조에게 참례하여 같은 질문을 하자 마조는 "서강 물을 한입에 다 마셔라" 하여 완전한 깨달음을 알게 된다. 이런 강호의 두 거장이 상호 협력하여 다툼 없이 오직 하화중생(下化衆生)을 위해 손을 내미는 보살 정신은 바로 선의 정신을 이룬다.

4. 석두의 길은 미끄럽다

마조에게 공부를 하던 등은봉이 석두에게 공부하러 가기 위해 하직인사를
스승에게 드린다.

> 마조가 물었다.
> "어디로 가려 하는가?"
> "석두로 갈 것입니다."
> "석두로 가는 길은 미끄럽다(石頭路滑). 최대한 주의하여야 한다."
> "장대 하나 가지고 다니다 무대를 만나면 연극을 하겠습니다."
> 그러고는 마조회상을 떠났다. 석두에 이르자 선상을 한 번 돌고 석장을 한 번
> 흔들어 소리를 내고는 말했다.
> "이게 무슨 종지인지 아십니까?(是何宗旨)"
> 석두가 말했다.
> "아이고 아이고(蒼天 蒼天)."
> 은봉은 말없이 마조에게 돌아와서 이 이야기를 말하니 마조께서 말했다.
> "다시 가서 석두가 '아이고 아이고' 하거든 그대는 얼른 '어험' 해보게."

은봉이 다시 석두에게 가서 앞에서와 같이 하고 "이게 무슨 종지인지 아십
니까?" 하니 석두가 먼저 '어험' 하였다. 이에 은봉은 아무 말도 못 하고 마조
께로 돌아와 말씀을 드렸다.

> "그대에게 다시 말하노니, 석두의 길이 미끄러우니라"[7](向汝道石頭路滑)

우리는 천하를 양분한 양 대사가 제자들을 깨치게 하기 위해 상호 밀어주
고 끌어주었다는 것을, 위와 같은 선화를 읽으며 많은 것을 배우게 된다.

---

7) 『경덕전등록』 제6권, 「강서도일선사」, 보련각, 1982, 105쪽.

5. 자가보장을 찾은 대주

『돈오입도요문론』의 저자로 유명한 대주 혜해(大珠慧海)가 처음 마조를 방문했을 때, 마조가 그에게 어디서 왔느냐고 물었다. 대주는 월주 대운산에서 왔다고 대답했다. 마조가 또 물었다.

"그대는 여기까지 무엇하러 왔소?"
"예, 저는 불법을 구하러 왔습니다."
이어서 마조가 말하기를
"나는 그대에게 아무것도 줄 것이 없소. 나에게서 무슨 불법을 배울 것이 있으리라고 생각하는지? 왜 그대는 자기 집의 보배를 돌보지 않고 멀리 떠나 방황만 하는가?(自家寶藏不顧 抛家散走作麼)"
"저의 보배라니 무슨 말씀입니까?"
마조께서 다음과 같이 말씀하셨다.
"다른 이가 아니라 나에게 질문하는 바로 그 사람이 보배네. 그 보배 안에 일체의 모자람이 없이 모두 갖추어 있지. 그대는 그것을 자유롭게 사용할 수 있으며 그 원천은 고갈되지 않네. 구태여 밖에서 찾을 필요가 있겠나?(即今問我者是 汝寶藏 一切具足 更無欠少 使用自在 何假向外求覓)"
대주가 당장에 자기의 근본 마음은 알거나 깨달음에 의하는 것이 아님을 알고 기뻐 뛰면서 절하고 물러났다.[8]

마조에게 있어서는 자성을 꿰뚫어 보게 하는 것이 제자를 가르치는 목표이다. 견성은 바로 '자아발견'이며 선의 종지이다. 위의 대주 혜해와의 대화에도 잘 나타나듯이 자성을 이해하는 차원을 넘어서서 반야에 의해 자성을 깨닫게 한 좋은 예다.

훗날 임제종 황룡파의 개창조 황룡 혜남(黃龍慧南, 1003~1069)이 이 선화를 대중에게 들어 보인다.

황룡남이 상당하여 이 이야기를 들고는　　　　　　黃龍南 上堂擧此話云

---

8) 『선문염송』 270칙 「寶藏」, 동국역경원, 40쪽.

"그대들 모두 자기의 보물광이 있거늘   汝等諸人 各有自家寶藏
어째서 활용하지 못하는가?   爲什麼不得其用
단지 고개를 돌리지 못하기 때문이야"   只爲不廻頭
하고 선상을 치고 자리에서 내려오다.   擊禪床下座

단지 고개를 돌리지 못하기 때문에 누구나 모두 가지고 있는 자기의 보배로운 창고를 사용하지 못한다 하였는데 이것은 바로 분별 간택심 때문이다. 이항대립적인 사유, 눈에 보이는 수많은 사물을 실제인 양 거두어들이지만, 결국 어느 것 하나 내 것이 되지 않는다. 헛것을 취사선택할 뿐이다.

6. 자기를 쏘아 맞춘 석공

마조의 제자 가운데 불교의 승려들이 좋아할 수 없는 사냥을 직업으로 가진 석공 혜장(石鞏慧藏)을 득도시키는 선화는 그가 얼마나 후학을 다스리는 데 능수능란하였던가를 잘 보여준다. 이야기는 이렇다.

석공 혜장이 사냥꾼이었을 때, 어느 날 사슴을 쫓아 마조의 암자 앞을 지나다가 마조에게 물었다.
"사슴이 자나가는 것을 보셨습니까?"
마조가 물었다.
"그대는 무얼 하는 사람인가?"
"예, 저는 사냥꾼입니다."
"활을 잘 쏘겠군."
"물론입니다."
"살 하나로 몇 마리나 맞추시오?"
"그야 살 하나로 한 마리를 맞출 뿐이지요."
"그 정도라면 시원한 솜씨라 볼 수 없구면."
"그런 스님은 살 하나로 몇 마리나 맞출 수 있습니까?"
"나는 살 하나로 한 무리를 잡을 수 있네."
이 말끝에 석공이 대답하였다.
"스님, 너무하십니다. 결국 짐승들도 모두 서로 생명을 가졌는데, 어찌하여 그렇게 한 무리를 잡으십니까?"

"그대가 이 사실을 너무 잘 아는데, 왜 그대는 자기 자신은 쏘지 않는가?(儞既如是 何不自射)"

"그야 저 자신을 쏘고 싶지만, 도저히 손을 쓸 수가 없습니다(若敎某甲 自射 直是無下手處)."

"이 사람 여러 겁의 무명 번뇌가 오늘에야 활짝 벗어지는구나."

마조가 말을 마치자 석공이 칼을 빼어 머리채를 끊고 출가하여 암자에 머물러 시봉하였다.[9]

뒷날 이 선화에 대해 읊은 염과 송 하나를 음미해보자.

㉮

사슴 쫓아 마조의 암자를 지나는데	趁鹿馬師庵畔過
스스로를 쏘란 말에 미친 기운 쉬었네	直敎自射息狂機
손 쓸 곳 아주 없음을 돌이켜 관찰하니	廻觀下手都無處
천리를 바람 쫓다가 돌아갈 길 찾았네	千里追風喚得歸

— 법진일

㉯

취암지가 이 이야기를 들어 말했다.

"마조가 한 화살로 한 무리를 쏜다는 것	馬祖一箭一群
좋은 솜씨가 아니다. 나는 한 화살로	猶未善射 山僧一箭
고물고물하는 생명을 몽땅 쏴서	師蠢動含靈
맞추지 못함이 없다. 비록 그러하나	無不中者 雖然如是
겨우 반밖에 말하지 못했다.	只道得一半
다시 반쪽이 있으니,	更有一半
여러분이 말하게 남겨둔다"	留與諸上座道

위의 법진일의 게송에서 1행과 2행은 선화를 사실대로 노래했고, 3행 "손 쓸 곳 아주 없음을 돌이켜 관찰하니"란 바로 자기 자신을 반야의 지혜로 돌이켜 비추어보니 자성의 본체는 더 보탤 것이 없고 더 덜어낼 것이 없음을 간

---

9) 위의 책, 276칙 「解射」, 49~50쪽.

파한다. 4행 "천리를 바람 쫓다가 돌아갈 길 찾았네"는 끝없이 내닫던 번뇌 망상이 본래의 자리로 되돌아옴을 노래한다. 마조의 말 한마디에 회광반조 (廻光返照)하여 환지본처(還至本處)함을 노래한다.

그리고 취암지의 염은 마조가 화살 하나로 한 무리를 몽땅 잡는다는 것은 별로 대수로운 솜씨라 볼 수 없다. 어차피 천하의 생물 무생물이, 나의 경계 가 히물어지므로 계회한 마당에 한 무리 사슴만 쏘아 잡았다는 것은 잘못 표 현한 것이다. 보라, 생물 무생물 일체만물이 빛을 발하고 있지 않은가. 그래 도 이 소식을 반밖에 전할 길이 없다. 그다음에는 듣는 혹은 보는 여러분들, 말해보라 한다.' 그래도 잘 모르겠거든 나무 아래서 깊이 생각해보시오.

여기서 소를 먹인다는 말은 자기 자신을 제어하여 성태를 장양한다는 의 미이다. 수도의 길은 끝없는 자기에 대한 채찍질이다. 성실한 자세야말로 더 이상 수도인에 참 도반이다. 마지막 대화에서 석공은 마조에게 우러나오는 찬탄을 받는다.

7. 발길에 차인 수료

앞의 석공이나 백장, 서당, 남전 혹은 방온, 대주, 대매보다는 한층 격렬한 방법으로 깨침을 안내한 사례도 있다. 스승으로 마조는 제자들을 제접하는 데 긍정과 부정, 따뜻함과 거친 방법을 적소적기에 능란하게 사용한다. 그럼

---

10) 『경덕전등록』 제6권, 「석공혜장선사」, 보련각, 1982. 111쪽.

다음 선화에 대답 대신 짓밟아버리는 것은 긍정적인가 부정적인 방법인가? 말하라.

방편의 대기대용이다.

수료(水潦)가 처음 마조를 방문하여 물었다.

"달마조사가 서쪽에서 오신 뜻은 무엇입니까?(如何是達摩西來的的意)"

대답 대신 마조는 수료에게 절하라고 명했다. 수료가 몸을 숙이자마자 그를 짓밟았다. 아주 이상하게도 수료는 단박에 깨달았다. 일어나 손뼉을 치고 웃으면서 대답했다.

"기이하고 기이하다. 수백 수천의 삼매와 무량 묘의가 한 터럭 끝에 그 근원을 두고 있으니!(也大奇 也大奇 百千三昧 無量妙義 只向一毛頭上 一時識得根源去)"

뒷날 수료가 주지가 되어 대중에게 말했다.

"내가 마조에게 한 번 걷어차인 뒤로 아직까지 웃음이 그치지 않았다."[11]

후대에 이 선화를 보고 한 선객이 노래했다.

그대 보지 못했는가? 남창의 수료 늙은이가	君不見 南昌水老
한 마리 말에게 가슴 차여 넘어져서	被一馬當胸踢倒
한 털끝에 근원을 몽땅 알아버리고	毛頭上識得根源走
일어나서 깔깔거리고 크게 웃으니	起來呵呵大笑
현현하고 또렷또렷하여	玄玄玄了了了
밤중에 닭이 우니 날이 새도다	半夜裏鷄鳴天曉

— 지비자

이 게송에 4행과 5행, "일어나서 깔깔거리고 크게 웃으니/현현하고 또렷또렷하여"는 활연계회(豁然契會)한 수료가 용약환희하는 모습을 그대로 그리고 있다. 깔깔거리는 웃음이 과연 어떤 웃음인가? 회한과 환희, 비애와 희락이 뒤엉켜진 웃음이니, 만약 우리가 10년 혹은 20년 아니 한평생 목숨과 바꾸어가면서 정진한 끝에 얻은 결과가 너무 평이하여 그 소득 자체가 지푸라

---

11) 『선문염송』 273칙 「西來」, 42~43쪽.

기보다 잡을 것이 더 없었을 때, 허무와 비애와 통한과 환희, 너무나 많은 기대와 노력과 시간을 소비한 결과가 '아무 소득이 없는 소득(無所得之所得)'일 때 그대는 어떠해지리라 상상할 수 있는가? 바로 이런 웃음이다. 그렇지만 무소득은 5행에서 보듯이 "현현현료료료(玄玄玄了了了)"다. 이 5행의 "밤중에 닭 우니 날이 새도다(半夜裏鷄鳴天曉)"는 "현현현료료료"의 본체고 이 현묘한 것의 형상화다.

8. 백장의 들오리

이 거친 방법에 의한 깨달음의 안내는 그의 법을 후세에까지 융성하게 한 백장 회해(百丈懷海, 749~814)에게도 적용된다. 백장의 법손들이 임제종과 위앙종의 가풍을 형성하여 선종의 본류로 떠오른다.

하루는 백장이 마조를 모시고 가다가 날아가는 들오리 떼를 보았다. 마조가 물었다.
"저게 무엇인가?"
"들오리입니다."
"어디로 갈까?(什麼處過去)"
"날아갔습니다(飛過去也)."
마조가 갑자기 머리를 돌려 백장의 코를 한 번 비틀자 아픔을 참느라고 소리를 질렀다(遂扭師鼻頭 師作忍痛聲). 마조가 말했다.
"날아갔지만 여기에 아직 '그것'이 있지 않느냐, 다시 날아갔다고 말해봐라(又道飛過去)."
그 말끝에 희미한 깨달음이 있었다(言下有省).
요사채로 돌아온 백장이 대성통곡을 하니, 함께 있던 시자가 물었다.
"고향 생각이 나서 우시오?"
"아닙니다."
"누구에게 욕이라도 들었는가?"
"아니오."
"그럼 왜 우시오?"

"방장스님께 코를 비틀렸으나 철저히 깨닫지를 못했기 때문에 우는 것이오."

"무슨 이유로 깨닫지 못했는지요?"

"스님께 직접 물어보시오."

시자가 마조를 뵙고 물었다.

"회해시자는 무슨 이유로 깨닫지 못했습니까? 요사채에서 통곡을 하며 직접 스님께 물어보라 합니다."

"그래 그건 그가 알 테니 그에게 다시 묻도록 하라."

그 시자가 요사채로 되돌아와서 말했다.

"스님께서는 그대가 알 것이라 하시며, 나더러 그대에게 직접 물으라 하셨소(和尙道汝會也 令我自問汝)."

이 소리를 듣고 백장이 깔깔 웃자, 그 시자가 말하였다.

"조금 전에 통곡하더니 무얼 깨쳤기에 금방 웃으시오?(適來哭 如今爲甚欲笑)"

"조금 전에 울었지만 지금은 그저 웃을 뿐이오(適來哭 如今笑)."

여기서도 마조가 제자들을 깨우침에 안내하는 방법이 절묘하다는 것을 알게 된다. 아주 인자하고 부드러운 긍정적인 방법을 쓰는가 하면, 어떨 때는 앞의 수료나 백장과 같은 거친 방법으로 제자를 제접하여 더 큰 효과를 내고 있다.

백장의 깨우쳤음을 알게 하는 대답은 바로 "조금 전에 울었지만 지금은 그저 웃을 뿐이오(適來哭 如今笑)"에 있다. "적래곡 여금소", 울고/웃는다. 당금에 이럴 뿐이다. 이것 말고 도대체 무얼 알게 더 있는가. 목마르면 물 마시고 더우면 샤워한다가 그것이다.

백장 역시 그 스승에 그 제자답게 이 깨침의 고마움을 백장의 방법대로 표시한다.

다음 날, 마조가 상당하여 법문하려 할 때에 백장이 스승의 자리를 말아서 접어버렸다. 때문에 마조가 법상에서 다시 내려와야만 했다. 백장은 스승을 따라 방장실로 갔다.

"내가 설법을 시작하기도 전에 왜 별안간 자리를 말아버렸나?"

"어제 스님께서 저의 코를 비틀어서 아팠기 때문입니다(昨日被和尙搊得鼻頭痛)."

"그대는 어제 어디에다 마음을 두고 있었나?(汝昨日向心處)"

"이제는 코가 아프지 않습니다(鼻頭今日又不痛也)."

그러자 마조가 백장의 대답에 대하여 분명하게 논평하였다.

"자네는 어제의 일을 깊이 이해하였구나(汝深明昨日事)."[12]

우리가 이 대화를 잘 살펴보면 대화와 대화의 행간이 무척 점핑되어 논리적인 면에서는 이해가 잘 닿지 않는다. 그런데 마조가 어떤 점을 기특히 여겨 백장을 수긍하였는지는 더욱 불분명하다. 이런 대화를 우리는 선문답한다고 한다. 동문서답, 논리의 맥이 끊기는 것을 말한다. 바로 논리의 대화가 아니고 직관에 의한 대화이기 때문이다.

이 선화를 살펴볼 것 같으면 마조가 백장에게 깨달음을 촉발하는 행태는 백장의 코를 비틈과 동시에 "어디로 날아갔느냐?(什麼處過去)" 하는 질문으로 마치 병아리가 알에서 깨어날 때 새끼가 줄 하며 쪼고 어미가 밖에서 탁 하며 쪼아주는 줄탁동시(啐啄同時)의 비법이니 과연 마조다운 스승의 활인검(活人劍)이다.

그리고 "그때는 웃고 지금은 운다(適來哭 如今笑)"란 대화에서 백장이 깨달았음을 직감한다. 대중법회에서 방장실로 옮겨간 스승과 제자는 몇 마디의 대화로 제자가 깨달음에 돈입하였음을 안다. '어제는 번뇌와 망상의 코를 비틀므로 저는 몹시 아팠습니다만 오랜 관습의 때를 떨어뜨리는데 심리적인 고통이 엄청났습니다. 그러나 오늘은 아프지 않습니다'는 말을 들은 마조는 백장이 자성의 바다에 영회되었음을 알고 '참 자네는 어제 일을 아주 잘 이해하였군' 하고 긍정을 한다.

이 선화의 포인트인 공안은 『선문염송』 177칙 「압자(鴨子)」와 178칙 「배석(拜席)」의 염과 송으로 기록되었다. 이 가운데 한 수씩 음미해보자.

㉮

들오리가 얼마나 되던가?	野鴨子知何許
마조가 보고서 이야기를 시작했네	馬祖見來相共語
이야기는 산 구름 바다 달의 뜻 다하거늘	話盡山雲海月情
여전히 알지 못해 날아가버렸네	依前不會還飛去

---

12) 『백장록』(선림고경총서 11), 장경각, 1988, 부록 48~49쪽.

날아가려 하는데 곧 붙들었으니　　　　欲飛去 却把住
말하라 말하라[13]　　　　　　　　　　道道

— 설두현

㉯

들오리가 날아가고 코끝이 찢어지더니　　　野鴨飛鼻頭裂
배석을 걷자마자 또다시 추태를 보였네　　卷簞更來呈醜拙
설사 대웅봉에 혼자 앉았더라도　　　　　直饒獨坐大雄峰
역시 하늘가의 둘째 달그림자로다[14]　　　也是天邊第二月

— 무위자

　　일반적으로 선화의 포인트인 주제가 화두(공안)이고, 이 화두를 영회하게 하기 위하여 선문의 스승들은 나름대로 돈오의 교육방법을 발전시켜왔다. 다시 말하면 많은 스승들은 제자들에게 깨달음을 주기 위하여 독특한 직관에 의한 대화 방법을 씀으로 바로 깨달음에 이르게 하는, 앞뒤의 논리가 끊어지는 제일명제인 화두를 선화로 전개한다. 이 이야기가 선화이고 이 선화의 포인트 즉 화두를 맛보게 하기 위하여 징(徵)·염(拈)·대(代)·별(別)·송(頌)·가(歌)[15]로 중점적인 의문을 부추긴다. 이 의문을 순일하게 몰고 가는 것이 참선이다. 이 의심을 마음을 가라앉히고 고요하게 바라보는 방법이 묵조선(默照禪)이고, 이 의심을 적극적으로 되물으며, 잡념이 들어오지 못하게 의심하는, 즉 화두를 드는 것을 간화선(看話禪)이라 하여 역사상 묵조선과 간화선이 발전을 보게 된다. 주로 조동종 계열에선 묵조선을 하고 임제종 계열에는 간화선을 많이 사용한다.

　　앞의 선화에서 마조가 백장에게 은근히 의심을 불러일으키게 하기 위해 슬쩍 들오리를 상기시키며 '들오리가 어디로 갔느냐?'에 대한 대답을 유도한다. 제자 백장은 무심히 '날아갔습니다'라고 대답하다가 스승에게 심한 질책

---

13)　『선문염송』 제5권 177칙 「鴨子」, 동국역경원, 1977, 415~416쪽.

14)　위의 책, 178칙 「拜席」, 417~422쪽.

15)　徵·拈·代·別·頌·歌는 화두를 제자들에 영회시키기 위하여 선문의 스승들이 사용하였다. 제2장 「염화시중의 미소」 각주 7)의 풀이 참조.

을 받는다. 들오리는 날아갔지만 들오리를 말하고 있다. 들오리의 실제 형상은 날아가도 들오리를 마조와 백장은 사실 얘기하고 있지 않는가? 형상에 치우친 마음, 마음을 담는 자성을 만나게 해주기 위해 마조는 제자의 코를 비튼 것이다. 자, 그럼 어떤 대답을 하여야 코가 비틀리지 않을까?

㉮의 게송을 살펴보면 1행과 2행에서 스승이 편안하게 일상적인 이야기로 주의를 환기시킴을 담고 있다. 슬쩍 다가서는 노련한 스승과 간절히 도를 찾는 제자의 다정한 모습이 보이는 행이다. 여기서 우리는 단지 '들오리'를 얘기할 뿐이지만, 들오리가 사라진 다음 어디에 들오리의 상이 남아 얘기가 되는가? 산과 구름, 바다와 달은 현재 우리의 눈에 마음과 같이 있지만, 이것들을 말하지 않는다. 그럼 없는 것인가? 그러나 그것들은 동시에 참여하여 얘기함을 알아야 한다. 달은 하늘과 얘기하고 하늘은 바다와, 바다는 산과 또 구름과 서로 서로 무궁무진한 얘기를 한다는 것.

4행에서 "여전히 알지 못해 날아가버렸네." 들오리의 숫자나 헤아리고 가는 방향이나 묻는 양변견적인 견해를 가질 때 역시 들오리는 날아가버린다. 그럼 어떨 때 들오리가 날아가지 않느냐? 이것이 문제이다. 이 문제의 해결은 3행에서와 같은 "화진산운해월정(話盡山雲海月情)" 할 정도의 세계에 머물 때, 자연 해결된다.

이런 문제를 간파한 설두는 선장답게 게송을 전개한다.

5행에서 '들오리가 날아가려고 할 때 바로 붙들린다(欲飛去 却把住)' 무엇을 보았기에 들오리가 꼼짝 달싹하지 못하고 잡혔는가? 대혜는 말하라 말하라고 사정없이 다그친다.

자, 풀 만큼 풀었으니 말들 해보십시오?

여기에 답은 스스로의 마음에 있는 것이오. 이렇게 다그친다. 마음이야말로 자가(自家)의 보장(寶藏), 자기 집의 보배로운 창고다. 모든 것이 들어 있다. 밖에서 찾으면 도둑을 찾는 것임을 명심해야 한다고 선의 스승들은 틈만 있으면 경책한다.

그래도 모르면 그대를 위해 급히 말하려 한다. 집으로 속히 돌아가 어머니에게 다시 물어보십시오.

선문의 징(徵)·염(拈)·대(代)·별(別)·송(頌)·가(歌) 이 여섯 가지 비유법은 어느 것 하나 자신에게 되물을 뿐, 아무런 대답이 없다. 저 산 너머 울리는 메아리라 할까? 그러나 우리를 하나같이 저 산 너머로 보낼 무지개를 놓아준다.

다음 무위자의 게송 ㉯는 모든 행이 아무리 절대현재의 이 순간에 행동하더라도 그것은 첫 이야기가 아니고 한 겹 더 갈무리되거나 군더더기가 붙은 두 번째 이야기임을 말한다. 자성의 바다에 활연계회(豁然契會)한 이 절대순간을 떠나 표현될 때는 대상을 이해하고 그리고 표현하는 것이 되니, 바로 이것은 아닐 수밖에 없음을 노래한다.

1행과 2행의 선화와 같은 행위도 추태일 뿐, 백장이 뒷날에 대웅산 백장의 험준한 봉우리에 혼자 앉았더라도, 한 겹 막힌 대상화된 달 모양이며, 우리가 눈으로 보는 달일 뿐, 무한천공에 두둥실 뜬 달 자체가 아님을 노래한다.

9. 청소부 마씨 아들

우리 곁에 왔던 성자들이 성자로서 우리 곁에 오래오래 머물게 되는 것은 그들의 위대한 사상이나 교화에 있는 것이 아니라, 그들이 보여준 인간적인 비애에 있음을 종종 본다.

석가모니 역시 그가 임종이 가까이 왔음을 직감하고부터는 그의 고향인 쿠시나라가로 가는 여정에서 열반에 드신다. 그리고 80의 노걸사가 허리가 아프다고 말씀하시는 걸 듣고 나는 평생 그를 스승으로 모셨다는 어느 선학자가 쓴 글을 보고 감명을 받은 적이 있다.

마조 도일 역시 깨달음 그 자체로 영회되었어도 끈끈한 인간적인 인정을 끊지 않고, 아니 더욱더 진한 인간다운 면모를 보여주는 일화를 읽고 우리는 더할 수 없는 감동을 받는다. 마조가 큰 스승이 되어 잠시 고향에 들렀을 때, 향리의 사람들로부터 따뜻한 환영을 받았다 한다. 그때 어렸을 적 이웃에 살던 한 노파는 아래와 같이 이죽거렸다

"난 뭐 대단한 도인이 오신다 하여 야단이 난 줄 알았는데, 알고 보니 이웃집 쓰레기 청소부 마가네 아들 녀석을 보고 그러는구먼."

이 말을 들은 마조는 감상에 젖어 아래와 같은 게송을 읊었다.

권하노니 그대 고향엘랑 가지 마소	勸君莫還鄕
고향에선 누구든 성자일 수 없나니	還鄉道不成
개울가의 옛날 할머니	溪邊老婆子
아직 나의 옛 이름만 부르네	喚我舊時名

10. 해 같은 부처님 달 같은 부처님

앞의 여러 선화에서도 보이듯이 마조는 선조사인 6조의 돈오법문을 착실히 실현한 적손임을 느낄 것이다. 자성의 바다로 돈입시키기 위해 제자들에게 긍정적인 방법과 부정적 방법을 사용하였으며, 혹은 이 양극단을 넘어서서 순간적인 언어를 뛰어넘는 백장과 같이 코를 비튼다든가 수료와 같이 발길질을 하거나 양변에 떨어지지 않는 활어(活語)로 제자들을 가르쳐왔음을 보아왔다.

선문에서는 오늘날과 같은 논리적인 정답은 없다. 늘 언저리를 돌리는 대답으로 질의자가 스스로 자기가 질문한 당처로 되돌려 깨닫게 한다. 그리고 질의자를 원천으로 회귀시킨다. 결국 아무것도 아님을 알게 한다.

장부일대사 인연을 마친 대선사도 임종을 맞이한다. 열반 하루 전 병세를 묻는 제자에게 깨달음을 안내하기 위해 마지막 간절노파심을 보여준다.

마대사가 불편하므로 원주가 물었다.
"스님, 요즘 법체가 어떠합니까?"
마조가 대답하였다.
"일면불 월면불일세(日面佛 月面佛)."[16]

---

16) 『선문염송』 169칙 「日面佛」, 동국역경원, 399~408쪽. 馬大師不安 院主問 和尚近日尊

해 같은 부처님, 달 같은 부처님. 오래오래 해와 같이 장수하는 부처님인 일면불과 하룻밤을 사는 부처님인 월면불.

이 대답에서 마조가 말하고자 하는 것은 큰 파도나 작은 파도나 무궁한 영겁 속에 일어나는 파도는 바다 입장에서 같다는 것이리라.

㉮

일면불 월면불이여	日面月面
외로 돌고 오른쪽으로 구른다	左轉右旋
만 리에 광채가 싸늘하고	萬里光寒
천강에 그림자 비치네	千江影現
눈 푸르고 머리칼 누른 이여	碧眼黃頭
이 무슨 신통조화인고	是何神變

— 보리원

㉯

깔방석에 단정히 앉아	蒲團上端坐
바늘귀에 실을 꿴다	針眼裡穿線
서풍이 한바탕 불어오니	西風一陣來
낙엽이 두세 쪽 날리네	落葉兩三片

— 보녕용

㉮의 게송에서 보리원(菩提院)은 마조가 답한 '일면불 월면불'을 그대로 진리의 당체로 본다. 2행에서 누가 있어 시켜서 "외로 돌고 오른쪽으로 구르는 것(左轉右旋)"이 아니고 스스로 밥을 먹고 물을 마시는 것과 같이 스스로 왼쪽으로 돌고 오른쪽으로 구른다. 이 구름을 아는 것이 중요하다. 3행과 4행, 5행은 자성본체의 체(體)와 응용(用)의 조화를 노래하는 것이니 잘 보고 잘 보아라.

그럼 이 자성본체를 보고자 하는가?

보녕용의 게송 ㉯는 그대로 우리에게 있는 것을 다 들려준다.

位如何 師云 日面佛月面佛

이 가을 국화향 그윽한 방석에 앉아
황금색 실을 은빛 바늘귀에 넣는다
등솔기를 감싸 도는 바람 한 줄기와
여인의 가르마 위로 날리는 갈잎 두어 장

어쨌든 마조가 만든 이 선화는 후세의 많은 수선납자들의 골칫덩어리 화
두로 속을 썩인다. 그렇지만 수많은 후학들을 함정에 빠뜨리기도 하고 함정
에서 건져주기도 하는 '일면불 월면불'을 집어 올려놓고 다음 해 2월, 80세를
일기로 입적한다.

7장

천하를 양분한 석두

석두 희천(石頭希遷, 700~790)의 속성은 진(陳)씨이고 단주의 고요(高要)인이다. 일찍이 조계로 가서 6조에게 머리를 깎았다. 구족계를 받기도 전에 6조가 열반에 드니, 6조의 유언에 따라 청원 행사(淸原行思)를 뵙고 그를 스승으로 모셨다. 희천이 청원을 만나뵙고 사제의 연을 맺은 선화와 그 외 기연은 『조당집』에 비교적 많은 기록이 있다.[1] 석두는 행사의 유일한 제자였다. 그리고 그가 지은 「참동계(參同契)」 한 편은 조동종의 근간이 되었을 뿐 아니라 지금까지 전해지는 5언 고체시로 유명하다.

> 6조가 임종할 때에 희천이 물었다.
> "화상께서 백년하신 뒤에 저는 누구를 의지하면 되겠습니까?"
> 6조께서 대답 하셨다.
> "사(思)를 찾아가라(尋思去)."

그 후 6조께서 입적하시자, 바로 청량산 정거사로 청원 행사를 찾아가 절을 하고 곁에 서 있으니, 청원이 물었다.

> "어디서 왔는가?"
> "조계에서 왔습니다."

---

1) 『조당집』 제4권, 「석두화상」, 동국역경원, 1981, 158~166쪽 참조.
『전등록』 제14권, 「남악석두희천대사」, 동국역경원, 1970, 528~531쪽 참조. 『조당집』과 『전등록』의 기록을 비교할 것 같으면, 일반적으로 청원 행사 쪽의 기록이 『조당집』보다 생략되었는데, 이것은 『전등록』의 편집자가 남악 회양계이므로 나타난 것이 아닌가 싶다. 특히 석두 희천 장에서는 남악 회양선사가 석두를 테스트하는 이야기가 있는데, 남악의 풍모에 흠이 간다 싶은 부분은 『전등록』에 빠져 있다. 『조당집』이 952년에 편찬되었고, 『전등록』은 1004년경에 편찬되었다. 일반적으로 학계에서는 선종 전등이 계승되는 과정을 『보림전』─『조당집』─『전등록』─『전법정종기』로 보고 있다.

이에 불자를 들어 보이며 물었다.

"거기에도 이런 것이 있던가?(曹溪 還有這箇麽)"

"거기뿐 아니라 서천에도 없습니다(非但曹溪 西天亦無)."

"그대는 서천에 가본 적이 있는가?(子莫到西天來麽)"

"갔었다면 있는 것입니다(到則有也)."

"틀렸다. 다시 말하라(未在更道)."

"스님께서도 반쯤은 말씀하십시오. 어째서 저더러만 말하라 하십니까?"

"그대에게 말하기는 어렵지 않으나 뒷날 알아듣는 이가 없을까 걱정이 된다."[2]

이 선화에 대하여 후세에 붙인 게송이 『선문염송』에 한 수 전해온다. 감상해보자.

흰 구름이 옥봉을 감싸고   白雲藏玉鳳

붉은 해가 끝없이 비친다   紅日照無邊

은은히 별 빛나는 곳에   隱隱星攢處

사심 없이 아홉 하늘을 누르네   無私鎭九霄

— 투자청

이 선시의 저자 투자 의청(投子義靑)은 송대의 승려이며 조동종의 법맥을 이었다. 청원이 묻는 "자네는 서천에 가본 적이 있는가?" "가보고 안 가보고가 문제 아닙니다. 이미 이곳에 있을 뿐입니다." 이곳에 무엇이 있는가? 투자 의청은 노래한다. '백운이 옥봉을 휘감고/붉은 해가 한없이 비친다.' 어디 그뿐이랴. '저 별이 초롱초롱 빛나는 곳/무심히 이마를 땅의 입술에 마주 대하고 있는 구천(九天).' 서천에도 조계에도 청원산에도 너무나 뚜렷하고 오롯하여 더도 덜도 없다. 그래도 보이지 않으면 땅을 딛고 서 있는 각자의 다리 아래를 잘 살펴보시오.

이윽고 기특하게 여긴 행사가 다시 깊은 부분을 물었다.

---

2) 『선문염송』 174칙 「拂子」, 동국역경원, 413~414쪽.

"그대는 일찍이 조계에 갔었다는데 무엇을 얻었는가?"

"조계에 가기 전에 잃은 것이 없습니다."

이에 청원스님께 되물었다.

"스님께서 조계에 계실 적에 큰스님을 아셨습니까?"

행사가 다시 되물었다.

"그대는 지금 나를 아는가?"

"압니다."

"알기는 어찌 알 수 있겠는가?"[3]

그리고 이어지는 말은 『선문염송』에 공안으로 나온다.

희천에게 청원이 또 물었다.

"스님께서 영남에서 나오신 뒤, 이곳에 얼마나 계셨습니까?(自離嶺南 其時到此住)"

"나는 모른다. 그대는 언제 조계를 떠났는가?(我却不知 汝甚時離曹溪)"

"저는 조계에서 오지 않았습니다(某甲 不從曹溪來)."

"나는 그대가 온 곳을 안다(我已知汝來處了也)."

"스님께서는 어른이신데 경솔한 말씀을 삼가십시오(和尙 幸是大人 且莫造此)."[4]

이 부분에 관해서는 본칙에 이어지는 게송 한 수를 살펴보기로 하자.

나무사람이 푸른 하늘로 가는 길을 묻는데	木人來問靑霄路
구슬여자는 나이 많아 못 들은 체하네	玉女年尊似不聞
서로 손을 잡고 고국으로 돌아가니	携手相將歸故國
산천은 저물어 우뚝한데 짙은 구름 덮였네	暮山岌岌鎖重雲

— 단하순

이 선시의 저자는 송나라 때 사람인 단하 자순(丹霞子淳, 1131~1162)이다. 바로 천동 정각의 스승이며 청원의 법을 이은 조동종의 스님이다. 대혜 종고

3) 『조당집 I』 제4권, 「석두화상」, 동국역경원, 1981, 159~160쪽.

4) 『선문염송』 171칙 「曹溪」, 동국역경원, 411쪽.

의 간화선과 묵조선의 논쟁을 일으킨 주역이다. 이 게송에 목인(木人)이나 옥녀(玉女)는 모두 자성을 형상화한 상징어다. 달이 천강 속에 들어 있듯이 자성의 본체가 두두물물로 형상화되어 운용되니, 1행과 2행은 '김 서방이 부르고 이 서방이 대답하고 장 양이 이 군을 부르니 못 들은 체하고 걸어가는 형상이니, 일체 법계가 그런 인과로 얽히고설키고 그렇게 살아간다. 3행에서 어느 누구든 고국, 근원처로 돌아간다. 돌아간 곳의 풍광이 어떻던가? 바로 "산은 저묾 속에 우뚝한데 짙은 구름에 갇혔네(暮山岌岌鎖重雲)"다.

이에 청원이 아주 기특하게 여겨 서협에 있게 하니 아침과 저녁, 스승 청원을 시봉하고 떠나지 않았다. 공부가 순숙했음을 안 청원 행사는 어느 날 희천에게 말했다.

"자네가 남악에 가서 회양화상에게 편지를 좀 전하여야 되겠네."
"네, 그렇게 하겠습니다."
"빨리 다녀오시게. 만약 조금만 늦어도 나를 보지 못할 것이네. 그렇게 되면 내 평상 밑의 큰 도끼를 받지 못하게 되네."

이런 말씀을 들은 희천은 남악에 가서 회양스님께 스승의 편지도 전하기 전에 절을 하고 물었다.

"성현들은 흠모하지도 않고, 자기의 영혼을 소중히 여기지도 않을 때가 언제입니까?"
"참 스님의 질문이 도도하기 그지없소. 나중에 스님은 후학들을 천제(闡提)[5]로 만들게 분명하오."
"스님, 전 차라리 영원토록 지옥에 빠질지라도 성현들에게 벗어나기를 빌고 싶지 않습니다."

---

5) 闡提는 생사의 세계를 탐하여 떠나려고 하지 않은 사람. 이런 사람은 선천적으로 부처가 될 가능성이 없으며, 또 이런 사람은 아무리 수행해도 깨달을 수 없다고 한다. 그래서 선근을 끊은 사람인데 이를 闡提, 一闡提라 한다.

이에 희천은 남악 회양과 인연이 맞지 않는다는 것을 느끼고 스승의 서신도 전하지 않은 채, 청원산으로 돌아와버렸다. 이를 본 청원이 물었다.

"남악에서 전하고자 하는 말이 있던가?"
"남악스님께서 아무런 말씀이 없었습니다."
"내 편지에 대한 회답은 가지고 왔는가?"
"소식도 전하지 못하고 글도 드리지 못했습니다. 그런데 스님, 제가 떠날 때 빨리 와서 평상 밑에 큰 도끼를 가져가라 하셨는데 지금 왔으니 큰 도끼를 주십시오."

청원 행사가 잠시 침묵(良久)하자 희천은 절을 하고 물러났다.

희천이 이미 계합되어 오랫동안 청원을 모시다가 인연이 익자 사자상승(師資相承)하여온 서래밀지를 비밀히 받고 스승의 문하를 떠났다.

"나의 법문은 옛 성인들이 서로 전하고 받으시던 거네. 끊이지 않게 하게. 조사께서 자네에게 미리 수기하셨으니 잘 보존하여 이어지도록 하게. 잘 가거라."[6]

이로써 조사와 조사가 비밀히 전해온 서래밀지가 6조-청원-석두로 이어졌다. 그리고 석두 희천은 석두-약산-운암-동산-조산으로 이어지는 조동종과 석두-천황-용담-덕산-설봉-현사-나한-법안으로 이어지는 법안종, 또 설봉-운문으로 이어지는 운문종의 종조가 된다.

그 후 당나라 천보 초에 희천은 형악 남대사 주지로 천거되었다. 남대 동쪽에 누대처럼 생긴 큰 너른 바위를 발견하고 그 위에 암자를 지어 머무니, 세상 사람들은 스님을 석두(石頭)라 불렀다.

석두 희천이 처음 형악 남대에 갔을 때, 남대사의 사승이 새로 옮겨 앉은 석두를 보고 회양에게 보고하였다.

---

6) 『조당집 I』 제4권, 「석두화상」, 동국역경원, 1981, 158~161쪽.

“전날 화상에게 와서 건방지게 불법을 묻던, 그 스님이 반석 위에 자리 잡았습
니다.”
“엊그제 왔던 후생이 틀림없다면 이 게송을 전하여라.”

　　돌 위에 앉은 도도한 저 사람
　　이리로 옮겨 모심이 좋을 것 같네

시자가 이 게송을 전하자 석두는 게송으로 대답했다.

　　그대의 통곡 소리 아무리 슬퍼도
　　마침내 저 산을 꿰뚫지는 못하리라

시자가 석두의 게송을 회양화상에게 전하니 회양이 “그 중의 자손들이 훗
날 천하 사람들의 입을 밟아버릴 것이다”라고 수기하였다.[7]

석두 희천에게 후대에까지 잘 알려진 3인의 고족이 있으니 약산 유엄, 천
황 도오, 단하 천연이다. 이들의 이야기는 다음에 묶어 함께 다루기로 한다.
　그리고 『선문염송』에 석두에 관한 공안이 네 편 실려 있는데, 앞에 소개한
171칙 「조계(曹溪)」와 172칙 「언어(言語)」, 173칙 「노주(露柱)」 그리고 174칙
「불자(拂子)」가 그것이다.

　　석두에게 어떤 학인이 물었다.
　　“어떤 것이 조사께서 서쪽에서 온 뜻입니까?(如何是祖師西來意)”
　　“노주(露柱)에게 물어보시오(問取露柱).”
　　학인이 다시 물었다.
　　“저는 도저히 모르겠습니다. 가르쳐주십시오(某甲 不會).”
　　“나도 모르오(我更不會也).”[8]

---

7)　위의 책, 162쪽.
8)　『선문염송』174칙 「佛子」, 동국역경원, 412~413쪽.

이 선화에 후세 선객의 게송이 있으니 살펴보자.

눈길이 마주치자 서로가 꾸짖으니
두 사람 가운데 하나는 성을 냈네
시비를 분명히 알고자 하는가
무쇠소가 옥기린을 경작해낸다
침!

覿面相呈便相罵
兩人中有一人嗔
要識是非須看取
鐵牛耕出玉麒麟
參

— 영원정

노주는 불당이나 법당 밖 정면에 서 있는 두 기둥을 말한다. 기둥에게 달마가 동쪽으로 온 뜻을 묻는다. 물으나마나 한 말이다. 무엇을 물을 것이고 무엇을 답할 것인가? 회광반조(廻光返照), 묻는 이에게 되묻는다. 이에 물은 학인이 만날 수 없으니(不會) 가르쳐달라고 조른다. 석두는 "나도 모른다(我更不會)" 한다. 이것은 석가도 모르고 달마도 모르고 석두도 모르고 나 역시 모른다. 앞 장에서도 누차 말씀드렸듯이 여기에 이르면 누구도 말문을 닫는다. 앞에 들었던 선구를 다시 한 번 살펴보기로 하자.

'여러분, 말후구를 만나고자 하는가? 단지 노호를 아는 것은 허락하지만, 노호를 만나는 것은 허락하지 않는다(諸人 末後句要識麼 只許老胡知 不許老胡會).' 그렇다. 진리(노호)를 아는 차원은 얘기가 되지만, 진리와 그 자리에 만난다는 것은 허락할 수 없다'는 자성본체와 만났을 때는 주체와 객체가 허물어진 상태이니, 영회되었다는 것은 바로 그것이 되었다는 차원이니 대상을 이해하는 차원이 아니다. 그래서 대상을 이해하는 차원은 말할 수 있으나, 대상이 되었다는 것은 말로 할 수 있는 차원이 아니다. 바로 진리와 계회하는 표현 방법은 역시 '불식(不識)'이나 '불회(不會)'인 '모르오'일 뿐이다.

영원청의 게송에서 1행과 2행은 '안다/모른다', '성내고/성내지 않고'의 차원이 아니니 무엇으로 시비를 가릴 것인가?

철우(鐵牛)가 따라가니 옥기린은 간 데 없고,
옥기린이 달려가니 본래 철우가 눈 안에 없다.

철우와 옥기린은 모두 자성의 형상화니 철우 밖에 옥기린이 없고, 옥기린 없는 곳에 철우가 없다. 철우가 옥기린을 갈아서 밀어내든, 옥기린이 철우의 꼬리를 따라가든, 망상하지 마라. 이곳은 앞이 다하고 뒤가 끊기니 그리 알면 그뿐이다라고 노래한다. 참!

이제 석두 희천이 직접 지은 5언 고체시인 「참동계(參同契)」를 읽기로 하자.[9] 참(參)이란 '각기 다른 것'이란 뜻이며, 동(同)은 '똑같다'라는 말이다. 곧 '각기 다른 현상계'와 '똑같은 본질계'가 다 같이 서로 상적상조(常寂常照)하여 오묘하게 도의 계합됨을 말한다. 곧 진공묘유, 본질과 현상의 계합이 「참동계」의 본래 뜻이다. 제목에서 바로 거듭거듭 다함이 없는 세계인 화엄 4법계의 화엄관과 일치되는 불교의 진리를 보여주고 있다. 그리고 이러한 균제사상(均齊思想)은 장자의 제물사상(齊物思想)과도 상호 통함을 읽게 된다.[10]

---

9) 『조당집 I』 제4권, 「석두화상」에 기록된 참동계를 필자가 연을 나누고 역주를 하였다.

10) 『莊子』 내편, 「齊物論」, 을유문화사, 1964, 27쪽. 장자의 제물사상은 「齊物論」 4절 가운데 「朝三」에 가장 잘 나타나 있다. '상대되는 양면이 본래 하나임을 알지 못하고 사물의 일면에만 완고하게 매달려 마음을 지치게 하는 것'을 '아침에 셋, 저녁에 넷(朝三暮四)'이라는 원숭이 먹이에 빗대어 이야기한다.

　　원숭이 기르는 사람이 원숭이들에게 말했다.
　　"너희들에게 밤을 주되 아침에 석 되 주고 저녁에 넉 되 주겠다."
　　그러자 원숭이들이 모두 화를 내었다. 그래서 다시 말했다.
　　"그래, 좋다. 그럼 아침에 넉 되 주고 저녁에 석 되 주겠다."
　　하니 원숭이들이 만족하였다.
　　여기에 장자가 이르되 "이 분배 방식은 어떻게 되든 밤의 숫자가 변하지 않고 똑같다. 이것은 주인이 객관적, 즉 원숭이가 원하는 대로의 조건에 맞추어 그의 개인적인 결정을 바꾸었다. 주인은 그로 인해 잃은 것이 아무것도 없다."
　　그러고는 장자는 말한다. "참으로 어진 사람은 문제의 양면을 치우치지 않게 판단하므로 그 둘 모두를 도의 빛으로 본다. 이것을 '한 번에 두 길을 행위함(兩行)'이라 말한다(是以聖人 和之以是非而 休乎天鈞 是之以兩行)."

　　여기서 兩行은 하나는 道를 따르는 길이고, 또 하나는 우리 일상의 인간적인 길이다. 이러한 것은 자기의 판단이 원숭이의 판단과 다를지라도 자기 스스로의 계획에 아무런 영향을 주지 않음을 파악한다. 그리고 원숭이들이 원숭이 나름대로 합리적인

「참동계」를 5연으로 나누어 음미해보자.

천축의 대선인의 마음이 　　　　　　竺土大仙心
동서에 은밀히 전해진다 　　　　　　東西密相付
사람의 근기는 둔하고 날카로움 있지만 　人根有利鈍
도에는 남과 북의 조사가 없다 　　　　道無南北祖

1행과 2행에서는 '인도의 대선인인 석가모니의 심법이/서방 인도에서나 동방인 중국에서도 비밀히 이심전심된다'는 것을 밝혔다. 그리고 '사람의 슬기는 우둔하고 영리함이 있지만/도의 깨달음에 있어서는 남종과 북종의 분별이 없다'는 것이다. 곧 남종선의 돈오와 북종선의 점오는 사람의 근기가 사람마다 차이가 있어 만들어진 것이지, 견성의 깨달음과는 관계가 없다는 의미이다.

이 1연은 「참동계」의 대의를 밝히고 있다.

다음 2연은 자성본원과 그 운용을 노래한다.

신령한 본원은 밝고 달빛같이 맑건만 　靈源明皎潔
가지의 갈래들은 가만히 흘러내린다 　枝派暗流注
일에 집착함은 원래 미혹함이요 　　　執事元是未
진리에 계합함도 깨달음은 아니다 　　契理亦非悟
이 문과 저 문의 일체 경계가 　　　　門門一切境
엇바뀐 듯하면서 엇바뀌지 않는다 　　廻互不廻互
엇바뀌지만 다시 서로 어울리고 　　　廻而更相涉
그렇지 않으면 제자리에 머문다 　　　不爾依位住

자성본원은 본래 밝고 맑지만 본원 자체가 형상이 있어 우리에게 보여줄 수 없다. 이 본질은 응용으로 우리에게 보여주니 바로 두두물물(頭頭物物)이

방식을 가지고 있음을 알아차린 주인은 자기 식의 합리를 주장하지 않고 설득시키기 위해 시간을 낭비하지 않는다. 우리가 사람들이 합리적이기를 완고하게 고집하고 있을 때가 바로 우리 스스로의 비합리적인 것을 드러내는 때라 볼 수 있다.

다. 『반야심경』의 "색즉시공 공즉시색 색불이공 공불이색"의 명구도 바로 이런 도리를 말하고 있다. 만상이 보여줌이 바로 "가지의 갈래들은 가만히 흘러내리다"란 시구로 나타난다. 이런 까닭에 '사물만 가지고 자성을 찾는다거나 견성의 이치를 묻는 것은 원래 미혹하기 때문에 생기는 일이다.' 그러나 진리에 계합된다 하더라도 자성본원을 깨달을 수 없다. 왜냐하면 도란 인식 활동이나 지적 작용으로는 이룰 수 없기 때문이다.

그래서 각양각색의 일체의 현상계가 낱낱의 사물의 모습으로 나타나고 이 나타난 물물은 모두 본원과 서로 얽혀 있다(廻互). 다시 말하면 본체와 현상은 서로 엇바뀐 듯하면서 각각 자기 자리에 있다. 이(理)와 사(事)가 원융하게 각각을 나타내고 있으며, 유정무정의 일체 만물에 진리가 보이지 않게 같이 있고 진리 역시 일체 만물로 나타나 있음을 노래한 연이다.

그러나 현상이 자성이라 생각하면 견성할 수 없다. 마찬가지로 자성이 바로 사물이라 생각해도 견성할 수 없다. 현상과 본질은 얽혀 있으면서도 서로 떨어져 각자의 세계를 나타낸다. 이것이 "그렇지 않으면 제자리에 머문다(不爾依位住)"란 시행으로 표현되었다. 자성본원과 현상세계를 석두는 몇 행으로 충분히 나타내고 있다.

3연은 자성의 운용은 천하 만물의 운용이어서 스스로 몸도 이에 따라야 함을 노래한다.

색의 근원은 물질의 모습과는 다르고   色本殊質象
소리의 근원은 괴로움도 즐거움도 아니다   聲元異樂苦
상품 중품의 말씀과   暗合上中言
밝고 어둡고 맑고 흐린 구절에 부합하여   明暗清濁句
사대의 성품이 저절로 회복되면   四大性自復
아들이 모친을 만난 것과 같다   如子得其母
불은 뜨겁고 바람은 움직이고   火熱風動搖
물은 젖고 땅은 견고하고   水濕地堅固
눈으로 빛을, 귀로는 소리를   眼色耳音聲
코로는 냄새를, 혀로는 맛을 안다   鼻香舌鹹醋
이러한 하나하나의 법이   然依一一法

뿌리에 의해 잎이 퍼졌으니	依根葉分布
근본과 끝을 모두 근원으로 돌릴 것	本末須歸宗
높든 낮든 모두 이 말씀을 따라야 한다	尊卑用其語

다음 "색의 근원은 물질의 모습과는 다르고"는 색계, 곧 현상계는 자성본원의 성질과 현상의 차이가 있다는, 이것은 소리에 듣기 좋고 나쁨의 차이가 있는 것과 같다.

현상계의 본체는 자성본원의 활성화이므로 중도에 부합되어 드러난 두두물물, 그에 따른 이치가 명백해지고, 지수화풍(地水火風)의 4대의 성품이 조화를 이루어 마치 아들이 그 모친을 만난 것같이 화합한다.

4대는 사대종(四大種)의 약칭이다. 현상계를 구성하고 있는 기본 원소 지(地)·수(水)·화(火)·풍(風), 곧 이 네 가지 요소가 큰 씨앗이라서 물질 현상계를 내는 원인이 된다. 지대(地大)는 굳고 단단한 것을 성질로 하여, 만물을 실을 수 있고 형상을 만들어낸다. 수대(水大)는 습윤(濕潤)을 성질로 하여 만물을 포용하는 바탕이 되고, 화대(火大)는 따뜻함(煖)을 성질로 하여 만물을 성숙 시킨다. 풍대(風大)는 움직임(動)임을 그 성질로 하고, 만물을 성장시킨다. 이와 같이 만물을 4대의 화합으로 보는 것이 불교의 구사론의 입장인데, 이것이 서로 융화화합 됨이 우주의 질서인 동시에 자성본원의 운용이다.

이 질서를 다시 세분하면 눈으로 색을, 귀로는 소리를, 코로는 냄새를, 혀로는 맛을 분별할 수 있다. 그러나 이 모든 것이 법성이 원융하므로 가능해진다. 이런 법성의 운용은 『반야심경』에서 "현상은 순수한 본질의 활성화이고, 본질 역시 현상과 다르지 않다(色不異空 空不異色)"고 말하듯이 둘이 아니다. 이런 것은 마치 나뭇잎이 뿌리에 그 근원을 두는 것과 같음을 석두는 노래한다. 마지막 행인 "높든 낮든 모두 이 말씀을 생명으로 안다(尊卑用其語)"는 높고 고상하든 낮고 저급하여 비천한 것이든 상호 모자람이 없이 모두 원융함으로 우주 질서가 운행됨을 노래한다.

4연은 자성본원의 운행, 그 요체를 더 발전시켜 말한 대문이다.

밝음 가운데 어둠이 있으니 　當明中有暗
밝음으로만 만나려 하지 말고 　勿以暗相遇
어둠 가운데 밝음이 있으니 　當暗中有明
어둠으로만 보려 하지 말라 　勿以明相覩
밝음과 어둠이 서로 마주함은 　明暗各相對
마치 앞뒤의 발걸음과 같다 　比如前後步
만물은 제각기 공능이 있으니 　萬物自有功
공용이 미치는 곳을 말해야 한다 　當言用及處
일은 그릇과 뚜껑 맞듯 해야 되고 　事存函蓋合
이치는 화살과 칼끝이 맞듯 해서 　理應箭鋒拄
말을 들을 때엔 종지를 알아야지 　承言須會宗
제멋대로 다른 법을 세우지 말라 　勿自立規矩
눈에 띄는 일마다 도를 보지 못하면 　觸目不會道
걸으려 해도 어떻게 갈 길을 알랴 　運足焉知路
걸음을 옮기면 멀고 가까움이 없는데 　進步非近遠
미혹하면 산하가 막힌다 　迷隔山河固

　4연에서는 현상계를 밝음(明)으로 자성본원인 본질계를 어둠(暗)으로 볼 때, 이 명암(明暗)이 서로 어우러져 원융하게 있는 도리를 말하고 있다. 본질과 현상은 동전의 앞면과 뒷면과 같이 안팎이 없이 어울려 있어서 "밝음 가운데 어둠이 있으니/밝음으로만 만나려 하지 말고" 또한 "어둠 가운데 밝음이 있으니/어둠으로만 보려 하지 말 것"을 당부한다. 그러나 이것은 증득해서 아는 경지이지 이해 차원인 사량분별로 알아지는 것이 아니다. 이를 우리나라 신라의 큰스님인 의상도 「법성게」에서 "법성은 원융하여 두 모양이 없다(法性圓融無二相)", 그런 까닭에 "증득해서 아는 바이지 다른 경지가 아니다(證智所知非有境)"라 노래한다. 현상과 본질은 길을 갈 때 앞뒤 발걸음과 같아서 서로 응한다. 곧 일체 만물은 제각기의 본질과 그 작용이 있어서, 그 작용이 미치는 곳만을 바로 말해야 한다. 현상과 본질, 즉 사물의 존재와 도리는 그릇의 뚜껑이 틀림없이 맞듯이, 대화를 할 때도 언설에 치우치기보다 그 말하는 본뜻을 알아 말해야 하며, 제멋대로 다른 생각을 말하지 말아야 한다. 이와 마찬가지로 눈에 보이는 일마다 모두 이치를 헤아리지 못한다면 "걸으려 한다 해도 그 목적지를 모르는데 어떻게 가고자 하는 곳에 갈 수 있겠느냐?/가고자 하면 끝내는 어디든지 갈 수 있지만/처음부터 목적지를 설정 못하고야 어떻게 성취할 수 있을까” 하시며 매우 간절하고 세밀하게 말씀하신다. 결국 지혜를 증장하여야 하며 이것은 바른 깨달음에서 우러나오는 응용이다.

마지막 5연은

<table>
<tr><td>삼가 참선하는 이에게 말하노니</td><td>謹道參玄人</td></tr>
<tr><td>세월을 헛되이 보내지 말라</td><td>光陰莫虛度</td></tr>
</table>

석두가 참선하는 후학들에게 마지막 부촉하는 유통분이다.

“세월을 헛되이 보내지 말라(光陰莫虛度).” 얼마나 지극하고 인간적인 말씀인가.

석가모니도 마지막 제자들에게 유언하기를 ‘세월이 쉼 없이 지나니 자기 자신을 스승으로 삼고, 법을 스승으로 삼고 부지런히 노력하라’고 하신 말씀이 생각나게 하는 구절이다.

8장

석두와 그의 제자들

호남의 석두 희천(石頭希遷, 700~790)과 강서의 마조 도일은 당시 중국 선문을 양분하였으므로 강호(江湖)라는 말의 어원이 되었다. 『전등록』에는 석두의 사법제자가 21인 기록되었고, 특히 약산 유엄(藥山惟儼)과 천황 도오(天皇道悟)와 단하 천연(丹霞天然) 등 빼어난 제자를 두었다. 청원 행사로부터 유일하게 사법된 외로운 형세가 석두 대에 이르러 풍성해졌다.

일찍이 청원 행사는 "비록 뿔 난 짐승은 많지만 기린 하나면 족하다(衆角雖多 一麟足矣)"고 말하며 석두 한 사람에게 만족하였다. 그런 그는 스승의 안목을 욕되게 하지는 않았다. 그것은 석두의 법손들이 선종 5가 중 조동종, 법안종, 운문종을 이루어 마조 도일의 법손에 의해 형성된 위앙종이나 임제종과 어깨를 나란히 한 것을 보아도 알 수 있다.

1. 약산 유엄, 하늘엔 구름 병 속엔 물(雲在青天水在瓶)

㉮

석두가 풀을 친 뜻은 뱀을 놀라게 함이니	石頭打草要蛇驚
현기를 비밀히 보호해 무리의 정 끊었네	密護玄機絕彙情
빠른 말, 바람 쫓으니 분명한 뜻 가려야	迅句追風須辨的
천성인도 그 이름 모른다고 대답하네	報云千聖不知名

— 은정엄

㉯

약산이 조용히 앉은 것	藥山冥坐
아무 일도 않는다는 것	一事不爲
그것은 평지를 뒤흔들고	翻於平地
어지러이 송곳을 꼽는 것과 같네	亂下針錐
긴 강은 넓고 넓어	長杠浩浩

겹친 봉우린 높고 높네　　　　　　　　疊嶂巍巍

비록 천 성인도 모른다고는 했지만　　　雖云千聖不識

만상이 돌아갈 곳을 알고자 하는가　　　其如萬象知歸

후원의 나귀가 풀을 뜯고　　　　　　　後園驢喫草

못 속의 조개는 이끼 위에 누웠네　　　池中蛤置苔

— 불인청

㉑

불조의 속박을 풀어헤치고　　　　　　擺撥佛祖縛

모든 규범 밖에 자유롭다　　　　　　　曠然繩墨外

한 가지 일도 하지 않으니　　　　　　　一物亦不爲

가거나 오거나 자재하다　　　　　　　縱橫得自在

옛 거울이 경대에 놓였으니　　　　　　古鑑臨臺

가고 옴을 가리고　　　　　　　　　　明辯去來

황금망치 번득이니　　　　　　　　　金鎚影動

무쇠나무에 꽃이 핀다　　　　　　　　撤水花開

저절로 상태라 서로서로 모실 수 없으니　任運相將不可陪

법운이 간 곳마다 바람과 우레 일으킨다　法雲隨處作風雷

— 원오근

약산 유엄(藥山惟儼, 745~828)은 17세에 혜조율사에게 출가하여 휘조율사로부터 구족계를 받고 계율을 배웠다. 그러나 그는 "장부가 어찌 번거로운 계행에 얽매이랴!" 하고 석두 문하에서 선을 배웠다. 그리고 석두 문하에서 약산은 그의 법손들인 운암, 동산, 조산에 이르러 후대에 임제종과 어깨를 나란히 하는 조동종의 종사로서 존경을 받는다. 위의 게송은 석두와 법거량(法擧揚)한 선화에 대해 후세의 납자들이 읊은 선시다.

『선문염송』의 본칙은 아래와 같다.

어느 날 유엄이 앉아 있는데, 석두가 물었다.

"자네는 거기서 무얼 하는가?"

"아무것도 하지 않습니다(一切不爲)."

"그렇다면 자네는 한가로이 앉아만 있는 게로군."

유엄이 대답하였다.

"한가로이 앉았다면 한가로운 일을 하는 것입니다(若閑坐則爲也)."

"그렇다면 자네가 하지 않는다 하는데, 그 하지 않는다는 게 무엇인가?(汝道不爲 且不爲介什麼)"

"스님, 이것은 천 성인도 알지 못합니다(千聖亦不爲)."

이 대답 끝에 석두는 유엄을 게송으로 찬탄하였다.

원래부터 같이 살되 이름도 모르고	元來共住不知名
저절로 어울려 그저 그렇게 행하니	任運相將只麼行
예부터의 현인들도 알지 못하거늘	自古上賢猶不識
예사 범부들이 어찌 밝힐 수 있으랴	造次凡流豈可明

위의 선화는 냉엄한 가운데 서로가 사력을 다하여 살수를 펼치는 칼싸움을 보는 것과 같다. '한가로이 앉아 있는 것도 한가로운 하나의 일을 하는 것', 이것은 '저절로 상태의 응용(無功用之用)'이니 일체 성현들도 알지 못한다는 말은 자성본원에 깊숙이 계합하므로 나올 수 있는 탁 트인 대답이다.

이 대답 끝에 석두는 찬탄하여 인가를 하는 게송을 주니 비밀 속에 비밀을 전하는 형상이다. 석두의 게송은 '천명의 성인도 알지 못하지만, 원래부터 같이 울고 웃고 뒹굴며 같이 사니, 유엄 정도 되어야 밝히지 어찌 범부들이 알 수 있겠는가'라고 크게 긍정한다.

은정엄이 읊은 ㉮의 게송, 1행에서 '풀을 쳐서 뱀을 놀라게 하여 도망가게 한 뜻'은 다름이 아니라 대중들이 이렇게 저렇게 소견을 내어, 나름대로의 견해에 빠져 조사의 뜻을 그르칠까 걱정이 되어, 혹은 조사의 참뜻은 궁구하지 않고 그냥 적조함을 즐기며 고요에 빠져 있을까 하는 스승의 노파심이 보이고 2행은 염화시중 이래 면면히 이어져온 정법안장이 곧게 상승을 위해 스승으로서 문도들에게 냉정히 제접함을 의미한다. 3행과 4행은 '전광석화와 같은 큰 지혜와 큰 운용(大機大用), 본래의 근원처를 알아야만' 여기에 대해 명백한 견해를 밝힐 수 있음을 노래한 행이다. 그 견해는 '단지 천의 성인도 모른다'라고 대답할 수밖에 다른 도리가 없다로 읽힌다.

㉯ 불인청의 게송은 5행과 6행을 미리 풀어보는 것이 우리를 빠른 이해에 닿게 한다. "긴 강은 넓고 넓어/겹친 봉우린 높고 높네"라는 행은 곧 우주만물의 운행을 표현한 것이니, 이 중중무진법계를 구체화시킨 한 단면이 "장강호호 첩첩외외(長杠浩浩 疊嶂巍巍)"다. 이 우주의 응용에 부합되는 큰 지혜는 1행과 2행에서 보여주듯이 '그저 조용히 앉아 있는 것' 외에는 없다. 이것은 바로 '아무 일 않는다는 것'이다. 한 생각 내어 어떤 일을 한다는 것은 결국 우주의 대기대용에 반하는 소아적인 자기 일을 자기 이익에 맞추어 행하는 것일 뿐이다. 그래서 3행, 4행과 같이 '조용히 앉아 있는 것'은, '아무 일도 않는다는 것'은 가만히 있어도 '평지를 뒤흔들고' '천지운행에 송곳을 찔러대는 것'과 같다.

'비록 천성인도 알 수 없지만/만상이 돌아갈 곳을 알고 싶은가? 알고 싶다면 내 이 비밀한 뜻을 일러주지. 다름이 아니라 바로 "후원의 나귀가 풀을 뜯고(後園驢喫草)/못 속의 조개는 이끼 위에 누웠네(池中蛤置苔)"다. '절대현재의 이 순간' 이외에는 그 무엇도 대상을 이해한 앎의 차원이지 자성본원의 영회와는 어긋난다. 이것은 마조의 '즉심즉불'이나 남전의 '평상심시도' 임제의 '무위진인', 서옹의 '절대현재의 참사람'을 형상화한 시구이며, 또 제 조사들의 언구는 '날이 더우면 목욕하고 추우면 옷을 더 껴입는다'를 벗어남이 없다.

원오 극근의 게송 ㉰는 일체의 걸림이 없어 마치 냇물에 나뭇잎 떠내려가듯 자재한 자성의 운용이 1행에서 4행까지의 내용이다. 고감(古鑑)은 옛 거울. 바로 진여본성인 자성본원을 형상화한 것. 5행과 6행은 '자성본원의 거울로 가고 옴을 알고/반야의 지혜 번득이니 자성의 나무에 꽃이 핀다'로 읽힌다. 여기서 자성이 만상을 비춰보는 옛 거울이고, 황금망치 역시 자성에서 자발광하는 반야의 지혜다. 그리고 무쇠나무 역시 자성본원의 활성화이며 형상화다. 결국 자성을 견성하는 것만이 일체만물에서 자재 자유로울 뿐이다.

이 모든 것이 '함이 없는 응용(無功用之用)'인 저절로 상태라서 누가 누구를 모실 수 없다. 왜냐하면 이곳은 주인과 객이 따로 구분되지 않기 때문이다. 단지 무주(無住)고 무위(無爲)고 무상(無相)이어서 바로 알면 법의 구름이 가는 곳마다 바람과 우레를 일으키고, 태양 역시 비추는 곳마다 광명과 온기를 준다로 풀이된다.

앞 장에서도 강호를 양분한 마조와 석두, 그들은 후학들을 깨치게 하는 데 열중하였지 산문의 세를 넓힌다든가 지금같이 인기몰이에 급급하지 않았음이 선종사에서 도처에 나타난다. 앞에 언급한 방온거사, 은봉, 단하, 약산, 천황 등 당대의 1급 선사들이 석두와 마조 문하를 드나들면서 깨달음을 얻었다. 후학들을 제접할 때 그 사람의 근기에 맞추어 서로 오직 빠르고 옳은 길로만 인도하였다. 그 적절한 예로는 석두의 법사인 약산 유엄에서 찾을 수 있다.

유엄이 처음 발심하여 석두를 찾아뵙고 아래와 같이 말했다.

> "저는 삼승(三乘)과 12분교에 관해서 개략적인 것을 알고 있습니다. 그러나 제가 들기로는 남방에는 '직지인심 견성성불'의 가르침이 있다는 걸 들었습니다. 저로서는 전혀 이해가 가지 않습니다. 스님께서 자비를 베푸시어 저를 깨우쳐주시기 바랍니다."
>
> 이 말을 듣고 석두가 말했다.
>
> "그것은 긍정을 해도 알 수 없고, 그렇다고 부정을 해도 알 수 없다. 이렇게 하든 이렇게 하지 않든 간에 모두 발견할 수 없으니 그대는 어떻게 하겠는가?(恁麽也不得 不恁麽也不得 恁麽不恁麽摠不得 汝作麽生)"
>
> 유엄은 이 말을 듣고 어안이 벙벙하여 도저히 이해가 되지 않았다. 멍청히 있는 유엄에게 석두는 솔직히 말했다.
>
> "그대의 인연이 여기에 있지 않다. 강서로 가서 마조스님을 찾아뵙고, 물어보면 자세히 가르쳐줄 것이네. 그리로 가보게(子因緣不在此 江西有馬大師 子往彼去 應爲子設)."

석두의 이 권유에 따라 유엄은 마조를 찾아가 참배하고 나서 석두에게 한 것과 같은 질문을 하였다. 이에 마조가 말하였다.

> "나는 어떤 때엔 그 사람에게 눈썹을 치켜세우게 하고 또는 눈을 깜짝이라 하고, 또 어떤 때는 그 사람에게 눈썹을 치키지 말게 하고 깜짝이지도 말라 하네. 때로는 눈썹을 치키고 눈을 깜짝이는 것이 그 사람이나, 때로는 눈썹을 치키고 눈을 깜짝이는 것이 그가 아닌데, 그대는 이 말을 어떻게 이해하나?(馬祖云 我有時教伊揚眉瞬目 有時不教伊揚眉瞬目 有時教伊揚眉瞬目者是 有時教伊揚眉瞬目

著不是 子作麼生)"

이 말끝에 깨달음에 이르렀다. 유엄이 진심으로 마조에게 배례를 하였다. 이에 마조가 물었다.

"그대는 어떤 이치를 깨달았기에 이렇게 예를 올리는가?"

"제가 석두화상과 함께 있을 때는 마치 무쇠로 만든 소 위를 날아다니는 모기와 같았습니다(某甲 在石頭時 汝蛟子上鐵牛)."[1]

이에 마조는 유엄이 완전한 깨달음에 이른 것을 알고, 이 '깨달음을 잘 보호해 유지하라'고 당부하였다. 이로 보아 유엄은 당대에 대종사인 석두와 마조를 넘나들면서 깨침을 확고하게 하였을 뿐 아니라, 두 선장의 인가를 얻은 1급 선사임을 알 수 있다.

그 후 유엄은 마조를 3년간 모셨고 마조의 권유에 의하여 석두로 돌아갔다. 정원 초에 예주 유약산(藥山)에 개당하였다. 그를 가리켜 약산이라 한 것도 이런 연유에서다.

『선문염송』에 이 선화에 대하여 부친 게송 두 수를 살펴보자.

㉮

좋은 화두다	好个話端
누가 옮길 수 있을까	阿誰解擧
설사 십분 최선을 다해도	擧得十分
옳다고 허락하지 못하겠다	未敢相許

— 운문고

㉯

융융하고 화평한 기운, 봄 날씨 같더니	融蝠蛦和氣似春天
홀연히 바람 일어 또다시 싸늘해졌네	驀忽風生又凜然
매화가 추위에 참고 울타리에 기대서서	堪笑玉梅能忍凍
누굴 위해 피었다 졌다 하는가, 우습다	爲誰開落向籬邊

— 심문분

---

1) 『선문염송』 제9권, 324칙「三乘」, 동국역경원, 1979, 122~128쪽 참조.

운문고의 게송 ㉮는 지극한 말씀이다. 우리는 선가에서 잠시 침묵하는 양구(良久)[2]나 고막이 터지게 고함지르는 할(喝), 돌연한 몽둥이질인 방(棒)을 만난다. 또 대답을 하되 이항대립적인 양변이 이탈된, 감정이나 내용, 혹은 어떤 목적이 배제된 동문서답을 만난다. 이것은 운문고의 게송의 내용과 긴밀한 관계가 있다. 아니 바로 ㉮ 게송 3행과 4행의 "설사 십분 최선을 다해도(擧得十分)/옳다고 허락하지 못하겠다(未敢相許)"는 이것을 온전히 전달하기 위한 다른 한 표현일 뿐이다.

이 대문에 대해 이해를 돕고자 몇 예를 제시한다.

『선문염송』6칙에서 문수와 석가모니가 보여주는 선화는 운문고의 게송의 내용을 구체화하여 잘 드러나게 해준다.

'세존께서 어느 날 자리에 오르자 대중이 모였다. 문수가 백추하고 말했다. "법왕의 법을 자세히 살피니 법왕의 법이 이러합니다(諦觀法王法 法王法如是)." 하니 세존께서는 자리에서 내려오셨다.'[3]

여기서 백추(鎚鎚)란 말의 백(白)은 고(告)한다는 뜻이고 추(鎚)는 종을 친다는 뜻이니, 곧 종을 쳐서 대중을 모아놓고 말하는 형식을 말한다. 문수가 종을 쳐서 대중을 모이게 하고, 부처님이 자리에 오르시어 아직 한 말씀도 안 하시었는데 '부처님의 법은 이러하다' 하였다. 부처님도 크게 긍정을 하시고 자리에 내려오셨다 하는 내용이다.

그리고 『금강경』 제1 「법회인유분」과 제2 「선현기청분」 사이의 경문을 살펴보면, 부처님께서 '마을에서 차례로 밥을 얻은 후, 본처로 돌아와 밥을 드시고 옷과 발우를 거두어 치우고 발을 씻은 다음 자리를 펴고 앉았고' 문맥상 잠시 시간이 흐를 때, 장로 수보리가 대중 가운데서 일어나 공경하며 부처님께 여쭙는다. '드무십니다, 부처님' 하며 말을 잇는 대문이 있다.[4] 여기서 부

2) 良久는 잠시 침묵을 지키는 것으로 선장이 수선납자를 제접하는 한 방편이다.
3) 『선문염송』6칙 「세존승좌(世尊陞座)」.
4) 『금강경』의 제1 「법회인유분」과 제2 「선현기청분」의 이 부분을 옮기면, '……乞食於 其城中 次第乞已 還至本處 飯食訖 收衣鉢洗足已 敷座而坐'과 「법회인유분」의 부분

처님은 아무 말씀도 없는데 수보리가 무엇을 보았기에 '드뭅니다'라고 말할 수 있었는지, 이것이 문제다. 수보리는 대체 무얼 보고 알았기에 '드물다'란 말을 했는지? 이것의 뜻이 앞의 운문고의 게송 내용을 깨닫게 하는 선화다.

문분의 게송 ㉯는 약산이 묻는 '직지인심 견성성불'의 만남과 깊은 관계가 있다. 석두나 마조 두 선장은 '직지인심 견성성불'을 이해시키기 위해 이론을 전개하는 것이 아니라 바로 영회시키기 위해 긍정법과 부정법을 사용한다. 이것은 제 1장에서 설명한 6조의 이항대립적인 36동용 법문과 일치한다. 6조의 사상 전개가 그대로 전승됨을 느낄 수 있다. 이런 긍정과 부정의 지혜로운 사용을 1행과 2행에서 "융융하고 화평한 기운, 봄 날씨 같더니/홀연히 바람 일어 또다시 싸늘해졌네"라고 표현하였다. 3행과 4행에서 "매화가 추위에 참고 울타리에 기대서서/누굴 위해 피었다 졌다 하는가, 우습다"는 지혜자성의 천지운행이 이와 같은데, 작은 소견을 가지고 '옳다/틀리다'를 말하며 평지에 풍파를 일으키는가? 우습고 우습다로 읽힌다.

그럼 약산 유엄을 간추리면서 한 폭의 고졸한 동양화와 같은 선화를 그냥 지나칠 수가 없어 덧붙인다.

이야기는 이렇다.

낭주자사 이고(李翱)가 약산의 덕화를 오래전부터 듣고 흠모하여 산사로부터 내려오셔서 설법해줄 것을 자주 간청했다. 그러나 선사께서 끝내 하산하지 않으므로 산에 직접 찾아가 뵈니 선사가 경을 보면서 돌아보지도 않았다. 시자가 스님께 사뢰었다.

"큰스님, 태수께서 오셨습니다."
약산이 미동도 하지 않자, 이고가 무안하기도 하고 성질이 나서 급히 말했다.
"얼굴을 보는 것이 이름을 듣는 것만 나을 게 없군."
듣고 있던 약산이 태수를 부르니, 이고가 대답을 했다.
"어째서 태수는 귀만 귀히 여기고 직접 보는 눈을 천히 여기시오?"
약산에게 이고가 사과를 하고 물었다.

은 '時 長老須菩提 在大衆中 卽從座起 偏袒右肩 右膝着地 合掌恭敬 而白佛言 "希有世尊……"이다.

"어떤 것이 도입니까?"
약산이 손을 들어 하늘과 땅을 가리키며 말했다.
"알겠습니까?"
"모르겠습니다."
선사가 이어서 말했다.
"구름은 하늘에 있고 물은 병 안에 있네(雲在靑天水在瓶)."

이 아름다운 선구를 들은 이고는 환희와 수치심으로 뒤범벅이 된 채, 절을 하고 시를 지어 올렸다.

몸은 연마하여 학과 같이 되었으니	鍊得身形似鶴形
천 그루 솔 밑 두어 권 경	千株松下兩函經
내가 도를 물으니 아무 말씀 없이	我來問道無餘說
푸른 하늘엔 구름 병 속엔 물[5]	雲在靑天水在瓶

"운재청천수재병(雲在靑天水在瓶)", 도를 이렇게 기표와 기의가 알맞게, 미적인 시구로 즉시 읊을 수 있다는 것, 또 이런 선구를 만날 수 있다는 것은 행운이다.

'송림 우거진 숲, 아무렇게나 짠 경상 위에 두어 권의 경전/그 앞 솔가지 그림자, 조는 듯 일렁이는 바싹 마른 노스님/세속에 찌든 나, 도가 무어냐고 물

---

5) 『선문염송』제9권, 335칙「雲在」, 동국역경원, 1979, 144~145쪽.
　『경덕전등록』제14권,「약산유엄선사」, 보련각, 1982, 79쪽.
　『조당집』제4권,「약산화상」, 동국역경원, 1981, 181쪽.
　『경덕전등록』제14권에는 위의『선문염송Ⅱ』, 335칙「雲在」보다 선화가 더 이어진다.
　위의 시를 이고가 약산에게 바치고는 어리둥절하여 묻는다.
　"무엇이 계율과 선정과 지혜입니까?"
　"나에게 그런 잡동사니 가구는 없네(貧道遮裏無此閑家具)."
　"스님의 깊은 뜻을 측량할 길이 없습니다."
　이에 약산은 태수에게 단호하게 直截의 길을 보여준다.
　"태수, 이 일을 잘 간직(保任)하고자 하면, 꼭 높은 산정에 앉아보거나, 깊은 바다에 빠져보아야 안다. 집 안의 물건은 버릴 것 없이 그대로 드러나 있다(閨閣中物捨不得便爲參漏)."

으니/푸른 하늘엔 구름, 병 속엔 맑은 물.'

그렇다. "운재청천수재병", 하늘 틈 새로 누군가 흘리고 간 말일 것이다. 누군가 빠뜨려버린 외짝 버선일 것이다.

후세의 선객들이 지나칠 수 없어 부친 게송, 몇 수를 음미해보자.

㉮

구름은 하늘에 있고 물은 병 속에 있다니	雲在靑天水在瓶
몇 사람이나 저울눈 자리를 잘못 알았던가	幾人錯認定盤星
약산이 여덟 팔 자로 활짝 열어놨으니	藥山八字轟開也
지금껏 그 이야기 천하에 퍼졌네	拾到如今話大行

— 천동각

㉯

구름은 하늘에 있고 물은 병에 있으니	雲在靑天水在瓶
눈빛 가리키는 곳마다 깊은 구덩이일세	眼光隨指落深坑
개울물 거품은 추위의 고통을 못 견디어	谿花不耐風霜苦
깊고 깊은 바다로 간다고 은근히 속삭이네	說與深深海底行

— 무진거사

장엄한 낙조다. 죽음조차 후학을 가르치기 위해 입체적으로 펼치니, 790년 11월 6일에 임종하기 직전 약산은 대중을 향해 외쳤다.

"법당이 쓰러진다. 법당이 쓰러진다(法堂倒 法堂倒)."
대중이 모두 기둥을 버티니 선사께서 손을 흔들면서 마지막 말을 한다.
"그대들은 나의 뜻을 모르는군, 모르는군……."[6]

이렇게 좋은 활구법문을 마지막으로 입적한다. 수명은 84세. 법랍은 65세였다.

---

6) 『경덕전등록』 제14권, 「약산유엄선사」, 보련각, 1982, 79쪽. 『조당집』과 법랍의 차이가 있다. 선사의 득도가 17세란 기록을 보아 『전등록』에 착오가 있다고 보아 『조당집』의 법랍을 택했다.

2. 허공을 붙잡은 천황 도오

㉠

단 것은 꼭지까지 달고　　　　　　　　　　　甘勘徹底甘
쓴 것은 뿌리까지 쓰다　　　　　　　　　　　苦苦連根苦
퇴침을 밀어낼 때　　　　　　　　　　　　　拈起枕頭時
신라에서는 삼경을 친다　　　　　　　　　　新羅夜打鼓

— 원조

㉡

되기는 되었으나 점검해보지만　　　　　　　得卽得 點檢將來
그 노장 생전에 알랑알랑 속이고　　　　　　這漢 生前瞞瞞頂頂
죽은 뒤에 갈팡질팡한다　　　　　　　　　　死後奔奔忞忞
만약 코끝이 하늘 찌르기를 원하면　　　　　若要鼻孔撩天
질뚝배기 대젓가락과　　　　　　　　　　　瓦椀竹筋
남은 밥 쉰 국, 한쪽에 밀치고　　　　　　　殘羹餿飯
뜨거운 화로가, 호떡을　　　　　　　　　　熱爐餬餠
원하거든 곧 청해야 한다　　　　　　　　　要請便請
알겠는가?　　　　　　　　　　　　　　　　還會麼
사람은 포기도 뿌리도 없지만　　　　　　　人無根株
밥으로써 생명을 삼는다　　　　　　　　　　以食爲命

— 보녕수

위의 선시들은 천황 도오(天皇道悟, 748~807)가 임종 시에 우리에게 보인 활구법문에 대한 후세인의 염과 송이다. 죽음에 임한 사람이 이렇게 자유자재하게 자기의 삶을 마감할 수 있는지 의문이 앞선다. 생사를 초탈한 대자유인, 삶에도 죽음에도 마음을 두지 않는 무사한인의 궤적, 한 생애의 낙조를 이렇게 다층적 양태로 보일 수 있는지 그저 놀라움이 앞설 뿐이다. 우리는 간혹 선사들의 이러한 기록을 보면서 그 웅장한 생의 운행에 경의를 표하게 된다.

천황 역시 그렇다.

『선문염송』에 기록된 이 재미있는 선화를 읽어보도록 하자.

한평생 쾌활을 외치던 천황조실이 병이 중하게 되어 임종을 맞게 되었다.

"괴롭구나, 괴로워. 원주야, 술을 가져와 좀 먹여다오. 고기를 가져와 나에게 먹여라. 염라대왕이 잡으러 온다. 어이할꼬(院主 把酒來與我喫 將肉來與我喫 閻老子 來取我也)."

하였다. 원주가 곁에 와서 물었다.

"큰스님께서는 평소에 쾌활 쾌활하시더니 지금은 왜 괴롭다를 연발하십니까?"

"원주야, 말해봐라. 그때가 옳은가, 지금이 옳은가?(且道 當時是 如今是)"

원주가 대답을 못 하자, 퇴침을 밀어내고는 숨을 거두었다.[7]

천황, 그는 스승이었다. 그에게는 저승과 이승의 벽이 허물어졌고, 그의 가르침은 우주 운용의 하나일 뿐, 철저히 미친 사람이다. 저승의 강을 무엇이 이렇게 당당히 건너게 하는가?

『전등록』에 의하면 도오는 속성이 장씨며 무주 동양 사람이다. 14세에 출가를 하고 25세에 구족계를 받았다. 끈덕지고 지독한 수련으로 사람들이 그를 용맹이라 불렀다.

그 후 도오는 경산 국일(徑山道欽)을 5년 동안 섬겨 심법을 얻었고, 다음 마조 도일을 뵙고 먼저 얻은 법을 맞추어보니 다른 말씀이 없었다. 마조 문하에서 2년간 모시다가 다시 석두를 뵙게 되어 아래와 같이 물었다.

"정혜(定慧)를 떠난 다음에는 어떤 법으로 학인을 가르칠 수 있습니까?"

석두가 말했다.

"나에게는 억압된 노예가 없는데, 어디로부터 자유로워진다는 말인가?(我這裏無奴隸 離箇什麼)"

"지금과 같은 말씀을 어떻게 이해해야 합니까?"

"그대는 허공을 붙잡을 수가 있는가?(汝還撮得虛空麼)"

"그렇게만 되면 오늘부터 시작할 것이 없겠습니다(與麼則不從今日去也)."

"요즘 그대는 거기서 떠났겠지?(汝早晩從那邊來)"

"저는 거기에 사람이 아닙니다."

"나는 벌써 그대가 온 곳을 알고 있다(我早知汝來處)."

---

7) 『선문염송』 제9권, 351칙「快活」, 동국역경원, 1979, 171~172쪽.

"스님은 어째서 사람을 속이십니까?"

"속이다니, 그대의 몸이 현실인 지금에 있지 않은가?(汝身現在)"

"비록 그러나 현실로 있는 지금을 무엇으로 뒷사람들에게 보일 수 있단 말입니까?(雖然如是 畢竟如何是於後人)"

"그대는 누구를 뒷사람이라 하는가?"[8]

문답이 여기에 이르자 도오는 활연계오하였다. 그리고 돌아보니 앞의 두 종사에게 얻은 마음이 자취도 없이 사라져버렸음을 깨닫는다.

이 선화의 이해를 돕기 위해 긴요한 몇 대화를 풀어 의미를 소통시키고자 한다.

"그렇게만 되면 오늘부터 시작할 것이 없겠습니다(與麼則不從今日去也)" 한 오늘부터는 선천적인 것이 아니라 후천적으로 닦아 얻는 과정을 오늘, 금일을 말한다. 허공을 잡는 일 같은 것이 오늘로부터 시작하는 것이 아니라 본래 있는 일이란 의미다.

또 하나 풀어서 소통해야 할 곳은 "요즘 그대가 거기서 떠났겠지?(汝早晚從那邊來)" 한 '거기서 떠나겠지?' 하는 대화다. 물은 석두의 의도는 첫머리에서 도오가 정혜를 떠난 일을 묻고, 또 오늘부터 시작하지 않는다 하니, '그렇다면 분명 매우 좋은 극락 같은 곳에서 왔겠지? 혹은 깨달음으로 가득 찬 청정법계에서 왔겠지?' 하고, 존귀한 세계를 설정하여 묻고 있다. 무척 고단위의 반어적 기법이며 동시에 상대의 속내를 깊숙이 새겨보겠다는 수법이다.

도오가 깨달음에 이르게 한 결정적인 말 "그대는 누구를 뒷사람이라 하는가?"를 돌이켜 한 번 가늠해보자. 과연 누구를 뒷사람이라 하는가?

이제 앞의 원조(圓照)의 게송과 보녕수(保寧秀)의 염을 살펴보기로 하자.

㉮의 게송에서 나타나는 1행과 2행 "단 것은 꼭지까지 달고/쓴 것은 뿌리까지 쓰다"는 자성본원에 영회한 무사한인은 '철저히 한통속이어서 안과 밖이 없어 내외명철(內外明徹)하고, 삶과 죽음이 같으며 늘 자발광하여 상적상

8) 『경덕전등록』 제14권, 「천황도오선사」, 보련각, 1982, 81쪽.
『선문염송』 제9권, 350칙 「離却」, 동국역경원, 1979, 170쪽.

조(常寂常照)하다’라고 한 다른 표현이다.

4행과 5행 “퇴침을 밀어낼 때/신라에서는 삼경을 친다”의 풀이는 ‘지금 천황이 열반당의 정문을 밀치고 있는데, 먼 먼 신라에서 응답의 종을 친다’로 해두자.

㉯, 보녕수의 염은 ‘다들 깨달은 이라고 모시는 조실스님이니, 그의 일생을 조명해보면, 생전에 그저 덜렁덜렁 적당히 지내고 죽음에 이르르는 허겁지겁 천방지축으로 헤맨다’가 3행까지 내용이고, 4행에서 8행까지 내용은 ‘깨달음의 바른 소식을 꼭 보고자 원하면, 다른 것이 아니다. 일상사와 평상심을 벗어나지 않으니, 산사의 일상사와 살림살이를 알고자 하는가? 요긴한 것은 ‘질뚝배기 대젓가락과/남은 밥 쉰 국’ 그리고 ‘뜨거운 화로와 호떡/필요로 하면 곧 청하라’, 이것을 빼면 무엇 하나 더 필요치 않다. 그래도 모르겠으면, 또 한마디 더 하지. ‘사람은 근본적으로 알 수 없지만, 단지 먹지 않고는 살 수가 없다.’

이러할진대, 과연 누구를 뒷사람이라 하는가?

천황 도오는 앞 선화에서 보듯이 임종을 공안으로 우리에게 보여주며, 60세의 나이로 열반하였다. 그의 법제자로는 용담 숭신(龍潭崇信) 한 사람이 『전등록』에 전한다.

3. 부처를 태운 단하 천연

단하 천연(丹霞天然, 739~824)은 역대 선승 중 선기가 출중할 뿐 아니라, 번뜩이는 예지와 기행으로 제방에 널리 알려진 분이다. 이즈음 말로 하면 광인, 아니 기인적인 삶과 고준한 정신세계를 개척하고 고봉준령에 기거하며 세상을 휩쓸고 간 분이다.

그가 남긴 선화 중 『선문염송』에 기재된 「잔초(剗草)」「목불(木佛)」「끽반(喫飯)」「임종(臨終)」은 너무나 잘 알려져 수많은 수선납자들을 골탕 먹게 하고 기쁘게 하기도 한 공안들이다.

㉮

하나를 물으면 열을 대답하고	問一答十
간다고 말하면 오는 줄 안다	告往知來
용이 달리고 범이 뛰며	龍馳虎驟
옥이 구르고 구슬이 돈다	玉轉珠廻
말끝을 내자 벌써 알아듣더니	聊聞擧着已瞥地
툭툭 털고 떠나니 얼마나 준수한가	剔起便行何俊哉
풀 깎는단 말부터가 괴팍한데	刬草固奇崛
이름 지어준다 한 것 더욱 익살맞네	安名尤突兀
두 늙은이 검고 누른 걸 대충 알기에	二老略玄黃
천리마 골격을 구경하고 있네	賞茲千里骨
참 규격은 진중하고 의젓하나니	眞規鎭儼然
마주 보면 가치와 격조를 안다	覿面看標格
구름을 박차고 한번 달리면	騰雲一擧
바람과 해님도 어리둥절하네	迷風日

— 원오근

㉯

벼랑에는 이끼 끼고, 자물쇠 안 열리니	斷壑蒼苔鎖不開
행인들의 석두의 길, 못 와보고 돌아간다	行人不到石頭廻
한 가닥 지름길 있다고 말하지 마라	一條徑路都休說
고양이를 불러다가 밥이나 먹여라	呼取花奴喫飯來

— 열재거사

위의 게송은 천연이 처음 머리를 깎게 된 인연에 얽힌 선화와 천연이라는
법명을 얻게 된 에피소드에 대해 후대의 선객들이 부친 선시들이다.

원래 천연이 출생지나 내력이 분명한 기록이 보이지 않는다. 그는 처음 유
교 공부를 하여 과거 보러 서울로 가는 도중에 여관에 들러 자게 되는데, 갑자
기 광명이 방 안에 가득 찬 꿈을 꾼다. 이에 점쟁이가 해몽하기를 이는 '공'을
알 꿈이라 하니, 이때 한 선객이 나서서 어디로 가는 길이냐고 물었다. 천연이
과거 보러 간다고 대답을 하니, 선객이 벼슬하는 과거가 부처가 되는 과거만
하겠느냐 되물었다. 천연이 부처를 뽑는 곳이 어디냐고 물으니, 선객이 '지금
강서에는 마대사가 계시니 거기가 부처를 고르는 곳이다'라고 가르쳐주었다.

그 길로 강서로 가서 마조를 뵙고 이야기가 전개되니, 이 선화의 본칙은
『선문염송』320칙「잔초」로 기록되어 지금까지 제방에 널리 회자된다.

천연이 마조를 처음 뵙고 복두건을 밀치니, 마조가 말했다.
"나는 그대의 스승이 아니니, 남악의 석두가 그대를 깨달음의 세계로 안내할
거니 그리로 찾아가게."
천연은 석두에게 가서 마조에게 하듯이 복두건을 미니, 석두가 말했다.
"방앗간에 가서 일이나 하게."
그 길로 절을 하고 행자들 틈에 끼어서 3년 동안이나 행자 생활을 하였다. 그
러던 어느 날, 석두가 대중에게 말했다.
"오늘은 공양 끝에 대중법문을 하고 불전 앞에 풀을 깎을 테다(今日齊後 普請
剗佛殿前草)."
대중들이 낫을 가지고 풀을 베려고 나섰는데, 천연만은 머리를 감고 삭도를
가지고 석도 앞에 꿇어앉았다. 석두가 물었다.
"왜 그러는가?"
"큰스님, 풀을 깎아주십시오(請師剗草)."
이에 석두가 웃으면서 머리를 깎아주고, 계율을 말해주려 하니 귀를 막고 달
아났다.

이렇게 달아난 천연이 그 길로 강서 마조원으로 가서 마조께 예를 올리기
도 전에 대중방으로 들어가서 성승(聖僧)의 목에 올라탔다. 중국 선원 큰 방
에는 교진여의 등상을 모시고 성승이라 불렀는데, 이것은 승단에서 최초의
비구 교진여에 대한 존경의 표시다. 교진여는 세존을 모시던 5비구 중 한 사
람이다.
대중 스님네가 놀라 마조에게 알렸다. 마조가 직접 나와서 보고 말하였다.

"내 새끼, 천연하기도 하지(我子天然)."
이에 바로 내려와 절을 하고 말했다.
"스님께서 이름을 지어주시니 감사합니다."
그래서 천연이라는 이름을 얻게 되었다. 마조가 물었다.
"어디에 갔다 왔는가?"
"예, 스님. 석두에 갔다가 왔습니다."

"석두의 길이 미끄러울 텐데 넘어지지나 않았는가?(石頭路滑 子莫曾蹉倒麼)"
"만약 미끄러져 넘어졌다면 오지 못했을 것입니다."

천연의 이 선화들은 선문에 발을 들여놓기 이전부터 타고난 상근기인임을 직감하게 한다. 충천하는 선기와 영민함은 우리를 충분히 놀라게 한다. 입신양명하기 위하여 과거를 보러 가던 발길을 돌려, 마조의 선불장(選佛場)으로 선회하는, 명쾌하면서도 단호함. 석두에서 3년이나 되는 행자 생활 끝에 머리를 깎고, 계율의 설법도 듣지 않은 채, 법명도 받지 않고 홀연히 떠나는 행위. 마조에게 천연이라는 법명을 얻는 슬기. 이 모든 행위는 선기가 넘치는 운수납자의 표본을 보는 것 같은 느낌이다.

그 후 천연은 일체의 걸림이 없이 물과 구름으로 노닐기를 즐겨하고 가고 옴에 자재하였다.

원오 극근의 게송, ㉮는 천연에 대한 찬사 일변도의 시다. 부처 눈에 부처만 보이듯이 단하를 보는 원오의 눈, 역시 당대의 제일 선승이라는 칭호가 손색없다는 느낌이다. 원오는 선문의 제일서라 지칭되는 『벽암록』의 저자다. ㉮의 선시는 비교적 읽고 풀이하기가 쉽다. 단지 9행과 10행 "두 늙은이 검고 누른 걸 대충 알기에(二老略玄黃)/천리마 골격을 구경하고 있네(賞玆千里骨)"에서 '두 늙은이가 검고 누른 걸 대충 안다'는 것은 두 늙은이가 눈이 뜨이어서 말의 색깔, 즉 검거나 누른색만 보아도 말의 자질을 판단하는 능력을 갖추고 있다는 뜻이다. 곧 석두나 마조가 천연을 보고 한눈에 됨됨이를 파악했다는 의미다.

㉯ 열재거사의 게송, 1행과 2행은 '기암고봉에 홀로 사는 석두의 선문은 찾아오는 사람 없어 가파른 길에 이끼마저 끼어 미끄럽고, 자물쇠마저 닫혀 있으니/수선납자들도 석두 선문을 노크해도, 끝내 못 들어서보고 돌아가는데' 천연은 단숨에 선문 안에 들어섰음을 숨겨 표현했다.

3행에서 "한 가닥 지름길 있다고 말하지 마라" 한 '한 가닥 지름길'은 곧 석두에게로 가는 길이 있기는 있으나 함부로 말할 수 있는 그런 길이 아니다로 읽히고, 4행에서 "고양이를 불러다가 밥이나 먹여라(呼取花奴喫飯來)"에서 화노(花奴)는 고양이의 별명이다. 즉 요즘 말로 하면 고상 떨지만 고상함이 석두에 이르는 길이라 생각하지 말라. 석두에 이르는 길, 진리는 오히려 고양이 밥그릇을 들고 고양이를 불러 밥을 주는 평평범범에 있다 할까. 이것을 간파하여 석두의 길에 들어선 천연이야말로 얼마나 우리에게 놀라움을 안겨주는 대단한 사람인가 하는 것이 열재거사의 의도다.

천하를 주유하던 천연이 혜림사에서 묵게 되었는데 날씨가 매우 추웠다. 이때 법당에 목불이 있는 것을 끌어내려 불을 피웠다. 원주가 이를 보고 몹시 놀라 말했다.

> "어째서 부처님으로 군불을 때시오?"
> 하니 천연이 주장자로 재를 헤치면서 말했다.
> "나는 부처님을 다비하고 사리를 얻으려 했소(吾燒取舍利)."
> "목불에 무슨 사리가 있겠소(木佛有何舍利)."
> "사리가 없다면 양쪽 부처님마저 태워야 하겠소(旣無舍利 更請兩尊再取燒之)."

이런 일이 있은 후에 원주는 눈썹이 몽땅 빠졌다는 기록이 『조당집』이나 『전등록』에 실려 있다.

이 선화를 처음 접한 불교신도들이든 타종교 신앙인이든 아주 충격적일 것이다. 선사들은 어떤 정상화된 틀과 형식주의적이고 타성적이며 관습적인 신앙심을 맞대놓고 공격하기도 한다. 이것은 선의 본연이 그러하기 때문에 선을 닦은 선사들의 행위는 자연스러운 현상으로 나타난다. 선은, 선사들은 때로는 노골적으로 비종교적이다. 선사들은 이러한 타성적이고 획일적인 신앙심이 진실하고 원만한 신심(信心)을 일으키는 데 방해가 된다는 생각을 가지고 있으므로 그러하다.

여기에서 천연이 하는 위와 같은 행위에 대한 후련함은, 선사들의 고양된 선 정신이 우리 일상인 인습적이 아닌 '순수 선'을 행함으로 오는 데 대한 우리의 감동이다. 이러한 행위는 합리적인 인습의 반대편에 있는 자성본원에서 자발하는 후련함을 동반하므로 오는 느낌이다. 외로 선은 순수 본연 자체고, 선사들은 합리의 덮개를 깨는 우상파괴자였다. 무엇 하나를 숭배하여 예배의 대상이 될 때, 이것은 형상이 있든 없든 우리는 마음의 우상을 모시게 된다. 이런 점을 우려한 선가에서는 '밖에서 들어오는 놈치고, 도둑이 아닌 자가 없다'고 경책한다.

이제 우리가 보고자 하는 게송들은 『선문염송』 321칙 「목불(木佛)」에서 발췌한 선시들이다.

후대의 선객들이 이 선화의 공안을 노래한, 그들의 의취를 더듬어보자.

㉮

단하가 목불에 처음 불붙일 때	丹霞木佛火初焚
원주는 머리 뚫려 아교 부은 것 같네	院主刺頭入謬盆
동쪽 집이 초상 나니 서쪽에서 곡하고	東舍暴喪西舍哭
남산의 소나기 북산이 컴컴하다	南山驟雨北山昏
안개와 구름 흩어지니, 집집이 달빛이요	煙雲散去家家月
눈과 서리 녹으니 곳곳에 봄이네	霜雪消來處處春
만나면 언제나 하찮게 여기지만	盡道相見猶無事
못 보면 님 생각 간절한 줄 뉘 알까	誰知不來還憶君

— 숭승공

㉯

눈이 바위 틈 사립 덮어 봄소식 멀고	雪擁岩扉凍不春
한 분이 목불을 쪼개어 땔감을 삼았네	一尊木佛劈爲薪
애꿎은 원주의 두 눈썹 빠지니	可憐院主尾毛落
그 집의 주인까지 몽땅 태웠네	燒殺儂家屋裏人

— 무진거사

㉮ 게송, 2행에서 "단하가 목불에 불을 붙일 때/원주는 머리 뚫려 아교 부은 것 같네"는 단하가 나무 불상에다 불을 붙일 때, 관습에 젖은 원주는 머리 찔린 것 같고, 그 뚫린 자리에 아교를 부은 것같이 머리회전이 멈추었다는 뜻이다. 단하가 목불에 불을 붙이는 풍광, 그 풍광의 전개야말로 3행과 4행, 5행과 6행이니 잘 보고 잘 보아야 한다. 바로 '동쪽 집 초상, 서쪽 집의 곡' 그리고 '남산의 소나기와 북산의 어두움, 또 안개와 구름이 흩어져 집집마다 달빛

이 가득 가득 비치니, 이제 봄이다 눈과 서리도 사라져버린다, 봄이다.' 무공 간성이며 무시간적이다. 봄인데 원주는 머리 뚫린 것같이 어리둥절하니 누구에게 책임을 물어보나?

마지막 행에서 읊듯이 '만나면 너무 무관심하여 하찮게 그냥 지나치지만, 눈을 뜨지 못하면 견성이니, 무위진인이니, 무상정각이니 하며 간절히 평생을 찾아 헤맨다. 이런 낌새를 누가 있어 알까?' 살펴라, 손등이 예쁜 사람은 손가락조차 예쁘다.

㉯의 게송은 1행은 '인습의 눈이 머리 귀 눈 사유에조차 덮이니, 자성본원에 계회하기 꿈조차 꾸지 못하는데', 천연이 이런 오랜 인습의 잡동사니를 몽땅 불태우니, 아니 지고지상의 부처님조차 불태우니, 더 태울 것이 없다. 원주의 눈썹이 빠지기만 하고 끝나지 않지. 그 절의 주지는 벌써 타고 있으니 '아야' '아야' 한다.

귀 있는 자 보고 눈 있는 사람 들으라.

몇 해 지난 봄, 천연은 단하산(丹霞山)에 조그마한 암자를 짓고 주석하였는데, 3년 동안 학인들이 300명이나 모여 큰 선원을 이루었다. 안심입명처를 찾은 단하산 천연은 고준한 정신세계를 펼쳐보였으며, 천만년 모범이 되는 선장의 일생을 자기의 뜻대로 거두어들였다. 단하 천연에 대한 선화 두어 편을 소개하면서 매듭짓기로 한다.

한 학인이 뵈러 오다가 산 밑에서 단하를 보고
"단하산을 어디로 갑니까?"
하고 물었다. 스님이 산을 가리키면서
"새파랗게 아득한 곳이다(靑黯黯處)."
"단지 그것이면 되지 않습니까?(莫只這箇便是麼)"
"참으로 사자 새끼라면 일발에 몸을 변화한다(眞獅子兒見一撥便轉)."

선사가 어떤 운수에게 물었다.
"어디서 주무셨는가?"
"산 아래에서 잤습니다."

"어디에서 공양을 했는가?"

"산 아래에서 먹었습니다."

"그대에게 밥을 주는 이도 눈알을 갖추고 있던가?(將飯與汝喫底人 還具眼麼)"

운수가 대답을 못 했다.

단하가 열반에 들고자 문인들에게 말했다.

"나는 떠난다. 목욕물 데워라."

하고 삿갓을 쓰고 지팡이를 들고 신을 신은 후 한 발을 내딛되, 발이 미처 땅에 닿기 전에 입적하니 수명이 86세였다.[9]

---

9) 『조당집』『경덕전등록』『선문염송』의 기록을 살펴서 필자가 간추렸다.

9장

백장의 선견지명

앞에서도 언급한 것같이 마조 도일에게는 138인이나 되는 전법제자가『전등록』에 실려 있다. 그 가운데 역사상 드러난 세 명을 밝히면 백장 회해와 서당 지장, 남전 보원이다.

백장에서 황벽과 위산이 출생되고 황벽은 임제를 낳아 오늘날 선문의 본류라 하는 임제종의 뿌리가 되었고, 위산은 앙산을 출세시켜 위앙종의 종조가 되니, 후대에 석두계인 조동종과 운문종, 법안종과 더불어 선종의 5가를 이룬다. 서당 지장의 문하에 우리나라 신라 9산선문의 도의, 홍척, 혜철을 출생시켜 동국 남종 선맥의 뿌리를 내리게 하였고, 특히 가지선사 도의는 우리나라 남종선의 초조가 되었다. 남전 보원 문하에서는 선문의 불세출의 영웅 조주를 탄생시켜 조사의 뜰을 환히 밝혔다.

백장 회해(百丈懷海, 720~814)는『조당집』에 의하면 복주 장락현인이며, 성은 황씨다.[1]

그리고『전등록』에는 회해가 백장이라는 별호를 얻게 된 기연과 그의 제자 황벽 희운(黃檗希運, ?~850)이 눈을 뜨게 하는 기연이 나와 있다.

> 어느 날 회해가 마조의 사처에 가서 뵈니, 마조가 법상 귀퉁이에서 불자(拂子)를 번쩍 쳐들어 보였다. 회해가 물었다.
> "그것뿐입니까? 또 다른 것이 있습니까?"
> 마조가 불자를 제자리에 놓으면서 말했다.
> "자네는 장차 무엇으로 누구를 위하려 하는가?"
> 회해가 불자를 들어 보이니, 마조가 다시 물었다.
> "그것뿐인가? 그 밖에 또 있는가?"
> 회해가 불자를 제자리에 꽂아두고 공손히 뫼시고 섰으니, 마조가 할하였다.

---

1) 『조당집』, 동국역경원, 1986, 143쪽.

이 할에 바로 3일 동안 귀가 먹었다(師直得三日耳聾).

그 후 황벽 희운이 와서 백장을 뵙고 하루 만에 하직을 하고 마조를 뵈러 가겠다고 하니 백장이 말하였다.

"마조께서는 이미 천화하였네."

희운이 미심하여 말했다.

"마조께서 무슨 말씀이 계셨습니까?(馬祖有何言句)"

백장이 두 번째에 뵌 인연을 말했다.

"내가 그때 마조의 일할을 받고는 3일 동안 귀가 먹었었네."

희운이 이 말을 듣고는 자기도 모르는 사이에 혀를 빼었다.

이에 백장이 말했다.

"그대는 후일에 마조의 대(代)를 잊지 않겠는가?(子已後 莫承嗣馬祖否)"

"그렇지 않습니다. 오늘 스님으로 인하여 마조의 큰 기틀을 보았을 뿐이지, 마조는 보지 못했습니다. 만일 마조의 대를 이으면 뒷날의 제 자손들을 죽이는 것입니다(不然 今日因師擧 得見馬祖大機之用 且不識馬祖 若嗣馬祖已後喪我兒孫)."

"그렇네, 그렇고말고."[2]

이로부터 회해의 명성이 널리 퍼져서, 후원자들이 홍주의 신오계로 청해서 대웅산(大雄山)에 머물게 하였다.

그가 거처하는 산봉우리가 험준하여 아득하므로 회해를 백장(百丈)이라 불렀다.

한 달이 못 되어 선객들이 운집하니, 이들 가운데 위산과 황벽이 뛰어났다.[3]

---

2) 『경덕전등록』권6, 보련각, 114쪽.

3) 『경덕전등록』은 宋 진종 경덕 1년(999)에 편찬자 도원에 의해 조정에 바쳐져 간행한 초간본과 317년 후인 元 연우 2년(1316)에 간한 중간본이 대종을 이룬다. 그런데 이 초간본에서 중간본에 이르는 사이 많이 첨삭되었음을 비교한 이는 알 수 있다. 아마 317년이라는 세월 사이 각 조사의 법손들의 흥망성쇠에 따라 변화 첨필되었으리라.

여기에 인용되는 두 번째 선화의 내용은 元 연우 2년에 중간할 때, 초간본에는 없던 선화가 첨가된 것이다. 이것은 백장의 제자 중 위산과 황벽이 차례대로 기록된 것을 보아도 위산과 황벽은 백중지세의 상족으로 보이나, 317년 후에는 황벽이 임제를 낳고 임제종을 창설하여 뒷날 황룡파와 양기파로 분리되어 선문의 5가 7종이라 불리는 5가에 임제종 황룡파와 임제종 양기파를 보탤 정도로 번창하게 되었다. 이런 점을 보아 후손들에 의해 첨입되었다고 여겨진다.

그리고 필자가 텍스트로 삼고 있는 『선문염송』은 초조본이 고려 고종 13년(1226)에 간행되었으나 분실되고 다시 제조되어 오늘날까지 해인사 8만 대장경에 전해오는 재조본(1505)이다.

백장 회해는 그의 스승 마조가 '들오리가 어디로 날아갔느냐?' 하고 묻자 '날아갔다'고 대답하다가 코를 비틀리는 호된 가르침을 받는다. 이에 깨우친 회해는 스승 마조가 다음 날 법상에서 이 인연을 설하려 하자 배석을 거두어 버림으로 깨우침을 보여준다. 이야기를 우리는 6장 「마조와 그의 제자들」의 선화 '백장의 들오리'에서 보았다.

그리고 두 번째 마조를 뵙는 『전등록』 선화가 『선문염송』 권6 181칙 「재참(再叅)」이다. 이 선화에서 마조의 일할에 백장은 3일 동안 귀가 먹는데, 이것은 백장의 깨우침이 확철대오(廓徹大悟)하여 자성본원에 활연계회되었음을 말한다. 마조와 백장, 황벽 희운 이렇게 3대를 잇는 이야기 역시 우리를 깨달음의 세계로 안내해준다.

여기에 따르는 게송을 참구하며 저 창망한 선의 세계의 문을 두드려보자.

㉮

대적과 웅봉이 다시 만날 때	大寂雄峯再會時
나란히 거니는 곳에 풀빛 무성했네	相將行處草離離
머리 돌려 일할하니 천지가 자욱하고	廻頭一喝乾坤黯
두 귀가 모두 먹어 전혀 알지 못했네	兩耳都聾揔不知

— 천복일

㉯

비 갠 뒤 뜬구름이 아직 있는데	雨霽遊雲尙未歸
맑은 하늘과 대지엔 홀연한 우레 소리	晴空忽地已聲雷
영 위에 핀 매화, 봄소식이 가득 차니	嶺梅已得春消息
산 복숭아 일시에 피는 것관 다르네	不比山桃一例開

— 상방익

㉮의 게송 1행에서 대적은 마조의 시호이고 웅봉은 백장이 대웅산에 주석하였으므로 백장의 별칭이다. 곧 1행과 2행은 마조와 백장이 서로 유일무이한 같은 극처에서 만나니 풀빛만 무성하겠는가? 풀 한 포기 없다고 해도 마

위의 선화는 『선문염송』 181칙 「再叅」으로, 元 연우본 『경덕전등록』을 따르고 있다.

찬가지다. 3행과 4행, 마조가 머리 돌려 일할(一喝)함에 바로 삼천대천세계가 한 세계로 꿰뚫려 옛과 이제가 한 찰나가 된다. 찰나라 해도 말이 되지 않는 것이니, 바로 주관과 객관이 허물어지고 천지가 합일되어 너와 나의 구별이 뚝 떨어짐을 "머리 돌려 일할하니 천지가 자욱하고(廻頭一喝乾坤黯)/두 귀가 모두 먹어 전혀 알지 못하네(兩耳都聾捴不知)"로 노래했다.

모두 반어적인 역설법을 사용하여 진리를 표현하고 있다.

㉯ 상방익의 게송은 마조의 일할이 백장의 사량분별(思量分別)을 멈추게 하였으니 바로 '비 갠 뒤 뜬구름이 아직 있는 상태, 사유가 끊긴 맑은 하늘과 땅에. 별안간 미세한 사유마저 불태우는 벽력 소리. 머리를 들어보니 고개 위에 핀 매화, 오직 매화만 또렷이 거기 있으니, 산복숭아가 한 번씩 피어나는 것과 다름을 안다'로 풀이된다.

이미 이 세상에 되어 있음을 보는, 곧 시간적으로 별안간 공간적으로 몽땅에 해당하는 깨달음인 돈오(頓悟)와 이제 한 번에 피어나는 이치를 보아서 아는 점오(漸悟)와는 다를 수밖에 없는 것을 노래한다.

백장 회해가 선종에 끼친 영향은 오늘날까지 제방에 남아 있는 선원 생활의 규범인 청규와 청규의 내용 중, 무위도식하지 않고 실제 널리 대중에게 청하여 노작으로 인한 생산성에 있다.

공동 작업으로 오는 화합의 협동정신, 그 근본이 되는 수계, 스스로를 지탱하기 위해 노동하는 경작.

백장에 의해 정신과 생활, 이 이항대립적인 세계의 운행은 바로 '고요(靜)/움직임(動)'을 소통시키어 우리의 몸을 온전히 일원으로 환원시키는 활구활인(活句活人)의 출발점(一着子)이 되었다. 그리고 백장은 무엇보다 중요한 선원 생활에 지침이 되는 백장청규(百丈淸規)[4]를 짓고 이 청규에 의해 선원 사

---

4) 운허 용하,『불교사전』, 동국역경원, 1986, 259쪽.
    백장청규 : 2권. 뒤에 간행한 백장 덕휘의『칙수 백장청규』에 대하여 이것을『백장고
    청규』라 한다. 당시 선종은 아직 종지와 독립된 사원도 없었고, 별다른 제도와 의식
    도 없었다. 이에 회해는 이 백장청규를 만들어 법당, 승당, 방장으로 나누어 각각 직
    책을 만들어 대중을 승당에 있게 하고 법당과 더불어 조실인 자기는 방장에 머물러

회가 조직적인 체재를 갖추고 자급자족함으로써 뒷날에 오는 회창법난(會昌法難)[5] 같은 불교 탄압을 스스로 이겨낼 수 있는 원동력의 원점이 되었다.

백장청규는 최초로 선종의 제도를 체계화한 것이다. 그 속에는 선원을 불당과 방장, 그리고 대중이 좌선하는 승당을 나누었고, 또 방장 이하 여러 가지 소임을 맡은 사람들의 직책과 승려들의 일상생활이 세밀히 규정되어 있다. 특히 중요한 것은 승려면 누구든지 수계를 받아야 하고 경작의 의무를 지켜야 하는 본을 규정해놓은 점이다.

『전등록』 6권 말미에 당시 선원 생활의 큰 줄기인 「선문규식」이 기록되어 있다. 「선문규식」을 볼 것 같으면 오늘날 우리나라 사찰에 스며들어 일상의 관행으로 남아 있는 대중 생활 그대로임을 읽게 된다.

「선문규식」을 간추려보면 다음과 같다.

> 백장선사는 선종이 달마에서 시작하여 조계에 이르기까지 대체로 율종 사찰에만 살았는데, 선원과 율원이 달라서 설법과 주지하는 법이 법규에 맞지 않으므로 늘 마음에 걸려서 다음과 같이 말했다.
>
> "조사의 도를 널리 펴고 미래까지 끊어지지 않게 하려면 처음에 정해진 근본 아함의 가르침대로 할 수 있으랴 …(중략)… 내가 주장하는 것은 대소승에 국집하지 않으며 대소승을 다르게 보지도 않으니 두루 섭렵 통달하여 중간을 끊어 현실에

법당에 상당하여 설법을 하였다. 이후 이 책이 없어져 지금은 전하지 않는다.

5) 814~847년까지 집권한 당 무종은 이방종교인 불교를 근절시키기 위해 역사상 유례 없는 탄압을 하였는데, 경제적인 것이 결정적인 이유였다. 전국적으로 4천 6백 개가 넘는 사찰과 4만 개가 넘는 불당을 파괴하였다. 또 26만 5백 명이 넘는 비구와 비구니를 환속시켰으며, 15만 명 이상이나 되는 절의 종복이 국가에 의해 몰수되었다. 이와 같은 유례가 없는 불교의 탄압은, 이후에 중국의 불교가 결코 회복되지 못한 것만 보아도 짐작이 된다.

당 무종이 845년에 내린 칙명을 보면 저간의 사정을 짐작할 수 있다.

"그러니까, 한 사람이 경작하지 않으면 다른 한 사람이 굶주리고, 한 여인이 길쌈을 하지 않으면 다른 한 사람이 헐벗는다. 지금 우리나라 안에는 비구 비구니가 무수히 많은데, 그들은 농사를 짓지 않고 식사를 하고, 의복은 길쌈을 하지 않고 헐벗지 않는다. 각 사찰들은 수없이 많아도 하나같이 호사롭고 화려하며 그 사치스러움이 궁궐에 비견할 만하다. 이것이야말로 晉, 宋, 齊, 梁의 국가들이 경제적으로 도덕적으로 쇠퇴하여 사라진 원인이다."

마땅한 규범을 세워 수행하는 데 편리하게 함이다." …(중략)… 장로는 한 지방의 선장이 되어 유마거사와 같이 방장(方丈)에 거처할 것이며, 이는 개인의 침실을 말하는 것이 아니다. 불전을 세우지 않고 불당만 두는 것은 불조에 친히 전해 받은 이로서 그 뜻을 존중한 곳임을 보이기 위해서다.

참선자는 그 수가 많든 작든 선방에 들어가서는 법랍의 차례에 따라 앉는다. 그리고 반드시 긴 평상과 선반을 설치하여 도구를 걸어두고 참선을 하다 피곤하며 잠깐 평상에 기대어 쉴 뿐이다.

조실에 들어와 법을 물을 때 말고는, 참선자들은 마음대로 부지런하거나 게으름에 있어 자유로이 할 수 있다. 이것은 구참자나 신참자들이 일정한 틀에 구애됨이 없게 하기 위함이다.

선원 내에 대중들은 아침에 묻고 저녁에 모여야 하며, 장로가 법당에 올라 설법을 할 때는 귀를 기울여야 하고, 주인과 손님 간에 법을 묻고 대답을 함은 모두 종지를 드높이기 위함이다.

죽이건 밥이건 골고루 나누는 것은 절약과 검소를 보이는 것이며 법과 음식을 겸하여 수용함을 표시한다.

울력(普請)을 할 때는 위와 아래가 힘을 합치는 것이다.

각각의 소임을 두는 곳을 요사(療舍)라 한다. 이곳에 우두머리를 두는 것은 제각기 맡은 바 소임을 다하기 위해서이다. …(중략)…

이와 같이 백장은 선원의 규식을 정하여 선원의 기틀을 만듦은 네 가지 이득이 있기 때문이다라고 말한다.

그 첫째는 청정한 대중을 더럽히지 않고 공손한 믿음을 내는 것이고, 둘째는 수도자의 형체를 잃지 않고 부처님의 제도에 맞게 함이며, 셋째는 관청이 소란하지 않고 시비가 줄어드는 것이요, 넷째는 허물이 밖으로 새지 않고 선문의 강요가 잘 보호되기 때문이다라고 밝히고 있다.

이러한 규식이 선문에서 지금까지 시행되는 것은 백장에서부터 시작했으며, 그 세부적인 것은 각 산문의 형편에 따라 알맞게 하고 있는데『전등록』의 저자는 대략을 서술하여 후학에게 두루 보인다고 적고 있다.

지금『한역대장경』에 전해지고 있는 백장청규는 원대의 백장 덕휘가 1282년에 간행한 것으로 위의 백장 회해의 백장청규를 본뜨고 선문에서 세부적으로 행해지는 관행을 종합하여 만든 것이다.

여기서 우리가 살펴야 하는 것은 백장의 경작 의무 도입이다. 그리고 선원에서 지켜져야 할 규식에서 '울력을 할 때는 위와 아래가 힘을 합쳐야 된다'

라고 간단히 적혀 있지만, 이 의무는 초심자인 행자에서부터 선원의 가장 어른인 방장, 조실에게도 요구된다. 그래서 노작(勞作)인 울력은 예외 없이 누구에게나 해당되기 때문에 보청(普請)이라 했다.

인도나 백장 이전의 불교 승려들은 일용되는 양식을 시주에만 의존해왔다. 아열대지방인 인도의 풍토상 수도인들은 걸식을 해도 생활을 할 수 있었고, 더욱이 경작을 할 때에 곤충이나 벌레가 상하여 죽을까 걱정이 되어 금기시되어왔다.

이러한 관습을 현실적 차원에서 살펴본 백장은 반기를 들고 선원의 오랜 전통을 수정하게 되는데, 처음에는 보수적인 승려들의 공격 대상이 되었다. 그러나 백장은 시주에만 의지하여 살아가는 기생적인 삶을, 하루 중 일부는 황무지를 개간하여 경작을 하고 나머지를 시주하는데 이것을 수행의 한 종류인 행각으로 자리 잡게 하였다.

백장은 선각자로 확신을 가지고 어느 누구보다도 경작의 노무를 게을리하지 않았다. 그가 만년에 노쇠함을 보고 제자들이 쟁기를 치우고 하루 쉬기를 청하니 "내가 아무런 덕도 없는데 어찌 남들만 수고롭게 하겠나?" 하며 연장을 찾았으나 찾지 못하니 공양도 하지 않았다. 지금까지 알려져 회자되는 "하루 일하지 않으면 하루 먹지 않는다(一日不作 一日不食)"란 그의 좌우명은 모든 사찰의 금언이 되었다.

이러한 백장의 선견지명은 그가 죽은 후, 당 무종(재위 814~847년)의 회창 법난에서 다른 종파의 불교가 소생 불가능할 만큼 타격을 받을 때도 선종만은 기적적으로 이 박해를 견뎌내고 다음 왕조인 송과 원에서도 계속 융성하게 된 결정적 계기가 되었다.

그 이유는 다른 종파와 달리 마음 수양 외에 외적 장엄인 불상이나 불경 같은 것에 전적으로 의지하지 않기 때문에 종지를 충분히 지킬 수 있었고, 또 하나는 백장청규의 규약과 같이 매일 경작을 하므로 사회나 관청으로부터 기생한다는 비난을 면할 수 있었기 때문이다.

그리고 백장의 일일부작(一日不作)이면 일일불식(一日不食)이라는 이 정신은 선원인이면 누구에게나 널리 청하는 보청(普請), 경작 의무에 단지 참여한다는 공동생활에만 의의를 둠이 아니라, 바로 석가모니와 6조 이래 마조를 거처 면면히 이어오는 불교 근원처인 자성본원, 불이정신(不二精神)의 현실화라 볼 수 있다. 우리는 사실, 생활은 전시간적으로 전 공간적으로 그때그때 상황에 맞추어 적응하면서 살아가지만, 판단하는 기준은 '나/너', '주/객', '시/비', '선/악' 식의 이분법적인 판단 아래 갈라서 결정하는 오랜 타성의 부조리한 삶을 영위한다. '사유/행위', '명상/노작'의 차이는 천지와 같이 현격하다.

선원의 생활은 거의 정신적인 것이 대부분이다. 여기서 오는 육체와 정신의 부조화는 우리를 명쾌한 삶, 즉 건강한 신체와 투명한 정신을 갖춘 활활발발한 삶의 조화를 보지하지 못하게 한다. 결국 우리가 기원하는 본질의 근원에 환지본처하기도 전에 육신을 버리는 경우가 다반사다. 정신/육체, 어느 것 하나도 버릴 수 없으며, 어느 것 하나 떠나서도 우리가 바라는 불이한 자성본원처로 돌아가지 못하게 된다. 이것이 6조 이래 마조를 통해 이어오는 서래밀지를 계승한 조사로서, 백장은 '초월(超越)/내재(內在)'의 불이적 통일성(不二的統一性)인 대원경지(大圓鏡智)에 대한 확실한 깨달음 위에 오는 결단이 아니고 무엇이겠는가.

결국 백장은 '수도(修道)/노작(勞作)'의 조화만이 우리를 명징한 깨달음의 세계와 편안한 삶 속으로 안내한다고 생각한 것 같다. 그의 견해에 따르면 정신적 초월에 대한 일면적인 전념은 본래면목을 둘로 가를 수밖에 없다는 것. 이러할진대 다음에 소개하는, 백장야호화(百丈野狐話)로 불리는 선화를 살펴보면 한층 더 확실한 이해에 닿을 것이다.

이야기는 이렇다.

백장이 매일 상당하여 설법을 하면, 늘 한 노인이 법문을 듣다가 대중을 따라 흩어지곤 했다. 어느 날은 가지 않고 머뭇거리고 있기에 백장이 다가가 물었다.

"저는 과거 가섭불 시대에 일찍이 이 산에 살았습니다. 한 학인 높은 경지에 이른 수행자(大修行底人)도 인과의 법칙에 따르느냐고 묻기에, 인과에 떨어지지 않는다(不落因果)고 대답하였다가 저는 여우의 몸에 떨어지게 되었습니다. 청컨대 화상께서는 올바른 말씀(一轉語)을 해주셔서 여우의 몸에서 벗어나게 해주십시오."

이에 백장이 다시 질문을 하라 하니, 노인이 다시 물었다.

"대수행저인도 인과에 떨어집니까?(大修行底人 還落因果也無)"

"인과에 어둡지 않소(不昧因果)."

노인이 이 말끝에 크게 깨닫고 하직을 하며 말했다. "저는 이미 여우의 몸을 벗어났습니다. 이 산 뒤편에 시체가 있으니, 청하오니 저를 죽은 승려에 대한 법도대로 다비하여주시기 바랍니다(乞依亡僧燒送)."

백장이 유나(維那)[6]를 시켜 식사 후에 죽은 승려의 장례식 준비를 하라고 전 대중에게 알렸다. 대중이 영문을 몰라 어리둥절하였다. 식사 뒤 백장은 대중들을 이끌고 뒷산 한 동굴로 갔다. 그곳에는 한 승려의 시체가 있었다. 제사 후 격식대로 죽은 승려를 보냈다(齋後普請送亡僧).

이날 저녁 법회에서 백장은 이 인연을 들어 말했다.

이에 황벽이 백장에게 물었다.

"이 옛 사람이 말 한마디 잘못한 이유로 여우의 몸을 받았습니다만, 그렇다면 다음다음에 잘못을 하지 않을 때엔 어떻게 됩니까?(古人 錯答一轉語 墮在野狐身 今人 轉轉不錯是如何)"

"그래, 그렇다면 가까이 오게, 내 말해주지."

황벽이 가까이 가서 오히려 백장의 뺨을 한 대 때렸다. 이에 백장은 깔깔 웃으며 말하였다.

"오랑캐의 수염이 붉다고 여겼더니, 다시 보니 붉은 수염의 오랑캐가 여기 있었군(將謂胡鬚赤 更有赤胡鬚)."

이때 위산이 백장의 회상에서 전좌(典座)[7]를 하였는데, 사마두타가 이 이야기를 듣고 물었다.

"전좌스님은 어떻게 생각하십니까?"

위산이 바로 문풍지를 세 번 두드렸다(潙乃撼門扇三下).

사마두타가 말했다.

"거친 사람이군(大麤生)."

이에 위산이 말하였다.

"불법은 그런 도리가 아니오."[8]

도저히 사실이라고 보기 힘든 「여우 이야기(野狐話)」는 우리에게 보여주기

---

6) 維那는 절에서 기강을 바로 잡는 소임.

7) 典座는 절에서 음식을 만드는 소임.

8) 『선문염송』 제6권 184칙 「野狐」.

위한, 분명한 교훈을 담고 있다. 곧 깨달은 각자라 해도 인간이 사는 현상계의 도리, 이 이치를 뛰어넘지 않는다는 것이다.

불락인과(不落因果)는 현상계를 초월하여 괴로움에 시달리지 않고 정신적으로 초월자가 되어 신통묘용이 자재하다는 의미로 읽히고, 백장이 말하는 불매인과(不昧因果)는 인과법칙에 밝다, 혹은 인과를 알아 지혜롭다는 의미로 풀린다. 다시 말해 자성을 본 견성한 사람은 초월의 불변성과 현상계의 변화성도 한눈에 간파할 수 있는 반야의 지혜를 갖춤으로써 자재(自在)로운 마음을 갖는다. 이런 마음의 소유자는 '범(凡)/성(聖)'이 무너지고 '내(內)/외(外)'과 밝게 뚫려 불이(不二)의 세계에 산다. 이것은 석가모니가 초전법륜(初轉法輪)에서 말한 중도(中道)가 아니고는 불가능한 일이다.[9]

그리고 이 선화에서 우리는 불락인과(不落因果)의 대답으로 여우의 몸을

---

9)　송취현, 『반야심경강론』, 경서원, 1993. 281~288쪽 참조.

　　"비구들이여, 그대들은 고행에 의해 깨달음을 얻고자 할지 모르지만, 몸을 괴롭히는 고행에 전심하는 것은 慾樂의 생활에 빠짐과 같을 뿐이다. 본래의 수행이나 깨달음에 하등의 도움도 되지 않는다. 올바른 깨달음의 길은 苦行이나 慾望, 두 극단을 버리고 신심의 조화를 이루는 中道의 방법에 의하는 것만이 가능하다. 나는 이 두 가지 극단을 버리고 중도를 깨달았으니 진실로 동요하지 않는 경지에 도달한 부처가 되었다. 中道, 이것은 눈을 뜨게 하고 지혜를 생기게 하며, 寂靜과 證智와 等覺과 涅槃을 돕는다."(『잡아함경』15권「전법륜」,『상응부경전』5)

　　불전에 의하며 석가 열반 후. 500명의 장로가 모여 붓다의 생전의 말씀을 법과 율로 편집했다고 한다. 이 가운데 법은 깨달음에 관한 설법인데, 이것이 북쪽으로 전래되어 원어 Agama가 阿含으로 음사되어 아함4부경이 되었다. Agama는 '도래한 것' '전래해온 것'이라는 의미다. 남쪽으로 전래된 붓다의 설법은 판차 · 니가야(Panca-Nikaya)라 총칭되는데, 이들을 巴利語5部經典이라 한다.

　　『아함경』은 『장아함경』22권, 『중아함경』60권, 『잡아함경』50권, 『증일아함경』51권으로 편성되었다. 그리고 남전파리5부경전에는 북전아함경에 장아함에 해당되는 『장부경전』34경, 중아함에 해당되는 『중부경전』152경, 잡아함에 해당되는 『상응부경전』7762경, 증일아함에 해당되는 『증지부경전』9557경이 있다. 그리고 남전 판차 · 나가야에는 『소부경전』열다섯 편이 따로 있는데, 이것은 제5의 Agama로서 열다섯 편이 서로 다른 잡다한 내용을 담고 있다. 아함4부경보다 늦게 편집되었다. 그러나 그 내용은 아함4부경보다 더 오래된 것도 있고 늦은 것도 있다. 곧 「경집(經集)」이나 『법구경(法句經)』은 아주 오래된 말씀으로 정평이 나 있다.

받은 수도인의 잘못을 찾기엔 그리 어렵지 않다. 허지만 황벽이 묻는 질문, 자성본원에 이르렀다는 상을 가진 사람은 어떻게 될까?

"이 옛 사람이 말 한마디 잘못한 이유로 여우의 몸을 받았습니다만, 그렇다면 다음다음에 잘못을 하지 않을 때엔 어떻게 됩니까?(古人 錯答一轉語 墮在野狐身 今人 轉轉不錯是如何)"

다시 말해 "그렇다면 모든 질문에 정답을 맞히는 사람은 어떻게 됩니까?" 라는 황벽의 질문은 은근히 모든 어떤 정형적인 틀, 정상성(定相性), 불변하는 원칙을 가진 자는 어떻게 되는가? 하는 질의다.

이에 백장은 황벽을 가까이 오라 하여 여기에 합당한 대기대용(大機大用)을 보여주려고 한 것 같다. 곧 이항대립적인 '부정/긍정'을 넘어서는 본질, 자성의 응용을 보여주려는 의도를 간파한 황벽은 미리 스승 백장의 뺨을 한 대 때린다. 여기서는 육신은 백장이지만, 무소불위(無所不爲)의 고정된 절대자의 축적에 대하여 갈기는 대용(大用)인 셈.

백장은 여기서 너무나 기뻐 박장대소한다. 제자의 출세간, 관념적이고 막히고 지리한 삶의 양태에서 벗어난 제자를 이 한순간에 볼 수 있다는 것은 스승으로는 더할 나위 없는 기쁨이다.

"오랑캐의 수염이 붉은 줄 알았더니, 붉은 수염의 오랑캐도 있구나!(將謂胡鬚 赤 更有赤胡鬚)"

'오랑캐의 수염'이 붉은 것은 일상의 현상이다. '붉은 수염의 오랑캐'는 자성인 본질을 말한다. 백장은 그의 제자 황벽의 행위에서 순수무잡(純粹無雜)한 자성의 응용을 본 것이다.

이 선화에『선문염송』에는 무려 서른두 수나 되는 게송과 열 편이나 되는 염이 실려 있다. 이것은 그만큼 이 선화가 역대 제방 선원에 널리 회사되었고, 유명한 공안이라는 것.

후대에 수선납자들이 이 선화를 보고 읊은 게송을 몇 수 음미해보자.

㉮

어둡지 않고 떨어지지 않음이여! 두 가지가 모두 틀렸구나

　　　　　　　　　　　　　　　　　　不昧不落二俱是錯

취하고 버릴 생각을 잊지 않으니 망식과 망정으로 헤아리고

　　　　　　　　　　　　　　　　　　取捨未忘識情卜度

말과 문자에 걸리어 줄 없이 스스로 속박되네　　執滯言詮無繩自縛
활짝 넓은 허공에서 무엇을 더듬을까　　　　　廓爾大虛何處摸索
봄이면 꽃이 피고 가을이면 낙엽 지네　　　　春至花開秋來木落
틀렸다 틀렸다! 함이여　　　　　　　　　　錯錯
뉘라서 보화가 요령 흔든 뜻 알랴　　　　　誰知普化搖鈴鐸

　　　　　　　　　　　　　　　　　　　　　　— 해인신

㉯

변화된 모습으로 큰 수행을 물으니　　　　　化形來問大修行
당장에 금 빗치개로 눈동자를 씻어줬네　　　當下金篦刮眼睛
여우가 몸을 굴러 백장이 되니　　　　　　　轉得野干成百丈
깊은 밤 여전히 여우가 울어대네　　　　　　夜深依舊野干鳴

　　　　　　　　　　　　　　　　　　　　　　— 무진거사

㉰

양쪽이 모두가 여우의 몸이요　　　　　　　兩頭俱是野狐身
중간에 있더라도 티끌을 못 여의네　　　　　落在中間未離塵
당장에 무리들을 쳐부숴버렸으니　　　　　　直下撞翻群隊去
이웃집 닭 세 번 울어 행인의 길 재촉하네　隣鷄三唱促行人

　　　　　　　　　　　　　　　　　　　　　　— 열재거사

해인신의 게송 ㉮는 위의 선화에서도 풀었듯이, 불락인과(不落因果)의 대답으로 여우의 몸을 받은 수도인은 고정된 상을 가지고 있고, 어떤 원칙을 가지고 있고, 다시 말해 진리를 가지고 있다. 이렇게 가지고 있다는 분상에는 일체에 떨어지지 않는 생각에 생각을 가지고 있음이 당연하다. 이렇게 되면 결국 자기 자신을 속박한 자이고, 자기를 괴롭히는 자이다.

또 불매인과(不昧因果)의 확고한 신념을 가진 수도인은 어떻게 될까? 이것

역시 자칫 잘못하면 무엇이든지 다 안다는, 자기는 명석하여 환히 꿰뚫어 보는 지혜를 가졌다는, 위 없는 바른 깨달음을 이루었다는 생각을 가질 때, 이 과오는 불락인과(不落因果)의 잘못은 오히려 아무것도 아니다. 빠져나올 수 없는 허공에 집을 짓고 독거독락(獨居獨樂)하는 것과 다름없다. 선문의 조사들은 하나같이 이곳을 8마계(八魔界)라 하여 배척하였다. "백 척의 낭떠러지에서 한 발 내딛어라(百尺竿頭進一步)"라고 경책하는 곳, 이곳에 머물러 있기 쉽다.

해인신 선사는 이 점을 염려하여, 1행 2행 3행에서 "이둡지 않고 떨어지지 않음이여! 두 가지가 모두 틀렸구나(不昧不落二俱是錯)/취하고 버릴 생각을 잊지 않으니 망식과 망정으로 헤아리고(取捨未忘識情卜度)/말과 문자에 걸리어 줄 없이 스스로 속박되네(執滯言詮無繩自縛)"는 백장과 노인의 말, 모두 올바른 말이 아니어서 자승자박하고 있다고 말한다.

그렇지만 해인신 역시 '백장과 황벽의 두 부자가 주고받은 대화를 잘 살펴본 다음' 한 수 읊어야 할 것이다.

> "이 옛 사람이 말 한마디 잘못한 이유로 여우의 몸을 받았습니다만, 그렇다면 다음다음에 잘못을 하지 않을 때엔 어떻게 됩니까?(古人 錯答一轉語 墮在野狐身 今人 轉轉不錯是如何)"
> "그래 그렇다면 가까이 오게. 내 말해주지."
> 황벽이 가까이 가서 백장의 뺨을 한 대 때렸다. 이에 백장은 깔깔 웃으며 말하였다.
> "오랑캐의 수염이 붉은 줄 알았더니, 붉은 수염의 오랑캐도 있구나!(將謂胡鬚赤 更有赤胡鬚)"

이 두 부자의 행위와 언술은 분명히 아는 자들만의 퍼포먼스다. 이들의 반야는 가히 무공용적(無功用的, 저절로 상태)이어서 한 치의 빈틈이 없다. 어떻게 이들의 틈새에 빈말을 할 수 있을까?

그래, 그래, 뭘 그리 따지나, 참!

4행과 5행 "활짝 넓은 허공에서 무엇을 더듬을까/봄이면 꽃이 피고 가을이면 낙엽 지네"는 본래면목인 본체의 응용을 읊었고, 마지막 행 "뉘라서 보화가 요령 흔든 뜻 알랴(誰知普化搖鈴鐸)"10)는 아무도 이 깊은 뜻을 모른다라는 반어적 수사법이며 역설이다.

㉯의 무진거사의 게송, 1행과 2행은 선화에 나타나는 백장이 여우 몸을 받은 수도인의 안목을 일거에 씻어준 것을 "변화된 모습으로 큰 수행을 물으니(化形來問大修行)/당장에 금 빗치개로 눈동자를 씻어줬네(當下金篦刮眼睛)"로 칭송하였다.

3행 "여우가 몸을 굴러 백장이 되었다" 함은 백장의 '여우 몸이 깨달음을 얻어 인과의 법칙에 지혜로운 대선지식 백장과 같은 사람이 되었다'로 풀이된다. 그리고 마지막 행 "깊은 밤 여전히 여우가 울어대네(夜深依舊野干鳴)"는 바로 3행에서 인과법칙에 밝아 반야의 지혜를 구족하니, 배고프면 밥 먹고 눈 감으면 잠들듯이 현상계를 여시하게 볼 뿐이니, '여우는 있었고 여우가 있어 여우가 있을 터이니 깊은 밤, 밤마다 운다', 이렇게 다른 특별한 도리가 없음이 도리라는 것을 알 뿐이라 읽힌다.

열재거사의 게송 ㉰, 1행에서 "양쪽이 모두 여우의 몸이요"는 이항대립적인 사유로 '낙(落)/불락(不落)', '매(昧)/불매(不昧)'로 오가더라도 혹은 불락과 불매 이렇게 사량분별을 할 것 같으면, 어느 것 하나 여우의 몸을 벗어날 수 없다. 그럼 양쪽이 아니고 중간 지점에 있다 해도 역시 여우의 몸을 벗어날 수 없다. 왜냐하면 중간 역시 어느 한 끝과 끝일 뿐. 그래서 2행에서 "중간에 있더라도 티끌을 못 여의네"로 읊었다.

그러나 이 양변을 벗어난 불매인과(不昧因果) 한마디로 "당장에 무리들을 쳐부숴버렸으니(直下撞翻群隊去)", 아는가?

이 대기(大機)에 대용(大用)의 소식을 알기나 하는지.

이 소식은 바로 마지막 행, "이웃집 닭 세 번 울어 행인의 길 재촉하네(隣鷄三唱促行人)"다.

---

10)　보화(普化)는 반산 보적에 의해 깨달음을 얻은 기승(奇僧)으로 늘 요령을 흔들며 "밝은 놈이 와서 때리는구나(明頭來也打) 어두운 놈이 와서 나를 때리는구나(暗頭來也打)" 하면서 사람들이 보면 "한 푼 주십시오" 하였고, 임제 의현의 교화를 도왔다. 그는 스스로 관 속에 들어가 죽음을 맞이했다.

앞의 선화에 사마두타와 백장의 제자 위산과의 법거량을 다시 한 번 살펴보자.

“전좌스님은 어떻게 생각하십니까?”
위산이 바로 문풍지를 세 번 두드렸다(潙乃撼門扇三下).
사마두타가 말했다.
“아주 거친 사람이군(大麤生).”
이에 위산이 말하였다.
“불법은 그런 도리가 아니오.”

백장의 불매인과(不昧因果)에 대해 사마두타가 위산의 견해를 묻고 있다. 사마두타는 백장문하의 거사로서 수선에 힘쓰는 선객이며, 관상과 풍수지리에 밝아 제방에서 그의 말을 많이 따랐던 명철한 정신의 소유자였다. 이 사마두타의 말에 위산은 문풍지를 세 번 두드린다. 이것이야말로 열재거사의 게송 4행의 “이웃집 닭 세 번 울어 행인의 길 재촉하네”와 같은 저절로 상태(無功用)의 대기대용(大機大用)이다. 이에 사마두타가 “거칠고 엉성한 사람이다”라는 말에 위산은 사마두타에게 말한다. “불법은 그런 도리가 아니다”라고.

실제 그곳에 거칠거나 매끈함이 존재하지 않는 곳.

그렇다. 길 떠날 차비나 하자. 요즈음은 닭 울음소리도 없다.

길 떠날 차비나 하자.

『전등록』에 의하면, 백장은 설법을 마친 후, 대중이 흩어지면 급히 그들을 불렀다. 고개를 돌리면 “이게 무엇인가?(是甚麼)” 하고 물었다.

이 “시심마(是甚麼)”가 오늘날 우리나라에서 가장 많이 참구하는 화두 중 하나이다.

‘이것이 무엇인가’, ‘이게 뭣인가’, ‘이 뭣꼬’. 그래, ‘이 뭣꼬가 뭣꼬?’ ‘뭣꼬?’

백장선사는 95세에 열반에 드니, 사후 대지선사(大智禪師)라는 시호를 하사받았다. 그의 법자로 기록된 30명의 제자 중 위산 영우과 황벽 희운이 가장 걸출하였다.

10장

백장의 제자들

앞 장에서도 언급한 것과 같이 백장에게는 30여 명의 입실제자가 『전등록』
에 기록되어 있다. 그중 황벽 희운(黃檗希運, ?~850)과 위산 영우(潙山靈祐,
771~853)가 우뚝하다.

1. 황벽의 일심(一心)

㉮

대웅산 밑 알록달록한 호랑이 있어	大雄山下斑斑虎
닿는 대로 사람을 상하니 누가 감히 돌아볼꼬	觸著傷人誰敢顧
한 번 물린 친절한 노파심	親遭一口老婆心
어찌하여 허리에 도끼를 찼던가?	何曾用着腰間斧

— 불안원

㉯

위산이 그의 제자 앙산에게 물었다.
"황벽의 호랑이 이야기를 어떻게 생각하는가?"
앙산이 반문하였다.
"화상께선 어떻게 생각하십니까?"
위산이 말했다.
"그때 백장이 단번에 도끼로 찍어 죽여야 하는데 이게 어찌하여 이 지경이 되
었는가?"
"그렇지 않습니다."
"그대 대체 무어라 하는가?"
앙산이 다시 대답했다.
"호랑이 머리에 탈 줄 알 뿐만 아니라(不唯騎虎頭), 그는 범의 꼬리도 잡을 줄
압니다(亦解把虎尾)."
위산이 말했다.

"적자는 매우 위태로운 말을 할 줄 아는구나."

潙山 問 仰山 黃檗虎話 作麼生

仰云 和尙 如何是

潙山云 百丈當時 便合一斧斫殺 因什麼 到如此

仰云 不然

潙山云 子又作麼生

仰云 不唯騎虎頭 亦解把虎尾

潙山云 寂子 甚有崖險之句

— 위산문앙산

『선문염송』389칙「대충(大蟲)」의 선화에 대한 염과 송이다. 이 선시들을 감상하기 전에『전심법요』로 유명한 희운에 대하여 살펴보자.

황벽 희운은『조당집』[1]에 의하면 복주(福州, 복건성) 민현(閩縣) 사람으로 일찍이 고향 황벽산에서 출가하였다. 희운은 활달한 천성과 사소한 일에 구애받지 않는 성격의 소유자였다.

『조당집』이나『전등록』[2]의 기록에 희운의 됨됨이를 보여주는 에피소드가「황벽화상」장 첫머리에 기록되어 있다.

천태산을 여행하고 있을 때 이상한 중을 만났는데, 도중에 길을 동행하게 되어 서로 많은 이야기를 나누고 농을 하였다. 하루는 장마로 범람하는 개천가에 이르게 되었다. 그 중이 함께 건너자고 권하였다. 희운은 별 생각 없이 '스님이 건너고 싶으면 미리 혼자 가시오' 하자 중은 마치 옷을 걷고 땅 위를 걷듯이 자연스럽게 걸어서 저편에 닿아 건너오라고 시늉을 하였다.

이에 희운은 소리 높여 그를 꾸짖었다.

"에이, 자기만 아는 사람 같으니! 이럴 줄 애초에 알았더라면, 다리를 부러뜨릴걸!(咄這自了漢 吾早知 當斫汝脛)"

그때 그 중이 탄복하였다.

"참 대승의 바탕을 지녔구나. 우리는 도저히 따라갈 수 없는 사람이다."

---

1) 『조당집』제16권,「황벽화상」장, 동국역경원, 1986, 221~227쪽.

2) 『경덕전등록』제9,「홍주황벽희운선사」, 보련각, 1982, 152~153쪽.

하고는 홀연히 사라졌다.

이 선화에서 우리가 얻을 수 있는 것은 희운이 보는 견해로는 자기만 아는 이기적인 사람은 무상대도를 깨달을 수 없다는 생각이다. 사실 밖으로 행복을 추구하려 할 때, 그 구하고자 하는 마음, 바로 무엇을 얻고자 하는 마음이 있으니까, 진정 비워질 수 없으므로 자성본원에 활연계회할 수 없음을 우리는 앞의 선화에서 무수히 보아왔다. 사실 무엇을 추구한다는 것은 단지 앞에 그려지는 환상에 불과하다. 이 환상을 우리는 영원히 잡지 못한다.

황벽 희운은 '빈 마음' 무심(無心), 이 본원의 체(體)를 일심(一心)으로 보았다. 이 한 마음이야말로 본원자성이고, 무궁한 활용의 창조자요, 반야의 근원이다. 우리의 5척 단신이 『반야심경』에서 말씀하듯이,[3] 바로 본원자성의 자발광(自發光)이며, 이 활성화가 일체 두두물물로 구체화된 것. 이러한 본원처인 내 몸을 망각하고 우리의 마음은 외적인 사물에 끄달리고, 우리의 정신은 번쇄한 분별에 의해 한 겹 덮인 개념을 만들어가므로, 결국 순수 본연을 겹겹이 덮은 비단금침에 스스로 만족하는 꼴이 된다. 자승자박, 자승자박은 우리의 무한한 에너지의 원천을 잃어버리게 할 뿐이다.

희운은 다음과 같이 말한다.

> 부처님과 온갖 중생은 오직 일심뿐이요, 다른 법이 없다. 이 마음은 비롯함이 없는 옛적부터 나지도 멸하지도 않고, 푸르지도 누르지도 않고 형상도 모습도 없고, 있고 없음에도 속하지 않고 새것과 옛 것에도 속하지 않고, 길고 짧고 크고 작음도 아니어서 온갖 한량과 이름과 자취와 상대를 초월하여 본체 그대로가 바로 옳다.

---

3) 송취현, 『반야심경강론』, 경서원, 1993, 194쪽.
   "사리자야/물질적현상(色)과 본질(空)은/그 자체가 다르지 않고/본질의 순수함(空)이 모든 구체화된 현상(色)과/다르지 않으니/물질적현상과 본질의 순수함이 바로 같으며/본질의 순수함/이것의 활성화 바로 물질적 현상으로 구체화된 것이다.//이와 같이/ 우리의 느낌(受), 따짐(想), 의지적 충동(行), 버릇(識)들이/ 바로 부처님의 자발광 지혜이며/부처님 실상이 바로 우리 모습이다(舍利子 色不異空 空不異色 色卽是空 空卽是色 受想行識 亦復亦是).

생각을 움직이며 바로 어긋나니 마치 허공이 끝이 없어서 헤아릴 수 없는 것 같다. 오직 이 일심이 곧 부처이어서 부처와 중생은 조금도 차이가 없건만 중생들이 형상에 집착되어 밖으로 구하므로 더욱 잃을 뿐이니, 부처를 몰고 부처를 찾으며 마음으로 마음을 잡으려 하면 이 겁이 다해도 얻지 못하니, 망상분별을 쉬면 부처가 저절로 나타난다.

이 일심이 부처요 부처가 곧 중생이요, 중생이 곧 부처요, 부처가 곧 일심이니 중생일 때에도 이 마음이 줄지 않고 부처일 때에도 이 마음이 늘지 않는다.[4]

諸佛與一切衆生 唯是一心 更無別法 此心無始以來 不曾生 不曾滅 不靑不黃 無形無相 不屬有無 不計新舊 非長非短 非大非小 超過一切限量名言蹤迹對待 當體便是 動念卽差 猶如虛空 無有邊際 不可測度 惟此一心卽是佛 佛與衆生更無差異 但是衆生著相 外求轉失 使佛覓佛 將心捉心 窮劫盡刑 終不能得 不知息念忘慮 佛自現前

此心卽是佛 佛卽是衆生 衆生卽是佛 佛卽是心 爲衆生時 此心不滅 爲諸佛時 此心不添

위의 『전심법요』에서도 말하듯이 황벽의 일심은 상대 차별의 이항대립적인 관념의 세계가 아니다. 차별의 세계가 무너진 해체된 둘이 아닌 세계, 바로 상대적인 관념의 세계 밖에 있다. 이는 언어 문자로 전달될 수 없고, 제1장에서도 밝혔듯이 '노호를 아는 것은 허락되지만 노호를 영회하는 것은 허락하지 않는다(只許老胡知 不許老胡會)'는 차원인 자성본원의 영회에서만 얻어지는 풍광이다. 제 선사들의 대기대용은 오직 상대방에 대한 간절노파심에 의한, 곧 깨달음이 성숙되어 터져나올 때에만 사용되는 대용(大用)을 선문에서는 줄탁동시(啐啄同時)란 멋진 말로 표현한다.

위의 황벽의 설법인 『전심법요』 역시, 선종의 특질적 사구게인 '불립문자(不立文字) 교외별전(敎外別傳) 직지인심(直指人心) 견성성불(見性成佛)'에서 일보도 벗어나지 않음을 직감할 수 있다. 이 사구게에서 나타나는 염화시중 이래 전등되는 이심전심(以心傳心), 이 표현을 무어라 할 것인가? 여기까

---

4) 『경덕전등록』 제9, 「황벽희운선사전심법요」, 보련각, 1982, 163쪽. 이 『전심법요』는 당시 상국 배휴가 희운을 청하여 큰 선원을 짓고 선사께 청법을 하여 이루어진 것이다. 희운은 예전에 출가했던 황벽산을 그대로 쓴 까닭에 황벽선사라 불렸다. 배휴는 황벽선사의 속가제자로 심인을 전수받았다.

지 온 자성본원에 영회한 깨달은 자는 자발광에 의한 착함(善)을 보시한다. 이 착함은 상대적인 착함일 수 없다. 반야의 원천에서 자발(自發)하는 빛, 태양의 빛이 무엇을 가리던가. 이 분별을 뛰어넘고 자성본원에서 샘솟듯, 빛 뿌리듯 자발하는 것을 보시(布施)할 것이며, 그렇지 않을 때는 '저절로 상태(無功用)'로 침묵을 지킬 뿐이다. 그들은 무엇을 구하려 하지도 충족하려 하지도 않을 것이다. 그들은 원만구족(圓滿具足)하여 오직 둘이 아니다. 앞의 황벽의 설법에서와 같이 부처는 중생 그리고 일심일 뿐, 그 외는 본래 아무것도 아님을 알기 때문이다.

황벽은 일심(一心)을 전하기 위하여 단호하였고, 때로는 호랑이같이 포효한다. 이렇게 강렬하고 간단명료한 가르침이 제자들에게 뼈에 스며들도록 강한 인상을 주었다. 그의 뒤를 이은 임제와 임제의 종풍을 이은 임제종에 깊은 영향을 주었다. 그의 사납고 맹렬한 기개는 그의 스승 백장까지도 그를 호랑이로 비유하였다. 황벽의 이러한 점을 살필 수 있는 이야기가 있다.

이제 앞의 선시 ㉮와 ㉯ 송과 염을 감상하기 전에, 이 송과 염의 텍스트『선문염송』389칙「대충(大蟲)」의 본칙을 살펴보기로 하자.

> 황벽에게 백장이 물었다.
> "어디를 갔었는가?"
> "예, 대웅산 기슭에서 버섯을 땄습니다."
> "거기에서 호랑이를 보았나?"
> 바로 황벽은 호랑이처럼 포효하였다. 이에 백장이 도끼를 집어 들고 찍는 시늉을 하자, 황벽은 스승 백장의 뺨을 한 대 갈겼다. 뺨을 맞은 백장은 깔깔 웃으며 그의 방으로 돌아갔다. 다음 대중법회 때 상당하여 선포했다.
> "대웅산 기슭에 호랑이 한 마리가 나타났으니, 그대들은 조심하라. 이 백장도 한 번 물렸다."[5]
>
> 黃蘗 因百丈問 甚處去來 師曰 大雄山下 採菌自來 丈曰還見大蟲麽 師便作虎聲 丈 拈斧作斫勢 師遂與丈一打 丈吟吟大笑 便歸 上堂謂衆曰 大雄山下 有一大蟲 汝等諸人 也須好看 百丈老漢 今日 親遭一口

---

5) 　진각 혜심,『선문염송』권10, 389칙, 설봉 학몽 현토, 불서보급사, 1979.

우리는 여기서 스승과 제자가 무심에서 자발광되는 황벽의 이심전심을 읽게 된다.

앞의 게송 ㉮의 1행과 2행 "대웅산하반반호(大雄山下斑斑虎)/촉저상인수감고(觸著傷人誰敢顧)"에서 대웅산은 당시 백장이 주석하는 산의 이름이고 알록달록한 호랑이는 황벽을 가리킨다. 곧 '일상에 젖어 있는 우리를 닥치는 대로 무는 호랑이, 순수본연에 아직 이르지 못한 울부짖는 호랑이인 황벽을 누가 있어 길들일 것인가'로 풀이되고. 3행의 "한 번 물린 친절한 노파심(親遭一口老婆心)"은 백장이 길들여지지 않는 알록달록한 호랑이인 황벽을 가까이하여 알고도 물려주는 낙초자비한 간절노파심을 보여주고 마지막 행은 반전하여 "어찌하여 허리에 도끼를 찼던가?(何曾用着腰間斧)"하며 결구를 맺고 있다.

과연 허리에 도끼를 백장은 왜 차고 있었나? 아무리 사량분별해도 알 길이 없다. 알려 해도 알아지는 것이 아니다. 이 문제는 부처도 조사도 너도 나도 모르고 모를 뿐이다. 이것은 그저 그렇게 될 뿐. 바로 황벽이 말하는 무심(無心)의 자발광하는 자리다. 무심은 본질의 순수함의 자발광이어서 바로 물질적 현상과 우리들의 감각작용과 표상작용, 의지적 충동, 알음알이로 함이 없이(無爲) 현현한다.

이것을 『반야심경』에서는 "물질적 현상(色)과 본질(空)은/그 자체가 다르지 않고/본질의 순수함(空)이 모든 구체화된 현상(色)과/다르지 않으니/물질적 현상과 본질의 순수함이 바로 같으며/본질의 순수함/이것의 활성화 바로 물질적 현상으로 구체화된 것이다. 부처님 실상이 바로 우리 모습이다. 이와 같이/우리의 느낌(受), 따짐(想), 의지적 충동(行), 버릇(識)들이/ 바로 부처님의 자발광 지혜며/부처님 실상이 바로 우리 모습이다(色不異空 空不異色 色卽是空 空卽是色 受想行識 亦復亦是)"라고 밝히고 있다.

그리고 황벽이 말하는 일심(一心)은 바로 무심(無心)이어서, 그의 속가제자 배휴가 편집한 설법집 『전심법요』에 다음과 같이 설하고 있다.

> 무심이란 일체 마음이 없음이다. 곧 여여(如如)한 체(體)다. 안과 밖이 목석과 같아서 움직이지도, 구르지도 않으며 안과 밖이 허공 같아서 막히지도 않고 가리움도 없다. 주관과 개관이 없으며 방위와 장소가 없고 형상과 모습이 없으며

득실이 없다. 나가려는 자는 감히 이 법에 들어가지 못하고 공에 떨어져 머물 곳이 없을까 두려워한 까닭에 멀리서 바라보고서 물러나 버린다. 문수보살은 이치에 해당하고 보현보살은 행위에 해당하니, 이(理)는 진공무애의 이치요, 행(行)은 상(相)을 떠나 다함이 없는 행이다.[6]

無心者 無一切心也 如如之體 內外如木石 不動不轉 內外如虛空 不塞不礙 無能無所 無方所 無相猫 無得失 趣者不敢入此法 恐落空 無棲泊處 故望涯而退 文殊當理 普賢當行 理者眞空無礙之理 行者離相無盡之行

마조-백장-황벽-임제를 잇는 법계에서 천명한 '무심하면 도에 무심계합(無心合道)한다는 종지'는 위의 황벽의 설법에 너무나 자명하게 드러난다. 불교란 대체로 이입(理入)과 행입(行入)을 말하는데, 황벽의 위의 글에서 '행(行)은 상(相)을 떠나 다함이 없는 행(行者離相無盡之行)'이라 밝힌 것은 명료하고 탁월한 견해이다. 일반적으로 행이란 행위, 수행을 의미한다. 그러나 황벽에 있어서 행이란? 모양인 물질적 현상과 감각작용, 표상작용, 의지력, 알음알이(色受想行識)를 떠난 자발하며 끝이 없는, 다함이 없는 행위로 풀고 있기 때문이다.

이어 ㉯의 선시는 염이다. 이 선시를 들어 보인 위산은 황벽과 더불어 백장의 상수제자고, 앙산은 위산의 상족이니 뒷날 5가 선문, 위앙종의 개산조와 종조다.

위산이 그의 제자 앙산에게 물었다.
"황벽의 호랑이 이야기를 어떻게 생각하는가?"
앙산이 반문했다.
"화상께선 어떻게 생각하십니까?"
위산이 말했다. "그때 백장이 단번에 도끼로 찍어 죽여야 하는데 이게 어찌하여 이 지경이 되었는가?"
"그렇지 않습니다."
"그대, 대체 무어라 하는가?"
앙산이 다시 대답했다.

<hr>

6) 『경덕전등록』 제9, 「황벽희운선사전심법요」, 보련각, 1982, 163쪽.

“호랑이 머리에 탈 줄 알 뿐만 아니라, 그는 범의 꼬리도 잡을 줄 압니다.”

위산이 말했다. “적자(寂子)는 매우 위태로운 말을 할 줄 아는구나.”

이 선시에서 소통되어야 할 것은 앙산이 대답한 “호랑이 머리에 탈 줄 알 뿐만 아니라, 그는 범의 꼬리도 잡을 줄 안다(不唯騎虎頭 亦解把虎尾)”고 한 시구다. 머리와 꼬리, 주관과 객관이 해체된 원활한 소통. 이것은 천성인(千聖人) 만조사(萬祖師)들의 입각지요, 성태장양의 소굴이다. 어떻게 하면 호랑이 머리와 범의 꼬리를 동시에 잡을까?

황벽은 말한다. 무심으로 일심영회(一心領會)만이 살불살조(殺佛殺祖)의 영지임을.

그럼 백장에서 황벽에게로 이 무심이 이심전심되는 재미난 선화와 뒷날 선객들이 읊은 선시가 있다.

황벽 희운선사가 백장을 뵙고 물었다.

“조사들로부터 사자상승되어오는 종승을 어떻게 가르치시는지요?(從上宗乘如何指示)”

백장이 잠시 침묵(良久)함에 황벽이 말했다.

“가르친 뒷사람들의 대가 끊이지 않게 하십시오(不可教後人斷絕去也).”

이에 백장이

“나는 자네가 그럴 만한 사람인 줄 여기고 있네(將謂汝是介人).”

하고 일어나 방장으로 돌아갔다.

황벽이 바로 따라 들어가서 말했다.

“제가 우정 왔습니다.”

“그래, 그렇다면 뒷날에 나를 저버리지 말라(若爾則他後 不得辜負吾也).”[7]

이 선화에서 긴요한 대문은 ‘위로부터 이심전심으로 내려오는 종승을 어떻게 가르치느냐?(從上宗乘如何指示)’ 하는 질의다. 이에 백장은 ‘아무 말 없음(良久)’으로 도저히 나타낼 수 없는 자성본원이 원래 그러함을 보여준다. 언

---

7)　진각 혜심, 『선문염송』 권10, 388칙 「宗乘」, 설봉 학몽 현토, 불서보급사, 1979.

어와 생각이 끊어지고(離言絶慮) 마음의 길이 멸하여지는 곳(心行處滅), 이 무심의 자리를 말 없음으로 보여준다. 이 무심이 바로 사자상승되어온 서래 밀지(西來密旨)며 황벽에게 있어서는 일심의 소식이다. 황벽은 백장의 간절심에 의해 활연계회한다. 그렇지만 황벽은 백장에서 '그렇게 양구만 하여서 뒷사람들을 끊어버리게 할 수는 없지 않습니까?' 하며 반문한다. 우리는 여기서 이미 백장의 대기대용에 황벽이 몰록 깨달음의 세계로 안내되었음을 직감할 수 있다. 이에 황벽이 깨달음에 영회한 것을 간파한 백장은 '그래, 바로 자네는 그렇게 할 사람이지' 하며 크게 긍정하며 방장실로 들어갔고 이어 황벽이 뒤따라 들어가서 말한다. '일부러 왔습니다.' 백장은 '그렇다면 뒷날에 나를 저버리지 말라' 하고 뒷날을 부촉한다.

이 서래밀지에 대하여 뒷날 여러 선객들의 염송이 있다.

㉮
나라의 태평은 군대를 쉬는 데 있나니	國泰由來自偃兵
길에서 검객을 만나거든 칼을 빼들라	路逢劍客也須呈
호랑이 사나워도 제 자식 안 먹나니	雖然猛虎不食子
바른 법령 그 어찌 시행될 때 있으랴?	正令他時作麽行

— 법진일

㉯
한 번 돌아볼 때 한 번 새로우니	一廻相見一廻新
예부터 종승을 어떻게 전하려뇨?	從上宗乘若示人
대웅이 양구한 일, 그것 또 무언가?	大雄良久復何因
아들 손자 어루만지기에 친함과 성근으로 안다	兒孫引接競疎親
친함과 성근 이를 가린다니	競疎親
강태공은 곧은 낚시를 드리고 강가 앉았네	太公直釣坐江濱
동서남북 이웃이 끊겼거늘	東西南北絶四隣
선생님은 공연히 나룻길을 물으셨네	夫子徒勞更問津

— 숭승공

㉮ 법진일의 게송은 앞의 본칙「종승(宗乘)」선화를 간추려 읊고 있다. 종승은 무상대도(無上大道)를 말한다. '번뇌가 잠자고 망상을 쉬게 하는 것은 마

음의 화합(泰平)에 있음'을 1행에서 말하지만, 선문에서는 '선객끼리 부딪치면 지혜의 검을 빼들고 서로 겨루어봄이 선가의 예의임'을 2행에서 반어적인 기법으로 1행을 대구(對句)한다.

3행은 '아무리 사나운 호랑이라도 제 새끼 먹지 않듯이 선문의 선장 역시 호랑이와 같이 날카로운 예기(銳氣)와 맹렬한 살수(殺手)를 펼치어도 결국 길을 같이 가는 도반(道伴)일 뿐'임을 노래한다. 이어 '이와 같이 중독된 미친 이들에게 바른 법령이 시행될 리 없는 것이 당연한 것이 아닌가?'라고 한 마지막 행은 아이러니 수사법인 역설이다. 만약 바른 법령을 안 자는 당달봉사가 되어버린다. 우리의 관습적인 합리는 당연이고, 깜깜하게 잊고 있던 자성 본원의 출현에 의해 눈뜸을 말로 표현되지 않고 침묵으로만 가능한 것이 아닌가? 역설적 수사법에 의해 무심을 드러내고 있다.

㉯의 3행에 대응은 대웅산의 주인인 백장을 말하고, 4행에서 "아들 손자 어루만지기에 친함과 성근으로 안다(兒孫引接競疎親)" 함은 황벽이 잠시 침묵(良久)한 일을 벌써 자손들에게 모두 있는 대로 다 가르쳐주었는데, 뒷사람들은 그 뜻을 모르고 공연히 누구는 가까이하고 누구를 멀리한다고 쑥덕거린다는 것. 다시 이르면 무상대도의 전승을 묻는 황벽에게 백장은 침묵으로 대답한다. 이 뜻을 모르는 후세 사람들은 어떤 사람에겐 친절하게 제접하고 어떤 사람에겐 소홀히 함을 노래한 행이다.

6행에 "강태공은 곧은 낚시를 드리고 강가 앉은 것"은, 백장이 침묵(良久)으로 대답한 경지가 마치 강태공의 곧은 낚시 드리운 모습과 같음을 말한다. 7행과 8행은 이 양구 침묵으로 인해 앞생각 뒷생각, 일체의 사념이 끊겼음을 알면 그뿐이지, 쓸데없이 갈 길을 물을 것이 없지 않는가? 라 읽힌다. 갈 길을 묻는 자는 깨닫지 못하였고, 갈 길을 묻지 않는 자 역시 깨닫지 못한 것이 분명하다. 우리는 여기서 어떻게 해야 할 것인가?

황벽은 그 후 스승이 되어 이 일심을 후학들에게 전하기 위해 그의 설법이 간단명료하듯이 매우 직절(直截)의 가르침을 폈다. 황벽의 설법집인『전심법요』나『완능록』은 그를 따른 배휴의 근면성 덕분에 오늘날 우리가 볼 수 있는 귀한 선어록집들이다. 배휴는 뒷날 정승이 된 불교를 옹호한 단월이다. 황벽

역시 배휴의 청에 의하여 완릉 개원사에 주석하게 되었고 그 산 이름을 황벽산이라 부른다. 그것은 그가 어렸을 때 처음 출가한 산이 황벽산이기 때문이다. 그 후 희운은 황벽이라는 호로 불리게 된다.

황벽과 배휴의 첫 만남은 이렇게 시작된다. 오늘날까지 제방에 회자되는 배휴의 무심으로 자성본원에 활연계회하는 이야기와 배휴가 깨친 후, 그 반야의 지혜에 의한 살림살이가 『선문염송』 393칙과 394칙에 「형의(形儀)」와 「존상(尊像)」이란 이름으로 나란히 올라 있다. 이 선화를 읽고 미하반야바라밀본지(摩訶般若波羅密本地)[8]를 가늠해보자.

먼저 배휴가 황벽을 만나 자성본원에 계합하는 「형의」를 살펴보자.

> 황벽이 대중을 흩고 개원사에 있었다.
> 어느 날 배 상국이 들어왔다가 벽에 그려진 초상화를 보고 원주에게 물었다.
> "벽에 것이 무엇이오?"
> "큰 스님들의 초상입니다."
> 배 상국이 다시 물었다.
> "초상들은 볼 만한데 큰스님들은 어디에 계시오?(形儀可觀 高僧 在甚麼處)"
> 하니 원주가 말을 못 하거늘, 배 상국이 또 물었다.
> "여기에 선승은 없소?"
> "예, 희운이라는 수좌가 있는데, 아마 선승 같습니다."
> 이에 배 상국이 선사를 불러서 앞의 일을 들어 이야기하니, 황벽이 말하였다.
> "마음대로 물으시오."
> 배 상국이 다시 물었다.
> "초상은 볼 만한데, 큰스님은 어디에 계시오?"
> 선사가 "상공!" 하고 불렀다.
> 배 상공이 대답하자 선사가 말했다.
> "어디에 계시오?(在甚麼處)"

---

8) 마하반야바라밀본지 : 摩訶는 크다(大), 많다(多), 빼어나다(勝)의 의미이고, 般若는 근원에서 자발광하는 지혜, 본래 갖추고 있는 슬기이며, 波羅密은 도달하다, 완성하다의 의미이니, 곧 '크고 많으며 빼어난 지혜의 도달한 상태의 본래 땅'이니, 우리의 근원인 자성의 본래면목을 가리킨다. 반야부 경전의 자성본원의 다른 표현이다.

이에 배 상공이 말끝에 깨달았다(言下領旨).[9]

황벽이 불렀다. 배휴를 불렀다. 허공을 불렀다. 자성본원을 불렀다. 여기서 많은 착한 공덕을 쌓은 배휴, 육신 이름 배휴와 배휴도 아닌 육신, 육신도 아닌 본래면목을 부른 것은 아니다. 배휴는 오직 본래면목 무심지에 닿았을 뿐.

"자, 어디 계시오?(在甚麼處)"

정말 어디에 계시오. 한 번 다그침에 배휴가 무심인 일심, 자성본원에 몰록 합일된다. 이것을 『선문염송』에는 언하영지(言下領旨), 말 아래 종지에 닿았다, 영회하다로 가볍게 적고 있다.

이것은 바로 가벼울 대로 가볍고, 또한 아무런 이름이 없다. 이름이 없으니 자성본원, 무상대도, 본래면목, 일심무심이라 한다.

다음은 배휴가 자성본원에 계회(契會)한 후에 무엇이 달라지는지 그 자발광의 성능을 볼 차례다. 그 성능은 아무런 표시가 없어, 그 표시 없음을 체(體)로 하므로 귀신도 알 수 없다. 이 공안은 안명(安名)이라는 이름으로 제방에 회자된 『선문염송』 394칙 「존상」이다.

> 황벽에게 배 상국이 불상 하나를 모시고 와서 앞에 꿇어 앉아 말했다.
> "스님께서 이름을 지어주십시오(請師安名)."
> 선사가 "배휴" 하고 불렀다.
> 이에 배 상공이 대답하거늘,
> "이름 다 지었소(與汝安名竟)."
> 배휴가 절을 하면서 말했다.
> "스님께서 이름 지어주신 데 감사합니다(謝師安名)."[10]

이 우스꽝스런 놀이에 우리가 알 수 있는 것은 아무것도 없다. 단지 배휴가 황벽에게 이름을 지어달라고 간청하였고, 황벽은 "배휴" 하고 불렀고, 이 부

---

9) 『선문염송』 권10, 393칙 「形儀」.
10) 위의 책, 권10, 394칙 「尊像」.

름이 그의 간단명료한 직절의 교육법이고, 배휴는 무심이고 배휴는 일심이고, 배휴의 대답은 일심이니, 어찌 이름을 지어주지 않았다 할 것인가?

철저한 자기 인식, 마음 밖에 따로 한 법도 없음을 회광반조(廻光返照)하게 하는 가르침이다.

감사합니다, 감사합니다. 그러나 감사가 아니고 감을 사주어서 감사하는 '나'일 따름이다.

뒷날 천동각과 393칙 「형의」 이야기를 들어(拈) 후학을 가르쳤다.

천동각이 방문한 손에게 상당하여	天童覺 因客上堂
이 이야기를 들어 말하였다.	擧此話云
"말해보라. 배 상국이 깨달은 것이 무엇인가?"	且道 裵相國 省得介什麼
하고 양구했다가 말했다.	良久云
"앉아서 자주 권주한다고 이상히 생각 말라	莫怪坐來頻勸酒
헤어진 뒤 그대를 만나기 힘들었느니라"	自從別後見君稀

또 뒷날 선객들은 394칙 「존상」 이야기에 게송을 부쳐 깊은 의지를 발명하고 있다.

㉮

오색으로 단장하여 손에 받들고 왔거늘	五彩粧來掌上擎
노호는 억지로 거짓 이름 붙였네	老胡剛爲立處名
그대 지금 조사들을 초월코자 한다면	君今欲得超諸祖
모름지기 금강의 정수리를 걸어가거라	須向金剛頂顱行

— 보녕용

㉯

배휴는 당시 제 이름을 잊었는데	裵相當時忘却名
스님이 불러주어 다시 성성해졌네	被人喚着又惺惺
포태에 생기지 않은 날에는	不知未具胞胎日
누가 감히 성령을 건성으로 대충 말하랴	誰敢塗糊此性靈

— 불인원

보녕용의 게송, 1행에서 불상의 형상을 존귀하게 생각하여 오색을 단장하여 모셔왔지만, 이런 생각 모두 자기 속에 있는 자가보장(自家寶藏)을 망각하고 바깥(外境)에 마음 빼앗겨 표피적인 6식을 채우기 위해 헤매는 꼴이다. 2행은 배휴의 청에 억지로 거짓으로 짐짓 이름을 붙여준다. 여기서 노호(老胡)는 무심에 계합한 황벽 자신이고, 또 거짓으로 이름 붙여준 그 이름이고, 그 이름을 존귀하게 여기는 그 마음이다. 3행에서는 시의 흐름이 반전하여 우리의 깊은 곳에 손을 들어 밀며 깨우치고 있다. "그대 지금 조사들을 초월코자 한다면(君今欲得超諸祖)/모름지기 금강의 정수리를 걸어가라(須向金剛頂顱行)"고. 그럼 금강의 이마는 무얼 말하는가? 바로 조사들이 말하는 "풀머리 머리가 밝고 밝구나(艸頭明明白白)"라고 한 만물과 일체의 도리가 처음 만들어지는, 함이 있는 것(有爲)의 일착자(一着子)에 있다. 가령 눈덩이를 굴릴 때, 굴러가는 눈덩이가 구르며 처음 닿는 바닥의 눈과 눈덩이에 눈이 닿는 그 찰나. 이것을 선문에서는 '다리 아래를 보라(照顧脚下)니, 특별히 기특할 것이 없다(別無奇特)'라 힌트를 준다. 눈 푸르게 살피고 살필 일이다. 그래도 모르면 눈을 한번 눈에 넣어볼 일이다.

다음 불인원의 게송, 1행은 오랜 관습과 합리에 의해 자성본원에 두터운 딱지가 앉아 갈무리되어, 본래 청정한 이름을 망각하고 살아감을 말하고, 2행은 황벽이 존상의 이름에 배휴라 부른 것은 일체만물의 본래 이름을 부른 것. 곧 단말마의 진언인, "배휴" 하고 부르니 이미 자성본원에 계합된 배휴는 단번에 이 도리를 간파한다.

앞 393칙 「형의」의 공안에서 황벽이 '상공' 하고 불러서 대답하자 "어디 계시오?(在甚麼處)" 하는 다그침에 배휴는 말끝에 바로 깨달았다(言下領旨)고 나타나듯이 이미 자성을 견성한 배휴의 성능은 가히 천상천하유아독존(天上天下唯我獨尊)이어서 다이아몬드와 같이 견고한 번뇌 망상의 사슬에 포박당할 이유가 없다. 본래 '배휴'나 '우리'나 '그대'나 '나'나 알고 있는 본래의 참얼굴을 한 번 본 뒤에는 잊혀지지 않는 것. 그렇다. 한 번 깨침은 다시 망각되지 않으니, 그나 나나 그대나 모를 리 없다.

그래서 2행에서 "불러주어서 다시 성성해졌네"라 한 것은 다시 한 번 본성을 깨우쳐주어서 '다시 성성해졌다(又惺惺)'라고 불인원이 읊은 것이 노파심임을 알 수 있다. 3행과 4행에서 "포태에 생기지 않은 날에는(不知未具胞胎日)/누가 감히 성령을 건성으로 대충 말하랴(誰敢塗糊此性靈)"라고 노래한 것은 '어머니 뱃속'에 '그대'나 '나'나 생겨지지 않은, 자성본원이니, 바로 기독이 말씀한 '태초에 말씀이 있었다'의 앞이다. 이러할진대 '누가 있어 이 소식에 감히 입을 뗄 수 있을까보냐.' 이 자리는 과거 미래 현제의 부처도, 천하의 선지식도 입을 떼지 못하니, 석가모니도 "말 있음(有言)도 묻지 않고 말없음(無言)도 묻지 않습니다" 하는 '외도의 질문에 침묵(良久)'[11]하였고, 달마도 양무제의 질문에 '모르오(不識)'[12]라 했을 뿐이다.

그저 그러함이 당연하다는 착각. '일체 만물의 양태는 무생(無生)이고 무주(無住)고 무심(無心)이어서 어찌 언어와 사고에 따르는 인연에 연기되리오' 하는 착각에 빠지기도 한답니다. 아, 이 벽력 소리여!

임제종에 직접적으로 영향을 끼친 황벽이 얼마나 거침없고 견해가 명료하고 단호하였던가를 보여주는 선화 하나와 게송 하나를 감상하며 마무리지으려 한다.

황벽이 염관 제안 회상에서 수행하고 있을 때, 회창 무제의 폭정을 피하여 공부하던 뒷날 대중황제 선종의 물음에 경책을 주기 위해 세 번이나 손찌검을 한 일이 있었다.[13] 그 뒤 황제가 된 선종은 황벽에 대해 남은 인상 때문에

---

11) 이 선화는 『보적경(寶積經)』에 나온다. 『선문염송』 권1, 16칙 「양구」에 실려 있다.
  세존에게 한 외도가 물었다. "말 있음을 묻지 않고 말 없음도 묻지 않습니다." 하니 세존께서 良久하셨다. 이에 외도 찬탄하기를 "세존께서 대자대비하시어 저의 미혹의 구름을 열어주셨습니다. 감사합니다. 저를 깨달음에 들게 하신 것입니다(開我迷雲 令我得入)" 하고 물러갔다. 외도가 떠난 뒤에 아난이 부처님께 물었다. "외도가 무엇을 깨달았기에 깨달음에 들었다 하였습니까?" 하니, 부처님께서 이르시기를 "세간의 좋은 말은 채찍의 그림자만 보고도 달리는 것 같으니라(如世良馬 見鞭影而行)."

12) 이 선화는 『벽암록』 제1칙 「확연무성」과 『선문염송』 권3, 98칙 「성제」에 실려 있다.

13) 무제(회창)의 폭정을 피하여 삭발위승하고 선원을 전진하던 뒷날 선종(무제의 숙부)은 마조의 법제자인 염관사의 제안선사 회상에 황벽과 같이 머문 적이 있었다. 어느 날 황벽이 불전에 예배하고 있는데, 선종이 한마디 법거량하였는데 "선가에서는 부처(佛)에게서 구하지 않고 법으로부터도 구하지 않고 승으로부터도 구하지 않는다고 하는데, 어째서 제 일좌는 그와 같이 三寶전에 예배를 하십니까?" 이 골수를 건드리

추행사문(麤行沙門)이라는 호를 주려 하였다. 그때에 재상으로 있던 배휴가 간언하기를 "선사가 그때에 세 번이나 손찌검을 한 것은 폐하의 삼제윤회(三際輪廻)를 끊어주기 위한 것입니다" 하니 선종이 그를 기리어 단제(斷際)선사라고 사호하였다.

그리고 배휴가 엮은 『완능록(宛陵錄)』은 황벽과 그의 여러 제자들과 나눈 대화의 어록이다. 특기할 것은 깨침의 방법으로 화두(공안)의 중요성을 강조하며 끝을 맺고 있다. 이 간화(看話, 화두를 드는 것)에 의한 참선법인 간화선(看話禪)이 바로 직전 상족인 임제 의현에게로 전수되어 오늘날 '임제종은 간화선이다'라는 말의 근원이 된다. 황벽은 제자들에게 참선이란 생사를 건 싸움이어서 쉽고 편이하게 생각해서 절대 깨칠 수 없다고 경책을 하며 다음 게송으로 그의 설법을 마무리짓는다.

티끌세상을 벗어나는 것은 쉬운 일 아니다	塵勞迥脫事非常
밧줄을 단단히 잡고 온 힘을 기울여라	緊把繩頭做一場
뼈 속에 스며드는 추위를 겪지 않고선	不是一番寒徹骨
어찌 매화가 그 향기로 그대를 즐겁게 하리	爭得梅花撲鼻香

위의 게송과 같이 우리는 철저히 나를 죽이지 않고서는 철저한 깨달음을 얻을 수 없다. 무언가가 남아 있을 때는 그 무엇이 주인이 되기 때문일 것이다.

그가 사랑하던 황벽산에서 대중 2년(850)에 입적에 드니 탑을 광업(廣業)이라 하였다.

는 듯한 질문에 황벽은 선종의 곁으로 가까이 다가가서 "부처에게도 구하지 않고 법으로부터도 구하지 않고 승으로부터도 구하지 않는 까닭에 예배하는 것은 이와 같다" 하면서 거침없이 선종의 빰을 철썩 쳤다. "무례한 놈, 난폭하기 그지없구나!" 하며 달려드는 선종을 보고 황벽은 대소하며 "부처에게도 구하지 않고 법으로부터도 구하지 않고 승으로부터도 구하지 않는 그곳에 무슨 무례가 있으며 무슨 난폭이 있는가?" 하였다. 참으로 직지의 가르침이다. 그 후 선종은 황벽을 존경했다고 한다.

2. 검은 암소가 된 영우

위산 영우(潙山靈祐, 771~853)는 백장의 큰 제자다. 그리고 영우는 그의 제자 혜적과 더불어 위앙종을 성립시켰다. 5가 7종의 선문 가운데 가장 먼저 형성된 총림이다.

『전등록』에 의하면 영우는 복주 장계에서 출생하였고 성은 조(趙)씨며 고향에 있는 건선사 법상율사에게 15세에 머리를 깎았다. 영우는 계를 받은 후 대소승의 계율을 두루 섭렵하고 23세 때 강서지방으로 행각하여 백장을 참문하였다. 백장은 영우를 보고 대승 법기임을 간파하고 입실을 허락하였다.

백장은 영우를 늘 가까이 두고 깨달음의 시절인연을 안내하기 위해 간절 노파심을 다한다.

영우를 깨달음의 세계로 안내하는 선화와 그에 따른 후세 선객들의 선시를 음미하며 저 광대무변한 선의 세계를 가늠해보자.

㉮

역사(力士)가 이마 위에 구슬을 잃고	力士曾遺額上珠
찾다가 못 찾을 땐, 수많은 탄식하네	搜尋無處幾嗟吁
옆 사람이 구슬은 그냥 있다 일러주니	傍人爲指珠元在
평생 동안 마음 씀이 거칠었음을 깨달았네	始覺平生用意麤

— 정엄수

㉯

백장이 별똥 같은 불을 집어 올리니	百丈拈來火一星
위산이 평생의 일을 별안간 깨쳤네	潙山驀見省平生
내일 아침 다시 산 구경을 가거든	明朝又共遊山去
불을 찾아 마른 나무 줄기를 불고 더듬세	索火還吹枯木莖

— 법진일

㉰

화로 속을 한가로이 한 번 헤쳐서	等閒一撥紅爐裏
별똥 같은 불을 찾아내니 재는 죽지 않았네	擧火如星灰不死
잡히는 대로 들어올린 잠깐 사이에	信手拈來瞬目間

불법이 얼마 안 되는 줄 비로소 알았네　　　　始知佛法無多子
　　　　　　　　　　　　　　　　　　　　　　　　　— 지비자

　『선문염송』「유화(有火)」의 본칙[14]은 『전등록』 제9권 「위산영우」 장에 나오는 첫 번째 이야기를 압축한 것인데, 백장이 영우를 깨닫게 하는 선화이다. 이 유명한 공안은 예부터 운수납자들에게 회자되어왔다.
　이야기는 이렇다.

> 영우가 어느 날 백장스승을 모시고 서 있었는데, 백장이 영우에게 물었다.
> "옆에 선 사람은 누구인가?"
> "영우입니다."
> "화로에 불이 남아 있는지 헤쳐보게(汝撥爐中有火否)."
> 영우가 화로를 뒤적거려보았지만, 불씨를 발견하지 못했다.
> "불이 없습니다."
> 백장이 일어나서 몸소 불을 헤쳐 작은 불씨를 찾아들고서 말했다.
> "이게 불이 아니고 무엇인가?"
> 이 말끝에 영우가 깨달음을 얻고 절을 하면서 사례하였다(師發悟禮謝).
> 이에 백장이 진중하게 말하였다.
> "이는 잠시의 지름길일 뿐이다. 경에 말씀하시기를 '불성을 보려 하거든 반드시 시절과 인연을 관찰하라' 하였으니 시절이 이르게 되면 미혹했던 이가 문득 깨달은 것과 같고 한 번 잊은 번뇌 망상을 영영 기억함이 없는 거와 같은 것일세. 그러므로 조사께서 말씀하기를 '깨달음은 깨닫지 못함과 같아 본래 마음도 없고 법도 없다' 하신 것이네. 이렇듯 허망한 범인과 성인들의 마음이 없는 본래심법(本來心法)이 원래 스스로 갖추어 구족해 있으니 이제 이미 네가 그러한 터이니 스스로 잘 호지(護持)하여라(百丈曰 此乃暫時岐路耳 經云 欲見佛性 當觀時節因緣 時節旣至 如迷忽悟 如忘忽憶 方省己物不從他得 故祖師云 悟了同迷悟 無心亦無法 只是無虛妄凡聖等心 本來心法元自備足 如今旣爾 善自護持)."[15]

　위의 선화에서 보여주는 백장의 가르침은 일체의 삼라만상을 바라보는 세

---

14)　『선문염송』 제9권, 355칙 「有火」, 동국역경원, 175~176쪽.
15)　『경덕전등록』 권9, 「담주위산영우선사」, 보련각, 1982, 149쪽.

심하고 면밀한 곳에서 일어나는 마음을 최대한 주의 관찰해야 한다는 것. 불을 통하여 보여주는 그곳, 사량분별이 멈추는 대용(大用)의 세계. 끝없이 움직이는 행동의 세계. 일체의 제2차적 정상화(定相化)된 관념의 세계를 넘어 바로 활활발발한 찰나의 세계를 계합하는 데는 무엇보다도 스스로 힘써 실참실수함으로써 시절인연이 닿도록, 그 시절인연을 여시하게 투시해야 함을 간곡히 부탁한다. 그러할 때, 축적된 일상의 세계, 개념의 세계에 덮여 있던 자성본원이 여지없이 드러난다고 백장은 간곡히 영우에게 마지막 가르침을 주며 인가한다.

곧 시절인연이 익으면 자연 드러나 어리석고 미혹했던 사람이 마치 천년 동굴의 어둠이 한 줄기 빛으로 가득 차듯이, '어둠/밝음'이 공존할 수 없는 것과 같은데, 이것은 우리가 본래 갖추고 있던 자기의 스스로의 빛이지 다른 곳에서 들어온 것이 아님을 설한다.

정엄수의 게송, ㉮의 1행과 2행은 '아무리 힘이 좋은 역사라 할지라도 자기 이마 위에 구슬이 있는지 모르고/엉뚱한 곳에 헤매어 찾다가 도저히 찾지 못함으로 울음을 터뜨리는데/시절인연이 익어 본래 가지고 있었음이 드러나니/스스로가 지극 정성을 들여 면밀히 살피지 못했음을 깨닫게 됨'을 잔잔히 무기교로 읊으니 평평범범(平平凡凡)의 묘(妙)라 할 것이다.

우리의 근원인 자성도 이와 같은데, 바깥 경계에 끌리어 한없이 내닫기만 하고는 만족한 삶을 살 수 없는 것과 같다.

㉯의 게송 역시 불의 근원인 불씨를 찾아내어 보여주니 영우는 그 순간 본지에 영회한다. 불씨조차 없는 자성본원이 불씨를 보여줌으로 전 세계가 오직 불로 가득 차 있음을 깨닫는다. 이것을 법진일은 "백장이 별똥 같은 불을 집어 올리니(百丈拈來火一星)/위산이 평생의 일을 별안간 깨쳤네(潙山驀見省平生)"라고 평이하게 사실대로 그려낸다. 다음 3행과 4행, "내일 아침 다시 산 구경을 가거든(明朝又共遊山去)/불을 찾아 마른 나무 줄기를 불고 더듬세(索火還吹枯木莖)"를 풀면 '내일 아침(明朝)'은 밝은 아침이니 새로운 눈뜸의 세계를 말하고 '산구경(遊山)' 간다 함은 내적인 깨달음의 정신세계에 있어도, 역시 몸은 현실에 참여하고 사회에 깊숙이 부대끼며 살아감을 의미하고,

4행에서 진리의 본원에 영회되어도 우리는 다시 불을 찾아 본질의 세계(莖)
를 다시 더듬을 뿐이니, 이는 바로 『반야심경』에서 체험적 결과로 나타나는
색즉시공(色卽是空) 공즉시색(空卽是色)의 세계다.[16]

㉲의 게송에서 풍겨오는 담담함과 예사로움은 우리를 한층 가라앉히며 더
욱 창연한 세계로 몰아간다. 무엇이 이리도 당당함을 넘어서 저 밑바닥까지
평범하게 하는가.

2행에서 '눈동자에 붙어서 반짝이게 하는 별똥 같은 불'. 이 불은 우리 자신
의 영롱한 불이다. 활활 타오르는 불이다. 그러나 단지 타오르는 불의 씨앗을
보지 못하고 잿더미를 볼 뿐이니, 우리는 잿더미이다. 잿더미 역시 불씨와 바
람을 만나면 타오르는 불이 된다. 이럴 때 4행에서 지비자가 노래하듯이 "불
법이 얼마 안 되는 줄 비로소 알았네(始知佛法無多子)"로 된다. 사실 불법(佛
法)은 불법(不法)이다. 얼마 안 된다고 말해도 안 되는 것이니, 오직 그렇게
알면 그뿐이다.

---

16) 송취현, 『반야심경강론』, 경서원, 1993, 218~219쪽 각주 참조.
　　불경 전반에 자성본원의 無自性을 밝히는 변증법적 논리 구현, 바로 통일논리를 밝
　히기 위해 삼단논법을 전개하고 있는데, 이는 바로 일체의 삿됨을 깨뜨리고 올바름
　을 드러나게 하는 破邪顯正하기 위함이다. 몇 가지 경론에 나타나는 삼단논법을 정
　리할 것 같으면 다음과 같다.

　　　■ 원래적 입장 – 色性是空 空性是色–空諦–有無–山是山 水是水
　　　　사상적 표현 – 色不異空 空不異色–假諦–非有非無–山是水 水是山
　　　　체험적 결과 – 色卽是空 空卽是色–中諦–亦有亦無–山亦是山 水亦是水

　　　■ 색즉시공 공즉시색은 『반야심경』의 표현이고, 空假中의 三諦는 천태종의 2조
　혜문이 나가르주나의 『중론송』에 얻은 반상합도이고, 有無 非有非無 亦有亦無는 『열
　반경』에 佛性 非有非無 亦有亦無 有無合故에서 근거한다. 그리고 선시에서도 본래적
　인 山是山 水是水와 사상적 표현인 山是水 水是山인 경지와 실참실수한 뒤에 나타나
　는 山亦是山 水亦是水의 확연한 경계를 노래한다.
　　다음 죽암선사의 삼단논법에 의해 만들어지는 중론게송 하나를 읽어보아도 그러
　함이 드러난다.

　　　　　　中論因緣所生法　　　一句道盡無剩語
　　　　　　我說卽時空假中　　　珠簾暮捲西山雨

『전등록』은 영우가 대위산(大潙山)에서 주석하게 된 기연을 비교적 소상하게 적고 있다. 당시 백장의 문하에는 사마두타(司馬頭陀)라는 속가제자인 거사가 있었다. 그는 애써 수선하며, 관상이나 영지명산에 지리를 보는 풍수학에 밝은 사람이었다. 이런 사마두타는 어느 날 호남을 유람하고 스승이 계시는 백장산으로 돌아와 문안을 올리게 된다.

『전등록』에 기록된 전후 사정을 살피건대 아마 문안의 내용은 아래와 같이 추측된다.

'스승님, 이번 순유에 대단한 곳을 발견하였습니다. 아직 세상엔 알려지지 않은 산인데, 바로 호남에 있는 대위산이라고 하는 참으로 경치가 빼어난 웅장한 산입니다.'

이어서 백장은 말했다.

"노승이 위산의 주인으로 어떤가?"

사마두타가 대답했다.

"위산은 절묘하여 1,500명은 능히 모을 수 있습니다마는 스님께서는 사실 곳이 아닙니다."

"어찌 그런가?"

"스님께서는 골인(骨人)이고 위산은 육산(肉山)이기 때문에 설사 사신다 해도 문도가 천명을 채우지 못할 것입니다(和尙是骨人 彼是肉山 設居之 徒不盈千)."

"그렇다면 문도 가운데 거기에 살 만한 사람이 없겠는가?"

이어서 백장은 사람을 시키어 제1좌인 화림 선각을 불러오게 하였다.

"이 사람은 어떤가?"

두타가 기침을 한 번 시키고, 몇 걸음 걷게 한 뒤에 대답했다.

"이 사람은 되지 않겠습니다."

"다시 전좌(典座)인 영우를 부르니, 두타가 말했다.

"이 사람이야말로 위산의 주인입니다."

백장은 밤에 영우를 방장으로 불러들여 법을 전했다.

"나의 인연은 여기에 있으니, 위산의 좋은 경계에는 그대가 살면서 나의 종풍을 계승하여 후학들을 제도하라(吾化緣在此 潙山勝境 汝當居之 嗣續吾宗 廣度後學)."

위의 선화에서 우리가 읽을 수 있는 것은 영우의 대기(大機)와 대용(大用)의 면목이다. 당시 백장 문하의 제1수좌인 화림을 제치고 보잘것없는 직책인, 음식이나 만드는 전좌로 있던 까마득한 후배 영우를 대위산의 개산주로 지목하게 된다. 그리고 위 선화에 읽혀지는 행간의 의미를 더듬어보면 더욱 법을 전하기 위해 조그마한 사정도 개입시키지 않는 조사들의 위법망구(爲法亡軀)의 정신이 보인다.

가령 방장이며 스승인 백장 회해가 스스로 자기를 추천하지만, 사마두타는 냉정히 '스님께선 아무리 보아도 그 산에 주인이 되기에는 부족합니다. 아마 스님께서 그 산에 가신다면 대중이 고작 6, 700명이 다일 것입니다. 위산은 육산이라서 적어도 1,500명을 인솔할 수 있는 덕상을 갖춘 선지식이 아니면 좀 곤란합니다'라고 말하는 것이나, 이에 조금도 흔들림 없이 백장은 제자인 화림과 영우를 추천한다. 그러나 화림이 아무런 판정도 없이 영우를 위산의 개산주로 인정하지 않음을 눈치챈 백장은 두 제자를 시험하게 된다.

『전등록』에서 위의 선화에 이어지는 이야기는 아래와 같다. 또 이 이야기를 『선문염송』「정병」356칙으로 따로 떼어서 한 공안으로 제시하고 있다.

> "제가 외람되지만 대중의 우두머리에 있는데 영우대사가 어찌하여 주지를 맡을 수 있단 말입니까?"
>
> 이 말을 듣고 백장이 말했다.
>
> "너의 두 사람 중 대중에게 동떨어진 말을 하는 이에게 주지를 시킬 테니 말해봐라(若能大衆下得一語出格 當與住持)."
>
> 바로 정병[17]을 가리키며 말했다.
>
> "정병이라 부르지 못한다. 무엇이라 부르겠는가?(不得喚作淨瓶 汝喚作什麼)"
>
> 화림이 대답했다.
>
> "나무말뚝이라 하지는 못할 것입니다."
>
> 백장이 수긍하지 않고, 다시 영우에게 물었다.
>
> 영우가 아무런 말도 하지 않고 정병을 걷어차 넘어뜨리니, 백장이 웃으며 말했다.
>
> "제1좌가 도리어 산사람에게 졌구나(第一座輸却山子也)."

---

17) 淨瓶은 변소에 가서 뒤를 본 뒤에 뒤를 씻기 위해 쓸 물을 넣어두는 병.

이렇게 하여 영우가 위산에서 개산하게 된다.

위의 선화에서 백장이 묻는 "정병이라 부르지 못한다. 무엇이라 부르겠는가?"를 풀어보면 '이것을 정병이라고 부르면 정병이란 이름에 집착하게 되고 정병이 아니라고 하면 모든 사람들이 정병이라 약속한 명칭을 위배하게 된다. 자, 그럼 이 물건을 무엇이라고 불러야 하나?' 실로 이항대립적인 '자/타', '흑/백' 양변의 견해를 해체시키는, 허물어뜨리는 중도의 골수를 묻는 질문이다.

좀 더 이해를 돕기 위해 정병과 나무말뚝의 쓰임을 알 필요가 있다. 정병과 나무말뚝은 측간에서 뒤를 본 뒤에 뒤를 닦기 위해 사용하는 물건이니, 오늘날과 같이 화장지가 귀할 때, 나무말뚝으로 닦은 다음 정병의 물로 뒤를 깨끗이 씻고 손을 씻는 화장실용 기구이다.

백장은 말한다. 정병을 정병이라 할 때에는 정병이라는 고정된 이름을 부르는 것이니 그 실상을 위반하는 것이고, 정병을 정병이라 부르지 않을 때는 실상에 집착하다 보니 모든 사람이 약속한 일상사를 위배하게 된다.

이 어려운 질문을 어떻게 풀어야 하는가? 이것이 문제다. 아무리 우리가 사량분별해도 실타래와 같이 엉키기는 마찬가지다.

화림이 대답한 나무말뚝도 그럴듯한 대답이겠지만, 바로 이 양변의 견해를 명쾌하게 무너뜨리지 못하고 있다. 영우가 보여주는 정병을 일거에 걷어차는 대용은 어떠한가? 우리를 통쾌, 명쾌, 박장대소하게 한다. 바로 우리는 '자/타'가 무너지고 '흑/백'이 해체되는 기쁨을 맛보게 하는 청량감에 휩싸인다.

⑦

영웅을 고르는데 정병을 가리키니   定脫英雄示淨瓶
털끝만큼 나뉜 곳에 다른 나눔이 없네   毫釐分處更無精
태평세계는 원래가 장군이 이루지만   大平本是將軍致
장군은 태평세계를 누리지 못하게 했네   不許將軍見大平

—동림총

⑭

백장의 당 앞에서 위산 주인 고르는데   百丈堂前定大潙
황금털 사자들은 한껏 위세 부리네   金毛獅子振全威

정병이 쓰러지자 근본 자리 돌아가니 　　　　　淨瓶趯倒還元化
천 리의 순풍이 땅덩이를 움직이네 　　　　　千里淳風同地歸
　　　　　　　　　　　　　　　　　　　　　　　— 지해청

㉰
한나라 뜰에 단을 쌓아 장군직 줄 때 　　　　　漢庭築壇拜將
어떤 객은 제멋대로 재주 부린다네 　　　　　有客自呈技倆
덕과 재주 헤아려 살피지 않고 　　　　　　　不能度德量材
공연히 공과 상을 탐낸다네 　　　　　　　　妄欲貪功嗜賞
작가가 정병을 차서 쓰러뜨리니 　　　　　　作家踢倒淨瓶
나무말뚝, 그 어찌 주인 노릇하리오 　　　　木杙如何主掌
　　　　　　　　　　　　　　　　　　　　　　　— 지비자

　위의 선시들은 『선문염송』 356칙 「정병」[18] 선화에 부친 후세 선객들의 게송들이다.

　동림총 게송 ㉮의 1행과 2행을 풀면 '위산의 개산주인을 찾는데 그 시안(試案)으로 정병을 양변적인 견해에 떨어지지 말고 말하라/털끝만 한 차이도 허락지 않으니 이런 분상에 다시 정밀이니 원만함이니 이런 따위가 있을 리 없다'로 읽힌다. 곧 자성본원은 늘 '주/객'이 소통된 장(場)이라 무얼 어떻다든가 무얼 사량한다든가 하는 곳이 아닌 불이처(不二處)다. 3행은 '태평세계는 전장에서 장군의 승리로 얻어지지만'으로 읽히나 4행의 "장군은 태평세계를 누리지 못하게 한다"는 '장군은 전투의 총책임자로 장군이란 실체가 존재하는 한, 전장일 터이니 태평세계일 수는 없다. 따라서 태평세계를 누리지 못하게 한다'로 풀이된다.

　곧 이것은 화림수좌가 태평을 누리려는 태도로 조용히 "나무말뚝이라고는 할 수 없다"라고 답하자, 영우가 이를 긍정치 않고 걷어차 양변의 이항대립을 사정없이 박살내버림을 말한다.

　이 한 번의 걷어참이야말로 정병을 흔적조차 허락지 않음이고 사정의 근원처를 철저히 없앰이니, 진실로 양변의 견해를 떠남이 아니고 무엇이겠는가.

---

18) 『선문염송』 제9권, 355칙 「淨瓶」, 동국역경원, 177~179쪽.

㉯의 게송에서 지해청은 1행과 2행에서 '백장 스승 앞에서 대위산의 개산 주인을 뽑는데/그간 실참실수한 선장들이 남김없이 지혜를 펼쳐 보인다'로 편안히 이해된다.

황금털 사자는 눈 푸른 수선납자들을 형상화한 단어다.

금모사자(金毛獅子). 당신은 천 갈피 만 갈피 황금빛 털을 수송전기(受送電機)인 양 갈기 세운 푸른 안광을 내뿜는 사자를 본 적이 있는가.

백번 지은 누더기를 걸치고 구름이 되어 물이 되어 떠다니는 선객. 이들이 황금털 사자이니, 하늘과 땅 사이를 살펴볼 일이 아닌가.

3행에서 원인이 무효가 되니 무효의 자리로 환원본처됨을 노래하였고, 4행은 천지의 자연 운행으로, 저절로(無功用) 상태로 돌아가니 천하가 태평하여 '천리순풍이 땅 위를 소소히 불 뿐(千里淳風同地歸)'이라고 본래자리, 자성본원과 그 활용을, 대기대용(大機大用), 진공묘유(眞空妙有)를 드러내고 있다.

㉰의 게송, 1행에서 4행까지는 '자리가 탐이 나서 스스로의 재주도 돌아보지 않고 만용을 부리는 제1좌 화림'을 노래하고 5행에서 '빛나는 독창의 작가가 근원인 정병을 차서, 생각조차 걷어차버리니' 진실로 장부의 진검 승부다. 6행에서 "나무말뚝, 그 어찌 주인 노릇하리오(木杣如何主掌)"는 정병을 차서 없앴는데, 활용에 짝이 되는 나무말뚝이 본래의 역할을 어찌 다 할 수 있는가로 이해된다. 앞에서도 밝혔듯이 정병과 나무말뚝은 측간에서 뒤를 본 후에 뒤를 닦고 처리하는 도구여서 상호 불가분의 관계에 있다.

위의 선화나 선시에서 보듯이 영우가 위산의 주지가 되므로, 이후 위산 영우(潙山靈祐)로 불리게 된다.

그리고 우리는 영우를 깨닫게 하는 선화를 살펴볼 필요가 있다. 백장 역시 쩨쩨할 정도로 거의 불씨가 없는 재를 헤쳐 조그만 불씨를 찾아내어 제자에게 보이며, "이것이 불이 아니고 무어냐?" 하는 되물음의 정밀한 가르침이나, 두 번째 선화인 정병 이야기 역시 이항대립적인 양변의 견해를, 정병을 걸어차는 것으로 가볍게 벗어나는 완숙함은 앞으로 그의 제자 혜적과 같이 위앙종의 선풍을 그대로 보여주는 것이라 하겠다.

선종의 5가 7종은 모두 나름대로 그 종파의 가풍을 드러내고 있다.[19] 다음에 나오는 선화 역시 자성의 불씨를 찾는 데 도움을 주기 위한 스승 위산의 간절노파심이 잘 드러난다.

> 한 학승이 위산에게 물었다.
> "도가 무엇입니까?(如何是道)"
> "무심이 바로 도지."
> "저는 잘 모르겠습니다."
> "어째서 알아듣지 못하는가? 알아듣지 못하는 바로 그 사람을 아는 일이네(何不會取 不會底好)."
> "어떤 것이 알아듣지 못하는 그 사람입니까?(如何是不會底)"
> "다름 아닌 바로 자네지(祇如是不是別人)."
> 이어 스님이 다음과 같이 말씀하였다.
> "나는 요즘 모든 사람들이 당장 자아를 체득했으면 하네. 이해를 못하는 그 사람이 다름 아닌 자신의 마음이며, 그것이 바로 자신이 부처인 것을 알아야 하네. 만약 밖을 향해 알음알이나 지식이나 더 나아가서 아주 작고 미묘한 것일지라도 구하여 그것을 선이고 도라 한다면 도저히 손 쓸 길이 없네. 이것은 똥을 실어 들이는 사람이라고는 하겠지만 똥을 실어내는 사람이라고 하지는 못하지 않는가. 바로 마음밭을 더럽히기 때문에 도라고는 할 수 없음이야(復曰 今時人 但直下體取不會底正是汝心 正是汝佛 若向外得 一知一解 將爲禪道 且沒交涉 名運糞入 不名運糞出 汚汝心田 所以道不是道)."[20]

위의 선화에서도 읽히듯이 위산이 선객들을 제접하거나, 제자들을 깨달음의 세계로 인도하는 가르침은, 후대 선가들에게 정밀 완숙하다는 정평을 얻게 된다. 이렇게 스승과 제자 사이의 가르침은 다른 종파와 같이 고함을 지르거나(喝), 몽둥이질(棒), 기상천외의 언행을 사용하지 않고, 착실하고 면밀하

---

19) 5가 7종은 선종 종파의 총 명칭이다. 종지나 교의에 의하여 나누어진 것이 아니라, 단지 각 문의 선풍이 달라서 갈라 부른다. 위앙종은 완숙하고 조동종은 세밀하며 임제종은 통쾌하고 운문종은 고고하며 법안종은 간명하다. 그리고 각 종파의 성쇠는 법이 강하고 약함에 있지 않고 사람을 얻고 얻지 못함에 있다.

20) 『선문염송』 제9권, 359칙 「無心」.

며 노련하고 간절한 가르침을 특징으로 삼고 있음을 알 수 있다. 이것이 위산을 종조로 하는 위앙종의 특징적 가풍으로 자리 잡는다.

위의 선화는 『선문염송』 359칙에 나오는 「무심」의 가르침이다.

도를 묻는 학인에게 위산은 '마음 없음, 이것이 바로 도'라고 한다. 그러자 학인은 "모르겠습니다(不會)" 하는데, 이 불회는 바로 '제가 그 자리에 실제 있지 못합니다'이니 이해하지 못함과는 다르다. 이해한다는 것 역시 불회다. 선문에서 흔히 회자되는 '된장인지 똥인지 찍어 먹어봐야 안다'라고 하는 경구는, 실제로 찍어 먹어보지 못했다는 말이다. 이것은 모르긴 모르되 도대체 온통 깜깜하여 생각하여 알 바가 아닌 실참실수의 확연한 경지를 말한다. 결국 위의 말은 주관과 객관이 허물어진 유일무이(唯一無二)의 불이(不二)를 이르는 것. 그래서 위산은 이 불회를 영회하지 못함을 질책하며 간절한 가르침을 편다. "어째서 알아듣지 못하는가? 바로 알아듣지 못하는 바로 그 사람을 아는 일이네(何不會取 不會底好)"라고.

그렇다. '알아듣지 못하는 그 사람'은 바로 천상천하유아독존(天上天下唯我獨尊)[21]인 절대현재의 참사람임을 알면 그뿐이다.

학인이 다시 "알아듣지 못하는 그 사람이 누구입니까?"란 물음에 위산은 "다른 사람이 아닌 바로 그대야" 하는 명료한 가르침을 편다. 바로 이것은 직지인심의 본처인, 자성본원임을 보여주는 직절(直截)의 법문이다. 그다음에 이어지는 위산이 스스로의 몸을 나투어 자기의 몸을 진흙 속을 끄는 친절한 가르침. 명심하고 명심해야 할 부분이다.

그럼 이 '무심의 공안'을 밝힌 두 편의 선시(拈)를 읽어보자.

---

21) 『선문염송』 제1권, 2칙 「周行七步」에 의하면, 세존께서 처음 탄생하실 때, 두루 일곱 걸음을 걸으시고 눈으로 사방을 둘러보시고 한 손으론 하늘을 가리키시고 한 손으로 땅을 가리키시면서 "하늘 위나 하늘 아래 나만이 홀로 존귀하다(天上天下唯我獨尊)" 하셨다.

　　그런데 더욱 재미있는 것은 후세에 운문 문언이 입이 간지러워 단 착어다. "내가 그때 이 꼴을 보았더라면 한 방망이로 때려 죽여 개나 배불리 먹게 하여 천하가 태평하게 했을 것이다"란 말을 깊이 들여다보아 진실로 천하를 태평하게 할 일이다.

법진일 선사 무심공안을 들어 말한다　　　　　法眞一拈
"위산의 말, 역시 똥을 실어 들이는 짓거리　　　溈山與麼說話亦是運糞入
마음밭이 어찌 더럽혀지지 않으랴?"　　　　　　心田爭得不汚
다시 주장자로 한 번 긋고 말한다.　　　　　　　師以拄杖子一畫云
"그대들을 위해 실어 내보냈네."　　　　　　　　與儞運出了也

　　　　　　　　　　　　　　　　　　　　　　— 법진일

심문분 선사가 무심공안을 들었다　　　　　　　心聞賁拈
"위산의 말씀 역시 똥을 싣고 들어옴이요　　　　對溈恁麼說正是運糞入
어찌 싣고 나간다 하리오.　　　　　　　　　　　不名運糞出
마조가 '마음도 아니요 부처도 아니라' 함은　　 萬年道 不是心不是佛
모르는 것까지 알 필요가 없음이니　　　　　　　不會底 更不須會
말하라, 똥이 실어내어졌는가?　　　　　　　　　且道 還運糞得出麼
역시 정주에서 조문이 생기는 꼴 아닌가?"　　　 也是鄭州 出曹門

　　　　　　　　　　　　　　　　　　　　　　— 심문분

233

　법진일이 들어 보인 ㉮의 염(拈) 가운데, 앞의 본칙에서 위산이 말한 '알아 듣지 못하는 것이 좋은 것이네(不會底好)'라 하는 말은 '바로 그 사람을 아는 일'임을 드러내는 반어적인 대답이다. 간화선에서 화두를 든다 함은 바로 모르는 것, 즉 불회라 혹은 불식(不識)이라 조사들이 지칭하는 그 모르는 것을, 영회함을 이르는 것이다. 그러나 법진일은 그 존귀한 위치마저 인정하지 않는다는 뜻이다. 곧 위산이 말하는 '모르는 것이 바로 그이고, 다른 사람이 아니다' 한 직절의 가르침마저 똥을 실어 들이는 것일 뿐. 이 역시 그대로 두어도 온전한 마음밭에 우리의 오랜 관습의 두께를 더 입히는 것이니, 심문분은 말한다. '우리들을 위해 지극한 마음마저 실어 내보냄'을 주장자로 한 번 긋는 명료함, 이 밖에 더 이상 아무런 것도 없지만, 그래도 쓸데없는 말을 또 붙인다. "그대들을 위해 실어 내보냈네(與儞運出了也)"라고.

　㉯ 심문분의 선시 역시 법진일과 같다. 단지 위산의 간절노파심은 어디까지나 모르는 것은 모르는 대로 둠이 타당하다고 보는 견해이다. 위산이 말한

"모른 것이 바로 그이고, 다른 사람이 아니다"라는 이 간절노파심마저 한 겹
더 입히는 것임을 들어 보인다. 이것이야말로 '똥을 실어냄이 아니라, 똥을
실어 마음밭에 넣는 것이니, 정씨 가문에 조씨 자손이 태어나는 격과 같아'
도리에 맞지 않음을 말한다. 위산이나 법진이나 심문, 후학을 위한 이 존숙들
의 가르침이 지극할 따름이다.

앞에서도 언급한 것같이 위산 영우는 백장청규를 죄초로 실천하여 총림을
형성하여 1,500명이 넘는 대중을 이끈 선문의 대존숙이다.

위산의 법문 가운데 그의 제자 앙산 혜적을 깨달음으로 들게 한 선화 역시
깊이 있는 마음의 눈에서 감지되는 정밀함과 완숙함을 읽을 수 있다. 이때 앙
산의 질문은 진불(眞佛)의 소재에 관한 것이었다. 이 선화는 『선문염송』 364
칙에 「진불」로 기록되어 있다.

위산이 앙산에게 물었다.

"어떤 것이 진불이 사는 곳입니까?"

"생각으로 도달할 수 없는 묘처를 늘 생각하며 신령스러운 불씨의 끝없음을
내성반조(內省返照)함에 그대 스스로 주의력을 집중해야 한다. 이 생각이 다하
면 그 극에서 근원으로 돌아갈 것이다. 그곳에서는 본성과 형상이 영원히 존속
하며 현상과 본체가 분리되지 않으며 합일한다. 이것이 바로 진불의 여여한 본
원이다(理事無思之妙 返思靈焰之無窮 思盡還源 性相常住 事理不二 眞佛如如)."

앙산이 이 말끝에 몰록 깨달았다.

위산의 이 가르침은 앙산에게 있어서는 천지가 합일되는 시절인연을 맞는
줄탁동시 순간이며 이 순간 확연한 다른 세계에 영회된다. 위산의 심지법문
을 따라가보면 그야말로 심오함과 심신의 정밀함이 차오른다. 우리나라 서
산 휴정이 말한 위앙종의 가풍[22]이 그대로 느껴지는 대문이라 할 것이다.

---

22) 청허 휴정(1520~1604), 우리나라 조선시대의 큰스님 서산대사. 그의 저 『선가구감』
에 위앙종 가풍을 "스승과 제자가 부르면 화답하니 아버지와 아들이 한 집에서 살고
있다. 옆구리에 글자 쓰고 머리엔 뿔이 뾰족 솟았다. 방 안에서 사람들을 꼬아내니 사
자 허리가 부러진다. 사구백비(四句百非)를 모두 끊어 한 망치로 박살내었다. 두 입술

그리고 우리가 간과해서는 안 될 위산의 중요한 가르침이 있다. 이것은 상근기인을 위해 돈오(頓悟)의 원칙을 지침으로 하면서도, 점수(漸修)의 필요성을 같이 역설하였다.

『경덕전등록』9권「위산영우」장에 의하면 한 학인이 위산에게 묻는다.

> "돈오한 사람도 닦아야 합니까?"
>
> "누구나 정말 깨달아서 그 근본을 얻었다면, 스스로 그것을 알고 있다면, 사실상 더 이상 수도와 불수도의 양극단에 매이지 않는다. 그러나 일반적으로 인연을 좇아 처음 본마음이 깨어나 그 스스로 이치에 있어서 돈오하였다 하더라도, 그에게는 비롯함이 없는 이래로 중첩된 습기가 아직 남아 있어 단번에 완전히 제거할 수 없다. 그는 여전히 작용하고 있는 업(業)에 그 원인이 있는 아는 버릇으로 쌓인 알음알이(流識)를 완전히 끊어버리는 것, 이 정화의 과정이 수도이다. 아주 특별히 엄격한 방법을 따라야 한다고 말하지는 않겠지만 수도가 향하여야만 하는 일반적인 방향을 배울 필요는 있다. 들은 것은 반드시 이성에 의하여 수용되어야 한다. 그래서 합리적인 이해가 말할 수 없이 심화되고 섬세해지면, 마음은 저절로 원융해지고 명랑해져서 의혹이나 미망으로 빠지지 않을 것이다. 비록 백천 가지 묘한 이치로써 당대를 휩쓴다 해도 이것은 자리에 앉아서 옷을 입었다가 다시 벗는 것으로써 일상의 살림을 삼는 것이다. 요약하면 만행(萬行)의 여러 갈래 길에는 단 하나의 법도 버려질 수 없음에 비해서, 실제 이지(理地)에서는 한 점의 티끌도 용납하지 않음을 아는 것이 가장 중요하다. 만일 단도직입(單刀直入)으로 깨달으면 범과 성(凡聖)의 모든 차별은 당장 사라지고 그대의 전 존재는 참다운 영원성(眞常)을 드러내고 이사(理事)가 둘 아닌 경지, 진리와 현실이 둘이 아닌 경지를 이룰지니 이것이 바로 여여불(如如佛)이다."[23]

'돈오한 후에도 점수를 해야 하는가?' 하는 질문에 위산은 '돈오와 점수의 합일에 관한 법어'를 설한다. 이 가르침은 오늘날까지도 우리나라에 통용되며 보편적 원칙으로 받아들여지는 내용이다. 이 가르침 역시 우리에게 다가

이 있지만 한 혀도 없으며 아홉 굽이 굽은 구슬 꿰뚫었다. 위앙종의 가풍을 알고자 하는가? 꺾인 비석, 古路에 누운 鐵牛가 작은 집에서 잠에 들었구나" 하였다(청허 휴정, 『선가구감』, 용담 역, 인물연구소, 1982, 203~204쪽).

23) 『경덕전등록』 권9, 「위산우」, 보련각, 1982, 150쪽.

오는 것은 할머니와 같은 완숙한 솜씨와 정밀함, 그리고 후학을 위해 자기 자신을 돌아보지 않는 간절한 노파심이다.

이런 위대한 스승에게도 입적이 다가온다. 이 소식이 가까이 옴을 느낀 위산은 상당하여 다음과 같은 법문을 한다. 오늘날까지도 제방 수좌들에게 회자되는 「수고(水牯)」[24]의 공안은, 많은 납자들로 하여금 환희와 애환을 동시에 맛보게 한다.

<blockquote>

위산이 대중에게 말했다.

"내가 죽은 뒤엔 산 밑 마을에 가서 한 마리의 검은 암소가 되어 왼쪽 겨드랑 밑에 '위산의 중, 아무개'라 쓰겠다. 그때 만일 위산이라 하면 암소를 어찌하며, 암소라 하면 내 이름은 어찌하겠는가?"

앙산이 나서서 절을 하고 물러갔다.

老僧百年後 向山下作一頭水牯牛 左脇書五字云 潙山僧某甲 此時 若喚作潙山僧 又是水牯牛 喚作水牯牛 又云潙山僧某甲 且道 喚作什麼即得 仰山出 禮拜而出

</blockquote>

불교에서는 과거 현재 미래로 보는 삼세설[25]이 있다. 위산은 1,500명 대중의 방장이지만, 미래세에는 위산 아래 검은(水) 암소(牯)가 된다. 위산은 암소이면서 위산이고, 암소는 위산이면서 암소이다. 위산승이라 부르자니 현재는 검은 암소의 모습이고 암소라 부르자니 일찍이 위산승이었다. 앞 선화에서 위산이 "내가 죽은 뒤엔 산 밑 마을에서 한 마리의 검은 암소가 된다" 함은 이류중행(異類中行)이다. 즉 축생 등, 인간과 다른 종류로 살아간다는 뜻이다. 다시 말하면 여기서 위산이 소가 되었을 때 소냐? 위산이냐?를 이르라는 공안이니 이류와의 차별도 역시 무차별이어서 찾을 수 없음을 말한다. 이 선화에 대하여 뜻을 밝힌 후세의 선객들의 눈 푸른 게송이 있다.

---

24) 『경덕전등록』 권9, 「위산우」 장이나, 『선문염송』 375칙으로 실려 있다.

25) 三世는 과거 현재 미래. 혹은 前世 現世 來世, 前際 中際 後際를 말한다. 世란 다름으로 나누어지는 隔別과 변하여 흐른다는 遷流의 뜻. 곧 현상계의 사물은 잠시도 정지하지 않고, 생기면 반드시 멸한다. 이 사물의 천류하는 위에 3세를 假로 세운 것(운허 용하, 『불교사전』, 407쪽).

㉮

산 위에선 산승이요 산 아랜 암소라 　　　　山上山僧山下牛
털 나고 뿔 달린 무리와 뒤섞였네 　　　　披毛載角混同流
온 세상이 부처가 되고 조사 되려는데 　　　普天成佛與成祖
위산만 홀로 검은 소 되었네 　　　　　　獨有潙山作水牛

— 불국백

㉯

위산의 소 한 마리 고이 길렀는데 　　　　潙山養得一頭牛
예사로이 밭이나 가는 그런 소 아닐세 　　不是尋常耕田者
여러 성인 원래로 딴 이유 없거늘 　　　　諸聖從來無異路
세간의 미혹한 이 소를 알지 못하네 　　　世間迷者不識牛

— 파초청

㉮, 불국백의 게송에서 1행과 2행에서 '털 나고 뿔 달린'이라 함은 이류(異類) 즉 인간이 아닌 다른 종류이다. 영우는 위산에 있을 때는 위산승이고, 산 아래 있을 때는 검은 암소이다. 위산은 털 나고 뿔 달린 모습으로 동류(同類)인 수선납자들의 눈과 귀를 혼란시키는데, 실제로는 오랜 관습과 고정된 사유를 벗기고 삼세(三世)를 자유롭게 관통케 하여 이항대립의 세계를 무너뜨렸다.

3행과 4행은 누구나 성불작조(成佛作祖)함이 목표인데 위산만은 '성자 되려는 마음마자 무너져, 이류인 소가 되어 입전수수(入廛垂手)²⁶⁾하기를 원하였다. 이것은 6도(六度)의 행으로 저잣거리로 돌아와 중생 제도, 곧 이타교화(利他敎化)함을 의미한다. 아니 위산이 지금 이 자리에서 말하는 이류중행(異類中行)의 법문, 역시 동류의 고정관념으로 가득 찬 우리에게 입전수수의 가르침으로 몰록 자성본원으로 회귀시키고 있다. 이런 사유는 저 『금강경』을

---

26) 입전수수는 확암 지원이 지은 「십우송」의 마지막 단계를 이른다. 선을 닦아 얻는 마음의 修增 상태를 순서를 매겨 표현하였다. 牛는 마음 혹은 도의 형상화이다. 십우는 尋牛 · 見跡 · 見牛 · 得牛 · 牧牛 · 騎牛歸家 · 忘牛存人 · 人牛俱忘 · 返本還源 · 入廛垂手이다. 입전수수는 오도의 극치를 말하는데, 깨달음을 이룬 후에 6度의 행으로 저잣거리에 돌아와 자유롭게 利他敎化하는 방편을 드리우는 것.

관통하는 무주(無住) · 무상(無相) · 무아(無我) 사상을 근본으로 한다.[27]

위산의 드높은 불이(不二)의 정신세계를 찬탄한 게송이다.

파초 혜청[28]의 게송 ㉯는 '위산이 성태장양한 소는 그저 일이나 시키고 소고기나 얻기 위해 기른 소가 아님'을 1행과 2행에서 노래한다. 3행에서 반전하여 '예로부터 현금까지 소를 기른 것은 대자유인이 되기 위함이지 다른 까닭이 없음'을 읊고 있고, 4행에는 '세간의 미혹한 사람들은 이 자유로운 본래의 세계를 알지 못하는' 안타까움을 노래한다. 결국의 위산의 이류중행의 대용의 세계를 찬양한다.

이 아름답고 현묘한 「수고」 공안을 발현시킨 게송을 두어 수 더 음미해보면서 위앙종의 시조 위산 영우의 편을 마치기로 한다.

㉰
산 밑에서 소가 되고 산에선 스님이라   山下爲牛山上僧
황하의 모래처럼 많은 이름 다함이 없다   河沙異號未爲能
언제나 사랑하는 건 저녁 구름 흩어지는   常愛暮雲歸未合
끝없이 푸른빛 쌓인 먼 산봉우리   遠山無限碧層層
　　　　　　　　　　　　　　　　　　　— 해인신

㉱
몸뚱이도 바꾸고 머리를 바꿔도   改却形容換却頭
밝은 햇살엔 발꿈치 못 숨기지   當陽難隱個蹤由
나귀라든 말이라든 맘대로 부르나   驢名馬子雖呼喚

---

27) 무주 · 무상 · 무아의 사상의 근저는 특히 『금강경』 제7, 「무득무설분」 가운데 "결정된 내용이 없음을 여래께서 말씀하신다. 왜냐? 여래가 말씀한 진리는 취할 수도 없고 말할 수도 없고, 진리도 아니고, 진리 아닌 것도 아니기 때문입니다. 왜냐하면 모든 깨달은 현인과 성인은 상대의 세계를 빼어난 함이 없는 절대법 가운데 차별이 있기 때문입니다(無有定法 如來可說 何以故 如來所說法 皆不可取 不可說 非法 非非法 所以者何 一切賢聖 皆以無爲法 而有差別)"로 잘 나타난다.

28) 파초 혜청은 『전등록』 제12권이나 13권에 의하면 우리나라 신라인으로, 위산-앙산-남탑 광용-파초 혜청의 법계이니 위앙종 4대에 해당한다. 파초청에서 한 대 더 내려가 5대째 홍양 청양과 유곡 법만에 이르러 위앙종의 법맥이 끊긴다.

수많은 구경꾼 얼굴 가득한 부끄럼　　　多少傍觀滿面羞
　　　　　　　　　　　　　　　　　　　　　　— 보녕용

㈐
위산이라고도 소라고도 할 수 없다　　　　不道溈山不道牛
잘못 알면 어디에서 알 수 있으랴?　　　　認着何處有來由
분명히 찢을 때 알아야 하니　　　　　　　分明裂破應須會
알고 보면 본래 매지 않은 나룻배네　　　　會得還同不繫舟
　　　　　　　　　　　　　　　　　　　　　　— 신정인

㈎, ㈏, ㈐ 게송 모두 「수고우」 공안에 뜻을 밝히고 있다.

우리의 본질인 자성본원은 무자성인 까닭에 일체의 물질적 현상으로 활성화됨을 『반야심경』의 명구 "색불이공 공불이색 색즉시공 공즉시색"을 통하여 살펴봤다. 바로 대기(大機)의 활성화가 대용(大用)이고 진공(眞空)인데 묘유(妙有)해 있음을, 또 묘유는 진공을 떠나지 않고 서로 간섭치 않음을 살펴보았다.

해인신의 게송 ㈎의 1행과 2행은 '자성본원의 활성화, 시간과 공간 인과 연을 맞아 일체의 현상을 빚어내니 해인은 "산 밑에서 소가 되고 산에선 스님이라/황하의 모래처럼 많은 이름 다함이 없다"라 노래 부를 수 있다. 다시 이 절대현재의 이 찰나로 돌아와 눈앞에 펼쳐지는 "내 다정한 저녁 구름/푸르름이 끝없이 펼쳐진 먼 산봉우리"의 경계. 이것 말고 달리 무엇이 더 있는가. 마음이 자연에 담백하게 순응하는 노승의 경지, 이게 바로 위산승이고 산 아래 검은 암소다.

㈏ 게송, 1행과 2행은 "무자성인 자성이 물을 만나면 물이 되고 불을 만나면 불이 되어 일체가 묘하게 있음에 들더라도/눈 밝은 해님 앞에 한 올의 털마저 숨기지 못하듯이" 눈 푸른 명안종사의 혜안을 피할 수 없다. 이럴 때 3행과 같이 "나귀라든 말이라든 맘대로 호칭하려면 하라." 그러나 이런 도리를 모르는 "수많은 사람, 얼굴 가리고 부끄러웠나?(多少傍觀滿面羞)"로 읽힌다.

신정인의 게송 ㈐ 역시 "이 자성본원을 위산이라고 혹은 소라고 짐짓 고정시켜 부르지만 사실 그렇게만 부를 수 없지 않는가?/만약 이렇게 관습적으로 부르는 것을 정말인 양 안다면 어디로부터 올바른 이 기막힌 사실은 영회할 수 있으랴"로 풀이되고 이러한 실제는 "분명히 찢을 때 알아야 한다(分明裂破應須會)." 이 자리를 바로 영회하면 원래부터 매어 있는 거룻배가 본래 아님을 스스로 만나 얻을 뿐이다. 우리는 원래 참사람으로 태어났으나, 잠시 어리석어 그 자리를 비켜 앉았을 뿐. 이렇게 지혜가 증장되면 어둠에 밝은 빛이 들어와 공존되지 않듯이 온전한 하나가 됨을 읊고 있다.

「수고(水牯)」 공안이나 ㉮, ㉯, ㉰, ㉱, ㉲ 게송 모두 한결같이 우리를 우리의 본성인 자성본원에 영회시키기 위해 간절히 노파심을 내고 있다. 상구보리 하화중생(上求菩提 下化衆生), 자리이타(自利利他)의 극처를 우리가 느낄 수 있음은 깨친 자의 본원이 원래 그러하기 때문일 것이다.

이와 같은 불세출의 선장도 육신을 벗으니, 열반의 공안 「수고」 선화를 우리에게 던져놓고, 총림을 이끈 지 40여 년에 열반에 든다. 그의 선맥을 이은 제자가 43인. 당 대중 7년에 좌탈입망하니 수명은 83세이고 법랍은 64세였다. 상족으로는 앙산 혜적, 향엄 지한, 영운 지근 등이 있다.

11장

위앙종의 선장들

위산 영우(潙山靈祐, 771~853)는 백장의 큰 제자이다. 중국적인 선을 창출한 6조 혜능의 돈오사상이 마조 도일에 이르러 융성해지고, 또 회해의 백장청규(百丈淸規)에 의해 선원제도가 확립됨에 따라 수백 수천을 헤아리는 운수납자들이 한 분의 큰 스승 회상에 모여 여법하게 수행하는 새로운 가풍이 전국 방방곡곡에 확산된다. 이 총림(叢林)제도를 최초로 형성한 선문이 영우와 그의 제자 혜적이다. 이들을 종조로 하는 문파가 위앙종이며, 위앙종이 선종 5가 7종 가운데 가장 먼저 꽃을 피우게 된다. 위앙종이란 말은 위산 영우와 제자 앙산 혜적(仰山慧寂, 807~883)의 첫 자를 따서 만들어진 종파란 뜻이다. 위산과 앙산 두 스승은 백장에 의해 제창된 백장청규에 입각하여 총림을 잘 개설하고 운용하여, 위산은 1,500여 대중을 거느렸고, 앙산은 천여 대중을 제접하여 당시의 고승들 가운데 가장 먼저 두드러진 문파를 이룬다. 그러나 위앙종은 5대에 150년 경과 후 송나라에 이르러 선문이 끊긴다.

드러난 선사로 위산 영우, 앙산 혜적, 향엄 지한, 영운 지근, 무착 문희, 남탑 광용, 파초 혜청, 흥양 청양 등이 위앙종 스님들이다.

1. 앙산의 잡화포

앞 장에서 우리나라 조선 큰스님 서산 휴정이 위앙종 가풍을 "스승과 그 제자가 부르면 서로 화답하고, 아비와 그 아들이 한 집에서 살고 있네(師資唱和父子一家)"라고 노래하듯이 임제의 할이나, 덕산의 방, 격렬한 행위 없이 가풍은 화목하고 매우 심오 면밀하다. 더 나아가 깊고 완숙함을 보인다. 다음의 선화 역시 위산과 그의 제자 앙산이 주고받는 선문답 자체가 오묘하여 가히 서산대사의 "사자창화 부자일가"란 말씀과 "사구백비(四句百非)를 한 망치로 부수었네"라는 게송을 그대로 받아들이게 한다. 위앙종은 모두 5대에 걸 역사상 존속하지만, 그 면밀하고 심오한 정신은 일체의 수선납자들에게 정신적 자산으로 오늘날까지 전승되고 있다. 이런 스승의 자비 곡진한 가르침은 귓가에 도란도란, 잔잔한 법열을 주고도 남음이 있다.

어느 해 앙산이 하안거를 마치고 스승 위산을 방문하였다. 그때 스승이 앙산에게 물었다

그럼 예화로『선문염송』367칙「소무(所務)」를 읽어보자.

> "자네를 여름 내내 보지 못했는데, 무슨 일 때문인가?"
> "예, 그간 땅 한 뙈기를 갈아 조 한 바구니를 뿌렸습니다(開得一片田 種得一籮粟)."
> "그래, 그렇다면 자네는 올여름을 헛보내지 않았구먼!(子今夏 亦不空過)"
> 이번엔 앙산이 스승에게 여름을 어떻게 보냈는지 물었다.
> 스승이 대답했다.
> "낮에는 밥 한 그릇, 새벽엔 죽 한 그릇 먹었네(師曰 晝日一飯 早辰一粥)."
> "그럼, 스님께서도 올여름을 헛되이 보내지는 않으셨습니다(和尚今夏 亦不空過)."
> 하고 물러서며 앙산이 혀를 빼어 물거늘, 스승이 말했다.
> "자네는 어째서 자신이 칼을 들고 스스로의 목숨을 끊어버리는가?(子何得自持 自刃 斷其命根)"
> 이에 앙산이 소매를 흔들며 나갔다.[1]

위의 선화에서 스승 위산이 '여름 내내 보이지 않았는데, 무엇하고 지냈는가?'라고 앙산에게 물었을 때 앙산은 '예, 부지런히 공부하고 부처가 될 종자를 심고 있었습니다' 하고 대답한다. 그러고는 '스승께서 여름 내내 어떻게 지내셨는지요?'라고 묻는다. '난 특별한 일을 하며 지내지는 않았지. 그저 '낮엔 밥을 먹고 밤에 잠을 잤을 뿐이네' 정도의 대답이다. '그럼 스님께서도 여름을 헛되이 보내지는 않으셨군요!' 하며 자신도 모르게 대답을 한다. 이러고 보니 앙산은 자신의 말이 스승을 비꼬는 투가 된 것을 느끼고 죄송스럽고 겸연쩍어서 혀를 날름 내밀게 된다. 이것을 본 위산은 제자가 일상적인 일에 얽

---

1) 『선문염송』제9권, 367칙「所務」.

매여 당황하고 있음을 알고 호되게 나무란다. '자신의 정당한 행위에 어쩌자고 그따위 유치한 짓거리를 하지!'

　매우 선과 부합되는 당당한 행위임에도 불구하고, 제자가 세속적인 공리주의를 벗어나지 못한 겸연쩍어하는 짓거리가 스승 위산은 싫었기 때문일 것이다. 앙산은 관습의 때를 떨어내지 못한 순간적 행위를 하였고, 지극히 세속적이어서 자신이 선문의 선장임을 망각한 행위를 하였기 때문일 것이다.

　이어서 위의 공안의 뜻을 발현하기 위해 들어 보인『선문염송』367칙에 기록된 선문 존숙들의 선시를 가늠해보자.

㉮

부자가 한여름을 헛보내지 않고서	爺兒夏裏不虛過
바닥 없는 신 한 켤레 삼아놓았네	刺得一雙沒底靴
오늘에 이르도록 쓸모가 없어서	直至于今無著處
온 식구 맨발로 밭노래를 부르네	大家赤足唱田歌

　　　　　　　　　　　　　　　　　　　— 열재거사

㉯

불안원이 상당하여 이 이야기를 들다	佛眼遠上堂 擧此話云
여러분 위산 부자가 보통 만나서	大衆 潙山父子 尋常相見
신통을 부림이 예전과 다르다	遊戲神通 不同少少
안 사람이 있는가? 없다면 산승이	還有知得底麽 若無 山僧
여러분에게 설파하리라	與諸人說看
"한 뙈기 밭을 일구니,	開一片田
밀밀히 후손에게 전하고	密密綿綿
두 때의 죽과 밥을 먹으니,	兩頓粥飯
길이 절로 보이네	其道自辨
산승이 여름 내내 여러분을 만나니	山僧 一夏 與諸人 相見
여러분은 스스로 몰랐을 뿐	自是諸人 不薦
만일 알아서 한 조각을 이루었다면	若或薦成一片
어떤 것이 한 조각인가?"	是什麽一片

문 앞에 닥치는 화살을 잘 보시오	看取當門箭

　　　　　　　　　　　　　　　　　　　— 불안원

열재거사의 ㉮ 게송에서 1행과 2행은 "위산과 앙산 부자는 여름 내내 헛보내지 않고/바닥 없는 신 한 컬레를 삼아놓았다"고 한 '바닥 없는 신(沒底靴)'은 자성본원의 형상화이다. 곧 스승과 제자는 여름 동안, 앙산은 부지런히 참선하여 자성을 호지(護持)했고, 위산은 '함이 없는 행위(無爲之行)'로 자성을 호지하였으니 "바닥 없는 신 한 컬레를 삼아놓았네(剌得一雙沒底靴)"라고 노래할 수 있다. 그러나 이 '한 쌍의 바닥 없는 신발(一雙沒底靴)'은 '아는 이는 이미 자각할 필요가 없고, 자각하지 못하는 이는 모르는 사람이니까' 3행과 4행에서 "오늘에 이르도록 쓸모가 없어서/온 식구가 맨발로 밭노래를 부른다"로 시적 표현이 가능해진다.

이것은 『열반경』에 "있음과 없음은 있는 것도 아니고 없는 것도 아니니 이 있음과 없음이 융화되는 까닭에 또 있고 또한 없는 것이다(有無 非有非無 有無合故 亦有亦無)"이나 『반야심경』에 "물질적 현상과 본질은 그 자체가 다르지 않고 본질의 순수함은 모든 구체화된 현상과 다르지 않으니, 물질적 현상과 본질의 순수함이 바로 같으며 본질의 순수함 이것의 활성화가 바로 물질적 현상으로 구체화된 것이다(色不異空 空不異色 色卽是空 空卽是色)"와 같은 의미로 풀이된다.

㉯의 염(拈)은 불안 청원(佛眼淸遠)이 노래한 선시다. 불안은 오조 법연의 고족 삼불이라는 칭호를 받는 고승이다. 삼불은 불과 극근, 불감 혜근, 불안 청원을 말한다. 대중에게 시중한 이 염은 앞의 열재거사가 노래한 뜻과 대동소이하다. 곧 '아는 이는 자각할 필요가 없고, 자각하지 못하는 이는 모르는 사람이다.' 우리는 이렇게 살아갈 뿐이다. 이것이 "대중아, 위산의 부자가 평소에 만나서 신통을 부리는 것이 예전과 다르다"이다. 또 '자각하지 못하는 이는 모르는 사람들이기 때문에' 문자의 표현 그대로 "한 뙈기의 밭을 일구어, 밀밀히 후손들에게 전해진다"고 읽히고, '아는 이는 자각할 필요가 없으니' 바로 "두 때의 죽과 밥을 먹으니 도가 저절로 이루어진다"로 풀이된다. 그럼 안다는 것은 무엇을 말함인가? 이 찰나 우리의 시간과 공간(時空)을 초월하여 전시간 전공간으로 들이닥치는 "문 앞에 닥치는 화살을 잘 보시오(看取當門箭)"라고 불안원은 다시 한 번 되묻는다.

보이는가? 그래도 보이지 않을 때는 역시 보이지 않을 때이다.

이럴 때 무엇이 같고 무엇이 다를 때인가?

　다음의 선화 역시 사자창화(師資唱和)하고 부자일가(父子一家)를 이루는 위앙종의 가풍을 잘 반영하는 공안이다. 스승 위산은 참 스승이었고 제자 앙산 역시 인내를 갖고 완전한 깨달음을 터득하려는 수선납자였다. 어느 날 앙산이 차밭에서 찻잎을 따고 있을 때 위산이 다음과 같이 말한다.

> "우리는 하루 종일 찻잎을 따도 자네의 소리만 들었지, 자네의 형체는 보지 못했네. 어디 근본 형체를 좀 보여주게나!(終日摘茶 只聞子聲 不見子形 請現本形相見)"
> 그러자 앙산이 차나무를 한 번 흔들었다. 이에 위산이 말했다.
> "자네는 단지 작용을 깨달았지 본체는 아직 깨닫지 못하였네(子只得其用 不得其體)."
> "그렇다면 스님께서는 어떻게 하시겠습니까?"
> 앙산의 이 질문에 위산이 양구(良久)를 하였다. 이러자 앙산이 다시 입을 열었다.
> "스님께서는 오직 본체만 깨달으시고 작용은 깨달았다 할 수 없습니다(和尙只得其體 不得其用)."
> 스승이 말했다.
> "자네에게 30방을 면해주겠네(放子三什棒)."[2]

　이 선화에 대해 후대에 많은 선객들이 나름대로 공안을 드러내기 위해 애쓴 많은 염송이 있다. 몇 수 음미하며 저 선의 세계로 성큼 다가가보자.

> ㉮
> 차를 따는 체와 용을 몇 사람이 전했나?　　摘茶體用幾人傳
> 하나는 나무를 흔들고 하나는 그냥 있네　　一撼茶株一默然
> 서른 방망이를 때리려 해도 때릴 수 없어　　三十山藤放未放
> 마침내는 단풍잎을 돈이라 속이네　　竟將黃葉作金錢
>
> 　　　　　　　　　　　　　　　　　— 숭숭공

---

2)　『선문염송』 10권, 371칙 「摘茶」.

㈏

봄 날씨 따사로워 풀밭으로 몰려나가	春暖相呼出翠微
앉았다 걸었다 하기에 돌아갈 길 잊었네	時行時坐幾忘歸
황혼 되자 한바탕 소나기가 쏟아져	黃昏一陣東風雨
살갗이 비치도록 함빡 젖고 말았네	未免渾身透濕衣

— 보녕용

㈐

"위산과 앙산은 아비는 아비로서	潙山仰山
아들은 아들로서 도리를 다했다.	父父子子
총림에선 모두 말하기를	叢林 盡道
'제각기 한 말뚝을 얻었다'지만,	各得一橛
하늘은 백운과 날이 새고,	殊不知
물은 달빛에 섞여 가을이 됨을	天空白雲曉
전혀 모르는구나."	水和明月秋

라고 천동각이 대중에게 들어 보이다.

— 천동각

우리는 지금까지 선장들마다 진리의 당체를 이야기할 때 사용하는 독특한 표현을 만나왔다. 가령 6조는 이것을 자성(自性)이라 하였고, 마조의 즉심즉불(卽心卽佛) 혹은 평상심시도(平常心是道)나 임제의 무위진인(無位眞人), 무의도인(無依道人) 그리고 선시에 등장하는 진리를 형상화한, 석인(石人), 철우(鐵牛), 무영수(無影樹), 진흙소(泥牛) 등과 또 앞 열재거사의 게송에서 나타난 '바닥 없는 신발(沒底靴)' 등 이 모든 표현은 진리에 대한 간접 표현일 따름이다. 그 외 본래면목, 진면목, 진아와 같은 추상어이든, 아니면 앞의 선화「소무」에서와 같이 본체(本體)라고 하든 간에 내적 자아는 보이지 않으므로 직접 나타낼 수 없기는 마찬가지다.

그래서 위의 선화에서 앙산은 나무를 흔들어 그것의 작용을 통하여 내적 자아를 나타내려고 하였다. 그러나 대부분의 선사들은 오히려 양구 침묵하거나 갑자기 퇴행(退行)하는 방법으로써 내적 자아를 나타내기도 하였다. 위의 선화「적다(摘茶)」를 살펴보면 앙산이 선도리상(禪道理上) 잘못을 저지르지는 않았다. 그러나 그가 스승 위산에게 대용은 깨닫지 못하고 본체만 깨달았다고 말하는 것은 스승의 양구를 짐짓 비꼬므로 바로 전에 스승에게 당한 부분을 되돌려주려는 의도로 읽힌다. 이러할 때 앙산의 잘못은 어디에도 없다. 바로 체용(體用)문제에서 앙산은 용과 체를 둘로 떨어뜨려 보는 중생들의 안목에서 완전히 벗어났기 때문이다. 원래 작용은 본체에 내재하며, 작용 없는 본체란 결코 없고 본체 없는 작용은 본래 있을 수 없기 때문이다. 진공묘유(眞空妙有)는 바로 대기대용(大機大用)이며 체용불이(體用不二)이기 때문이다. 그런 까닭으로 위산은 앙산에게 스승에 대한 무례로 30방을 맞아야 한다고 생각한 바를 기꺼이 면제해준 것이다.

㉮나 ㉯의 게송 모두 이러한 이치를 깨우쳐주기 위해 노파심을 보이고 있다. ㉮ 게송은 깨달음의 자리를 단도직입으로 읊고 있으며, ㉯의 게송은 부드럽고 완만하게 우회하고 있다.

숭승공의 ㉮ 게송은 1행과 2행에서 "차를 따는 건 본체의 활용이니 나무를 흔들므로 작용으로 본체를 보였으나, 스승은 짐짓 다시 작용이라 말하고/제자는 스승에게 스님은 본체를 어떻게 보일 수 있느냐는 질문에 양구로 대답하니, 그건 본체일 뿐 작용은 아니지 않습니까?" 하며 스승과 제자는 짐짓 이 항대립적인 견해만 보여준 것이라 말한다. 이렇게 되니 피차일반이어서 누가 누구를 경책할 부분이 없다. 그래서 3행과 4행에서 "서른 방망이를 때리려 해도 때릴 수 없어/마침내는 단풍잎을 돈이라 속이네"라는 시적 표현이 가능해진다. 서로가 어린아이한테 황엽(黃葉)을 돈이라고 속이듯이 속이고자 하지만, 속여지지 않는다라고 풀이된다.

㉯의 보녕용 게송은 '위산 앙산 두 부자는 봄날 차밭에 나가 봄기운에 취하여 차도 따고 봄도 따며 앉기도 하고 걷기도 하며 본래자리로 돌아갈 줄 모름'을 1행과 2행에서 읊고 있다. 이것은 체와 용이 순간순간 자연스럽게 넘나들므로 이 신통조화에 도취되어 자신도 모르는 사이 잠시 본원처로 돌아가길 잊고 있지나 않는지 하는 가벼운 걱정을 노래한다. 3행과 4행에서 "황혼 되자 한 바탕 소나기가 쏟아져/살갗이 비치도록 함빡 젖고 말았네"는 역시 돌아가나 돌아가지 않으나, 무슨 문제가 있음이 아니라 바로 이곳에도 황혼이 오고 햇빛 넘치는 세계도 있으며 소나기도 쏟아지고 햇살도 쏟아지니, 일체가 본

래 그대로임을 읊고 있다.

㉰의 선시는 천동 정각의 염이다. '위산과 앙산 부자는 제각기 나름대로 도리를 밝히고 있다. 모든 눈 밝은 납자들이 두 부자가 깨달음에 돈입(頓入)되었다지만, 결국 하늘은 흰 구름과 같이 밝아오고/물은 밝은 달에 어울려 가을이 됨을 아는 것' 이외에 것이 아니니, 결코 이것을 벗어나지 못하리라고 우리들에게 들어 보이며 절대현재의 이 순간, 이 찰나의 세계로 밀어 넣고 있다.

위 없는 바른 깨달음으로 안내하고자 애쓰던 스승 위산은 마침내 시절인연이 익어 앙산을 인가하게 된다. 어느 날 앙산에게 다음과 같이 물었다.

> "『열반경』 40권 가운데 얼마만큼이 부처님 말씀이고, 얼마만큼이 마귀의 말인지 알겠나?"
> 앙산이 말했다.
> "모두가 마귀의 말입니다."
> "뒷날 누구도 자네를 어쩌지 못할걸세."[3]
> 潙山 問仰山云 涅槃經四十卷 多少佛說 多少魔說 仰山答云 總是魔說 師云 已後 無人奈子何

우리의 직관에 의해 보이는 세계는 단순하고 명쾌하다. 사실 이것을 언어문자를 통하여 전달하기란 쉽지 않다. 언어와 문자는 제1의(第一義)를 다시 한 번 되새겨 정리하여 보여주기 때문일 것이다. 활발발한 이 순간의 이미지를 한 겹 되새기고 논리적으로 정리함으로 생기는 문제점. 우리가 본 모든 사물이 보여주는 1차적 심상의 세계가 2차적인 정리 이해의 세계로 변화하는 데서 오는 착오는 말할 수 없을 정도로 크다. 언어문자의 한계는 우리를 영원히 눈뜬장님으로 만들 뿐 아니라 영원히 언어문자의 테두리 안에 가두고 만다. 누구나 언어와 개념의 세계의 복잡다단한 굴레에 빠져들면 그 한계 안에 거주할 수밖에 없다는 것을 알면 우리는 우리에게 한층 자유로워질 것이다.

이러한 문제는 선과 시에도 똑같이 유효한 부분이다.

---

3) 『선문염송』 10권, 373칙 「涅槃」.

그 후 혜적은 앙산으로 옮겨 주석하여 1천여 명의 대중이 운집하였다. 앙산의 방장이 된 후, 행한 설법을 보면 위산에서 이어지는 불법의 정수를 보는 것 같다. 이 법문은 위앙종의 종지를 그대로 드러내고 있다.

> "여러분은 내 말을 기억하지 말고 오직 회광반고(回光返顧)에 힘쓰라. 그대들은 무시 이래로 밝음을 등지고 어둠을 쫓아다녔음을 알라. 망상이 그대들 안에 뿌리 깊으니 갑자기 뽑아내기가 어렵다. 그러므로 거짓으로 방편을 시설하여 여러분들의 거친 의식을 뽑아버리려 한다. 이는 마치 황엽으로 우는 아기를 달래는 것과 같다. 어찌 옳겠느냐마는 이것은 마치 여러 종류의 고객을 마중하기 위하여 일용 잡화에서 금은보석에 이르기까지 각종의 상품으로 상점을 차린 상인들과도 같다. 내가 말하기를 석두는 진금을 파는 가게(眞金舖)이고, 나는 잡화를 파는 가게(雜貨舖)다. 누가 와서 쥐똥을 찾으면 쥐똥을 팔고, 순금을 찾으면 순금을 팔 것이다. 그러나 장사란 수요에 달려 있다. 따라서 수요가 없으면 장사는 할 수 없다. 내가 만일 선의 요체만 말한다면 나는 외톨이가 되고, 오백 칠백의 대중은커녕 한 사람의 동료도 얻기 어려울 것이다. 반면 내가 이것저것 들추어 말한다면 떼지어 몰려와 한마디라도 빠뜨리지 않으려고 귀 기울일 것이다. 이는 빈주먹으로 아이들을 속이는 것 같아 도무지 진실함이 없는 속임수에 불과하다. 이제 분명히 여러분에게 말한다. 거룩한 일에 마음을 돌리지 말고, 차라리 그대들 마음을 직접 자성에 돌려 여실히 자신을 닦으라. 삼명(三明)과 육통(六通)을 구하지 말라. 그것은 모두 우연히 얻는 성성(聖性)에 불과하다. 오직 지금의 마음을 알고 근본을 통달하기 바란다. 그 뿌리에 이르면 지엽말단 때문에 걱정할 필요가 없어진다. 머지않아 이러한 지엽적인 재능과 능력이 그대들 안에 이미 갖추어져 있음을 알 것이다. 만일 근본을 얻지 못하면, 아무리 연구와 학습을 해도 그런 재능과 능력을 얻을 수 없을 것이다.
>
> 위산 스님께서 말씀하시기를 범성(凡聖)의 감정이 다하여 본체의 참되고 항상함이 드러나면 현실과 이치가 둘이 아니어서 여여한 부처라 하셨다."[4]

이제 위앙종의 2조 앙산 혜적의 장을 마치고자 한다. 상족으로는 남탑 광용, 서탑 광묵, 무착 문희 등이 있다. 77세에 입적에 드니, 무릎을 껴안고 임종하였다. 아래와 같은 열반송을 남겼다.

---

4) 『경덕전등록』 권11, 「앙산적」, 보련각, 1982, 4~5쪽.

나이 일흔일곱이 되도록	年滿七十七
늙노라니 오늘에 이르렀네	老去是今日
성품 따라 오르락내리락하노니	任性自浮沉
두 손으로 무릎을 굽혀 잡네	兩手攀屈膝

2. 향엄 지한

향엄 지한(香嚴智閑, ?~840)은 등주 향엄사(香嚴寺)에서 오래 주석하였다. 그의 깨달음의 이야기는 선화의 백미로 잘 알려져 있다. 필자 역시 이 선화에 감명을 받은 바가 커서 공부가 깜깜하고 진도가 없을 때, 읽고 또 읽으며 스스로 채찍질하였다. 위앙의 소식은 깊고 미세하고 묘해서 음미하면 음미할수록 씹혀지는 거리가 있었다. 그만큼 위앙종의 섬세하고 심오한 가풍이 나를 사로잡았다. 그중 마음에 닿던 선시 한 편을 소개하고자 한다.

한 번 때리자 알던 것 다 잊고	一擊忘所知
다시는 더 닦아 익히지 않았네	更不假修治
행동하는 데 옛길을 드날리니	動容揚古路
초췌한 처지가 되지 않네	不墮悄然機
곳곳에 자취가 없고	處處無蹤跡
빛과 소리 밖에 위의로다	聲色外威儀
제방의 도를 아는 이들이	諸方達道者
모두가 최상의 근기라 하네	咸言上上機

— 향엄한

이 선시는 『선문염송』 597칙 「일격(一擊)」에 나오는 향엄 지한의 오도송이다. 기와 조각을 던지다가 대나무에 맞아 나는 소리를 듣고 깨달은 뒤에 지은 게송으로, 후에 위산이 듣고 "이 사람이 깨쳤구나" 하였다.

향엄원의 지한은 원래 백장 문하의 학인이었다. 그는 총명하였고 재기가 넘쳤다. 강한 분석력과 예리한 논리성을 가졌고, 내외 경전에 두루 박통하였다. 그런 까닭에 수선(修禪)에는 힘쓰지 않고 있었다. 백장이 입적하자 그는 백장의 수제자였던 위산의 제자가 되었다. 그런 향엄을 위해 위산은 자비의 말을 던졌다.

"스승이신 백장스님 문하에 있을 때, 자네는 한 가지 질문에 열 가지 대답을 할 수 있었다는 것을 알고 있네. 이로 보아 자네는 여러 경전의 말씀과 이념들을 이해하고 충분히 설할 수 있는 총명함과 재주를 가지고 있다는 것도 능히 짐작이 가네. 나는 자네가 평생 배워서 안 견해와 경전이나 책에서 기억해 가진 것을 묻지는 않네. 우리들의 삶과 죽음의 문제, 이것이 근본 문제라는 것을 자네도 잘 알고 있을 걸세. 그러니 자네가 아직 부모의 태에서 태어나기 전에 본분의 일을 말해보겠나? 그럼 자네를 수기하지."
吾不問汝平生學解及經券冊子上記得者 汝未出胞胎未辨東西時本分事試道一句來 吾要記汝

이 질문을 받은 향엄은 아무리 생각해도 정신이 혼미해지고 산란하여져 어떻게 풀어야 될지 종잡을 수 없었다. 방으로 돌아온 향엄은 많은 경전을 뒤적이고, 아무리 심사숙고해도 그 질문에 알맞은 대답을 찾을 수 없었다. 이 많은 조사의 어록이나 부처님 말씀조차도 그림 속에 떡일 뿐이었다. 어쩔 수 없이 향엄은 위산에게 몇 번이나 가르쳐줄 것을 종용하였다. 그러나 위산은 냉정히 말했다.

"내가 그것을 가르쳐준다면 자네는 뒷날 반드시 비난할 걸세. 만약 말한다 하더라도 그것은 나의 견해일세. 이것은 자네의 깨침에 무슨 도움이 되겠나?"
祐曰 吾說得是吾之見解 於汝眼目又何益乎

낙심한 향엄은 그림 속에 떡으로는 시장기를 면할 수 없음을 비로소 알고 모든 책들을 태워버렸다. '아, 금생에 불법을 깨치지 못할 바엔 빌어먹는 운수나 되어 마음에 일어나는 고통이나 덜어야겠다'는 생각으로 위산을 하직하고 떠돌아다녔다. 어느 날 남양 혜충국사 사당에 머물게 되었는데, 사당의 잡초를 베다가 깨어진 기와 쪽을 무심코 던졌다. 우연히 대나무에 맞아 부딪치는 소리를 듣고 자기도 모르는 사이 몰록 본래면목의 비밀을 영회하게 되었다. 그는 암자로 돌아와 목욕하고 향을 피워 멀리 위산을 향해 절을 하면서 찬탄하였다.

> "스님! 스님의 대자대비한 은혜는 정말 부모님보다도 더 큽니다. 그때만일 비밀을 저에게 가르쳐주셨다면 어찌 오늘의 이 놀라운 일을 체험할 수 있었겠습니까?"[5]

> 和尙大悲 恩踰父母 當時若爲我說却 何有今日事耶

하고 오도송을 지으니 앞의 선시이다. 이 선화는 우리를 그윽한 곳으로 몰아가며 제방수자로 하여금 분연히 마음을 일으켜 참선하게 하는 텍스트로 오늘날까지 회자된다.

우리는 역사상 한때 휘황찬란하던 선문이, 몇 대 못 가서 법손이 멸하고, 뛰어난 천재가 제 빛을 발하지 못하고 시들어버리는 것을 보아왔다. 그것은 언어문자에 치우쳐 이해시키고 설명하므로 실참실수하는 정도(正道)를 망각하게 하기 때문일 것이다. 곧 체험에 속하는 성질의 것을 아무런 깨달음 없이 지나치게 설명에 의존하므로 오는 교육상 오류일 것이다. 위산의 말해주지 않는 가르침, 이 가르침 자체가 선의 대용이다.

향엄의 「일격」 공안에 대하여 『선문염송』에는 한 편의 게송이 있다. 음미해보자.

죽과 밥을 인연 따라 병든 몸을 요양하니	粥飯隨緣養病軀
본래의 어떤 미오도 그를 막지 못한다	本無迷悟可關渠
까닭 없이 뜰 앞 대밭을 쳤으나	無端擊着庵前竹
지금에 이르도록 길거리에 있도다	直至如今在半途

— 취암종

또 향엄에 관계되어 빼어놓을 수 없는 것은 여래선(如來禪)과 조사선(祖師禪)의 구분이다. 하루는 앙산이 향엄의 경지가 어느 정도인지 알기 위해 최근 심득 상태를 물었다. 향엄은 아래와 같은 게송을 지어 답했다.

---

5) 『경덕전등록』 권11, 「등주향엄지한선사」, 보련각, 1982, 7쪽.

㉮

작년의 가난은 가난이 아니고	去年貧 未是貧
올해의 가난이야말로 정말 가난이다	今年貧 始是貧
작년엔 송곳 세울 만한 땅이 없더니	去年貧 猶有卓錐之地
올해엔 송곳조차도 없네	今年貧 錐也無

그러나 앙산은 향엄에게 '여래선의 경지에는 이르렀으나 조사선의 경지는 꿈에도 못본 것 같다' 하였다. 이에 향엄이 다시 게송 하나를 지어 보였다.

㉯

나에게 기(機) 하나 지니고 있거늘	我有一機
눈 깜박할 사이에 그를 알아보네	瞬目視伊
만약 이를 만나지 못하는 이가 있다면	若人不會
특별히 사미라 부르리라	別喚沙彌

이 게송을 보고 앙산이 위산에게 말하였다.

"사형 향엄이 조사선에 이르렀습니다. 아주 행복합니다."

위의 두 게송을 비교해보면 여래선과 조사선의 구분을 지을 수가 있다.

㉮ 게송 '거년빈(去年貧)'을 살펴보면 오랜 수선 결과 고매한 정신과 인품이 배어나오지만, 아직 마음을 닦는 수도인의 자세를 보이고 있다. 이것은 『화엄경』「십지품」[6]이나 확암 지원의 〈십우도〉 단계로 보았을 때, 처음 발심하여 십지인 법운지(法雲地)나 〈십우도〉의 10단계인 입전수수 단계에 이르기 위한, 선정과 고행의 단계이다. 아직 원융하게 절대 현재에 상즉하는 대자유인이 되지 못하고 경전의 말씀이나 개념에 머무르고 있다. 이것이 여래선이다.

---

6) 화엄십지 : 『화엄경』에서 보살이 수행하는 단계인 52위 중 41위에서부터 50위까지를 말한다. 이 10위는 부처의 지혜를 생성하여 온갖 중생을 끌어안고 교화하여 이익을 주는 것이 마치 대지가 만물을 싣고 키우는 것과 같으므로 지(地)라 한다.
① 歡喜地 ② 離垢地 ③ 發光地 ④ 焰慧地 ⑤ 難勝地 ⑥ 現前地 ⑦ 遠行地 ⑧ 不動地 ⑨ 善慧地 ⑩ 法雲地

'아유일기(我有一機)'의 게송 ㉯는 자신의 참된 자아를 무의식적으로 표현한 선시다. 이것은 인간의 분별지(分別智)에서 나오는 인위적, 관념적, 이성적, 논리적 사유가 하나도 포함되지 않는 절대 무분별지(無分別智)에서 나온 외침이다. 2행, "눈 깜박할 사이에 '그'를 알아보네(瞬目視伊)"에서 보이듯이 '그(伊)'야말로 수선납자들이 영회하기 위해 찾는 본래면목, 진아, 자성을 가리키는 말이다. '이(伊)'는 이것(此), 남(他子), 저것(邪箇)와 같은 의미이다.

'그를 눈 깜박할 찰나에 본다', 이것은 돈오다. 돈오는 조사선 그 자체다. 바로 자성본원에 활연계회(豁然契會)함을 말한다. 다시 말하면 자타가 무너져 '내'가 '그'와 동일 시간 동일 공간화한다. 이것은 진공묘유일 때는 진공이고 '색즉시공 공즉시색(色卽是空 空卽是色)'일 때는 공이며, '체용(體用)'일 때는 체(體)고 대기대용(大機大用)일 때는 기(機)다.

3. 영운이 본 복사꽃

30년 동안 검을 찾던 나그네여
몇 차례나 잎 지고 가지가 돋았던가
복사꽃 한 번 보고 난 뒤엔
아직까지 두 번 다시 의심치 않네

三十年來尋劍客
幾回落葉又抽枝
自從一見桃花後
直至如今更不疑

— 영운근

위의 선시의 작자 영운 지근(靈雲志勤, 당대[唐代])은 위산의 고족이다. 영운이 어느 날 복사꽃을 보고 깨달은 후 읊은 오도송이다. 이 게송을 읽은 위산은 "인연으로부터 깨닫는 사람은 길이 상실함이 없는 법이다. 잘 수호하도록 하라" 하며 인가했다고 『경덕전등록』에 전한다.[7]

위의 게송 1행과 2행은 구도를 위해 각고했던 처참한 지난날을 담고 있다. 『유식론』은 '인식은 바로 오류다'라고 말한다. 분별은 어쩔 수 없이 본체에서 쪼개진, 오류의 결과로 나타난다. 아무리 분별을 초월한 것이 진리라 해도 분

---

7) 『경덕전등록』 11권, 「복주영운지근선사」, 보련각, 1982, 10쪽.

별 분석으로 접근하면 자성본원 역시 분별한 내용이 되는 까닭에 분별 없는 진아를 생각하는 것 자체가 분별이고, 분별하지 않는다는 것 자체가 분별이요 분석이다.

분별과 분석은 아무리 분별하고 분석해도 의심의 꼬리가 잘리지 않은 것. 2행 "몇 차례나 잎 지고 가지가 돋았던가(幾回落葉又抽枝)"는 분별과 분석에 의해 얻어지는 지혜는 다시 의심이 생기는 것과 마찬가지로 본체에 잎이 떨어지고 잔가지가 말라도 다시 햇가지가 돋아난다는 의미다. 아무리 분석해도 본체가 될 수 없으니, 언제 무분별의 자성본원에 도달할 수 있겠는가? 이곳은 본체에 통증(通證)되는 무분별지일 때만 가능한 것이 아니겠는가?

드디어 시절인연이 찾아오니, 영운이 한 번 본 복사꽃의 체험은 분별지를 곧바로 절단하고 무분별지에 영회한다.

3행에서 "복사꽃 한 번 보고 난 뒤(自從一見桃花後)"란 시구에서 보듯이 복사꽃을 한 번 본 다음은, 4행에서 "아직까지 두 번 다시 의심치 않네(直至如今更不疑)"라고 했는데, 도대체 복사꽃을 어떻게 보았단 말인가? 문제는 복사꽃이다. 복사꽃은 피었고, 복사꽃은 피고, 복사꽃은 필 것이다. 이렇게 설정되는 복사꽃은 시간과 공간 속에서 분별되는 복사꽃이다. 이 분별의 복사꽃은 관념과 합리적인 약속 아래 복사꽃일 뿐이다. 어제에 본 복사꽃, 지금도 보고 싶은 복사꽃, 내일에도 필 복사꽃, 창경궁에서 본 복사꽃, 어린 날 고향 산천에 피던 복사꽃일 뿐이다. 그러나 3행에서 영운이 '한 번 본 복사꽃'은 영운과 복사꽃과 대립적인 분별이 끊어진 복사꽃이었고, '영운(自)/복사꽃(他)'이 무너진 무간(無間)의 복사꽃이니, 바로 영운 자체이다. 이것은 자성본원에 영회이며, 진여 실상 자체인 절대 현재의 이 찰나에 한 몸이 되니, 다시는 의심을 갖지 않는 4행의 이유다.

그리고 『선문염송』 590칙 「도화(桃花)」에 의하면 어떤 학인이 현사 사비(玄沙師備, 835~908)에게 이 선화를 말하니, 현사가 말하기를 "당연하나 노형은 아직 끝까지 깨닫지 못했음을 내가 보증한다" 하였다. 현사의 이 말은 당시의 대중이나 오늘날까지 수선납자들에게 분별거리를 만들어주었다. 현사가 영운의 깨달음을 인정할 수 없다고 공포한 것이다.

이것이 문제다. 그럼 위산이 영운의 견처(見處)를 잘못 봤단 말인가?

그렇지 않으면 현사가 짐짓 해본 말인가?

『선문염송』에는 본칙과 현사가 지적한 이 일에 대해 무려 쉰일곱 수의 염과 송이 있다. 이것은 영운의 오도송이나, 이 깨달음에 대한 현사의 지적이 선객들 사이에 일대 파란이 일어났음을 짐작하게 하는 것. 이 선화에 이치를 드러낸 게송 몇 수를 가늠해보고 나머지 몇 수는 능력대로 음미해보자.

㉮

분명히 30년이 흘러갔건만	分明歷世三十春
복사꽃에 깨친 인연, 더욱 새롭다	因悟桃花色轉新
사람마다 영운의 뜻 알았다 해도	人人盡得靈雲意
영운이 누군가를 알지 못한다	不識靈雲是何人

— 수산념

위의 게송의 작자 수산 성념은 임제종의 정맥으로, 수산에서 3대째에 임제종이 양기파와 황룡파로 갈라져 선문은 5가 7종을 이룬다.

1행과 2행에서 '우리의 분별로 보아 30번의 봄은 분명히 흘러갔지만/30년이 지난 오늘 복사꽃을 다시 보니, 그대로 확연하다'고 했다. 늘 봄마다 보아오던 복사꽃, 특별한 복사꽃이 아닌 누구나 모두 보던 복사꽃. 이 과거의 복사꽃은 복사꽃인데, 상대 대립적인 분별에 의해, 분별된 관습에 의해 본 복사꽃이니, 바로 살구꽃, 배꽃, 매화꽃이라 구분지어진 고정된 이름이 달린 복사꽃이고, 또 복사꽃이 눈 안에 감탄을 연발하며 다가와도 이 감탄은 '미/추'의 상대적인 아름다움을 보고 터뜨리는 감탄일 뿐이다. 따라서 그 복사꽃은 무수한 현상 중에 하나인 복사꽃일 뿐, 복사꽃에 대한 인식도 전성전일(全性全一)하게 증득된 체험이 아닌, 단지 분별에 의해 판단되는 한 번 두 번의 식으로 누적되어 판별되는 성질의 경험일 뿐이다.

3행에서 "사람마다 영운의 뜻을 알았다"는 역시 '깨달음의 체험을 가진 영운'/'깨닫기 위해 열심히 공부하는 영운' 그런 따위를 판단하는 것일 뿐. 본래의 영운을 알 리 없다. 영운뿐만 아니라 우리는 누구나 깨달음 그 자체다.

현사가 기강을 세우지 않았으면	不是玄沙定紀綱
영운의 일이 어찌 완전히 드러나랴?	靈雲那得事全彰
도화인 줄 깨닫고서 모두 안다고 하나	桃花覺了咸皆委
몇 사람이나 이 소식 체험했을까?	未徹何人共體量
사자가 홀로 걸으니 산천이 고요하고	獅子離群山岳靜
코끼리가 걸음 옮길 때, 바다는 맑다	象王廻步海澄光
두 스님 어울리지 않고 어디로 갔나?	二師不竝歸何處
낚시 배 위의 사삼랑(謝三郞)[8]이라	釣魚船上謝三郞

— 부산원

부산원의 게송에서 작가가 말하고자 하는 주제는 1행과 2행에 있다. 앞에서도 살펴보았듯이 감히 위산이 인가한 영운의 깨달음이 미심쩍다고 현사가 장담하였으니, 대위산 문중이 시끌벅적할 수밖에 없다. 위산이 누구인가? 1,500명의 선객을 거느린 일대 종사가 아닌가? 그래서 『선문염송』에는 50여 수의 선시가 서로의 의견을 제각기 드러내고 있다. 이것만 보아도 현사가 한 말이 일파만파(一波萬波)하여 천하에 일대 파란이 일어났음이 분명하다. 위산인가, 현사인가? 지금도 어리석은 자들은 이쪽 저쪽으로 몰려다닌다. 우습다. 정신 차리고 들숨과 날숨 사이를 살펴볼 일이다.

우리는 이 일을 좀 더 자세히 알기 위해 기록이 나타난 문헌을 살펴볼 필요가 있다. 『선문염송』이나 『전등록』에 의하면 영운이 위산에게 오도송을 보여주고 인가받는다. 그 후 『현사광록』 상권[9]에 의하면 영운이 현사를 찾아가서 만나게 된다.

인사를 마치자 현사가 물었다.
"거기는 여기에 비해 어떻습니까?"
"그저 고향일 뿐 다른 점은 없습니다."

---

8) 謝三郞은 사씨 집의 셋째 아들이란 뜻. 현사 사비의 성이 사씨이고, 그는 출가 전 어부였다.

9) 『현사록』 상, 백련선서간행회, 1988, 38~39쪽.

"그럼 거기에 계셨다는 말이군요?"
"네, 언제나 거기에 있었습니다."
"그렇다면 거기에 대해 왜 말씀하지 않습니까?"
"뭐, 어려울 것이 있겠습니까?"
"정말이라면 바로 말씀해주십시오."

영운이 이 말끝에 앞에 게송 '삼십년래심검객(三十年來尋劍客)'으로 대답을 대신한다. 이 오도송으로 자성본원의 자발광함을 보여준 셈이다.
이에 현사가 물었다.

"고향에서부터 타고난 재주가 무엇입니까?
"조금 전에 진실로 다른 것이 아니라고 했잖습니까?"
"암요, 그렇고말고요."
"천만에 부끄럽습니다."

우리는 이 대화에서 현사가 영운을 치켜세우며 한 방에 거꾸러뜨리려는 의도를 읽게 된다.
아무런 동요 없이 가볍게 대답하는 영운을 향해 현사가 마지막 결정타를 날린다.

"옳고 옳도다, 노형은 아직도 깨닫지 못한 데가 있음을 내가 보증한다(諦當甚諦當 堪保老兄 猶未徹)."
"그럼, 스님은 깨치고 계신다는 말이군요."
"그렇지요. 그렇게 나와야 되는 거지요."
"예나 지금이나 난 늘 이러합니다."
"좋습니다. 좋아요."
그러고는 현사는 게송을 지어 영운에게 주었다.

영운과 사비의 선문답은 여기서 끝이 난다. 우리는 이『현사광록』에 펼쳐지는 두 검객의 칼싸움이 언뜻 보기에도 승부를 내지 못하고 있음을 느낀다. 서로가 서로의 실력을 인정하는 마지막 장면은 통쾌 그대로다.

문제가 된 "깨닫지 못한 데가 있다"고 한 현사의 의도는 무엇인가?

영운은 깨달았고 천하종사 위산 역시 깨달음을 인정했고, 현사 역시 영운이 깨달았음을 잘 알고 있다. 그러나 철저한 깨달음이란 깨침 자체의 순간을 영원히 그대로 유지하느냐 하는 아주 어려운 일임을 잘 아는 현사는 이것을 점검한다. 어디 티끌만 한 흔적, 깨달음의 흔적을 가지고 있는지 진실한 깨달음은 깨달있다는 흔적조차 없는 것이니, 흔적조차 없는 것은 바로 마음에 흔들림이 없는 것이어서 표시가 있을 리 만무하다. 이쯤 되자 현사는 검을 거두어 검집에 꽂는다.

그럼 영운의 말을 살펴보자.

"그럼 스님은 깨치고 계신다는 말이군요"라는 말은 어떻게 깨친 사람이 그 모양입니까? 뭐 아직까지 깨쳤니 못 깨쳤니 하는 스님이야말로 깨쳤다는 앙금이 남아서 그런 표시를 내는 것이 아닙니까?

영운은 현사가 살수를 펼친 것과 똑같은 방법으로 '그렇다면 당신은 깨쳤는가?' 되물은 것은, 현사 역시 철저한 깨침이 없이는 그 깨달았다는 흔적의 표시가 있을 터이니, 깨달았다는 의식이 조금이라도 남아 있다면 그것이야말로 깨닫지 못하게 될 것이다.

영운 역시 칼집에 칼을 꽂고 돌아선다. 그래서 예부터 노중에서 도인을 만나면 도를 묻지 않는다는 말이 있다. 현사는 영운을 한 수의 게송으로 찬탄한다.

30년을 여여하게 변함없으니   三十年來只如常
몇 번이나 낙엽에 백호광을 놓았던가   幾廻落葉放毫光
한 번 은하수 밖을 벗어난 뒤로는   自從一出雲霄外
원음체성이 법왕에 호응하네   圓音體性應法王

㉓

몇 차례나 잎 지고, 몇 번 싹이 났나?   幾回落葉幾抽枝
깨달은 뒤 도리어 깨닫기 전과 같다   悟了還同未悟時
현사가 거듭거듭 점안한다 여겼더니   却謂玄沙重點眼
지금껏 납자들은 더욱 의심 내더라   至今衲子轉生疑

— 천장초

현사가 점안한 것이나, 영운이 깨달은 것이나 모두 2행에서 "깨달은 뒤 도리어 깨닫기 전과 같다"를 벗어나지 않는다.

(라)

2월, 3월의 날씨가 화창해지니	二月三月景和融
멀고 가까운 복사꽃 나무마다 붉네	遠近桃花樹樹紅
종장이 깨달았지만 철저치 못하여	宗匠悟來猶未徹
이직껏 전과 같이 춘풍에 벙근다	至今依舊笑春風

— 황룡남

1행과 2행 '깨달음은 화창한 날씨를 동반하는 것/이럴 땐 보는 것마다 보이는 것 마다 붉은 복사꽃', 3행과 4행 '깨달음은 원래 복사꽃 봄바람 타고 피어나는 것을 보는 촌부의 눈과 다르지 않네'로 읽어볼까.

(마)

노형은 완전치 못함을 장담한다니	敢保老兄猶未徹
현사의 말씀, 왜 그리 박절한가	玄沙之言何大切
그대들 언덕 위에 복사꽃 붉음 보라	君看陌上桃花紅
모두가 집 떠난 사람의 피눈물이다	盡是離人眼中血

— 죽암규

3행과 4행은 다음과 같이 두 가지로 읽힌다.

'언덕 위에 붉은 복사꽃/다시 보니 운수객의 피눈물' 혹은 '언덕 위에 붉은 복사꽃/본래면목을 떠난 피눈물의 우리', 어떤 쪽을 음미하든 간에 결국 같이 만난다.

(바)

2월 복사꽃이 난만할 적에	二月桃花爛漫時
영운이 한 번 보자 의심이 없네	靈雲一見更無疑
현사의 깨치지 못했단 말 누가 알리	玄沙未徹誰相委
콧구멍은 원래가 아래로 뚫렸다	鼻孔從來向下垂

— 백운병

영운의 깨달음은 아무도 아는 이가 없다. 그래서 영운조차도 의심하지 않네. 현사는 이것을 깨치지 못했으니 역시 깨치지 못했다 할 수밖에. 코는 세로로 입은 가로로 앉아 있음을 모두가 안다 알아.

4. 무착의 전삼삼 후삼삼

<table>
<tr><td>천봉오리는 굽이굽이 짙푸른데</td><td>千峰盤屈色如藍</td></tr>
<tr><td>어느 누구가 문수와 말을 했다는가</td><td>誰謂文殊是對談</td></tr>
<tr><td>우습다, 청량산에 수도승이</td><td>堪笑淸涼多少衆</td></tr>
<tr><td>저기 셋 여기 셋이라니</td><td>前三三與後三三</td></tr>
</table>

— 원오근

위의 선시는 『벽암록』 35칙 「문수전삼삼(文殊前三三)」 공안에 대한 원오 극근의 게송이다. 이 선화의 주인공인 무착 문희(無着文喜, 820~899)는 앙산의 제자며 성은 주씨라고 『전등록』에 기록되어 있다.

이야기는 이렇다. 어느 날 무착이 오대산에 간 꿈을 꾸었다. 그 꿈속에서 문수보살을 만나 하룻밤 그 절에서 신세를 지게 된다. 그때의 문답이 『벽암록』 35칙 본칙(本則)이다. 무착은 이 선화를 학인 지도하는 수시(垂示)로 썼다고 한다.

문수보살이 무착에게 물었다.
"여기 오기 전에 어디 있었나?(近離什麽處)"
"예, 남쪽에 있었습니다."
"요즘, 남쪽의 불법은 어떻게 되어가고 있나?"
"말법의 비구는 계율을 받드는 자가 조금 있습니다만"
"그래, 그 계율을 받드는 자가 얼마나 되나?"
"아마 300에서 500명 정도 될는지요."
이번에는 무착이 문수에게 물었다.
"이곳에서는 불법이 어떻습니까?"
"깨달은 자도 평범한 자도, 용도 뱀도 다 함께 뒤범벅이지(凡聖同居 龍蛇混雜)."

"수행자는 얼마나 됩니까?(多少衆)"

그러자 문수가 대답했다.

"저기 셋, 여기 셋 정도지(前三三後三三)."[10]

우리는 이 선화에서 "수행자가 얼마나 됩니까?" 하는 무착의 질문에 "전삼
삼 후삼삼"이란 문수보살의 대답을 듣게 된다. "여기도 셋, 저기도 셋"은 과
연 어느 정도, 얼마나 많은 수란 말인가? 우리는 언제나 '얼마'란 말, 곧 다
소(多少)에 대해 길들여져 있다. 열 명이냐? 백 명이냐? 우리는 항상 '흑/백'
의 판가름의 세계에 살아왔고, 이항대립적인 가름에 답을 선택하게 하였고
또 선택해왔다. 그러나 실제의 삶은 총체적이다. 시간과 공간 속에서 인연되
는 전성전일(全性全一)한 삶을 살고 있다. 이런 사유에 던져지는 벽력같은 말
"저기 셋, 여기 셋 정도." 무언가 정답이 없는, 정답을 내기 위한 정신작용에
문제가 생김으로 오는 멍청함. 여기에 우리는 사량(思量)하는 잣대를 잃는다.
'전삼삼 후삼삼'은 일반적으로 '범인과 성인이 동거하고, 용과 뱀이 뒤엉켜서
(凡聖同居　龍蛇混雜)' 여기 한 무리, 저기 한 무리 무리지어 있다쯤이 아니겠
는가. 그러나 여기서는 문수가 일깨우고자 하는 것, 곧 우리를 자성본원으로
계합시키려는 음흉한 의도가 숨어 있으니, 조심해야 한다.

『벽암록』본칙은 여기서 끝나지만, 평창에 의하면 문수보살이 무착에게 차
를 대접했다. 이때 그 다기를 가리키면서 문수가 무착에게 물었다.

"그래, 남방에도 이런 게 있는가?"

"아니, 없습니다."

"그럼 뭣으로 차를 마시나?"

이 질문에 무착은 말문이 막히고 말았다. 얼마 후 무착은 문수에게 하직을 고
하고 떠나게 되었는데, 문수가 동자를 시켜 산문까지 전송해주었다. 도중 무착
이 동자에게 물었다.

"아까 문수께서 전삼삼 후삼삼이라 하셨는데, 그건 대체 몇 사람을 말하는 걸
까요?"

그러자 동자는 대답 대신 갑자기 무착을 불렀다.

---

10) 『벽암록』35칙「文殊前三三」, 현암사, 1978, 196~200쪽.

“스님!”
“네!”
“그건 몇이나 됩니까?”

이쯤 되면 앞의 원오 극근의 게송의 뜻이 다가올 것이다.

3행과 4행에서 “청량산 수도승이/저기 셋, 여기 셋이라니”라 대답한 의도, 역시 잠자코 있는 것보다 더 나을 것이 없지 않은가. 1행과 2행은 ‘평지에 풍파가 일어난 격’이다. 1행은 오대산(청량산 : 오대산의 시적 이칭)의 전경을 그렸고 2행의 “어느 누가 문수와 대담을 했다고 하느냐?(誰謂文殊是對談)”는 오대산 전체가 하나의 살아 있는 문수인데, 무얼 가지고 문수와 대담을 했다 하는가. 그와 마찬가지로 동자는 무착을 부른다. ‘네’ 하는 대답은 자성본원에서 자발광하는 음성적 파동태이니, 이것을 몇 명이라 따져 ‘흑/백’을 구분해서 대답할 수 없음이 분명하다. 이러한데, 그따위 터무니없는 수작을 하는 게 누구냐? 오대산 도처에 문수가 있지 않은가. 정말 문수를 만났다면 ‘전삼삼 후삼삼’ 같은 수작을 할 턱이 없다.

아는가? 알았다 해도 우리는 나무 아래에서 쉬어쉬어 가야 한다.

그 후 무착은 80세에 다음과 같은 열반송을 남기고 좌탈입망하였다.

3계의 마음이 다하면	三界心盡
열반이 그것	卽時涅槃

5. 파초의 주장자

파초 혜청은 우리나라 신라인이며, 위앙종의 4대에 속한다. 그의 스승은 남탑 광용이고 광용은 앙산의 제자다. 그리고 혜청에서 1대 더내려가 흥양 청양, 유곡 법만에 가서 위앙종의 법계가 전등사에 나타나지 않으니 약 150년간 흥성한 셈이다.

이 파초선사의 주장자 공안[11]은 오늘날까지도 우리나라 선방에서 살아 움직이는 현역 공안으로 빛을 발한다. 필자 역시 이 지팡이에 경을 친 적이 있다. 1990년경 서옹선사를 참문할 때에 나의 분별을 향하여 비수같이 날아들던 지팡이였다.

무더운 한 여름 서옹화상을 뵈었다. 스님이 나에게 말했다.

"억울하냐? 그래도 억울하면 다시 한 번 해보자. 나에게 보배로운 지팡이가 하나 있는데, 네가 가졌다면 나는 이것을 너에게 줄 것이고, 너한테 이 지팡이가 없다면 내가 빼앗아가겠노라는 법문이 있는데, 그럼 이 도리를 네가 한번 일러봐라."

잠시 양구하다가 말씀을 올렸다.

"스님, 스님과 저, 모두 같은 지팡이 안에 있는데, 무얼 주고받는단 말씀입니까?"

물끄러미 바라보시던 스님이 말문을 열었다.

"아니야, 아니야. 탕기에 때가 묻어, 때가 묻어나. 다시 참구하라. 왜 국민학생이 100미터 달리기를 하듯, 철봉대에 마지막 턱걸이를 하듯 그렇게 다시 참구하라."[12]

㉮

| 있음과 없음은 고금에 두 겹의 관문이니 | 有無今古兩重關 |
| 바른 안목 가진 선객도 지나기 어렵다 | 正眼禪人過者難 |

---

11) 『선문염송』 16권, 1192칙 「주장(拄杖)」

12) 『시와세계』 권5, 「서옹선사」, 2004년 봄호, 219쪽.

　　서옹 상순(西翁尙純, 1912~2003) : 서옹은 당호고 법명은 상순. 조계종 5대 종정, 백양사 고불총림 방장을 지냄. 만암 종헌의 법을 잇다. '참사람 결사'를 진작한, 선풍을 드날린 근세 고승이다. 92세에 좌탈입망하니, 그의 오도송과 열반송, 그 외 여러 수의 게송이 전한다.

　　입적 하루 전날 다음과 같은 열반송을 남기다.

운문의 해는 긴데 이르는 사람 없고	雲門日永無人至
백운상정에는 눈이 분분하다	白雲山頂雪紛紛
한번 백학이 나니 천 년 동안 고요하고	一飛白鶴千年寂
솔솔 부는 솔바람 붉은 노을을 보내네	細細松風送紫霞

장안으로 가는 큰길로 통하게 하려거든   欲通大道長安路
곤륜이 활개 펴고 다니지 못하게 하라   莫聽崑崙敍往還
— 투자청

㉯
그대에게 있으면 일체에 있고   你有則一切有
없으면 어디에도 없다   你無則一切無
있고 없는 것은   有無
오직 본인이 준다 뺏는다 할 뿐   自是當人與奪
파초에게 무슨 관계있으랴?   關芭蕉甚事
이럴 때, 어떤 것이 그대의 주장자인가? 正伊麽時作麽 生是你拄杖子
— 천동각

투자청의 ㉮ 게송에서 보듯이 '유/무 양변의 관문은 실로 눈 푸른 납자들도 통과하기 어려움'을 읊었고, 또 '무상대도(無上大道)의 길을 사통오달되게 하려면, 4행에서 곤륜인이 활개치고 다니지 못하게 하라' 하였다. 곤륜족은 티베트 북쪽 일대에 사는 흑인 종족이다. 곧 나의 마음이 나며 자성이고, 이 자성의 활성화가 평평범범의 일상사니, 특이한 생각으로, 밖에서 자성본원을 찾으려는 어리석음을 짓지 말기를 당부하고 있다.

㉯는 천동 정각이 시중한 염(拈)이다. 자성본원은 큰 거울과 같은 원만한 지혜로서, 일체 삼라만상이 비추어지지 않는 것이 없고 비치어지지 않는 것이 없다. '비친다/비춘다'를 완전히 벗어난다. 그러니 파초 자신이 괜히 '준다/뺏는다' 하며 분별하여 사람을 속일 뿐. 이 자성의 형상화인 주장과 파초와 사실 무슨 관계가 있으리오. 이럴 때 무엇이 주장자고 무엇이 나인가?

서옹스님께서 입적한 지 몇 달도 채 안 된 지금 스님을 떠올리며 이 글을 쓰니 더욱 새롭다.

12장

왕노사의 소 기르기와 〈십우도〉

왕노사는 남전 보원(南泉普願, 748~834)의 별호다. 보원은『전등록』에 의하면 정주 신정인이고 성은 왕씨다. 마조의 고족이니, 지주 남전산에서 개당하였다. 항상 문도가 수백 인이어서 명성이 사방에 진동하였다.

특히 남전의 '양우(養牛)' 공안은 수선납자들에게 지대한 영향을 끼쳤는데, 이 공안은 후대에 더욱 발전하여「십우송」으로 나타났고 또 이 게송을 알기 쉽게 풀어 10폭의 그림으로 그려졌다. 사찰 큰 법당의 벽에 소 그림이 그려져 있는 것을 흔히 볼 수 있는데, 이 그림들이 〈십우도(十牛圖)〉다. 〈십우도〉는 많은 사람들이 불법을 쉽게 알게 하는 데 기여하였을 뿐만 아니라, 누대에 걸쳐 수많은 화답시를 낳아 선시 발전에도 큰 영향을 주었다.

소를 기른다는 것은 마음을 길러 자기의 참 모습을 깨닫는다는 뜻이다.

하루는 남전이 상당하여 대중에 말하였다.

왕노사가 어릴 적부터 한 마리의 검은 암소(水牯牛)를 길렀다. 개울 동쪽에서 풀을 먹이려니 다른 국왕의 수초를 뜯어 먹으려고 하고, 개울 서쪽에서 풀을 먹이자니 역시 또 다른 국왕의 수초를 뜯어 먹으려 한다. 지금 분수에 따라 조금씩 받아들이고 다른 것은 마음대로 내버려두는 것만 못하다.[1]

南泉示衆云 王老師自少 養一頭水牯牛 擬向溪東放 不免食他國王水草 擬向溪西放 亦不免食他國王水草 如今 不如隨分納些些 他總不放

남전 보원은 선도리를 형상화하였다. 곧 검은 암소는 마음, 진아, 본래면목의 형상화이니 바로 자성본원을 가리킨다. 개울 동쪽 서쪽은 이쪽과 저쪽을 가리키니, 이 역시 우리의 이항대립적인 인식 세계를 말한다. 동쪽과 서쪽을 '차안/피안'으로 설정하였을 때는, '색계/공계'니, 어느 쪽도 한 곳에 집착하

---

1)　『선문염송』206칙「養牛」.

면 영원히 소를 찾을 길 없다. 차안인 색계는 환상의 세계, 범속의 세계이고, 피안인 공계는 진리의 세계며 극락의 세계다. 그러나 양변적인 흑백에 의한 마음의 선택 역시 모두 자성본원에 이르지 못하게 될 것이다. 이런 까닭에 자기 자신이 자기의 풀을 먹는 것이 아니라, 모두 타국 왕의 풀을 먹이는 격이 되어버린다. 바로 일체의 분별 의식은 모두 선도리와 상호 적응하지 못한다. 남전은 목우(牧牛)를 가까이하여 살핌으로써 스스로의 마음 상태를 조절하고 길러, 마음이 집착하지 않도록 하였다. 위의 선화에서 '마음대로 소를 내버려두는 것'은 인연 따라 임운등등(任運騰騰)하여 본분에 따르는 것. 따라서 분수에 따라 받아들이는 것만 못하게 된다.

이 공안에 대하여 후대의 선사들이 화답한 게송을 몇 수 음미해보자.

㉮

봉사가 소를 끌고 개울을 건너니	瞎漢牽牛過小溪
어지러운 소 발자국 동서에 흩어지네	紛紛牛迹陷東西
남전의 허물 된 곳 그대는 알겠는가?	南泉落處君知否
입 구 자 쓸 때에 한 뿔이 처지네	口字書時一角低

— 열재거사

㉯

운문언이 들어 보이다	雲門偃拈
말하라 소를 안에다 가둘까	且道 牛內納
밖에다 가둘까	牛外納
설사 그대가 소 가둘 곳	直饒你說
분명히 말할지라도	得納處分明
나는 다시 그대에게 소를 찾으라 하지	我更問儞覓牛在

— 운문언

㉮ 게송 1행과 2행에서 자성본원을 보지 못한 중생을 봉사로, 자성은 소로 형상화되었다. 곧 '자성, 참나를 모르는 중생이 자성의 활성화인 소를 끌고 현실의 개울을 건너니/사방에서 부딪히는 각각의 상황이 정신을 어지럽게 하여 갈피를 잡을 수 없게 한다.' 3행에서 '그대는 남전선사의 허물이 무엇

인지 알기는 한가? 4행의 바로 "입 구 자 쓸 때에 한 뿔이 처지네(口字書時一角低)"다. 이 의미는 개구즉착(開口卽錯)이니 곧 입을 열면 틀린다는 뜻을 강조한 말이다. 열기까지 기다릴 것이 아니라 입이라 할 때에 벌써 소는 뿔이 처진다는 뜻이다. '시/비', '자/타', '애/증', '흑/백' 어느 것이든 분별하여 취사선택을 하려고 하면 바로 우리는 자성의 자리에서 무명으로 첫 발을 내디디는 것이다. 본칙에서 '검은 암소를 기르려면 그냥 기르지, 개울 동쪽 수초니 개울 서쪽 수초니 하며 오랜 관습적인 이항대립의 사유를 하려는 첫 순간 이미 남전은 타인을 실험하려는 것'이다. 스승 된 자로서 과연 이만한 허물이 또 있겠는가? 개구즉착이니, 봄 강변 수양버들이 웃으리라.

운문 문언의 염 ④ 역시 소는 소이지 내우(內牛)가 있고 외우(外牛)가 있을까? 소는 인연 따라 시공의 상황에 의해 가두어져 있을 뿐이다. 우리는 늘 '가둔다/풀어놓는다'라는 관습적 사고에 의해 스스로 묶어놓는다. 이러할진대, 소를 가둔다는 처음 생각부터 턱도 없는 말이다. 따라서 자성인 '참나'의 상징인 소를 찾고 찾아야 하리라.

이제 남전의 제자 조주의 어록인 『조주록』에 기록되어 있는 소에 관한 공안을 하나 더 읽기로 하자.

남전이 욕실을 지나다가 욕두(浴頭)가 목욕물을 데우는 것을 보고 물었다.
"무엇을 하고 있나?"
"목욕물을 데우고 있습니다."
"잊지 말고 검은 암소를 불러다가 목욕을 시켜라(記取來 喚水牯牛浴)."
욕두는 '네' 하고 대답하였다. 밤이 되어 욕두는 방장으로 들어왔다.
"뭣하러 왔나?"
"스님, 준비가 되었습니다. 어서 검은 암소를 욕실로 들여주십시오(請水牯牛去浴)."
"그래, 소고삐는 가지고 왔는가?(將得繩索來不)"
욕두는 대답이 없었다.
조주가 와서 문안을 드렸을 때 남전은 이 이야기를 하였다. 조주가 말했다.
"저에게는 한마디의 말이 있습니다."
말이 끝나자 말자 남전이 말했다.

"소고삐를 가지고 왔는가?(還將得繩索來麼)"

이에 조주가 곧장 앞으로 다가가 남전의 코를 당겼다.

"아, 이 사람아, 아주 좋아. 그렇지만 너무 난폭하군(是卽是 太麤生)."[2]

위의 선화는 남전과 그의 상족 조주 종심, 그리고 선원의 목욕탕 운영의 소임을 맡고 있는 욕두스님이 나온다. 욕두가 수고우 즉 검은 암소를 남전으로 간주하여 마중하러 간 것까지는 수자다운 행위였지만, 결국은 생각을 지어 선적인 깨침이 없이 스승에게 다가간 것이 금방 드러난다. 관념적인 분석과 이해는 실제 우리가 살아가는 데 큰 도움이 되지 않는다는 것을 다시 한 번 느낄 수 있는 대목이다.

남전이 욕두에게 "소고삐를 가지고 왔는가?"라고 한 말에 바로 혼비백산해져 말문이 막혀버린다. 기막힌 일이다. 목숨을 걸고 선 수행을 한 수행자에겐 바로 목숨을 앗기는 순간이다. 변화가 무쌍한 삶, 삶의 궤적에 있어서 학습에 의한 지식의 축적은 별 쓸모가 없음이 느껴지는 대목이다.

다음 조주의 선기, 번쩍이는 행위 자체가 소고삐임을 여지없이 보여주는 장면. 얼마나 통쾌한 것인가.

마지막으로 소에 관련된 선화를 하나 더 들기로 한다. 장경 대안(長慶大安, 793~883)은 백장을 찾아가 '부처를 알고자 하는데 부처가 무엇입니까?'라는 질문을 한다. 이에 백장은 자성본원인 부처를 소로 형상화하여 친절한 가르침을 편다.

"제가 부처를 알고자 합니다. 어떻게 하면 바로 부처를 아는 것입니까?"
백장이 대답했다.
"소를 타고 소를 찾는 것과 너무 닮았지(百丈曰 大似騎牛覓牛)."
"안 뒤에는 어떻게 합니까?"
"소를 타고 집으로 돌아가는 것과 같다."
"처음과 마지막에 어떻게 보임합니까?(未審始終如何保任)"
"소 먹이는 사람이 채찍을 들고 지켜보아 남의 곡식밭에 들지 않게 하는 것과

---

2) 『조주록』 권상 8칙, 경서원, 1986, 50~51쪽.

같다(如牧牛人 執杖視之 不令犯人苗稼)."[3]

『전등록』에 대안이 이로부터 깊은 뜻을 깨달아 다시는 허덕이지 않았다고
적혀 있다.

앞에서 살폈듯이 백장과 남전, 서당은 마조 문하의 빼어난 제자들이다. 대
안이 부처를 어떻게 하면 찾을 수 있느냐는 질문에 백장은 "소를 타고 소를
찾는 것과 같다"고 대답한다. 이것은 사람들이 기 자신을 찾는데, 자기 자신
을 돌이켜 비춰보아 찾지 않고, 밖으로만 치달아 찾으려는 것과 같음을 갈파
한다. 소를 찾은 다음에는 소를 타고 집으로 돌아오는 것. 곧 자성본원을 깨
친 후에는 자성과 하나가 되어 살아가는 것이 깨달은 자의 삶이다. 이것이 대
자유인의 삶이다. 위의 선화에서 보임(保任)은 깨달아 자성본원에 영회한 후
에, 깨달음을 간직하는 것이다. 이 깨달음을 간직하려면, 오랜 습성에 의해
물들었던 관습의 훈풍이 날려가도록 수행을 가져야 한다. 이럴 때는 "소 먹이
는 사람이 채찍을 들고 지켜보아 남의 곡식밭에 들지 않게 하는 것과 같다."
이것은 바깥 경계에 끄달리어 분별의 세계에 떨어지지 않도록, 보임하는 것
을 형상화하였다.

그 후 대안은 위산 영우가 열반한 후에 대중들의 추대로 위산의 2대 방장
이 되었다.

어느 날 상당하여 다음과 같이 마음 닦는 것을 목우(牧牛)로 형상화하여 대
중법문을 하였다.

그대들이 부처를 이루고자 하면 단지 허다한 뒤바뀜, 망상, 반연, 나쁜 지식
더러운 욕망 따위 중생심이 없어지면 그대들이 처음 발심함과 동시에 부처임을
허락한다.

다시 어디에서 따로 부처를 찾겠는가. 그러므로 나도 위산에 30년은 편안히
있으면서 위산의 밥을 먹고 위산의 똥을 싸면서도 위산의 선을 배우지 않고 다
만 한 마리의 검정 암소를 지키되 풀밭으로 들면 곧 끌어냈고, 남의 밭에 침범하
면 끌어냈는데, 오래되니 신통한 놈이 사람의 말을 잘 듣게 되어 지금은 '드러난

---

3) 『전등록』9권,「복주대안선사」, 보련각, 1982, 156쪽.

땅에 우뚝 선 흰 소(露地白牛)’로 변해서 항상 눈앞에 있다. 그래서 훤하게 드러
난 땅에 종일 서서 쫓아도 가지 않는다.[4]

阿你欲作佛 但無如許多顛倒攀緣妄想 惡覺垢欲不淨中生之心 則汝便是初心正
覺 不更向何處別討 所以安在潙山 三十來年 喫潙山飯 屙潙山屎 不學潙山禪 只看
一頭水牯牛 若落路入草 便牽出 若犯人苗稼 卽鞭撻調伏 旣久可憐生受人言語 如
今變作箇露地白牛 常在面前 終日露迴迴地 趁亦不去也

노지백우(露地白牛)의 ‘노지’는 만 리(萬里)에 돌 하나 없고 풀 한 포기 나
지 않는 맑고 투명한 땅이니, 곧 마음밭을 형상화한 것이다. 투명하고 싸늘한
이슬 밭에 오롯이 서 있는 흰 소. 이 얼마나 시적이고 미학적 표현인가. 검은
암소(水牯牛)는 차츰차츰 번뇌 망상의 상징색인 검은색이 벗겨진다. 드디어
흰 소로 변하여 발가숭이 맨땅에 당당히 서 있는 햇살에 빛 부신 흰 소. 이젠
아무리 저잣거리에 헤매고 물들어도 늘 그렇게 서 있을 뿐이니. 자, 이쯤 되
면 수도이니 바로 실참실수의 선이다. 배고프면 밥 먹고 목마르면 물 마실 따
름이다.

『전등록』에 따르면 마조와 그의 제자 석공 혜장의 문답에도 목우에 대한
기록이 보인다. 원래 혜장은 사냥꾼이었다. 하루는 사슴을 뒤쫓다가 암자 앞
을 지나다 마조를 만나게 된다. ‘활을 잘 쏘는 것 같은데, 화살 하나로 몇 마
리나 맞힐 수 있느냐’는 마조의 질문에 혜장은 백발백중이라고 대답한다. 그
말끝에 마조가 ‘화살 하나로 자기는 한 무리를 맞힐 수 있다’고 대답하자, 사
냥꾼 혜장은 ‘사슴과 스님은 같은 생명인데 어찌하여 한 무리를 맞힐 수 있
다’고 대답하느냐고 힐문한다. 마조가 ‘그대는 이미 똑같은 생명체라는 사실
을 알고서도, 왜 자기 스스로를 향해 쏘지 않는가?’라고 묻자, 혜장은 ‘나 자
신을 쏘려고 해도 어떻게 해야 할지 모르겠다’고 대답한다. 그 대답에 마조는
‘그대의 번뇌는 이 순간 이후에는 그쳐버렸다’고 수기한다. 이에 혜장은 머리
를 깎고 출가하였다.[5]

---

4) 위의 책, 156쪽.

5) 『경덕전등록』 권6, 「무주석공혜장장」, 보련각, 1982, 111쪽.

하루는 혜장이 부엌에서 일을 하고 있는데 마조가 묻는다.

“무얼 하고 있는가?”
“예, 소를 기르고 있습니다(牧牛).”
“어떻게 기르는가?”
“풀밭으로 들어가면 코뚜레를 잡아 끌어냅니다(一回入草去 便把鼻拽來).”
“자네는 소 기르는 법을 제대로 알고 있구먼(子眞牧牛).”

선종사에 나타나는 기록으로 보아 목우의 공안이 총림에 널리 회자되고 유행되었음을 알 수 있다. 이 공안을 게송으로 읊은 선객들이 특히 많았다. 후대에 「십우송(十牛頌)」을 지어 〈십우도(十牛圖)〉〈심우도(尋牛圖)〉로 나타나니 지금까지 우리나라 사찰에 벽화로 많이 그려지고 있고, 근대를 살고 간 우리나라 많은 선사들도 십우송의 시를 지어 남기고 있다. 지금까지 널리 선양되는 것은 우리의 자성본원을 소에 비유하여, 소를 찾고 얻는 순서와 이미 얻은 뒤에 주의할 점을 게송이나 그림으로 드러내 보이고 있기 때문이다.

일반적으로 목우의 〈십우도〉는 2종의 도본과 게송이 널려 퍼져 있다. 하나는 보명(普明)이 지은 ‘소 길들이기 이전(第一 未牧)’에서 시작하여 ‘모두 다 사라짐(第十 雙泯)’으로 끝나는 10단계와 또 하나는 확암 지원(廓庵志遠)이 노래한 「백우십송(白牛十頌)」이라 불리는, ‘소를 찾음(第一 尋牛)’으로부터 ‘저자에 들어가 팔을 드리우는(第十 入廛垂手)’ 데에 이르는 10단계의 노래이다. 이 2종의 〈십우도〉에는 모두 열 개의 그림과 열 수의 게송이 있다. 전자의 그림은 소의 색깔이 검은색에서 흰색으로 변하게 하였고 후자의 그림은 소의 그림을 시종 모두 흰색으로 처리하였다. 두 「십우송」을 비교해보면 보명의 〈십우도〉가 더 오래된 것이고, 확암의 〈십우도〉가 나중에 이루어진 것이다. 확암의 〈십우도〉가 훨씬 짜임이나 발상이 더 치밀하고 확연하다. 또 자원(慈遠)이 쓴 확암화상 〈십우도〉 서문에도 보명의 〈십우도〉에 보완점을 지적하며, 확암의 〈십우도〉는 “처음 ‘소를 찾다(尋牛)’에서부터 마지막 ‘저자에 들어가다(入廛垂手)’에 이르기까지 온갖 기틀에 대응하는 것이 마치 목마른 사람에게 물을 주고 배고픈 사람에게 밥을 주는 것 같다”고 말하고 있다.

1. 보명의「십우송」

① 미목(未牧)

사납게 뿔 치켜들고 포효하며	猙獰頭角恣咆哮
계곡으로 내달려도 길은 멀다	奔走溪山路轉遙
한 조각 검은 구름 골짝 가로지르니	一片黑雲橫溪口
걸음걸음 곡식 짓밟을 줄 누가 알랴	誰知步步犯佳苗

소가 된 나, 길들여지지 않는 소가 된 자성본원. 천방지축 동서남북 분간하지 않고, 바깥 경계에 끄달리어 내달으니 가는 곳마다 일체 중생에게 피해를 준다. 바깥 경계에 대해 일어나는 망상은 지혜를 막는다. 원효는 원래 일체만물은 명(明)으로 태어났으나, 비수에 녹이 슬듯 어느덧 무명(無明)으로 변한다 하였다. 육체를 가지므로 오는 오관작용 때문일 것이다.

② 초조(初調)

내게 소고삐가 있어 재빨리 코를 뚫어	我有芒繩驀鼻穿
날뛸 적마다 모질게 채찍질했지만	一廻奔競痛加鞭
내려오는 못된 성질 길들이기 어려워	從來劣性難調制
목동들조차 있는 힘 다해 끌어당긴다	猶得山童盡力牽

자, 이젠 우리는 소다. 스스로 콧구멍을 뚫어 고삐를 꿰어서 끝없는 외경의 유혹을 스스로 견책하고 절제하며 견제한다. 그래도 길들여지지 않자 주위의 사람들까지 도와준다. 처음 발심한 참선인들은 스스로 참회하고 기도하여서, 무시 이래 이어져오는 관습의 훈기를 없애고 마음을 다잡아야 함을 노래했다.

③ 수제(受制)

점점 고르고 길들여 날뛰지 않으니	漸調漸伏息奔馳
물 건너 구름 뚫고 걸음걸음 따라와도	渡水穿雲步步隨
고삐 잡은 손 조금도 늦추지 않고	手把芒繩無少緩
목동은 종일 저절로 피곤을 잊네	牧童終日自忘疲

소는 이제 코뚜레나 고삐에 의해 제재를 받아 하고 싶은 대로 하지 못하게 된다. 이와 같이 사람도 마음을 밝힌 후에는 자연스럽게 스스로 발하는 빛에 의해 다스려지게 됨을 비유하고 있다. 그러나 아직 최대한으로 조심해야 한다. 소의 고삐를 잡아 쥐고 바싹 뒤따라간다. 하지만 이젠 그전처럼 소가 포효하지 않아 한층 재미도 있고 피곤하게 느껴지지 않는 상태다.

④ 회수(廻首)

날이 감에 공부 깊어 비로소 머리 돌리니	日久功深始轉頭
미친 마음 점점 길들여가네	顚狂心力漸調柔
목동은 그래도 전혀 믿기지 않은 양	山童未肯全相許
여전히 고삐 잡고 묶어두네	猶把芒繩且繫留

'머리를 돌이켜 본다' 함은 공부가 순숙해져 이제 한시름 놓게 됨을 말한다. 바로 1행의 "날이 감에 공부 깊어 비로소 머리 돌리니"란 시구의 의미다. 그렇지만 오랜 관습의 때, '옳고/그름'으로 판단되는 훈습이 떨어지지 않아서 아직 소를 묶어두듯, 우리는 우리를 돌아보고 마음을 고르고 깨끗이 한다.

⑤ 순복(馴伏)

푸른 버들 그늘 아래 옛 시냇가	綠楊陰下古溪邊
풀어주나 몰아오나 자연스럽네	放去收來得自然
해 지자 푸른 구름 향기로운 초원	日暮碧雲芳草地
목동이 돌아가는 길 고삐 끎이 없네	牧童歸去不須牽

순복(馴伏)은 잘 길들어짐을 말한다. 소가 마치 오랫동안 제 마구간을 자연스럽게 드나드는 것과 같다. 이럴 때 무슨 고삐나 멍에가 필요한가. 참학인도 이쯤 되면 자성본원을 밝게 들여다보며 오직 한 마음 깨달음의 길로 정진한다. 소가 목동의 견제를 필요로 하지 않듯이 마음 가는 대로 맡겨두어도 스스로 착함에 든다.

⑥ 무애(無碍)

넓은 대지 편한 잠 스스로 이와 같아	露地女眠意自如

굳이 채찍 칠게 없어 묶어두지 않네	不勞鞭策永無拘
목동은 푸른 소나무 아래 편히 앉아	山童穩坐青松下
읊는 태평가 한 곡조, 즐거움 깃드네	一曲昇平樂有餘

무애는 자유자재, 즉 걸림이 없는 행위다. 그러니 더더욱 외양간에 소를 가둘 필요가 없다. 오직 1행, 2행과 같이 "넓은 대지 편한 잠 스스로 이와 같아/굳이 채찍 칠 게 없어 묶어두지 않네"에서 보이듯이 마음을 길들이는 주인, 즉 목동은 한가로이 태평가를 부르며 여유로움을 만끽하게 된다. 그렇지만 아직 혹 훈습된 관념의 때가 나타날까 미심쩍다 할까?

⑦ 임운(任運)

버들 언덕 봄 물결 석양에 비치고	柳岸春波夕照中
아지랑이 향기로운 풀, 푸름이 무성하네	淡煙芳草綠茸茸
배고프면 밥 목마르면 물, 그렇게 지내니	饑餐渴飮隨時過
바위 위 누운 목동 깊은 잠 들었네	石上山童睡正濃

임운등등(任運騰騰)은 소가 하고자 하는 대로 맡겨둔다는 말. 이쯤 되면 자성본원의 자발광이어서 무슨 일을 하든 진리의 파동태(波動態)인 까닭에 털 끝만큼도 벗어나지 않는다. 곧 밝음은 밝게 어둠은 어둡게 순일하게 보인다. 이럴 때는 1행, 2행같이 "버들 언덕 봄 물결 석양에 비치고/아지랑이 향기로운 풀, 푸름이 무성하네"가 된다. 소는 목동이 필요 없고, 마음은 어떤 수련도 필요로 하지 않는다. 곧 4행 5행과 같이 '배고프면 밥 먹고 목마르면 물을 마시며 또 잠 오면 잠 자며' 지낸다. 그러나 아직 소가 있고 목동이 있다.

⑧ 상망(相忘)

흰 소는 언제나 흰 구름 속에 있고	白牛常在白雲中
사람은 스스로 무심, 소 또한 그러하네	人自無心牛亦同
달은 백운을 뚫고 구름그림자는 희니	月透白雲雲影白
흰 구름 밝은 달 서로 동으로 오가네	白雲明月任西東

상망은 서로 잊은 것. 목동도 있고 소도 있다. 목동과 소가 있지만 서로가

서로를 의식하지 않고 자유롭다. 곧 목동은 소를 잊고 소는 목동의 존재를 잊는다. 이때에 벽화에 나타나는 〈십우도〉의 소 색깔은 순백색이다. 이미 우리 마음은 이항대립적인 구분을 가지지 않는다. 마치 천년동굴이 완전히 칠통이거나 혹은 한 줄기 햇살이 들어와 온통 밝음만 있어 어둠을 전혀 허용하지 않아, 어떤 구분이 없는 세계로 듦을 말한다. 이것이 1행과 2행의 "흰 소는 언제나 흰 구름 속에 있고/사람은 스스로 무심, 소 또한 그러하네"라고 한 시행이나 4행 5행이 가리키는 의미다.

⑨ 독조(獨照)

소는 간 데 없고 목동은 한가하다	牛兒無處牧童閑
한 조각 외로운 구름 사이 푸른 봉우리	一片孤雲碧嶂間
밝은 달 아래 박수 치고 노래하다	拍手高歌明月下
돌아옴에 아직 한 관문 있다네	歸來猶有一重關

서로가 서로를 잊고 있었지만, 이젠 아무것도 보이지 않는다. 이 아홉 번째 단계에 와서는 그림 속엔 소가 없고 목동만 보인다. 오랜 참선 끝, 자성본원에 합일되었음을 비유한 것이다. 그러나 아직도 자성본원이 있고 자성본원이 된 내가 있고, 자아의 견해와 자아의 존재가 있다. 그래서 그림엔 목동이 혼자 있다. 이 내가 있음을 게송에선 "돌아옴에 아직 한 관문 있다(歸來猶有一重關)"고 노래하였다.

⑩ 쌍민(雙泯)

사람과 소 보이지 않고 자취 묘연한데	人牛不見杳無蹤
밝은 달빛 머금고 만상이 비었어라	明月光含萬象空
만약 그중 분명한 뜻 묻는다면	若問其中端的意
들꽃 향기로운 풀 절로 무성하다 하리	野花芳草自叢叢

모두가 사라진 쌍민(雙泯)에 오면 일체 만상이 자성본원에 합일된다. 〈십우도〉에서는 보름달 같은 둥근 원(圓)만 있다. '텅 빈 원상', 이것은 바로 삼라만상이 진공으로 표현되고, 이 진공이야말로 구경의 경지며 이 구경의 경지

가 활성화된 것이 물질적 현상계다. 진유(眞有)의 세계인 동시에 묘유(妙有)의 세계다.

이 진유의 세계를 알고자 하는가?

바로 "들꽃 향기로운 풀 절로 무성하다(野花芳草自叢叢)"라고 표현되는 묘유의 세계다. 일상사의 원래적 입장인 '유(有)/무(無)'가 '비유(非有)/비무(非無)'의 사상적 탐구 뒤에 나타나는 현상을 거쳐 다시 '역유(亦有)/역무(亦無)', 즉 체험적 결과로 나타나는 세계가 바로 4행의 "야화방초자총총(野花芳草自叢叢)"이다. 『열반경』에 "불성은 있는 것도 아니고 없는 것도 아니니, 또한 있는 것은 있고 없는 것은 또한 없는 것이니 바로 있고 없고가 융합된 까닭이다(佛性 非有非無 亦有亦無 有無合故)"라고 말하는 세계다.

2. 확암 지원의 「십우송」[6]

확암 지원은 정주 양산 출신이다. 생몰 연대는 확실치 않으나 북송(北宋) 시대인 1150년 전후로 추정된다. 확암의 법계는 임제종 양기파의 양기 방회-백운 수단-오조 법연-장수 원정(1135)의 법을 이었다. 이 〈십우도〉는 게송과 그림 모두 확암이 직접 짓고 그린 것이다.

곧 소는 우리의 자성 본원의 형상화이며 잃어버린 자기이다. 소를 찾는다 함은 바로 잃어버린 자기를 찾는 것이다.

〈십우도〉를 잘 살펴볼 것 같으면 모든 그림이 제8단계인 '사람도 소도 모두 잊는(人牛俱忘)' 인우구망의 장(場)으로 꿰어달려 있다. 제8의 주제인 '텅 빈 원상'인 절대무(絕代無), 곧 '앞생각 뒷생각이 끊기는 절대 현재의 이 찰나'에 이르고, 이어 스스로 발현하는 어디서든지 열리는 궁극의 장에서 마치 되비치는 투명한 거울의 비침으로 제9단계 10단계가 나타난다. 이것이야말로 부정과 긍정을 쌍으로 막으므로(雙遮) 쌍으로 자발광(雙照)되어, 막고 되비침이 동시(遮照同時)인 도리와 같다.

---

6) 경허 성우, 『선문촬요』, 〈십우도〉, 보련각, 1982, 441~462쪽 참조.

〈십우도〉 10단계의 그림이 모두 '텅 빈 원상'을 떠나 이루어지지는 않는다. 다시 말하면 제1단계인 소를 찾아나서는 심우(尋牛)나 제7단계인 소는 잊고 나만 있는 망우존인(忘牛存人)도 모두 이 '텅 빈 원상'인 일원상 안에서 전개된다. 우리는 애초부터 삶의 여정을 존재케 한 세계가 일원상임을 알게 된다. 우리는 텍스트를 따라 읽다 보면 제8단계인 사람도 소도 모두 잊는 인우구망(人牛俱忘)에 이르게 된다. 그림은 둥그런 일원으로 표현되는데, 이 일원상이 바로 장(場)이며 본래의 세계며 이 본래의 세계가 시를 짓는 시인의 입장에서는 바로 시며 세계다.[7] 분명 이러할진대 각 장의 그림을 더욱 자세히 궁구해 보면 한 장의 그림마다 이 일원상을 다 갖추고 있고, 또 그에 따르는 게송마다 제8단계로 이 본래의 세계에 돈입시키려는 작가의 의도가 갈무리됨을 알게 된다. 곧 소도 사람도 모두 없는 일원상의 '텅 빈 원상'과 일대 일로 상응되는 도리가 내포되어 있다. 슬기란 무시간(無時間) 무공간(無空間)에 자유자재한다고나 할까.

앞생각 뒷생각이 모두 끊기는 절대현재의 이 찰나, 이것은 절대무(絶代無)며 절대현재의 참사람이나 무위진인이라고 표현되는 진공이며 묘유의 자리가 바로 제8단계인 인우구망의 자리다.

물론 이런 것들은 슬기(機)의 찰나 작용이니, 이럴 때 무슨 소가 있고 사람이 있겠는가?

그래서 게송의 작가는 각 단계마다 이런 자리의 본래자리를 설치하고 있으나, 우리는 소 찾기에 급급한 나머지 그 자리를 건너뛰어 저편에서 찾고 있기 때문에 발견하지 못할 뿐이다. 이제 우리는 〈십우도〉의 작가가 설치한 절대현재의 찰나, 이 '참나'를 보기 위해 단계를 밟지만, 눈 밝은 분들은 바로

---

7) 송준영, 「현대선시의 새로운 기미」, 『현대시』, 2002. 11, 128쪽 참조. "시는 대상의 세계만을 서술하는 것이 아니라 하나의 역장(field), 空, 統一場, 華嚴法界로 인식된다. 포스트모더니즘의 이론적 체계를 형성한 올슨(C. Olson)의 시론 '투사시'나 던컨(R. Duncun)의 시론에 의하면 '시란 대상의 세계를 서술하는 것이 아니라, 시는 하나의 力場(field)으로 인식된다. 역장으로로서 시는 시를 구성하는 무수한 물리들의 하모니, 단상들의 앙상블의 형식, 거대한 또 다른 세계로 나타난다. 곧 상이한 사태와 정서가 서로 대조되면서 변주된다. 이러한 것은 아인슈타인이 말하는 통일장 원리나 불교에서 말하는 화엄의 인드라망적인 중중무진법계인 본래의 세계로 이해된다."

이 찰나, 선사들이 외친 그 자리를 조고각하(照顧脚下)하여 환귀본처(還歸本處)하기 바란다.

① 심우(尋牛)

아득한 초원 헤치며 소를 찾아간다	茫茫撥草去追尋
물은 트이고 산은 아득, 길은 다시 깊어	水闊山遙路更深
힘은 다하고 정신은 지쳐 찾을 곳 없어	力盡神疲無處覓
단풍나무엔 늦매미 울음 들리는구나	但聞楓樹晚蟬吟

제1 심우, 역시 소(마음)를 찾아 나선 목동의 어려움을 표현하고 있다. 여기서 알고 보면 목동이 소를 찾는 것은 자기 자신인 목동이 자기 자신인 소를 찾는 것이다. 자성이 무자성이어서 일체에 두루 편재되어 있기 때문에, 소를 찾는다는 것은 본래면목인 자성본원을 찾는 것.

1행과 2행에서 일체 두두물물에 편재된 자성은 본래 진공이며 묘유해 있다. 그러나 바깥 경계에 끄달리어 자성본원에 비켜 앉은 우리에게는 눈이 있어도 보이지 않는다. 사실 자기 착각으로 인해 소의 모습을 찾는다. 따지고 보면 자기 착각 역시 자성의 변질된 것이지만. 3행과 4행, 힘이 다하여 깊이 깊이 침잠하여 6식이 꺼져갈 즈음 홀로 울어대는 매미 소리. 단풍나무를 붉게 물들이는 매미 소리가 들려온다.

이 소리를 듣는가? 하며 되묻는다. 바로 3행에서 "힘은 다하고 정신은 지쳐 찾을 곳 없어(力盡神疲無處覓)"에서 '힘이 다하고 정신이 지쳐 소를 찾을 수 없어'가 바로 그것임을 알면 8단계까지 갈 필요가 없다. 이렇게 되면 9단계와 10단계에서 노닐면 그뿐이니, 이것이 일초직입지(一超直入地)고 직지인심(直指人心)인 그곳이고 그것이다. 이럴 땐 소도 사람도 없다.

② 견적(見積)

물가 나무 아래 소 발자취 흩어졌다	水邊林下跡偏多
초원 헤치며 가도 보이지 않네	芳草離披見也麼
깊은 산 심심유곡일지라도	縱是深山更深處
우주를 덮는 콧구멍, 어찌 숨기랴	遼天鼻孔怎藏也

2의 견적, ‘발자취를 발견하다’에서 바로 발자취를 발견하는 순간, 그 순간임을 알면 그뿐이다. 무얼 더 찾고 더 생각할 것이 있다는 말인가?

그래도 모르면 어쩔 수 없이 갖은 고생 끝에 드디어 소의 발자취를 찾게 된다. 곧 수선하는 길, 공부하는 방법이 잡혔음을 노래하고 있다.

그러나 아무리 찾아봐도 자취가 없다. 그러나 원래 있는 것, 숨겨도 숨겨도 원래 그냥 있는 것. 어느 한순간, 아! 이것이다, 하는 그 찰나다. 그러나 우리는 이걸 모르고 있을 뿐이니 어찌하랴!

③ 견우(見牛)

황금 꾀꼬리 가지 위에 일성의 소리	黃鶯枝上一聲聲
따뜻한 햇살 부드러운 바람, 언덕엔 푸른 버들	日暖風和岸柳靑
단지 피해갈 길 없는 이것이네	只此更無廻避路
삼삼히 어리는 소뿔, 어이 이를 그릴까나	森森頭角畵亂成

소를 발견함은 자성본원의 참 모습을 발견한 것. 소는 초원 도처에 드리워져 있는데, 시절인연이 무르녹으면 언뜻언뜻 우리들 앞에 나타난다.

가지 위에 뭇 새. 그 노래 또렷하고, 따사로운 햇살과 바람, 푸른 버들, 그런 것을 통하여 자성의 활성화, 그 형상을 본다. 색즉시공 공즉시색의 도리, 3행에서와 같이 “단지 피해 갈 길 없는 이것(只此更無廻避路)”이구나. 이것만 알면 된다.

자, 이제 자성본원의 형체를 어떻게 그리나? 이것을 ‘삼삼히 어리는 소뿔(森森頭角)’이라고 형상화하려 한다. 이것을 어떻게 꼭 붙잡는가? 아! 이것이구나 하는 순간만 떠나지 않으면 된다.

④ 득우(得牛)

몸과 마음 다해 소를 잡았지만	竭盡精神獲得渠
강인한 마음과 힘 실로 꺾기 어렵네	心强力壯卒難除
때로는 겨우 이르러 높은 들에 노닐다	有時纔到高原上
다시 구름과 안개 숲, 깊은 곳에 숨네	又入煙雲深處去

‘소를 붙들었다’는 것은 자성본원의 실체를 얻었다는 뜻. 소를 잡았지만, 야생의 소는 길들여져야 한다. 돈오견성한 뒤에도 보임을 해야 하듯이.

3행과 4행은 보임되어 고정된 관습의 때를 벗지 못한 우리의 성근 마음을 형상화하였다. 소의 고삐를 바짝 잡아야 하리.

아직 소는 목장 안에서 방목되어야 한다. 그렇지만 우리는 소의 고삐를 잡고 바짝 당기는 긴장된 순간을 벗어나 나도 목동도 소도 없다. 모든 것이 1행에 소를 잡는 순간을 벗어나지 않는다.

⑤ **목우(牧牛)**

때때로 채찍질하여 그대 몸을 지킴은	鞭索時時不離身
옛을 좇아 티끌에 듦을 두려워함이라	恐伊縱步入埃塵
장차 방목하여 뜻대로 길들여진다면	相將牧得純和也
고삐와 멍에 없어도 스스로 따르리라	羈鎖無拘自逐人

소를 붙든 후에는 놓아 기르듯이 돈오 뒤에 오는 보임은 만 리에 풀 한 포기 없는 순수한 그곳에 되돌아가는 것.

1행과 2행에서 오랜 관습의 훈습된 무명과 분별의 세계로 다시 돌아가는 것을 막는 것. 그래서 고삐와 멍에를 바짝 당겨 소를 기르면, 있는 그대로 임운등등하여 가두거나 풀어놓거나 모두 자유롭게 활동해도 범함이 없다. 그럴지라도 우리의 목동이 앞서고 우리의 소가 스스로 뒤따르는 그 순간, 이 순간을 무엇이라 부를 것인가?

⑥ **기우귀가(騎牛歸家)**

구불구불 소 타고 집으로 돌아가네	騎牛迤邐欲還家
흥겨운 피리 소리 저녁놀 타고 오고	羌笛聲聲送晚霞
한 박자 한 노래, 무한한 이 뜻	一拍一歌無限意
아는 이는 알지, 어찌 말로 다 하리오	知音何必鼓脣牙

〈기우귀가도〉는 구불구불 길게 이어진 산길 따라 우리가 떠나 온 곳인 자성본원으로 목동이 소 잔등에 올라앉아 피리를 불며 돌아가는 그림이다.

어떻게 돌아갈 수 있는가? 바로 자성본원의 상징인 소를 타고, 자성본원 자신인 목동이 자성본원으로 되돌아갈 뿐. 삼라만상에 펼쳐지는 두두물물, 무한한 이 뜻. 바로 그 자리가 그 자리여서 말로 할 수 없다. 이것이야말로 앞 장에서 밝힌 선구 '진리를 알고자 하는가? 다만 진리를 아는 것은 허락하지만, 진리를 만나는 것은 허락하지 않는다(只許老胡知 不許老胡會)'이니, 만났다 영회했다 함은 바로 '보는 자'와 '보여주는 자'가 분리된다. 이렇게 되면 '자/타', '주/객'이 이원화되어 상대 대립의 세계로 떨어진다.

언어는 분별의 속성을 기본으로 하는 표현이다. 그래서 4행에서 "아는 이는 알지, 어찌 말로 다 하리오(知音何必鼓脣牙)"라고 표현할 수밖에 다른 도리가 없다. 이 말로 다 하지 못하는 그 순간이 그것이니 달리 생각하지 말라. 바로 1행에서 자기 자신인 목동이 소를 타는 그 순간을 바로 알면 일대사를 마치는 것이며, 4행의 말로 못 하는 바로 그놈임을 알면 그뿐이다.

⑦ 망우존인(忘牛存人)

소 타고 이미 고향집에 왔어라	騎牛已得到家山
소 없음이여 나는 한가로움이 겨웁네	牛也空兮人也閑
긴 해, 낮잠 속에 아직 꿈꾸니	紅日三竿猶作夢
채찍과 멍에는 초당에나 던져두세	鞭繩空頓草堂間

소는 잊고 나만 있으니, 바로 소가 사라진 순간이다. 이 순간이 절대현재의 찰나인 참나이다. 이미 소가 잘 길들여져 채찍과 고삐가 필요 없다. 이 정도에 이르면 다시 분별의 세계로 떨어지지 않는 경지를 말한다. 망우(忘牛)는 소다 자성이다 도다 하는 개념이 무너졌으니 사람과 깨달음이 하나 되어 분별심이 없는, 배고프면 밥 먹고 목마르면 물 마시는 경지다.

이렇게 1단계에서 7단계에 이르는 각 장(場)마다 한순간에 깨달음의 세계, 자성본원으로 돈입할 수 있었지만, 우리는 착각에 의해 만들어진 소를 찾느라고 그 긴요한 곳을 건너뛴 채 소만 찾는 어리석음을 범했다. 그러나 다시 한 번 생각하면 우리가 소를 찾는 걸음걸음 모두 이 '텅 빈 원상'에서 묘용의 슬기에 의해 행해진 것이고, 처음부터 우리가 스스로 깨닫지 못하였을 뿐, 원래 텅 빈 묘용의 일원상(一圓相)을 가지고 있었다 할 것이다.

⑧ 인우구망(人牛俱忘)

채찍과 고삐, 사람과 소, 속속들이 비어	鞭索人牛盡屬空
탁 트인 푸른 하늘 통하지 않음이 있겠는가	碧天遼闊信難通
활활 타는 이 불 속, 흰 눈 어이 머무리오	紅爐焰上爭容雪
이곳이 이르면 능히 조종에 계합되네	到此方能合祖宗

이쯤 되면 '자/타'가 무너지고 '주관/객관'이 해체되니 일체가 활연히 관통되어, 이젠 이항대립적인 견해의 장애가 없다. 소도 잊고 사람도 모두 잊으니 흔적과 형상을 찾을 길 없다. 빛은 빛이고 어둠은 어둠일 뿐이다. 이 어둠 속에 동서남북은 어디로 갔나? 이렇게 비고 가물해야 우리가 우리임을 안다. 그림에는 둥그런 원으로 나타난다.

그러나 제1 심우에서부터 제7 망우존인까지 우리가 자각하지 못하고 있었을 뿐이지 모두 '텅 빈 원상'의 되비침으로 나타난 명징한 참된 밝음의 세계이니, 사실 깨달음 속에서 깨달음을 구하고 있었다고 하겠다. 자기착각(無明)에 의해 처음부터 참된 자기 속에서 참된 자기로서의 자기가 자기를 찾아 나서고 찾아 나섰던 것이다. 이렇게 보면 소가 자기 자신이 아니고, 소는 묘용의 가유고 애초부터 우리의 진여자성은 일원상으로 존재했던 것이다.

우리는 각 장마다 스스로를 끊임없이 증득하고 있었다. 이런 피나는 각고의 수도가 있고 나서 소나 목동, 소와 목동의 관계 모두 헛된 일이라는 걸 알게 된다. 이 일은 수행에 의해서 얻어지는 것이 아니라 원래 그렇게 성취되어 있는 밝음(明)의 세계가 수행에 의해 원래 밝아 있었음을 증명한 것이 된다. 이래서 원상은 사라지니 일체의 세계가 더 이상 있지 않고 새벽에 본 샛별이나 늘 보던 담장에 핀 나팔꽃도 밝음의 세계, 단출하고 오롯한 세계의 자기로 보아진다.

⑨ 반본환원(返本還源)

근원으로 돌아간다 이미 경비와 애쓴 건	返本還源已費功
어찌 바로 눈멀고 귀먹은 것 같겠는가	爭如直下若盲聾
암자 속에서 암자를 보지 못하나니	庵中不見庵前物
물 스스로 아득하고 꽃 절로 붉은걸	水自茫茫花自紅

자성본원으로 돌아가려 공들이고 애쓴 것은 애쓴 것이다. 이것이 어찌 귀만 먹고 눈만 먼 것뿐이랴? 본지환처(本地還處)하여 자발광(自發光)의 당처로 돌아가니 눈·귀·코·혀·몸·뜻(眼耳鼻舌身意)인 6식과 그의 대경(對境)이 되는 물질·소리·냄새·맛·촉감·뜻(色聲香味觸法) 역시 모두 캄캄하게 한 빛으로 밝아, 바로 스스로의 몸에 앉아 스스로를 볼 뿐이니, 그저 물은 절로 아득하고 꽃은 절로 붉고 붉을 뿐이다.

일체 두두물물이 확연하니 이것이 고향 소식이다.

냇가 뚝방에 핀 패랭이꽃이든 매일 차 마시고 잠을 자던 일, 역시 밝음의 참된 세계에서 일어난 명징하고 온전한 묘용의 사건이 되는 것.

냇가에 앉아 흐르는 물속에 생각 생각 잠겨볼 일이다.

⑩ 입전수수(入廛垂手)

맨발로 가슴 풀고 저자에 뛰어드네	露胸洗足入廛來
흙먼지 쑥머리 두 뺨 가득 웃음바다	抹土塗灰笑滿顋
신선의 용도가 아니라 진짜로 비결	不用神仙眞秘訣
옛 나무에 꽃 피는 바로 그 소식일세	直教枯木放花開

'저자에 들어 팔을 드리운다(入廛垂手)'는 것은 스스로 이득을 얻어 중생을 이롭게 한다(自利利他)는 것이다. 자신의 깨달음을 얻어 즐기는 데 그치지 않고, 중생을 위해 삶의 본터로 돌아가 중생과 동고동락하며 중생을 바른 길로 이끌어준다.

이것은 그야말로 맨발로 저잣거리로 뛰어들고 스스로 몸 바꾸고 환골탈태한 이류중행(異類中行)의 행위니, 성인의 지위(聖位)에 머무르지 않고 몸을 돌려 저잣거리로 뛰어드는 나툼이다. 이것은 동사섭(同事攝)의 대비심(大悲心)이다. 또한 무위에 머무르지 않고 근원의 자리로 돌아옴이니, 더 이상 나갈 길도 들어갈 길도 없는 절대현재의 이 순간이다.

절대현재의 이 순간은 바로 입전수수로 피어난다. 무위(無爲)에 머묾과 유위(有爲)의 행위가 둘이 아니니 유일무이(唯一無二)요, 온통 하나이니 전성전일(全性全一)이고, 이것은 안과 밖이 떨어지지 않으니 내외명철(內外明徹)이며, 늘 빨려들어 고요하고 햇살같이 스스로 비추니 상적상조(常寂常照)다.

이러할진대 이 〈십우도〉는 각각 다른 열 개의 일원상(一圓相)과 원상(圓相) 안에 그림이 있는 것이 아니라, 오직 '텅 빈 원상'이 있을 뿐이다. 이 '텅 빈 원상'에 시시각각 나타나는 열 가지 모습은 일원상 스스로가 스스로 속에 반영해낸 것이다. 이 열 개의 그림들이 단면으로 볼 때 한 장면 한 장면이지만 이것을 입체화하면 한 알의 투명한 구슬이어서 천장만장(千場萬場)의 묘용을 산출시키고도 장면을 담아두지 않는 유리구슬이 된다.

이것은 마치 손가락으로 허공에다 일원상을 그리는 것 같아서 그리는 동시에 없어져버린다. 다시 말하면 허공에서 원을 그리는 것은 원상이 허공으로 없어지고 허공에서 원상이 다시 나타나는, 그려가면서 사라지고 사라지면서 그려가는 것이 된다. 여기서 우리의 착각은 삶의 단면을 상상하고 관습적으로 고정시켜 생각하고 눈에 보이는 이것을 전부인 양 정상화한다. 이것이 바로 우리의 삶이다.

사실 우리가 볼 수 있는 것은 일원상이 아니라 '텅 빈 원상'을 그리는 동작이듯이 절대현재에 살아가는 순간일 뿐이다. 저 『반야심경』의 명구 색즉시공(色卽是空) 공즉시색(空卽是色)이나, 선가에서 말하는 '마음 밖에 일 없고 일 밖에 마음 없다(心外無事 事外無心)'는 것과 딱 포개어진다.

그리고 '산은 산, 물은 물(山是山 水是水)'인 원래적 입장이 '산이 물이고 물이 산(山是水 水是山)', 즉 산은 산이 아니고 물은 물이 아닌 사상적 표현으로 전환되고 다시 자성본원으로 돌아와 '산 역시 산이고 물 역시 물(山亦是山 水亦是水)'의 체험적 결과로 전환하는 것, 모두 〈십우도〉식 스타일로 볼 때는 제8인 인우구망(人牛俱忘) 단계, 즉 그림에서 보듯이 소도 사람도 모두 사라지고 '텅 빈 원상'으로 표현되었다가, 다시 제9 반본환원(返本還源)이나 마지막 제10 입전수수(入廛垂手)로 들어서는 원의 전환 운동으로 볼 수 있다. 이것은 저 아인슈타인이 만년에 탐구에 몰두한 통일장 이론과 흡사함을 알 수 있다.[8]

---

8) 송취현, 『반야심경강론』, 경서원, 1993, 204~207쪽 재인용.
　　양자물리학에서 말하는 고체가 기체로 전환할 때 고체인 먼지 입자와 아원자(亞元

마치 생과 사, 색과 공이 그러하듯이 사는 동시에 슬금슬금 죽어가며 죽어
지지 않고는 살 수가 없는 것과 마찬가지다. 이것은 확암의 〈십우도〉에서 보
았듯이 손가락으로 허공에 원을 그리면 그리는 동시에 사라져버리듯이 천장
만장을 연출하면서 돌아보면 아무것도 남지 않는 투명한 유리구슬이다. 이
것이 나며 너고 그대인 것이다.

「십우송」 중 현전하며 대표되는 보명과 확암의 스무 수 게송을 옮겼다. 그
후 많은 선객들의 「십우송」 화답이 있으며 지금까지 이어지고 있다. 특히 우
리나라에도 근래의 선장이라 할 경허 성우나 경봉 정석, 백봉거사 등 많은 선
객들이 「십우송」을 남기고 있다. 공부하는 참선인이 있고 시인묵객이 있는

子) 입자를 비교할 것 같으면, 먼지 입자는 고체 즉 물체이다. 그러나 아원자 입자는
물체라 할 수 없다.

양자역학에서 아원자 입자는 양자(量子, guantum)인 '존재하는 경향(tendencies to
exist)' 혹은 '일어나는 경향(tendencies to happen)'으로 존재한다. 곧 아원자 입자는 양
자이며 양자는 어떤 것은 양(量)이다. 많은 현대 물리학자들은 우주의 궁극적 질료를
찾으려는 노력을 하고 있다. 그러나 이것은 환상일 수도 있다. 아원자 수준에서는 질
량과 에너지가 끊임없이 서로 변환한다. 입자물리학자들은 질량이 에너지가 되고 에
너지가 질량으로 변환하는 현상에 너무 익숙하여 으레 입자의 질량을 에너지 단위로
측정한다. 아인슈타인의 특수상대성이론에 따르면 질량은 에너지고 에너지는 질량
이다. 곧 하나가 있는 곳에 다른 것이 있다.

선에서는 이것을 궁극적 실재, 바로 空이라 하며 이 공은 쉽게 아원자 물리학의 양
자장과 비교된다. 공인 場은 한없이 다양한 현상을 낳으며, 동시에 보존하면서 다시
거두어들인다. 결국 물질적 현상(色)과 본질의 순수함(空)의 관계는 동일 실재의 양면
성으로서 공존하면서 끊임없는 협력 관계 속에 존재한다. 이러한 반대되는 개념들이
하나의 단일한 全體로 융합되는 것을 『반야심경』에서는 "色卽是空 空卽是色 色不異
空 空不異色"이라 말한다.

아인슈타인은 오랜 연구 끝에 중력장 이론과 양자장 이론을 통해 소립자들이 그것
들을 둘러싸고 있는 공간으로부터 분리될 수 없고, 또 그것들은 그 공간의 구조를 결
정하는 반면에 독립된 실체로서 여겨질 수 없고, 전 공간에 미만해 있는 연속적인 場
의 응결임을 밝혔다.

場이론에 따르면 진공이란 완전히 비어 있는 것이 아니다. 반대로 그것은 끝없이
생겨나고 사라지는 무수한 입자들을 함유한다. 이런 이론은 바로 우리가 탐구해온
禪불교와 현대물리학이 같이 보는 부분이다. 그러나 선불교에서는 이것이 이론이 아
니라 실재임을 제 조사들이 천명한다(F. Capra, 『현대물리학과 동양사상』, 이성범 ·
김유정 역, 범양사, 1979, 247~248쪽, 251쪽, 254쪽, 262~263쪽 부분 발췌 인용).

한 이 선시에 대한 화답시가 이어지리라.

이제 남전의 행장을 마치기로 한다. 지면상 다음, 그의 제자 조주 고불 장에서 불가분 스승 남전과 제자 조주의 칼날 푸른 기봉의 마주침을 다루게 된다. 남전 보원 장에서는 선문에 지대한 영향을 끼친 소에 관한 선화를 게송을 소개하는 데 그칠 수밖에 없다. 그것은 목우와 관련된 선화는 너무나 많이 제방선원에 회자되었고 선불교의 큰 테마로 자리 잡고 있기 때문이다.

『전등록』은 열반에 가까워진 대선사 남전의 면목을 다음과 같이 기록하고 있다.

> 남전이 세상을 뜨려 할 때 제1좌가 물었다.
> "스님께서 돌아가신 뒤에 어디로 가시렵니까?"
> "산 밑에 가서 한 마리 검은 암소가 되련다(山下 作一頭水牯牛去)."
> "저가 스님을 따라가려 하는데 되겠습니까?"
> "그대가 나를 따르려면 입에다 풀을 한 줄기 물고 오너라(汝若隨我 卽須銜 一莖草來)."[9]

『선문염송』 246칙에 위의 선화에 후대의 선객들이 뒤에 오는 참학인을 위해 게송을 부쳤다. 몇 수 음미해보자.

㉮

다닌 이력이 원래 이류 속에 있으니	行履從來異類中
머리의 뿔 누구와 같았던 줄 아는가	不知頭角與誰同
물과 풀을 물고 와서 만나본다면	若칭水草來相見
꼬리 치고 머리 흔들 때, 들바람 불리라	擺眉搖頭四野風

— 금산원

㉯

| 이류 속에 오고 가기 자유로우니 | 異類中行得自由 |
| 콧구멍을 꿰어 끌기 아주 어렵네 | 拽穿鼻孔卒難收 |

---

9) 『경덕전등록』 권8, 「남전보원장」, 『선문염송』 7권, 246칙 「順世」.

풀 가지 물고 와서 만나는 곳에　　　　　　　草枝含得相逢處
짙은 구름 한가히 누워 백발 맡기네　　　　　高臥深雲任白頭
　　　　　　　　　　　　　　　　　　　　　　　　　— 장산천

　남전이 죽으면 산 밑에 가서 한 마리 검은 암소가 된다는 말에 제1좌가 저
도 따라가려는데 어떻습니까? 하고 질문하니 풀을 한 줄기 물고 오라 한다.
이것은 이류중행(異類中行)을 행하려 하니 자네도 우리와 같은 인간이 아닌
동물의 행을 보여주어야 한다는 말이다. 아니, 아주 소가 되어 풀 한 줄기를
물고 오라고 한다.
　㉮ 게송이나 ㉯ 게송 모두 동류(同類)가 이류(異類)고 이류가 동류여서 이
항대립적인 의식이 해체되고 허물어져 담담히 받아들이고 있다. ㉮ 게송 4행
에서 담담히 아주 담담히 "꼬리 치고 머리 흔들 때, 들바람 불리라"고 노래한
다. 또 ㉯ 게송의 "풀 가지 물고 와서 만나는 곳에/짙은 구름 한가히 누워 백
발 맡기네"가 그것이다. 동사섭(同事攝)의 대비행(大悲行)이고 자리이타(自
利利他)한 보살행이다. 중생을 떠나지 못하는 보살의 마음. 이것이 바로 확암
지원의 「십우송」 열 번째 단계인 '저잣거리로 돌아와서 손을 드리운다'는 입
전수수다.

　이와 같은 아름다운 선화를 남긴 남전이 하루는 병을 나타내더니, 대화 8
년 12월 25일 첫 새벽 문인을 모아놓고 말했다.

　"별·허공꽃·등불·허깨비가 오래 견디었다. 내가 가거나 온다고 하지 말라
(星翳燈幻亦久矣 勿謂吾有去來也)."[10]

　눈을 감으니 수명은 87세이고 법랍은 58세였다. 상족으로는 조주 종심, 장
사 경잠, 서주자사 육긍 등 34인의 법제자가 있다.

---

10) 『경덕전등록』 권8, 「남전보원장」, 보련각, 1982, 136쪽.

13장

조주의 고불, 종심

조주 종심(趙州從諗, 778~897)을 선문에서 호칭하기를 조주 고불(趙州古佛), 혹은 조주선사라 부른다. 조주라 불리는 까닭은 오랫동안 조주의 관음원에 방장으로 주석했기 때문이다. 우리가 조주 고불 혹은 조주란 애칭으로 쉽게 부르는 것은 그만큼 그의 법력이 선가나 일반 지식층에 두루 미쳤기 때문일 것이다. 선문에서는 흔히 임제의 할(喝) 덕산의 방(棒)과 함께 조주의 구순피선(口脣皮禪)을 말할 정도로 그에 대한 애정이 각별하다. 종심은 난폭한 기봉을 쓰지 않고 단지 세 치의 혓바닥을 자유자재로 써서 후학을 제접한 대선장이다.

조주의 속성은 학(郝) 씨이고 산동지방 조주(曹州) 학향(郝鄕) 사람이다. 『전등록』 기록에 의하면, 778년에 태어나서 897년에 입적하였다 하니 무려 120세의 장수를 누린 셈이다.

조주의 어릴 때부터 고향의 호통원에서 계를 받지 않은 채 머리를 깎고 있다가 지양으로 가서 남전 보원(南泉普願)을 뵈었다. 그때 남전이 누워서 쉬고 있다가 젊은 운수객을 보자 어디서 왔느냐고 물었다.

"지금 어디서 떠나 예까지 왔는가?"

"서상원(瑞像院)서 왔습니다."

"그래, 서상이라. 그럼 상서로운 모습을 보았나?(還見立瑞像麽)"

"예, 스님. 상서로운 모습보다는 졸고 있는 여래를 보았을 뿐입니다(不見立瑞像 只見臥如來)."

이 기특하고 총명한 대답에 놀란 남전은 일어나 앉으며 그에게 다시 질문을 한다.

"자네는 주인이 있는 사미인가, 주인이 없는 사미인가?(汝是有主沙彌 無主沙彌)"

"주인을 모시고 있습니다."

"주인이 어디에 계시는가?"

"겨울이 깊고 날씨가 차오니 화상께선 존체를 보살피고 중히 여기십시오(仲冬

嚴寒 伏惟和尙尊體萬福)."[1]

　조주와 그의 스승 남전과 만남은 예사를 넘어 상서롭다. 위의 선화에서 조주가 떠난 서상원(瑞像院)의 '서상'을 빗대어 상서로운 모습을 보았나? 하고 묻는데 이 말은 진리인 자성본원을 보았는가? 하는 의미이다. 그리고 남전이 조주에게 물은 "여시유주사미 무주사미?(汝是有主沙彌 無主沙彌)"에서 말하는 주인은 바로 자기의 주체성, 진아, 자성본원을 말한다. 이것은 '존재자의 존재인 진아를 알고 있는 사미인가, 그렇지 않는 사미인가?'를 묻는 것과 같다. 진여자성의 본체인 화상께서 존체(尊體)를 보존하여 중생을 이롭게 하십시오, 하는 젊은 조주의 대답에 남전은 크게 만족한다. 이어 남전은 조주가 대기임을 간파하고 즉시 입실을 허락한다.

　이 선화에 대해『선문염송』에는 게송 두 수가 기록되어 있다. 그중 한 수를 음미해보자.

시절과 인연이 기회를 만나 어울리도다
옥이 돌에서 떠나니 쪼고 새길 필요 없다
주인 있는 사미라 하니 물 뿌린 듯하고
누운 여래를 봄은, 두 발을 곽 밖에 내밂일세

時節因緣逢機湊泊
良玉離石不煩磨琢
有主沙彌灑灑落落
見臥如來雙趺出槨
　　　　　　— 지비자

　"본래 구족한 진면목은 늘 항상 하는 것이라 특별히 탁마할 필요가 없다. 이것은 마치 돌에서 옥이 분리되는 것과 같아 옥은 옥이고 돌은 돌인 것이다. 따로 쪼고 갈아도 옥은 옥이고 돌은 돌일 뿐"이니, "옥은 옥의 쓰임이 있고 돌은 돌의 쓰임이 있다." 이것이 위의 게송 1행과 2행의 의미다. 그리고 3행의 '주인'은 앞에서 말하였듯이 겉으로는 '스승'이라고 읽히지만, 실은 자성본원을 의미하므로 3행은 "자성본원을 간직한 줄 아는 사미라 하니, 천하가 물 뿌린 듯이 쇄락해지고"라는 뜻이다. 4행에서 "지금 누워 여래의 본체를 보니"라는 것은 기표로는 남전선사이고 기의로는 누구나 가진 자성(自性)이 무자

<hr>

1)　『경덕전등록』 권10, 「조주관음원종념선사」, 보련각, 1982, 177쪽.

성(無自性)을 본체로 하는 자성본원을 뜻한다. 이 자성본원은 함이 있으나 함이 없으나 모두 자성본원의 차원에서 불이(不二)일 뿐이다. 마치 석가모니가 열반에 드셨다는 소식을 듣고 달려온 큰 제자 가섭에게 석가모니가 곽 속에서 두 발꿈치를 내밀었는데, 이 역시 자성본원의 입장에서는 생/사가 둘이 아님을 보인 소식일 뿐이다. 그래서 "누운 여래를 봄은, 두 발을 곽 밖에 내밂일세(見臥如來雙趺出槨)"[2]라 노래하게 된다.

어느 날 종심이 그의 스승 남전에게 "도란 무엇입니까?"라고 물었을 때 남전은 다음과 같이 대답하였다.

> "평상심이 도이네."
> "도에 접근하려면 무슨 특별한 방법이 있습니까?"
> "의도적인 접근은 바로 길을 잘못 든 것이야(擬向卽乖)."
> "의도적이지 아니면 어떻게 도를 알 수 있습니까?"
> "도란 알고 모르는 지식에 속하지 않는다. 안다는 것은 미망에 지나지 않으며 모른다는 것은 단순한 혼란일 뿐이다. 만일 자네가 진실로 의심이 없는 도에 이른다면 자네의 견해는 일체의 제한과 장애가 없는 태허와 같을 것이다. 어찌 시비와 같은 외적인 것에 의하여 인위적으로 규정되겠는가?"[3]
> 道不屬知不知 如是妄覺 不知是無記 若是眞達不疑之道 猶如太虛廓然虛豁 豈可强是非耶

이 말을 듣고 종심은 깨닫는다. 이어 비구계를 받고 승려가 되었다. 위의

---

2) 4행의 '쌍부출곽(雙趺出槨)'은 선종에서 흔히 선의 근원을 말할 때 쓰는 삼처전심(三處傳心) 중 하나이다. 석가모니가 세 곳에서 교리적인 가르침 외에 마음을 전했다 하는 삼처전심(三處傳心)은 첫째 염화시중 미소, 둘째 다자탑전 분좌, 셋째 사라쌍수 아래 곽시쌍부이다.
   『선문염송』 37칙 「쌍부」의 내용은 이렇다. "세존께서 사라쌍수 사이에서 열반에 드신지 7일 만에 가섭이 늦게 도착하여 관을 세 바퀴 도니, 세존이 관 속에서 두 발을 내어 보이셨다. 이에 가섭이 절을 하니 대중이 어리둥절했다."
3) 『경덕전등록』, 권10, 「조주관음원종심선사」, 보련각, 1982, 177쪽. 『조주록』 권상, 1칙. 경서원, 1986, 35쪽 참조.

종심이 깨달음에 영회하는 선화는 매우 간단명료한 직지인심의 법문 자체이다. 스승 남전은 도의 무한한 초월성이 바로 평상심이며 군더더기 하나 없는 평상심이야말로 도 자체임을 설한다.

남전은 제자 종심이 묻는 도에 이르는 길, 도에 이를 수 있는 길에 대하여 말하지는 않았지만 도를 이룬 후에 오는 정신적 변화에 대하여 "자네의 견해는 일체의 제한과 장애가 없는 태허와 같을 것이다. 어찌 시비와 같은 외적인 것에 의하여 인위적으로 규정되겠는가?"라는 대답으로 단호하게 직설한다. 아무것도 없는 아무런 일도 일어나지 않는 평상심 그대로가 도임을 말한다. 깨달음이란 우리를 억누르고 있는 오랜 세월 동안 두껍게 쌓인 관습의 제약으로부터 해방되는 것을 말하며, 미망과 정신적 한계로부터 벗어난 자유를 뜻한다.

이 깨달음을 견성이라 흔히 말한다. 이것은 자성본원을 보는 것이다. 그러나 어찌 보지도 듣지도 생각이 닿지도 않는 곳을 견성이라고만 하겠는가?

뒷날 이 선화를 노래한 몇 수의 선시를 음미하며 선의 향기를 깊이 마셔보자.

㉮

평상심인 도를 알고자 한다면	欲識平常道
천진스럽게 자연에 맡길 것	天眞任自然
배가 갈 땐 돛을 올리고	行船宜擧棹
말을 달릴 땐 채찍을 내릴 것	走馬則加鞭
시장기가 들면 밥을 먹고	若遇飢來飯
피곤하면 잠을 자라	還因困則眠
다 인연 따라 얻어지니	盡從緣所得
얻어지는 것 또한 인연 아니다	所得亦非緣
얻어지는 것 인연 아니거늘	所得亦非緣
사람들은 자연인 줄 깨닫는다네	當人了自然
비 속에 밝은 달을 구경하고	雨中看皓月
불 속에서 맑은 물을 떠낸다	火裏汲淸天
바로 서면 머리가 땅 위에 숙고	直立頭垂地
가로 누우면 발이 하늘을 가리킨다	橫眠脚指天
응당 이렇게 알아야	應須諮麼會

모름지기 조사선에 계합된다네   方契祖師禪

                                             — 불감근

㉯

밥을 만나면 밥을 먹고   遇飯喫飯
차를 만나면 차 마신다   遇茶喫茶
천 겹, 만 겹이지만   千重百匝
사해가 한 집일세   四海一家
끈끈이를 버리고 매임을 벗어   解却黏去却縛
말해도 말 없고 행동해도 행동 없네   言無言作無作
허공 같은 확 트인 본체   廓然本體等虛空
바람은 범을 쫓고 구름은 용을 쫓네   風從虎兮雲從龍

                                             — 원오근

㉮ 게송의 작가 불감 혜근은 임제종 양기파에 속하는 오조 법연의 상족이다. 게송은 평이한 가운데 평상심을 그대로 드러내고 있다. 아무런 관습의 군더더기가 붙지 않고 천연한 평상심이 노정되어서 읽기에 평이하다. 다만 10연과 11연 "다 인연 따라 얻어지니(盡從緣所得)/얻어지는 것 또한 인연 아니다(所得亦非緣)"는 세상만사가 모두 인연에 의해 거듭거듭 맺어지나, 이 맺어지는 것 어찌 인연이란 글자에 한계되겠는가, 라는 뜻이다. 석가모니는『금강경』도처에서 정상성을 부정할 뿐 아니라 언어 초월 사상을 보이고 있다.[4] 모순어법인 역설을 사용하여 고정관념을 깨뜨리고 있다. 그리하여 사람들은 스스로 얻어지는 것이 오직 인연에 의한 것이 아님을, 본래 그렇게 됨(자연)을 알고, 비로소 혜안으로 "비 속에 밝은 달을 구경하고(雨中看皓月)/ 불 속에서 맑은 물을 떠낸다(火裏汲淸泉)." 구경하니 이미 밝은 달이 아니고, 맑은 물을 떠내니 바로 불 속이 아니다.

    자, 이러할진대 불감 혜근은 다시 노래한다. "바로 서면 머리가 땅 위에 드

---

4) 『금강경』 제8 의법출생분 : 이른바 불법이란 곧 불법이 아니다. 그 이름이 불법이다 (所謂佛法者 卽非佛法 是名佛法). 제13 여법수지분 : 부처님이 말씀하신 반야바라밀은 곧 반야바라밀이 아니다. 그 이름이 반야바라밀이다(佛說般若波羅蜜 卽非般若波羅蜜 是名般若波羅蜜).

리우고(直立頭垂地)/가로 누우면 발이 하늘을 가리킨다(橫眠脚指天)." 그러나 어디 그뿐인가? 다시 한 말을 보탠다면 '코는 수직으로 입은 가로로 열려 있음을 안다'고 할 것이다.

그렇다. 이 밖에 다른 도리가 없다 하더라도 그대는 30년은 더 참구해야 한다. 진중 진중.

㉯ 게송의 작가는 『벽암록』으로 유명한 원오 극근이다. 앞에 소개한 게송의 작가 혜근과는 사형제 간이며 오조 법연의 상족이다.

1행과 2행에서 "밥을 만나면 밥 먹고 차 만나면 차 마신다"고 했다. 정말 어려운 일이다. 우리는 언제 밥을 만나면 밥만 먹었는가? 물론 밥도 먹지만 그것은 어디까지나 눈에 보이는 것일 뿐이고 오만가지 생각과 환상을 같이 먹는다. 차도 어디 차만 마실 수 있는가.

3행과 4행에서 "천 겹, 만 겹이지만(千重百匝)/사해가 한 집일세(四海一家)"라고 노래한 것은 화엄법계의 소식이다. 마치 한 알의 완두콩을 천만각의 프리즘에 넣었을 때, 거듭거듭 비추고 비치고 되비추고 되비치는 다함이 없는 세계를 상상할 때, 이것을 화엄의 중중무진법계라 말한다. 책상 위의 볼펜이 나를 보고 나는 부채를 보고 부채는 지우개를, 지우개는 나를, 다시 나는 컴퓨터 화면을, 손가락은 부채를, 부채는 지우개를, 천장의 무늬를…… 무진장 거듭거듭 다 함이 없는 세계. 사해가 한 집이니 여기서, 내 집 네 집은 본래 없는 것임을 노래했고, 또 이럴 땐 말해도 말이 없고 행동해도 행동이 없다. 이곳에 무엇이 있고 무엇이 없단 말인가?

오직 7행에서 말하는 "허공 같은 확 트인 본체(廓然本體等虛空)"만 마치 〈십우도〉에 보인 끊임없이 흐르는 "텅 빈 원상", 아니 유리구슬만 있을 뿐이 아닌가?

『선문염송』217칙에는 단지 '있음(有)'이라고 표현하고 있으며, 이 '있음'을 아는 것을 지유(知有)라고 적고 있다.[5] 어쨌든 이 깨달음은 위에서 누차 말한 것같이 관습의 제약으로부터 해방, 해탈, 자유를 뜻한다.

---

5) 『선문염송』제7권, 217칙「知有」, 동국역경원, 1977, 544~545쪽.

아래의 게송은 깨달음 즉 지유(知有)를 노래하고 있다.

㉮

고삐 놓인 뒤 어디로 갈까?　　　　　　　　拽脫鼻頭何處是
흙탕물에 어지러이 마음껏 뛰논다　　　　　　亂他泥水恣縱橫
석양 무렵, 거꾸로 소 타고 돌아가니　　　　日斜倒坐騎牛去
또 동쪽 산에 조각달이 돋는구나　　　　　　又見東山片月生

　　　　　　　　　　　　　　　　　　　　　　— 보녕용

㉯

몸을 재어서 옷을 마르고　　　　　　　　　度體裁衣
물 부피를 헤아려서 삿대를 놀린다　　　　　量水打碓
털끝만치도 어기지 않더라도　　　　　　　　毫髮不差
아직 문 밖에 살고 있느니라　　　　　　　　且居門外

　　　　　　　　　　　　　　　　　　　　　　— 운문고

298

　보녕용의 ㉮ 게송 1행은 우리가 앞 장에서 살펴온 확암 〈십우도〉의 8장 인 우구망(人牛俱忘)이다. 즉 사람도 소도 모두 잊고, 아주 언제 그랬냐는 듯 본래자리로 돌아온 온통 명(明)인 우리는 어떻게 되는가? 이 지유인(知有人), 자성본원을 철증(徹證)한 사람은 어디로 갈까?

　2행에 "흙탕물에 어지러이 마음껏 뛰논다"는 바로 이류중행(異類中行)이다. 보살은 대비심을 일으켜 중생세계 깊숙이 뛰어들어 이타행(利他行)으로 일관한다.

　3행은 바로 〈십우도〉 9장 반본환원(返本還源)의 참 소식이다. 본을 돌이켜 근원으로 돌아간 참 소식은 어떤가? 이것은 4행 "또 동쪽 산에 조각달이 돋는구나(又見東山片月生)"이다. 늘 돋던 조각달, 가을이면 늘 피어 있던 금잔화와 코스모스. 어쨌든 '있음(有)'을 안 뒤에도 "또 동산에 조각달 뜰 뿐이니." 진실로 기특할 것이 없다 없어.

　㉯ 게송 1행과 2행은 우리가 모두 적당한 신통묘용으로 "몸을 재어 옷을 마르고/물 부피를 측량해서 삿대를 알맞게 젓는다" 해도 또 모든 일상사가 모두 그대가 부리는 신통이라 할지라도, 그대는 아직 이것을 모르고 있다고 한

다. 그래서 4행에서 운문 종고는 짐짓 "아직 문 밖에 살고 있다(且居門外)"고 말하니 이 말을 어떻게 알아야만 할까?

이 뭣꼬?(是甚麼)

그럼 이 선화의 본칙을 두드려보자.

> 하루는 종심이 스승 남전에게 물었다.
> "있음(有)을 깨달은 사람은 어디로 갑니까?(知有底人 向什麼處去)"
> "저 산 아랫마을 시주 집의 한 마리 소가 되겠지(山下檀越家 作一頭水牯牛去)."
> 이에 종심이 스승에게 깊이 사례하였다.
> "스님께서 지도해주심에 정말로 감사드립니다(謝師指示)."
> 이 말을 들은 남전은 다음과 같이 말을 받았다.
> "지난밤 삼경에 달이 창을 통하여 비치었노라(昨夜三更月到窓)."

위의 선화에서 종심이 묻는 말 가운데 '있음을 깨달은 사람(知有底人)'에서 '있음(有)'이란 존재를 존재하게 하는 '있음'을 영회한다는 의미이니 순수 존재[6]이다. 이 순수 존재는 다름 아닌 도(道)이고 성(性)이며 공(空)이다. 따라서 지유저인(知有底人)은 자성본원을 영회한 자, 도를 직접 파악함으로써 도와 합일한 자를 말한다.

그래서 본칙에서 "도와 합일한 사람은 어디로 가야 하느냐고" 묻는 종심의 물음은 도는 어디에도 없으면서 어디에나 있기에 바로 도와 합일된 후에는 어디로 가야 하느냐 하는 질문이다. 이에 남전은 도의 개념적이고 추상적인 내재성을 구체적이며 사실 자체, 실재를 눈앞에 그리듯 보여준다. "지유저인(知有底人)은 산에서 내려가 아랫마을 시주집의 한 마리 소가" 된다고. 물론 여기의 수고우(水牯牛)는 검은 암소로 번역되는데, 특별히 꼭 검은 암소가 되

---

6)   김지견, 『대화엄일승법계도주병서』, 보련각, 1982, 11~13쪽 참조. 知有底人의 有는 불교에 있어서의 法에 수렴된다. 이 法, 一字는 存在란 一語에 수렴된다. 왜냐하면 화엄에 이사무애라든가 사사무애라는 입장은 존재자가 곧 존재(Sein)이며 진리이며 이념이며 규범이며 본질이며 동시에 교법으로서의 향외적인 현상인 까닭이다. 따라서 현상의 세계는, 존재인 유의 존재자 지유저인이 향외적인 존재물로 그것이 현상인 한에서 진리의 현현임과 동시에 존재의 발현으로서 진리의 영역이다.

어야 한다는 말은 아니다. 그러나 암소는 암컷이기 때문에 만물을 잉태할 수 있고 탄생시킬 수 있는, 또 예부터 소가 가진 이미지와 소의 상징성에서 오는 표현이라 봄이 타당하다.

오늘 누가 있어 나에게 묻는다면 나는 뒷간에 구더기, 구더기가 되리라 하겠다. 이에 무엇이 같고 무엇이 다른가?

다시 번거로운 생각을 더 보탤 것 같으면 이 단계는 『화엄경』의 「십지품」에서 10지인 법운지(法雲地)를 말한다. 『화엄경』에서 말하는 보살이 수행하는 단계인 52위 가운데 제41위로부터 제50위까지를 십지(十地)라 일컫는데, 중생을 교화하여 이익을 주는 것이 마치 대지가 만물을 싣고 이를 윤택하게 하고 이익을 주는 것과 같으므로 지(地)라 한다. 「십지품」은 41위를 제1지로 하여 제10지까지를 설한 장이다. 제8지에 해당하는 진리에 대한 더 이상 흔들리지 않는 부동지(不動地)에서 제9지인 반연을 끊은 반야의 법력으로 방편을 알아 설법하는 선혜지(善慧地)를 거쳐 십지(十地)의 마지막 자리이타(自利利他)의 대자비로 온 누리를 골고루 이익을 주는 법운지(法雲地)에 이른다. 또 이 소식을 확암 〈십우도〉에 비견하면 제8인 인우구망(人牛俱忘)의 단계, 곧 소도 사람도 모두 사라지고 '텅 빈 원상'으로 표현되었다가, 다시 제9 반본환원(返本還源)이나 마지막 제10 입전수수(入廛垂手)로 들어서야 함을 남전은 말한다.

여기서 우리는 '원의 전환 운동'으로 일체의 두두물물(頭頭物物)이 꿈틀꿈틀 흘러가며 사라지는 유리구슬을 보게 된다. 마치 허공에다 손가락으로 원을 그리는 동시에 흔적도 없이 사라지는, 만상이 비치는 듯하더니, 비춤과 동시에 사라지는 찰나. 우리는 이것을 절대현재의 이 순간이라 할 수밖에 없다. 석가모니가 『화엄경』에서 설한 '일체 중생이 모두 불성을 가지고 있다'라는 말씀이나 정각을 이루고 열반에 들기까지 45년 동안 8만 4천 법문으로 지칭되는 대기설법(對機說法)을 남겼음에도 불구하고 "나는 아무것도 말한 바가 없다"7)는 언어 초월 사상을 역설적으로 한 말씀인 동시에 삼라만상의 양태가 실재로 이러함을 직설한 것이다.

---

7) 『입능가경』 제5권, 「불심품」, 동국역경원, 131쪽.

이로써 종심은 깨달음으로 인하여 온몸이 법열에 잠겨, 전 존재가 스승에 대한 감사로 충만한다. 남전은 이미지로 조주의 안뜰을 더욱더 넓혀준다.

"지난밤 삼경에 달이 창을 통하여 비치었노라(昨夜三更月到窓)."

별다른 살림살이가 아닌 오로지 그뿐임을 노래한다.

종심이 얼마나 그의 스승 남전을 그대로 쏙 빼닮았는지 그리고 얼마나 철저히 조사의 뜻과 합일되었는지 우리는 『전등록』이나 『선문염송』 『조주록』에서 많은 선화를 만날 수 있다. 그중 오늘날까지 제방 선원에 회자되어 현역 공안으로 빛을 발하는 선화 하나를 점검해보자.

『선문염송』 207칙에는 '참묘(斬猫)'라 하는 화두가 있다. 일반적으로 '남전참묘(南泉斬猫)'[8]라고 알려진 아주 유명한 공안이다.

그럼 이 선화를 노래한 선시 두 수를 음미해보자.

㉮

양당엔 모두 어두운 선객뿐인가?	兩堂俱是杜禪和
먼지를 일으킨들 별수 있나	撥動煙塵不奈何
다행히 남전이 바른 영을 시행하여	賴得南泉能擧令
치우친 생각을 일도양단하여버렸네	一刀兩斷任偏頗

— 설두현

㉯

동쪽 들 서쪽 들이 모두 논밭인데	東西兩畔盡田疇
낟알을 뿌렸으나 전혀 걷지 않았네	粒米抛來摠不收
아깝다! 고양이를 경솔하게 벤 뒤	可惜猫兒輕斬却
지금껏 늙은 쥐가 시끄럽게 울어대네	至今老鼠鬧吠吠

— 삽계익

---

8) '南泉斬猫' 공안은 위에서 밝히듯이 『선문염송』 207칙, 『무문관』 14칙, 『종용록』 8칙에는 하나의 공안으로 되어 있다. 그러나 『벽암록』에는 63칙과 64칙으로 나누고 있다. 이것은 남전의 선기와 조주의 선기를 따로 세분하여 살피기 위해서이다.

위의 두 게송은 남전이 고양이 목을 계도로 친 선화에 부친 것이다.

여기서 두 선지식의 선기를 확실히 가늠하기 위해 남전과 조주에 이어지는 선화를 각각 소개하기로 한다. 『벽암록』63칙 「남전참묘아(南泉斬猫兒)」를 옮겨 독자들에게 도움을 주고자 한다.

원오 극근(圜悟克勤, 1063~1135)이 대중에게 수시한다.

상식이나 분별로 생각할 수 없는 세계로 바로 수행자를 가르치고 인도해야 한다. 뭐라고 말로는 표현할 수 없는 경지야말로 수행자 스스로가 서둘러 깨달아 터득해야 한다. 만약 우레가 치고 별이 나는 것과 같은 묘용을 쓸 수 있다면 못을 비우고 산을 쓰러뜨리는 놀라운 일을 해낼 수 있다. 자, 여러분들 중에 이런 묘용을 터득한 자가 있는가? 그럼 다음 이야기를 들어보라.

垂示云 意路不到 正好提撕 言詮不及 宜急著眼 若也電轉星飛 便可傾湫倒嶽 衆中莫有辯得底麼 試擧看

위의 원오가 프롤로그로 더 붙인 글을 선문학에서는 수시(垂示)라 한다. [9]

이것은 원오가 선장으로 '남전참묘'의 공안을 들어 보이기 위해, 본칙의 요점을 서언한 것이다. 선학도를 그곳으로 몰입시키기 위해 머리를 긁어 시선을 모으기 위한 한마디라 할까.

본칙은 이러하다.

---

9) 우리가 선시를 읽는 데 꼭 알아야 할 것을 점검하고자 한다. 우선 『벽암록』만 하더라도 그 구성을 볼 때, 수시(垂示) 본칙(本則) 송(頌) 착어(着語) 평창(評唱)의 다섯 강목으로 되어 있다. 수시는 수어(垂語) 색어(索語) 조어(釣語)와 같은 뜻으로 쓰인다. 곧 고칙공안(古則公案)에 사장들이 자기의 견해를 부친 비평적 서언으로, 본칙의 중요한 요점을 말한다. 본칙에 선화를 선서 술어로 고칙 본칙 공안 등으로 표현한다. 송고(頌古)란 뜻은 고칙의 선시적 표현을 말한다. 또 고칙이나 본칙의 칙(則)은 전형(典型) 모범(模範) 귀감(龜鑑) 등과 같은 뜻이며 송(頌)은 게송(偈頌) 송가(頌歌) 송덕(頌德) 등에서 나온 말이다. 『벽암록』에선 본칙 다음에 원오가 부친 착어(着語)를 읽을 수 있는데, 이것은 송의 각구(各句)에 할주(割註)와 같은 성격을 띠고 있다. 그리고 본칙이나 송에 총평을 붙인 것이 있는데 이 총평이 평창(評唱)이며 이 평창은 상당히 긴 문장으로 본칙이나 송의 인연 고사나 일칙(一則) 전체의 뜻을 자세히 밝히는 등 세밀한 강설로 되어 있다.

남전산에서 어느 날 동당과 서당의 중들이 고양이를 놓고 다투고 있었다. 남전이 보다 못해 그 고양이를 집어 들고는 "누구라도 좋다. 한마디 해보라. 그러면 고양이를 살려주고 그렇지 못하면 단칼에 고양이를 베어버리겠다"고 말했다. 아무도 대답하는 중이 없었다. 이에 아무도 대답하지 못하자 남전은 고양이를 두 토막 내어버렸다.

舉 南泉一日 東西兩堂 爭猫兒 南泉見 遂提起云 道得卽不斬 衆無對 泉 斬猫兒 爲兩段

위의 본칙의 '남전일일(南泉一日)'은 선서 특유의 구이다. 우선 남천(南泉)을 남전으로 읽는 것이 선문의 오랜 관습이며 '일일(一日)'은 어느 날로, '남전산에서 어느 날'로 번역된다.

그리고 '쟁묘아(爭猫兒)'는 동서 양당의 승려들이 고양이를 놓고 다투었다고만 번역되나 아무래도 깊이 들여다보면, 고양이에게도 불성이 있느냐 없느냐를 논의한 것같이 읽힌다. 왜냐하면 원오가 착어한 "불시금일합료(不是今日合鬧)"를 살피면 "이 일은 비단 오늘에 한한 소동만이 아니라"로 의역된다. 여기에서 "흑/백 양변적인 견해를 그치지 못하는 인간성에 대한 날카로운 성찰"과 우리들에게 간곡히 이르는 선장의 낙초자비, 곧 이타정신을 보게 된다.

그리고 우리가 또 자세히 살펴야 하는 대목은 '양단(兩段)'이다. 양단은 두 토막 내었다는 뜻이지만, 본칙의 대의, 공안의 요체는 불이(不二)로 간파된다. 곧 차신즉불(此身卽佛)에 이르기 위해서는 무시간 무공간의 깊고 깊은 무(無)를 초월해야 한다. 초월하려면 끊임없이 이어지는 인간의 욕망을 심연에서 일도양단해야 하지 않겠는가? 이것은 "한 번 죽을 고비를 넘겨야 뼈가 시림을 안다(盡死一番寒徹骨)"라는 선구와 통한다.

자, 그럼 앞에 옮긴 설두의 ㉮ 게송을 풀어보자.

1행과 2행은 "눈 어두운 바보들이 다투어본들 별수가 있나?" 정도로 의역된다. 여기서 '두선화(杜禪和)'는 졸렬한 선승이다. 두묵(杜默)은 문호 구양수와 같은 시대의 가객으로 널리 알려졌으나, 다른 사람의 시는 잘 읊었지만 직접 짓는 것은 서툴렀다. 그러나 시를 막 지어서 남의 조소를 받았다. 그래서 서툴게 지은 시를 두찬(杜撰)이라 말하는데, 눈이 어두운 선수행자를 가리킨다.

3행에서 "남전이 고양이를 두 토막 낸 것은 바로 바른 선기(禅)를 보인 것"으로 읽히고, 4행, "치우친 생각을 일도양단하여버렸네(一刀兩斷任偏頗)"라는 설두의 게송에 대해 설두의 제자 원오는 "일도양단불관유편파(一刀兩斷不管有偏頗)"라 평창하였는데, 이것은 고양이를 놓고 다투고 있는 동당 서당의 중들의 흑/백 견해에는 간섭하지 않고 단칼에 베어버렸음을 뜻한다. 곧 4행의 '임편파(任偏頗)'의 임(任)은 평창에 볼 것 같으면 '불관(不管)'이니 간섭하지 않고 방임(放任)한다는 의미이다.

이 게송을 쉽게 풀면 "양당의 어리석은 중들/다투어본들 별 수 있나?/남전의 칼이 없었던들/치고 받고 야단이 났으리라"로 읽힌다.

삼계의 ㉯, 게송 1행 "동서 양 두둑이 모두 논밭 두둑인데/씨앗을 뿌리긴 했으나 마구 자란 이삭들을 거두지 않고 있네"란 말은 "동당 서당 양당의 승려들 모두 수행자들인데/본래 모습 그대로이나 스스로가 본래 그대로임을 모른 채 밖으로만 떠들고 있다"라고 읽힌다. 3행은 "동당 서당의 수행자들이 주장하는 양변의 견해를, 곧 그 원인이 되는 고양이를 제거하긴 했으나/아직까지 그 까닭을 모르는 눈먼 수행자가 옳다 그르다를 논란하고 있다"는 것을 역설적 수사법으로 "아깝다! 고양이를 경솔하게 벤 뒤(可惜猫兒輕斬却)/지금껏 늙은 쥐가 시끄럽게 울어대네(至今老鼠鬧哄哄)"로 표현하고 있다.

다음은 『벽암록』 64칙으로 이어지는 '조주두대초혜(趙州頭戴草鞋)'에 해당하는 선시 두어 편을 살펴보자.

㉮

공안이 뚜렷해지자 조주에게 물으니	公案圓來問趙州
남전은 장안성 안에서 자유로이 노니네	長安城裡任閑遊
머리 위 짚신의 뜻 다른 이들 다 모르니	草鞋頭戴無人會
어서 고향으로 돌아가 마음 편히 쉬시게	歸到家山便卽休

— 설두현

㉯

풍력으로 움직이는 짓 공평히 나타냈거늘	風力所轉公平出
고양이를 벤 뒤에 다시 욕되게 하였네	猫兒斬斷還成屈

조사는 고금의 본보기가 되었거늘	祖師今古作標儀
부채 파는 노파는 손으로 해 가리네	賣扇老婆手遮日
	― 혼성자

㉮

들어올린 것 분명하고 벤 자리 친절한데	提起分明斬處親
지는 꽃 나는 풀솜 행인을 때린다	落花飛絮撲行人
짚신을 머리에 이고 문 밖을 나가니	草鞋頭上出門去
4월의 둥근 연잎 잎새마다 새롭다	四月圓荷葉葉新
	― 열재거사

㉠의 게송 1행 "공안원래문조주(公案圓來問趙州)"에서 '문조주(問趙州)'는 조주에게 자네라면 어떻게 할 것인가? 묻자 짚신을 머리에 얹고 나가버렸는데, 이것으로 '고양이를 두 토막 낸 공안'이 원만히 풀리게 되었으므로 '공안원래(公案圓來)'라 한 것이다. 이 기상천외한 조주의 행위는, 죽은 고양이가 조주의 머리 위에서 짚신으로 부활하였음을 보여준다. 이 행은 『금강경』의 "부처가 말한 반야바라밀은 곧 반야바라밀이 아니다. 그래서 반야바라밀이라 한다(佛說 般若波羅蜜 即非般若波羅蜜 是名般若波羅蜜)"라는 구절을 행동으로 보여준다. 일체의 존재물은 자성(自性)을 스스로 갖지 않으므로 각자의 이름을 가질 수 있다는 무자성(無子性)을 조주가 행위로서 보여준 구절이라 할 수 있다.

2행에서 "장안성 안에서 자유로이 노닌다(長安城裡任閑遊)"는 "남전이 조주 덕분에 한가하게 장안성에서 노닐 수가 있었다"로 풀이된다. 4행 "어서어서 고향으로 돌아가 마음 편히 쉬시게(歸到家山便即休)"에서 가산(家山)은 고향의 산천을 말하니 "당장 고향으로 돌아가 편히 쉬게"로 읽힌다. 전편을 쉽게 풀면 "조주의 깔끔한 솜씨로 문젯거리는 원만히 풀렸네/남전도 이제는 마음 놓고 편히 쉴 수 있겠지/조주의 머리 위에 짚신 올린 뜻을 다른 이들 모두 모르니까/어서 빨리 고향으로 돌아가서 마음 편하게 쉬시게"로 읽힌다.

㉡의 게송을 의역하면 "자연스럽게 운행되는 것이 천하의 이치인데/이러할진대 남전이 고양이를 베어버린 일은 스스로를 욕되게 한 것일 뿐/고양이

를 일도양단함은 고금 통틀어 제일의 대본(大本)이지만/사람들은 모르고 아
직도 이것이다 저것이다 하고 주장하는데 이것은 마치 부채 파는 노파가 손
으로 해를 가리는 격이다”로 풀이된다.

열재거사가 읊은 ㉰ 게송, “들어올린 것 분명하고 벤 자리 친절한데(提起分
明斬處親)/지는 꽃 나는 풀솜 행인을 때린다(落花飛絮撲行人)”라고 한 1행과
2행은 “사실 고양이, 즉 흑과 백의 견해를 들어 올린 것이 분명하고 그 번뇌
와 무명의 자리를 베어버림은 조사로서 자비의 본분사(本分事)/이것은 바로
꽃이 지고 풀솜이 날아날아 지나가는 사람과 부딪치는 자연 이치와 같은 것
이 아니냐?”로 읽힌다.

3행에서 남전이 이 일을 묻자 조주가 흑에도 백에도 떨어지지 않는 본분사
의 행위를 보여준다. 고양이는 지나가는 바람이고 고양이는 떨어지는 꽃이
고 고양이는 날아다니는 풀솜이고 고양이는 돌이고 구름이며 짚신이니 왕노
사가 고양이를 베어버림이 다시 머리에 인 짚신이고 구름이고 돌이며 풀솜이
고 지는 꽃잎이다.

“그렇다. 4월의 둥근 연잎 잎새마다 새롭다(四月圓荷葉葉新), 새로워. 아
아, 섣달이 보이는 말복 네거리에 내가 서니 9층 전봇대 뒤로 해가 지오. 석
양을 안고 넘어가오. 몹시 부끄럽소. 내가 쓴 글은 정말 유치도 찬란도 하여
유치찬란하오.”

이렇듯 종심은 그의 스승 왕노사에게 이 간단한 행위로 선이란 의식과 관
념을 초월함을, 또 설명하고자 해도 할 수 없는 선의 본질을 말해버림으로써
일도양단해버린다. 선은 ‘의식/무의식’ 어느 쪽에도 서 있지 않는 것을 보여
준 본분사일 뿐이다. 종심은 지금까지 그의 “스승에게 너무 걱정 마세요”라
고 말하고 있다.

종심은 깨닫고 나서도 오랫동안 천하를 행각하며 그의 깨달음을 보임한
다. 80세에 이르도록 종심의 깨달음의 여행은 멈춤이 없었다. 그는 많은 수행
자들로부터 한 절에 정착하여 후학들을 지도하라는 권유를 받았으나, 그의
여행은 계속되었다. 하루는 수유(茱萸)를 방문한다. 그때 수유는 종심에게 다
음과 같이 권한다.

　　"스님만 한 연배면 이제 한 곳에 머물러 후생을 설법 지도하시는 게 좋은 것 같습니다."

　　"아니, 스님. 머물 곳이 대체 어디란 말입니까?"

　　"무슨 말씀이오. 연세가 그쯤이나 되셨는데 머물 곳(常住處)조차 모른단 말씀입니까?"

　　"30년 동안 말을 타고 자유롭게 주유천하하였건만 오늘 당나귀한테 밟혔구나!"[10]

　　茱萸云 老老大大 住處也不識 師云 三十年弄馬騎 今日却被驢踏

　　수유는 남전에게 배운 동문 사형제이다. 그러나 종심은 수유의 정신적 높이를 한눈에 파악한다. 사형 종심에게 수유는 말한다. "대선장께서 머물 곳(常住處)조차 알지 못하고 다니십니까?" 하지만 이런 말이야말로 당나귀쯤 되는 수도인이 하는 말. 여기서 귀띔하고 싶은 말은 "진인이라면 스스로가 자기의 거주처다." 곧 나를 거주하게 하는 것은 나일 뿐. 이러할진대 수유는 당나귀가 분명하다.

307

어느 청산치고 도량 아닌 곳 있을까만	何處青山不道場
굳이 주장자 들고 청량사를 찾겠는가	何須策杖禮清涼
구름 속 황금털 사자가 나타난다 해도	雲中縱有金毛現
정안엔 좋고 상서로운 일 아닐 텐데	正眼觀時非吉祥

　　위의 게송은 종심이 오대산 청량사로 성지 순례코자 하는데 어느 대덕이 게송을 지어 그의 앞길을 희롱한 시[11]이다. 내용을 보면 화엄 4조(四祖) 청량국사가 설법할 때에 구름 속에 황금털 사자가 나타났다 하는 고사를 들어 종심을 넌지시 거량해본 것이다.

　　이에 즉각 종심은 대꾸한다.

　　"정안이란 대체 무엇이오?(作麼生是正眼)"

10)　『조주록』 권하, 경서원, 1986, 456쪽.

11)　김지견,『대화엄일승법계도주병서』, 보련각, 1982, 178쪽.

그러자 그 선객은 말문을 닫았다. 스스로는 스스로를 정안으로 할 뿐. 정안은 종심이 주장자와 함께 휴대하고 행각한다는 것을 대덕은 알았어야 했다. 또 종심은 청량국사의 잡다한 인생사는 인생사, 정안은 정안이라고 파악할 뿐이다. 무엇이 청량의 금모사자이고 무엇이 정안인가.

많은 신적을 참고해보면 종심은 18세 약관의 나이에 자성을 보았고, 그 후 약 40년간 스승 남전을 시봉하였다. 종심의 나이 57세가 된 835년에 스승이 입적하였으며 스승의 복상을 3년 모시고 60세가 되어서 정병과 석장을 가지고 행각의 길을 떠난다. 천하의 선기와 선풍을 탐색하기를 20년, 80세가 되어서야 고향인 조주로 돌아와 관음원이라는 보잘것없는 사원의 방장이 된다. 이때부터 종심이라는 법명보다는 조주라는 법호로 불린다. 관음원 주지가 되어서도 방장 생활 40년간 새 가구 하나 들여놓는 것은 물론 시주에게 보시를 청하는 서신 하나 쓴 적이 없는 가난한 선승으로 일생을 마치게 된다.

종심은 조주 고불(趙州古佛)로 추앙을 받게 되는데, 이 '고불'이라는 이름은 남방의 설봉 의존(雪峰義存, 822~908)으로부터 유래되었다.

어느 날 조주는 그를 찾아온 한 선객으로부터, 설봉과 그 제자와의 문답을 전해 듣게 된다.

설봉에게 제자가 물었다.

"때를 지난 계곡의 찬물과 같은 심경일 때에 관하여 말씀해주십시오(古澗寒泉是如何)."

"자네가 아무리 눈을 크게 떠도 바닥을 볼 수 없지."

"그럼 그 물을 마시는 자는 어떻게 됩니까?"

"입으로 마시는 게 아닐세(不從口入)."

대화가 이쯤에 이르자, 옆에 있던 조주는 냉큼 이렇게 말했다.

"입으로 들어가지 않고 콧구멍으로 들어가는 보양이지(不從口入 從鼻孔裏入)."

이에 객승이 조주스님에게 물었다.

"그럼 화상께서는 고간한천에 관하여 무어라 말씀하시겠습니까?"

"물맛이 쓰지."

"그 물을 마시는 사람은 어떻겠습니까?"

"죽는다."

설봉이 조주의 이 말을 전해 듣고 찬탄했다.

"고불인데! 정말 고불이군."[12]

因有南方僧來擧 問雪峰 古澗寒泉時如何 雪峰云 登目不見底 學云 飮者如何 峰 云 不從口入 師聞之日 不從口入 從鼻孔裏入 其僧却問師 古澗寒泉時如何 師云 苦 學云 飮者如何 師云 死 雪峰聞師此語 讚云 古佛古佛 雪峰此役不答話矣

여기서 '고간한천(古澗寒泉)'은 '도'의 형상화다. 곧 도가 되었을 때, 한 말씀 하기를 청한다. 그리고 고간한천, 도를 맛본 사람은 결국 어떻게 되느냐? 하는 질문에 조주는 "죽는다"라고 대답한다. 죽음(死), 인생의 쓴맛에 이어지는 이 죽음이 바로 자성본원의 본체를 은밀히 드러내는 조주의 아이러니다. 자기 확신은 자기 수련과 자아 부정을 거친 후에 오는 것.

설봉은 복주 설봉산에 주석하던 운문종의 개조, 문언의 스승인 설봉 의존을 말한다. 설봉은 학승과 조주와의 문답을 듣고 마지막에 "고불인데, 정말 고불이야" 하며 찬탄한다. 이 선문답을 전해 들은 설봉은 두 번 다시 이 선화에 대해 대답하지 않았다 한다.

앞에서도 언급하였듯이 조주의 물 흐르는 듯한 세 치의 혀에 용솟음치는 말, 그 자체가 선에서 한 발자국도 벗어나지 않으니, 선문에서는 이를 조주의 구순피선(口脣皮禪)이라 한다.

우리는 저 덕산의 방(棒)이나 임제의 할(喝)을 능가하는 조주의 말의 향연으로 들어가볼 일이다.

하루는 한 유생이 조주를 찾아왔다. 조주의 입과 입술에서 흘러나오는 선을 접한 손님은 크게 감명받고 아낌없는 찬탄을 했다.

"대사께선 참으로 고불이시오!"

"그렇습니까? 수재야말로 신여래(新如來)이시오!"[13]

12) 『조주록』권하, 경서원, 1986, 20~21쪽.

13) 『경덕전등록』제10, 「조주관음원종심선사」, 보련각, 1982, 178쪽.

고불은 오래된 부처가 아니라, 우리 머릿속에 고정된 부처가 아닌 바로 신여래(新如來)라는 것. 이 얼마나 기표를 뒤집는 속말인가. 고불고불 할 때는 바로 죽은 부처인 것. 우리의 관습화되고 고착된 사유를 박살내는 조주야말로 신여래가 분명하다.

이런 선화는 『금강경』에서 설하신 "부처님이 말씀하신 반야바라밀은 곧 반야바라밀이 아니고 그 이름이 반야바라밀이다(佛說 般若波羅蜜 卽非般若波羅蜜 是名般若波羅蜜)"라는 경구의 의표를 찌르는 말이다.

조주의 선은 미끄럽고 고불고불하여 살펴가기가 힘든다.

이제 조주에 대한 몇 가지 선화와 선화를 발명하기 위해 부친 선시를 점검하며, 조주의 구순피선의 미묘함을 음미해보자.

1. 조주 선화 11편

1) 베 장삼 무게가 일곱 근

조주에게 어떤 학인이 물었다.
"만법이 하나로 돌아간다고 하는데 그럼 하나는 어디로 돌아갑니까?"
스님께서 말씀하셨다.
"내가 청주에 있을 때 베 장삼 하나를 지었는데 무게가 일곱 근이나 되었다.[14]

趙州因僧問 萬法歸一 一歸何處 師云 我在靑州 作一領布衫 重七斤

여기 만법은 우주간의 유형 무형의 온갖 사물을 총칭하는 말이다. 이 공안은 만물이 하나로 귀착되니 하나는 응당 만법에 귀일이라는 식으로 이렇게 저렇게 따져보는 것은 원래 선화의 요체가 아니다. 만법이 그대로 하나 자체

『벽암록』 제45칙 「조주만법귀일」.

14) 진각 혜심, 『선문염송』 권10, 408칙 「萬法」, 설봉 학몽 현토, 불서보급사, 1979.

의 모습으로 수긍되는 세계를 형상화하니 바로 "내가 청주에 있을 때, 베 적삼 하나를 지었는데 그 무게가 일곱 근(我在靑州 作一領布衫 重七斤)"이다.

그래도 모르면 '만법이 귀일하니까, 만법이 일귀하지요' 하면 어떨는지?

그래도 모르는 독자들은 다음 선시 두어 수를 읽어보자.

㉠

조주의 베 장삼이 일곱 근 여덟 근　　　　趙州布衫七斤八斤
소매에 깃 달고 겨드랑에 동정 단다　　　　袖頭打領腋下剜襟
천수천안 관음이 들어도 꼼짝 않네　　　　千手大慈提不起
말없는 동자가 싱글벙글하는구나　　　　無言童子笑欣欣

— 대홍은

㉡

만법이 일귀하니 하나는 어디로 가는가　　　　萬法歸一一歸何
청주의 베 장삼은 일곱 근의 삼이네　　　　靑州布三七斤麻
마름하고 재단하여 길고 짧음 알맞으니　　　　剪裁長短宜相稱
옷깃을 딴 곳에서 찾으려 하지 말라　　　　莫把襟裾就地拖

— 천장초

대홍은의 ㉠ 게송 3행과 4행에서 "천수천안 관음이 들어도 꼼짝 않네(千手大慈諸佛起)/말없는 동자가 싱글벙글하는구나(無言童子笑欣欣)" 하였는데 이것은 바로 진리, 즉 자성본원의 형상화인 '청주포삼의 일곱 근 무게'를 진리 당체인 천수천안관음보살이 들지라도 꼼짝하지 않는다는 표현이다. 이런 인식은 당연하다. 이것은 불동자가 불을 끄고 물처녀가 물에 빠져 죽는다는 것과 같으니 그럴 수밖에 없다. 4행에서 이를 주시하는 무언동자(無言童子)는 꿀 먹은 벙어리마냥 '싱글벙글'할 수밖에.

다음 천장초의 게송 ㉡ 역시 아는 이들은 2행에서 조사가 한 수작들을 바로 파악하나, 연구자는 어쩔 수 없이 3행의 시구를 곱씹어봐야 한다. '마름하는 순간'을 벗어나지 않으며, '재단하는 순간'을 역시 떠나지 않으며, 긴 것이나 짧은 것에도 없다. 그렇더라도 조사는 친절하여 4행에서 "옷깃을 딴 곳에서 찾으려 하지 말라(莫把襟裾就地拖)"고 낙초자비를 베푼다.

2) 진주의 커다란 무

조주에게 한 학인이 물었다.
"스님께서 남전노스님을 친견하셨다는데 사실입니까?"
스님께서 말씀하셨다.
"진주에서는 큰 무가 나지."[15]

趙州因僧問 承聞和尙親見南泉 是否 師云 鎭州 出大蘿蔔頭

진주에서 큰 무가 나온다 하여	鎭州出大蘿蔔頭
말 많은 납자들의 입을 틀어막았네	多口禪和劈口塞
그래도 몰라서 까닭을 물으려 하면	不知更欲問來有
진주는 예대로 황하의 북쪽일세	鎭州只在黃河北

— 법진일

이 선화는 『선문염송』 409칙이나 『조주록』, 『벽암록』에 나온 유명한 공안이다. 『선문염송』에 이 공안에 따른 뒷날 선객들의 게송이 열세 수나 기록된 것으로 보아도 알 수 있다.

선화 중 '남전스님을 친견'했다는 의미는 무엇인가? 남전의 진면목을 친견함이니, 바로 만유의 자성을 친견했다는 의미다. 남전의 자성은 바로 조주의 자성. 자, 여기서 희대(稀代)의 대선장 조주는 어떻게 이 사실을 한쪽으로 치우치게 하지 않고 학인을 깨달음으로 들게 할 수 있을까? 조주는 한마디로 "진주에는 큰 나복이 나지(鎭州 出大蘿蔔頭)"라고 대답할 뿐이다.

"진주에 큰 무가 난다……", 무얼 그렇게 생각하는가?

조주는 그렇게 말했을 뿐인데. 선문에서 조주의 구순피선이라고 칭하는 칭송을 다시 한 번 되새길 필요가 있다. 이 진주지대나복(鎭州之大蘿蔔)은 우리의 알음알이를 몽땅 빼앗아버리는, 우리를 정신적 공황으로 몰고 가는, 총명하고 재기발랄한 선객들의 목숨을 죽이는 말이다. 그래서 부처나 조사, 대선장들을 도적이라 선가에서는 부른다.

---

15) 진각 혜심, 『선문염송』 권11, 409칙 「蘿蔔」, 설봉 학몽 현토, 불서보급사, 1979.

위의 게송은 뒷날 선문 존숙들이 읊은 게송 중 하나다.

1행과 2행에서는 자성본원을 말씀해달라는 한 선객에게 거두절미하고, 진주 땅에 큰 무가 나는 사실을 말한다. 앞 장에서 본 6조 혜능이 말하는 '마음을 알아 성품을 보는 식심견성(識心見性)'의 성(性), 그리고 그의 제자 하택 신회가 주장하는 '지지일자중묘지문(知之一字衆妙之門)'이라 하는 지(知), 이 지(知) 자는 6조의 성(性) 자보다는 동태성을 띤다. 그리고 마조의 '평상심시도(平常心是道)'나 즉심즉불(卽心卽佛)의 심(心) 자는 앞의 지(知) 자보다는 더 작용의 의미를 가진다. 다음 조주나 임제에 이르러는 훨씬 형상화되고 동태적인 표현을 하여 구체화하고 있다. 이를테면 임제의 무위진인(無位眞人)이나 이 선화에 보이는 '진주의 큰 무(鎭州之大蘿蔔)'가 그 예다. 조주에 이르러 보이지 않는 자성의 편재를 그의 구순피선으로 형상화하여 납자의 면전에 확연히 보이고 있다. 조주야말로 대시인의 면목을 유감없이 보여준 선사라 할 것이다.

앞의 게송에서 법진일은 그래도 모른다면, 마지막 4행에서 천기를 누설한다. "진주는 예대로 황하의 북쪽일세(鎭州只在黃河北)."

그래도 모른다면, 필자가 사족을 달까 한다. "오늘은 음 7월 7일, 칠석이고 양 8월 22일이다. 직녀는 오지 않고, 가을바람만 미리 달려오네."

3) 동문 남문 서문 북문

조주에게 한 학인이 물었다.
"어떤 것이 조주입니까?"
"동문 남문 서문 북문이네."
"그런 걸 묻지 않았습니다."
"그래, 그대가 조주를 물었느냐? 쯔쯔."[16]

趙州因僧問 如何是趙州 師云 東門南門西門北門 僧云 不問者介 師云 儞問趙
州 聻

---

16) 『선문염송』 권11, 410칙 「趙州」.

㉮

남북동서의 문이 열리니　　　　　　　南北東西門始開

밀물처럼 밀려들어 조주로 왔네　　　奔波撞入趙州來

이마를 부딪쳐 다친 이가 몇인가　　　額頭柮破知多少

한 번 가면 해가 가도 돌아오지 않네　一去經年不見廻

　　　　　　　　　　　　　　　　　— 불일재

㉯

조주성의 네 관문 굳게 닫히고　　　四郭關門鎭趙州

성 아래는 창과 방패로 가득 찼는데　幾於城下起戈矛

장군과 전마는 지금 어느 곳에 있나　將軍戰馬今何在

들꽃과 잡초만 뜰에 소슬하구나　　野草閑花滿地愁

　　　　　　　　　　　　　　　　— 동림총

이 선화는 『선문염송』 410칙 「조주」, 혹은 『벽암록』 제9칙 「조주4문」에 실린 공안이다.

등장인물은 조주와 한 학인인데, 아마 공부에 별다른 큰 뜻이 없고 번잡한 철학적 이론과 스스로 천재다 하는 오기로 가득 찬 행각승으로 보인다. "조주란 무얼 말합니까?" 하는 질문을 던진다. 아마 이 중은 "조주란 다름 아닌 부처일세" 정도의 답을 미리 예상한 듯 보인다. 그러나 조주 고불의 대답은 전혀 예상을 뒤엎는다. "조주는 동문 서문 남문 북문이다"라고 말하며 덜떨어진 객승의 망상을 빼앗아버린다.

앞의 선화 (3)에서도 약간 언급하였듯이, 삼세의 모든 부처를 선가에서는 적(賊)이라고 표현한다. 아이러니 기법이다. 그래서 선문에서는 제자들에게 무엇을 가르치고 베풀기보다는 오히려 가지고 있는 것을 모두 빼앗아버리는 적기(賊機)가 있어야 스승 될 자격이 있다고 한다.

결국 '진리가 무엇이냐(如何是趙州)'는 질문에 이념적이고 추상적인 대답 대신 만법의 현현을 가리키니, 바로 "동문 서문 남문 북문"이다. 이는 조주 고불의 적기이고 구순피선의 절묘한 선기이고 질문자의 일체의 객기를 빼앗아버리는 불조가 상승한 순선의 면목이다.

㉮의 게송에 1행과 2행은 '이미 활짝 열린 조주성의 성문, 운수납자들이 몰

려왔다'로 읽히고, 3행에서 '무상대도가 있음을 알고 정진했지만 어렵고 어려운 일'이라, '누구든 용감히 그곳을 향해 떠났지만 돌아오는 사람 극히 없음'을 노래했다.

㉯의 게송 1행과 2행은 자성본원이 다이아몬드같이 견고하여 아무리 두드리고 노력해도 쉽지 않음을 나타낸 것이고, 3행과 4행은 수많은 운수납자들이 있으나 실제로 성문 앞까지 도달하는 자가 극히 없음을 노래한다.

4) 차나 한잔 하시게(喫茶去)

> 조주가 한 학인에게 물었다.
> "일찍이 여기에 온 일 있는가?"
> "예, 왔었습니다."
> "차나 한잔 하시게."
> 또 다른 중에게 물었다.
> "여기에 왔던 일이 있는가?"
> "아니오, 왔던 일이 없습니다."
> "그래, 자네도 차나 한잔 하시지."
> 이에 원주가 물었다.
> "어찌하여 일찍이 왔던 이도 차를 마시라 하고, 온 적이 없는 이도 차를 마시라 하십니까?"
> 하니, 스님이 원주! 하고 부르자 원주가 대답하니 스님이 말했다.
> "자네도 차나 한 잔 마시게."[17]
>
> 趙州問僧 曾到此閒否 僧云 曾到 師云 喫茶去 又問僧 曾到此閒否 僧云 不曾到 師云 喫茶去 院主問 爲什麼 曾到也教伊喫茶去 不曾到也教伊喫茶去 師召院主 主應諾 師云 喫茶去

선은 공개된 비밀이다. 누구에게나 허락하지만 아무도 이곳에 도달할 순 없다. 이 선화 역시 조주의 독창적이고 익살맞은 구순피선을 그대로 우리에게 노정한다.

---

17) 『선문염송』 권11, 411칙 「끽다」.

바로 '여기'라 하는 곳, 여기가 문제다. 여기야말로 천하 두두물물의 본원이다. 존재자를 존재하게 하는 존재자라 해도 조주는 세 치의 혀로 '나'를 빼앗아버릴 것이다. 이럴 때 남는 것은 무엇인가?

우리의 삶에 있어서 일상적 행위 외에 여기에 남는 것은 무엇일까?

하루는 한 학인이 조주에게 물어왔다. "저는 이곳에 온 지 얼마 되지 않습니다. 스님, 저에게 가르침을 주십시오." 조주는 단박에 "아침을 먹었는가?" 하고 물었다. "예, 스님" "그렇다면 가서 바리때나 씻게!" 하는 조주의 말에 질문을 하던 학인은 곧 활연돈오한다.

그래도 '여기'를 모른다면 다음 게송을 나무 아래에 앉아 잘 사량해볼 일이다.

㉮

총림의 종장으로 더할 나위 없나니　　　　叢林宗匠實難加
일을 당해 그 무슨 차별을 두랴?　　　　臨事何嘗有等差
새로 왔건, 본래 살았건 묻지 않고　　　　任是新來將舊住
한잔의 차만을 은근히 권했네　　　　　慇懃秖是一甌茶

— 천복일

㉯

세 잔의 차로 가풍을 드날리니　　　　　三甌茶自振家風
멀고 가깝고 높고 낮음이 한길로 통하네　　遠近高低一徑通
맑은 향기 알지 못하고 오가는 나그네야　　未薦淸香往來者
동원의 서쪽에 사는 이, 누가 알랴　　　誰譜居止院西東

— 동림총

이쯤 되면 아무 할 말 없다. 오직 '한 물건'이 있으니 뭐라 말할 것인가?

차나 한잔 하시게들.

'가도 가도 이 자리, 와도 와도 이 자리.'

5) 개의 불성

조주에게 한 학인이 물었다.

“개도 불성이 있습니까?”

“있지.”

“있다면 어째서 가죽 부대 속에 들어 있습니까?”

“그가 알면서도 짐짓 범했기 때문이다.”

다른 중이 물었다.

“개도 불성이 있습니까?”

“없다.”

“일체 중생이 모두 불성이 있다 했거늘 개는 어째서 없다 하십니까?”

“그에겐 업식이 있기 때문이다.”[18]

趙州因僧問 狗子還有佛性也無 師云 有 僧云 旣有 爲什麼却撞入者介皮袋 師云 爲他知而故犯 又有僧 問 狗子還有佛性也無 師云 無 僧云 一切衆生 皆有佛性 狗子爲什麼却無 師云 爲伊有業識在

이 선화는 우리나라의 납자들이 가장 많이 참구하는 공안이다.

이 무자화두(無字話頭)를 참구하는 데 유의할 점을 제방 선원에서는 무자화두의 십종병(十種病)이라 하여 참선하는 납자들이 간직해야 하는 금과옥조로 여긴다. 참선을 하다가 공부가 멈추었을 때, 나태해져 더 이상 정진이 없을 때, 스스로 회광반조하여 점검해야 하는 비방이다. 선지식들의 낙초자비의 결정체다. 무자화두 십종병통은 고려 보조 지눌도 가려놓았으니 참선고류(參禪高類)들은 살피고 살필 일이다.

첫째, 유와 무의 견해를 내지 말아야 한다(不得有無會).

이 말씀은 화두를 들 때 알음알이(識心)로, 무는 유에서 유는 무에서 나왔다는 상대적인 개념으로 인식해서는 안 된다는 의미이다. 상대적인 개념을 초월하여 자성본원에 계합함을 견성이라 한다.

둘째, 진무(眞無)의 무로 헤아리지 말라(不得眞斌之無卜度).

어디에는 불성이 있고 어디에는 불성이 없다고 헤아리는 병을 말한다. 불성은 자성본원이어서 삼라만상 두두물물에 편재되었음이 불교의 통견이다.

셋째, 이치로 따져서 알려 하지 말라(不得作道理會).

선도리는 불법을 깨닫는 것으로 근본을 삼는데, 이치를 따져 불법을 알려 하

---

18) 『선문염송』 권11, 417칙 「佛性」.

는 것은 불교를 비방하는 것이 된다. 곧 상식적으로 사량분별하여 따지고 헤아려 알려 하는 것 역시 병이다.

넷째, 단지 알음알이(識情)로 이러하고 저러하다 측정하지 말라(不得向意根下思量卜度).

알음알이로 따지거나 경(經) 율(律) 논(論)과 조사어록에서 문자에 집착하여 지식으로 사량하지 말라. 이런 병통을 선문에서는 지해병(知解病)이라 한다.

다섯째, 눈을 껌벅이는 이놈이 바로 이것이로구나 하는 생각을 말라(不得向揚眉瞬目處朶根).

불법은 알고 모르고 하는 지식을 쌓는 데 있는 것이 아니고, 생사의 고뇌에서 해탈하는 것이 목적이다. 모름지기 수자는 한순간 쉬지 않고 깊이 깊이 밀고 들어가야지, 눈썹을 찌푸리고 눈을 껌벅이는 것이 이것인 줄 알면, 바로 별뭉병(瞥瞥病)에 걸린 것이다.

여섯째, 말재주만 부리며 아는 체하지 말라(不得向語路上作活計).

이 말씀은 공부를 하다가 좀 지해(知解)가 나서 쓸데없이 '할'이나 하고 구두선(口頭禪)으로 일을 삼지 말라는 훈계다. 이것이 선문의 구두선병이다.

일곱째, 공공적적(空空寂寂)한 가운데 공을 지키지 말라(不得已在無事甲裡).

공부가 안 될수록 화두를 끄잡고 행주좌와(行住坐臥) 어묵동정(語默動靜) 간에도 근실히 정진하면 홀연히 화두도 망상도 혼침도 사라지고 공공적적함을 누리게 된다. 이것이구나 하는 생각으로 공을 지키게 되면 바로 무기공(無記空)에 빠지게 된다. 선문의 무기공병이다.

여덟째, 공안을 생각할 줄 알고 방(棒)을 들 줄 아는 이놈이라 하지 말라(不得向擧起處承當).

공안이 순숙해져서 스스로 마음이 해이해져 해태굴에 빠지면 더 이상 공부에 진전이 없게 된다. 백척간두에 진일보하여 천금을 얻더라도 선문 조사를 찾아가 인가를 받아야 한다. 그러나 3조는「심신명」에서 털끝만 한 오차가 있어도 천지현격(天地懸隔)이라 했다. 이 막다른 절벽에서 스스로 생각하기를 도(道)가 별게 있겠는가? 그때마다 견문각지(見聞覺知)하는 이놈이 바로 이것이구나 하고 생각하기 쉽다. 이것은 도둑놈을 아들로 삼는 것과 같은 병이다. 바로 인적위자(認賊爲子)다.

아홉째, 문자로 인증하거나 인용하지 말라(不得文字中引證).

자성본원에 영회하는 것은 유식과 무식의 차원이 아니다. 특히 학식의 축적이 있는 박학한 사람일수록 많이 암기하고 이해가 넓으면 최고라는 생각은 불법을 비방하고 불조를 모독하는 행위다. 곧 사량계교와 따짐으로써 깨달음을 이해하려는 어리석은 견해는 아는 바의 장애인 소지장(所知障)이고 문자병이다.

열째, 산란과 어리석음으로 깨칠 때를 기다리지 말라(不得將來迷待悟).

수행하는 체하지 말라. 가장하지 말라. 이러다 보면 깨쳐지겠지 하며 기다리지 말라. 그래, 그래 하며 세월이 가면 죽음의 문턱에 이르러 후회한들 무엇하리. 필사적으로 지혜를 모아 화두를 물고 늘어져도 무시 이래 쌓여온 업장이 두터워 뚫고 나가기 어렵다. 깨칠 때를 기다리지 말라.

그럼 선시 한 수를 음미해보자.

개가 불성이 없다는 말	狗子無佛性
사람을 찌르고 생명마저 해친다	殺人便傷命
쓰라린 고통, 백 천 가지이나	楚痛百千般
삿됨으로 인하여 바름을 되찾았네	因邪却打正

— 밀암걸

위의 게송은 적기적 기법으로 자성본원을 드러내고 있다. 무자화두가 2행에서 "사람을 찌르고 생명마저 해친다"고 한 표현이나, 4행에서 바름으로 바름을 찾았다 하지 않고 "삿됨으로 인하여 바름을 되찾았네"라고 한 것은 아이러니다.

6) 뜰 앞에 잣나무(庭前栢樹子)

조주가 어떤 학인에게 물었다.
"어떤 것이 조사가 서쪽에서 온 뜻입니까?"
"뜰 앞에 잣나무니라."
중이 말했다.
"화상께서는 경계로써 사람들을 보이지 마십시오."
"나는 경계로써 사람들에게 보이지 않는다."
중이 다시 스님께 물었다.
"어떤 것이 조사께서 서쪽에서 오신 뜻입니까?"
"뜰 앞에 잣나무니라."[19]

趙州因僧問 如何是祖師西來意 師云庭前栢樹子 僧云 和尙 莫將境示人 師云 我

---

19) 『선문염송』 권11, 421칙 「栢樹」.

不將境示人 僧云 如何是 祖師西來意 師云 庭前栢樹子

조주 고불은 참으로 많은 공안을 우리에게 준 분이다. 아직도 제방 납자들에게 빛을 발하는 공안들이 부지기수다. 위의 '정전백수자' 공안 역시 우리들의 눈을 뜨게 하고 귀를 열게 하는, 우리의 알음알이를 빼앗아가는 적기(賊機)의 명제다.

필자가 알음알이를 내어 사족을 붙이는 것보다는 『선문염송』에 기록된 뒷말을 옮기어 조주의 본뜻을 발명하고자 한다.

읽는 즉시 무릎을 탁 치고 일어서기 바라오.

뒷날, 법안이 조주의 제자 각철취에게 물었다. "듣건대 조주에게 뜰 앞의 잣나무 화두가 있다 하니, 사실인가?" 하니, 각철취가 "돌아가신 스님께서는 그런 말씀이 없었소" 하였다. 법안이 다시 묻되 "지금 천하에서는 모두가 말하기를 어떤 중이 조주에게 묻되 '어떤 것이 조사께서 서쪽에서 오신 뜻입니까? 하니, 조주가 대답하기를 뜰 앞의 잣나무니라 하였다' 하는데, 어째서 없다 하시오?" 하였다.

이에 각철취가 말했다. "스님을 비방치 마시오. 선사(先師)께서는 그런 말씀이 없었소."

이 선화에 대해 『선문염송』에는 무려 쉰한 수나 되는 선문 존숙들의 게송이 실려 있다. 그중 임의대로 세 수를 소개한다. 빙긋이 웃은 분들은 게송을 일견하고 즐기시길……

㉮

다른 나무는 때에 따라 마르기도 하지만	滿木隨時有凋變
조주의 잣나무는 영원히 무성하다	趙州庭栢鎭長榮
서리를 무릅쓰고 절개를 지킬 뿐	不獨凌霜抱貞節
청풍이 불어내어 명월을 대함이 몇 해던가	幾秦淸風對明月

― 황룡남

철우가 천고에 푸른 언덕에 누웠으니　　　　　　鐵牛千古臥靑坡

이 땅에 아무도 그를 어쩌지 못하네　　　　　　大地無人奈如何

그 누가 한 올 실 들고 가벼이 실타래를 움직이는가?

　　　　　　　　　　　　　　　　　　　　　誰把一絲輕摟轉

누런 밭의 시골 여인 밤에 북 던지네　　　　　　黃田村女夜抛梭

　　　　　　　　　　　　　　　　　　　　— 열재거사

뜰 앞의 잣나무여　　　　　　　　　　　　　　庭前栢樹子

하늘 끝에 달이 돋는다　　　　　　　　　　　　天際月初生

돌장승이 손뼉을 치고　　　　　　　　　　　　石人附掌笑

진흙소가 바다 밑을 긴다　　　　　　　　　　　泥牛海底行

　　　　　　　　　　　　　　　　　　　　— 선혜대사

황룡 혜남의 게송 ㉮에 1행과 2행은 '자성본원의 형상화인 조주의 뜰 앞 잣나무는 영원히 푸를 수밖에 없음'을 노래했고, 3행과 4행은 '이 청정본원인 잣나무는 절개를 지킬 뿐 아니라 오직 홀연히 있는 그대로 담담히 명월을 대하는데, 과연 이 소식을 아는 이 몇이나 되는가?' 정도로 읽힌다.

㉯의 게송 철우(鐵牛)는 자성본원의 한 실상(實相)이다. 또 푸른 언덕 역시 진리 당처의 형상화이니, 1행은 자성본원 자신이 자성본원에 계합하여 누웠으니 2행에서 그를 어쩔 수 있는 사람은 없을 수밖에 없다로 읽힌다. 3행에서 "그 누가 한 올 실을 들고 가벼이 실타래를 움직이는가?(誰把一絲輕摟轉)"는 '누가 있어 실타래를 움직이는 것이 아니라, 실타래 역시 스스로 연(緣)에 의해 움직임'을 노래한다. 또 4행의 "황전촌녀(黃田村女)가 있어 이 찰나 북을 던지고 있다"에서 황전촌녀가 던지는 북은 바로 조주의 '뜰 앞의 잣나무'이고, '만법이 하나로 돌아가니 하나가 돌아간 자리'이며 '끽다거(喫茶去)'의 그 찰나다. 어느 것 하나 어긋남이 없고 벗어나지 않는 화엄법계의 도리를 열재거사는 노래한다.

㉘ 게송의 작가 선혜[20]는 달마 이전의 선사로 아주 유명한 선장이다.

'황전촌녀의 북 던지는 것'이 '뜰 앞의 잣나무'며 '돌장승이 손뼉을 치는 것'
이며 '진흙 소가 바다를 간다'고 선혜는 명료하게 ㉘의 게송에서 직설한다.

이쯤 되면 보일 것 다 보였고, 줄 것 다 준 것이다.

손뼉 치고 한 번 크게 웃을 일만 남는다. 누가?

7) 발우나 씻어라

조주에게 한 학인이 물었다.
"학인이 처음으로 총림에 들어왔으니 스님께서 지시해주십시오."
스님이 말했다.
"죽을 먹었는가?"
"먹었습니다."
"그래, 그럼 발우나 씻어라."
중이 크게 깨달았다.[21]

趙州因僧問 學人 始入叢林 乞師指示 師云 喫粥了也未 僧云 喫粥了 師云 洗鉢
盂去 僧 豁然大悟

선시 두 수를 감상해보자. 요체는 없다. 전과 동일하다.

㉮

죽을 먹자 발우를 씻어라 하니	粥罷令敎洗鉢盂

---

20) 선혜(497~569) : 성은 傅, 이름은 翕이다. 일반적으로 부대사(傅大士)라 부르는 거사
다. 스스로 호하기를 쌍림수하당래해탈선혜대사(雙林樹下當來解脫善慧大士)라 했다.
저서로는 어록 네 권, 심왕명 한 편이 있다. 지금 선시의 최고 절창으로 강호에 애호
를 받는「빈손에 호미 들고」의 작가이다.

빈손에 호미 들고	空手把鋤頭
걸으면서 물소를 타니	步行騎水牛
사람 따라 다리가 지나가고	人從橋上過
다리는 흐르고 물은 흐르지 않네	橋流水不流

21)『선문염송』권11, 429칙「喫粥」.

마음의 땅 활짝 열려 저절로 부합된다 　豁然心地自相符
지금껏 총림에서 마음대로 참구한 이여 　而今參飽叢林客
거기에서 깨달음이 있는가? 없는가? 　且道其間有悟無

— 천동각

㉯
총림에 들자 　　　　乍入叢林兮
스승의 지시를 빌었네 　乞師指示
조주가 입을 여니 　　趙州開口兮
죽 먹었느냐 할 뿐일세 　喫粥了未
죽을 먹었다니 　　　喫粥既了兮
백만장자 되어 　　　千般富貴
발우를 씻고 나니 　　洗鉢盂去兮
졸음이 모여드네 　　正好睡睡

— 숭숭공

8) 짊어지고 가게

조주에게 엄양존자가 물었다.
"한 물건도 가지고 오지 않았을 때는 어떠합니까?"
"놓아버리게(放下着)."
"한 물건도 가지고 오지 않았거늘 버리라니, 무엇을 놓아버립니까?"
"그래, 그럼 짊어지고 가게."
존자가 크게 깨달았다.[22]

趙州因嚴陽尊者問 一物不將來是如何 師云 放下着 嚴云 一物不將來 放下箇什麽 師云 伊麽則擔取去 尊者大悟

　조주는 도적이다. 걸려들면 무엇이든 모두 **빼앗아버린다.** 그래도 모르면 '짊어지고 가란다.' 아, 도적 조주 고불.
　이럴 때도 다음의 선시를 읽어보아야 한다.

---

22) 『선문염송』 권11, 435칙 「一物」.

한 물건도 가지고 오지 않았으나	一物不將來
어깨에 메어도 꼼짝 않는다	肩頭擔不起
말 떨어지자 잘못된 줄 알면	言下忽知非
마음속 끝없이 기쁘리라	心中無限喜
독한 마음 품 안에서 사라지면	毒惡旣忘懷
뱀과 범 모두가 친구가 되리	蛇虎爲知己
세월이 몇 해나 되었는가?	光陰幾百年
맑은 바람 아직도 쉬지 않는다	淸風猶未己

— 황룡남

9) 돌다리와 외나무다리

조주에게 어떤 학인이 물었다.

"조주의 돌다리를 들은 지 오래건만, 와서 보니 외나무다리만을 보고 돌다리는 보지 못했구나."

하며 중이 다시 물었다.

"어떤 것이 돌다리입니까?"

스님이 대답했다.

"말도 건네고 나귀도 건넨다."

"그럼 어떤 것이 외나무다리입니까?"

"하나하나 사람을 건네게 하지."[23]

趙州因僧問 久響趙州石橋 到來只見略彴 師云 汝只見略彴 不見石橋 僧云 如何是石橋 師云 度驢度馬 僧云 如何是是略彴 師云 箇箇度人

조주의 돌다리는 본래 디딤돌 없어	趙州石橋本無星
물이 급해, 노는 고기 멈추지 못한다	水急遊魚不易停
다리 위엔 말과 당나귀 발자취만 보이니	橋上只觀驢馬跡
뉘라서 말을 타고 감히 건너려 하랴	誰人敢向御街行

— 지문조

조주의 돌다리는 진리당체의 표상이다. 끊임없이 흐를 뿐. 그래서 "물이

---

23) 『선문염송』 권11, 438칙 「略彴」.

급해, 노는 고기 멈추지 못한다”고 읊고 있다. 4행의 기표는 ‘다리 위엔 말과 당나귀 발자취’만 어지러우나, 5행에 가서는 “뉘라서 말을 타고 감히 건너려 하랴”고 노래하고 있으니, 이것이 반어적 수사다. 곧 ‘말을 타고 건네는 사람 있다’로 읽힌다.

10) 조주의 실수

조주가 임제를 방문하여 바야흐로 발을 씻을 때다.
임제가 물었다.
“어떤 것이 조사가 서쪽에서 온 뜻입니까?”
“마침 노승이 발을 씻는 중이오.”
임제가 가까이 가서 귀를 기울이고 듣는데 스님이 말했다.
“알면 당장에 아는 것이지 되씹는 건 아니지.”
임제가 소매를 흔들며 떠나버렸다.
이에 스님이 말했다.
“30년 행각하다가 오늘 처음 주(注)를 잘못 내렸구나.”[24]

趙州訪臨濟 才洗脚 濟便下來問 如何是祖師西來意 師云 正值老僧洗脚 濟近前
側聽 師云 會則便會 念啄作麽 濟拂袖便行 師云 三十年行脚 今日爲人錯下注脚

노중(路中)에 도적을 만나면 웃기만 하면 된다. 천하를 답살하는 큰 도적일수록 빙그레 웃으면 된다. 위 선화에서 “알면 당장에 아는 것이지 되씹는 건 아니지” 하는 조주의 말은 틀린 설명일 뿐이다. 선에서는 설명을 요하는 것이 아니다. 시에서도 설명을 필요로 함이 아니듯이.

나는 오늘 무엇하고 있는가? 뭐, ‘송준영의 선시 풀어 읽기’라고?

아, 무간지옥(無間地獄)은 어느 곳이더냐. 아직도 갇혀 있는 나.

한 사람은 눈이 북 망치 같고
한 사람은 머리가 표주박 같다
두 노장이 서로 알지 못하여

一人眼似鼓槌
一人頭如木杓
兩介老不識着

---

24) 『선문염송』 권11, 450칙 「洗脚」.

지금껏 자리를 잡지 못했다　　　　　　　　　至今無處安錯

— 운문고

11) 장안으로 통하는 큰 길

조주에게 한 학인이 물었다.
"어떤 것이 도입니까?"
"담 밖에 있는 것이다."
중이 다시 말했다.
"학인은 그런 도를 물은 것이 아닙니다."
"그럼 어떤 도를 물었는가?"
"큰 도를 물었습니다."
"큰 도는 장안(長安)으로 통하느니라."[25]

趙州因僧問 如何是道 師云 牆外底 僧云 學人 不問者介道 師云 你問什麼道 僧云 大道 師云 大道通長安什麼道 僧云 大道 師云 大道通長安

조주, 진짜 고불이	趙州眞古佛
총림에 오직 하나뿐	叢林只一介
대도가 장안으로 통했으니	大道通長安
말과 수레, 떠들썩 가고 또 온다	車馬喧喧過
남과 북에서 온 이, 급히 돌아갈지언정	南北遊人火急歸
공연히 오가면서 짚신 닳지 않게 하라	莫教空踏草鞋破

— 장산천

'대도통장안(大道通長安)'이 아니라, '바로 이 자리가 서울이다' 해도 한 겹 막힌 것.

4행의 '짚신'도 신(神)이다. 귀히 모실 일이다.

마지막으로 재미있는 선화를 하나 들며 조주 고불의 장을 마치려 한다.

---

25) 『선문염송』 권11, 476칙 「牆外」.

하루는 조왕 진정수가 아들들을 데리고 절에 왔다. 스님이 앉아서 물었다.

"대왕이여, 알겠습니까?"

"모르겠습니다."

"어릴 때부터 재계를 지키다가 몸이 늙어서 사람을 만나기에 힘이 듭니다그려."

그러고는 선상에서 내려오니, 조왕이 더욱 소중히 여겼다.

이튿날 수하 장군을 시켜 말을 전하니, 스님이 선상에서 내려와 그를 받았다.

조금 있다가 시자가 물었다.

"스님께선 대왕이 오는 것을 보고는 선상에서 내려오시지 않더니, 오늘 군관 장수가 왔을 때에는 어찌하여 선상에서 내려서십니까?"

"네가 알 바가 아니다. 1등의 사람이 오면 선상 위에서 맞고 중간 정도의 사람이 오면 선상에서 내려와 맞고 3등의 사람이 오면 삼문(三門) 밖에서 맞는 법이다."[26]

이제 불세출의 선장 조주 고불이 환지본처(還地本處)하려 한다. 그는 평생 옆에 놓고 사용하던 불자를 다시 속가로 돌려보내며 장엄한 낙조를 맞는다.

당나라 건녕 4년 11월 2일(863)에 오른 겨드랑이를 붙이고 누워 입적하니 수명은 120세였다. 조주의 법제자로는 『선문염송』에 항주 다복화상 한 사람이 기록되어 있다. 조주는 종파를 이루는 선장이 아니라, 선문이 조주고 조주가 선문으로 화하였기에 오늘날 대선장 조주 고불로 5가 7종에서 추앙을 받는다.

조주가 세상을 떠나려 할 무렵에 어떤 중을 시켜 조왕에게 불자를 보내면서 말했다.

"이것은 노승이 평생 사용해도 못다 쓴 것입니다."[27]

趙州臨順世時 令僧馳拂子傳語趙王云 此是 老僧一生用不盡底

이 일에 대해 후세에 눈 푸른 선객이 있어 『선문염송』에 선시 한 수가 전하니 아래와 같다.

---

26) 『경덕전등록』 제10, 「조주관음원종심선사」, 보련각, 1982, 180쪽.

27) 『선문염송』 권11, 487칙 「拂子」.

평생 사용해도 다할 수 없다
그것이 원래가 몇 줄기던가?
조왕에게 전해준 지 천 년이건만
아직껏 남북에서 시비 분분하다

一生受用應無盡
這介都來有幾莖
分付趙王千古在
任佗南北競頭爭

— 보녕용

평생 사용해도 다할 수 없다
그것이 원래가 몇 줄기던가?
조왕에게 전해준 지 천 년이건만
아직껏 남북에서 시비 분분하다

一生受用應無盡
這介都來有幾莖
分付趙王千古在
任佗南北競頭爭

14장
조동종

조동종은 동산 양개(洞山良价, 807~869)와 동산의 제자인 조산 본적(曹山本寂, 840~921)에 의하여 창립되었다. 흔히 스승의 호를 앞에 두고, 제자의 이름을 다음에 붙이는 것이 상례이나, 조산의 조(曹) 자가 선종의 개조라 할 수 있는 6조의 조계(曹溪)란 이름을 따서 본적이 주석한 산에다 붙인 것이기 때문에 조동종이라 불리게 된다.

우리나라 조선의 큰스님인 청허 휴정(淸虛休靜, 1520~1604)은 조동종의 가풍을 "권도로써 오위를 열어놓아 상중하의 세 가지 근기를 잘 다룬다. 보배 칼을 뽑아들고 삿된 소견 많은 숲을 베어내고 널리 고루 통하는 길 묘하게 맞추어 모든 생각을 끊어낸다. 본래면목 나기 전 그 빛이고 천지가 생기기 전 세계의 풍광이다. 조동종은 바로 부처님도 태어나지 않는 일체가 없던 그 전, 바른 것 치우친 것, 있는 것 없는 것에 떨어지지 않는 것이다"[1]라 했다.

조동종은 6조 혜능–청원 행사–석두 희천–약산 유엄–운암 담성–동산 양개–조산 본적의 법계니, 앞 장에서 살펴본 6조 혜능–남악 회양–마조 도일–백장 회해–위산 영우–앙산 혜적을 잇는 위앙종과는 이미 6조 혜능 아래에서 갈라진 셈이다.

조동종의 선장들은 동산 양개의 제자로 운거 도응, 조산 본적, 용아 거둔, 소산 광인 등이 있고 후대의 선장으로는 투자 의청, 부용 도해, 단하 자순, 천동 정각, 동안 상찰 등이 드러났다.

---

1) 청허 휴정, 『선가구감』, 용담 역, 인물연구소, 1982, 181~182쪽.
曹洞家風 權開五位 善接三根 橫抽寶劍 斬諸見稠林 妙協弘通 截萬機穿鑿 威音那畔
滿目煙光 空劫以前 一壺風月 要識曹洞宗廮 佛祖未生空劫外 正偏不落有無機

1. 무정물의 설법을 듣는 양개

동산 양개는 현 절강성 회계인으로 성은 유(兪)씨다. 어릴 적에 출가하였
다. 스승이 그에게 『반야심경』을 강설하게 되었는데, '무안이비설신의(無眼耳
鼻舌身意)'에 이르러 갑자기 얼굴에 손을 얹고 '저는 눈 귀 코가 다 있는데 경
에는 없다고만 하십니까?[2] 하고 물으니, 스승은 이 아이가 범상치 않음을 알
게 되었다. 당시 스승은 "나는 그대의 스승이 아니다"라고 감탄한다. 이것은
어린 사미가 아직 무엇을 이해하는 데는 미숙하나 자기 스스로 판단하여 의
심스러운 것이 있으면 의심하는 그 정신의 독자성에 대한 칭찬이다. 경전의
말씀이라 하여 무조건 따르는 학인들보다, 훨씬 자주적인 정신을 소유하고
있다는 데 스승은 감탄한 것이다

다음 선시는 양개가 그의 스승 운암과 작별할 때 준 화두 '바로 이것(只這
是)'을 깨치고 난 후에 읊은 오도시다. 감상해보자.

다른 데서 그를 찾지 말라	切忌從他覓
멀고 멀어져 나완 소원하리라	迢迢與我疏
나는 이제 혼자 가지만	我今獨自往
어디에서나 그를 만날 것이다	處處得逢渠
지금도 그는 바로 나 자신이고	渠今正是我
나는 지금도 바로 그가 아니다	我今不是渠
이것을 깨달음으로써만	應須恁麼會
비로소 여여함에 계합하리라	方得契如如

위의 게송은 자성본원에 활연계회하여 희열에 찬 용솟음이 그대로 전해진
다. 마지막 행의 '여여(如如)'란 진여를 말한다. 『도덕경』 모두의 "말로 표현되
는 도는 도가 아니요, 이름 지을 수 있는 이름은 영원한 이름이 아니다(道可
道 非常道 名可名 非常名)"에서 '도'는 근본적으로 표현 불가능한 것으로 '도'

---

2) 『조당집』 제6권, 「동산화상」, 동국역경원, 1981, 242쪽.

에 관해서 얘기한다는 것은 자성본원을 벗어나는 것이다. '도'는 다른 사람에게 전달될 수 있는 무엇이 아니다. 따라서 누구나 스스로 직관에 의해 계합할 뿐이다. 선장들은 '도'를 보여주고 지시함이 아니라, 오직 학인들이 내재하는 지혜의 작용을 자극시키려는 의도 자체가 가르침이다. 사람들이 부르는 이름(名)들은 우리 자신이 가지고 있는 '도'를 환기시켜 우리를 근원으로 돌아가라는 일종의 방편 법문일 뿐이다. 곧 '여여'란 말은 존재자를 존재하게 하는 자존체(自存體)로서 도가(道家)의 상도(常道)에 상응한다. 위의 게송 중에서 우리가 새겨야 할 것은 다음의 구절이다.

> 나는 이제 혼자 가지만
> 어디에서나 그를 만날 것이다
> 지금도 그는 바로 나 자신이고
> 나는 지금도 바로 그가 아니다

위의 시구는 어떠한 상(相)도 짓지 않는 전성전일(全性全一)하고 유일무이(唯一無二)하여 온 세상이 통째로 유리구슬이어서 '어디에서나 그를 만나게 되는 것'이 아니고, 그가 나이고 나는 그가 아니어서 당초부터 떨어져 있지 아니함을 아는 것일 뿐.

그래서 다음 행은 '지금도 그는 바로 나 자신'이어서 '나는 지금도 그가 아니다'라고 확인한다. 이것을 이해하기 위해 우리는 다시 한 번 전에 따져본 『벽암록』의 선구를 되새길 필요가 있다.

> 여러분, 말후구를 만나고자 하는가? 단지 노호를 아는 것은 허락하지만, 노호를 만나는 것은 허락하지 않는다.
> 諸人 要會末後句麽 只許老胡知 不許老胡知

이 선게(禪偈)에 의하면 진리를 아는 것은 말할 수 있는 차원이지만, 진리 당처와 만난다, 혹은 만남을 안다 할 때는 이미 주객이 분리된 이해 차원으로 떨어진다. 진리를 영회하는 것은, 진리 당처와 계합하는 것은 이미 안다는 차원이 아니므로 이미 알았다는 생각이 들면 그것은 단지 이해한다는 차원일 뿐, 바로 그것이 되었다는 것은 아니다. 그래서 노호를 아는 것은 허락하지만 노호와 영회함은 허락하지 않는다는 표현을 쓸 수밖에 다른 도리가 없다.

오나 가나 언제나 함께했거늘
고개를 돌리자 갑자기 만났다
설사 그렇게 견디고 있어
여여라고 불리나 도리어 멀다

動靜從來每如俱
廻頭驀地始逢渠
直饒伊麽猶堪在
喚作如如又猶迢

― 법진일

위의 두 선시를 낳게 한 선화는 이러하다.

동산이 그의 스승인 운암과 작별할 때 스승이 말했다.
"이번에 우리가 헤어지면 다시는 서로 만나기가 어려울 거야."
"오히려 만나지 않기가 어려울 겁니다(難得不相見)."
이렇게 대답하고 동산은 다시 물었다.
"스님께서 입적하신 뒤에 사람들이 저에게 '네 스승의 진면목이 어떻더냐?'라고 물으면 무어라고 대답해야 좋겠습니까?(和尙百年後 忽有人間 還邈得師眞否)"
운암이 한참 잠자코 있다가 대답했다.
"바로 이것이네(只這是)."
이에 동산이 이것을 생각하며 우두커니 생각에 잠겨 있는데 운암은 다음과 같이 말했다.
"이 일을 이해하려면 최대한 잘 살펴야 하고 신중해야 하네(承當這个事 大須審細)."[3]

양개는 행각을 떠나 여러 곳을 순방하면서도 '바로 이것이다'라는 말을 곱씹었다. 동산은 스승의 말을 계속 음미하는데 하루는 시냇물을 건너다가 물 위에 비친 자기 모습을 보고 그 자리에서 '이것'의 참뜻을 깨닫는다. 이 깨달음의 요약이 위의 게송이다.

위 양개의 오도송은 글자마다 모두가 참되고 확신에 찬 신념에서 우러나

---

3) 『선문염송』 권17, 680칙 「師眞」.

옴을 느낄 수 있다. 면밀한 통찰력에서 얻어지는 살아 있는 경험은 우리를 깊숙한 세계로 이끌어주고 더불어 편안함을 주기에 충분하다. 양개는 이와 같이 발가벗은 '이것'을 체득함으로써 자주적인 깨달음의 세계를 똑바로 갈 수 있었다. 그는 혜능의 자성본원을 더욱 확신함으로써 오직 새로운 드높은 정신의 소유자로 진정한 자유인으로 주유천하할 수 있었던 것이다.

양개는 50대 초반인 860년경에 강서성에 있는 동산(洞山)의 방장이 되었고, 이때부터 동산이란 호로 불리게 된다.

하루는 스승 운암의 기일에 제사를 올리려고 법상에 올랐는데, 한 학인이 동산에게 물었다.

"스님께서 운암화상의 문하에 계실 때 무슨 특별한 교시라도 있었습니까?(和尚 在雲嵒處 得何指示)"

"내가 비록 그곳에 있었지만 아무런 교시도 받은 바 없네."

"그러시다면 스님께서는 어찌해서 큰스님에게 제사를 드리십니까?(旣不蒙指示 何故爲佗設齊)"

"그를 배반할 수는 없네(爭取違背佗)."

"그렇다면 스님은 이미 남전에게서 발심하셨는데, 어째서 운암의 제사를 지내십니까?(和尚 旣發足南泉 何故 爲雲嵒設齊)"

"나는 큰스님의 도덕이 높고 불법이 깊은 것을 존중하는 것이 아니라, 오직 그분이 나에게 진리를 설파해주시지 않았기 때문에 그분을 존중할 뿐일세(我不重先師道德 亦不爲佛法 只重佗當時 不爲我說破)."

이 대답에 그 학인은 동산에게 운암의 가르침에 전적으로 긍정하는가의 여부를 물었다. 동산이 대답했다.

"절반은 긍정하고 절반은 동의할 수 없네(半肯反不背)."

"왜 전적으로 긍정하지 않으십니까?"

"아, 내가 만약 전부 긍정하면 큰스님을 저버리는 것이 되네(我若全肯 則辜負先師去也)."[4]

여기서 우리가 읽을 수 있는 것은 그가 나이가 들어도 관념과 관습의 노예

---

4) 『선문염송』 권17, 682칙 「指示」.

가 되지 않고 어디까지나 자주적이며 독창적 정신이 조금도 감퇴되지 않는 본연 자체의 순수를 지니고 있다는 것이다. 하루는 동산이 한 학인과 대화를 나누었다.

> "추위와 더위가 닥쳐옵니다. 어떻게 피해야 합니까?(寒暑到來 如何回避)"
> "추위와 더위가 없는 곳으로 가면 되지(何不向無寒暑處去)."
> "거기가 어디입니까?"
> "그곳, 추우면 얼어 죽게 하고 더우면 그대를 타 죽게 하는 곳이지(寒時 寒殺 闍梨 熱時 熱殺闍梨)."[5]

『벽암록』 43칙에 '동산무한서(洞山無寒暑)'로 기록된 유명한 공안이다. 이 선화의 첫 행인 "한서도래 여하회피(寒暑到來 如何回避)" 이면에는 '생과 사의 갈림길, 절대절명의 순간에 이르렀을 때 어떻게 해야 그것을 벗어날 수 있겠느냐?'라는 의미가 숨겨져 있다. 그리고 추위와 더위가 없는 곳으로 가라는 것에는 바로 '생사가 없는 곳으로 가면 되지 않겠나?' 하는 속뜻이 있고, 마지막 4행 "한시 한살사리 열시 열살사리(寒時 寒殺闍梨 熱時 熱殺闍梨)"의 기표는 '추우면 얼어 죽게 하고 더우면 타 죽이는 곳'으로 읽히지만, 이 말 뒤에는 '최선을 다해 살고 또 죽음에 임해서는 하늘이 다하고 땅이 다하도록 철저하게 죽으라'는 의미가 숨어 있다. 모름지기 도인이든 생활인이든 오직 '진인사대천명(盡人事待天命)'만이 여한이 없는 삶이라는 것을 일깨워주고 있다. 사리(闍梨)란 말은 산스크리트어 Acary다. '아사리'로 음역되며, 의역하면 교수(敎授), 정행사(正行士) 등으로 한역된다.

그럼 『선문염송』에 담겨 있는 게송 몇 수를 음미하며 선의 세계로 다가서 보자.

㉮

| 손을 드리워도 만 길 벼랑일세 | 垂手還同萬仞崖 |
| 바름과 치우침, 어찌 분별함에 있으랴 | 正偏何必在安排 |

---

5)　『선문염송』권17, 686칙「寒暑」.

유리 궁전에 찬란한 달빛이 비치니　　　　琉璃古殿照明月
바보 같은 개가 공연히 이층을 오르네　　　忍俊韓獹空上階
— 설두현

㉯

한 소반에 흑과 백이 뒤섞였으니　　　　　一盤黑白互交羅
죽이고 살리는 일 자세히 연마했네　　　　生殺其中細琢磨
나무꾼이 첫번부터 홀려들어　　　　　　　樵人疑着當頭着
허리에 찬 도낏자루 썩는 줄 몰라라　　　　不覺腰間爛斧柯
— 천동각

㉰

소반이 구슬 굴리고 구슬이 소반 굴리니　　盤走珠珠走盤
정 가운데 편이고 편 가운데 정이네　　　　偏中正正中偏
산양이 뿔을 거니 자취가 없거늘　　　　　羚羊掛角無蹤迹
사냥개는 숲을 돌며 공연히 서성댄다　　　獵獹遶林空跋跚
— 원오근

㉠ 게송의 작가 설두현은『전등록』중 선화 100제를 뽑아 게송을 부쳤다. 세상에서 일컫는『송고백칙』의 저자다.

1행 "손을 드리워도 만 길 벼랑일세(垂手還同萬仞崖)"에서 '수수(垂手)'는 손을 드리운다로 직역되니 곧 후학을 가르치기 위해 손을 늘어뜨림을 말하고, '만인애(萬仞崖)'라 함은 앞의 중생 제도를 위해 구원의 손길을 폄, 그 자체가 매우 평범해 보이지만 실은 그대로 자성본원의 세계에 확고하게 자리 잡고 있는 제일 명제다. 쉽사리 접근할 수 없는 고준한 경지여서 '만 길 벼랑'으로 표현한 것이다. 결국 앞 선화에 나오는 "추우면 얼어 죽이고 더우면 그대를 타 죽게 하는 곳"이란 말은 얼핏 보기엔 흔한 선문의 상투어같이 보이나 실은 그대로가 바로 '만인애'의 고준한 경지로 읽힌다.

2행에 정편(正偏)은 동산이 제창한 오위설(五位說)에 속하는 '바름(正)/치우침(偏)'을 가리킨다. 정위(正位)란 만법의 절대관, 평등 곧 자성본원을 지칭하고 편위(偏位)란 만법의 상대관, 분별 곧 두두물물을 지칭한다. 이 구절은

'정편이 어찌 반드시 적당한 안배에 있으랴'로 읽히니, 다시 사족을 붙이면 '동산이 법계를 바름/치우침의 범주에 넣고 설하지만 법계란 그런 범주 밖에 엄연히 존재해 있음'을 말하고자 하는 것이다.

3행의 "유리 궁전에 찬란한 달빛이 비치니(琉璃古殿照明月)"는 동산의 바름/치우침을 자재로이 활용함을 미적으로 형상화한 것이다. 동산이 말하는 '무한서처(無寒暑處)'야말로 '유리로 된 옛 궁전에 명월이 비치는 곳'이 아니고 무엇인가.

마지막 4행 "바보 같은 개가 공연히 이층을 오르네(忍俊韓獹空上階)"에서 '인준(忍俊)'의 '인'은 의지가 강함이고 '준'은 영민함을 뜻한다. '한로(韓獹)'는 전국시대 한씨의 개가 영리하고 민첩했으나 토끼를 쫓다가 지쳐 죽었다는 고사에서 인용한 것으로 이 정도라면 개가 영리한 것인지 모자라는 것인지 알 수 없다. 이 개처럼 동산에게 질문한 승려도 무한서처(無寒暑處)가 어디 있는가 하고 찾아다니며 2층에 올라가보기도 하고 지붕 위에도 올라가보며 달빛을 찾고 있는 의지가 강하고 영민하기도 하나 바보 개가 된다. '공상계(空上階)'는 공연히 2층에 올라감을 말한다.

㉯의 게송 1행과 2행은 '흑/백, 생/사 양변의 세상사를 자세히 살피고 살폈음'을 노래했고 3행과 4행은 범부 목동들이 태어나자마자 무명에 의해 그것이 본체 평등 일체인 줄 알고 분별로 보는 현상에 현혹되어 아웅다웅 살고 있음을 노래했다.

㉰의 게송 1행은 본체인 평등이 응용이고 응용인 분별이 본체임을 노래했고 2행은 바름과 치우침이 인연에 따라 대응하니, 정(正) 역시 편(偏)이고 편 역시 정임을 말했다. 3행과 4행은 '어찌 정/편이 모양을 가질 수 있을까, 사람들은 사냥개와 같이 이곳에 닿지 못하고 공연히 서성대고 있음'을 읊었다.

자, 이쯤 되면 보일 것 다 보이고, 벗을 것 다 벗었으니 오직 여러분들에게 몸을 맡깁니다. 알아서들 하시오. 그리고 ㉯의 게송이나 ㉰의 게송을 마음껏 한번 읽어보시기 바랄 뿐입니다. 또 간절히 청하오니 비록 조사가 한번 그대들 발아래 밟힐지라도 다시 30년을 참구하시고 사량하시기 바라오.

위의 선화들에서 보듯이 동산은 할이나 방을 쓰지 않았고, 공안을 이용하여 학인들을 참구시키며 어렵게 하지도 않았다. 동산은 문답을 주로 사용하였는데 대화는 평이한 것이지만 그 이면의 의미는 깊고 오묘하였다.

그런 선화 가운데 하나를 더 들어보기로 하자.

한 승려가 동산이 운암의 진영에 제사를 올리는데 "돌아가신 운암 큰스님께서 '그서 이것(只這是)'뿐이라 하셨다는데 그 뜻이 무엇입니까?" 하고 물었다. 그러자 동산은 "내가 그때 자칫하면 돌아가신 스님의 뜻을 잘못 알 뻔했네"라 하였다. 다시 그 승려는 "그럼 운암 큰스님은 알고 계셨는지요" 하고 다시 묻는다. 이에 동산은 "만일 알지 못했다면 어찌 그렇게 말할 줄 알았으며, 만일 알았다면 어찌 그런 말을 긍정하였겠는가?"라고 대답했다.

이 선화에 나오는 '이것'은 앞에서도 나왔듯이 자성본원인 진아를 가리킨다. 앞에서 '있다(有)'는 실유(實有)나 실재(實在)를 말한다. 존재하되 보이지 않아 말로 표현되지 않는 것들이다. 따라서 '이것'이라는 표현은 정확한 표현이 될 수 없다. 그러나 우리는 오직 '이것'이 존재함을 의식하곤 한다. 필자의 생각으로 동산의 의도는 너와 나, 우리들의 자성본원을 드러내어 학인이 스스로 깨닫게 하기 위한 것으로 보인다. 위대한 선사인 동산은 자신의 견해를 자세히 설명해주기보다는 학인이 스스로 생각하고 해답에 이르도록 자극하고 유도하려 했다. 스스로 얻은 답은 스승이 설명해준 백 개의 해답보다 값진 것이다.

이러한 이유로 조동종을 연구하다 보면 제자를 가르치기 위한 오위정편(五位正偏)이나 오위군신(五位君臣)[6]의 설법을 만나게 된다. 이 설법은 근기가 낮은 사람을 위해, 체계적으로 깨달음의 차제를 설정한 것이지만, 동산이 우리에게 주려는 것은 자성본원을 돈오시키기 위한 간절노파심이다. 그런데

---

6) 五位正偏 혹은 五位君臣으로 불리는 조동종의 교리는 사실 미급한 참학인을 지도하기 위해 만들어놓은 便法에 불과하다. 이 오위에 관해서 이설이 많다. 조동종의 개조인 洞山과 그의 제자 曹山조차도 그 견해와 표현을 달리한다. 참고로 조산의 오위군신은 다음과 같다. ① 正位(자성본원, 공), ② 偏位(색계, 현상계), ③ 正中偏(경험적 사실을 통하여 理法의 세계로 회향함), ④ 偏中正(경험의 세계를 떠나 中道의 세계로 들어감), ⑤ 兼帶(體/相, 理/事, 空/色 등의 이원화를 불이로 회감 융통함).

이러한 동산의 가르침을 잘못 읽은 학자들이 학설과 개요에 매달려 본말이 전도된 분석과 해석에만 열중함을 종종 보게 됨도 아울러 밝힌다.

지금부터 노래할 오위의 노래를 한순간에 활연영회하면 그뿐이지만 그렇지 못하면 꼼꼼히 따져보아야 한다. 그렇지만 오위의 설정은 치밀하게 분석하는 데 있지 않음도 더 보태어둔다.

조동종 선장들이 한결같이 고심한 정과 편의 문제인, 즉 자성본원으로 돈입되는 평등 불이의 세계로 들기 위해, 오위정편의 기관을 통과해보자.

정(正)은 이(理), 본체의 절대적 평등을 말하고, 편(偏)은 사(事)와 응용의 끝없는 현상 분별을 나타낸다.

자, 이제 게송을 통해 동산이 설한 오위의 도리를 가늠해보자.

2. 오위정편의 노래[7]

① 정중편

정중편이여	正中偏
삼경인 초하루 밤 달 뜨기 전일세	三更初夜月明前
만나고도 못 알아봄 괴이쩍게 생각 마소	莫愧相逢不相識
어슴푸레 지난날의 흔적 아직 품었구나	隱隱猶懷舊日嫌

정중편(正中偏)은 본체(正) 가운데 현상(偏), 곧 현상에 의하여 감추어진 본체를 말한다. 학인은 자기가 바로 '밝음(明)'으로 있음을 의식하지 못하고 무명으로 인해 차별적인 현상에만 머물려 든다. 오랜 현상적인 이치를 연구하고 분석하여 깨달음이 있다고 해도 깨달았다는 생각을 가지게 되어 깨달았다는 이해에 머물게 된다. 이것은 깨침이 아니라 분별이 된다. 정중편을 두 가지로 이해할 수 있다. 하나는 학인이 처음 현상과 현상의 관계를 연구하여 깨달음의 단초(端初)를 발견하게 되는 것, 다른 하나는 자성본원을 처음 깨달은

---

7) 『조동록』(선림고경총서 14), 장경각, 1987, 82~84쪽.

사람들의 특성을 표현한 것이다.

깨달음이란 위의 게송대로, 달 뜨기 전 초하루 밤 삼경의 어둠에 비유될 수 있다. 모든 차별 현상이 칠흑 같은 어둠에 빨려들어 어둠 본원으로 돌아간다. 철저한 치우침(偏)은 차별적 현상을 깨끗이 씻어준다. 이것은 우리의 자성본원에 이르면 모든 차별 망상이 지워지듯이 '생/사,' '시/비,' '애/증,' '번뇌/보리' 따위의 대립은 눈 녹듯이 사라져버림을 형상화하고 있다. 또 이곳엔 더 이상 차별 세계는 존재하지 않으니, 부처니 중생이니 본질과 현상 이런 것조차 끼어들 틈조차 없다. 일체가 밝음 일색이거나, 어둠만이 온통 가득 찬 세계. 무엇이 평등이고 무엇이 분별인가? 일체가 '체/용' 밖의 소식이다.

학인들은 이쯤 되면 스스로 환희용약(歡喜勇躍)하지만 꿀 먹은 벙어리가 된다. 그래서 동산은 3행으로 경책한다.

"만나고도 못 알아봄 괴이쩍게 생각 마소(莫愧相逢不相識)."

자성본원에 활연계회한 이는 어떻게 되는가? 당연히 알아볼 수 없고 어떻게 될 수도 없다. 이미 알았을 때는 지식의 차원이고 분별의 차원이어서 당연히 알 수 없지 않은가?

그래도 모른다면 우리는 앞 장에서 살펴본 "지허노호지 불허노호회(只許老胡知 不許老胡會)"를 다시 한 번 새길 수밖에 없다.

그러나 오랜 훈습에 의해 두텁게 덮인 업장이 언뜻언뜻 떠오르나니, 이럴 때는 묵묵히 가던 길로 곧장 가기만 하면 된다. 이때는 우리가 본래 자유인으로 태어났음을 어렴풋이 깨닫는 단계다.

② 편중정

편중정이여	偏中正
늦잠 잔 노파 옛 거울 만나는구나	失曉老婆逢古鏡
눈앞에 분명해 다른 것 없나니	分明覿面別無眞
머리 잘못 보아 그림자라 알지 마라	休更迷頭猶認影

정중편이 바름 가운데에 치우침이 있어 바름이 치우침을 어루만져 조화를

이루어 만사가 진행됨을 말한다면, 편중정(偏中正)은 현상(偏)이 본체(正)를 지시하여 문득 접근하니 구(球)와 같은 원융한 관계가 성립되어 세상만사가 조화를 이룸을 말한다. 『반야심경』의 도리로 말한다면 색즉시공(色卽是空)에 배대된다. 이러한 것을 동산은 위의 게송 중 2행으로 형상화한다.

> "늦잠 잔 노파 옛 거울 만나는구나(失曉老婆逢古鏡)."

위의 시행은 비유를 통하여 의미를 전이시키고 있다. 늦잠을 잔 아침에 문득 옛 거울에 비친 자기 얼굴(본래면목)을 본다. 일상에선 보이지 않던 이면까지 비친다. 이때는 거울이 자기고 자기가 고경(古鏡)이다. 분별에 의해 나타난 색상(色相)에서 스스로 얼굴을 본다. 이것이 편중정의 정체(正體)다.

확연한 이 모습을 다른 것이라 이르지 말라. 분명하고 분명하다.

4행의 '미두유인영(迷頭猶認影)'은 『능엄경』에 나오는 비유로, 연야달다(演若達多)라는 이가 거울에 비친 자기 얼굴에 도취되어 즐기고 있다가, 제 머리는 안 보이므로 자기는 머리도 없는 괴물인가 하여 미친 듯 날뛰었다는 고사에서 나온 말이다.

옛 거울(古鏡)에 의해, 옛 거울이 되었는데도, 영상과 자기를 다르게 보아 연야달다처럼 제 머리를 찾아 나선다. 이 얼마나 아이러니한가?

이제 우리는 평등이 차별이고 차별이 바로 평등인 불이의 세계인 색즉시공(色卽是空) 공즉시색(空卽是色)이어서 생사와 열반이 둘이 아닌, 번뇌와 보리가 회감회통되는 세계에 대한 의심을 가질 수는 있더라도, 그럴 수 있다고 생각하고 묵묵히 가기만 하면 된다. 과거의 묵은 훈습을 버리지 못하고 가끔 찾아오더라도 그것은 환영일 뿐이며, 환지본처된 본래의 세계가 아님을 알면 그뿐이다. 그래서 『반야심경』에서는 "깨달은 일이 없기 때문에/보살은 반야바라밀다가 되어/마음에 걸림이 없다/걸림이 없으므로/마음에 두려움이 없으며/마침내 뒤바뀐 꿈의 세상을 멀리 여의어서/문득, 더 나아갈 수 없는 열반에 든다"[8]고 간곡히 부촉하고 있다.

---

8) 以無所得故 菩提薩埵 依般若波羅蜜多故 心無罜礙 無罜礙故 無有恐怖 遠離顚倒夢想

그러나 이러한 경지는 최상 최고의 경지임은 분명하나, 고경(古鏡)을 본 사람, 고경임을 안 각자(覺者)는 여기서 안주하지 않고 다음 단계로 들어선다고 동산은 노래한다.

③ 정중래

정중래여	正中來
'없는' 속 길이 있어도 티끌로 한 겹 막네	無中有路隔塵埃
당금의 휘를 부름이 저촉만 안 된다면	但能不觸當今諱
말 잘하던 고인보다 뛰어나리라	也勝前朝斷舌才

정중편이나 편중정에서 편(偏)과 정(正)이 상호 융통되는 불이의 세계를 보이기 위한 동산의 간절심을 느껴왔다. 정중래(正中來)의 정은 게송, 1)과 2)에서 말한 정과는 다른 정이다. 곧 융합회통된 세계의 정이니, 이쯤 되면 무어라 부르든 관계가 없다. 편을 정이라 하든 정을 편이라 하든 무방하다. 편즉시정(偏卽是正)이고 정즉시편(正卽是偏)이다.

　　"무 중 길이 있어도 티끌로 막네(無中有路隔塵埃)."

자성본원에 활연계회한 후에 본질과 현상이라는 생각마저 지워버린 경지를 무어라 한정할 수 있는 말은 없다. 이는 절대현재의 이 순간이니 곧 절대의 무다. 바로 반야바라밀다가 된 지혜, 반야지(般若智)가 영원한 절대적 무에 안주되어버림은 고정된 정상(定相)을 갖게 되는 것이니, 이것은 도리어 절대성을 깨어버리는 격이 된다. 따라서 이 절대적인 무에 안주함을 무기공(無記空)에 빠진다 하여 선장들이 극히 경책한다. 곧 반야지의 완성은 〈십우도〉 스타일의 설법으로 볼 때, 소도 잊고 사람도 모두 잊으니 흔적과 형상이 없고 '자/타'가 무너지고 '주관/객관'이 해체되는 제8 인우구망(人牛俱忘)의 경지다. 고향에 돌아오니 이를 〈십우도〉에서는 반본환원(返本還源)한다 하며, 이 고향이 바로 제10 입전수수(入廛垂手)다. 상인은 물건을 팔고 농부는 일을 한

究竟涅槃

다. 이것이 게송의 소식이니 '없는 속에 길이 있다(無中有路)'의 의미다.

3행에서 휘(諱)는 본명으로서 예부터 중국이나 우리나라에서 전통적으로 존장의 이름을 바로 부르는 것을 피했다. 부모나 조상, 성현이나 임금의 이름도 마찬가지다. 그런데 경전이나 선가에서도 직접 부르는 것을 피해야만 하는 '그것'은 무엇인가?

진리, 중도, 공, 무위진인, 이것, 자성본원, 이 모든 이름도 가명이고 한 겹 막혔을 뿐이니, 동산은 이것을 '격진애(隔塵埃)'라 하였다. 이 '한 겹 막힌 것'을 직접 부를 수 없으니, 불러도 불러지지 않고 불러도 들리지 않으나 중생을 위해 부를 수밖에 없는 동산.

> 당금의 휘를 부르는 것이 저촉만 안 된다면(但能不觸當今諱)
> 말 잘하던 고인보다 뛰어나리(也勝前朝斷舌才).

하늘 틈을 버선목 뒤집듯 뒤집어 천하 학인에게 던지는 선장들이야말로 적기(賊機)의 도적이니, 중생을 갖은 변설로 교화하기 위해 애쓰던 성인보다는 한 수 위가 아닌가?

그러나 돌아보라. 여러분은 어디 있는가?

한 발자국도 '텅 빈 원상'을 벗어나지 않고 있지 않은가?

중생을 위해 휘를 부르는 것 자체가 동사섭의 자비행이니, 이것 역시 고인들의 낙초자비다. 휘를 부르는 것은 교설과 이론으로 떨어진다.

이럴 땐 어떻게 해야 하는가. 위의 게송은 아직 미진함이 남아 있는 경지라 할 수 있다.

④ 겸중지

겸중지여	兼中至
양 칼끝 만난대도 피할 일 아니다	兩刃交鋒不須避
뛰어난 기량 불 속 연꽃 같으니	好手還同火裏蓮
스스로 하늘 찌를 기개 완연하다	宛然自有衝天氣

'사랑/증오', '긍정/부정', '평등/차별'과 같은 이항대립적인 양변의 견해가

모두 둘이 아닌, 손바닥과 손등이 같은 손이어서 연(緣)에 따라 원융하게 운용해야 할 도리를 정중편과 편중정을 통하여 보였다. 다음 정중래는 이런 깨달음이 중생을 제도하는 보살행으로 옮겨지는 단계의 설정이다. 그렇지만 보살행이 과연 원만하게 이루어질 수 있는가를 정중래에서 가늠해보니, 아직 미흡함이 있었다. 이 단계에서 다음 단계인 겸중지(兼中至)에 이르니, 겸중지란 시/비, 정/편이 둘이 아닌, 불이의 세계로 들어서는 최고최상의 정점에 이름을 말한다.

"양 칼끝 만난대도 피할 일 아니다(兩刃交鋒不須避)."

이미 이곳에 이른 수행납자는 연에 따라 백척간두에서 일보를 내디딘다. 위의 게송에서 이르는 '불 속에 피어난 연꽃(火裏蓮)'이나 '하늘을 찌른 기개(氣衝天)'는 마지막 수행 상태에서 향상일로를 통해 나왔음에 대한 선시적 표현이다.

그럼 겸중지에 이른 한 선화를 들어 보이고자 한다. 여러분은 이것을 알기만 하면 된다.

동산이 하루는 대중에게 물었다.
"가을 첫머리, 여름 마지막 날에 동과 서로 가되, 곧장 만 리에 풀 한 포기 없는 곳으로 가야 된다. 말하라 어떻게 하면 만 리에 풀 한 포기 없는 곳으로 가는가?"
뒷날 석상이 이 이야기를 듣고 말했다.
"문을 여니 그대로가 온통 풀이군."
동산이 이 말을 전해 듣고 평하였다.
"당나라 안에 그만한 이가 몇이나 될까?"

동산의 시중은 정중래의 소통의 장에서 '어떻게 하면 휘를 불러도 저촉되지 않는가'를 묻는다면 석상의 대답은 바로 '정/편', '시/비'를 소통시킨 원융한 도리를 보이는 것이다. '문을 여니 그대로 온통 풀(出門便是草)'이니 그대는 아는가?

'눈을 감았다 떠도 싱싱한 풀이고, 문을 열지 않아도 그대로 물렁한 대지이니’ 알고 알아야 한다.

⑤ 겸중도

겸중도여	兼中到
유무가 안 떨어지니 누가 감히 화답하랴	不落有無誰敢和
사람마다 범상함 벗어나려 하건만	人人盡欲出常流
끝내 돌아와 숯불 속에 앉아 즐겁다네	折合終歸炭裏坐

백척간두에서 진일보하여 천하가 모두 진금이 되니, 수행납자는 겸중지를 거쳐 겸중도에 이른다. 겸중지는 〈십우도〉에서 이르는 입전수수의 세계니, 화엄법계이고 본체(正)와 현상(偏)이 없는 불이의 세계다. 그야말로 밟는 땅마다 진금의 세계다. 다시 말하면 겸중지의 세계가 더 나아갈 수 없는 적멸의 세계라면, 적(寂)의 세계는 바로 되비침의 조(照)의 세계에서 완성한다. 화엄에서 이르는 적조동시(寂照同時)의 세계다. 그래서 겸중지는 겸중도(兼中到)를 벗어나지 않고 겸중도 역시 겸중지를 벗어남이 없다.

다시 동산이 설정한 오위(五位)를 돌이켜보면, 이 모든 과정이 앞 〈십우도〉에서 말한 ‘일원상(一圓相)’을 떠나 밖에 존재하는 것이 아니라, 우리가 무명에 의해 잠시 밖에 서성였을 따름이다. 곧 오위는 학인을 제도하기 위한 방편의 설치이고, 깨달은 보살에게도 그대로 적용되는 가르침이다. 그러나 오위가 언어 안에 있고, 말이고 언어고 문자니 결국 되풀이되는 보림(保任)이다. 면밀한 조동종의 가풍이 물씬 풍기는 차제설법이다.

> “끝내 돌아와 숯 속에 앉아 즐겁다네(折合終歸炭裏坐).”

전후좌우를 분간 못 하는 칠흑 같은 어둠, 오위정편 마지막 게송 끝 행에서 ‘탄이좌(炭裏坐)’는 자성본원에 활연계회한 자는 숯 속에 앉는다. 곧 암흑 속에 둘러싸임을 말한다. 이 암흑은 광명의 다른 표현일 뿐이다. 절대무 속에서는 전성전일(全性全一)하여 온통 그대로 그것일 뿐이다. 이것은 노자가 갈파한 “아직 모른다는 것을 아는 것이 최상일세(知不知上)”라 한 말과 상통한다. 여기의 숯은 암흑의 진리, 아이러니적 수사법이다.

동산은 다음과 같이 설법하였다.

> 한 물건이 있다. 이것은 위로는 하늘을 떠받치고 아래로는 땅에 박혀 있다. 그 빛깔은 옻과 같이 검고 끊임없이 움직이며 활동한다.
> 有一物 上柱天 下柱地 黑似漆 常在動用中.

물론 '한 물건'은 진리의 다른 표현이다. 그리고 옻(漆) 역시 반어적 수사인 암흑의 진리를 말한다.

동산은 오위공훈(五位功勳)이란 새로운 명칭을 붙여 깨달음의 차제를 묘사하기도 했다. 이것은 문하생들에게 정신 수련을 지도하기 위한 방편의 가르침이다. 간단한 대요와 이에 따른 게송을 음미해보자.

① 향(向) – 예찬(禮讚), 찬미(讚美)
② 봉(奉) – 순종(順從)
③ 공(功) – 결실(結實), 수확(收穫)
④ 공공(共功) – 깨침으로 인한 충만한 결실
⑤ 공공(功功) – 충만한 결실의 결과

2. 오위공훈의 노래[9]

① 향(向)

성스러운 임금들은 요임금을 따르고	聖主由來法帝堯
사람들은 다스림에 예의로 허리를 굽힌다	御人以禮曲龍腰
어느 날 저잣거리를 지나칠지면	有時憂市頭邊過
어디서나 선정을 치하받는다	到處文明賀聖朝

처음 단계인 '향(向)'에서는 스승 자신이 제자들에게 자비와 사랑을 베푸니, 이에 제자들이 되돌아 신심을 내고 환희심을 내어 스승을 찬미하고 따름

---

9) 『조동록』(선림고경총서 14), 장경각, 1987, 84~86쪽.

을 읊었다. 초발심 단계다.

② 봉(奉)

누구를 위해 단장하고 세수하였던가	洗淨濃妝爲阿誰
소쩍새 울음소리 귀가를 권고하건만	子規聲裏勸人歸
백화 모두 진 뒤에도 소리 끊임없네	白花落盡啼無盡
첩첩산중 우거진 숲 울음 더 짙어라	更向亂峰深處啼

봉(奉)은 불성을 받들어 수행에 전념하는 단계다. 첫 행에서는 초발심한 학인을 그렸고, 2행에서는 '귀가(歸家)', 바로 자성본원이라 일컬어지는 본가로 돌아갈 것을 권한다. 소쩍새를 자규(子規)라 한다. 자규는 중국에서 집으로 돌아가는 시간이라는 뜻의 자귀(自歸)와 발음이 같다. 따라서 소쩍새 울음소리는 집을 나온 나그네에게는 집으로 돌아오라는 소리로 들린다.

소쩍소쩍 우는 소리, 이것은 대체 누구의 음성인가?

우리 자신의 내부 어디에선가 울리고 들리는 본향의 소리, 어느 누가 있어 듣고서 애타게 우는가? 아아, 슬프다.

③ 공(功)

고목에 꽃이 피니 겁 밖의 봄날이라	枯木花開劫外春
옥코끼리를 거꾸로 타고 기린을 쫓네	倒騎玉象趁麒麟
이제 일천봉 밖, 높이 숨어 사노라니	而今高隱千峰外
밝은 달 맑은 바람 날씨조차 좋을시고	月皎風淸好日辰

공은 공과(功果)라는 뜻이다. 수행한 결과 자성본원으로 귀가한 단계다. 그래서 고목에 꽃이 핀다. 옥상(玉象)을 거꾸로 탄다 함은 논리를 분석으로 인한 이해와 앎을 벗어나 초논리, 곧 무공행(無功行)인 저절로 상태로 진리에 계합한다는 뜻이다. 2행에서 '도기옥상(倒騎玉象)'은 '도'의 운용을 말하며 '기린'은 도를 지칭한다. 그러나 학인은 더욱 면밀히 자기를 살펴야 한다.

④ 공공(共功)

중생과 부처는 서로 다투지 않고	衆生諸佛不相侵

산은 저절로 높고 물 또한 절로 맑네	山自高兮水自深
천차만별로 대체 무얼 밝히려는가	萬別千差明底事
자고새 우는 곳에 갖가지 꽃 새롭네	鷓鴣啼處百花新

공공(共功)은 본체의 깨달음이 다시 현상의 세계로 나온 단계다. 일체의 공능을 얻는 충만한 결실을 의미한다. 현상이 다름 아닌 본체이니, 산은 산 물은 물의 본래적 입장에서 산이 물이고 물이 산인 사상적 단계를 거쳐, 다시 돌아와 산 역시 산이고 물 역시 물로 보는 단계를 말한다. 〈십우도〉식으로 따지면 8. 인우구망에서 9. 반본환원을 거쳐 마지막 10. 입전수수로 들어선 학인은 만물을 차별 짓는 성향과 습성을 떨쳐버렸기 때문에 우리는 백 가지 꽃을 새로이 피게 하는 자고새와 같지 않을까?

하루는 동산이 법어를 내리되 "부처님의 향상일로를 체험해 얻어야 비로소 이야기를 나눌 자격이 있노라" 하였다. 그때 한 학인이 물었다. "어떤 것이 부처가 위로 향하는 사람입니까?" 하니, 스님이 대답하였다. "부처가 아닌 이니라."[10]

부처가 아닌 이 사람이 임제의 무위진인(無位眞人)이며, 조주가 이른 방하착(放下着)한 사람이다.

⑤ 공공(功功)

분별이 조금 생겨도 아니 되거늘	頭角纔生已不堪
마음 헤아려 부처 구한다면 창피한 일	擬心求佛好羞慙
아득한 공겁에도 아는 이 없는데	迢迢空劫無人識
누가 있어 53도인 찾아 남으로 갔나	肯向南詢五十三

공공(功功)은 충만한 결실의 결과다. 이 결과는 결국 본래 상태로 돌아가 진리의 문턱에 머물 수밖에 없는 우리가 우리로 그렇게 됨, 그 자체다.

'두각재생(頭角纔生)'은 머리에 뿔이 난다로 직역된다. 수행인의 입장에서 한순간 스치는 번뇌 망상, 역시 뿔이 돋는 것. 깨달음을 얻었다는 생각조차

---

10) 『선문염송』 17권, 688칙 「체득(體得)」.

결국 분별심에서 표현되는 것이니 이것 역시 머리에 뿔이 돋는 것. 3행에서 가없는 흐름의 공간에서 이미 알았으면 알았다는 생각을 알았으므로 이 역시 분별이어서 '무인식(無人識)'이라 하였다. 4행에서 선재동자가 도를 찾아 53선지식을 찾아 남방으로 순례한 일[11] 이 부질없다는 것, 결국 '이것'은 인간이 '알아야 할(to know)' 바의 것이 아니라, 인간 스스로 인간이 '되어야 할(to be)' 바의 것임이 명백하다.

동산은 궁극적인 이상은 깨달음마저도 초월하는 초월인에 있음을 설파한다. 다음 시구에서도 잘 나타난다.

실상은 불가사의하여	天眞而妙
미망과 깨달음에 속해 있지 않다[12]	不屬迷悟

이 게송을 잘 이해하기 위해 우리는 제1장에서 6조 혜능이 36가지 상대적 관념을 열거하며 설한 동용(動用)에 관한 임종법문에 주의를 기울여야 하겠다.[13]

동산이 혜능의 사상을 그대로 발현시키고 있다는 것을 직감하게 된다. 양변의 견해를 초월한, 합도의 세계가 천진의 세계임을 표현하고 있다. 이것은 혜능이 36개나 되는 양변을 들어 나아가게 하고 사라지게 하여 제자들 스스로 '이것'을 깨닫게 한 법문과 동일하다. 이 짧은 선구에서도 보이듯이 선시의 특질적 수사법이라 할 수 있는 'A는 A가 아니므로 A다' 하는 반상(反常)에 의한 수승된 합도(合道)의 세계를 잘 보여주고 있다. 곧 '미/오를 넘어선 불가

---

11) 『화엄경』「보현행원품」에 나오는 선재동자가 도를 이루기 위한 참문 이야기.

12) 제자 조산이 동산에게 하직을 고하니 376자나 되는 부촉의 말씀을 내렸다. 그중 "天眞而妙 不屬迷悟 因緣時節 寂然昭著 細入無間 大絕方所 毫忽之差 不應律呂"의 연의 앞 구다.

13) 36대는 『육조단경』「부촉품」에 있는 혜능의 마지막 법문으로 "설법을 할 때 움직이고 사용함에 양변의 이항대립적임을 말하고, 나아가고 사라짐에 양변을 여의고 일체법을 설해야 하며 자성을 여의지 말기를 부촉한다." 곧 有/無, 色/空, 動/靜, 凡/聖, 僧/俗, 大/小, 長/短 등 모두 열여덟 짝의 이항대립을 말한다.

사이한 실상의 세계'야말로 천지만물의 근원이 되는 합도의 세계며 진리의 세계다.

그리고 동산의 법문에서 느껴지는 것은 가풍이 아주 면밀하며 사색적이라는 것이다. 마조나 석두, 덕산, 임제 등 제 선사의 행위나 법문에서는 활활발발하고 실제적이며 행동적이라는 느낌을 받는 데 반하여 동산의 가풍에서는 관념적이며 정적이고 초월적인 정묘성을 읽게 된다. 제자 조산이 하직을 고했을 때 동산이 하신 부촉의 말씀 중에서, 다음 시구는 그를 충분히 대변하고도 남는다.

종취를 완전히 깨친다면	宗通趣極
영원한 참됨은 한없는 흐름으로 있는 것	眞常流注

이제 영원한 스승 동산은 몸을 벗고자 한다. 제자들을 지극정성으로 보살폈던 위대한 스승 동산은 스스로의 죽음조차 가르침의 장으로 펼쳐 보인다. 이런 따뜻한 가르침은 조동종의 면밀한 극치의 가풍으로 이어진다.

869년 어느 봄날, 그는 병이 짙어진다. 한 제자가 동산에게 물었다.

"스님께서는 병환 중에 계시온데 그래도 병들지 않는 사람이 여전히 있다고 보십니까?(還有不病者麼)"
"있지."
"그럼 병들지 않은 사람이 스님을 보고 있습니까?"
"그 사람을 보고 있는 이가 오히려 나일세(老僧 看他有分)."
"스님께서는 어떻게 그를 보십니까?"
"이 늙은이가 볼 때는 병이란 아무 곳에도 없네(老僧看時 即不見有病)."[14]

동산은 다시 한 번 제자들에게 멋진 반어법으로 자성본원을 일깨워주며 열반을 맞는다. '병들지 않는 사람'이 바로 그 자신이라는 것을 일깨워주는 선문답이다. 몸을 가지고 있는 화신(化身)은 병들지만, 자성본원인 법신(法

---

14) 『선문염송』 권11, 707칙 「不病」.

身)은 삼라만상에 편재하여 불생불사한다는 것.

뒷날 이 선화를 보고 조동종의 한 선장이 그의 조사에게 게송을 바쳤다.

냄새나는 가죽 주머니를 벗고	卸却臭皮袋
붉은 살덩이를 들어 던졌네	拈轉亦肉團
애초부터 콧구멍은 아래로 향했고	當頭鼻孔正直下
깡마른 해골, 늙은 의원도 볼 수 없네	觸髏乾老醫不見
본래 버릇없는 어린애들은	從來癖少子
마주 봐도 가까이하기 어렵다	相看向近難
들물이 여월 때 가을장마 물러나고	野水瘦時秋潦退
흰 구름 끊기는 곳 옛 동산 차네	白雲斷處舊山寒
끊어버리고 속지 말라	須剿絕莫顢頇
끝까지 굴러 공 없어야 그가 지위에 이르니	轉盡無功伊就位
고절한 표시는, 그대와 같은 상에 앉지 않네	孤標不與汝同盤

— 천동각

15장

조동종의 선장들

동산 양개(洞山良价, 807~869)는 운암 담성의 고족이고 운암은 멀리 청원과 석두, 약산의 적통이다. 오늘날에는 5가 선종 가운데 임제종과 더불어 조동종만 그 법손들이 이어진다.

조동종의 선장들로는 위로는 약산 유엄, 운암 담성이 있다. 개조인 동산 양개의 법제자로『전등록』에는 26명이 기록되어 있고 동산에 1,500 선객들이 운집하였다 한다. 그중 빼어난 제자로는 운거 도응, 조산 본적, 용아 거둔, 소산 광인 등이 있다. 조동종은 후대에 동안 도비, 동안 상찰, 투자 의청, 부용 도해, 단하 자순, 천동 정각 등의 선장들을 배출하여 임제종과 쌍벽을 이루게 된다. 조동종의 이름은 동산과 그의 제자 조산의 앞 글자를 따서 조동종이라 명명하였으나 조산의 법계가 4대에 이르러 끊기고, 오늘날의 조동종은 오직 운거 일맥으로 계승된다.

1. 운거 도응

운거 도응(雲居道膺, 846~902)은 유주 옥주인이며 성은 왕씨다. 어릴 때 출가하여 교법을 배웠고 25세에 구족계를 받고 취미산에서 공부를 하였다. 3년을 그곳에 머물다가 다시 행각 중에 동산에 이르렀다.

임제종과 더불어 양대 선맥 중 하나인 조동종의 법맥이 선종사에 점화되니 이렇게 자연스럽게 이어진다. 이야기는 이렇다.

동산이 도응에게 물었다.
"그대의 이름이 무엇인가?"
"도응입니다."
"위로 향하는 법으로 다시 말하게(向上更道)."
"위로 향하는 길이라면 도응이라 하지 않습니다(向上道卽不名道膺)."

"내가 스승 운암 화상에 있을 때 대답한 것과 다름이 없구나(與吾在雲巖時祇對
無異也)."

하루는 도응이 장을 담그는데 동산스님이 물었다.
"무엇을 하는가?"
"장을 담급니다."
"소금을 얼마나 넣는가?(用多少鹽)"
"저어 넣습니다(旋入)."
"어떤 맛이 나는가?"
"되었습니다."
동산이 물었다.
"대천제가 부모를 죽이고 부처의 몸에 피를 내고 화합한 승단을 깨뜨렸다면
이런 갖가지 죄악에 효양(孝養)이 어디 있겠는가?(大闡堤人殺父害母出佛身血破
和合僧 如是種種孝養何在)"
"비로소 효양을 하게 되었습니다(始得孝養)."[1]

이 문답 후에 동산이 도응에게 입실을 허락하여 대중 가운데서 수좌의 소
임을 맡겼다.
이후에 도응은 구봉산에 운거암을 짓고 주석하였는데 많은 수선납자들이
모였다.
하루는 어떤 학인이 운거에게 물었다.

"어떤 것이 일법(一法)입니까?"
이에 스님께서 되물었다.
"그대는 어떤 것이 모든 법이라 생각하는가?(如何是諸法)"
"이것을 어떻게 알아들어야 합니까?(未審如何領會)"
스님께서 다시 대답했다.
"일법은 그대의 근본 마음이고 모든 법은 그대의 근본 성품이다. 말하라, 이럴
때 마음과 성품이 하나인가? 둘인가?
학인이 절을 하거늘 스님께서 게송을 읊었다.

---

1) 『경덕전등록』 권17, 「홍주운거도응선사」, 보련각, 1982, 133쪽.

일법은 만법의 근본이요   一法諸法宗
만법은 한 마음에 통하네   萬法一心通
오직 이 마음은 너의 성품이니   唯一唯汝性
같다거나 다르다 말을 말라[2]   不說異兼同

『선문염송』 862칙 「일법(一法)」에서는 뒷날 선객이 이 선화를 들어 학인에게 염하였다.

자비 때문에 운거가 없지는 않으나   慈悲之故 不無雲居
작은 자비가 큰 자비를 방해하니 어쩌나?   爭那小慈 妨大慈悲
누가 "어떻게 만나면 되느냐?" 하면   未審如何領會
등줄기를 바로 때리리라. 알겠느냐?   劈脊便他 還會麼
화산이 거령의 손에 들지 않았더라면   華山 不入巨靈手
어찌 황하가 바닥을 뒤집으며 흐르리오   爭得黃河袞底流

         — 육왕심

위의 염에서 5행, '화산(華山)이 거령의 손에 들지 않았더라면 어찌 황하가 바닥을 뒤집으면서 흐르겠는가'로 읽혀지는 것은 우연이며 필연인 사실, 시작함이 없고 시작하지 않음도 없는 그냥 그대로의 상태를 이른다. 우리에게 무엇이 있고 그 무엇이 우리를 어떻게 한 적이 있는가.

여기에 무슨 이해와 만남이란 인식이 필요하리오.

거령(巨靈)은 화산을 손뼉으로 쪼개서 황하를 트이게 했다는 중국 고대 신화의 신인이다.

운거의 옛 근본인 삼봉산 편액에   雲居舊本三山額
흥화가 거듭 팔자 눈썹 그렸네   興化重粧八字尾
장안에 새로운 화원이 생겨나   更有長安新畫手
이리저리 쓸어버려 생각할 길 끊겼네   胡揮亂掃絕思惟

         — 열재거사

---

2) 『선문염송』 권21, 862칙 「一法」.

하필과 불필이여 면면하고 밀밀하다   何必不必綿綿密密
마주 보면서 근기에 당하니   覿面當機
누군가가 마지막 구절을 이으면   有人續得末後句
그는 두 존숙을 친히 보았다 하리라   許你親見二尊宿
                                      — 운문고

위의 열재의 게송과 운문고의 염을 낳게 한 이야기는 이렇다.

    운거가 대중에게 말했다.

    "노승이 20년 전에 삼봉암에 있을 때, 위부에 사는 흥화장로가 와서 '방편으로 한마디를 물어서 풀 그림자로 삼을 때가 어떤가?' 하고 묻거늘 노승이 그때, 재치도 생각도 더디어서 대꾸하기는 했으나 그의 물음이 너무나 특이하므로 감히 잊을 수 없었다. 그가 말하기를 '생각하건대 암주가 대답을 못하면 절에서 물러가야 하지 않은가?' 했는데 지금 생각하니, 그때에 하필(何必)이라 말함을 소화하지 못했었다(老僧二十年前 住三峯庵時 魏府 有興化長老 來問 權借一問 以爲影草時如何 老僧 當時 機思遲鈍 道不得 爲伊致得箇問頭奇特 不堪辜他 伊云 想庵主荅這話不得 不如禮拜了退 而今思量 當時 不消道箇何必)."

    뒷날 화주가 위부에 갔더니 흥화가 물었다.

    "산중의 화상께서 지난날, 삼봉암에 계실 때, 노승이 이 이야기를 물었더니 대답을 못 했었는데 지금은 대답을 할 수 있을는지?(山中和尙 住三峯庵時 老僧 曾問伊話 抵對不得 而今 道得也未)"

    이 말을 듣고 화주가 앞의 이야기를 전했더니, 흥화가 말했다.

    "운거가 20년에 겨우 하필이란 말 한마디를 했군. 흥화는 그렇지 않다. 어찌 불필(不必)이라 말하는 것보다 나을 것이 있을까?(雲居二十年 只道得箇何必 興化 卽不然 爭如道箇不必)"

2. 조산 본적

조산 본적(曹山本寂, 840~901)의 성은 황씨며 천주 포전 사람이다. 처음 동산을 찾아뵙고 몇 해 동안 그곳에 머물다 동산에게 깨달은 바를 인가받고 떠나가려 하자 동산이 물었다.

“어디로 가려 하는가?”
“변하지 않는 곳으로 가려 합니다(不變異處去).”
“변하지 않는데 어떻게 간다는 일이 있을 수 있겠는가?(不變異處 豈有去耶)”
“가는 것 또한 변하는 것이 아닙니다(去亦無變異).”[3]

동산을 떠나서 여러 곳을 방랑하다가 처음 무주의 조산에 머물다가 나중 하옥산에 수석하였는데 학인들이 구름같이 모였다고 『전등록』[4]이나 『오가정종찬』[5]에 기록되어 있다.

『선문염송』에는 후대의 선객이 읊은 게송 한 수가 적혀 있다. 음미해보자.

집집마다 문을 닫았는데 달이 비치고
곳곳에 꾀꼬리 우는데 버들가지는 바람이네
만약 가로 세로가 변함이 없다면
칼을 던져 허공을 쪼개려는 격인걸

家家門掩蟾蜍月
處處鸎啼楊柳風
若謂縱橫無變異
猶如擲劍騰揮空

— 단하순

그리고 자항박이 이 이야기를 대중에게 들어(拈) 보이었다.

“좋구나, 형제들이여. 변하지 않음을 알면 머무름도 그러하다. 모름지기 믿으라. 저쪽과 이쪽에 응용함이 한쪽으로 치우치지 않고 엇갈려 곁으로 와서 혈맥이 끊이지 않는다.”
好 兄弟 知不變異 住亦如然 須信者邊那邊 應用不缺 回互傍來 血脉不斷

그리고 『선문염송』 887칙 「대빈(大賓)」에서는 조동종의 개조 동산이 설치한 오위에 대해 묻는 학인에게 오위의 법문은 후학을 제접하기 위한 방편 법문으로 차제를 설정하여 근기에 알맞게 깨우침에 들기 위한 조사의 자비심의 발로임을 명백히 밝히고 있다.

---

3) 『선문염송』 권21, 883칙 「變異」.

4) 『전등록』 권17, 「무주조산본적선사」, 보련각, 1982, 135~136쪽.

5) 『오가정종찬』 하(선림고경총서), 장경각, 1988, 24~26쪽.

이야기는 이렇다.

한 학인이 조산에게 오위(五位)로 손님을 대접하는 법문을 물었다
"그대는 지금 어느 지위를 묻고 있는가?(汝今問那个位)"
"스님, 제가 지금 치우친 지위(偏位)에 있습니다. 스님께서는 바른 지위(正位)
로 제접하여주십시오(從偏位中來 請師正位中接)."
"제접하지 않겠네."
"스님, 어째서 제접하지 않겠다고 하십니까?"
"치우친(偏) 지위에 떨어질까 걱정일세(恐落偏位中去)."
이어 조산이 다시 물었다.
"제접하지 않는 것이 손님을 대하는 바른 태도냐, 제접하는 것이 손님을 대하
는 바른 태도냐?(只如不接是對賓 是不對賓)"
"스님, 벌써 손님을 제접하여 마쳤다고 봅니다."
"그래, 옳다 옳다."

자성본원을 보는 것은 직지인심(直指人心)하는 것이어서 '단번에 초월하여
여래의 깨달음의 땅(一超直入如來地)'에 돈입됨을 보여주는 선화다. 뒷날 이
이야기를 듣고 읊은 게송이 있다. 감상해보자.

달 속의 옥토끼가 밤에 새끼를 배었고	月中玉兎夜懷胎
해 속 금까마귀가 아침에 알을 품었네	日裏金烏朝抱卵
칠같이 검은 곤륜이 눈을 밟고 걸으니	黑漆崑崙踏雪行
몸을 돌려 유리종지를 쳐부수네	轉身打破琉璃椀

— 단하순

'달 속 옥토끼(月中玉兎)'나 '해 속 금까마귀(日裏金烏)'는 모두 자성본원
의 형상화다. 자성본원은 앞집 '김 서방'이고 뒷집 '이 과수댁'이라서 모두 저
마다 '저절로 상태(無功用)'로 넘나들어서 새끼도 배고 알도 품고 하는 것이
다. 곤륜은 티베트 북쪽에 사는 흑인 종족을 가리키니, 흰 눈과는 '흑/백', '시/
비', '음/양'과 같이 배대된다. 3행은 오랜 습성에 의해 겹겹이 둘러싸인 자성
본원에 충동을 주어 우리를 밝혀주기 위한 수사다. 이렇게 분명히 영회한 우
리의 근원으로 돌아온다. 4행의 유리종지(琉璃椀)는 역시 자성본원의 형상화

다. 이것은 우리가 우리의 근원으로 돌아가게 하여 전성전일하고 내외명철한 것이 우리인 줄 알게 한다. 그래도 우리는 살고 살고 죽고 죽을 뿐이다. 허무하냐?

3. 용아 거둔

용아 거둔(龍牙居遁, 835~923)은 무주 남성 사람이고 성은 곽씨다. 나이 14세에 삭발하였다.

앞 장 세 번째 이야기에서 우리는 조사서래의(祖師西來意)를 묻는 젊은 날의 거둔의 수자다운 풍모를 읽었다.

이후 거둔은 다시 '조사서래의' 화두를 동산 양개에게 묻는다.

"어떤 것이 조사께서 서쪽에서 오신 뜻입니까?(如何是祖師西來意)"
동산은 바로 대답했다.
"골짝 물이 거슬러 흐르면 그대에게 말해주겠네(待洞水逆流 卽向汝道)."
이에 거둔이 활연대오하였다.[6]

동산의 한마디 말끝에 자성본원에 영회한 거둔은 제자의 예로 8년을 모시고 호남에 있는 용아산 묘제선원에 주석하게 되니, 늘 500여 명의 선객이 모였는데 법을 얻지 못한 이가 없었다고 『전등록』에 기록되어 있다. 그 후 거둔은 용아(龍牙)라는 법호로 선종사에 나타난다.

훗날 한 선객이 읊은 게송이 『선문염송』에 한 수 있다. 음미해보자.

옛 근원에 물이 없는데 달이 어디서 생기랴?	古源無水月何生
기슭 가득 서쪽에서 흘러 한 가닥이 나뉜다	滿岸西流一派分
총령에서 웅이의 꿈을 물으려 말고	葱嶺罷詢熊耳夢
눈 쌓인 들에서 소림의 봄 말하지 말라	雪庭休話少林春

― 투자청

---

6) 『선문염송』 895칙 「洞水」.

위의 게송 1행은 앞의 선화에서 '대동수역류(待洞水逆流)'를 하면 너에게 대답해주겠다는 동산의 말을 뒤집어 '본원'이 없는데 물이 있지 않음을 노래했고, 2행에서는 '조사서래의' 자체가 천삼라 지만상(天森羅 地萬象)이어서 이 한 줄기 물 역시 그대로임을 읊는다.

3행은 달마가 입적에 든 후에 일어난 선화를 인용하고 있다.[7] 곧 위나라 사신 송운이 꿈꾼 망상의 이야기를 따지지 말 것이며, 4행에서는 '눈 쌓인 들', 온통 번뇌 망상만 가득히 끓는 머리로 '소림의 봄'인 고인의 깨달음이 어떻고 하며 흉내나 내지 말 것을 당부하는 노래로 읽힌다.

이제 용아의 게송을 하나 들며 용아의 장을 마치고자 한다.

도 배움은 먼저 깨달음의 인연이 있어야 한다	學道先須有悟由
일찍이 날랜 용배를 겨루던 것 같을 뿐	還如曾鬪快龍舟
비록 옛집과 묵은 땅에서	雖然舊閣閑田地
한 번 기량이 가득 차야 비로소 처음이 된다	一度嬴來方始休

이 게송이 제방에 회자되어 많은 선장들이 대중들에게 들어(拈) 보였다. 위의 게송에 대해 선장들의 시중을 듣고 언하에 선의 세계에 오입하기를 기원하며 몇 말씀을 옮긴다.

---

7) 『선문염송』 3권, 103칙 「隻履」. 달마가 열반에 들어 웅이산에 장사한 지 3년 만에 위나라의 사신 宋雲이 서역에 사신으로 갔다 오는 길에 총령에서 대사를 만났는데 손에 신 한 짝을 들고 홀홀히 가고 있었다. 이에 송운이 "스님, 어디로 가십니까?" 하니, 달마가 말하되 "서역으로 가노라" 하였다. 송운이 돌아와서 복명을 마치고 그 일을 자세히 보고했더니, 황제가 무덤을 열게 했는데 빈 관에 신 한 짝만 남아 있었다(達磨歸寂 葬熊耳山三歲 魏宋雲 奉使西域 廻遇師于葱嶺 見手携隻履 翩翩獨逝 雲問 師何往 師曰 西天去 運復命 具秦具事 帝令啓壙 惟空棺 一隻革履存焉).
 뒷날 열재거사가 이 일을 읊었다.

벽을 향한 9년의 공, 관계가 없어	非關壁觀九年功
여러 겁, 오래오래 그때마다 공했네	歷劫悠悠當處空
웅이산 탑을 열매 신 한 짝만 남았으니	熊耳塔開留隻履
시방의 온 누리에 원통을 나타냈네	十方全體現圓通

천녕조가 염했다.

"용아는 스스로 멈추고 스스로 쉴 줄만 알았고 같이 살고 같이 죽을 줄은 몰랐다" 하고는 주장자를 들어 세우고 이어 말했다. "어찌 옛 대궐 누각이 묵은 땅에 있기만 하랴? 중생을 다 제도하고도 쉬지 않으리라."

天寧照 拈 龍牙 祇解自休自歇 不能同死同生 乃拈起拄杖云 爭敎閣在閑田地 度盡勞生未放休

청녕이 들어 보인 이 말의 낙처는 대체 어디 있는가? 용아를 욕한 것인가? 칭찬한 것인가?

상량할 일이다. 이 노인의 희언에 속지 말아야 밥값을 하는 것. '자휴자헐(自休自歇)'하고 '동사동생(同死同生)'은 어디에서 나온 것인가? 옛과 이제라 분별하지 말라. 쉬지 않는 놈이 그놈이다.

그래도 미심쩍으면 용아가 우리에게 낙초 자비심으로 베푼 선화를 다시 한 번 살펴보자.

한 학인이 용아에게 "옛 사람이 무엇을 얻었기에 쉬었습니까?" 하고 물으니 용아가 대답했다. "그건 도적이 빈방에 들어온 것 같을 뿐이다." 그래도 모르면 다음 게송에서 무릎을 한 번 치고 일어날 일이다.

머리를 재어서 모자를 사고	買帽相頭
재주에 맞추어 직책을 준다	量才補職
눈 밝은 납자라도	明眼納僧
눈앞의 것 알지 못하네	面前不識

— 진정문

4. 동안 도비

동안 도비(同安道丕, ? ~905)는 운거 도응의 제자다. 오늘날 조동의 법계는 도응과 도비의 법손들로 이어지니 조동종의 물줄기를 마르지 않게 한 선장으로 중요한 위치에 있다.

그의 출신과 생년이 분명치 않으나 『전등록』이나 『선문염송』에 나타난 선

화로 고준한 정신세계를 가늠할 뿐이다. 『선문염송』1173칙 「금계(金鷄)」에는
다음과 같은 한 편이 기록되어 있다.

> 홍주 봉서산 동안 도비선사에게 어떤 학인이 물었다.
> "어떤 것이 화상의 가풍입니까?"
> 선사가 대답했다.
> "금닭이 알을 품고 은하수로 돌아갔는데 옥토끼는 아기를 밴 채 자미궁으로
> 들어가노라."
> "그럼 갑자기 손님이라도 오면 무엇으로 대접을 합니까?"
> "금과일은 이른 아침에 원숭이가 따가고, 옥꽃은 저녁 늦게 봉황이 물어오지."

한낮 연기 서리니 산봉우리 우뚝하고	日午煙凝山突完
밤중에 하늘 맑으니 달빛이 교교하다	夜央天淡月嬋娟
흔쾌한 고요는 찬 하늘로 끝없으니	欣然寂照寒霄永
명암이 원융하여 조짐이 있기 전이라	明暗圓融未兆前

— 단하순

5. 대양 경현

대양 경현(大陽警玄, 943~1027)이 양산 연관을 찾아뵙고 물었다. 양산은
동안 도비의 법을 이었으니 운거 도응의 정맥이다.

스승의 은혜 진시대의 거울을 꺼내 드니	蒙師點出秦時鏡
부모미생 전의 모습 비추어주네	照見父母未生時
지금 깨치고 보니 어찌 얻었다 하리	如今覺了何所得
밤에 오골계 풀어놓아 눈 속을 날게 하네	夜放烏鷄帶雪飛

연관이 도비에게 조동의 종지를 잇고 다시 경현이 조동의 종지를 깨친 후
오도송을 지으니 위의 게송이다.

『선문염송』1264칙 「무상(無相)」에 이 오도송을 짓게 된 선화가 실려 있다.
이야기는 이렇다.

"무엇이 무상의 도량입니까?"

양산의 관세음보살상을 가리키며 말했다.

"이 그림은 오씨의 그림이다."

경현이 다시 말을 하려 하자 양산이 말을 막고 물었다.

"이와 같이 상이 있는데 왜 상이 없단 말이냐?(這箇 是有相底 如何是無相底)"

이에 경현이 당장에 깨닫고 절한 뒤에 자기 자리로 돌아가서 섰거늘 양산이 말했나.

"어째서 한마디 하지 않는가?"

"말하기는 사양치 않겠으나 종이와 먹에 오를까 걱정입니다(道則不辭 恐上紙墨)."

이에 양산이 깔깔 웃으면서 말했다.

"이 말이 돌 위에 새겨졌네."

이 말과 같이 과연 나중에 비석에 실렸다.

양산은 경현의 깨달음을 기뻐하며 기꺼이 인가한다. 이 선화에 후대의 법손이 그의 조사를 위해 게송을 읊으니 다음과 같다.

길 막히고 벼랑 길 산옹에게 물으니	路窮涯仍問山翁
바위 서쪽 가리킬 때 고개가 동에 가깝다	別指巖西嶺近東
나가려니 안개 짙어 남기 두터운데	擬進霧垂嵐色重
고개 돌리니 머리 위 태양 붉음을 본다	廻頭頂見大陽紅

— 투자청

경현은 조동의 종지를 계승한 후, 수십 년 동안 눕지 않고 매일 한 끼의 공양을 하며 제자를 가르치는 데 최선을 다하였고 조동의 종지를 널리 떨쳤다. 그러나 여든이 되어서도 법을 이을 제자를 두지 못하여 한탄했다.

그는 입적 시 게송과 가죽신, 승복을 임제종의 부산 법원(浮山法遠)에게 맡기고 조동종을 계승할 선승을 찾아 전해주도록 부탁했다.

경현이 입적한 20년이 지나 투자 의청(投子義靑)이 법원을 찾아와 배알하였다. 법원은 의청에게 '외도가 부처에게 묻기를 말하는 것도 묻지 않고 말하지 않는 것도 묻지 않는다'고 한 화두를 참구시켰다. 3년이 지나고 하루는 의청에게 법원이 물었다.

"여전히 기억되는 화두가 있으면 예를 들어 말해보게."

의청이 막 대답하려 하자 법원이 그의 입을 막아버렸다. 이때 바로 찰나에 자성본원에 활연영회하였다. 다시 3년을 조동의 종지를 실참한 후 법원은 경현이 남긴 가사와 가죽신을 내려주고 부산에 머물지 말고 경현의 종풍을 계승해 조동의 선장이 되기를 당부했다.

그 후 서주 투자산으로 가서 법을 여니, 조동의 종지가 다시 우뚝 섰다.

6. 투자 의청

투자산 의청에게 한 학인이 물었다.
"화상은 어느 집안의 곡조를 부르시며, 종풍은 누구의 집 노래를 부르십니까?(師唱誰家曲 宗風 嗣何誰)"
"위음 이전의 한 화살을 쏘아 두 겹의 산을 꿰뚫었다(威音前一箭 射透兩重山)."[8]

의청의 대답 중, 위음은 위음왕불(威音王佛)의 준말이다. 태초에 나온 첫 번째 부처이니, '위음왕불 이전'은 일체 두두물물이 본래 가지고 있는 자성본원을 상징하고 있다. 이것은 이언절려(離言絶慮)되고 심행처멸(心行處滅)된 곳을 지칭한다. 그리고 '두 겹의 산을 투과하니'는 바로 '유/무,' '시/비,' '회/노인' 양변의 견해를 회통함을 말한다. 얼음 알과 같은 태초의 순수로 돌아감이니 조동의 종풍인 평등, 두 자로 회통되는 세계를 드러내 보이고 있다.

이 선화에 손자인 단하가 게송을 지어 올렸다.

산호 가지 위에 옥꽃이 피니	珊瑚枝上玉花開
바람은 맑은 향기 몰아오니 우주에 가득	風遞淸香偏九垓
하늘과 땅 곡진하다고 말하지 말라	勿渭乾坤成委曲
소양은 일찍이 목주에 만났었네	昭陽曾見睦州來

— 단하순

---

8) 진각 혜심, 『선문염송』 권29, 1369칙 「宗風」, 설봉 학몽 현토, 불서보급사, 1979.

7. 부용 도해

부용 도해(芙蓉道楷, 1043~1118)는 투자 의청의 법제자로 기주 자씨의 자손이다.

투자 의청을 배알하고 물었다.

> "부처와 조사의 말씀은 집에서 늘 밥 먹고 차 마시는 일과 같은데 그 외에 달리 학인을 위해 하신 말씀이 있으신지요?"
>
> "지금 천자의 조령에도 여전히 요순우탕 임금을 빗대어 말하지 않느냐? 그럼, 그대가 한번 말해보게."
>
> 도해가 막 말을 하려 하자, 불자로 그의 입을 막으며 다그쳤다.
>
> "30방 맞아야겠다."
>
> 도해가 언하에 개오하였다.
>
> 두 번 절하고 나가자 투자가 불러 세우고 물었다. 그런 도해가 돌아보지 않자, 투자가 말했다.
>
> "다시 의심나는 곳이 있는가?"
>
> 귀를 막고 나가버렸다. [9]

무엇이 이렇게 당당하게 안과 밖이 없게 했는가? 이 선화는 우리를 맑은 유리통 구슬과 같은 곳으로 끌어들이는 청명한 느낌을 받게 한다.

이러한 곧은 향상일로의 정신은 그의 일평생에 일관되는 정신이며 오늘 수행자의 지침이 된다 할 것이다.

송나라 대관 초에 개봉 부윤이 조정에 '도해화상의 도행은 총림에 탁월하니 그를 포상해야 한다'고 주청하니, 그에 따라 황제(휘종)가 자색 가사와 정조선사라는 사호를 내렸다. 내시가 칙명을 받들고 오자 도해는 다음과 같이 말했다.

> "지난날 출가할 때는 큰 서원을 세웠는데, 그것은 명리를 따르지 않고 오로지

---

9) 『오가정종찬』 하(선림고경총서), 장경각, 1988, 61~66쪽.

도를 배워 九族에게 도움이 될 것이며, 조금이라도 어길 때는 목숨을 버리겠다고 하였다. 부모는 이 때문에 출가를 허락했는데, 이제 본심을 지키지 못하고 남몰래 임금의 총애를 받는다면 불법은 쇠퇴될 것이다.”

하며 글을 올려 굳이 사양하나, 휘종은 개봉 부윤에게 칙령을 행하도록 명하였다. 그러나 도해는 굳이 뜻을 꺾지 않아 칙명을 거역한 죄로 귀양을 가게 된다. 임금의 명으로 형관이 도착하여 '어디 아픈 데가 없느냐?' 물었다. 당시 아픈 사람은 귀양을 미룰 수 있기 때문이었다. 그러나 도해는 “평소에는 병이 있었으나 지금은 없소”라고 말했다. 형관은 '병이 있다 하면 법적으로 형을 받지 않게 된다'고 말했지만 끝내 “이미 후의는 잘 알고 있지만 거짓말을 하고는 내 마음이 불편하기 때문이오”라고 말하고 귀양을 떠났다. 유배를 떠나자 뒤따르는 사람들이 저잣거리에 모여드는 사람들같이 많았다.

도해가 유배된 치주(현 산동성)에 많은 학인들이 모여들었고, 그 이듬해에 사면을 받고 부용산에 암자를 지으니 선객들이 모여들어 조동종의 종풍을 크게 떨쳤다.

그가 입적하자 한 선객이 그를 기리어 영정에 찬을 부쳤다.

엄동설한 폭설이 내리면	嚴天大雪
비로소 송죽의 절개를 보네	始見松筠
아름다운 풀 싱싱한 꽃은	媚草夭花
모두가 조화신공을 완성하는데	亦成造化
세간의 영화를 훔친다면	苟求世榮
실로 은혜 저버리는 일이네	實孤恩者

— 영원 유청

그리고 『오가정종찬』의 저자는 그의 찬을 지으며 모두에 다음과 같이 적고 있다.

꼬장꼬장한 고집쟁이 늙은이여!	倔强老尊慈
등뼈가 무쇠로 생겼구나	背梁生鐵鑄
나라의 칙명에 요순우탕을 빌릴 것 없는데	寰中勅 不假堯舜禹湯

8. 단하 자순

단하 자순(丹霞子淳, 1064~1117)은 부용 도해의 법을 이었고 검주 가씨(賈氏)의 자손이다.

한 학인이 자순에게 물었다.
"우두 법융이 4조 도신을 친견하기 전에는 어떻습니까?"
"노란 국화꽃 피자 벌들이 다투어 꿀을 모은다."
"친견 후에는 어떻습니까?"
"잎새가 마르고 꽃잎이 지니 전혀 의할 곳이 없다."

천동 정각이 찾아오자 자순이 물었다.
"무엇이 공겁 이전의 자기 모습인가?"
"우물 안 청개구리가 달을 삼키니 야반삼경에도 야명주 주렴을 빌리지 않습니다."
"아직은 안 돼, 다시 말하라."
정각이 무어라 말하려 하는데 불자로 한 대 후려치며 말하였다.
"빌리지 않는다고 다시 한 번 말해봐라."
천동이 언하에 대오하였다.

단하 자순은 시정이 마르지 않는 시인이었고 대선장이다. 『선문염송』에는 수많은 선화에 그의 게송이 전한다. 단하순이 바로 그다.

9. 천동 정각

천동 정각(天童正覺, 1071~1157)은 단하 자순의 법제자이며 습주인으로 속성은 이씨다. 정각은 11세에 출가하여 14세에 구족계를 받았으며, 18세에는 도를 찾아 주유천하하였다.

뒷날 단하를 배알하고 '공겁 이전의 진면목'에 계합하였고, 이후 천동사에
서 늘 '공겁 이전의 자기' '부모미생전(父母未生前) 진면목' '나무에 올라가기
전'의 화두로 선객들을 제접하였다. 다음의 게송은 정각이 읊은 '당나귀 타고
가는 신부'라는 제의 선시다. 감상해보자.

신부가 당나귀 타고 시댁 하인은 고삐 잡고　　　　新婦騎驢阿家牽
용모와 풍류가 자연스럽기도 하지　　　　　　　　體段風流得自然
눈썹 찌푸린 미소를 따라 배운 이웃집 아씨　　　　堪笑學顰隣舍女
사람들에게 추함만 더할 뿐 아름다움은 아니지　　向人添醜不成姸

옛날 서시(西施)라는 유명한 미녀가 있었는데, 배가 아파서 눈썹을 찌푸리
자 그 모습이 매력적이어서 빨래하던 동네 아가씨들이 이걸 보고 모두 눈썹
을 찌푸리고 다녔다. 선도 이와 마찬가지다. 스스로 실참실수(實參實修)하여
야지 몸 밖에서 따로 부처를 구한다면 부처와 천지현격이 된다. 이 선시는 밖
으로만 치닫는 선객에게 조용히 말하고 있다. 밖에서 들어오는 놈 치고 도둑
이 아닌 것이 없다고.

흔히 조동선을 묵조선(默照禪)이라 하고 임제선을 간화선(看話禪)이라 한
다. 이는 조동종의 천동 정각에 이르러 크게 중흥한다. 조동선을 묵조선이라
부름은 그의 선풍에 기인한다.

송대에 이르러 임제종에 대혜 종고가 부르짖는 간화선과 정각의 묵조선
풍과는 각각 쌍벽을 이루었다. 정각은 마음은 일체 제불의 깨달음이며 중생
의 본원이라고 여겼다. 육신을 가지므로 6식에 의한 장애와 미망으로 혼미해
져 스스로 본래자리에서 비켜나가 앉아 부처임을 단지 망각하여 범부중생이
된 것이지 각자와 다름이 없다고 생각하였다. 미혹이 본성을 가려버렸을 뿐
이니 중생도 정좌하고 청정한 마음을 들여다보면 부처와 다름이 없이 자성본
원에 계합한다고 주장한다. 마치 호수가 흙탕물이 되었을 때에는 달이 비치
지 않다가 그 흙물이 가라앉으면 호수에 명월이 비치듯이 본성도 밝게 드러
나 확연히 자재함을 우리가 보는 이치와 같다고 말한다. 정각은『묵조명(默照

銘)』에서 다음과 같이 역설하였다.

영묘한 마음을 홀로 비추어보면, 내심을 비추어보는 가운데 묘함이 있다. 묘함은 묵묵히 좌선하는 곳에 있으며 공용은 깨끗한 마음을 비추어보는 가운데 있다.

그리고 특기할 것은 정각의『송고백칙』이다. 원대에 이르러 그의 12세 후손인 만송 행수가 이 저술에 평창하여『종용록』을 지었다. 이 책은 운문종의 설두 중현의『설두송고』와 임제종의 원오 극근의『벽암록』과 함께 선문의 3대 명저로 불려진다.

이제 그의 임종게를 들으며 대선장의 입적을 지켜보기로 하자.

꿈, 허깨비 빈 꽃처럼	夢幻空花
6, 70년을 보냈네	六七十年
흰 새는 노을 속으로	白鳥烟沒
가을 물은 하늘에 닿네	秋水連天

16장

선시의 백미 : 「십현담」

조동종의 이름은 개조인 동산과 그의 제자 조산의 이름자를 따서 만들어진다. 그것은 동산과 조산, 양대에 가장 두드러진 두각을 나타냈기 때문일 것이다. 그러나 조산은 오늘날 조동종의 법계와는 닿아 있지 않다. 조산의 법손들은 4대에 이르러 단절되고 동산과 운거를 잇는 법계가 현금까지 계승되고 있다.

조동종의 법계는 동산 양개-운거 도응-동안 도비-양산 연관-대양 경현-투자 의청-보용 도해-단하 자순-천동 정각으로 이어지니 오늘날 임제종과 더불어 조동종은 커다란 선의 본류를 이룬다.

선시의 절창으로 일컬어지는「십현담」의 작가 상찰은 운거 도응-동안 상찰로 이어지는 법계를 이었다. 이제「십현담」을 음미하며 저 창망한 조동선의 세계로 들어서보자.[1]

동안 상찰(同安常察)은 운거 도응의 제자여서 청원 아래 6대에 속한다. 생졸이 분명치 않으며 송대의 선사라는 것을 추측할 뿐이다. 단지『전등록』에 의하면 상찰은 홍주 봉서산 동안원에 있었다는 기록이 있고,『선문염송』제26권 1175칙「향거(向去)」에서 1179칙「희작」까지가 있어 그의 선풍을 짐작할 뿐이다.「십현담」열 수 중 앞의 다섯 수는 선종의 종지를 다루었고 뒤의 다섯 수는 수행의 요체를 노래하고 있다. 이「십현담」은 돈오의 입장에서 그 당처를 읊은 것이라서 어느 것 하나 선의 요체에 이르지 않는 것이 없다. 하나가 각각 열을 포함하고 있어 눈이 닿는 대로 성큼 뛰어들면 바로 그 자리다. 차제를 설한 〈십우도〉와는 다르다.

---

1) 「십현담」의 주해 및 번역은 한글대장경 182『경덕전등록』제29권과 이원섭의『선시』와 석지현의『선시』, 그리고 최근에 한용운의『십현담주해』를 심혈을 기울여 주해한 서준섭 교수의 글들을 두루 참고하였음을 밝힌다.

「십현담」의 주해로는 법안종의 개조 법안 문익의 청량주 외 많은 주해가 있고, 우리나라에는 조선 초기의 매월당 김시습의 열경주가 있으며 근래에는 만해 한용운의 비(批)와 주해가 있다.

이 대문에 와서 필자는 그저 간단히「십현담」의 각 게송마다 대의를 강설하고 많은 말을 생략하기로 한다. 생략한 자리엔 만해의 비로 대신한다. 읽어보면 안다, 더 이상 각주가 필요치 않음을.

「십현담」의 시구에 들기 전 서문을 읽으며 소소영영한 이놈을 다스려보자.

1. 『십현담 강설』

서(序)

무릇 현담(玄談)과 묘구는 삼승(三乘)를 드러낸다. 그러나 서로 얽히지 않으며 또 서로 떨어져 있는 것도 아니다. 마땅히 맑은 하늘에 빛나는 달(朗月)과 같이 그 근기에 젖어(泯機) 그림자 도는 것(轉影)과 같이 깊은 바다의 밝은 구슬과 같이 사람에 따라 합당하게 쓰인다. 또 배우는 무리가 있다고 하나 오묘한 이치가 무궁하여 통달한 자는 드물다.

근원이 미한 무리들은 삼라만상의 모든 물물이 자명하고 이사(理事)가 서로 배격하고 명언이 모두 없는 것이 은근히 달을 가리킴이니 어린애와 같이 옳다고 착오하지 말 것이다(迷源者衆 森羅萬象 物物上明 或卽理事雙祛 名言俱喪 是以慇懃指月 莫錯端倪).

물을 뚫는 바늘에 미혹하지 말라. 가위 개권지보(開拳之寶)다. 사리(事理)를 밝히는 짧은 말로서 서를 줄인다.[2]

1) 마음 얼굴(心印)

[강설]

마음(心)과 이름(印)이 서로 간섭하지 않으며 허물이 되지 않으니 심인(心印)이라는 말이 드러난다.

마음 얼굴 어떻던가? 둥글든가 납작하든가 희든가 검든가 슬프든가 기쁘든가.

---

2) 『경덕전등록』권29「詩十首」,「동안선사」, 보련각, 1982, 213쪽.

그러나 마음과 얼굴은 같으면서 다르고 다르면서 같다. 마음마다 짐짓 얼굴이 있으니, 이 얼굴이 이름이어서 거짓으로 마음 일어날 때 마다 이름 붙여 증표로 삼는다.

둥글게 둥글게 보라.

[비] 뱀을 그리는 것도 이미 틀렸는데, 어찌 다리를 붙이랴

[批] 畵蛇已失 添足何爲

그대에게 묻노니 마음 얼굴 어떠하던가

[비]

분 냄새 가득한데 경국지색은 어디 갔나

問君心印作何顔

[批]

脂粉滿地 世無傾城

마음을 누가 전수한다 감히 말하랴

[비]

의발은 본래 마음이 아니니

心印何人敢授傳

[批]

衣鉢早非心印

억겁 평평하여 다른 모양 없거늘

[비]

천수천안 관음보살도 실명한다

歷劫坦然無異色

[批]

千眼失明

마음 얼굴이라 부름은 본래 빈말

[비]

마음을 얼굴 아니라 해도 역시 빈말

呼爲心印早虛言

[批]

呼心非印亦虛言

분명히 알아라 그 바탕 텅 빈 허공 같아

[비]

천하의 병신이 이보다 더 나을 것 없다

須知體自虛空性

[批]

天下之不具 莫此甚也

불 속에 핀 연꽃, 이렇게나 부를까

[비]

모든 꽃이 원래 불 속에 피는 것

將喩紅爐火裡蓮

[批]

百花元從火裡生

무심을 도라 이르지 말라

[비]

무릉 복사꽃의 봄을 모두 건졌는데

勿謂無心云是道

[批]

網盡桃花武陵春

어부들은 여전히 선원을 찾아 든다   漁朗依舊到仙源

무심마저 한 겹 막힘이 있다   **無心猶隔一重關**

[비]   [批]

처음엔 만사를 밤이 되어 결정코져 했는데   初擬萬事到夜定

한가한 걱정 꿈에 와 설침을 어찌할 것인가   其奈閒愁入夢多

2) 조사의 뜻(祖意)

[강설]

삼세의 제 조사의 뜻, 역시 이러하다. 그들은 뜻 없음으로 근본으로 삼으며, 뜻 있음으로 그 징표로 삼는다. 조사의 뜻을 알고자 하는가?

중생의 무의(無意)가 조사의 드러냄이니, 중생의 뜻이 조사의 뜻이지만, 조사의 뜻은 중생의 뜻이 아니다.

[비] 범부 역시 본래 다 갖추어 있다. 일체 성현이라도 말할 길 끊겼다.

[批] 博地凡夫 本自具足 一切聖賢 道破不得

조사의 뜻, 빈 것 같지만 빈 것이 아니다   **祖意如空不是空**

[비]   [批]

나뭇잎 하나에 천하가 가을이라   一葉天下秋

신령스런 슬기 어찌 '유/무'에 떨어지랴   **靈機爭墮有無功**

[비]   [批]

보답할 것도 베풀 것도 하나 없다   無報無應

삼현도 오히려 이 뜻에 밝지 못하거늘   **三賢尙未明斯旨**

[비]   [批]

한 잔 물을 엎질러 겨자씨 배 띄우는 격   盂水之覆 芥爲之舟

십성이 어찌 이런 뜻을 알겠는가   **十聖那能達此宗**

[비]   [批]

백 척의 낭떠러지다   百尺竿頭

그물 뚫은 고기 되려 물에 머무는데   **透網金鱗猶滯水**

[비]

천하의 금고기 그물엔 살아났지만

물에 걸려 죽는 자 많구나

[批]

天下之金鱗 不死於網

面死於水者多矣

머리 돌린 석마가 사롱을 빠져나가니

[비]

수미산을 겨자씨에 넣어도 여지가 있다

廻頭石馬出紗籠

[批]

須彌納芥 恢有餘地

조사서래의를 귀띔하노니

[비]

구업이 아직 다하지 않았군

慇懃爲說西來意

[批]

口業未淨

서쪽이냐 동쪽이냐 묻지들 마라

[비]

봄 쫓아 굳이 동쪽으로 갈 필요 없지

서원의 한매가 이미 눈을 뚫고 있어

莫問西來及與東

[批]

尋春莫須向東去

西園寒梅已破雪

3) 현묘한 슬기(玄機)

[강설]

이놈의 정체는 현묘한 기틀조차 없는 것을 본으로 한다. 현기가 없으므로 생성하지 못하는 것이 없고 생성하지 못하는 것이 없으므로 현기가 있다.

이 도리를 알고자 하는가?

봄바람에 펄럭이는 여인의 치맛자락이요, 가을 달을 바라보는 사내의 가슴에 불어오는 피리 소리라.

[비]

가을꽃도 아니고 하늘빛도 아니지

[批]

不是秋花不是紺

공겁을 뛰어넘어도 거둘 수 없나니

[비]

봄바람에 도리, 가을 물에 부용이라

超越空劫勿能收

[批]

春風桃李 秋水芙蓉

어찌하여 진기에 매여 머뭇거리겠는가

[비]

豈與塵機作繫留

[批]

하늘에 기댄 장검이다

依天長劍

그 묘체 본래 머물 곳이 없으니

妙體本來無處所

[비]

[批]

군신이 자리를 함께하니 태평스럽다

君臣同座 始得太平

도의 싹, 어찌 흔적 있으리오

道芽何更有蹤由

[비]

[批]

봄비 능히 적시지 못하거늘

春雨未能潤

가을서리 어찌 시들게 할 수 있으리오

秋霜何曾枯

신령스런 일구는 만상 훌쩍 초월하여

靈然一句超羣像

[비]

[批]

일구는 일구 중에 있지 않으니

一句不在一句中

삼승을 멀리 벗어나 수행 따윈 필요 없다

迴出三乘不假修

[비]

[批]

야광주는 조탁으로 얻어지는 것 아니니

夜光之璧 不因彫琢而得

천성들 저 끝에서 손을 모두 털었나니

撒手那邊千聖外

[비]

[批]

부처도 쳐버리고 조사도 부수니

佛也打 祖也打

이 누리 가득 일물도 없음이라

滿地無一物

돌아오는 길 '불 속의 소'나 되어볼까

廻程堪作火中牛

[비]

[批]

가는 것도 평안이요 오는 것도 평안이네

去平安 來平安

4) 티끌은 다른가(塵異)

[강설]

맑고 흐림이 무슨 뜻이 있으랴. 맑음도 흐림이요 흐림 역시 맑음이다.
사람들은 괜히 맑음을 흐림으로 짝하네.

이놈은 진세에 살지만 뒤섞임이 없고 진세를 떠났지만 뒤섞여 있다. 이것이
진이(塵異)다.

[비]	[批]
방 하나에 일천등이라	一室千燈

**더러운 것도 제 홀로고 깨끗한 것 또한
제 스스로 깨끗한 것이니**

[비]	[批]
봄빛이 묘한 건 스스로 얻음인데	春光妙在各自得
우습네, 난은 심고 가시는 자르는 것	堪笑種蘭剪荊莿

보리와 번뇌, 그게 그것

[비]	[批]
봄풀아, 왕손은 지금 어데 갔는가	春草王孫今何在
황사 저 백골만 끝이 없구나	黃砂白骨共無邊

누가 변화의 옥, 알아볼 이 없다 말하랴

[비]	[批]
변벽은 천 년이 되어도 변석이 되지 않느니	卞璧千古不爲卞石

내 가는 곳곳마다 구슬 빛뿐이로다

[비]	[批]
빈 골짝에 난, 그 향기를 알아보는 이 없다	空谷之蘭 不以無人不馨

만법이 스러질 때 본체 그대로 드러나니

[비]	[批]
술이 다하고 노래가 끝나야 청취가 묘해진다	酒殘歌罷 淸興方妙

삼승을 분별하여 억지로 이름 붙임이라

[비]	[批]
하나, 둘, 셋,	一二三

장부는 스스로 하늘 뚫을 패기 있기에

[비]	[批]

이 하늘 이 땅, 나 혼자구나   乾坤一我

여래가 간 자취 뒤밟지 않네   **莫向如來行處行**

[비]   [批]

풀숲에 인적 있어 다시 꽃 떨어진 길 밟네   芳草有人跡 更踏落花老

5) 말씀(演敎)

[강설]

만해가 말하기를 '여래가 중생을 위하여 말없음으로 설교하고 다시 말씀을 하였다(如來爲衆生 故無言說敎 更生言說)'라고 했다. 진실함이여! 이는 얼음을 차다 함이고 불은 모든 것을 태운다 한 것뿐이다. 아는가.

[비]   [批]

무수한 누런 잎 잎들, 우는 아기 달래는 종잇돈   無數黃葉葉 盡作止啼錢

삼승은 차례로 좋은 말씀 폈고   **三乘次第演金言**

[비]   [批]

소인지 말인지 모르고 추수에 이르러   不辨牛馬秋水至

바다가 넓다든지 많다든지 말하지 말라   莫道滄海有幾多

삼세의 여래들 또한 그러했노라   **三世如來亦其宜**

[비]   [批]

앞 수레 뒤집혔는데 뒷 수레 조심 않네   前車覆轍 後車不戒

처음엔 유/공을 말하자   **初說有空人盡執**

사람들은 모두 거기 집착하여

[비]   [批]

콩 심은 데 콩 난다   種荳得荳

뒤엔 공도 유도 아니라 하니   **後非空有衆皆捐**

사람들은 그때서야 모두 집착 버렸네

[비]   [批]

그대 말 또한 아름답다   君言亦復佳

용궁에 가득찬 저 보물은 약방문이요

[비]

병은 쇠털 같고 약은 태산 같다

龍宮滿藏醫方義

[批]

病如牛毛 藥似泰山

학수의 마지막 설법마저 방편인걸

[비]

49년간 설해도 깨뜨리지 못했으니

만 가지 일이여, 물이 동쪽으로 흘러가네

鶴樹終談理未玄

[批]

四十九年道不破

萬事瘳今水東流

진정계 그 가운데 한 생각 비침이여

[비]

한 생각 비쳤다면 이미 진정계 아니지

眞淨界中纔一念

[批]

纔有一念 原非眞淨

지구 시간으로는 이미 8천 년 지났네

[비]

일각이 천금이다

閻浮早已八千年

[批]

一刻抵千金

6) 근본에 이르다(達本)

[강설]

밖에서 쳐들어오는 놈 쳐놓고 도둑 아닌 자 없다. 안에서 튀는 자 역시 도둑이니 잘 살피고 살펴야 한다.

일체를 쉬고 한 생각 다다르니 이곳이 본가다. 머뭇거리지 말자.

[비]

구름, 산 헤쳐 헤쳐 여기 왔으나

환가 자체가 옛 대로 집을 떠나 있다

[批]

踏破雲山無限路

還家依舊離家在

중도에 헛것에 사로잡히지 말고

[비]

끝없는 향수가 사람을 휘잡는다

勿於中路事空王

[批]

鄕愁無端惱殺人

지팡이 재촉하여 고향으로 돌아가라

[비]

바야흐로 이 일은 발꿈치 돌리는 데 있다

策杖還須達本鄕

[批]

方有事于旋踵

구름과 물 막힐 때 머뭇거리지 말라	雲水隔時君莫住
[비]	[批]
구름과 물은 하늘 끝 이니라	雲水仍是天涯

설산 깊은 곳 나 바쁠 것 없나니	雪山深處我非忙
[비]	[批]
수고로우나 공은 없다네	勞而無功

슬프다, 지난날은 옥 같은 얼굴이더니	堪嗟去日顔如玉
[비]	[批]
지난날 돌아보니 마음 슬퍼진다	回憶自生憐

오는 길, 머리칼은 서리가 내렸구나	却嘆廻時髮似霜
[비]	[批]
불법은 오직 백발에 있다	佛法惟有白髮在

빈털터리 집에 오니 아는 이 하나없고	撒手到家人不識
[비]	[批]
알아보는 이 있다면 묘할 것 없지	識則非妙

존당에는 한 물건도 바칠 것 없다	更無一物獻尊堂
[비]	[批]
존당에는 벌써 바쳐져 있다네	猶有尊堂在

7) 귀향마저 쳐부수다(破還鄕)

[강설]

환향, 고향으로 돌아오다. 곧 환지본처하여 내외명철한 자성본원으로 돌아옴을 이른다. 여기에다 다시 '깨뜨리다(破)'니, 곧 자성본원, 본래면목에 이르렀다는 생각마저 버려야 함을 말한다. 자성본원, 본래면목이 무엇인가? 사유의 표현인 언어, 곧 생각마저 잊음을 의미한다.

게송을 겉돌듯 읽어치워라.

| [비] | [批] |
| 어느 곳인들 고향이 아니랴 | 何地非故鄉 |

근본으로 돌아가면 이미 일은 틀린 것
[비]
귀한 금도 눈에 들면 눈병나지

返本還源事已差
[批]
金屑難鬼 着眼則病

본래 머물 곳 없고 집 또한 없는 것
[비]
온몸 가득 청풍과 명월

本來無住不名家
[批]
滿身淸風明月

만년 소나무 오솔길 눈에 깊이 덮혔고
[비]
어느 날의 소나무길이며,
눈에 덮인 지 또 몇 해던가

萬年松逕雪深覆
[批]
何日松有逕
雪覆又幾年

한 띠의 산봉우리 구름이 다시 가린다
[비]
일보는 다시 일보 내딛는 데 묘미 있지　　一

一帶峰巒雲更遮
[批]
步更奇於一步

손과 주인이 화목할 때 모두 망령이오
[비]
예의 하나 바르군

賓主穆時全是妄
[批]
禮有揖讓

군신의 동석, 옳은 듯하나 잘못된 것
[비]
궁중의 법도가 문란하군

君臣合處正中邪
[批]
宮中紊亂

환향곡 저 가락 어떻게 하면 불러볼까
[비]
고기잡이 노래요 나무꾼의 피리 소리로다

還鄕曲調如何唱
[批]
漁歌樵笛

명월당 앞 마른 등걸에 핀 꽃이다
[비]
소리 앞에도 고요치 않았고
소리 뒤에도 들은 것 없다

明月堂前枯樹花
[批]
聲前非寂
聲後無聞

8) 자리 바꾸다(轉位)

[강설]

'자리를 바꾸지 말라' 우리는 이미 자리를 바꾸었다. 또 바꾸어도 별로 기특할
것이 없다. 단지, 간장과 콜라를 가리는 것이 중요하다.

[비]
걸음마다 백수요 걸음마다 청산이다

[批]
步步白水靑山

열반성이 오히려 위태롭네

涅槃城裡尙猶危

[비]
불조의 자리는 위태롭고 두려움이 많아
밤이 오면 옛대로 갈숲에 깃든다

[批]
佛祖位中多危懼
夜來依舊宿蘆花

저잣거리에 기약 없는 만남은

陌路相逢沒定期

[비]
떠돌이 저 사내 만날 수도 헤어질 수도

[批]
磊落不羈漢 可逢亦可離

방편으로 헌옷 걸어놓고 부처라 부르면

權掛垢依云是佛

[비]
아지랑이 원래 물이 아니거늘
목마른 사슴이 어찌 마실 건가

[批]
陽焰元非水
渴鹿豈可飮

진주 비단 좋은 장식 무어라 이름하리

却裝珍御復名誰

[비]
더러움에 더러움이 더하는구나

[批]
醜甚於一醜

목인이 오밤중에 신을 신고 돌아가고

木人夜半穿靴去

[비]
할!

[批]
喝

석녀는 날 새자 모자 쓰고 가는구나

石女天明戴帽歸

[비]
온갖 잡귀 자취 없다

[批]
百鬼遊跡

만고의 푸른 공계의 저 달

萬古碧潭空界月

[비]

[批]

구름과 진흙 그 차이다

云泥有差

두 번 세 번 건져봐야 알게 된다

再三撈摝始應知

[비]

[批]

적어도 스며들지 않는 곳 없다

無微不入

9) 기틀을 돌리다(廻機)

[강설]

회기는 '본래자리'로 돌아감이니, 본래자리는 본래자리가 없음이니라.

동에서도 튀어나오고 서에서도 돌아나간다. 그래서 봄에 새싹이 돋고 가을에 열매를 거둔다. 궤와 규칙이 없음이 바로 궤이고 규칙이다.

저 언덕에 핀 꽃을 들국화라고만 하지 말라. 어저께 진 우담바라가 오늘 아침 다시 핀다.

[비]

[批]

꽃 향은 바람에 움직이고

風起花香動

달그림자는 구름 따라 옮겨간다

雲收月影移

털 입고 뿔 얹고 저잣거리 드니

被毛戴角入鄽來

[비]

[批]

과거 현재 미래의 모든 부처님이

三世諸佛

소가 되기도 하고 말이 되기도 한다

爲牛爲馬

우담바라꽃 불 속에 활짝 피었다

優鉢羅花火裡開

[비]

[批]

내가 가장 사모하는 그 사람이여

所懷伊人

번뇌의 바다에 이슬비 되니

煩惱海中爲雨露

[비]

[批]

짧은 봄밤 이슬 한 방울

無多春宵一滴露

아침이 다하도록 온갖 꽃 적셔준다

終朝付與百花頭

무명산 정수리에 우레 소리 울린다

無明山上作雲雷

[비]

[批]

평생을 결정함을 경하한다

慶快平生

끓는 가마의 숯불 가르침으로 불어 끄고

鑊湯爐炭吹教滅

[비]

[批]

닭 잡는 데 소 잡는 칼을 쓰는군

割鷄牛刀

칼과 검 모두 '할' 한소리에 깨뜨리다

劍樹刀山喝使摧

[비]

[批]

그까짓 수고 무엇 그리 대단하냐

微勞何是謝

금자물쇠의 현묘한 관에 머물지 말고

金鏁玄關留不在

[비]

[批]

신룡은 원래 못 속의 것이 아니거늘

神龍元非池中物

물고기나 자라 되어 낚싯밥에 걸리리

肯同魚鼈接香餌

온갖 길로 가서 다시 윤회하리라

行於異路且輪廻

[비]

[批]

지팡이 끝 풍월이요 가득 찬 강과 호수로다

一竿風月 滿地江湖

10) 한빛(一色)

[강설]

손가락으로 허공에 원을 긋지 말라. 원 밖에 원이 있고 원 안에 원이 있다. 그으면 사라지고 사라지면 긋나니, 무엇이 일색의 소식인가? 창밖 강변을 걷는 젊은 이 한 쌍이 마주 보고 웃고 있다.

[비]

[批]

한 빛은 한 빛 밖에 있다

一色知在一色外

마른나무 바위 앞 갈림길도 많아

枯木岩前差路多

[비]

[批]

갈수록 갈림길, 갈수록 빗나간다

愈岐愈失

나그네 여기 와서 다 헛디뎌 넘어진다

行人到此盡蹉跎

[비]

[批]

세월은 나를 기다려주지 않는다

歲不我與

백로가 눈에 서도 같은 색이 아니요

鷺鷥立雪非同色

[비]

[批]

같다면 이미 같은 것이 아니다

同則非同

명월과 갈대꽃, 닮음도 다름도 아니니

明月蘆花不似他

[비]

[批]

견줄 것 있다면 벌써 높은 것은 아니다

有類卽非高

알았다 알았다 할 땐 안 것 아니고

了了了時無可了

[비]

[批]

옆 사람 보기 부끄럽다

可愧傍人

깊고 깊고 깊은 곳도 역시 웃음거리일 뿐

玄玄玄處亦須呵

[비]

[批]

깊지 않은 곳이 어디 있지

無處不玄

그대 위해 남몰래 현중곡을 부르나니

懃懃爲唱玄中曲

[비]

[批]

삼세의 불조도 귀 먹겠구나

三世佛祖 一時耳聾

허공 속의 저 달빛 꺾어올 수 있겠느냐

空裡蟾光摧得麼

[비]

[批]

천 개의 손도 이르지 못하니 만고의 명월이다

千手不到 萬古明月

17장
임제종의 가풍

6조 혜능은 남악 회양을, 회양은 마조 도일을 낳고, 도일은 백장 회해를, 회해는 황벽 희운을 낳으니, 희운이 바로 임제종의 조사 의현의 법사(法師)다.

임제종이 오늘날 선종의 본류를 이루는 것은 선의 정신이 시공을 떠나 살아 꿈틀거리고 선의 물결이 한 굽이 돌 때마다 한 골짝과 산봉우리를 이루고 내를 이루어 진경을 만들기 때문일 것이다. 빼어난 선장들이 한강의 모래만큼 많으나 그중 흥화 존장, 남원 도옹, 풍혈 연소, 수산 성념, 분양 선소, 자명 초원, 양기 방회, 황룡 혜남, 백운 수단, 오조 법연, 원오 극근, 대혜 종고 등을 배출하였다. 우리나라 조계종 역시 양기 방회의 법손인 급암 종신의 법사(法嗣)인 석옥 청공의 법맥을 이은 태고 보우와, 종신의 한 법사인 평산 처림의 법을 이은 나옹 혜근에 의해서 조선 선의 본류로 자리를 잡는다.[1]

조선의 대선장 서산 휴정은 임제종의 가풍을 그의 저서 『선가구감』에 다음과 같이 밝히고 있다.

빈손에 단도를 드니 부처도 용서 없고 조사도 죽인다. 옛과 이제 모두 삼현(三玄)[2]과 삼요(三要)[3]로써 판별하고 용과 뱀을 빈주구(賓主句)[4]로 알아낸다. 금강

1) 우리나라 조계종 선맥의 종조인 급암 종신에게 석옥 청공과 평산 처림이 있고, 청공에게 태고 보우와 백운 경한이 있고 처림이 나옹 혜근을 배출하니, 고려 말 우리나라 선이 다시 한 번 용틀임하게 된다. 우리나라 초창기 선은 9산선문으로 묶이는 신라 말, 고려 초를 지나 다시 정혜결사의 기치를 든 보조 지눌의 법해를 거쳐 고려 말에 이른다.

2) 三要의 첫째 一要는 비침(照)이 큰 기틀(大機)인 자아 없는 진체를 말하고 二要는 비침 자체가 바로 큰 쓰임(大用)이어서 무방법의 위대한 방법을 말하고 마지막 三要는 비침과 씀이 동시(照用同時)이어서 안과 밖을 세우지 않음을 말한다.

3) 三玄은 體中玄, 句中玄, 玄中玄을 이른다. 체에 관한 신비(체중현)는 삼세가 한 생각이라는 것(三世一念等)과 표현의 신비(구중현)는 지름길의 언구(徑截言句等) 등을 말하고 신비중의 신비(현중현)는 방망이와 할 같은 것들을 말한다.

4) 빈주구는 『선문염송』 권16, 616칙 「빈주」에는 '어느 날 선방 두 수좌가 마주치자 동시

보검으로 도깨비를 쓸어내고 사자 같은 위엄으로 뭇짐승을 마음과 간담을 찢어 버린다.[5]

임제종의 종지를 알고자 하는가? 푸른 하늘에 벼락치고 평지에 물결이노니.

赤手單刀 殺佛殺祖 辨古今於玄要 驗龍蛇於主賓 操金剛寶劍 掃除竹木精靈 奮 獅子金威 震裂狐狸心膽 要識臨濟宗麽 靑天轟霹靂 平地起波濤

1. 함이 없는 참 사람 : 의현

임제 의현(臨濟義玄, ?~866)은 조주 남화(현, 산동)인이고 성은 형(刑)씨다. 『전등록』이나 『임제록』의 기록을 살펴보면 그는 타고난 성품이 매우 철저하며 적극적이었으며 아주 열렬히 진리를 추구하는 강한 정신력의 소유자였다.

처음에는 교와 율종의 공부를 하였으나, 발심하여 말하기를 "이것은 세상 을 구제하는 약방문에 지나지 않는다. 가르침 밖의 근본 마음을 전한 종지는 아니구나"[6] 탄식하며 선종으로 개종하고 선지식을 찾아 행각에 나선다.

그가 처음 선원에 든 것은 황벽산 희운의 문하였다. 그 당시 선원의 수좌는 목주 도명(睦州道明)이었다. 그는 의현의 도를 향한 순일하고 충직한 성품과 행동에 감복되어 마음에 새겨두고 있었다. 인연에 무르익자 하루는 의현에게 다가가 물었다. 이때의 사정을 『선문염송』에는 다음과 같이 기록하고 있다.

진주 임제 의현 선사가 황벽의 회상에 있을 적에 제1좌의 권유에 따라 황벽에 게 질문하였다.
"어떤 것이 불법의 적적 대의입니까?(如何是佛法的的大義)"
이에 황벽이 몽둥이로 그를 내리쳤다. 이렇게 하기를 세 차례 거듭하고서 이곳

에 할을 하는 것을 보고 학인이 임제에게 묻기를 "이럴 때도 손과 주인이 있습니까?" 하니 임제는 "분명하다"라고 말한다. 이것이 임제의 빈주구 공안이다. 참으로 질기고 질긴 그물이다. 그래도 통과하지 못하는 것은 그물에 걸린 피라미뿐이다. 무엇 때문 에 이런 그물을 치는가? 임제 늙은이는 음흉하다.'

5) 청허 휴정, 『선가구감』, 용담 역, 인물연구소. 1982, 200~201쪽(賓主句).
6) 서옹 연의, 『臨濟錄』, 임제선원, 1974, 397~401쪽. 서옹스님의 『임제록』은 『鎭州臨濟 慧照禪師語錄』을 연의한 것이다.

을 떠나고자 하직을 고하니 황벽은 고안의 대우화상을 찾아가라고 권하였다.

"어디서 오는가?" 대우가 물었다.

"황벽에게서 옵니다."

"황벽이 무슨 말을 하시던가?"

"예, 제가 세 차례나 불법의 적적 대의를 물었습니다만, 세 차례의 몽둥이를 맞았을 뿐입니다. 제게 무슨 잘못이 있습니까?(三問佛法的的大義 三度喫棒 不知有過無過)"

대우가 말했다.

"황벽이 그토록 간절한 마음을 내어 그대를 위해 애를 썼거늘, 이제 도리어 허물이 있나 없나를 묻는가?(黃蘗 恁麼老婆爲你得徹困 更來問有過無過)"

의현은 이 말끝에 크게 깨닫고 말했다.

"황벽스님의 불법이 원래 몇 푼어치 되지 않는군요(元來黃蘗佛法無多子)."

이에 대우가 의현의 멱살을 잡으면서 말했다.

"이 오줌싸개 같은 놈이 아까는 허물이 있나 없나 하더니, 이제 와서는 불법이 몇 푼어치 안 된다니, 그래, 너가 무슨 도리를 봤다는 말이냐? 빨리 말해봐라, 말해봐(者尿床鬼子 適來道有過無過 如今 你見介什麼道理 速道速道)."

이 말끝에 의현이 말없이 대우의 갈빗대를 세 번 쥐어박았다. 대우가 의현을 밀어내고 말했다.

"자네의 스승은 황벽이지 내가 아닐세. 자넨 나와는 아무 관계가 없네."[7]

우리가 이 짧은 선화에서 읽을 수 있는 것은 의현의 향상일로에 대한 지극 정성과 우직하도록 최선의 노력을 다하는 행업이다. 그리고 우리가 골똘히 참구해야 하는 것은 '어째서 불법의 근본 종지를 묻는 의현에게 황벽 조실이 계속 방망이로 경책을 하였는가?'이며, 또 하나는 의현이 깨닫는 데 직접으로 영향을 준 대우가 '왜 너의 스승은 내가 아니고 황벽이라 하였는가?'이다. 이 질문에 대한 일이 끝나면 반쯤 큰일을 이룬 것이나 다름이 없으니 장부라면 머리를 싸맬 만한 일이다.

이 소식을 접하면 스스로 두 뺨을 두드려보면 안다.

7) 『선문염송』 권15. 607칙 「佛法」.

이어 의현의 어록인『임제록』에는 다음과 같이 이야기가 계속된다.

<blockquote>

의현은 대우를 하직하고 황벽에게로 돌아갔다.

"이 사람아, 이렇게 왔다 갔다만 하면 어느 세월에 깨달을 날이 있겠는가?"

"다만 조실 스님이 노파심절하기 때문입니다(祇爲老婆心切)."

이렇게 의현이 대답하였다. 그러고 나서 그는 여행의 경과와 대우가 말한 모든 것을 보고하자, 다 듣고 난 황벽은 이렇게 말했다.

"저런 수다스러운 영감쟁이 같으니라고, 오기만 해봐라. 내 화끈하게 두들겨 주어야지(作麼生得這漢來 待痛與一頓)."

"아닙니다. 기다릴 것이 뭐 있습니까? 지금이 바로 두드릴 때입니다."

의현은 바로 황벽의 뺨을 한 대 갈겼다.

이에 황벽은 말했다.

"이런 미친 놈 봤나, 범의 수염을 잡아 뽑다니!(這風顚漢 却來這裏 將虎髮)"

의현은 바로 할(喝)했다.

"시자야, 이 미친놈을 선방으로 데리고 가거라(侍者 引這風顚漢 參堂去)."

</blockquote>

『임제록』의 후미는 우리들에게 이렇게 묻고 있다.

<blockquote>

뒤에 위산이 임제가 대오한 이야기를 듣고 앙산에게 물었다.

"임제가 당시에 대우의 힘을 얻었느냐? 황벽에게 힘을 얻었느냐?

앙산이 대답했다.

"비단 호랑이 머리에 탈 뿐만 아니라 또한 호랑이 꼬리를 붙잡을 줄도 알았습니다."[8]

後潙山擧此話 問仰山 臨濟當時 得大愚力 得黃蘗力 仰山云 非但騎虎頭亦解把虎尾

</blockquote>

그렇다. 이 끝없이 이어지고 흘러가는 무한천공의 동태원(動態圓), 허공에 손가락으로 무수히 그어지는 '텅 빈 원상', 이 유리구슬은 나일 뿐만 아니라 바로 이 내가 '호랑이 머리에 탈 뿐만 아니라, 동시에 호랑이 꼬리를 붙잡는

---

8) 서옹 연의,『臨濟錄』, 임제선원, 1974, 326쪽. 앙산의 이 말은 '이 영특한 이놈은 겨울 되면 옷을 껴입을 줄 알고 봄이 되면 정강이를 발갛게 드러낼 줄 안다'는 뜻이다.

다' 할 것이다.

뒷날 선객들은 저마다 이곳을 헤집고 우리의 본래면목을 눈앞에 가져다 놓고 있다. 이제 선시의 고색창망한 세계로 들어서보자.

㉮

구포의 병아리요 천리를 달리는 망아지다	九包之雛千里之駒
참 바람이 피리를 거쳤고 신령한 기가 고동을 틀다	眞風度箭靈機發樞
마주 보며 올 때 번개 같고	劈面來時飛電急
어둔 구름 걷힌 곳 태양이 외롭다	迷雲破虛大陽孤
범의 수염을 잡아끄는 꼴, 본 적 있는가?	捋虎鬚見也無
저마다 씩씩한 대장부니라	箇是雄雄大丈夫

— 천동각

㉯

노자로는 사소한 것 더 보태지 말라	資糧更不着些些
갈림길에 세월 깊어 멀어질까 걱정이네	岐路年深恐轉서
당장에 세 방망이 아프게 때리니	直下痛施三頓棒
밤이면 전같이 갈대꽃 속에 잠든다	夜來依舊宿蘆花

— 진정문

㉰

황벽의 불법이 많지 않다 했으니	便言黃蘗無多法
대장부 어찌 자기 말을 어기랴	大丈夫兒豈自乖
겨드랑이 밑의 두 주먹은 근본을 밝힌 것	肋下兩拳明有信
황벽에게 전해 받은 것도 아니었네	不從黃蘗付將來

— 진정문

㉱

임제가 세 어름을 나되	林際度三夏
황벽의 선을 익히지 않았다	不參黃蘗禪
올라오자 60 방망이에	上來六十棒
손발이 모두 아찔하네	手脚逐茫然
노파심 간절했음을 깨닫자	忽悟婆心切

도리어 갈빗대에 주먹질한다 　　　　　翻行肋下拳

아무도 이 뜻을 모르니 　　　　　　　無人知此意

숲 속에서 삼현을 노래하네 　　　　　林下說三玄

　　　　　　　　　　　　　　　　　　　　— 무진거사

㈐

한 송이 눈 속의 매화가 　　　　　　一枝雪中梅

봄소식 온 줄 안다 　　　　　　　　便知春到來

한잔의 술은 어떠한가? 　　　　　　如何一盃酒

숲에 가득하기를 기다릴 뿐 　　　　須待滿林開

　　　　　　　　　　　　　　　　　　　　— 열재거사

㉮ 선시의 1행과 2행의 "구포의 병아리요 천 리를 달리는 망아지다(九包之雛千里之駒)"의 뜻은 구포에 싸인 병아리인 동시에 천 리를 달리는 천리마, 이것은 바로 우리의 소소영영하고 영특한 본래면목을 가리키니 '누워 있기도 하고 날기도 하는 그대' 그대로 슬기의 작용에 이른다 할 것이다. 그리고 마지막 행의 "법의 수염을 잡아끄는 꼴, 본 적 있는가?(捋虎鬚見也無)"는 자성영회한 이놈의 작용을 이르는 것이고, "저마다 씩씩한 대장부니라(箇是雄雄大丈夫)"는 본래면목이고 무위진인이라 하는 이놈의 본체를 나타낸 것이다. 살펴갈 일이다.

㉯의 게송 1행 "노자로는 사소한 것 더 보태지 말라(資糧更不着些些)"는 단출하게 맨눈으로 보고 마음의 코로 냄새를 맡을 일이지 이러쿵저러쿵 사량분별(思量分別)을 지어 자꾸 멀어지지 말라는 뜻으로 새기면 된다. 문득 여기에 이르니 여기에 이른 소식을 "밤이면 전같이 갈대꽃 속에 잠든다(夜來依舊宿蘆花)"로 형상화한다. 이 마지막 행에서 "옛날같이(依舊)"라고 한 옛날의 소식을 한 번 점검해보면 어떨는지?

㉰와 ㉱의 게송의 요체는 어째서 임제가 황벽의 옆구리를 세 번 쥐어박은 것인지? 이것이 무엇을 뜻하는 것인지, 아는 게 진실로 중요하다. 어째서 무슨 조화로 주먹이 둥둥 떠가서 황벽노한의 갈빗대를 두드렸는지? 참, 이곳에 조화는 없다. 가볍게 아주 가볍게 잠깐 생각해볼 일이다. 겨드랑이 밑의 두

주먹, 근본은 과연 무엇인가?

이 대답은 열재거사가 읊은 ㉮의 게송에서 잘 드러난다. 질문은 엄금. 그저 다시 한 번 게송을 소리 내어 읽어보자.

"한 송이 눈 속의 매화가/봄소식 온 줄 안다/한 잔의 술은 어떠한가?/술에 가득하기를 기다릴 뿐이네."

이렇게 의현의 깨달음을 인가한 후, 다시 황벽이 의현을 자기의 후계자로 인정하는 선화가 『선문염송』 609칙에 실려 있다.

하루는 울력으로 밭갈이를 하기 위해 황벽방장도 괭이를 들고 나왔다. 돌아보니 의현이 빈손으로 따라오고 있었다.

"자네, 왜 괭이를 가지고 오지 않나?(乃問鑱頭在什麽處)"

"예, 다른 사람이 가지고 갔습니다(有一人 將去了也)."

의현이 이렇게 대답하자 황벽은 의현을 가까이 오게 하고는 괭이를 땅에 세우고 말하였다.

"이것이 혼자 섰네. 천하에 어떤 사람도 이것을 들어 올릴 수 없네(竪起鑱頭云 祇這介天下人 拈掇不起)."

의현이 바로 황벽방장의 손에서 괭이를 빼앗아서 번쩍 들고 말했다.

"어째서 제 손에 있습니까?(爲什麽却在某甲手裏)"

"오늘 여러 사람이 울력을 나왔구나(今日大有人 普請)."

황벽이 말하며 선원으로 돌아갔다.[9]

이 이야기에서는 분명 황벽은 괭이를 가지고 의현의 깨침을 시험하고 있다. 의현의 방장의 뜻을 알아차리고, 바로 괭이를 빼앗아 방장이 한 것과 똑같이 괭이를 세우고는 말했다. "이것이 어째서 제 손에 있습니까?"

이 발언이야말로 황벽의 종지가 그대로 의현의 손에 넘어왔음을 선언하는 말이다. 그러자 황벽은 대뜸 말한다. "오늘 여러 사람이 울력에 나왔구나."

이 말을 새겨보면 '오늘 이미 대중들을 이끌고 들에 나아가서 울력을 맡을 사람을 찾았다'는 선언이 분명하다. 또 의현이 황벽산의 종지를 물려받았음

9) 『선문염송』 권15, 609칙 「鑱頭」.

을 공포하는 간접 표현이다.

그리고 하루는 의현이 소나무를 심는데 황벽이 물었다.

"이렇게 깊은 산에 그렇게 많은 소나무를 심어서 무엇하려는가?(深山裏 栽許
多松 作什麽)"

의현이 대답했다.

"첫째는 산문의 경치를 만들려는 것이요, 둘째는 뒷사람에게 모범을 보이기
위함입니다(一與山門作境致 二與後人作標榜)."

하고는 괭이로 땅을 세 차례 두들기거늘, 황벽이 말했다.

"그렇더라도 나의 방망이 30대를 맞았네(已喫吾三十棒了也)."

이에 의현이 괭이를 땅에 세우고 "허허" 하였다.

황벽이 말했다.

"나의 종지가 그대에 이르러서 세상에 크게 퍼지리라(吾宗到汝大興於世)."[10]

위의 이야기 말고도 『임제록』이나 『전등록』 『선문염송』 등의 선서 도처에
스승 황벽과 제자 의현은 마치 원수지간이라도 되는 양 볼 때마다 투닥거리
는 것이 많다.

하루는 의현이 보청에 가담하였다. 보청은 선원의 대중들이 사원을 위해
널리 청해 울력하는 것을 말한다. 차밭을 매고 있던 의현은 방장 황벽이 오는

---

10) 『선문염송』 권15, 610칙 「賊松」.
　　이 선화에 대각련 선사의 게송이 한 수 보태져 있다. 음미하자.

한 괭이 두 괭이로 마른 땅을 파네	一鑽兩鑽地乾索索
온 산에 푸른 솔을 다 심었지	遍嶺靑松皆揔着
한 하품 두 하품에 고단 나귀여	一噓再噓困遮臭驢
괭이를 세울 때 숨기운 끊겼네	柱却鑽頭點氣無
우리 종 크게 흥하는 건 그대 때문이라니	吾宗大興由汝扶
쌍림에서 안 그렇다면 두 발을 거뒀으리	雙林不爾收雙趺

　　4행에서 '괭이를 세운다' 함은 賊機를 말한다. 번뇌 망상을 빼앗음이니, 뺏는 동시
에 채워지니 비침(照)과 동시다. 寂照同時야말로 천하의 근본이어서, 6행에서 吾宗大
興이라 했다. 여러분들은 석가가 쌍림에서 열반 후, 가섭이 도착하였을 때 두 발을 관
밖으로 내민 소식을 아시는지?

것을 보고, 하던 일손을 멈추고 괭이를 잡고 섰다. 황벽은 제자를 다시 한 번 시험할 양으로 말했다.

"자네, 일에 지친 모양이군."

"괭이를 든 적이 없는데 피곤할 게 있습니까?"

의현의 대답에 황벽이 주장자를 들어 치려고 하였다. 그러자 의현은 주장자 한쪽을 잡고서 얼마나 세게 밀쳤던지 황벽은 쓰러지고 말았다. 황벽이 시자를 불러 자기를 일으키게 하였다. 시자가 놀라 말했다.

"큰스님, 이 미친놈의 미친 짓을 가만히 두고 보지는 못하겠습니다."

이때 일어선 황벽은 시자를 때렸다. 그때에 의현은 괭이질을 계속 하면서 말했다.

"사람들은 도처에서 화장당하고 있는데 나는 여기서 산 채로 매장되고 있구나(諸方卽火葬我這裏活埋)."[11]

이 선언이야말로 참나가 홀랑 벗고 울어 젖히고 있는 외침이다. 외향적으로 쌓인 오랜 관습의 옷을 벗어 젖힌 한 수도자의 포효성을 듣는다는 것은 참으로 전율 끼치는 일임이 틀림없다. 의현의 울부짖음. 대자유인이 된 울부짖음이었다. 우리의 육신이 활동을 정지하기 전에 찾아드는 육신의 죽음. 이 죽음은 크게 죽은 뒤에 오는 삶인 대사저활인(大死底活人)의 소식이다. 선어에 등장하는 대사일번한철골(大死一番寒徹骨)의 죽음. 이러한 죽음이 일어날 때, 인간은 불생불사의 대자유인인 의현이 부르짖는 무위진인으로 태어난다.

이때부터 황벽은 제자 의현이 완전한 무상정등정각(無上正等正覺)의 깨달음을 이루었음을 확신한다.

의현은 황벽산에서 떠나고자 하고, 황벽은 의현에게 법의 등불을 전하고

---

11) 『경덕전등록』 권12, 「진주임제의현선사」, 보련각, 1982, 23쪽. 위산을 앙산이 뫼시고 섰을 때 이 선화를 듣고 앙산에게 물었다. "괭이가 황벽의 손에 있었는데 어째서 임제에게 빼앗겼습니까?" 하니, 위산이 말하기를 "도적놈이 소인이기는 하나 군자보다 과하다."고 하였다. 그리고 '제방에 모든 사람들이 화장을 당하는데, 나는 여기서 산채로 매장당하는구나(諸方卽火葬我這裏活埋)'를 놓고 위산선사가 앙산에게 물었다. '황벽과 임제의 이때의 뜻이 무엇이겠는가?' 하니 앙산이 대답하기를 '도적놈은 달아났는데 순경이 매를 맞았습니다' 하니 위산이 '옳구나' 하였다.

자 한다. 이제 헤어지면서도 스승과 제자는 서로 무적의 검객으로 살인검과 활인검을 휘두른다. 이 재미난 선화『선문염송』611칙에 뜻을 발명한 선시 세 수가 기록되어 있다. 가볍게 휘파람 불듯 훑어보자.

> 임제가 황벽에게 하직을 고하니 황벽이 물었다.
> "어디로 가려는가?"
> "하남이 아니면 하북으로 가려 합니다(不是河南 便是河北)."
> 의현의 대답에 황벽이 때리거늘 의현이 방망이를 잡고 도리어 한 대 때리니, 황벽이 깔깔 웃으며 시자를 불러 말했다.
> "선법사의 선판과 불자를 가져오라(將先師禪板拂子來)."
> 이에 의현은 시자에게 말하길,
> "불까지 가져오게(將火來)."
> 이 말끝에 황벽은 말했다.
> "자네는 그저 가져가기만 하면 되네. 뒷날 자네는 천하 사람들의 혀끝을 멈추게 할 것일세(汝但將去 已後 坐却天下人舌頭去在)."[12]

천하에 편재된 법이 어찌 황벽만의 면목이더냐? 6조만의 골수이겠느냐?

선판이나 불자를 지키는 수문장이 되기를 의현은 거부한다. 이것이 대자 유인인 무위진인의 포효다.

자, 그럼 의현은 백장선사에게서 상승해온 선판과 불자를 태웠겠는가? 아니면 그대로 가져왔겠는가? 만약 태우지 않았다면 그는 허풍쟁이일 것이고, 태웠다면 지금 수많은 선판과 불자가 어찌 제방에 존재하고 있는가? 궁구해볼 일이다.

스승 황벽의 문하를 떠난 의현은 하북 지방의 조그마한 임제원(臨濟院)의 주지가 되었다. 그 후 의현은 선종사에서 임제로 불리게 된다.

위의 선화에 대해 뒷날, 선객들의 게송이 있다.

㉮

스승과 제자 이별 인사 다른 뜻 없나니　　　　師資敍別意非遙

---

12)　『선문염송』 권15, 611칙「黃蘗」.

선판을 갖다가 불에다 태우려 함이네   禪板將來命火燒
불조도 자기의 성품을 중히 여기지 않거늘   祖佛己靈猶不重
하물며 부질없는 신행을 누가 가지고 다니랴   賺行餘長執擊挑
　　　　　　　　　　　　　　　　　　　　　　— 해인신

㉯
뺨 한 내로는 원래의 기미를 재우지 못하네   一掌由來未息機
다시 불을 찾자 비로소 알았다   更須素火乃方知
비록 부자가 서로 전하는 곳이라 하나   雖云父子相傳處
사자간 비밀히 부치는 때임을 누가 알라   誰得師資密付時
눈동자에 빛 없이 괜히 깜박이고   瞳子無光空瞬目
정수리 눈이 있어 눈썹을 번득인다   頂門有眼肯揚眉
가련한 위산과 앙산, 서로 슬퍼하니   可憐溈仰助哀甚
부처님의 은혜 슬프단 말, 공연한 짓일세   報佛恩兮徒爾爲
　　　　　　　　　　　　　　　　　　　　　　— 숭숭공

　　자성영회로 무상정등정각을 이룬 임제는 우상의 파괴자였다. 깨닫기 전에는 앞 선화들에서 보듯이 수줍고 경건하고 계율을 지키는 서슬 푸른 학인이었다. 그러나 깨달은 뒤에는 솔선해서 우상 파괴의 선두에 나섰다. 하루는 달마대사의 웅이탑에 참배하러 갔는데 탑을 지키는 승려로부터 질문을 받는다.

　　"스님께서는 부처님께 미리 예배를 하시겠습니까? 아니면 조사 스님들께 먼저 하시렵니까?"
　　"나는 아무에게도 예배하고 싶지 않네."
　　이 말을 들은 탑을 지키는 승려는 분개하여 물었다.
　　"스님은 부처나 조사와 원수지간이라도 됩니까?"
　　임제는 소매를 털고 가버렸다.[13]

　　여기서 우리는 당당히 발가벗은 알몸인 임제와 만나게 된다. 우리는 이 선

---

13) 서옹 연의, 『臨濟錄』, 임제선원, 1974, 366~368쪽. 이 선화에 대해 서옹선사는 "호랑이 머리와 호랑이 꼬리를 일시에 거두니(虎頭虎尾一時收) 껍데기 벗은 거북은 날아서 하늘로 올라가네(脫殼烏龜飛上天)"로 착어하였다.

화에서 무사한인이며 지위가 없는 참사람인 대자유인의 면목을 만난다. 과
연 임제가 부르짖던 지위 없는 참 사람인 무위진인은 무엇인가?

　다음의 『선문염송』 617칙 「무위」를 참구해보자.

　　　임제가 시중했다.

　　　"하나의 지위 없는 참사람(무위진인)이 있어서 항상 여러분들의 얼굴의 문인
　　　입으로 드나든다. 증거를 잡지 못한 이는 살펴보라."

　　　이에 어떤 중이 나서서 물었다.

　　　"어떤 것이 '지위 없는 참사람[14]'입니까?(如何是 無位眞人)"

　　　임제가 선상에서 내려와 그의 멱살을 쥐고 말했다.

　　　"말하라. 말하라."

　　　그 중이 망설이거늘 선사가 풀어놓으면서 말했다.

　　　"지위 없는 참사람이 무엇이냐? 마른 똥 막대기다(無位眞人 是什麼 乾屎橛)."

　설봉 의존이 뒷날 이 이야기를 듣고 "임제는 흡사 날도적과 같다(林際大似白
拈賊)"고 착어를 하였다.

---

14)　'지위 없는 참사람'은 서옹선사의 無位眞人의 번역인 동시에 일차적인 의미의 새김이
　　다. 임제의 설법은 모두 무위진인, 오직 일구의 갈파에 있다.

　　　"도류들이여! 불법은 힘을 써서 조작할 것이 없다. 다만 평상시처럼 하릴없이 똥 누
　　고 오줌 싸고 옷 입고 밥 먹고 피곤하면 누워 잘 뿐이다. 어리석은 자는 알지 못하고
　　비웃지만 지혜로운 사람은 잘 안다. 옛사람이 말하기를 '밖을 향하여 힘쓰는 공부는
　　모두 어리석은 사람이나 하는 짓이다'라고 했다. 그대들이 어느 곳에서든지 주인공이
　　되면 그 서 있는 곳은 모두 진실하여 어떠한 경계에 부딪쳐도 이끌리지 않는다(道流
　　佛法無用功處 祇是平常無事 屎送尿 着衣喫飯 困來卽臥 愚人笑我 智乃知焉 古人云 向外作
　　功夫 總是癡頑漢 爾且隨處作主 立處皆眞 境來換不得)."

　　　위의 『임제록』 법문은 분명 임제 스스로 참지 못하고 무위진인에 대해 직격탄을 날
　　린 말씀이다. 스스로 어느 곳에서나 주인공이 되면 선 곳마다 모두 참이다(隨處作主
　　立處皆眞). 이것은 깨달음이 아니고 이것은 진리가 아니다. 이것이야말로 깨달음이니
　　진리니 하는 말을 넘은 것이다. 이 경지에 뒷날 보녕용은 다음과 같이 게송을 부쳤다.

　　　　흙 뿌리고 먼지 날려도 숨길 데 없네　　　　　　　播土揚塵沒處藏
　　　　면전 출입이 너무 요란하군　　　　　　　　　　　面門出入太郎當
　　　　똥 누고 오줌 싸는 것도 부질없는 일　　　　　　撒屎撒尿渾閑事
　　　　넓고 넓어 누가 악취와 향기를 분별하랴　　　　浩浩誰分臭與香

㉮

미혹과 깨침이 서로 반대되어　　　　　　　迷悟相返
묘하게 전하되 간략하다　　　　　　　　　　妙傳而簡
봄이 백 가지 꽃을 터뜨리니　　　　　　　　春拆白花兮
한바탕 불고　　　　　　　　　　　　　　　　一吹
힘이 아홉 해를 돌릴 수 있으니　　　　　　　力回九年兮
한 번 끈다　　　　　　　　　　　　　　　　一挽
진흙과 모래더미를　　　　　　　　　　　　　無奈泥沙
헤쳐도 열리지 않아서　　　　　　　　　　　撥不開
분명히 감천의 구멍을 막고 있다가　　　　　分明塞斷甘泉眼
홀연히 뚫리니 사방으로 넘쳐흐른다　　　　忽然突出肆橫流
힘　　　　　　　　　　　　　　　　　　　　險
　　　　　　　　　　　　　　　　　　　　　　　　　　— 천동각

㉯

입으로 드나드는 것, 보기 어려우니　　　　面門出入見還難
지위 없는 참사람이 지척에 있네　　　　　　無位眞人咫尺間
가는 길에 한 몸이 낙엽같이 가볍고　　　　去路一身輕似葉
높은 이름 천고에 태산같이 무겁네　　　　　高名千古重如山
　　　　　　　　　　　　　　　　　　　　　　　　　　— 죽암규

㉰

스스로 부르고 스스로 답하는 주인 영감　　自呼自應主人翁
요정을 놀릴 줄 알지만 신통은 아닐세　　　解弄精魂未神通
지위 없는 참사람이 육단 위에서　　　　　　無位眞人肉團上
언제나 입으로 출입하네　　　　　　　　　　尋常出入面門中
　　　　　　　　　　　　　　　　　　　　　　　　　　— 지비자

　㉮, ㉯, ㉰ 어느 게송에서나 아무것도 없는 그것을 노래한다. 그게 그것이
어서 ㉮의 게송에서 "미혹과 깨침이 서로 반대되어(迷悟相返)/묘하게 전하
되 간략하다(妙傳而簡)"로 노래되고, ㉯의 게송에서 "입으로 드나드는 것, 보
기 어려우니(面門出入見還難)/지위 없는 참사람이 지척에 있네(無位眞人咫尺
間)"로 노래된다. 그리고 ㉰에서는 "스스로 부르고 스스로 답하는 주인 영감

(自呼自應主人翁)/요정을 놀릴 줄 알지만 신통은 아닐세(解弄精魂未神通)"로 모두 모두 입을 모아 한 말로 얘기한다. 이렇게 간단명료할 뿐이다.

위의 선화에서 핵심은 무위진인이다. 임제는 지극한 자기 신뢰를 즐겨 강조하였다. 이 자기는 우리의 생활에 있어서 우연히 그렇게 되어 지배를 받는 잠정적인 개체가 아닌 불생불멸하고 시공을 초월한 도와 포개어지는 진면목인 무위진인이다. 그렇다. 인간이 자기 자신을 잠정적인 자아로만 생각한다면 그는 종속된 노예에 불과하다. 그러나 자기 속에 자신을 깨닫는다는 것이야말로 진정한 도에 눈을 뜨게 되는 것. 무위진인, 이것은 존재를 존재하게 하는 존재이다. 독립 자존하게 하는, 어느 것에도 매이지 않게 하는 우리여야 진정한 무사태평인이다. 임제는 오직 진리, 자성영회야말로 장부의 일대사라고 말한다. 신과 사람, 자기 자신과 일체의 모든 바깥 현상 그 어떠한 것에도 끄달리지 않는 자유로운 무위진인의 삶에서만 편안한 삶을 시작할 수 있다고 부르짖는다. 이러한 우상 파괴의 정신은 비도덕적이기보다는 진정한 종교적 정신에만 가능해지는 것이다.

이제 임제의 육성을 들어보기로 하자.

"도류들이여! 우리의 출가는 진리를 찾기 위함입니다. 산승도 처음에는 계율에 전심하였고, 경론을 열심히 읽으면서 그 속에 진리를 찾아 헤매었습니다. 그러나 뒷날 나는 모든 규율, 의식 경전들이 병자를 고치기 위한 약방문과 같다는 것을 알았습니다. 결국 나는 모든 것을 모두 던져버리고, 직접 진리와 선을 찾고 정진하기에 몰두하였습니다. 그 후 나는 깨달은 선지식을 만나게 되었고 그제서야 비로소 나는 도안이 열렸으며, 이어 나는 천하의 노화상의 깨달음을 깨닫게 되었습니다. 또 정사의 분간을 하게 되었습니다. 태어날 때부터 깨우친 사람은 아무도 없습니다. 그러나 그 마음에 진정한 깨달음을 얻고자 염원하는 사람은 누구나 열심히 공부해야 하며, 철저한 연마와 체험을 거쳐야만 할 것입니다. 도류들이여! 이와 같은 방법으로 진정한 통찰을 얻고자 한다면 가장 중요한 것은 다른 사람들에 의하여 현혹되는 일이 없어야 한다는 것입니다. 어디서나 우리들의 바른 깨달음을 흐리게 하는 사람을 만나거든 그가 누구이든 간에 그들을 제거해버리십시오. 곧 부처를 만나면 부처를 죽이고, 조사를 만날지라도 그를 죽이야 하오. 또 나한이나 부모 친척이라도 죽여야 합니다. 반드시 이렇게 해야만

17장 임제종의 가풍

우리의 최상의 자유인 해탈에 이를 수 있습니다. 이제 우리는 아무것에도 구애받지 않는 완전한 자유인이 되어 진정 자재로운 삶을 살아갈 것입니다."[15]

道流 出家兒 且要學道 祇如山僧 往日曾向毘尼中留心 亦曾於經論尋討 後方知是濟世藥 表顯之說 遂乃一時抛却 卽訪道參禪 後遇大善知識 方乃道眼分明 始識得天下老和尙 知其邪正 不是娘生下便會 還得體究磨練 一朝自省 道流 儞欲得如法見解 但莫受入惑 向裏向外 逢着便殺 逢佛殺佛 逢祖殺祖 逢羅漢殺羅漢 逢父母殺父母 逢親眷殺親眷 始得解脫 透脫自在

---

15) 서옹 연의, 『臨濟錄』, 임제선원, 1974, 186~193쪽.

18장

임제종의 조사 : 임제

1. 임제의 할

임제종은 임제 의현을 종조로 하는 선문을 말한다. 임제의 스승 황벽 희운은 위산 영우와 마찬가지로 백장의 제자다. 그렇지만 큰 제자인 위산이 형성한 위앙종은 앙산을 거쳐 5대 약 150년 경과 후 송나라에 이르러 문손이 끊기고, 황벽의 밑에 임제가 출생하여 오직 불문은 선종 일색이라는 말이 생긴다. 중국 천하를 양자강을 기점으로 남북으로 나누어보면 6조 혜능이 남방에서 선문을 열어 뿌리내렸다면, 그 선의 뿌리가 북점하여 드디어 임제를 낳으니 임제는 북방 선문을 대표하는 동시에 송대에 들어와서는 거의 임제종이 선문을 독점하게 된다. 그 이유는 모든 사유를 거두절미하고 제자의 일초직입(一超直入)하게 하는 강한 에너지에 있고 또 깨달음으로 제자들을 경절(徑截)의 관문 깊숙이 돈입시키려는 사장의 무서운 적기(賊機)에 있다.

뒷날 선문에서 오늘날까지 회자되는 덕산방(德山棒) 임제할(臨濟喝)이라는 말에도 명백히 나타나 있듯이 임제는 할의 선사로 널리 알려진다. 후학들이 할의 전문가로 임제를 따르는 이유는 임제가 개발시킨 할의 철학에 있다.

임제는 할을 네 가지로 분류하였다. 한번은 그가 학인에게 다음과 같이 설명했다.

> "때로는 일할(一喝)이 금강왕의 보검 같고, 때로는 일할이 땅에 웅크리고 있는 사자와 같고, 때로는 일할이 풀을 제치는 막대기와 같고, 때로는 일할이 할로써 사용되지 않습니다. 그대는 어떻게 생각하느냐?"
>
> 승려가 무엇이라 말하려 하니 임제가 곧 할하였다.[1]

---

1) 서옹 연의, 『臨濟錄』, 임제선원, 1974, 310~311쪽. 여기서 서옹선사는 "돌이켜 아는가? /나무사람은 판자를 가지고 구름 속에서 장단치고/돌여자는 우물 속에서 피리를

有時一喝如金剛王寶劍 有時一喝如踞地獅子 有時一喝如探竿影草 有時一喝不作一喝用 汝作麼生會 僧擬意 師便喝

'임제의 네 가지 할(臨濟四喝)'로 잘 알려진 공안이다. 이것은 네 번째 할이 아니라 다섯 번째 할이고 여섯 번째 할이다. 모든 할은 한 꿰미에 꿰이는 형상이니 무엇이 첫 번째 할이고 무엇이 두 번째 할인가? 마음이 막힌 사람은 임제가 외치는 천하를 적기(賊機)하는 일할(一喝)을 안다 할 것이다.

임제의 할은 바로 그가 부르짖는 '위 없는 참사람'인 무위진인(無位眞人), 경절의 단말마가 분명하다. 마지막 임제의 할은 학인의 모든 알음알이를 빼앗는 첫 번째 할인 서슬 푸른 금강왕보검의 할일 것이다.

이렇게 할을 세분화하여 임제가 설한 것도 모든 단체에서 그러하듯이 임제원의 선객들도 임제의 할을 덮어놓고 흉내 내는 경향이 생기고 결국 이 할이 관습화되고 제도화됨을 보았기 때문이다. 할의 철학적 정신과 적소적기에 적용하지 못한 채 마지막 네 번째 할만 허공에 울려 퍼지고, 이 소음을 중단시키기 위해 그는 다음과 같이 말했다.

> 어느 날 두 큰방 수좌가 만나자 마자 똑같이 할을 했는데 이를 본 한 학인이 임제에게 물었다. "이러할 때도 손과 주인(賓主)의 차이가 있습니까?"
> "암, 빈주가 분명하지."[2]
> "만약 그대들이 임제의 빈주구를 알려거든 당중의 두 수좌에게 물으면 친절히 대답해 줄 것입니다."
> 臨濟會下 兩堂首座 一日相見 齊下一喝 有僧 擧問師 未審還有賓主也無 師云 賓主歷然 師云 大衆 要會臨濟賓主句 問取堂中二首座

위의 선화는 결국 이런 상황을 막기 위한 임제의 묘책이라 보아도 무방하다. '자네들이 나의 할을 모방하여 쓸데없이 고함치고 있는데 이제 자네들을

불도다"라고 착어하였다. 일할을 보태지 말고 사량해보기를.

2) 『선문염송』 권16, 616칙 「빈주」를 인용하였고, 그 뒤에 붙인 "師云 大衆 要會臨濟賓主句 問取堂中二首座"는 서옹선사가 연의한 『臨濟錄』, 임제선원, 1974, 83~87쪽을 참고한 것이다.

시험하고자 하네. 이때 누가 주인이고 누가 손님이겠는가? 만약 자네들이 이 것을 분명히 가려내지 못한다면 이후부터는 나의 할을 무턱대고 따라 하는 것을 금한다'쯤으로 읽힌다.

자, 그렇다면 중요한 것은 할이 아니고 주인임을 인식하는 주인이 누구인 가가 문제다. 진아, 진면목 무위진인이라 일컬어지는 이 '참나'가 나의 본래 면목이고 그대의 진면목이다.

위의 선화를 두고 후대의 많은 선객들이 게송을 읊었다. 읽는 즉시 자성영 회하여 무위진인이 되기를 바라는 건 우리의 귀에 지금까지 들려오는 선장들 의 간절한 노파심이다.

㉮

양당의 상좌가 똑같이 할을 하니	兩堂上座齋下喝
눈먼 사람은 보아도 분별치 못한다	瞽目之人無分別
손과 주인 말할 때 저절로 나뉘거늘	凡言賓主句下分
무엇하러 수고로이 앞길을 점치랴	何勞龜卜問前程

— 섭현성

㉯

양당의 상좌가 기봉을 다하니	兩堂上座展機鋒
물과 젖 만나는 곳 변통이 없네	水乳相逢無變通
임제의 분명한 말 깨닫지 못하면	林際歷然如未曉
키 들고 딴 곳에 가 방아니 찧지	拈取簸箕別處舂

— 부산원

㉰

일할에 강물을 역류하게 하니	一喝須教水逆流
분명한 손과 주인 쉽게 대답 못 하네	歷然賓主味輕酬
만일에 그 사람 소식을 통하게 하려 하면	當人若要通消息
밤중의 동쪽 하늘에 해가 돋으리	半夜扶桑出日頭

— 해인신

㉮의 게송, 정도에 이르면 할은 굳이 해서 무엇하나? 묻고 싶다. 2행에서

'눈먼 사람 보아도 분별하지 못한다'고 읊지만 우리는 알아야 한다. 눈먼 사람은 당초부터 분별하지 못하는 것. 이건 흡사 실탄 없이 총을 장전하여 방아쇠를 당기고 앞사람이 쓰러지는 것일 뿐. 무얼 그리 골몰하는가. 섭현성은 '손과 주인 말할 때 저절로 나누어진다'고 하지 않는가. 이렇게 읽으면 된다. 임제, 그는 도적이다. 천하의 생명 있는 자의 목숨을 빼앗는 도적이다. 늙은이가 친 그물에 걸려들지 않으면 그뿐이다.

㉯의 게송에서 부산원은 '적/조' '시/비' '희/노'를 가리기 위해 날카로운 사리분별의 판단력이 서로 부딪치니, 서로 물러설 길 없음을 1행과 2행에서 노래했다. 정녕 이러할진대 우리는 어떻게 해야 임제의 손아귀에서 벗어날 수 있는가. 이럴 땐 4행에서 말하듯 '키를 들고 딴 곳에 가서 방아나 찧'으면 된다.

㉰의 게송 1, 2행에서 "일할에 강물을 역류하게 하니(一喝須敎水逆流)/분명치만 손과 주인 쉽게 대답 못 하네(歷然賓主昧輕酬)"라고 함은 분명 평지에 풍파를 일으킴이니 살필 일이다. '손/주인'이 갈라져서, 시/비가 일어나고 적/조가 극심히 부딪치니 이런 생/사 상황에 무슨 대답이 있으리오. 그래도 '그 사람', 차인(此人)을 알고자 하는가? 그럼 먼저 "밤중의 동쪽 하늘에 해가 돋으리라(半夜扶桑出日頭)"는 이치를 간추려서 나무 그늘에 앉아 잘 생각하는 길 밖에 없다.

임제의 할은 무위진인의 가장 단적이고 직접인 작용의 표현이다. 이 할은 임제가 말하듯이 '비록 난리를 평정하는 계략은 있으나 몸을 뛰쳐나올 길이 없다(雖有定亂之謀 且無出身之路)'로 착어한 경지이다. 늘 같이 있고 늘 같이 웃고 늘 같이 울고 스스로 웃고 스스로 울음 울고 그치니 오직 그 안에 자재할 뿐임을 뜻한다.

임제가 말하는 주인인 무위진인의 비밀을 그 스스로 설법 중에 누설한다. 이 '참나'인 무위진인이야말로 무의도인(無依道人)이며 동시에 제불지모(諸佛之母)인 청법자며 동시에 설법자이다. 할은 '이 사람'의 쓰임(用)이다. 차인(此人)인 '이 사람'에 대해 임제는 다음과 같이 설법한다. 그의 육성을 들어보자.

"만약 그대들이 생과 사에 구애되지 않고 자유롭기를 원한다면, 바로 이 설법을 듣고 있는 형체와 모습 없고 뿌리가 없고 바탕이 없고 머무는 바 없는 바로 그 사람을 깨달아야 합니다. 그는 매우 활발하고 빈틈이 없어서 어느 경우에도 막힘이 없어 바르게 대처하며 누구에게도 강요됨이 없이 상황에 따라서 자신의 기능을 발휘해 나간답니다. 붙잡으려 해도 잡히지 않으며 찾아도 발견되지 않습니다. 따라서 신비의 비밀이라 불릴 수 있습니다.”

若欲得生死去住 脫着自由 卽今識取聽法底人 無形無相 無根無本無住處 活潑潑地 應是萬種施設 用處兄是無處 所以覓着轉遠 求之轉乖 號之爲秘密

‘이 사람’이야말로 ‘참나’이나, 돌이켜보면 ‘참나’이지 않는 데 ‘참나’가 있다. 이어서 ‘참나’인 진아는 임제가 말하는 무의도인이며 무위진인이다.

“바로 지금 ‘이 사람(此人)’은 비할 데 없는 광채를 띠고 우리 눈앞에 나타나 설법을 듣고 있습니다. ‘이 사람’은 모든 곳에서 막힘이 없이 모든 방향으로 관통하며, 삼계(三界)에 자재합니다. 그는 어떤 환경에서도 영향받지 않습니다. 그는 한순간에 법계에 날아오릅니다. 부처를 만나면 부처와 이야기하고, 조사를 만나면 조사와 이야기하고 아귀를 만나면 그들과도 이야기합니다. 중생을 교화함에 있어서 그들의 생각이나 욕구를 그도 스스로 갖건마는, 그러나 그는 어디에서나 청정하며 시방에 광명을 펼쳐 만법이 하나임을 봅니다.”[3]

卽今目前孤明歷歷地聽法者 此人處處不滯 通徹十方 三界自在 入一切差別境 不能回換 一刹那間 透入法界 逢佛說佛 逢祖說祖 逢羅漢說羅漢 逢餓鬼說餓鬼 向一切處 遊履國土 敎化衆生 未曾離一念 隨處淸淨 光透十方 萬法一如

이렇게 스스로가 스스로인 자(者)일 수밖에 없는 할은 본체인 동시에 응용이다. 임제는 선언한다. “부처를 구하면 부처를 잃고 도를 구하면 도를 잃고, 조사를 구하면 조사를 잃습니다.” 그렇다. 우리의 가장 귀중한 보물인 무의도인은 바로 우리 안에 있고 이것은 바로 우리 자신이다. 곧 이것을 바깥에서 찾게 되면 바로 이것을 잃게 된다. 그리고 이것은 바로 우리 자신이기 때문 우리는 이것을 우리의 안에서조차 찾을 필요가 없다. 왜냐하면 이것은 찾아지는 대상이 아니라 바로 찾는 사람 자신이기 때문이다. 다시 말하면 ‘참나’인 무위진인인 할은 언제나 주체이지 결코 객체가 아니라는 것이다. 아니 객

---

3) 서옹 연의, 『臨濟錄』, 임제선원, 1974, 131~137쪽.

禪, 민거둘의 안오

체인 동시에 주체이고 주체인 동시에 객체이어서 늘 검으면 검고 희면 희다
고 보면 된다.

2. 임제의 사료간

요간(料簡)은 분류 또는 표준(標準)을 의미한다. 임제는 진리를 밝혀내는
데 네 가지로 표준을 삼아 분류하였다. 곧 주체와 객체의 문제를 임제 스스로
가 네 가지로 밝힌 것이다. 임제의 법문 중에 백미인 이 대문을 살펴보자.

스님이 만참[4]에 대중에게 보이며 말씀하셨다.

때로는 주체를 버리고 객체를 남겨두고	有時奪人不奪境
때로는 객체를 버리고 주체를 남겨두고	有時奪境不奪人
때로는 주체와 객체를 모두 버리고	有時人境兩俱奪
때로는 그들을 모두 남겨둡니다	有時人境俱不奪

임제의 사료간은 인(人)과 경(境)을 설정하고 이 사이의 관계를 노래한 것이
다. 인은 주체 혹은 슬기를 말하고 경은 객체, 경계 혹은 응용을 말한다. 그
리고 학인들의 물음에 낱낱이 착어하여 깨침의 길로 인도하는 친절을 베풀고
있다. 본문을 살펴보자.

그때에 한 학인이 물었다.
"어떤 것이 주체(人, 大機)를 빼앗아버리고 객체(境, 大用)을 빼앗지 않는 것입
니까?"
"따뜻한 봄날에 만물이 소생하니 지상은 갖가지 꽃이 만발하여 비단을 깐 것
같고 어린아이가 머리털을 내려뜨리니 하얀 실과 같구나(煦日 發生鋪地錦 嬰孩
垂髮 白如絲)."

---

4)　만참(晩參)은 저녁 때 법문을 하는 것. 아침에 법문을 무參이고 수시로 하는 법문은 小
　　參이라 한다. 參은 선가에서 방장화상이 대중을 모아놓고 설법 문답하는 것을 말한다.

'아이 머리가 하얗다'는 것은 사실로 정녕 없는 일이니, 선구에 나타나는 '거북털'이나 '진흙소'라든가 '돌여자가 아기를 낳는다'라는 말과 같다. 곧 인(人)을 부정한 것이다. 주체나 체(體)의 슬기를 부정하는 말이다. 주체를 부정한 객체는 객체가 주체와 대립이 되는 것이 아니라 절대의 객체가 되어 객체 안에 주체를 내포하여 객체만 나투는 것이다.

> 학인이 물었다.
> "어떤 것이 객체를 빼앗아버리고 주체를 빼앗지 않는 것입니까?"
> "왕의 어명이 천하에 두루 행하니 변방에 있는 장군이 전쟁을 안 한다(王令已 行天下徧 將軍塞外絕煙塵)."

'왕의 어명'이라 함은 주인공을 말한다. 곧 주체가 천하에 편재되니 '변방의 장군', 즉 객체인 응용은 주체 속에 내포되어 주체만 드러남을 말한다. 일료간과 이료간은 우리의 원래적 입장이니 이해득실을 따지는 우리들의 본래를 나타낸 것이다.

> 학인이 물었다.
> "어떤 것이 주체와 객체를 모두 빼앗는 것입니까?"
> "병주와 분주는 중앙정부에 배반하여 중앙조정과는 떨어져나가 각각 일방에 독립을 했다(并汾絕信 獨處一方)."

병분절신(并汾絕信)은 인(人)인 중앙정부(人 · 主體 · 大機)와 경(境)인 병주와 분주(境 · 客體 · 大用)를 모두 부정한다는 의미다. 곧 주체가 되는 중앙정부도 배반하여 부정하고 객체가 되는 병분(并汾)도 떨어져나갔으니 부정이 된 것이다.

> 학인이 물었다.
> "어떤 것이 주체와 객체를 모두 빼앗지 않는 것입니까?"
> "국왕이 궁전에 오르시고 들판의 늙은 농부는 격양가를 부른다(王登寶殿 野老謳歌)."[5]

---

5)   서옹 연의, 『臨濟錄』, 「示衆」, '임제사료간', 임제선원, 1974, 102~103쪽.

이것은 주체인 왕과 객체인 국민들이 모두 드러나게 된 것이다. 임제의 이러한 착어는 모두 오늘날 현대시에 비추어보면 모두 관념, 의미의 구체화다. 즉 생경한 말을 형상화하여 우리의 면전에 보여주는 것. 우리를 저 넓은 상상의 세계로 몰입시키고 있다. 이것은 『반야심경』의 색불이공 공불이색과 같은 사상적인 표현이다.

임제의 사료간 게송은 정신생활에서 네 가지 다른 단계를 다룬 방법으로도 볼 수 있다.

우리는 제10장에서 자성본원이 무자성(無自性)임을 밝히는 정신적 단계를 검토하였다. 이 단계는 불경이나 경론 혹은 선어록에 응용되어 나타난다. 이 정신생활의 네 가지 단계는 일체의 삿됨을 깨뜨리고 올바름을 드러나게 하는 데 있다. 임제의 사료간을 더 보태어 정리해보면 다음과 같다.

『반야심경』의 원래적 입장인 색성시공 공성시색을 거쳐 2단계인 사상적 표현으로 색불이공 공불이색을 투과하여 3단계의 체험적 결과인 색즉시공 공즉시색의 경지로 접어든다. 그리고 천태종의 핵심 교설인 공·가·중(假中)의 삼체(三諦)는 천태종의 2조 혜문이 나가르주나(龍樹)의 『중론송』에 얻은 삼단논법이며, 또 '유무 비유비무 역유역무(有無 非有非無 亦有亦無)'는 『열반경』의 '불성 비유비무 역유역무 유무합고(佛性 非有非無 亦有亦無 有無合故)'에서 근거하는 삼단논법이다. 『화엄경』 역시 '막고(遮)' '비추고(照)' 하는 원래적 입장에서 2단계인 양변의 견해를 '쌍으로 막고(雙遮)' '쌍으로 비추고(雙照)' 하는 사상적 표현에서 더욱 자성영회하는 3단계인 체험적 결과로 '막고 비춤이 동시(遮照同時)'가 되는 무위진인의 경지를 그리고 있다. 그리고 선시에서도 본래적인 입장인 '산시산 수시수(山是山 水是水)'와 사상적 표현인 '산시수 수시산(山是水 水是山)'인 경지와 마지막 3단계인 실참실수한 뒤에 나타나는 '산역시산 수역시수(山亦是山 水亦是水)'의 확연한 경계를 노래한다.[6]

---

6)　■ 출전　　　　　『반야심경』　　　『중론』『열반경』『화엄경』　　'사료간'
　　　　　　　　　　　　　　　　　　　　　　　　　　　　　　　　　　　奪人不奪境
　　원래적 입장 – 色性是空 空性是色 – 空諦 –　有·無　– 遮·照　– 奪境不奪人
　　사상적 표현 – 色不異空 空不異色 – 假諦 – 非有非無 – 雙遮雙照 – 人境兩俱奪
　　체험적 결과 – 色卽是空 空卽是色 – 中諦 – 亦有亦無 – 遮照同時 – 人境俱不奪

그런데 임제의 사료간은 위의 삼단논법과 같은 원래적 입장을, 탐욕·성냄·어리석음(貪瞋癡)에 의해 오히려 무명으로 한 겹 내려앉은 곳인 '주체를 버리고 객체를 남겨두(奪人不奪境)'는 데서 시작하므로 4단계가 된 것이다. 1단계와 2단계가 모두 6식과 6경에 의해 변화무쌍하게 나타나는 번뇌 망상을 노래한 것이니 삼단논법으로 따지면 한 묶음으로 묶어 1단계인 원래적 입장에 해당된다.

임제 사료간의 첫째 단계는 너무 강한 아상에 의해 바깥 경계에 대해 왜곡된 편견을 갖는 것을 말한다. 곧 탐·진·치의 삼독이 어느 정도 정리되어야 적어도 정상적으로 대상을 볼 수 있다. 그래야 모든 세상이 나를 위해 존재한다는 생각을 갖지 않을 것이다. 무명으로 인하여 정신적으로 퇴보된 상태다. 그렇지만 이것 자체가 인간의 첫째 단계여서 원래적 입장이다.

둘째 단계는 평이한 정상적인 사고를 갖고 있다. 그러나 이럴 때는 사물과 접할 때, 곧 객체에 대해 안이비설신의(眼耳鼻舌身意)의 기관이 바깥 경계인 색성향미촉법(色聲香味觸法)을 대할 때 우리의 주관이 작용하고 있다는 것을 안다. 여기서 원래적 입장이 어떻게 하면 순수하게 바깥 대상을 받아들일 수 없을까? 고민하는 인간 본연의 원래적 입장으로 돌아서게 된다.

셋째 단계로 들어선 사람은 주관적인 것과 객관적인 것이 서로 어울려 있어 정상적인 견해, 역시 여전히 경험적 실재 단계이며 이것이 양변인 상대성 영역에 속한다는 것을 깨닫게 된다. 사상적 입장의 표현으로 임제가 말하는 '주체와 객체를 모두 버린다(人境兩俱奪)'는 단계이다.

마지막 단계는 『심우도』의 입전수수다. 자성이 무자성임을 활연계회한 나

임제는 사료간의 체험적 결과를 '주체와 객체를 모두 남겨두는 것'이라 했다. 위 각 불전에서 말하는 반상합도의 마지막 단계인 체험적 결과를 말한다. 게송 한 수를 더 보태어본다.

임제 늙은이의 사료간은	臨濟老漢四料簡
일할 외, 나머지 무슨 말 있으리	一喝其外無剩語
주객 모두 빼앗지 마라를 내게 말하라면	我說人境俱不奪
대창에 설송 그림자 두세 그루라 하리	竹窓影雪松二三
	─ 월조거사

는 무위진인이 되어 자재하므로 안심하고 현상의 세계로 되돌아와 졸리면 자고 배고프면 밥 먹는 무공용의 함이 없는 행위를 한다. 이러한 경지, 임제의 무위진인 무의도인 청법저인(聽法底人)이 된다. 임제는 이런 경지를 "불에 들어도 타지 않고, 물에 들어도 빠져 죽지 않는다"[7]고 설한다. 외눈만 반짝이는 불후의 무위진인이니 당연한 말씀이겠다.

임제는 이런 불후의 정신을 다음과 같이 말했다.

> "펼치면 온 법계를 덮고 모으면 실 같은 머리카락도 그 위에 서지 못합니다. 외로운 빛이기는 하나 아무런 부족도 없습니다. 눈에도 안 보이고 귀에도 안 들리니 무엇이라고 이름 부를까? 옛사람이 말씀하시기를 '한 물건이라고 말하는 것도 적중한 것이 아니다'라고 하였습니다. 그러니 단지 무언가 스스로 보기만 하면 됩니다. 말로도 역시 다할 수 없는 것입니다."[8]

展則彌綸法界 收則絲髮不立 歷歷孤明 未曾欠少 眼不見 耳上聞 喚作什麼物 古人云 說似一物卽不中 你但自家看 更有什麼 說亦無盡

그리고 그는 사료간의 마지막 단계를 철증한 정신의 소유자로 그 정신은 바로 무위진인이어서 그 불멸의 정신을 이렇게 설하기도 하였다.

> "시방의 모든 부처가 현전하더라도 조금도 움직이지 않습니다. 지옥에서 마귀들이 뛰쳐나오더라도 그는 조금도 두려워하지 않습니다. 어떻게 해서 그가 이렇게 침착할 수 있을까? 그것은 다변하는 만물 중에 실재하는 근본인 공의 원리를 알기 때문일 것입니다. 삼계는 마음의 작용에 불과하고 만법은 의식에서 비롯합니다. 그렇다면 꿈이나 환상에 불과한 공중에 핀 한 떨기 꽃은 잡아서 무엇하겠는가? 오직 참으로 실재하는 단 한 사람은 지금 바로 당신의 눈앞에서 나의 설법을 듣고 있는 사람입니다. 그는 불 속에 들어가도 타지 않고 물에 빠져도 죽지 않습니다."

十方諸佛現前 無一念心喜 三途地獄頓現 無一念審怖 緣何如此 我見諸法空相 變卽有不變卽無 三界唯心 萬法唯識 所以夢幻空華 何勞把捉 唯有道流目前 現今聽法底人 入火不燒 入水不溺

---

7)　入火不燒 入水上溺(『臨濟錄』「示衆」)
8)　『선문염송』 권29, 631칙「삼현」.

3. 임제의 삼현삼요삼구

㉮

삼현문과 삼요는 실제 분별하기 어렵다　　　　三玄三要事難分
뜻을 얻으면 말을 잊음, 이것이 도에 이르기 쉬운 길이니

　　　　　　　　　　　　　　　　　　　得意忘言道易親
만상이 일구에 선명히 함축됨이여　　　　　　一句明明該萬象
중양의 잔칫날에 국화 더욱 새로워라　　　　重陽九日菊花新

　　　　　　　　　　　　　　　　　　— 분양소

㉯

말의 구절을 알기 어렵기는 삼현뿐　　　　　句中難透是三玄
한 구절이 공겁의 이전까지 통한다　　　　　一句該通空劫前
임제의 목숨이 원래 끊이지 않으니　　　　　任際命根元不斷
한 가닥 분홍 실이 손아귀에 끌린다　　　　一條紅線手中牽

　　　　　　　　　　　　　　　　　　— 죽암규

㉰

삼현과 삼요를 나누기 쉬우나　　　　　　　三玄三要不難分
외눈은 원래 정문에 버금한다　　　　　　　隻眼從來亞頂門
눈먼 당나귀가 멸망시키지 않았다면　　　　不向瞎驢邊滅却
오늘날 어디에 자손 있었으랴?　　　　　　至今下處有兒孫

　　　　　　　　　　　　　　　　　　— 자항박

　삼현 삼요는 임제종의 종지를 파악하는 데 가장 긴요한 부분이다.

　삼요(三要)의 첫째, 일요(一要)는 비침(照, 用, 客, 境)이 바로 큰 기틀(寂, 體, 大機, 主)임을 이른다. 현상과 본체가 불이한, 자아 없는 진체를 말하고 이요(二要)는 비침 자체가 바로 큰 쓰임(大用)이어서 무방법의 위대한 방법을 말하고, 마지막 삼요(三要)는 '체와 씀이 동시(體用同時)'고 '주체와 객체가 동시(主客同時)'여서 안과 밖을 세우지 않음을 말한다.

　삼현(三玄)은 체중현(體中玄), 구중현(句中玄), 현중현(玄中玄)을 이른다. '체에 관한 신비'(체중현)는 삼세가 한 생각이라 것(三世一念等)과 '표현의 신

비'(구중현)는 지름길의 언구(徑截言句等) 등을 말하고 '신비 중의 신비'(현중현)는 방망이와 할 같은 것들을 말한다.

그러나 이러한 삼요 삼현은 학인을 건져내기 위한 미로로 된 함정이며 임제가 의도한 돈오돈수의 첩경은 아닐 것이다. 임제는 스스로 이렇게 부르짖었다.

> "우리 종문의 수레를 중흥시키고자 한다면 일구 가운데 삼현문, 즉 신비로운 세 개의 문이 있어야 하고, 일현문에는 세 가지 요체(三要)가 있어야 합니다. 그리고 어떤 것이 실제의 목적이며 어떤 것이 근본적으로 보이는 것이며, 또 어떤 것이 그것의 작용인가를 여러분은 알아야 합니다."[9]
>
> 大凡演唱宗乘 一句中須具三玄門 一玄門須具三要 有玄有要 汝等諸人 作麼生會

하지만 임제 스스로는 어떤 것이 삼현문인가 삼요인가를 정확하게 예를 들지 않았다. 이로 인하여 후대의 선문 각파에선 나름대로 해석을 내어놓았다. 이로써 임제종의 삼현 삼요는 선문에 널리 회자되는 공안으로 남게 되는 요인이 되었다.

그러나 이러한 삼요 삼현은 학인을 건져내기 위한 미로로 된 함정일 수는 있으나, 임제가 의도한 돈오돈수의 첩경은 아니다. 선문은 정통적으로 '단번에 여래의 땅으로 돈입(一招直入如來地)' 자체가 선의 정신임을 보아왔다.

위의 게송은 『선문염송』 631칙에 대해 뒷날 여러 선객들이 뜻을 발명한 선시들이다. 여기에 보이는 선시들이 훨씬 더 선의 정곡을 읊고 있음을 간파할 수 있다.

㉮의 분양소의 게송 1행과 2행에서도 드러나듯이 오직 이곳은 말로써 표현하지 못할 것은 없지만, 지극히 미세하여 드높은 정신의 끄트머리에서 가늠되는 곳이다. 그래서 "삼현문과 삼요는 실제 분별하기 어렵다(三玄三要事難分)"고 적고 있다. 이곳은 백척간두에서 일보를 내딛는 것과 같은 확인된 확실한 신심이 있어야 한다.

이렇게 극미한 삼현과 삼요의 갈파는 바로 '뜻을 얻으면 말을 잊'(得意忘

---

9) 서옹 연의, 『臨濟錄』, 「上堂」 삼구삼현삼요, 임제선원, 1974, 97~100쪽.

言)게 할 뿐이다. 저 바위와 같은 묵묵부답의 내증(內證), 이것이 2행의 "뜻을 얻으면 말을 잊는 것, 이것이 도에 이르는 길(得意忘言道易親)"의 속말이다.[10]

그러나 이런 중중무진한 신비의 정신세계도 일구(一句)에 포함되어 있고 더욱이 만상은 바로 이런 도리가 현상으로 드러난 것이다. 이런 것을 꼭 말로 해야 하는가? 좋다. 내 이르겠노니, 언하에 돈오하길 바란다.

"중양의 잔칫날에 국화 더욱 새롭노라(重陽九日菊花新)."
할(喝), 일할(一喝)

다음 죽암규의 게송 1행과 2행은 '삼현이 통하면 이 한 구절이 공겁(空劫)의 알 수 없는 시종(始終) 바깥까지 서로 통한다'로 읽히고 3행에 '삼현의 통증이야말로 임제의 정신세계를 드러내는 것이니 이렇게 되면 대대손손 이어감'을 노래했고 이러한 진리의 이어짐을 마치 끊어지지 않는 무한 세상, 화엄법계이니 이러한 것도 시원은 "한 가닥 분홍 실이 손아귀에 끌리는 것(一條紅線手中牽)"이니, 이렇게 형상화하고 있다.

---

10) 결국 이러한 信心으로 임제종에서는 三玄門과 三要의 기관을 설치하였다. 이곳은 지극히 微細하여 간별하기 쉽지 않다. 바로 根本無明이 타파되어야 가능된다. 이 근본 무명이 진여본성, 곧 무위진인을 움직이게 하여 세 종류의 미세한 망상(三種微細妄想)을 결성하는데, 이것이 唯識學에서 말하는 제8식인 아뢰야의 덩이를 만든다. 그리고 각종의 바깥 대상의 인연으로 번뇌 망상의 중중무진한 법계를 일으킨다. 이로 인하여 '여섯 개의 거칠고 무거운 번뇌(六種麤重煩惱)'로 이어지니 이것이 우리의 意識이다. 여기서 무분별인 삼종미세무명이 제8식 아뢰야인 무의식이고, 유분별이 六種麤重煩惱는 의식이니 곧 제6식이다.
분양 선소의 게송 1행에서 "삼현문과 삼요는 실제 분별하기 어렵다(三玄三要事難分)"라고 한 것을 다시 상세히 분석해보자. 三玄은 첫째 體에 관한 신비(體中玄)가 둘째 표현의 신비(句中玄), 셋째 신비 가운데 신비(玄中玄)를 말한다. 三要는 첫째 자아 없는 진체(眞體絕朕)와, 둘째 함이 없는(無功用) 위대한 방법을 말하고, 셋째 안과 밖을 세우지 않는 것(邊中不立)을 이르니 이러한 삼현과 삼요가 거듭거듭 다함이 없이 얽혀 있다. 곧 한 구절에 삼현이 있어야 하고 또 一玄에 삼요가 있어야 한다. 一玄에 一要, 二要가 三要 들어 있어야 하며 二玄에도 일요, 이요, 삼요가 함축되어 있어야 하고 또 三玄에도 일현과 이현과 마찬가지로 삼요가 있어야 하니 이것이 구름 일듯이 다함이 없이 꼬리와 두께를 한량없이 이루고 있다. 이것이 임제가 간파한 우리들의 정신세계다. 참으로 通證의 정신으로만 잡을 수 있는 경지다.

마지막 자항박의 ㉣ 게송, 1행과 2행은 아이러니 수사법을 사용하여 우리를 어리둥절하게 하고 있다. 오히려 '삼현과 삼요는 분석하고 검증하여 논리적으로 따질 수 있으나 이 삼현과 삼요 너머에 있는, 혹은 삼현과 삼요와 더불어 있는 일척안(一隻眼)은 정안이니, 순식간에 단번에 뛰어넘어 곧바로 여래의 땅으로 들어가(一超直入如來地)야 하지 않는가? 이 외눈을 갖춤이 정문의 종지로 친다'라고 읽힌다.

3행의 "눈먼 당나귀가 멸망시키지 않았다면(不向瞎驢邊滅却)"은 임제의 입적 때의 선화를 인용하고 있다. 4행은 '눈먼 당나귀로 지칭되는 임제의 전법 제자들의 위법망구(爲法忘軀)의 각고가 없이 어찌 오늘날과 같은 임제종의 번성이 있겠는가?'로 풀이된다.

4. 임제의 입적

이 공안은 너무나 잘 알려진 유명한 화두다. 『선문염송』 637칙 「正法」에 무려 열여덟 수의 게송과 다섯 편의 염(拈)이 실려 있다. 염, 역시 오늘날 산문시에 해당하는 자유시로 봄이 타당하다. 『선문염송』에 총 스물세 수의 선시가 실린 것을 보아도 얼마나 많은 선객들에게 환희, 실의를 동시에 맛보게 한 선화인지 알 수 있다 할 것이다. 이제 자항박의 게송에 인용된 임제의 입적을 옮기며 임제종의 개조, 임제의 행장을 마칠까 한다. 637칙의 선화를 궁구해 보자.

> 임제가 세상을 뜰 때에 삼성(三聖)이 원주로 있었다. 선사가 상당하여 말했다.
> "내가 떠난 뒤에 나의 정법안장(正法眼藏)이 멸망되지 않게 하라."
> 삼성이 말했다.
> "어찌 감히 화상의 정법안장을 멸망케 하겠습니까?"
> 이어 선사가 말했다.
> "갑자기 누군가가 물으면 너는 무엇이라 대답하겠는가?"
> 삼성이 '할' 하였다.
> 이에 선사가 말했다.

"나의 정법안장이 저 눈먼 당나귀에게 멸망될 줄을 누가 알았으리오."[11]

臨濟遷時 三聖爲院主 師上堂云 吾去世後 不得滅却吾正法眼藏 聖云 爭取滅却 和尚正法眼藏 師云 忽有人 問 你作麼生道 聖便喝 師云 誰知吾正法眼藏 向者瞎 驢邊滅却

정법안장(正法眼藏)은 '정법을 갖춘 눈' '정법을 갈무리하고 있는 눈'이니 선어록에서는 일척안(一隻眼), 번역하여 '외눈'이니 줄여서 정안(正眼)을 말하며, 진리를 보는, 진리 자체를 말한다.

여기서 우리가 간추려 새겨야 할 첫 번째 문제는 임제가 묻기를 "갑자기 누군가가 물으면 너는 무엇이라 대답하겠는가?"에서 '누군가(有人)'가 누구인가? 하는 문제다. 물론 불특정 다수를 말하지만, 이 불특정 다수가 누구인가를 깊이 사량해볼 문제다. 이때 유인(有人)은 묻는 임제이고 나이고 너며 막막하고 현현한 누군가가 아닐까? 하고 달리 생각하지 말기를 권한다.

다음 "삼성이 '할' 하였다."인데 이때의 할은 임제의 4할을 다시 한 번 새겨볼 일이다. 굳이 쫀쫀하게 몇 번째 할인가 따지지 않아도 되니 역시 한적한 벤치에 앉아 잘 생각해볼 일이다. 유인이 있어 할하고 누군가가 할하고 땅이 할하고 하늘이 할을 한다. 귀가 먹고 눈이 먹는다. 이게 말이 되는가?

"나의 정법안장이 저 눈먼 당나귀에게 멸망될 줄을 누가 알았으리오."

평지에 풍파를 일으키는 삼성의 할을 아무 소리가 나지 않게 할 사람 없는가? 쓸데없는 짓거리를 그 자리에서 막을 사람 없는가? 오늘도 제방선원에서 할 소리 요란하지만 임제의 정법안장이라는 선구 자체를 짓밟아 묻어버리는 사람 없으니 임제종 문손이 융성하여 임제종의 천하를 이루지만 사실 임제의 정법안장이 끊어지기 바로 직전이 아닌가?

"나의 정법안장이 저 눈먼 당나귀에게 멸망될 줄을 누가 알았으리오(誰知吾 正法眼藏 向者瞎驢邊滅却)." 수사법상 아이러니다. 지극한 반어적인, 곧 시퍼런 비수를 들이대는 도적, 적기(賊機)의 말씀이다. 모든 것을 침몰시키는 일체를 빼앗아가는 도적, 이 말씀은 귀신도 모르고 하늘도 모르게 훔쳐가는 도적을

11) 진각 혜심, 『선문염송』 권16, 635칙 「正法」, 설봉 학몽 현토, 불서보급사, 1979.

보고 누군가(有人) 있어 옳다 옳아 점두하고 있으니 아는 이는 알 것이다.

그의 임종은 당의 함통 7년(866) 7월 10일. 『전등록』의 「임제의현장」 말미에는 삼성 혜연에게 전하는 전법게가 전한다.[12]

흐름 따라 그치지 않는 도리를 묻는다면	沿流不止問如下
참된 비침이 끝없음과 같다고 말하리	眞照無邊說似他
형상과 이름 떠나 본래 성품 없으니	離相離名如不稟
취모검을 쓰고는 급히 갈아두어라	吹毛用了急須磨

그의 전법제자로는 삼성 혜연, 위부 대각, 관계 지한, 흥화 존장 등이 있다.

이제 『선문염송』 635칙 「정법」의 임종 선화에 대해 후세의 선객들이 부친 선시 몇 편을 읽으며 임제의 장을 마치기로 하자.

㉮

정법안장을 누구에게 전할 수 있을까?	正法眼藏誰傳得
할을 할 때 넓은 바다가 바닥까지 마르네	喝下滄溟徹底乾
이로부터 눈먼 당나귀 찾을 곳 없으니	從此瞎驢無覓處
무쇠 산 돌아오는 길이 캄캄하여라	鐵山歸路黑漫漫

— 장산천

㉯

열반에 들고자 이별을 고할 때	圓寂將歸叙別時
정법안장 잘 지니라 당부하였네	叮嚀法眼好任持
할 소리에 진흙 길이 열리지 않으니	喝下不開泥水路
눈먼 나귀, 이로부터 타는 이 없네	瞎驢從此小人騎

— 황룡남

㉰

떠날 때 바른 법 전해주려 하니	正法臨行欲付渠
당장 친하고 멂이 생겼네	便於言下定親疎
첫머리의 일할을 아는 이 없으니	堂頭一喝無人會

---

12) 『경덕전등록』 권12 「임제현」, 보련각, 1982, 25쪽.

떼를 모아 눈먼 나귀를 뒤쫓는구나   作隊成群趂瞎驢

                                          — 불타손

ⓡ

간곡한 바른 법 떠날 때 전하니   叮嚀正法示將終

일할에 현묘한 관문 통하지 못하네   一喝玄關絶不通

이로부터 눈먼 나귀 찾을 수 없으니   自此瞎驢無覓處

얼마나 많은 강에서 어부에게 물었던가   幾多江上問漁翁

                                          — 동림총

ⓜ

임제의 온전한 슬기 어떻게 지적할꼬   林際全機何指的

눈먼 나귀 뜻 아는 이 만나니 뛸 듯이 기뻐   瞎驢親喜遇知音

종풍을 오래 멸하지 않으려면   宗風要見長無墜

흐르는 물, 높은 산의 뜻 더욱 깊도다   流水高山意轉深

                                          — 영원청

禪, 미친 바람의 언어

ⓑ

삼성의 일할, 포착하는 이 적네   三聖一喝小人拈掇

비록 죽은 뱀이지만 놀려서 살리네   雖是死蛇解弄却活

썩은 고기에 모인 파리, 굳세게 빨고   來蠅臭肉硬捄捄

그물을 벗어난 잉어 살아 펄펄 뛰네   透網金鱗活鱍鱍

임제의 눈먼 나귀는 군자라야 들 수 있네   林際瞎驢君子可入

                                          — 불인청

ⓢ

눈먼 나귀가 정법안장을 멸하고   瞎驢滅却正法眼

자손을 내었는데 천하에 가득하다   出得兒孫遍大唐

믿어라 끝없는 노을과 파도 속에   須信茫茫煙浪裏

분명히 따로이 생각할 바 있어라   灼然別有好思量

                                          — 불감근

ⓞ

눈먼 나귀 한 번 뛸 때, 대중이 다 놀라니   瞎驢一跳衆皆驚

정법안장을 누구에게 전할 수 있으랴　　　　正法那堪付與人
삼현과 삼요가 모두 다 멸했으니　　　　　三要三玄俱喪盡
당당히 손을 털고 겹겹의 성을 나선다　　　堂堂擺手出重城

　　　　　　　　　　　　　　　　　　　— 운문고

㉂

부처도 마귀도 도망할 곳 없게 할하니　　　喝得佛魔無處走
천지를 움켜쥐어 일시에 울게 한다　　　　国教天地一時鳴
떠날 때에 스스로 우레 만나 죽으니　　　　臨行自被雷驚殺
잔재주로 무엇을 이룬 적 있던가　　　　　技倆何曾做得成

　　　　　　　　　　　　　　　　　　　— 심문분

㉃

남원이 풍혈에게 물었다. "그대는 임제가 떠날 때 한 말을 들었나?"
"들었습니다."
풍혈이 대답하니 남원이 또, "임제가 나의 정법안장이 저 눈먼 나귀에 의해 멸
해버릴 줄 누가 알았겠나? 했으니 그가 평생 사자와 같아서 사람을 보기만 하면
죽이더니 죽음에 인하여 어찌해 무릎을 꿇고 꼬리를 사림이 저렇듯 하였을까?"
물었다.
　이에 풍혈이 "죽을 적에 비밀히 전하매 완전한 주인이 곧 멸하는 것입니다"라
고 말했다.
　다시 남원이 "삼성은 어째서 다시 말이 없었던가?" 하니 풍혈이 대답하였다.
　"직접 방에 들어가게 된 진짜 아들은 문 밖에서 노는 사람과는 같지 않습니
다."
　이에 남원이 고개를 끄덕였다.
　南院問風穴 汝聞臨濟將終時語否 穴曰聞之 院曰 林際曰誰知吾正法眼藏 向這瞎
驢邊滅却 渠平生 如獅子見卽殺人 及其將死 何故 屈膝安尾如此 穴曰密付將從 全
主卽滅 院又問 三聖 如何亦無語乎 穴曰 親承入室之眞子 不同門外之遊人 院頷之

19장

임제종의 선장들

1. 흥화 존장

후세의 임제종의 법계는 흥화 존장(興化存獎, ? ~924)에 의해 이어진다. 『임제록』의 집필자이며 임제의 법을 이은 고족 삼성 혜연은 임제의 입적 선화에 보이지만, 그 후 선종사에 자취를 감추고 오히려 그의 사제인 존장의 제자들이 임제종의 본류로 떠오른다. 존장은 임제의 시자였다.

존장의 깨달음은 『전등록』 12권 「위부대각선사」에 이렇게 기록되어 있다.

> 존장이 원주로 있었는데 어느 날 대각 사형이 물었다.
>
> "내가 항상 듣기를 자네가 남쪽으로 한 바퀴 행각을 했었는데 주장자 끝에 불법을 아는 사람 하나도 만나지 못했다 하니, 무슨 이치로 그런 말을 했는가?"
>
> 존장이 바로 할을 하니 대각이 때렸다. 존장이 다시 할을 했다.
>
> 다음 날 존장이 법당 앞을 지나는데 대각이 불러 말했다.
>
> "원주, 나는 어제 그대의 할을 지금도 풀지 못하고 있네. 나에게 말을 좀 해주게(院主 我直下疑 汝昨日行底喝 與我說來)."
>
> 존장이 말했다.
>
> "제가 평생 동안 삼성 사형에게 배운 것을 몽땅 스님에게 빼앗겼습니다. 바라건대 저에게 안락한 법문을 일러주십시오(存獎平生於 三聖處學得底 盡被和尙折倒了也 願與存獎箇安樂法門)."
>
> 대각이 대답했다.
>
> "저, 눈먼 당나귀가 와서 허물만 드러내네. 웃옷을 벗고, 시원하게 한 대 맞아야 하겠군(這瞎驢卸却衲帔 待痛快一頓)."
>
> 이 말끝에 존장이 바로 깨달았다.[1]

---

1) 『경덕전등록』 12권, 「위부대각선사」, 보련각, 1982, 30쪽.

이 선화에 나타나는 대각은 임제의 법사며 존장의 사형이고 삼성 역시 임제의 입적 시 유지를 이은 존장의 사형이다. 뒷날 존장은 흥화원에서 개당법회를 하면서 향을 피우고, "이 향은 원래 삼성과 대각 두 분 사형들의 것이다. 그러나 삼성사형은 가르침이 너무 적었고 대각사형은 가르침이 너무 많았으니, 오직 임제스님에게 향을 올리기로 한다." 이렇게 축원하며 임제의 법을 이었다.

뒷날 흥화는 후당의 황제 장종의 왕사가 되었다. 어느 날 장종이 흥화에게 물었다.

"짐이 중원을 평정하고, 보물을 하나 얻었는데 아무도 값을 놓지 못하는구려(朕 手中原 獲一寶 而未有人 酬價)."
선가가 말했다.
"폐하의 보물을 잠깐 보여주십시오(略借陛下寶看)."
동광이 두 손으로 복두건 끈을 들어 보였다(帝以兩手 引幞頭脚示之).
이에 선사가 말했다.
"군왕의 보물을 누가 감히 값을 흥정하겠습니까?(君王之寶 誰敢酬價)"
황제가 매우 기뻐하였다.

동광(同光, 923~925)은 장종의 연호다. 위의 선화에『선문염송』756칙「중원」에 기록된 게송을 들어 후대의 선장들이 게송을 읊었다. 음미해보자.

㉮
군왕의 속뜻을 지음에게 말하니 君王底意語知音
천하가 규곽심으로 정성을 다하네 天下傾誠葵藿心
중원의 값 없는 보배 드러내 놓으니 掇出中原無價寶
조나라 옥이나 연나라 금과는 같지 않도다 不同趙璧與燕金

㉯
중원의 보배 흥화에게 보이니 中原之寶呈興化
한 줄기 광명, 값 부르기 어렵네 一段光明難定價

제업이 만세의 스승될 만하여서 　　　　　　　　帝業堪爲萬世師
금륜이 환하게 네 천하에 빛난다 　　　　　　　　金輪景耀四天下
　　　　　　　　　　　　　　　　　　　　　　　　　　　— 천동각

㉮와 ㉯의 게송 모두 천동 정각이 노래한 것이다.

㉮의 게송 2행의 '규곽심(葵藿心)'에서 규곽은 보잘것없는 풀잎, 즉 명아주
나 애기똥풀 정도를 말한다. 해는 규곽을 향해 빛을 주지 않지만 그가 해를
향해 잎을 펴는 것은 자기의 정성이라 하여 남이 알건 모르건 자기 스스로 정
성을 다한다는 뜻이니, 이는 스스로를 낮추는 말이다. 3행의 '값없는 보배'는
더할 수 없는 고가여서 값으로 따지지 못한다는 의미. 곧 모순어법이다. 이
'무가보(無價寶)'는 귀하게 드러난 조나라 옥구슬이나 연나라 금보다 더 귀한
것이라는 뜻으로 읽힌다. 이제 뜻을 헤아려보는 일이 능사가 아니다. 가만히
손바닥을 한 번 들여다볼 일이다.

㉯ 게송의 금륜은 금륜왕을 말한다. 이 금륜왕은 4천하를 통일한다는 전설
적인 왕이다. 그대로 게송을 음미해보자.

흥화 선사가 후당 동광 2년에 입적하니 법제자로는 보응 혜옹(寶應慧顒=
남원 도옹) 한 사람이『전등록』에 전한다.

2. 풍혈 연소

풍혈 연소(風穴延沼, 896~972)는 보응 혜옹의 제자다. 혜옹은 남쪽 집에서
거처하였기 때문에 남원 도옹(南院道顒)이라 하기도 한다. 남원은 흥화의 법
제자니 오늘날 임제종의 본류다. 남원과 연소가 처음 만나서 남원이 연소의
깨달음의 경지를 긍정하는 선문답이『전등록』의「풍혈연소장」모두에 기록되
어 있다.

남원을 찾은 연소는 절도 하지 않고 불쑥 물었다.
"문 안에 들어와서는 모름지기 주인을 가려야 하는 분명한 뜻을 스님께서 알

려주십시오(入門 須辯主 端的請師分)."

이에 남원이 왼손으로 무릎을 한 번 치니, 연소가 할을 하였다. 다시 남원이 오른손으로 무릎을 한 번 치니, 연소가 또 할하였다. 남원이 왼손을 들면서 말하였다.

"이것은 수자의 판단에 맡기노니……"

하고 이어 오른손을 들어 말했다.

"이것은 어찌하겠는가?(這箇 作麼生)"

"눈이 멀었군요(瞎)."

이때 남원이 주장자를 드니 연소가 말했다.

"무엇을 하시렵니까? 주장자를 들어 다시 스님을 때리겠으니 말하지 않았다고는 하지 마십시오."

남원이 주장자를 던지고 말하였다.

"30년 주지를 지냈으나 오늘에야 얼굴 누른 절강성 시골뜨기(浙子) 때문에 바보 노릇 한바탕 하였노라(被這黃面浙子鈍置一上)."

"마치 바리때도 얻지 못하고서 거짓으로 배부르다 하는 것 같습니다(大似持鉢不得 詐道不飢)."

이어 남원이 다시 말하였다.

"수자는 일찍이 이곳에 왔었지 않나?"

"그 무슨 말씀입니까?(是何言歟)"

"거, 참 좋은 물음이다. 노승이 분명한 일을 자네에게 물었지(好好相借問)."

"놓칠 수야 없지 않습니까?(也不得放過)"

"그래, 거기 앉아서 차나 마시거라."[2]

위의 선화는 연소가 그의 스승 남원선사와 처음 만나서 선의 기봉을 주고받는 장면을 그리고 있다. 남원 역시 젊은 수자의 근기를 샅샅이 살피고는 '우선 앉아서 차나 마시라' 하면서 입문을 허락하고 있다.

이 이야기를 듣고는 뒷날 송원선사가 법상에 올라 대중에게 들어 보인 염(拈)이 『선문염송』에 한 편 실려 있다. 살펴보자.

"애! 아주 괴상하구나! 하나는 빗자루요, 하나는 쓰레받기다.
쓰레기 더미에서 쓸 수는 있으나 가문을 둔하게 만드는 꼴

---

2) 『경덕전등록』13권, 「여주풍혈연수선사」·『선문염송』권27, 1246칙「입문」.

이네. 만일 바른 법령에 의해 시행한다면 모두가 한 쪽씩
모자랄 뿐이네."
嗄 也甚奇怪 一个 生埽箒 一个 破糞箕
搕推頭 也用得着 未免鈍置門風 若據正令而行
總欠一着在

마지막 행 '만약 바른 법령으로 시행하면 모두 한 쪽씩 모자란다'는 무엇인가? 이것은 반어법인 아이러니다. 다시 말하면 올바른, 전성전일하고 내외명철한 당당한 무위의 행위를 하면 그뿐임을 표현한 것이다. 곧 '모두가 한 쪽씩 모자란다'고 짐짓 학인의 사량(思量)을 더하게 하는 선적인 적기(賊機)의 표현법이다. 바로 선어록에 자주 나타나는 '검은 것'도 정답이고 '흰 것'도 정답이다 하는 표현과 같은 것이다. 혹은 모두가 '흰 것'은 모두가 '어두운 것'이다 하는 말과 같다.

『선문염송』 1248칙에는 매우 아름다운 선구로 된 「이미(離微)」라는 공안이 있다.

연소에게 한 학인이 물었다.
"말하거나 침묵해도 이미(離微)에 걸립니다. 어떻게 해야 두루 통해서 침범하지 않습니까?(語默涉離微 如何通不犯)"
선사가 대답했다.
"늘 강남 3월의 풍경을 생각하니 자고새 우는 곳에 백화가 향기로우니라(常憶江南三月裏 鷓鴣啼處 百花香)."

위의 선화에서 이미(離微)의 '이'는 들어가는 것을 말하고 '미'는 나오는 것을 말한다. 「보장론」에서 이르기를 '들어가는 '이'를 알면 밖의 티끌이 의지할 바가 없고, 나오는 '미'를 알면 안의 마음이 할 바가 없다고 했으며, 안의 마음이 할 바가 없으면 모든 경계가 옮기지 못하고, 밖의 티끌이 의지하지 않으면 만법이 구속치 못한다' 하였는바, 여기서는 양변을 초월한 경지인 겁 밖의 도리를 읊은 것이다.

이 아름다운 이야기의 뜻을 발명하고자 애쓴 선장들의 간절노파심절을 몇 수 읽어보도록 하자.

㉮

자고새 우는 곳에 백 가지 꽃 향기롭다　　　　鷓鴣啼處百花香
손뼉을 치고 깔깔 한바탕 웃었네　　　　　　　撫掌呵呵笑一場
지난날에 지나던 곳 생각하니　　　　　　　　　因憶昔年遊歷所
먼 길에 임 전송하며 저문 언덕에 섰네　　　　送人雲塢立斜陽

　　　　　　　　　　　　　　　　　　　　　　　　　— 해인신

㉯

문을 나서면 먼저 길을 보고　　　　　　　　　忽尒出門先見路
발을 씻자 얼른 배에 오르네　　　　　　　　　纔力洗脚便登船
신선의 비결이란 참으로 아까운가　　　　　　神仙秘訣眞堪惜
부자가 친해도 전하지 않네　　　　　　　　　父子雖親不敢傳

　　　　　　　　　　　　　　　　　　　　　　　　　— 운문고

㉰

어지러운 구름 더미 속 예쁜 기생 데리고　　　亂雲堆裏携佳妓
고목 바위 앞에서 고운 노래 부르네　　　　　枯木嵒前唱艷詞
봄바람을 뒤흔들어 돌아간 뒤엔　　　　　　　攪動春風歸去後
원숭이나 새들이 마음대로 의심케 하네　　　從敎猿鳥自相疑

　　　　　　　　　　　　　　　　　　　　　　　　　— 심문분

3. 수산 성념

수산 성념(首山省念, 925~993)은 내주 사람이고 성은 적(狄)씨며 풍혈의 법을 이었다. 수산은 그가 거처하던 산.

『선문염송』 1331칙 「죽비」는 오늘날까지 제방 선원에 널리 회자되는 정형화된 공안으로 유명하다.

　수산이 죽비를 들고 학인에게 물었다.
　"죽비라 부르면 걸리고, 죽비라 부르지 않으면 등진다. 말하라. 무엇이라 불러야 되는가?(喚作竹篦即觸 不喚作竹篦背 且道 喚作什麼)"

곧 죽비를 죽비라 부르면 죽비라고 부르는 고정된 현상을 부르는 것이어서 관습화되어 순수 진리에 대해 저촉되는 것이고, 이것을 죽비라고 부르지 않으면 우리의 일상생활의 우리의 약속을 위배하는 것이다. 그럼 이 죽비를 무엇이라 불러야 순수본연과 사회일상의 양변을 벗어날 수 있는가?

이 뜻을 드러내고자 하는 게송이 『선문염송』에 두어 수가 전한다. 음미해 보자.

㉮

등진다 걸린다 함이 숨김없는 말	背觸非遮護
분명히 곧바로 드러냈도다	明明直擧揚
취모검을 움직이지 아니했으나	吹毛雖不動
땅 위엔 온통 칼과 창이로다	遍地是刀槍

— 운문고

㉯

검게 칠한 죽비를 들어 올리니	黑柒竹篦握起
빠른 우레는 귀 가림을 따르지 못한다	迅雷不及掩耳
덕산도 임제도 어리둥절하니	德山臨濟茫然
멍청한 것이 어찌 입 대는 것 같으랴	懵底如何掩嘴

— 무용전

수산은 입적이 가까워짐을 알고 상당하여 다음과 같은 게송을 제자들에게 보였다.

올해 나이 67세	今年六十七
늙고 병든 채 인연 따라 세월 보내네	老病隨緣且遣日
금년에 내년 일을 예언하노니	今年記取來年事
내년에는 도리어 오늘을 기억하리	來年記著今朝日

다음 해 어느 날, 위의 게송의 예언과 같이 상당하여 대중을 하직하고 게송을 읊었다.

은빛 세계의 금빛 몸이니	白銀世界金色身
유정과 무정이 동일하게 참되다	情與非情共一眞
밝음과 어둠이 다하여 모두 비치지 않으니	明暗盡時俱不照
해가 기운 오후에야 온 몸을 보네[3]	日輪午後是全身

말을 마치자 편안히 가부좌를 틀고 앉았다가 해가 기울 무렵에 좌탈입망하였다.

4. 석상 초원

석상 초원(石霜楚圓, 987~1040)은 전주 이씨의 가문에 태어나서 어릴 적엔 유학을 공부하다가 스물둘에 출가하였다. 석상 초원은 『선문염송』 1382칙에 「원주남원초원자명(袁州南院楚圓慈明)」으로 나오는 분이다.

풍혈 연소와 수산 성념을 잇는 분양 선소(汾陽善昭, 947~1024)[4] 문하에서 2년을 수학한 후 스스로 아무것도 전수받은 것이 없다고 생각되어 하루는 분양방장께 물었다.

> "저는 스님의 문하에서 2년을 지냈습니다만 스님에게 아무런 가르침도 받지 못하였습니다. 단지 세속의 잡다한 일들이나 하다 보니 세월이 지나가버렸습니다. 저 자신이 아직 자성을 보지 못했으니 출가한 게 무슨 의미가 있겠습니까?"
> 선소가 이 말을 듣고 심하게 경책하였다.
> "못난 놈, 어찌 너 같은 자가 감히 내게 귀의하려 하느냐."
> 그러고는 주장자로 두들겨 팼다. 초원이 살려달라고 소리치려고 하자 선소가

---

3) 『경덕전등록』 권13, 「여주수산성념선사」, 보련각, 1982, 59쪽.

4) 분양 선소는 선종사 분주 태자원 선소로도 기록된 임제종의 정맥 조사다. 『선문염송』 1340칙 「萬里」에는 흥미롭고 아름다운 공안이 적혀 있다. 분주에게 어떤 학인이 묻되 "만 리에 한 조각 구름도 없을 때 어떠합니까?" 하니, 선사가 대답하되 "푸른 하늘도 한 방망이를 맞아야 하리라" 했다. 다시 학인이 묻되 "이럴 때 허물은 어디에 있습니까?" 하니, 선사가 대답했다. "비가 와야 할 때엔 비가 오지 않고, 맑아야 할 때엔 맑지 않기 때문이지."

손으로 초원의 입을 틀어막아버렸다. 이때 문득 자성영회하여 새로운 세계에 돈입하였다. 그리고는 그의 환희의 말이 튀어 나왔다.

"원래 임제의 도가 일상생활에서 나왔군요."

하루는 초원이 상당하여 오도송을 읊는다.

서늘한 가을바람 불고	颯颯涼風景
본래 그 사람 고요로 찾아드네	同人訪寂廖
산 위 맑은 물로 차 달이고	煮茶山上水
골짝에 나무 꺾어 솥에 불 지피네	燒鼎洞中樵

어느 날 한 학인이 초원에게 "어떤 것이 불법의 참 도리입니까" 하고 물었다. 곧바로 "한 이랑의 땅에 뱀 세 마리와 쥐 아홉 마리"라고 대답했다. 이 선화는 『보행기』에 나오는 이야기로 석가부처가 길을 가다가 보니, 허물어진 집에 뱀 세 마리와 아홉 쥐가 서로 잡아먹으려 싸우고 있었는데, 석가가 깊은 명상에 들어 자애로운 마음으로 굽어보니 뱀과 쥐가 형제와 같이 가까워졌다 하는 고화이다. 이것은 하나가 일체에 통하는 다즉일(多卽一)이요 일즉다(一卽多)의 원리의 이야기다.[5]

또 한 학인이 "어떤 것이 부처입니까?" 하고 물으니 초원이 대답하되 "물이 높은 언덕에서 흘러내린다" 하며 다음과 같이 노래했다.

물이 높은 언덕에서 나오는 것, 매우 기특한데	水出高原也大奇
납자들이 알지 못해 눈이 마비되었구나	禪人不會眼麻彌
만일에 흙탕물의 구절을 밝히지 못하면	若也未明泥水句
등롱과 노주가 히죽거리며 웃으리[6]	燈籠露柱笑呀亥

여기에 『선문염송』에 두 수의 게송이 전한다. 음미해보자.

---

5) 『선문염송』 1385칙 「一畝之地」. 뒷날 공수선사가 이 선화를 들고 착어하기를 "한 이랑의 땅에 세 마리 뱀과 아홉 마리 쥐라 하니, 물건은 값이 정해져 있고, 돈은 수효를 채운다" 하였다.

6) 『선문염송』 1386칙 「高原」.

㉮

높은 언덕에 물이 난다 자명이 말하니　　　　慈明謂水出高原
천하의 납자들이 연기같이 설치네　　　　　　天下禪僧走似煙
맑은 소리, 귀 곁에 오는 것만 들을 뿐　　　　只聽淸聲來耳畔
저쪽 봉우리 앞으로 흐르는 줄 모르네　　　　不知流落那峰前

— 지해일

㉯

물이 높은 언덕에서 나오니 빛이 맑고 차네　　水出高原色淸且寒
모두 부처 봤다 하니 뉘라서 그 까닭 밝히랴　皆云見佛誰辨來端
귀 씻기는 쉬우나 소를 마시게 하기 어렵네　洗耳非耳飮牛更難
시냇물이 어찌 머무를 수 있으랴　　　　　　溪澗豈能留得住
마침내 바다에 가서 큰 파도가 되네　　　　　終歸大海作波瀾

— 숭숭공

초원이 남송 강정 2년(1040) 5월에 입적하니 나이 54세에 법랍 22세였다. 초원 아래로는 황룡 혜남과 양기 방회, 두 제자가 나와 황룡파와 양기파를 개창하니 드디어 선종은 5가 7종(五家七宗)으로 꽃을 피운다.

5. 양기 방회

양기 방회(楊岐方會, 993~1046)는 원주 의춘현에서 태어났으며, 속성은 냉(冷)씨다.

선종을 통틀어 5가 7종이라 이르는데, 이는 위앙종 · 조동종 · 임제종 · 운문종 · 법안종과 임제종에서 송대에 이르러 양기파와 황룡파로 갈라지니 천하의 선문을 이르는 말이다. 양기파의 개창조인 방회가 원주 양기산에서 종풍을 드날렸으므로 후세에 양기파라고 불렀다. 석상 초원이 남원에 있을 때 그곳을 찾아가 참구하다가 초원이 석상산으로 옮겨가자 방회도 그곳으로 따라갔었다. 방회는 초원을 오랫동안 모셨으나 깨치지 못하여 전전긍긍하였다. 초원방장께 법을 물으면 "창고 일이 번거로우니 가보라"고 하거나 또는

"감사(監寺)는 나중에 자손이 천하에 퍼질 것인데 어찌 서두르는가"라고 할 뿐이었다. 방회는 당시 절의 감사 소임을 맡고 있었다.

하루는 초원방장이 산에서 비를 맞은 것을 본 방회는 "이 늙은이야, 오늘은 내게 꼭 말해라. 말하지 않으면 때리겠다"고 말하자 초원이 대답했다. "네가 이 일을 알려면, 쉬지 않고 물어보면 되지. 이제 그만두어라." 이 한마디가 채 끝나기도 전에 크게 깨치고는 진흙길에 엎드려 절하며 물었다. "좁은 길에서 만났을 적에는 어찌해야 합니까?" "네가 피하면 내가 거기로 갈 것이네."

자, 여기서 우리는 초원이 말한 "네가 피하면 내가 거기로 갈 것이네" 하는 말을 몰록 깨달아야 하는 것이 중요하다.

하루는 한 학인이 물었다.
"어떤 것이 부처입니까?"
"세 발 가진 당나귀가 발자국을 희롱하면서 다니는 걸세(三脚驢子弄蹄行)."
학인이 다시 물었다.
"바로 그렇게 될 때엔 어떻습니까?(便恁麼去時如何)"
"그야, 호남의 장로이지(湖南長老)."[7]

이 선화에 대하여 『선문염송』에 뒷날 선객들의 게송이 다섯 수가 전한다. 두어 편 음미해보자.

㉮

앞걸음은 높고 뒷걸음은 낮으니	前步高兮後步低
머리와 꼬리를 흔들고 발굽은 셋이네	動頭搖尾三隻蹄
그를 타고 저자 지나매 사람들 동서로 갈리니	騎過鬧市人東西
호남에 또다시 수보리가 있도다	湖南更有須菩堤

— 보녕용

㉯

사람의 가죽을 벗긴	剝下人皮

7) 『양기록』, 「원주양기산보통선원회화상어록」 1, 장경각, 1988, 20쪽.
『선문염송』 1403칙 「三脚驢」.

개 얼굴이 드러났다	露出狗面
세 다리의 나귀가	三脚驢子
귀하기도 천하기도 하다	可貴可賤

— 개암붕

㉔

세 다리의 나귀가 몹시도 좋으니	三脚驢子恁殺好
후원에 오래 놓아 풀을 뜯게 하네	長放後園牧喫草
넌지시 끌어내어 사람들게 향하니	等閑牽出向人前
호남의 눈먼 장로를 걷어차 쓰러뜨린다	踢倒湖南瞎長老

— 죽암규

㉔의 죽암규의 게송 한 수만 풀어 읽어보자.

우선 양기가 말한 '세 발 가진 당나귀' 즉 삼각려(三脚驢)는 우리의 자성을 가리킨다. 만물의 근원인 '우리의 진면목'의 형상화. 우리를 달리 생각하시지 말기를. 1행과 2행의 뜻은 '이것 그대로 좋은 것이니, 당나귀가 후원에서 풀을 뜯는다. 이것 역시 그대로 훌륭한 풍광이다. 풀을 뜯는 나귀를 끌어내어보라. 아직 마음이나 배가 가득 차지 않았는데 누가 누구를 끌어낼 수 있는가? 뒷발로 차는 나귀를 걷어차 쓰러뜨리는 '호남의 눈먼 장로'가 바로 그놈이 아닌가? 흐르는 물가에서 잘 사량해볼 일이다.

> "달마조사께서 면벽하신 뜻이 무엇입니까?"
> "달마는 서역 사람이어서 중국말을 할 수가 없었지."
> 그리고 잠시 후 말했다.
> "입은 밥을 먹는 게야."[8]

여기 '밥은 있어도 입이 없는데 우물우물 잘도 먹는다' 하면 누가 있어 웃으시겠지.

이렇게 모든 것이 동시에 목전에 뛰어가니 눈여겨볼 일만이 남았다. '일즉일체 다즉일(一卽一切 多卽一)'이라 해도 한 겹 쌓인 것일 뿐.

---

8) 『양기록』, 「양기방회화상후록」 8. 장경각, 57쪽.

이제 양기 방회선사가 자기 진영에 스스로 찬한 게송을 읽으며 우리나라
조계종의 먼 시조인 양기선사의 장을 거두기로 한다.

입은 빌어먹는 아이의 부대자루이고	口似乞兒席袋
코는 채소밭의 똥바가지 같구나	鼻似園頭尿杓
그대의 귀신 같은 필치, 그리게 하였으니	勞君神筆寫成
천하 사람들이여, 마음대로 헤아리게들	一任天下卜度
나귀와 흡사한데 나귀가 아니고	似驢非驢
말과 비슷한데 말도 아니니	似馬非馬
쯔쯔, 양기여	咄哉楊岐
쟁기 끌고 고무래 끄는구나	牽犁拽杷
나귀라 하려니 꼬리가 없고	指驢又無尾
소라 부르려니 뿔이 없구나	喚牛又無角
앞으로 나감에 걸음 옮기지 않는데	進前不移步
뒤로 물러남에 어찌 다리 거두랴	退後豈收脚
말이 없으나 부처와 같지 않고	無言佛同佛
말이 있은들 뉘라서 짐작하랴	有語誰斟酌
잘난 데 못난 데가 눈앞에 늘 드러나니	巧拙常現前
그댈 수고롭게 하여 내 모습 그려두네[9]	勞君安寫貌

원주 양기산 보통선원에 주석하다가 경력 6년(1046)에 운개산 해회사에 법
석을 폈다. 얼마 후 그곳에서 입적하니, 세수 54세다. 법제자로는 백운 수단,
비부 손거사, 보녕 인용 등 10여 명이 있다. 스승 석상 초원의 말씀대로 양기
의 법손들이 천하를 뒤덮으니 선문은 양기파가 본류가 된다.

특기할 것은 우리나라 임제종과의 관계이다. 백운 수단은 오조 법연을, 법
연에서 9대에 이르러 급암 종신을, 종신은 석옥 청공과 평산 처림을 탄생시
키니 종신 아래 고려 말 태고 보우가 탄생된다. 그리고 처림에게는 고려의

---

9) 『양기록』, 「양기방회화상후록」 8. 장경각, 74~75쪽.

나옹 혜근이 법을 이으니, 그 후 우리나라 선문은 온통 임제종 양기파 일색이
된다.

6. 황룡 혜남

혜남(黃龍慧南, 1002~1069)은 신주 옥산 출신으로 속성은 장(章)씨다.
처음에는 운문종의 늑담에게 선을 배웠다. 그 후 행각하다가 운봉 문열의 권
유로 석상 초원을 찾게 된다. 혜남이 향을 사르고 예배를 하자 초원이 말했다.
"스님이 운문의 선을 배웠으니 그 뜻을 깊이 얻었을 것이다. 그렇다면 동산
의 세 차례 몽둥이는 때려야 되는 것이냐? 그렇지 않으면 때리지 않아야 하
느냐?"
"때려야 합니다."
"그렇다면 아침부터 저녁까지 까마귀 울고 까치가 울어도 모두 몽둥이를
맞아야겠구나."
초원 방장이 다시 혜남에게 물었다.
"조주가 '오대산 노파를 내 이미 간파했다'고 하였는데, 조주는 무엇을 간
파하였느냐?"
혜남은 대답을 하지 못하고 온몸에 땀을 줄줄 흘렸다. 이튿날 혜남이 가르
침을 청하자 초원은 쉬지 않고 욕을 퍼부었다.
"사람을 욕하는 것도 자비란 말입니까?"
"그럼, 너도 욕을 할 수 있느냐?"
혜남이 이 말끝에 크게 깨닫고 초원에게 게송을 지어 바쳤다.

총림에서 걸출한 조주여
노파를 간파함은 유래가 없구나
지금 사해가 거울처럼 맑으니
행인은 길과 원수 되지 말지라

傑出叢林是趙州
老婆勘破沒來由
而今四海淸如鏡
行人莫如路爲仇

게송을 본 초원이 몰(沒) 자를 가리키자 황룡이 유(有) 자로 고쳤다. 그러자

초원이 점두하며 인가하였다.

뒷날 융흥의 황룡산에서 개당하니 법석이 지극히 융성하였다

홍주 황룡 혜남이 세 가지 말로써 학인들을 가르쳤는데 이것을 황룡삼관(黃龍三關) 혹은 황룡삼전어(黃龍三轉語)라 한다.

황룡은 학인들이 물어오면 이렇게 물었다. "사람마다 인연이 있는데 네 인연은 어디에 있느냐?" 그 학인이 막 대답하려 하면 황룡은 손을 쭉 뻗치며 말했다. "내 손은 어느 곳이 부처의 손과 같은가?" 이어서 다시 다리를 뻗치면서 "내 다리는 왜 당나귀의 다리와 같은가?" 하나같이 선객들이 자기 나름대로 대답을 했지만 황룡의 긍정을 받는 이는 없었다.

> 사람마다 태어난 인연의 곳이 다함이 있는데 어디가 그대들의 태어난 인연의 곳인가?(人人 盡有生緣處 那箇是上座生緣處)
> 내 손은 어째서 부처님 손과 같은가?(我手何似佛手)
> 내 다리는 어째서 나귀 다리와 같은가?(我脚何似驢脚)[10]

이 삼전어로 황룡은 30여 년간 학인을 제접하여 일깨워주었다. 제1구는 사람마다 전생의 인연으로 태어났으며, 누구도 이 윤회의 업보를 벗어나지 못함을 일깨웠고 제2구는 사람의 본성은 본래 부처로 태어났으므로 이 불성에 의하여 성불할 수 있음을 말하고 제3구는 사람과 중생들은 모두 본질은 같아, 윤회를 거듭하고 있음을 분명히 깨달을 때 성불할 수 있음을 말한다.

이 모든 관건은 '부처의 손/나귀 다리' 곧 '귀(貴)/천(賤)'의 양변의 견해에 떨어지지 않음 그 자체가 '우리들이 태어난 곳'임을 스스로 보라, 또 이 모든 것은 스스로에게 있다로 이해된다. 이후 학인들마다 황룡삼관을 참해보았으나 오늘날까지 공전하고 있다. 질기디질긴 이 공안을 황룡삼전어라 하며 납자들이 혀를 빼문다.

황룡 만년에 선사 스스로 게송을 지어놓고 사라졌다.

---

10) 『선문염송』 1398칙 「三關」.

태어난 인연의 곳이 끊일 때 나귀 다리 뻗고　　　　生緣斷處伸驢脚
나귀 다리 거둘 때 부처님 손이 열린다　　　　　　驢脚伸時佛手開
오호(五湖)에서 참선하는 무리에게 고한다　　　　爲報五湖參學者
세 관문 하나하나 통과하여라　　　　　　　　　　三關一一透將來

태어난 인연의 말 사람마다 다 알고　　　　　　　生緣有語人皆識
해파리는 어찌하여 새우를 떠났을까　　　　　　　水母何曾難得蝦
단지 해 머리가 동쪽 두둑에서 떠오름 보고　　　　但見日頭東畔上
누가 조주의 차를 마실 수 있을는지　　　　　　　誰能更吃趙州茶

내 손과 부처의 손 모두 드노니　　　　　　　　　我手佛手齋擧
선객들은 곧바로 알아차려라　　　　　　　　　　禪流直下薦取
무기를 쓰지 않고 이르는 곳　　　　　　　　　　不動干戈道出
그 자리에서 초불월조하리라　　　　　　　　　　當處超佛越祖

내 다리와 나귀 다리가 함께 걸으니　　　　　　　我脚驢脚竝行
걸음마다 모두 무생의 법에 계합하네　　　　　　　步步踏着無生
구름 걷히고 해의 드러남, 이렇게 얻어져야　　　　會得雲收日卷
이 도가 비로소 종횡무진하려니　　　　　　　　　方知此道縱橫

　　황룡이 송 희녕 2년(1069) 3월에 입적하니 세수 68세이다. 법제자가 무려
83인이나 되었는데, 그중에서도 황룡 사심, 늑담 극문, 동림 상총 등이 뛰어
났다.

20장
운문종과 법안종의 조사들

우리는 앞 장에서 청원의 유일한 법제자인 석두와 그의 제자들인 약산과 천연, 그리고 천황의 행장과 그들의 선풍을 살펴보았다.

이 장에서는 법안종과 운문종의 원류라 할 수 있는 덕산, 암두, 설봉을 살펴보기로 하자.

1. 덕산 선감

덕산 선감(德山宣鑒, 780~865)은 석두와 천황 도오를 잇는 용담 숭신(龍潭崇信, ?~838)의 법제자다. 사천성 성도인으로 속성은 주(周)씨다. 지금까지도 제방에 회자되는 덕산방(德山棒) 임제할(臨濟喝)로 유명한 덕산에 대해서는『전등록』과『지월록』,『선문염송』을 참조하여 요긴한 부분을 간추리고 몇 게송을 옮기는 것으로 대신하고자 한다. 이 선화 역시 지금까지 선객들의 가슴에 아로새겨진 꿈의 이야기로 전한다.

덕산은『금강경』에 정통하였으며 여러 차례『금강경』을 강의하여서 주금강(周金剛)이라고 사람들이 불렀다. 뒷날 남방에서 선학이 크게 성행하여 직지인심(直指人心) 견성성불(見性成佛)한다는 말을 전해 듣고 파사현정(破邪顯正)하기 위해『금강경청룡소초』를 짊어지고 용담이 선풍을 드날리고 있는 호남 지방으로 향하였다. 덕산은 지치기도 하고 배도 고파서 숭신선사가 주석하는 산문 아래서 짐을 내려놓고 떡을 사고자 하였다. 이때 떡을 파는 노파가 짐을 보고 무엇이냐고 물었다. 덕산이『금강경청룡소초』라고 하자 다음과 같이 물었다.

“여쭈어볼 말씀이 있습니다. 스님께서 대답을 잘 해주시면 오늘 점심은 거저 드리고 만약 잘못 말씀하시면 다른 데로 가서서 점심을 드십시오. 스님,『금강경』에 보면 ‘과거심도 얻을 수 없고 현재심도 얻을 수 없으며 미래심도 얻을 수 없다’는 구절이 있는데 스님께서는 어느 마음에 점심을 들고자 하시는지요?”
金剛經道 過去心不可得 現在心不可得 未來心不可得 未審上座點個心

덕산은 할 말을 잃고 그냥 용담으로 갔다. 그는 법당에 이르자 다음과 같이 호기스럽게 말했다.

“내 오래전부터 용담에 와보고자 했는데 이제 용담에 와서 보니 연못(潭)도 보이지 않고 용(龍)도 보이지 않는구나.”
그때 용담이 나와 말을 받았다.
“아닙니다, 스님은 용담에 이미 도착하였습니다.”[1]
久嚮龍潭 及乎到來 潭又不見 龍又不顯 潭云 子親到龍潭 師作禮而退

용담의 이 말에 덕산은 말이 막히고 아찔하였으나, 그는 용담의 만류로 그곳에 머무르게 되었다. 어느 날 덕산이 밤늦게 입실하니 용담이 말하였다.

“밤이 깊었는데 어찌하여 돌아가 쉬지 않습니까?”
덕산이 용담에게 말하였다.
“스님, 밖은 칠흑같이 어둡습니다.”
용담이 호롱불을 켜서 그에게 건네주었다. 덕산이 받으려 하자 용담이 갑자기 불을 불어 꺼버렸다. 이 찰나에 덕산은 깨달음에 들게 되었고 이어 용담에게 진

---

1) 『선문염송』 권17, 664칙「龍潭」. 용담은 용이 사는 연못이라는 의미다. 이 뜻을 더하기 위해 게송 한 수를 음미하자.

입은 피 그릇이고 어금니는 검과 같으니	血盆似口劍如牙
세상 재간 다 부려도 자랑할 수 없네	竭世樞機未足誇
용담에 직접 와도 용은 보이지 않으니	親到龍潭龍不見
이번엔 눈앞에 꽃 잃게 되었네	這回失却眼前花

실로 예배하였다.

"스님은 무엇을 보았소?"

"예, 이제부터 저는 온 세상의 노스님들이 하시는 말씀에 전혀 의심을 두지 않게 되었습니다(從今向去不疑 天下老和尙舌頭也)."

다음 날 용담은 법상에 올라 대중들에게 선포하였다.

"그대들 가운데에는 그 이빨이 침엽수 같고 입은 붉은 사발과 같으며 몽둥이로 때리더라도 고개조차 돌리지 않는 이가 있다. 언젠가 이 사람은 우리 종문을 산봉우리에 치켜세울 것이다(可中有一箇漢 牙如劍樹 口似血盆 一棒打不廻頭 他時向孤峯頂上立吾道在)."[2]

이날 덕산은 그가 가져온 『금강경청룡소초』를 법당 앞에서 태우며 이렇게 말하였다.

"궁구의 모든 현묘한 논의는 태허에 던져진 한 오라기 터럭에 불과하며, 모든 슬기와 재간을 다 부리더라도 한 방울의 물을 바다에 던진 것과 같구나(師將疏抄堆法堂前 巨火炬日 窮諸玄辨 若一毫置於太虛 竭世樞機 似一滴投于巨壑 遂焚之)."[3]

위의 선화에서 덕산이 깨닫고 한 말은 마치 노자가 『도덕경』 1장에서 설파한 "어두움이 가장 짙을 때에 영적 깨달음의 길이 열린다(玄之又玄 衆妙之門)"를 연상하게 한다. 앞 이야기에서도 칠흑 같은 밤일수록 불을 켰다가 껐을 때 그 어둠이 더욱 짙어진다는 일상 도리를 우리에게 일깨워주고 있다. 곧 밖에서 비추어지는 상황, 내면에서 죽 끓듯이 끓어오르는 번뇌 망상이 적기(賊機)에 의해 몽땅 빨려들 때 우리의 본래면목이 다이아몬드와 같은 광채로 우리 앞에 보이게 된다. 용담 숭신 역시 대선장으로 여지없이 취모검(吹毛劍)을 휘둘러 덕산의 자만을 베어버렸다. 이제 덕산은 진실로 행복한 사내가 된 것이다.

후세의 선사가 이 선화에 대해 읊은 게송을 음미해보자.

사로 정을 치매 뜻이 깊지 않으니	因邪打正義非深
천만차별 억누를 때 그 이치를 못 찾겠네	坐斷千差迥莫尋
지촉을 끌 때 갑자기 쇠눈이 열리니	減燭突然開鐵眼
대천세계가 몽땅 가라앉네	大千沙界摠平沉

— 해인신

2) 『경덕전등록』 제15권, 「낭주덕산선감선사」, 보련각, 1982, 91쪽.

3) 『선문염송』 권17, 665칙 「入室」.

덕산은 임종을 앞둔 병고에서도 여전히 맹렬한 절대론자였다. 하루는 한 학인이 덕산에게 물었다.

> "병들지 않는 사람도 있습니까?"
> "암, 있겠지요."
> "그럼 그 사람에 관해 이야기 좀 들려주십시오."
> 이에 덕산은 말했다.
> "아야, 아야."
> 그리고 이어 말을 했다.
> "허공을 두드리는 것이나 메아리를 쫓는 일들은 그대들 정신만 괴롭히는 일이지요. 꿈을 깨십시오. 이런 것들이 그름을 깨닫는 데 무슨 도움이 되겠습니까?"[4]

말을 마치고 태연히 좌탈입망하였다. 병들지 않는 사람은 병든 사람을 벗어나지 않는가.

선사의 수명은 82세이고 법랍이 65세였다. 많은 법제자가 있으나 그중에 암두 전활과 설봉 의존이 뛰어났다.

2. 설봉과 암두

덕산의 제자 중 암두 전활(巖頭全豁, 828~887)과 설봉 의존(雪峯義存, 822~908), 두 제자가 뛰어났다. 암두는 선기가 영민하여 타고난 상근기(上根機)의 소유자였으며 반면에 설봉은 성실한 성품의 소유자였다. 선적에 의하면 암두는 설봉의 사형으로 먼저 깨달았고 설봉이 깨달음에 이르도록 많은

---

4)　『경덕전등록』권15, 「낭주덕산선감선사」, 보련각, 1982, 92쪽. 『선문염송』권17, 677
칙. 공안에 대각련 선사의 게송 한 수가 전한다.

병든 눈에는 허공꽃이 보이나	翳目觀花起大虛
맑고 맑으니 무엇이 있고 또 없으랴	澄澄何有復何無
아야, 소리의 뜻 알고 있기나 하는가	啊耶一震還知否
보거나 느끼는 것 원래 병이 아닐세	見覺元來不病軀

도움을 주었다.

다음 선화를 읽어보아도 이런 주장이 잘 드러난다.

덕산이 어느 날 공양 시간이 늦으니 손수 바리때를 들고 법당으로 올라갔다.
설봉이 보고 말하기를 "저 노장이 종도 치지 않았고 북도 울리지 않았는데 바리
때를 들고 어디로 가는가?" 하니, 덕산이 그냥 돌아갔다.
설봉이 이 일을 암두에게 말했더니, 암두가 "알량한 덕산이 말후구를 몰랐구
나!" 하였다. 덕산이 이 소식을 듣고 시자를 보내 방장으로 암두를 불러 물었다.
"자네는 노승을 긍정치 않는다면서?"
하니 암두가 가만히 자기의 소견을 말했다.
이튿날 덕산이 법상에 올라갔는데 평상시와 다름이 없거늘 암두가 큰방 앞에
서 손뼉을 치고 크게 웃으면서 말했다.
"저 노장이 이제 겨우 말후구를 알게 되어 기쁘다. 이 뒤로는 천하의 사람들이
어쩔 수 없겠구나. 그러나 겨울 3년뿐인 걸."(전등록에 의하면 3년 뒤에 덕산이
입적했고 한다)[5]

말후구를 아는가 모르는가	末後句會也無
덕산의 부자는 몹시 말을 씹는구나	德山父子大含胡
모인 자리엔 강남 나그네도 있으니	坐中亦有江南客
그들 앞에선 자고새 노래를 부르지 말라	莫向人前唱鷓鴣

— 천동각

북과 종이 조용해서 발우를 들고 돌아가니	鼓寂鍾沉捧鉢廻
암두의 한마디가 우레와 같네	巖頭一挼語如雷
과연 겨우 3년을 더 살았으니	果然只得三年在
그에게 수기를 받은 것이 아닐까	莫是遭他授記來

— 무진거사

위의 선화에서도 나타나듯이 암두의 선기는 날카롭고 예민하였다. 다음
선화에서도 그의 초월의 견처가 잘 드러나고 있다.

---

5) 『선문염송』 권17 668칙 「托鉢」, 『경덕전등록』 권17, 「낭주덕산선감선사」.

그의 도반인 설봉, 흠산과 더불어 담소를 하고 있을 때다. 갑자기 설봉이 맑은 물이 담겨 있는 그릇을 가리켰다. 흠산이 말했다.

"물이 맑으면 달이 나타나지(水淸月現)."

이에 설봉이 말했다.

"물이 맑으면 달이 사라지네(水淸月不現)."

그러나 암두는 아무 말 없이 그릇을 차고 가버렸다(師踢却水椀而去).[6]

위의 선화를 살피면 흠산의 기용(機用)은 긍정적 방법인 비춤(照)에 해당하고 설봉은 부정적이라 할 수 있는 고요(寂)에 해당된다. 그러나 암두는 '적/조'를 일시에 초월하고 있다. 적조동시(寂照同時)의 대기대용(大機大用)을 보면서 그가 말하는 앞의 말후구를 가만히 생각해볼 일이다. 후세에 한 선객이 이 이야기에 읊은 게송이 있다. 음미해보자.

일 없이 일을 일으키니	無事起事
문수와 의존이네	彼邃與存
물이 맑아 달은 나타나기도 않기도 하고	水淸月現不現
물이 흐려 나타남과 나타나지 않음을 어찌리	水渾爭現不現
싸움이 시끄러워지니	競頭譁誼
전활 늙은이 걷어차서	豁老踢翻
말을 멈추게 하네	至於無言

— 지비자

반면에 설봉은 암두처럼 선기가 기민하게 움직이지는 않았으나 지극히 성실하였고, 겸손과 인내, 개인의 이익을 돌보지 않는 미덕의 소유자였다. '세 번이나 투자산에 가고 아홉 번 동산에 갔다(三到投子 九至洞山)'고 할 정도로 수행 시기에는 피나는 정진을 했다. 어디를 가든지 커다란 국자를 가지고 다니며 반두(飯頭), 곧 취사 당번을 자원하여 음덕을 쌓은 수행납자다. 그리하여 선종사에서 가장 위대한 스승 중의 하나가 되었다. 설봉의 법손들에 의해 선학상 중요한 운문종과 법안종이 유래하는 것은 어쩌면 당연한 일이다.

---

6) 『선문염송』 권17, 829칙「一椀水」.

다음 선화에서도 암두와 설봉의 성품이 잘 드러난다.

설봉이 암두와 함께 예주 오산진에 갔다가 눈에 길이 막혔다. 암두는 여러 날 잠만 자고 설봉은 매일 좌선을 했다. 하루는 설봉이 자고 있는 암두를 깨워서 말했다.

"사형, 이제 그만 일어나시오."

"왜 그러시오?"

"금생에 너무 편하게 지내지 마시오. 문수 도반과 함께 행각하면서 가는 곳 마다 그에게 누를 끼치더니, 오늘 사형은 또 편하게 잠만 자고 있군요."

이에 암두가 할을 하면서 대답했다.

"잠이나 자시오. 날마다 평상 위에 앉아서 가부좌나 틀고 있는 꼴이 마치 시골 마을의 토지신 같아! 아마 내세에는 남의 집 남자나 여자깨나 홀리겠소(童眼去 每日床上坐 恰似七村裏土地 他時後日 魔魅人家男女去在)."

설봉이 가슴을 치며 말했다.

"내 안엔 사실 편안함이 없어요. 자신을 속일 수는 없군요(這裏未穩在 不敢自 謾)."

"그래요, 나는 사제가 다음 날 고봉정상에서 초암을 짓고 큰 교법을 펴리라 생각하오. 그런데 아직 그런 말을 하는 걸 들으니 안타깝군요."

"사형, 진실로 아직 내 마음이 편하지 않습니다."

"만약, 그대가 정말로 그렇다면 자신의 견해를 있는 대로 말해보시오. 옳은 것은 증명해주고 옳지 않는 것은 고쳐주겠소."

설봉이 말했다.

"내가 처음 염관 선사에게 갔다가 염관이 상당하여 '색과 공의 이치를 설하는 걸' 듣고 들어갈 곳을 깨달았습니다(見鹽官上堂 擧色空義 得介入處)."

"지금부터 30년 뒤에는 절대로 잘못 얘기하지 마시오."

설봉은 동산의 게송[7]으로부터 크게 깨달은 바를 말했다. 이 말을 듣고 암두가

<hr>

7)　이 게송은 조동종 개조 동산 양개의 오도송을 말한다.

다른 데서 그를 찾지 말라	切忌從他覓
멀고 멀어져 나완 소원하리라	迢迢與我疏
나는 이제 혼자 가지만	我今獨自往
어디에서나 그를 만날 것이다	處處得逢渠
지금도 그는 바로 나 자신이고	渠今正是我
나는 지금도 바로 그가 아니다	我今不是渠

말했다.

"그렇게 알아서는 자기의 구제도 못 하는 것이오."

또 설봉이 인증을 구했다.

"나중에 덕산 스승님께 묻기를 '위로부터 내려오는 종승의 일을 학인도 알 수 있습니까?' 하니 스님이 한 방망이를 때리면서 '무어라 하는가?' 하시기에 나는 그때 활연히 통 밑이 빠지는 것 같았습니다(後問德山 從上宗乘中事 學人 還有分也無 德山 打一棒云 道什麼 我當時 豁然如桶底脫相似)."[8]

암두가 할을 하면서 말했다.

"문으로 들어가는 사람은 그 집의 보배가 아니라는 말을 스님은 듣지 못했소?(你不聞道 從門入者 不是家珍)"

"그럼, 이제부터 어떻게 해야 할까요?"

"이제야 바로 묻는 것이오. 다음 날 혹 위대한 가르침을 펴고자 한다면 일체가 하나하나 자기의 가슴에서 흘러나오게 해야 하오. 이렇게 되어야 나를 위해 하늘과 땅을 덮을 것이오(解問解問 他後 若欲飜揚大敎 一一從自己胸襟流出將來 與我盖天盖地去)."

이 말끝에 크게 깨달았다. 일어나서 절을 하면서 말했다.

"오늘에야 비로소 오산에서 도를 성취하였습니다(今日 始是鼇山成道也)."[9]

이 선화에서도 나타나듯이 설봉은 비록 기봉은 영민하다고 할 수 없으나 겸양과 성실한 탐구 정신, 도에 대한 불굴의 용맹심과 자신을 뽐내지도 돌보지도 않는 무사(無私)는 그를 후에 1,500명의 문도를 거느리는 큰 스승이 되게 하였다.

그는 한 학인이 덕산에게 무엇을 배웠느냐는 물음에 다음과 같이 대답했다.

"빈손으로 그에게 갔다가 빈손으로 돌아왔습니다."

이 한마디는 일급 선사들 누구나 그랬듯이 스승을 가장 받들고 자기를 겸

이것을 깨달음으로써만   應須恁麼會

비로소 여여함에 계합하리라   方得契如如

8) 『선문염송』 권19, 780칙 「宗乘」.

9) 위의 책, 권19, 781칙 「阻雪」.

양하는 말이다.

　『전등록』에 설봉의 법제자로 현사 사비(玄沙師備), 장경 혜릉(長慶慧稜), 경청 도부(鏡淸道怤), 취암 영삼(翠巖令參), 보복 종전(保福從展), 운문 문언(雲門文偃) 등 무려 56인이 기록된 것으로 보아도 대선사로서의 면목을 짐작케 한다.

21장

운문종의 개조 : 문언

1. 운문종

내가 오늘 언어를 통해서 그대들을 속이고 있다고 생각하지 마십시오. 나는 지금 그대들에게 어쩔 수 없이 말해야만 하고 따라서 그대들을 혼란케 하지 않을 수 없는 불가피한 입장에 있습니다. 만일 진실로 지혜로운 눈을 가진 이가 내가 하고 있는 것을 본다면 그의 눈에는 무척이나 우습게 보일 것입니다. 그러나 지금은 부득이한 일입니다.[1]

師云 莫道今日謾諸人好 抑不得已向諸人前作一場狼籍 忽遇明眼人見 謂之一場笑具 如今亦不能避得也

위의 말은 운문종의 개산조사인 운문 문언(雲門文偃, 864~949)이 오랫동안 영수원(靈樹院)의 수좌로 있다가 방장으로 추대되어 행한 진산식의 설법이다. 이 말은 그가 분명히 통찰하고 있는 절체절명하고 영원불변하는 '도'의 대한 확신을 나타내는데, 어쩔 수 없이 언어를 빌려서 표현할 수밖에 없는 자신의 곤혹한 입장을 자책하고 있다.

당대의 선사들이 선객을 제접할 때에 선의 운용을 고함이나 몽둥이질 혹은 매끄러운 말을 사용하였음을 앞에서 잘 보아왔다. 그러나 운문은 좀처럼 위와 같은 방법을 사용하지 않고 주술사처럼 악담을 사용하였다. 그의 독설은 어설픈 선객들을 혼비백산하게 하였으며, 깨달음의 언저리에 있는 선객들에게는 바로 본래면목에 일초직입(一超直入)할 수 있게 하는 적기(賊機)를 발휘하였다.

운문의 악담은 아이러니와 패러독스로 일관하였다. 이것은 말로 표현할 수 없는 '도'의 신성한 영역을 순간적으로만 포착하지 않고, 그 자리를 비워

---

1) 『경덕전등록』 권19, 「운문문언장」, 보련각, 1982, 184쪽.

둠으로써, 그 주변을 끊어버림으로써, 그 자리를 드러내는 수단으로 독설을 사용하였다. 이런 것은 그가 언어의 기능을 잘 통찰하고 있었음을 직감할 수 있을 뿐 아니라, 고도의 방편 수법이며, 또 한편으로는 그가 얼마나 자성본원에 계합되어 무위의 행위를 자유로이 행하는가를 알게 하는 실제적인 증거라 할 수 있다. 다음 설법을 읽어보면 충분히 예견된다.

> "그대들이 진실로 '참나'에 계합하였다면 그대들은 타지 않고도 불 속을 지날 수 있을 것이고, 비록 온종일 말했다고 해도 실제로는 한 번도 입술과 이를 움직이지 않은 것이 될 것이고 한마디도 말을 하지 않는 것이 됩니다. 마찬가지로 그가 매일 옷을 입고 밥을 먹는다고 할지라도 실제로는 한 톨의 쌀도 입에 대지 않고 한 올의 실오라기도 몸에 걸치지 않는 것이 될 것입니다."[2]
>
> 若是得底人 道火何曾燒 口終日說事 未會挂着脣齒 未嘗道着一字 終日着衣吃飯 未嘗觸着一粒未 挂一縷絲

우리가 자주 인용하고 있는『선문염송』제2칙에「주행칠보(周行七步)」라는 공안이 있다. 이 이야기는 "세존께서 처음 탄생하실 때, 두루 일곱 걸음을 걸으시고 눈으로 사방을 둘러보시고 한 손으로 하늘을 가리키시고 한 손으론 땅을 가리키면서 '하늘 위나 하늘 아래 나만이 홀로 존귀하다'[3] 하셨다" 하는

---

2) 『지월록』권20,「운문문언」

3) 『선문염송』2칙「周行七步」공안은 오늘날까지 항간에 제일 많이 회자된 선의 화두 중 하나다. 서른네 편의 염송이 기록되어 있는 것으로 보아도 짐작하기에 족하다. 특히 운문 문언의 염은 본칙에 이어 붙어 있다. 후대 선객들의 게송 두 편을 소개한다.

혼돈하여 나뉘기 전엔 사람들이 모르더니	混沌未分人未曉
하늘과 땅 갈린 뒤 일이 차츰 드러났네	乾坤纔剖事潛彰
천성으로 받은 재간 묘하기도 하여서	天生伎倆能奇怪
마지막에 한바탕 연극을 하였구나	末上輸他弄一場
	— 보녕용

늙은이가 나자마자 분주히 굴어	老漢纔生便着忙
일곱 걸음 걸으니 미치광이 닮았네	周行七步似顚狂
무한한 어리석은 남녀를 속였으니	慊也無限癡男女

선화다. 이 선화는 지금까지 선을 이야기하는 사람이면 누구나 이구동성으로 인간 생명의 존엄성 선언이라고 얘기들 한다. 그렇지만 운문의 견해는 그렇지 않으니 여기서도 운문다운 악담으로 천하를 드러내니 실로 소름 끼치고 혀가 나올 정도다. 그의 염(拈)을 보자.

> "내 그때 이 꼴을 봤더라면 한 방망이로 그를 때려 죽여서 시체를 개 먹이로 주었을 것이다. 그래야 천하가 태평해져 더 이상 잔말이 없었을 게 아닌가?"
> 我當時若見 一棒打殺 與狗子喫却 貴圖天下泰平

이와 같이 운문의 악담에 자기의 본사(本師)인 석가부처뿐만 아니라, 천하의 사람들로부터 성인이라 존경을 받는 어떤 사람도 그의 세 치 혀를 비켜가지는 못했다.

하루는 공자의 『논어』의 말씀인 "아침에 '도'를 깨달으면 저녁에 죽어도 좋다"[4]는 명구를 언급하였다. 그는 공자라는 이름도 말하지 않으며 다음과 같이 호기 있게 말할 뿐이었다.

> "심지어 속인조차 그러하거늘 하물며 우리 사문이 온종일 무슨 일이고 함에 있어서 최선을 다하지 않는다 함은 말이 될 법이나 한 일인가?"[5]
> 俗子尙道 朝聞道 夕死可矣 況我沙門 日夕合履踐箇什麽事 大須勞力

그리고 위의 예에서 보듯이 운문은 자기의 스승인 불조의 고사에도 사정없이 독설을 퍼부어 후손들의 앎을 빼앗는 적기를 발휘함으로써 눈을 열게 하는 낙초자비를 보인다. 그러할진대 불교의 성인들 역시 경외감으로 모시기보다는 그의 악담에 걸리면 사정없이 찢어발기어진다. 이것이 진정 선배 각자(覺者)에 대한 운문의 예의이고 후학들에게 대한 진정 스승의 역할이었

눈을 뜨고 의젓하게 끓는 가마에 들으리

開眼堂堂入鑊湯
— 대혜고

4) 朝聞道 夕死可矣(『論語』).
5) 『경덕전등록』 권19, 「운문문언장」, 184쪽.

다. 운문은 도처에서 패러독스와 아이러니적인 언사로 후학들을 위해 스스로 진흙땅에 뒹구니 우리로 하여금 소름끼치는 그의 간절노파심에 의한 낙초자비를 맛보게 한다.

아마 그는 천성적으로 점잖고 지적이며 우아를 떠는 언사와 행위가 마음에 들지 않았는지 모른다. 아니 직설적인 악담이 외려 학인을 일초직입여래지(一超直入如來地)에 돈입(頓入)케 하는데, 훨씬 빠른 직절(直載)의 문이라고 생각했는지 모른다. 어느 날 운문은 북을 치면서 말했다.

> "유마의 미묘한 기쁨의 세계는 산산조각 났습니다(妙喜世界百雜碎). 그래서 지금 그는 손에 발우를 들고 먹을 죽과 쌀을 구걸하기 위하여 하남의 어떤 마을을 향해 가고 있습니다."[6]

이러한 독설은 그 자신에게도 예외는 아니다. 그는 자신이 행한 대중에게 보인 시중에도 나타난다.

> "한 가지 법칙을 들어 말해서 그대들로 하여금 당장에 이해를 시킨다 해도 이것은 그대들의 머리 위에다 똥물을 뿌린 것 외에 별것이 아닙니다. 설사 한 터럭을 들어 온 누리를 일신에 밝힌다 하더라도 역시 살을 저며서 종기를 만드는 일일 뿐입니다."[7]
>
> 師云 擧一則語敎 直下承當 早是撒尿着汝頭上 直然拈一毫頭盡大地一時明得 也是剁肉作瘡

위의 몇 예를 통해 운문은 아주 관념으로 고정된 정상성(定相性)을 부수어 버리는 매우 맹렬한 우상 파괴자의 면모를 만날 수 있다. 그의 앞에는 부처도 조사도 성인도 별로 대수롭지 않은 우상일 뿐이다. 그리고 운문은 어떤 말이든 세속적인 견지에서 타당성이 부여될지 모르나 영원한 상도(常道)의 관

---

6) 『오등회원』 권15. 결국 이것은 일상사를 벗어나지 않는 도리를 말한다. 일종의 아이러니다.

7) 『경덕전등록』 권19, 「소주운문산문언선사」, 보련각, 1982, 185쪽.

점에서는 성립할 수 없다고 여겼다. 그의 이러한 견해는 "말로 표현되는 도는 항상 불변의 도가 아니다"[8]라는 노자의 통찰과 궤도를 같이한다. 운문은 오직 자성본원에 활연계회(豁然契會)하는 상도에만 정신의 초점을 모았다. 그에게 말이란 아무런 중요성을 가지고 있지 않았다. 그는 깨달은 사람은 "불 속에서도 타지 않는다"[9]고 말하였고, 또 "사람마다 지니고 있는 광명이 있다. 그러나 그것을 주시할 때는 이미 암흑으로 변하고 만다"[10]라고 한 말은 그가 얼마나 깊고 미세한 통찰력을 가지고 있는가를 알게 한다.

이러한 것은 운문종의 가풍으로 성립된다. 『전등록』 말미에는 운문이 직접 지은 게송이 한 수 실려 있다. 이 게송을 음미해보면 높고 험준한 고봉준령으로 비견되는 운문종의 선풍이 짐작된다.

운문산은 높고 험하여 백운도 아래에 머문다	雲門聳峻白雲低
물은 급해 노는 물고기도 제자리를 찾지 못하네	水急遊魚不敢棲
물 안에 들어서자 그대의 온 뜻을 미리 아니	入戶已知來見解
어찌 다시 번거로이 바퀴에 흙을 들추리[11]	何煩再舉轍中泥

이러한 선풍은 맑고 아름다우면서도 가을하늘과 같은 외로운 눈물을 우리에게 안겨준다. 운문종의 정묘고고(精妙孤高)한 가풍을 우리나라 조선의 서산스님은 다음과 같이 노래했다. 한번 음미해볼 일이다.

칼날에 길이 있고 철벽에는 문조차 없다.	劍峰有路 鐵壁無門
온 천하에 말썽거리 둘러엎고	掀翻露布葛藤
온갖 못된 소견을 잘라내네	剪却常情見解
빠른 번개 되어 미처 생각할 수 없네	迅電 不及思量
펄펄 불꽃 속에 어찌 어정거리나	列焰 寧容湊泊
그래도 운문종 소식을 알고자 하는가	要識雲門宗麽

---

8) 　道可道 非常道 名可名 非常名

9) 　火何曾燒(『운문광록』).

10) 　人人盡有光明在 看時不見暗昏昏.

11) 　『경덕전등록』 권19, 보련각, 186쪽.

주장자가 높이 뛰어서 하늘로 올라가고
잔 속에서 부처가 설법하네[12]

拄杖子跋跳上天
盞子裡諸佛說法

2. 운문종의 개조 : 문언

운문종의 개조 운문 문언(雲門文偃, 864~949)은 절강 지방 가흥인으로 속
성은 장(張)씨다. 어려서 공왕사 지징율사에게 맡겨져 동진출가하였다. 문언
이 선풍을 드날린 시대는 5대 10국(五代十國)이라 불리는 어지러운 시기였
다. 그가 운문이란 이름으로 불리게 된 것은 남한(南漢)의 광왕(廣王)이 광동
운문산에 주석을 청하므로 받아들여 교화를 폈기 때문이다. 운문의 법계는 6
조 혜능–청원 행사–석두 희천–천황 도오–용담 숭신–덕산 선감–설봉 의존
으로 이어지는 청원 이하 6세에 해당한다.

어려서 지징율사를 모시면서 여러 해 동안『사분율』의 내용을 깊이 공부한
후, 황벽의 법을 이은 목주 도명(睦州道明)을 찾았다. 처음 찾아갔을 때, 세
번째 문을 두들기자 그때서야 빗장을 열어주었다. 문언이 들어가려 하자 목
주가 밀어내면서 "아무짝에도 쓸모없는 놈 같으니라구"[13] 하는 말을 듣고 언
하에 바로 깨달았다. 이렇게 하여 목주를 여러 해 참례하여 모시니, 불법의
묘리가 더욱더 깊고 넓어졌다. 목주는 문언이 대기대용을 능히 감당할 인물
임을 알고 이렇게 말했다. "나는 그대의 스승이 아니다. 이제 설봉 의존(雪峰
義存, 822~908)을 찾아 가서 지도 받도록 해라."

그 지시에 의해 설봉을 찾아가 여러 해 동안 열심히 정진한 끝에 설봉에게
드디어 인가를 받고 법을 부촉받았다.

그 후 지성(知聖)이 방장으로 있는 영수원에 갔는데, 지성은 전부터 문언
수좌가 오리라는 것을 이미 알고 있었다. 하루는 갑자기 북을 치며 대중에게
"가서 수좌를 맞이해 오도록 하라"고 명을 내렸는데 그때 과연 문언이 도착

---

12) 청허 휴정,『선가구감』, 용담 역, 인물연구소, 1982, 203쪽.

13) 『오가정종찬』하, 「운문종」, 장경각, 95쪽. "秦時跛轢躦". 탁력찬은 진나라 때 성을 쌓
  는 데 사용하던 전차다. 결국 지금은 아무 쓸데가 없는 물건이라는 뜻.

하였다.

앞에서도 언급한 것같이 운문의 선풍은 정묘고고(精妙孤高)한 언구에 있다고 선학자들에 의해 지적되어온다. 이 실증을 『선문염송』에 실린 선화와 염송으로도 잘 파악할 수 있다.

이쯤에서 운문종을 단적으로 잘 드러낸 시설인 운문삼구를 살펴보고, 운문삼구와 운문이 남긴 선화와 그에 따른 공안을 살펴보자. 그리고 후대의 선객들이 공안의 뜻을 드러내기 위해 부친 게송도 음미해보자.

3. 운문삼구(雲門三句)

운문삼구는 운문종을 가장 단적으로 보여주는 시설(施設)이다. 하루는 운문이 대중들에게 수시하였다.

> "하늘 복판이요, 하늘과 땅이 함과 뚜껑으로 함이요, 눈대중으로 수량을 가림이요, 일체 인연에 끌리지 않는 것이다. 한 구로 어떻게 말할 수 있는지 일러봐라(天中 函蓋乾坤 目機銖兩 不涉萬緣 一句 作麽生道)."
>
> 대중 가운데 아무도 대답을 못하자 스스로 답을 했다.
>
> "한 화살촉으로 세 관문을 깰 뿐이다(一鏃破三關)."[14]

이 삼구(三句)를 그의 법제자 덕산의 원명 연밀(圓明緣密)이 후일에 함개건곤(函蓋乾坤)은 그대로, 목기수량(目機銖兩)은 절단중류(截斷衆流)로 불섭만연(不涉萬緣)은 수파축랑(隨波逐浪) 구(句)로 이름을 개정한 것이 오늘날 운문삼구로 일컬어지게 된다. 그리고 연밀이 삼구어를 게송을 지어 노래했는데, 우리는 이 게송을 통해 운문삼구의 뜻에 접근하기로 하자.

> ① 함개건곤 : 전 우주를 모두 적시고 덮는다.
> ② 절단중류 : 일체의 흐름을 찰나에 끊는다.
> ③ 수파축랑 : 파도를 따라 그 흐름을 같이한다.

---

14) 『선문염송』 권24, 1048칙 「天中」.

운문이 수시한 목기수량(目機銖兩)은 순간적이고 정묘한 슬기로 상대를 읽는 것이니 이것은 바로 우주 삼라만상의 흐름을 끊어버리고 정지시켜 찰나를 확대해 보는 절단중류(截斷衆流)이고, 불섭만연(不涉萬緣)은 모든 연기(緣起)는 서로 간섭하지 않은 채, 바로 파도를 따라 그 흐름을 같이함이니 이것은 수파축랑(隨波逐浪)으로 이해된다. 이것은 결국 전 우주에 편재됨이니 하늘과 땅을 뚜껑과 함으로 하는 함개건곤(函蓋乾坤)으로 모아진다. 어느 구(句)를 미리 말해도 마찬가지의 결과가 된다.

그래서 운문은 스스로 답하기를 "한 화살촉으로 세 관문을 깰 뿐이다(一鏃破三關)"라고 했다.

그러면 운문삼구를 발현시키고자 애쓴 그의 법제자 연밀의 게송을 살펴보며 확실한 이해에 닿아보자.

함개건곤(函蓋乾坤)

하늘 땅과 삼라만상	乾坤並萬象
그리고 천당 지옥은	地獄及天堂
무엇이든 어디든 진리의 보임이니	物物皆眞現
물물마다 그대로여서 모자람이 없네	頭頭總不傷

절단중류(截斷衆流)

산처럼 바위처럼 쌓이는 건	堆山積嶽來
낱낱이 모두가 티끌이구나	一一盡塵埃
다시 현묘한 뜻 논하려 하면	更擬論玄妙
얼음 녹듯 기와쪽 부서지듯 하리라	氷消瓦解摧

수파축랑(隨波逐浪)

기찬 말솜씨로 질문을 하면	辯口利舌問
올렸다 내렸다 조금도 흠 없어	高低總不虧
병에 따라 약 주듯	還如應病藥
상황에 따라 진맥하네	診候在臨時

삼구 밖에 일구(三句外別置一句)

본인이 들어 제창한다면	當人如舉唱

세 구절에 어찌 모두 꾸리랴 　　　　三句豈能該
누군가가 무슨 일인가 한다면 　　　　有問如何事
남과 천태라 하리라 　　　　　　　　南岳與天台

— 덕산밀

이 운문삼구를 궁구해보면 결국 절대 도(道)에 관한 설명이다. 불교 도처에 등장하는 변증법적 체계인 '도'의 세 측면을 나타내고 있다. '도'를 내적 측면으로 볼 때, 전 우주와 모든 두두물물에 편재해 있으며 너무 가까이 있고 일체가 맷돌 맞듯 맞물려 돌아가니, 아니 그게 그것이어서 언어나 생각으로 접근 불가능한 이것이 제1구 함개건곤(函蓋乾坤)의 의미다.

제2구 절단중류(截斷衆流)란 마치 구(毬)가 굴러가듯 망상의 흐름이 이어지고, 또 우리의 삶도 굴러가고 흘러가듯 온갖 바깥 경계에 집착하지 않은 것. 이것이 운문이 말한 불섭만연(不涉萬緣)의 본래 뜻이다. 이 간섭하기도 하고 간섭하지도 않는 이 고리를 절단중류함, 이것이 제2구의 의미다. 무엇을 끊어버릴 것이 있어 절단하는 것이 아니라, 온갖 바깥에 일어나는 경계를 몰록 쉬고, 또 안으로 헐떡거림이 없는 것. 이것을 말한다.

제3구 수파축랑(隨波逐浪)은 석가부처가 만 중생에 대해 대기설법(對機說法)하듯 학인의 근기에 맞추어 제도함을 이른 언구다. 운문이 말한 목기수량(目機銖兩)과 맥이 통한다.

우리는 앞의 선화에도 약간 살펴본 것같이 삼구가 별개의 것으로 존재한다는 뜻은 아니다. 운문이 "한 화살촉으로 세 관문을 깰 뿐이다(一鏃破三關)"라고 자답하듯이 선장의 한 말씀 속에 평등/차별이 둘이 아님을 갈무리하고, 학인의 번뇌 망상을 송두리째 빼앗는 적기(賊機)의 방편 슬기와 또 학인 각각의 기량에 알맞게 키워가는 간절노파심절(懇切老婆心切)이 동시에 구비되어야 함을 보인 것이다.

지금부터 소개되는 공안들은 운문삼구를 낱낱이 짚고 있을 뿐 아니라 모두 갈무리하고 있어 펴는가 싶으면 말아들이고 말아들인다 싶으면 펼 뿐 아니라 또 끊임없는 흐름 속에 마치 칼로 물을 베듯 한순간을 베어 분명한 뜻을 밝힌다. 그리고 학인을 꼼짝하지 못하게 번개 치듯 빼앗는 적기의 수법을 우리는 감당하여야 할 것이다.

1) 수미산과 마른 똥막대기

위의 운문삼구는 각 구마다 심심미묘(甚深微妙)한 뜻을 갈무리하고 있으면서도 단숨에 납자들의 마음을 빼앗는 적기(賊機)의 활인검을 휘두른다. 삼구는 한 꿰미에 꿰여 있을 뿐 아니라, 구르는 철구(鐵球)와 같아 언제 어디서 우리의 생명을 앗을지 모른다. 조사들이야말로 눈에 보이지 않는 취모검(吹毛劍)을 휘두르는 천하제일의 검객이다. 이런 선문답은 선적 도처에 나타난다.

하루는 한 학인이 운문에게 물었다.
"학인이 한 생각도 일으키지 않아도 허물이 있습니까?(學人 不起一念 還有過也無)"
스님이 대답했다.
"수미산(須彌山)."[15]

운문에게 한 학인이 물었다.
"어떤 것이 석가부처님의 몸입니까?"
스님이 대답했다.
"마른 똥막대기(乾屎橛)."[16]

한 생각도 일으키지 않는 것 그 자체가 한 생각을 낸 것이어서, 허물이 수미산이라 한다고 한 자체가 역시 방망이 30대를 면치 못하리라. 이 소식은 운문삼구 가운데 어디에 속하는지 가늠해보시라.

그리고 부처의 전신을 물었는데 간시궐(乾屎橛)이라 한 대답은 그야말로 일체의 인연 줄에 얽매이지 않는 절대 자체로서의 면목이어서 함개건곤구에 배대가 된다. 또 인간의 사유를 뛰어넘어서서 그대로 학인에게는 목숨을 빼

---

15) 『선문염송』 권24, 1018칙 「須彌山」. 수미산은 불교의 상징 산. 세계의 중앙 금륜 위에 우뚝 솟은 높은 산.

16) 『운문록』 상, 「上堂, 對機」, 장경각, 1990, 71쪽. 『선문염송』 권25, 1078칙 「乾屎橛」.

앗고 살리는 적기의 응용이니 절단중류구가 분명하며, 이 마른 똥막대기가
바로 이 순간, 학인의 근기에 알맞게 청천벽력과 같이 나타나니 수파축랑구
와도 부합된다.

그래도 누가 있어 삼구 밖에 일구를 이르라 하면 우리는 이렇게 대답해서
는 안 된다. "간시궐."

후대 선장들의 수미산 공안 게송을 몇 수 음미해보자.

㉮

한 생각도 일으키지 않는다 함에	不起一念
수미산이라 했으니	向道須彌
혀는 한 덩어리의 살이요	舌頭一柩肉
입술은 두 조각 가죽이라	口脣兩片皮
운문이 사용하기 그토록 묘했으니	雲門得用妙如許
시비에 떨어지지 않았음을 그대는 아는가	不落是非知不知

— 천동각

㉯

만 길의 봉우리에 우뚝 섰으니	萬仞峰頭立大乖
잠깐 눈을 깜박이면 벼랑에 떨어지리	須臾眨眼落懸崖
온몸에 털끝 하나 걸치지 않은 이를	通身不損毫毛者
하늘이나 인간이 어찌 그를 묻으랴	天上人間安敢埋

— 보녕용

간시궐 공안에 후손이 그 조사의 뜻을 발현코자 읊은 게송을 한 수 음미해
보자.

㉮

운문의 마른 똥막대기여	雲門乾屎橛
법신 보신 화신을 완전히 초월했구나	全超法報化
일 없이 산 밖을 나가 다니니	無事出山游
백전을 지팡이 끝에 걸었네	百錢杖頭掛

— 운문고

2) 산하대지는 어디서 생겼는가

하루는 운문이 대중에게 말했다.

"주장자가 용이 되어 건곤을 삼켰다. 이럴진대 산하대지는 어디서 생겼는가?(拄杖子 化爲龍 呑却乾坤了也 山河大地 甚處得來)"[17]

주장자가 건곤을 삼켰거늘 　　　　　　　拄杖子呑乾坤

공연한 복사꽃 물결만 바빠라 　　　　　　徒說桃花浪奔

꼬리 태우는 자, 구름을 잡거나 안개를 움켜쥐는 데 있지 않으니

　　　　　　　　　　　　　　　　燒尾者不在拏雲獲霧

뺨을 쪼이는 것이야 어찌 담이 선뜻하고 혼이 날아갈 필요 있겠나마는

　　　　　　　　　　　　　　　　曝腮者何必喪膽亡魂

들어 올릴 때에 들어도 들리지 않으니 　　拈了也聞不聞

당장 쇄쇄락락하게 할지언정 　　　　　　直須灑灑落落

분분히 어지럽히지는 말라 　　　　　　　休更粉粉紜紜

일흔두 방망이는 용납되지만 　　　　　　七十二棒且輕恕

백오십 방망이는 그댈 풀어놓을 수 없다 　一百五十難放君

　　　　　　　　　　　　　　　　— 설두현

"주장자가 용이 되어 하늘과 땅을 삼켰다. 이러한데 산하대지가 어디서 갑자기 생겼는가?" 하는 운문의 말은 '한 생각도 일어나지 않았는데 홀연 어디서 산하대지가 나타났는가?'와 같다. 마음에 일념이 없는데 어떻게 되어 마음에 현상이 보이는가? 실로 절단중류하고 수파축랑하는 말이다. 그렇지만 하늘과 땅이 함과 뚜껑이 되어 우리를 꼼짝달싹도 하지 못하게 하고 있지 않는가. 진실로 운문이 "한 화살촉으로 세 관문을 깰 뿐이다(一鏃破三關)"라고 자답한 일구를 벗어나지 않는다 할 것이다.

설두의 게송을 선뜻 한 번 읽고 처마 아래 앉아 깊이 생각해볼 일이다.

산하대지는 어디서 생긴 것일까?

누가 있어 한 생각도 일으키지 않았는데 산하대지가 홀연 어디서 생겼는

---

17)　위의 책, 권24, 1006칙「爲龍」.

가? 하고 묻는다면 큰일이다. 깊은 소파에 앉아 잠자는 일만 남았다.

3) 일일시호일(日日是好日)

운문이 하루는 대중에게 수어하였다.
"15일 이전은 그대들께 묻지 않겠거니와 15일 이후의 일을 한마디 일러들 보라."
잠시 후 스스로 말했다.
"날마다 좋은 날이니라(日日是好日)."[18]

너무나 잘 알려진 공안이다. 이 공안은 운문선사가 어느 15일 날 소참 때 대중에게 수시한 법문이다. 곧 사람들은 이미 가버린 과거에 집착하여 귀중한 시간을 이리저리 굴리며 낭비한다. 그러나 지나간 시간은 지나간 시간이니 묻어두고 수자들에게 묻지 않는다. 돌이켜보면 영원한 시간의 흐름은 처음도 끝도 없이 흘러가니 다가오는 영원한 미래에 대해 무언가 나름대로 의견을 제시해보라고 말하자 대중 모두 말하는 자가 한 사람도 없었다. 그러자 운문은 다시 수다를 떤다. 왜 비가 오면 '날씨가 나빠서 아무 일도 못 하게 되었다니, 날이 개면 하려고 하던 일이 바뀌었다' 라 하던가? 또 비가 너무 와서 '홍수다' 하고 말하고 비가 오지 않으면 '가뭄이다' 라고 소란을 피우는데 사실 우주가 인간을 위해 존재하는 것이 아니지 않은가? 우주의 본체에서 보면 모든 것이 자연현상일 뿐 그곳엔 선도 악도 없다. 그러니 이러한 우주의 절대적인 진리인 곧 자성을 아는 자에게는 일일시호일(日日是好日)일 것이다.

보름달 이후를 나에게 말해다오. 여기서 보름달은 충만함이니 깨달음에 비유된다. 곧 15일 이전은 접어두고 15일 이후의 상황을 말해달라고 한다.

『무문관』의 저자인 무문 해개가 지은, 남전의 '평상심이 도다' 하는 화두에 대한 게송을 소개한다.

봄엔 백화만발하고 가을엔 밝은 달 휘영청 　　　春有百花秋有月

---

18) 위의 책, 권23, 1009칙「十五日」.

여름엔 시원한 바람 겨울엔 눈　　　　　　夏有涼風冬有雪
만약 마음 걸어두어 헛걱정 없으면　　　若無閒事挂心頭
인간사 모두 즐거운 계절일 것이다　　　便是人間好時節

이크! 잘못됐다. 내가 너무 많은 말을 했어.
입과 머리 없이 다음 게송이나 중얼중얼거려보자.

㉮
날마다 좋은 날이란 말　　　　　　　　日日是好日
뉘라서 짝할 이 없다던가　　　　　　　誰言無等匹
단 외는 꼭지까지 달지만　　　　　　　甘瓜徹蔕甘
꿀같이 달지는 않도다　　　　　　　　未必甘如蜜
　　　　　　　　　　　　　　　　　　　　　　— 대홍은

㉯
얼음은 하북 기슭에 녹고　　　　　　　氷消河北岸
꽃은 영남의 가지에 지네　　　　　　　花落嶺南枝
간 곳마다 봄빛은 있으니　　　　　　　到處有春色
객지에서 일찍이 돌아가네　　　　　　天涯須早歸
　　　　　　　　　　　　　　　　　　　　　　— 삽계익

㉰
정자본이 상당하여 대중에게 말하다.
"반을 꺾고 셋을 찢는 것은 요새 사람들이 알고 있고 하나를 버리고 일곱을 드는 것은 대중이 들은 바라. 15일 이전은 그대가 나를 가려내고 15일 이후는 내가 그대를 가린다. 꼭 15일을 당하여 운문대사가 말씀하셨다."
　淨慈本 上堂云 斫半裂三 時人 知有放一拈七 衆所共聞 十五日已前 你辨我 十五日已後 我辨你 正當十五日 雲門大師道了也
　　　　　　　　　　　　　　　　　　　　　　— 정자본

'날마다 좋은 날(日日是好日)'은 다른 날이 아니다.
삼복에는 얼음 냉수를 마셔야 하고 동지섣달에는 따끈한 작설차가 제격이다. 그러나 삼복에 더운 물을 마시고 섣달에 냉수를 마시는 이도 있다.
그렇더라도 이것을 벗어나지 않고 있다는 것을 아시면 그만이다.

4) 호떡(餬餠)

운문에게 한 학인이 물었다.
"어떤 것이 부처를 초월하고 조사를 뛰어넘는 말씀입니까?(超佛越祖之談)"
스님이 대답했다
"호떡(餬餠)."[19]

'초불월조지담(超佛越祖之談)'이란 부처도 조사도 초월한 말이라는 뜻, 결국 이 말은 불조(佛祖)가 한 말은 이미 잘 알고 있으니 불조가 하지 않은 말, '절대도 상대도 초월한 말을 해주십시오'가 된다. 이에 냉큼 '호떡'이라 한다.

허참! 엉뚱하긴 혀가 다섯 발 빠지겠다.

㉮

불조를 초월한 말 어떻게 연설하나?	超佛越祖若何宣
공양 때 호떡을 마음껏 먹는다	充齋餬餠恣情餐
호남에서 발우를 펴고 신라에서 씹으니	湖南展鉢新羅齩
대식과 파사에서 나룻배를 찾는다	大食波斯索度船

— 자명원

㉯

호떡이 불조의 말을 초월한다지만	餬餠云超佛祖談
이야기에 맛이 없으니 어떻게 참구하나	句中無味若爲參
납자가 하루 배부른 줄 안다면	衲僧一日如知飽
운문 얼굴에 부끄럼 없는 줄 비로소 알리	方見雲門面不慚

— 천동각

㉰

운문이 호떡으로 대답하니	雲門答餬餠
말 이전과 구절 뒤에서 알라	言前句後領
나귀 안장이 아버지 턱 같은 줄	驢鞍爺下頷
타고 와서도 끝내 모르네	到了終不省

---

19) 위의 책, 권24, 1022칙 「餬餠」 ; 『벽암록』 제17칙 「雲門餬餠」.

그대 목구멍 막히었으니　　　　　　　塞却你咽喉
호떡을 가지고 와서　　　　　　　　　把將餬餅來
속히 일러라 속히 일러라　　　　　　速道速道
　　　　　　　　　　　　　　　　　　　　— 불안원

　㉮의 게송에서 전 시간 전 공간을 3연과 4연에서 말하고 있다. 화엄의 중중무진법계(重重無盡法界)의 소식이다. 대식은 중앙아시아에 있는 나라이고 파사는 페르시아이며 신라는 우리나라니 무시간 무공간을 넘나든다. 그러나 자세히 보라. 이것 모두 절대현재의 '참나'를 벗어나지는 않는다.

　㉯의 게송에서 불조의 말씀을 초월하는 호떡이란, 공부꾼이 오늘도 아무 탈 없이 공부를 지었으면 되지 이 도리 바깥에 무엇이 있는 게 아님을 알면 된다는 뜻이라 할 것이다. "호떡이나 열심히 잡수시오."

　㉰의 게송, 2연에서 "말 이전과 구절 뒤에서 알라(言前句後領)"고 했지만, 이렇게 알면 운문노한을 욕보이는 것. 호떡을 먹는 나는 호떡. 천하가 호떡이라 해도 한 겹 막힌 말이 아닌가?

　호떡, 이 역시 운문삼구 밖의 말이 아니다. 그리고 삼구를 꿰뚫는 말도 역시 아니다. 그럼 무엇이라 할 것인가?

5) 산 구경 물놀이(遊山翫水)

　운문에게 학인이 물었다.
　"어떤 것이 학인의 자기입니까?(如何是學人自己)"
　스님이 대답했다.
　"산과 물을 구경하는 것이네(遊山翫水)."[20]

　자아가 누구인가 물었는데 산과 물 구경하는 것이라니, 그럼 저잣거리 상인은 무어라 답해야 하나? 아무리 돌아보아도 산도 강도 보이지 않는데.

　옛다, 모르겠다. 이 가게에는 꽁치가 생물이고 저 가게에는 문어가 물이 좋다.

---

20)　위의 책, 권23, 1012칙 「遊山」.

학인의 자기라니   學人自己
산 구경, 물 구경이라   遊山翫水
짚신이 해어진 줄만 알고   紙知踏破草鞋
언제 왔는지는 모르도다   忘却來時年幾

                             — 무위자

6) 체로금풍(體露金風)

운문에게 한 학인이 물었다.
"나무가 마르고 잎이 질 때엔 어떠합니까?(樹凋葉落時如何)"
스님이 대답했다.
"본체가 가을바람에 드러난다(體露金風)."[21]

㉮
물음에 종지가 있고   問旣有宗
대답은 역시 같으니   答亦須同
삼구를 가려낼 수 없고   三句可辨
한 화살이 허공을 지나가네   一鏃遼空
넓은 들엔 서늘한 바람 소슬하고 大野兮涼飇颯颯
먼 하늘엔 가랑비가 젖어오네   長天兮疎雨濛濛
소림에 오래 앉아 돌아오지 못한 손이 小林久坐未歸客
웅이산의 한 떨기 숲에 의지해 있네 靜依熊耳一叢叢

                             — 설두현

㉯
나무 마르고 잎 지는 게 어느 철인가 樹凋葉落何時節
본체가 가을바람에 드러나는 9월 날씨 體露金風九月天
눈 안에 가득 찬 진여를 아는 이 없어 滿目眞如人不會
한 겨울의 바람과 달이 자못 스산하어라 一川風月正蕭然

                             — 불감근

---

21)　위의 책, 권23, 1015칙「樹凋」.

㉮의 게송, 7행과 8행은 보리달마의 고사를 인용하고 있다. 소림사에서 9년 면벽 후 2조 혜가를 얻고 그 후 좌탈입망하니 웅이산에 장사지냈다 하는 고사이다.

가을바람에 낙엽이 지니 나무의 몸체가 당당히 드러난다 함이여! 슬프고 슬프다.

7) 동산이 물 위로 간다(東山水上行)

> 운문에게 한 학인이 물었다.
> "어떤 것이 모든 부처님들의 출신처입니까?(如何是諸佛出身處)"
> 스님이 대답했다.
> "동산이 물 위로 간다(東山水上行)."[22]

성철스님이 이렇게 착어하였다.

"공자는 태묘에 들고 도척은 장대에 앉았네(孔丘入太廟 盜跖坐將坮)."[23]

도척은 못된 폭행을 일삼고 잔악한 짓을 많이 하였다고 전하는 춘추시대 노나라의 큰 도적이다. 제불의 출신처를 묻는 학인에게 운문은 동산수상행(東山水上行)이라 대답했으며, 가야산 성철스님은 '공구는 입태묘하고 도척은 좌장대(孔丘入太廟 盜跖坐將坮)'라 착어했다. 찰나에 이곳으로 들어서 볼 일이다. 찰나가 동산수상행이라 하면 어떤가? 과연 그러한가?

㉮

동산이 물 위로 다닌다 함이여	東山水上行
나온 곳이 심히 분명하다	出處甚分明
먼지나 모래같이 많은 부처를 보라	好看塵沙佛
파도가 사방에서 일어난다	波濤四面生

― 장산천

---

22) 위의 책, 권24, 1034칙「東山」.

23) 『본지풍광』 16칙「東山水上」, 해인총림, 1984, 87~90쪽.

㉯

신부가 신랑이 못생김이 싫어서	婦嫌新婿醜
예절을 지키지 않네	條貫未曾有
시집가는 닭은 닭을 따라 날고	嫁鷄逐鷄飛
시집가는 개는 개를 좇아 달아나네	嫁狗屬狗走

— 개암붕

8) 일자관(一字關)

운문의 일자관(一字關)은 제방에 널리 회자되어 있다. 이 일자관은 오직 후학들의 자성을 일깨우기 위한 방편의 시설일 뿐이다. 일자관이 깨달음 자체라고 생각해서는 안 된다. 어떤 선객들은 운문의 일자관의 간단한 답이 그 질문에 대해서 아무런 타당성도 갖지 못한다고 생각해온 것 같다. 선을 잘못 이해한 선학자들은 선은 어떤 비합리성을 그 근본 원리로 하고 있다고 생각한 것 같은데, 이런 잘못된 태도는 합리성을 최선인 양 숭배하는 것보다 잘못이 적지 않다고 생각한다. 선종의 5가 7종의 조사들은 '합리/비합리'를 모두 초월해 있다. 운문의 일자관은 선학인이 묻는 질문에 대한 즉각적인 반응, 아니 무의식적인 반응이라 할 수 있다. 운문은 질의자의 정신상태와 요구를 그 질문에서 직관적으로 느낀 반사작용으로 봄이 타당하다. 이것은 말로 표현할 수 없는 것을 환기시키고자 하는 운문의 가르침의 방법 중의 하나일 뿐이다. 그리고 일자관은 위에서 시설한 운문삼구를 벗어나지 않고 있다.

필자는 일자관의 질문과 대답을 그대로 제시하고 또 주(註)를 달기로 한다. 독자들의 즉각적이고 직관적인 느낌을 받기를 고대할 뿐이다. 그리고 후대의 선사들이 읊은 게송을 소개하고자 한다.

(1)

운문이 물었다
"3인이 만나지 못했다 해서 옛날이라고 여기지 말라?"
스님이 자답했다.

"천(千)."[24]

주(註) : 천(千)은 외마디 법문. '허'나 '척'과 같이 언어나 사량으로 통하지 않는다는 진언(眞言).

(2)

한 학인이 운문에게 물었다.
"어떤 것이 정법안입니까?(如何是正法眼)"
스님이 대답했다.
"보(普)."[25]

주(註) : 보(普)란 두루 모든 사물에 응하는 눈, 이것이 정법안이란 말인지?

송(頌)

정법의 눈이 두루하여 보이거늘	定法眼普
영리한 납자들은 흔히 잘못 듣는다	靈利衲僧
잘못 들어서지 말라	多錯擧 休錯擧
동지에서 한식까진 150일이다	冬到寒食一百五

— 무위자

(3)

한 학인이 운문에게 물었다.
"부모를 죽인 죄는 부처님 앞에 참회하지만 부처와 조사를 죽인 죄는 어디서 참회합니까?"
스님이 대답했다.
"노(露)."[26]

주(註) : 분명히 드러내야, 드러나야 된다는 뜻인지?

---

24) 『선문염송』 권24, 1021칙「三日」.

25) 위의 책, 권24, 1024칙「普」.

26) 위의 책, 권24, 1037칙「殺父母」.

송(頌)

돌불과 별똥이 급한 것 아닐세	石火星流曾未急
슬기를 돌리고 번개 걷힘, 어찌 그리 늦나	旋機電卷一何遲
운문의 노(露)자가 갑자기 나타나니	雲門露字突然出
눈을 들어 살펴보니 새매였었네	着眼看時鷂子兒

— 천복일

(4)

한 학인이 운문에게 물었다.
"어떤 것이 쪼고 쪼이는 근기입니까?(如何是啐啄之機)"
스님이 대답했다.
"향(響)."[27]

주(註) : 줄탁(啐啄)은 닭이 알을 품어 병아리가 될 때, 어미는 겉에서 새끼는 안에서 쪼아 알을 깨고 나온다, 곧 주/객이 동시(同時)라는 의미다.
향(響)이란, 쪼고 쪼이기를 기다릴 필요 없는 것, 피차가 이미 메아리 되어 알고 있는 게 아닌가? 정도의 말일 것이다.

송(頌)

쪼고 쪼이는 근기를 물으니	有問啐啄機
운문은 메아리라 대답했네	雲門答云響
어제는 우레가 하늘을 흔들더니	昨日電轟天
밤사이에 산골물이 불어났네	夜來山水長

— 진정문

4. 운문종지

오조 법연 : "붉은 깃발 번득이는데 그 아래는 해골이 널려 있다(紅旗閃爍 橫骨其下)"

---

27) 위의 책, 권24, 1055칙「啐啄」.

분양 선소 : "전광 중에 걸음 옮겨 나아가며 석화 속에 몸 뒤집는다(電光中 進步 石火裏翻身)"

대인진 : "바람을 거슬러 횃불을 잡고 있기 예사다(逆風慣把炬)"라고 운문 선풍을 말하였다.

결국 운문삼구의 풍모는 조사들이라면 누구나 겸비하지만 특히 운문의 패 러독스나 아이러니의 적기는 정묘고고하여 무지막지할 정도다. 범인을 위해 아무런 낌새조차 보이지 않는 천재적인 대근기를 위한 선정이라 할 수 있다.

5. 운문의 법계

운문은 멀리 6조 혜능-청원 행사-석두 희천-용담 숭신-덕산 선감-설봉 의존을 잇고 있다. 운문은 혜능 이후 7대에 해당된다. 925년에 운문산으로 처소를 옮기고 폐허된 절을 수리하여 광태선원(光泰禪院)이라 이름하고 학인 을 지도하였다. 후당 장흥 원년 930년 이후 선문이 융성해져 법을 이은 제자 가 61여 명이나 되었다. 고족으로는 백운 자상(白雲子祥), 덕산 연밀(德山緣 密), 향림 징원(香林澄遠), 동산 수초(洞山守初) 등이 있다. 문중이 융성해지 자 독립된 종파를 운문종이라 따로 칭하였다.

운문은 남한(南漢) 건화 7년(949)에 입적하였다.

운문 문언(864~949)-향림 징원(908~987)-지문 광조-설두 중현 (980~1052)-천의 의회(992~1064)-원조 종본(1020~1099)-대통 선본 (1035~1109)-설봉 사혜(1071~1149)-월당 도창(1089~1171)[28]

운문종은 운문에서 9세 월당에 이르러 남송 신종 때부터 선종사에 자취가 보이지 않는다.

----

28) 『오가정종찬』 하, 「운문종」, 장경각, 95~169쪽.

22장

법안종의 조사들

1. 현사 사비

법안종의 중요한 조사들 가운데 한 분인 현사 사비(玄沙師備, 835~908)는 복주 민현인이며 속성은 사(謝)씨다. 본래 남대강의 어부였으나 아버지가 급류에 말려 죽는 것을 보고 인생무상을 느껴 30세가 되어서 출가하게 된다.

현사가 남긴 많은 선화 중에 다음 두 선화는 법안종의 가풍의 원류를 보여주고 있다.

> 현사가 약을 잘못 먹어 온몸이 붉게 부풀었다. 한 학인이 물었다.
> "어떤 것이 견고한 법신입니까?(如何是堅固法身)"
> "고름이 방울방울이지(膿滴滴地)."[1]

다음 열재거사의 게송은 현사가 출가 전에 낚시를 좋아하여 남대강에 배를 띄워놓고 어부들과 즐겁게 어울린 사실을 교묘히 차용하여 한 폭의 그림을 보여주며 법신의 본체를 드러내고 있다

흰 물결 파도 복판에 가랑잎 배 가벼우니	白首波心一葉輕
바람 등지고 물 거슬러 깊은 밤에 다니네	背風逆水夜深行
첫새벽 강물 따라 흘러내린 꼴 우스워라	笑他淸曉遊潮下
십 리 맑은 강이 양쪽 기슭에 끼워져 있네	十里澄江掠岸撑

— 열재거사

하루는 현사가 상당하여 제비 소리를 듣고는 "실상(實相)을 깊이 이야기하

禪, 민가들의 안요

1) 『선문염송』 권23, 991칙「法身」.

고 법요(法要)를 잘 연설하였다" 하고 법석에서 내려왔다.[2]

아주 쉽게 생각하고 가볍게 지나칠 수 있는 법문이다. 그러나 사실 선도리 또한 이것을 비켜나 있지 않다. 쉬! 뭘 안다고 생각지 말라. 조사가 말하고자 하는 것은 그것이 아니다.

후세에 이 선화에 대해 읊은 게송 한 수를 감상해보자.

제비가 날아와 그림 기둥 맴돌면서
실상을 깊이 말하니 메아리 낭랑하네
천 소리 만 마디 아는 이 없어서
또 꾀꼬리 소리 따라 짧은 담을 지나네

紫鷰飛來繞畫梁
深談實相響瑯瑯
千言萬語無人會
又逐流鸎過短墻

— 법진일

2. 나한 계침

나한 계침(羅漢桂琛, 867~928)은 현사 사비의 법을 이었고 현사는 앞에서 말한 설봉의 법제자다.

계침은 운거와 설봉에게 참례하였으나 깨친 바가 없더니 나중 현사의 말 한마디에 바로 깨달았다.

현사가 하루는 계침에게 이렇게 물었다.
"삼계가 마음뿐이라는 말을 그대는 어떻게 이해하는가?"
이에 계침이 의자를 가리키며 현사에게 되물었다.
"큰스님께선 저것을 무어라 하십니까?"
"의자라 하지."
"큰스님께선 삼계가 마음뿐이라는 소식을 모르시군요."
"나는 저것을 대와 나무라 부르는데 그대는 무엇이라 부르는가?"
"저도 대와 나무라 부릅니다."
"온 누리에 불법을 아는 이를 만나기가 쉽지 않구나."[3]

---

2) 위의 책, 권23, 997칙 「實相」.

3) 『경덕전등록』 권21, 「장주나한원계침선사」, 보련각, 1982, 3쪽.

계침은 현사 문하에서 오랜 보임을 거쳐 장주의 지장원 방장이 되었고 그곳에서 법안종의 개조인 문익과의 만남이 이루어진다. 문익이 행각 중 지장원을 지날 때 눈사태를 만나 그곳에서 체류하게 된다. 선적에 의하면 문익, 소수, 홍진 세 도반이 행각을 하다가 지장원에 이르렀다. 셋은 불을 피우며 '하늘과 땅이 나와 같은 근원이다(天地與我洞根)'라는 승조(僧肇)의 말을 토론하게 되었다.

이때 이들의 말을 듣고 지장원 방장인 계침이 물었다.

"산하대지가 자기와 같은가, 다른가?(山河大地與自己 是同是別)"
문익이 말했다.
"같습니다."
이에 방장 계침이 자기의 손가락을 세워 자세히 들여다보다가 말했다(竪兩指熟視曰).
"보이듯이 두 개인데(兩箇)……."
중얼거리면서 일어서서 가버렸다.[4]

우리는 여기서도 스승이 적기의 활인검을 휘두르는 장면을 볼 수 있다. 철저히 제자의 의심을 불러일으키고 공부에 대한 용맹심과 스스로 모르고 있음에 대한 분심을 일으키게 하여 가슴 깊이 의심 덩어리를 품게 함으로써 스스로 풀게 하는 줄탁동시의 정경을 목격하게 된다.

이 선화에 한 수의 게송이 있다. 읽어보자.

같고 다름 헤아림이 여러 길이니	商量同別有多般
되는대로 그 어찌 혀끝을 놀리나	潦倒何曾敲舌端
고금에 아무도 그를 잡지 못하니	今古不能提得去
한 쌍의 신령스런 검 찬 하늘에 기댔네	一雙圉劍倚天寒

— 보녕용

하루는 문익이 화로에 몸을 녹일 즈음, 이 절의 방장인 나한 계침이 물었다.

---

4) 『선문염송』 권28, 1288칙 「兩箇」.

"행각의 행선지는 어디입니까?
"예, 그저 다니고 있습니다."
"무슨 이유로 그저 다니고 있습니까?"
"저도 잘 모르겠습니다(不知)."
"모른다는 것이 제일 친한 것이지요(不知最親切)."[5]

이 한마디에 바로 크게 깨쳤다. 선문에서는 흔히 내적 자아를 체험함으로써 진여자성에 도달하고자 한다. 위의 선화야말로 언하(言下)에 일초직입(一超直入)하는 진풍경을 보여준다. 『선문염송』에 기록된 게송 한 수를 음미해보자.

지금껏 참구함이 그때와 같은데	而今參飽似當時
미세한 번뇌 다해도 끝내 알지 못한다	脫盡廉纖到不知
짧건 길건 자르건 잇건 상관 말고	任短任長休剪綴
높건 낮건 저절로 평평해진다	隨高隨下自平持
집안의 넉넉함과 검소함에 맞춰 쓰니	家門豊儉臨柴用
전지를 넉넉히 발길 닿는 대로 걷는다	田址優游信步移
30년 전에 행각하던 일은	三十年前行脚事
분명히 한 쌍의 눈썹을 저버렸도다	分明辜負一雙眉

— 천동각

이 게송을 파악하는 요점은 오로지 '부지(不知)' 두 글자에 있다. 참구할 일이다.

눈이 그쳐 방장에게 작별을 고하자 계침은 문까지 따라 나와 배웅하며 문익에게 아래와 같이 말했다.

"삼계는 오직 마음일 뿐이며, 만법은 다만 의식일 뿐이라고 스님은 늘 말하였는데, 그럼 저기 저 정원에 있는 돌은 스님의 마음 안에 있는 거요, 아니면 마음 밖에 있는 거요?(上座尋常說 三界唯心乃持 庭下石日 且道 此石在心內在心外)"

---

5) 위의 책, 권28, 1287칙 「不知」.

“그야, 제 마음 안에 있습니다.”

“그래요? 그렇다면 행각하는 사람이 마음속에 돌멩이를 넣어가지고 어떻게 다닌단 말이오?(行脚人着甚麼來由 安塊石在心頭耶)”[6]

문익은 방장의 이 말에 짐을 다시 내려놓았다. 문익은 의문이 풀릴 때까지 지장원에 머물기로 작정했다. 그는 매일 그가 느낀 새로운 견해를 방장에게 말씀드렸으나 방장은 한결같이 '불법이란 그런 것이 아니오!'라고 말할 뿐이었다. 한 달 정도 지나서 문익은 선사에게 다음과 같이 말하였다.

“이제 제가 할 말은 모두 하였습니다.”

“그래요, 불법이란 일체가 다 이루어져 있는 것이오(若論佛法 一切現成).”[7]

여기에서 법안은 더 이상 나아갈 길이 끊긴 궁극처에 도달한다. 활연대오(豁然大悟)한다.

뒷날 방장이 된 법안 문익은 대중들에게 다음과 같이 시중하였다.

“온 세상이 밝고 밝아 실오라기 하나도 없는 실상 그 자체입니다. 그러나 만일 그대들이 실오라기 하나라도 있다면 그것은 실오라기 하나일 뿐이지 실상은 아닙니다(盡十方世界皎皎地無 絲頭若有一 絲頭卽是一絲頭). 그대들은 그것의 이름과 형태를 바꾸려 하고 있습니다. 그렇게 해서야 어찌 본래면목을 다시 찾겠습니까?”[8]

박학한 학문의 소유자인 법안은 늘 박학한 학문을 경계하였다. 오직 눈앞에 발가벗고 전개되는 실상을 직관함으로써 자성을 증득할 것을 역설하였다. 있는 그대로의 실상은 우주 만물의 절대를 우리에게 보여주는 동시에 또한 진인의 세계로 우리를 돈입시키고 사변과 추리는 우리의 눈에 껍질을 한

---

6) 『오가정종찬』 하, 「법안종」, 장경각, 197쪽.

7) 위의 책, 198쪽.

8) 위의 책, 199쪽.

겹 입혀 멀게 할 뿐이라고 주장하였다.

3. 법안종의 개조 : 문익

우리는 지금까지 법안종이 성립되는 배경과 법안종 윗대 조사들의 행적과 선풍을 살펴보았다. 법안종의 명칭은 문익이 입적한 후에 남당의 군주 이경이 대법안선사(大法眼禪師)라고 사호한 데서 유래한다.

법안 문익(法眼文益, 885~958)은 절강성의 여항인으로 속성은 노(盧)씨다. 7세에 동진 출가하여 처음엔 희각 율사의 문하에서 수학하였다. 희각은 그를 가리켜 내 문하에 자하(子夏)와 자유(子遊) 같은 사람이라 칭송하였다. 그는 불경뿐만 아니라 유교 경전도 두루 섭렵하였지만 만족하지 못하고 끓어오르는 향상일로에 대한 일심을 간직한 채 남방 복주로 가서 장경 혜릉(長慶慧稜, 854~932)의 가르침을 구하였으나 개오하지 못하였다. 다시 행각을 떠나 지장원을 지날 때 눈사태를 만나 개침의 가르침에 의해 깨닫게 되었음을 앞 나한 계침의 장에서 충분히 살펴보았다.

법안은 그 후 임천 숭수사의 주지로 개당하였다. 개당 법회에서 지장원 계침에게 향을 사르고 법을 이으니 장경의 제자인 자방(子方)이라는 수자가 "오랫동안 스님은 장경화상을 친견하였는데 지장원의 계침화상의 법을 잇는 까닭이 무엇입니까?" 하고 물었다. 이에 법안은 아래와 같은 장경의 게송 한 구절을 인용하며 반문하였다.

> 삼라만상 중에 고독한 법신이 스스로를 나타내고 있다(萬象之中 獨露身).[9]

"나는 이 게송의 뜻을 깨닫지 못했기 때문이오. 그럼 수자는 어떤 것이 만상 가운데서 홀로 몸을 드러낸다는 것인가?"
이에 자방이 불자를 번쩍 들어 보이자, 법안이 말했다.
"이는 장경에게 배운 것이지. 스님의 경지를 일러보시오."

---

9) 『경덕전등록』 권24, 「승주청량원문익선사」, 보련각, 1982, 73쪽.

다그치니 자방이 아무 말도 하지 못했다. 다시 법안 선사가 말했다.

"만상 가운데서 몸을 드러낸다는 말은 만상을 무시하는 말인가, 무시하지 않는 말인가?(秖如萬象之中獨露身 是撥萬象 不撥萬象)"

"그야, 무시하지 않는 말입니다(不撥)."

"두 개로군!(兩介)"

주위의 선객들이 모두가 말했다.

"만상을 무시합니다(撥萬象)."

이에 법안이 말했다

"만상 가운데서 홀로 몸을 드러내고 있는데, 어찌 무시하고 무시하지 않고가 있겠소? 에잇!(萬象之中獨露身 咄)"[10]

이에 자방은 종지를 활연히 깨닫고 법안에 귀의하니 사방에서 납자들이 모여들었다고 『선문염송』이나 『전등록』, 『법안록』에 기록되어 있다.

이 선화에 뜻을 밝힌 게송이 『선문염송』에 네 수가 전한다. 두어 수 감상해 보자.

㉮

망념 떠나서 부처 보고 티끌 쪼개어 경전 낸다	離念見佛破塵出經
현재에 완성된 가법으로 누가 문호를 세웠던가?	現成家法誰立門庭
해가 배를 따르니 강물은 맑고	日逐舟行江練淨
봄이 풀을 따르니 불탄 곳 푸르다	春隨草上燒痕靑
무시함과 무시하지 않음을 자세히 들어라	撥不撥聽丁寧
세 길이 거칠어지자 돌아오니	三徑就荒歸便得
옛의 솔과 국화 아직도 향기롭다	舊時松菊向芳馨

— 천동각

㉯

만상 가운데 홀로 몸을 드러내니	萬象之中獨露身
한 번 마주 볼 때 한 번 성낸다	一迴相見一迴嗔
동서남북이 우리 황제 땅이니	東西南北吾皇化

---

10) 『선문염송』 권28, 1296칙 「萬象」.

강가에서 나루터를 묻지 말라!　　　　　　　　莫向江頭苦問津
　　　　　　　　　　　　　　　　　　　　　　　　　　　　— 불안원

　㉮ 게송에서 3행의 세 길이라 함은 송(松) 죽(竹) 국(菊)을 가리키니 도연명이 살던 곳을 말한다.

　무엇을 말하랴. 그저 훑어볼 일이다. ㉮의 게송, ㉯의 게송을 따지지 말라, 한 눈으로 두 수를 동시에 보고 동시에 생각하라, 그러면 '만상지중독로신(萬象之中獨露身)'일 것이다.

　법안이 선객들을 제접할 때 보인 물음을 되받아주는 즉답은 여러 선사들도 사용한 바 있지만 특히 법안선사에 이르러 전문적으로 활용하고 있다. 이 즉답을 후세의 선객들은 즉물계신(卽物契神)이라 하며 법안종의 묘지(妙旨)라고 칭송하였다. 즉물계신이란 하나하나의 현상 그대로가 본래면목인 진리와 들어맞는다. 곧 목전의 현상 그대로가 진리를 현현한 것.

　그럼, 즉물계신을 가볍게 지나칠까 우려한 후세 선장의 게송이 있다. 뜻에 더 가까이 가보자.

도둑의 소굴 털어 귀신도 손들듯이　　　　　　就窩打劫神曾措
되받아치는 솜씨 바로 보라　　　　　　　　　覿面當機劈面看
입이라 말함이 없고 몸이라 닿지 않되　　　　無口解談無體觸
소 몰고 밥을 뺏고 알몸을 만드네　　　　　　驅牛奪食逼人寒
　　　　　　　　　　　　　　　　　　　　　　　　　　— 소암전

　위의 게송은 소암전이 법안종의 묘지 즉물계신에 대해 노래한 일곱 수 가운데 첫째 게송이다. 소암은 위 게송 1행과 2행에서 '도둑의 소굴의 털듯 되받아치는 솜씨'라고 즉물계신을 표현하고 있다.

　법안종의 묘지에 더 가까이 접근하기 위해 선화 몇 편을 읽어보자.

　법안이 현칙 감원에게 물었다.
　"스님은 여기에 온 지 얼마나 되시오."
　"네, 3년입니다."

"스님은 후배이거늘 어찌 일을 묻지 않으시오."

"그렇습니다. 저는 감히 화상을 속이지 못합니다. 저는 일찍이 청봉에 있으면서 마음의 안락을 얻었습니다(某甲不敢瞞和尙 曾在靑峰處 得个安樂)."

다시 법안이 물었다.

"스님은 어떤 말에 의하여 깨달음에 들게 되었는지?"

"제가 청봉에게 '어떤 것이 학인의 자기입니까?' 물었더니 답하기를 '병정동자가 불을 구하러 왔다'는 말씀에 마음 편하여졌습니다(曾問如何是學人自己 峰云 丙丁童子來求火)."

"좋은 말이기는 하나 스님이 잘못 알았을 것 같아 걱정이 됩니다(好語 只恐你不會)."

이 말에 현칙 감원이 말했다.

"병정은 불에 속하니, 불을 가지고 불을 구함이요, 자기를 자기가 찾는 것이 아닙니까?(丙丁屬火 將火求火 將自己覓自己)"

"짐작했듯이 스님을 잘못 안 것이오. 그렇다면 불법이 오늘날까지 이어오지를 못했을 것이오."

화가 난 현칙은 법안을 떠났다. 도중에 '그는 500의 선지식인데 나를 인정하지 않는 데는 반드시 이유가 있을 것이다' 하는 생각이 들어 다시 돌아와 참회하고 물었다.

"어떤 것이 학인의 자기입니까?"

법안이 즉각 대답했다.

"병정동자가 불을 구하러 왔소(丙丁童子來求火)."

언하에 현칙이 활연대오하였다.[11]

십간(十干)의 병과 정은 오행(五行)으로 보아 화(火)인 남쪽에 해당한다. 병정동자는 불의 신이다. 곧 병정동자는 불의 의인화다. 설명하면 현칙이 '병정은 불에 속하니, 불을 가지고 불을 구함이요, 자기를 자기가 찾는 것이 아닙니까? 하는 말이 정답이다. 그럼 왜 법안이 잘못 알았다 한 것인가?

다음 게송은 틀림을 밝혀주고 있다. 즉물계신의 즉문즉답에 대한 우리의 알음알이를 벗겨주고자 애쓴 후대 선객의 게송을 한 수 읽어보자. 눈에 닿는 순간 점두(點頭)하시길.

병정이 불을 구한 일, 이미 밝혀졌는데 　　　丙丁求火已躬明
법안과 청봉은 옛길을 걸었네 　　　　　　法眼青峰古路行
걸어서 물이 다하고, 앎이 다한 곳에 이르러 　行到水窮知盡處
편히 앉아 구름 이는 구경하며 평생을 보리 　坐看雲起見平生
— 동림총

즉물계신의 좋은 보기를 하나 더 살펴보자.

　한 학인이 법안에게 물었다.
　"어떤 것이 조원일적수입니까?(如何是曹源一滴水)"
　법안이 냉큼 대답했다.
　"조원일적수."[12]

　조원(曹源)은 조계의 근원이란 의미다. 일적수(一滴水)란 한 방울의 물을 말한다. 곧 조계란 6조 혜능이 있던 곳이니 결국 '6조로부터 전해오는 진수가 무엇이냐?' 하는 물음이다. 이것은 언어로 표현되지 않는 곳을 묻는 것. 이럴 때 덕산은 방(棒)을 날렸을 것이며 임제의 경우 할(喝)을 하였을 것이고 조주와 같은 선사는 구순피선(口脣皮禪)으로 학인을 적기(賊機)했을 것이다. 그러나 법안은 그저 '조원일적수' 하며 학인의 물음을 되받을 뿐이다. 그런데 질의자는 앞도 뒤도 깜깜하여 굳어 있는데 옆에서 지켜보던 덕소(德韶)는 언하에 바로 깨닫는다.
　이것은 상대의 알음알이를 빼앗아 몽땅 비우게 하는 적기의 한 방편이니, 조사들이 갖추고 있는 활인검법이다. 바로 앞, 소암전의 게송에서 보듯이 '도둑이 훔쳐놓은 물건을 도로 빼앗아 오고' '추위에 떠는 사람의 옷을 벗겨 빼앗아 오고' '배가 고파 정신없이 밥을 먹는 사람의 밥을 빼앗아 오는' 실로 악랄하기 짝이 없는 수법이니 바로 이것이 조사들의 적기의 비법이다.
　법안종의 이런 선풍을 『인천안목』에서는 전봉상주(箭鋒相拄)라 했는데, 이 것은 자기를 향해 화살이 날아올 때 화살을 날려 두 화살이 맞부딪치게 하는

485

---

12) 『선문염송』 권28, 1291칙 「曹源一滴水」.

솜씨를 말한다. 또 오조 법연(五祖法演)은 순인범야(巡人犯夜)라 했다. 곧 야경을 도는 순라꾼이 외려 도둑이 되어 행인을 터는 것을 말함이니, 정신을 바짝 차리지 않으면 그대로 당하는 교묘한 수법을 말한다.

『선문염송』에 기록된 '조원일적수'의 게송 몇 수를 살펴보자.

㉮

분명한 조원의 물은	的是曹源水
차고 차서 양치질하면 이가 시리다	冷冷漱齒寒
천 물결이 늘 스스로 치솟거늘	千波常自湧
한 방울의 물이 언제 마른 적 있으랴	一滴詎曾乾
조주는 차를 달여 마셨고	趙老和茶飲
한암은 달을 띠어 구경했네	寒嵓帶月看
온몸으로 깨달음을 얻을 수만 있다면	通身如薦得
목말라 죽어도 풍간을 기다린다	渴死待豊干

— 대각련

㉯

조원의 한 방울 물	曹源一滴水
그대로 파도가 되어 일어나고	是則波瀾起
복사꽃은 동구로 흘러나오는데	桃花流出洞門來
고깃배는 밤새도록 갈대꽃 속에 묵네	漁舟夜宿蘆花裏

— 무위자

대각련의 게송은 진리의 근원을 정공법으로 노래했다면, 무위자의 게송은 조원일적수를 바로 형상화하고 있다. 본지풍광을 현현시키고 있다. 근원의 풍광은 바로 천 가닥 만 가닥 파도이니, 이 파도의 소식을 알고자 하는가? 복사꽃이 떨어져 동구로 흘러나오고 고깃배가 갈대 속에서 일렁이는 풍광, 이 모두 진리의 참 소식이다. 또 달리 말한다면 앞집 김 서방이 둘째 아이를 배고 있고 뒷집 이 서방의 큰딸이 이 풍광을 훔쳐보고 있는 것.

법안이 남경 청량사 방장으로 있었을 때였다. 남당의 군주 이경과 아주 친한 사이였다. 어느 날 그들은 '도'에 관한 이야기를 한 후, 만발한 모란꽃을 완상하러 갔다. 왕의 청에 따라 모란에 관한 즉흥시를 한 수 읊었다.

붓을 들고 꽃떨기 마주 보니	擁毛對芳叢
원래부터 그 향기 서로 다르구나	由來趣不同
머리칼은 이제 희어만 가는데	髮從今日白
꽃은 작년처럼 붉기만 하다	花是去年紅
짙은 단장은 아침 이슬처럼 스러지고	艶冶隨朝露
싱그런 향기는 저녁 바람에 실려가는데	馨香逐晚風
하필 꽃잎이 떨어진 뒤에서야	何須待零落
비로소 생의 덧없음을 알까 보냐[13]	然後始知空

남당 군주 이경은 이 게송을 듣고 깨달음을 얻었다.

법안이 직접 지은 위의 게송만 읽어보더라도 그가 명상가로 철학자로 또 시인으로 충분한 자질을 갖추고 있음을 파악할 수 있다. 특히 3행과 4행의 대구는 아래 당나라 시인 두보의 시 「월야억사제(月夜憶舍弟)」를 패러디한 것임을 잘 알 수 있다.

오늘밤 이슬이 흰 빛 서리로 바뀌었건만	露從今夜白
달빛은 고향에서만 밝게 비추는구나[14]	月是故鄉明

---

13) 『오가정종찬』 하, 「법안종」, 장경각, 201쪽.

14) 김달진 외, 『당시전서』, 「두보」, 민음사, 1990, 415쪽.

변방을 지키는 북소리에 인적 끊어진	戍敲斷人行
마지막 가을, 기러기 외마디 울음소리에	邊秋一雁聲
오늘밤 이슬이 흰 빛 서리로 바뀌었건만	露從今夜白
달빛은 고향에서만 밝게 비추는구나	月是故鄉明
아우들은 제각기 흩어지고	有弟皆分散
집이 없으니 생사조차 물을 길 없네	無家問生死
편지를 부쳐도 오랫동안 이르지 않는 건	寄書長不達
아직 전쟁이 그치지 않음이네	況及未休兵

법안이 시인으로서 좋은 작품을 쓰고 있다는 느낌은 들지만, 이 게송에 짙게 드리운 생명을 영위하는 인간으로서의 애조는 어쩐지 대선장을 대하는 소감으로는 석연치 않다. 저 남전, 조주, 운문이나 위산, 혹은 임제, 암두와 같은 '적기(賊機)의 선풍'과 '함이 없는 대자유'가 느껴지지 않아 서운한 생각이 드는 건 나만의 생각인지?

그러나 돌이켜 생각하면 위의 게송을 듣는 사람이 누구인가 하는 문제가 있을 것이고, 그것이 한 시인의 독립된 작품으로만 볼 것은 아니다. 선장으로서 자비보살로서 당시 속가제자인 남당 군주의 눈을 뜨게 하려는 방편으로 게송을 지었고 이 게송을 본 왕은 깨달음이 열렸다고 기록에 전한다. 법안의 이런 노련함, 때와 상대에 따라 알맞은 처방과 약을 주는 명의 역할, 이것이 법안 윗대의 가풍과 연결되어 법안종의 종풍이 된다.

조선시대의 서산대사는 법안 가풍을 다음과 같이 노래하였다.

말끝마다 향기로운 메아리가 울려 퍼지니 구절마다 날랜 칼이 숨었다
해골이 온 세계를 다스리고 콧구멍은 늘 그 가풍을 불어낸다
바람 이는 나무 숲, 달빛 어리는 물가엔 진심이 드러나고
푸른 대 누른 국화, 묘법을 밝게 펴 보이니
법안종을 알려고 하는가?
맑은 바람이 구름을 밀어 산마루로 올라가고
밝은 달은 물에 떠 다리 지나 흘러온다[15]

내친김에 법안의 아름다운 게송 한 수를 더 소개하고자 한다. 다음의 게송을 읽어보면 그의 시를 다루는 솜씨나 정신세계가 선취시의 작가 도연명이나 왕유, 혹은 황산곡과 필적할 만함을 알게 된다. 이런 세계는 선사로서 높은 인격과 무위에서 흘러나오는 활활발발한 대자유가 있기에 가능한 것이 아닐까?

---

15) 청허 휴정, 『선가구감』, 용담 역, 인물연구소, 1982, 204~205쪽. 法眼家風 : 言中有馨句裡藏鋒 髑髏 常干世界 鼻孔 磨髑家風 風柯月諸 顯露眞心 翠竹黃花 宣明妙法 要識法眼宗麼 風送斷雲歸嶺去 月和流水 過橋來

숲 속 새는 피리처럼 지저귀니	幽鳥語如簧
수양버들 가지가지 금줄같이 흐르네	柳搖金線長
구름 돌아오니 산골짝이 고요하고	雲歸山谷靜
살구꽃 향기는 미풍에 묻어오네	風送杏花香
온 하루 한자리에 조용히 앉으니	永日蕭然坐
마음은 맑고 만 가지 근심 잊어지네	澄心萬慮忘
말로 표현코자 하나 말이 못 미치니	欲言言不及
그대 이 숲 속에서 잘 생각해보게[16]	林下好商量

법안의 이 게송을 음미하면 할수록 본래면목과 잘 조화된 두두물물의 도약하는 숨소리를 듣는 것 같다. 우리를 그으윽한 곳으로 몰고 간다.

마지막으로 법안이 직접 지은 게송 한 수를 되물어보며 대법안선사의 장을 마칠까 한다.

법안은 선사이면서 교학을 배척하지 않고 선교합일의 정점을 찾고자 노력한 대선장이다. 오늘날까지 전하는 그의 노작으로는「종문십규론」「화엄육상송」「삼계유식송」[17]이 있다. 우리는 이제 그의 유식학(唯識學)의 삼성(三性)의 하나인 원성실성(圓成實性)을 노래한 게송을 음미하며 대선장의 교학에 대한 면모를 읽기로 하자.

| 진리의 극에 달해 분별과 언어를 잊었으니 | 理極亡情謂 |

---

16) 『오가정종찬』하, 「법안종」, 장경각, 201~202쪽.

17) 『법안록』, 「상당」, 장경각, 1989, 188~190쪽.
    법안의「삼계유심송」과「화엄육상송」을 옮긴다. 화엄의 대의를 노래한 것.
    '삼계는 마음일 뿐/마음은 識일 뿐/마음뿐이며 식일 뿐이라면/눈으로 소리를 듣고 귀로는 색을 보아야 하나/빛은 귀에 이르지 못하니/소린들 어찌 눈에 닿으랴/눈으로 빛을 보고 귀로 소리를 들어야/만법을 이루리/만법은 인연으로 된 것이 아닌데/어찌 허깨비라 관찰하랴/산하대지 중에서/무엇이 견고하고 무엇이 변하랴?'(「삼계유식송」)
    '同相 속에 異相이 있으니/다름이 같음과 다르다면/부처님 말씀과는 영판 어긋나네/부처님이 말씀하신 總相과 別相에/어찌 같고 다름이 있었으랴/남자의 몸으로 선정에 들 때/여자의 몸에는 마음을 두지 않는다네/마음을 두지 않고 이름도 끊으니/만상이 분명하여 이치도 현상도 없다네'(「화엄육상송」)

어찌 비유할 길 있으리오   如何有喻齋

이윽고 서리 내리는 가을밤 달이   到頭霜夜月

저절로 앞 시내에 떨어져 빛나고   任運落前溪

열매가 익어 잔나비 오니 가지가 휘고   果熟兼猿重

산이 깊어 길에서 갈피 못 잡는 듯   山長似路迷

고개 드니 저녁노을 눈에 스며드는데   擧頭殘照在

이것은 원래 우리 집의 서녘에 있다네[18]   元是住居西

이 게송은 원성실성의 노래인데 원성실성이란 '원만히 이루어져 있는 그대로의 존재'이므로 진여의 세계, 공(空)의 세계다.

1행과 2행의 "진리의 극에 달해 분별과 언어가 끊기니/어찌 비유할 길 있으리오"를 보자. 지극한 공의 세계는 언어도단(言語道斷)하고 심행처멸(心行處滅)한 곳이니 곧 무슨 논증이나 사변이 끊긴 무분별의 세계다. 언어를 잊은 세계는 언어로 표현되지 않는 세계가 아니니, 이것은 '된다/안 된다'라는 양변이 서로 충돌하는 세계가 아니라 있되 서로 상관하지 않는 세계다. 이런 세계의 언어 표현은 아는 사람만이 표현하는 언어의 세계다. 그러나 이것 또한 우리가 쓰는 분별의 언어를 벗어나지 않는다. 이러할 때 이 세계의 표현은 언어에 국한되는 것이 아니라, 손뼉을 치고 눈썹을 찡그리고 손가락을 세우며 불자를 드는 행위 모두가 공의 세계의 표현이 된다.

다시 위의 게송을 살펴보면 '서리 내리는 밤'이나 '달빛에 반짝이는 시내'나 '원숭이의 식사', '첩첩 산', '눈이 부신 저녁노을'이 어울리는 모든 풍광은 스타카토되어 심상에 또렷이 드러나니 천변(千變)의 사념과 만화(萬化)의 논지가 끝나는 곳, 진면목이라 하는 것마저 떨어져나간 자리가 분명하다.

---

18) 『법안록』, 「상당」, 장경각, 188쪽. 唯識學에서 三性이란 존재를 바라봄에 세 종류가 있다는 설이다. 첫째 偏計所執性으로 두루 분별하는 것에 의해 현재 존재하는 일체가 정말로 그런 것이 있는 것이 아닌가? 집착함이고, 둘째는 依他起性으로 어느 것 하나 독립자존하는 것이 없고 원인과 조건에 의하여 지금 그런 모습을 나타내고 있을 뿐, 서로서로 의존하는 존재여서 실체가 없다는 것이고, 셋째는 지금 법안이 게송으로 노래한 圓成實性으로 첫째의 변계소집성에 의한 '망상으로 존재하는 존재'와 '서로 의지해서 존재하는 존재'를 실제로 있는 것인 양 오인하는 데 생겨난 것과는 반대로 '다른 것들에 의존하는 존재'를 바로 알았을 때 형성되는 존재 양태다.

이것은 원래 우리 집의 서녘에 있다네.　　　　　　　元是住居西

보라, 이것이 어디 언어인가. 하늘, 달, 시내, 과일, 원숭이, 산길, 저녁노을이 언제 그대에게 짝지어달라 하던가, 생각해달라고 하던가. 우리의 생각이 대체 그들과 무슨 상관이 있는가?

실상의 참모습이요, 공세계의 누설이 아닌가.

그러나 선문은 이런 말조차 용납이 안 되는 세계인지 법안종은 법안 문익에서 천태 덕소, 덕소를 잇는 영명 연수에서 희미하게 2대 더 존속하고 선종사에 자취를 감추게 된다. 사교입선(捨敎入禪)과 불립문자(不立文字)를 종지로 삼는 선문에서 법안종이 선교융섭에 힘써온 것이 법손이 끊어진 원인이 아닌지, 결국 이러한 후학에 대한 노파심도 선의 종자를 잘라먹게 하는 것인지? 역사상 아이러니다.

문익이 입적하자 남당의 군주 이경이 그에게 ‘대법안선사’라는 시호를 내렸고 탑을 무상이라고 이름 지어 하사했다.『전등록』에 의하면 법안의 제자로 63인의 이름이 기록되어 있으나, 그중 천태 덕소국사가 빼어났다.

4. 법안종의 선장들

1) 천태 덕소

천태 덕소(天台德韶, 890~971)는 법안에게 한 학인이 질문한 ‘조계에서 흘러오는 한 방울의 물(曹源一滴水)’의 선문답을 옆에서 듣다가 언하에 활연대오하였다. 덕소가 깨우친 바를 법안에게 말하자, 법안이 ‘이후에 그대는 국왕의 법사가 되어 불법을 크게 밝힐 것’이라고 말하였다. 이후 당시 그 지역 자사로 있던 전홍숙이 왕위에 오르자 국사의 예로 선사를 맞이하였다.

그가 통현봉에 주석할 때 지은 게송, 「만목청산(滿目靑山)」은 지금까지 널리 회자되는 선구로 유명하다.

통현봉 꼭대기는　　　　　　　　　　　　　　　　通玄峯頂

인간세상이 아니네	不是人間
마음 밖은 한 법도 없나니	心外無法
내 눈에 가득 차는 푸른 산	滿目靑山

법안은 덕소의 게송을 듣고 '이 게송 한 수만으로도 우리 종문을 일으킬 수 있다'고 흔쾌하게 여겼다.

반야사 개당 법회에서 읊은 게송을 한 수 디 소개하며 법안종의 2조 천태 덕소의 행장을 마치기로 한다.

높은 봉우리 내려오자 이미 펼쳐졌으니	暫下高峯已顯揚
반야의 원통함이 시방에 두루하네	般若圓通偏十方
인간과 하늘이 들끓어도 차별이 없고	人天浩浩無差別
법계는 가로 세로 곳곳마다 드러나네[19]	法界縱橫處處彰

덕소의 게송은 스승 법안의 견해를 아주 빼닮아 있다. 법안 역시 중국적인 전통과 오랜 중국인의 사유에 깊이 뿌리박고 있음을 느끼게 된다. 내적 자아에 주의 집중하는 대신 주관과 객관을 초월하여 피안에 도달하고자 하였다. 법안종의 경우 피안을 마음(心)으로 나타내는데, 이 마음이야말로 삼계를 나타내고 삼계가 솟아나는 원천으로 파악한다. 위 덕소의 게송에도 편안함과 자연스러운 이러한 내용이 잘 나타난다.

2) 영명 연수

영명 연수(永明延壽, 904~975)는 덕소의 법제자이고 성은 여항 왕씨다. 그의 저서 『종경록』 100권은 선의 원리를 소개하는 방대한 자료를 모은 불교의 저작물이며, 그는 중국이 배출한 가장 중요한 불교 저작자 중의 한 사람이다. 『종경록』은 선학을 옹호하기 위해 각종 불교의 자료를 모은 것이라서 대승불교적인 입장에서 보면 귀중한 것이지만, 선의 입장에서는 그 반대적인 것으

---

19) 『경덕전등록』 권25, 「천태산덕소국사」, 보련각, 1982, 98쪽.

로 보는 학자들이 많다. 원래 '불립문자(不立文字) 교외별전(敎外別傳) 직지인심(直指人心) 견성성불(見性成佛)'을 종지로 하는 선종에 그렇게 방대한 논설을 바탕으로 하는 지침서가 있어야 한다는 것은 근본적인 모순이다. 연수가 각종 교학과 선학을 모아 비교검토하고 자료를 수집하여 지침한다는 것 자체는 선의 입장에서 멀어져 갈 뿐 아니라, 선의 활활발발한 선기를 정상화(定相化)함으로써 선의 생명을 빼앗는 결과로 이어지게 된다. 결국 연수 이후에 법안종은 차츰 활기를 잃어버린다. 그리고 선종과 정토종을 통합시키려는 연수의 노력은 법안종을 쇠퇴하게 하였다. 염불, 독경, 침술 등이 선과 병행한다는 것 자체가 선종의 본래 종지를 잃게 하였고 정토종은 선의 생기가 틈입되므로 매우 활기차졌다. 법안종은 본래 고유한 선의 영역이 해체되고 사선화(死禪化)되어 연수로부터 2대 더 내려가서 종말을 고하게 된다. 그 후 법안종은 중국의 문화 일반에 깊숙이 침투되어 편안하게 전통에 동질화되어 버린다.

송대의 성리학자 주희(朱熹, 1130~1200)는 '불교의 선종 유파 가운데 유가적 전통과 아주 흡사한 흐름이 있다'라고 말하며 법안종의 가풍을 지적하고는 '이런 좋은 선풍이 이어지지 않고 단멸(斷滅)한 것'에 놀라움을 표시한다. 그러면서 오늘날 선가들은 법안종의 몰락이 합리적인 요소를 내포하고 있음에도 불구하고, '상도에 떨어졌다'라든가 '결국 깨달음을 방해했다'는 이유를 들어 '법안종의 종사들을 비판하고 있다'고 공박하기도 한다.'[20]

어쨌든 법안종은 절손되었고, 주자의 말이 옳은 것인지, 선을 지키겠다는 선장들의 말이 옳은 것인지 우리는 미루어 짐작해볼 뿐이다.

그렇지, 큰 목소리를 낸 가수는 목이 잠기는 법이고, 박학다식(博學多識)은 온전한 지푸라기 하나의 무게도 되지 않는 것 아닌가 하는 생각이 든다. 떨칠 수가 없다.

---

20) 『주자어류집약』 권7. 因擧佛氏之學 與吾儒 有甚相似處 如云 '有物先天地 無形本寂廖 能爲萬象主 不逐司時凋' 又曰 '撲落非他物 縱橫不是盡 山河及大地 全露法王身' 又曰 '若人識得心 大地無寸土' 看他是甚麼樣見識 今區區小儒 怍生出得他手 宣其爲他揮下 也 此是法眼禪師下一派宗旨如此 今之禪家 皆破其說 以爲埋路 落窩臼 有碍正當知見

그러나 연수 자신은 매우 품위를 갖춘 선사다. 그가 직접 지은 게송이 있다. 아래의 게송을 음미해보면 선사의 면목이 짐작된다.

연수가 처음 설두산에 머물게 되었을 때 상당하여 말했다.

"여기 설두산은 가파른 천길 폭포에 실오라기 하나 좁쌀 한 톨도 머물러두지 않으며, 기암절벽 만길 벼랑에는 발을 붙이고 설 곳이 없다. 자, 여러 대중들은 어디다가 발걸음을 옮기겠느냐?

한 학인이 물었다.

"설두산의 길은 어떻게 밟고 나가야 합니까?"

"걸음마다 서릿발이 맺혀 있고 말마다 밑바닥까지 얼어붙는다."

이어 다음의 게송을 지어보였다.

외로운 원숭이 울음소리 달빛 바위 위에 떨어지고	孤猿叫落中巖月
나그네의 읊조린 시구 깊은 밤 등잔불에 맴도네	野客吟殘半夜燈
이런 경개 이런 때를 그 누가 알겠는가?	此景此時誰得意
흰 구름 깊은 곳에 앉아 있는 선승이여!	白雲深處坐禪僧

그 후 연수는 영명사의 두 번째 방장이 되었다. 이때 선화와 고매한 정신의 발로라고 칭송받는 그가 직접 지은 게송 한 수를 소개하고자 한다.

한 학인이 물었다.

"무엇이 영명사의 종지입니까?"

"향로에 다시 향을 넣어라(更添香着)."

"스님의 가르침에 감사드립니다."

"쯧, 영 틀렸군(且, 喜沒交涉)."

그리고 게송을 지어보였다.

그대 영명의 참 맛을 알고자 하는가	欲識永明旨
문 앞 한 호수요	門前一湖水
해가 비치면 되비치는 밝은 빛	日照光明至

바람 불면 크고 작은 파랑이네[21]   風來波浪起

   위 게송의 명징하고 검박함은 상상의 세계가 아니다. 눈으로 들어야 하고 손으로 밟아야 하리. 다음 다윗의 시로 위의 게송을 음미하는데 힘을 덜어 드리고자 한다.

> 하늘은 하느님의 영광을 속삭이고
> 창공은 그 훌륭한 솜씨를 일러줍니다
> 낮은 낮에게 그 말씀을 전하고
> 밤은 밤에게 그 일을 일러줍니다
> 말과 글이 없고 들리는 소리 없으나
> 그 소리가 온 대지에 통하고
> 그 말씀이 세계의 끝까지 이릅니다[22]

---

21) 『오가정종찬』 하, 「법안종」, 장경각, 213~214쪽.
22) 『성경』 「시편」 19편.

23장

한국의 선과 선시

1. 한국의 선

우리나라 선종의 효시는 신라 27대 선덕여왕 때, 중국 선종의 4조 도신에게 인가를 받고 돌아온 법랑(法郎)[1]이다. 그렇지만 오늘날과 같은 돈오의 조사선 뿌리는 헌덕왕 5년(813)에 서당 지장의 인가를 받고 백장 회해를 거쳐 귀국한 후, 가지산파 조사가 된 도의(道義)를 초조로 봄이 정설로 되어 있다. 도의를 필두로 신라 말과 고려 초에 9산선문을 이룬다.

9산선문은 가지산(迦智山)의 체징(體澄), 사굴산(闍崛山)의 범일(梵日), 희양산(曦陽山)의 도헌(道憲), 실상산(實相山)의 홍척(洪陟), 동리산(桐里山)의 혜철(慧哲), 성주산(聖住山)의 무염(無染), 사자산(獅子山)의 도윤(道允), 봉림산(鳳林山)의 현욱(玄昱), 수미산(須彌山)의 이엄(利嚴)이다. 이 9산선문 가운데 법랑만이 종국 선종의 제4조 도신의 선법을 이었고, 나머지 여덟 개의 선문은 모두 6조 혜능의 돈오 선맥을 잇는다.

1) 도의 원적

도의 원적(道義原寂)의 성은 왕씨며 북한군 사람이다. 출가 당시 법호는 명적이었고 당 덕종 5년(784)에 입당하여 6조가 계시던 조계로 가서 조사당을 참배한 후 강서 홍주 개원사, 서당 지장에게 참예하여 의심을 푸니 서당이

---

1) 최치원 선, 『四山碑銘』, 「봉암사 지증국사 비」에 의하면 법랑은 4조 도신 − 법랑 − 신행 − 준범 − 혜은 − 도헌에 이르고 또 도헌의 조사인 신행은 북종의 신수(神秀)의 제자인 보적(普寂)의 법도 이었으니 곧 북종계의 선이 섞였고, 도헌 역시 마조의 제자 신감에게 사법한 진감의 법을 이었다. 법랑 이후 말손인 도헌에 이르러 산문을 이룬다. 지증국사(익호)는 지선국사(자 : 지선)와 도헌(호)과 동일인이다.

"진실로 법을 전한다면 이런 사람이 아니고 누구에게 전하랴" 하며 인가를 하였다. 이때 서당으로부터 도의(道義)라는 호를 받았다.

그 후 여러 곳을 행각한 후 백장 회해에게 참례하고 인가를 받으니 백장이 말하기를 "강서의 선맥이 몽땅 동국으로 돌아가는구나!" 하였다.[2] 그 후 신라로 귀국하여 아직 선종의 종지를 믿는 사람이 없어 강원도 설악산 진전사에 들어간 후 40여 년을 보내다가 염거에게 법을 전하고 그곳에서 열반하였다. 염거를 잇는 체징에 와서 가지산 보림사에서 한 파를 형성하였다. 법손으로는 『삼국유사』의 저자 일연과 고려 말 태고 보우가 있다. 현 조계종의 종조는 고려 보조 지눌로 하고 있으나, 법계는 태고 보우가 중국에 가서 석옥 청공에게 법을 받으니 임제종 양기파를 잇는 동시 멀리 우리나라 9산선문의 가지산파 도의의 선맥을 계승하고 있다. 법계는 다음과 같다.

- ■ 6조 혜능–남악 회양–마조 도일–서당 지장 혹은 백장 회해–도의 원적–염거–보조 체징 …… **태고 보우**–환암 혼수–구곡 각운–벽계 정심–벽송 지엄–부용 영관–청허 휴정
- ■ 6조 혜능 ……마조 도일–백장 회해–임제 의현 …… 양기 방회–백운 수단–오조 법연–원오 극근 …… 급암 종신–석옥 청공–**나옹 혜근**

위의 법계도에서 보이듯이 마조선이 신라시대 우리나라에 들어와 면면히 이어져 태고 보우에 이르고, 태고 보우는 고려 말 중국에 가 임제종 양기파의 석옥 청공에게 선법을 이으니, 결국 태고 보우에 이르러 양대 선맥을 아우르게 된다.

2) 통효 범일

사굴산의 조사 통효 범일(通曉梵日, 810~889)은 계림 김씨며 마조의 고족 염관 제안의 법을 이었다. 15세에 머리를 깎고 그 후 태화 연간에 구법을 위하여 입당하여 염관 제안을 찾아뵈니 이렇게 물었다.

---

2) 『조당집』 제17권, 「설악 진전사 원적선사」, 동국역경원, 237~238쪽.

"어디서 왔는가?"

"동국에서 왔습니다."

"수로로 왔는가, 육로로 왔는가?

"두 가지 길을 모두 밟지 않고 왔습니다."

"그럼 두 길을 모두 밟지 않았다면 스님은 어떻게 여기까지 이르렀는가?"

"해와 달에게 동과 서가 무슨 장애가 되겠습니까?"

이에 염관이 칭찬하였다.

"실로 동방의 보살이로다."

범일이 염관에게 물었다.

"어찌하여야 부처를 이룹니까?"

"도는 닦을 필요가 없다. 그저 더럽히지만 말라. 부처란 견해, 보살이란 견해를 짓지 말라. 평상의 마음이 곧 도이다."

범일이 이 말을 듣고 활연계회한 후 6년 동안 염관을 정성껏 모셨다.[3]

후에 신라로 돌아와 백달산에서 법을 펴는데 명주도독 김공이 굴산사에 주석할 것을 청하여 이때부터 약 40년간 명주 강릉 지역을 덕화했다. 지금도 이곳 주민들은 강릉 단오제 주신 대관령 산신으로 범일국사를 모시고 있다.

법제자로는 낭원국사 개청(開淸)과 낭공국사 행적(行寂)이 우뚝하다. 먼 손인 종휘선사 아래 보조 지눌이 나와서 우리나라 본격적인 선의 중심에 섰다. 보조선은 고려 수선사 16국사로 법통이 이어졌으며 고려 말 나옹 혜근, 무학 자초 등은 범일의 후예들이다. 법계는 다음과 같다.

　■ 6조 혜능-남악 회양-마조 도일-염관 제안-통효 범일-낭원 개청 …… 보조 지눌-수선사 16국사(진각, 청진, 진명, 회당, 정종, 원감, 자각, 혜감, 자원, 혜각, 각엄, 정혜, 홍진, 고봉), **나옹 혜근**-무학 자초-함허 득통으로 이어진다.

　■ 16국사의 마지막 고봉은 나옹의 법제자이기도 하다.

```
                  ┌ 무학 자초-함허 득통
        나옹 혜근 ┼ 고봉 법장
                  └ 환암 혼수
```

3) 『조당집』 제17권, 「명주 굴산 고 통효대사」, 동국역경원, 241~244쪽.

■ 6조 혜능 …… 마조 도일-백장 회해-임제 의현 …… 양기 방회-백운 수단-오조 법연-원오 극근 …… 급암 종신-평산 처림-**나옹 혜근**

위의 법계도에서도 보이듯이 나옹 혜근은 마조의 고족 염관으로부터 돈오 선법을 이은 범일의 사굴산 선맥을 면면히 계승하고 16국사의 마지막 국사인 고봉에게 전법했으며, 또 중국으로 들어가 임제종 양기파의 선맥을 이은 평산 처림에게 사법하였다. 나옹 역시 신라 9산선문과 임제종 양기파 법을 같이 받아 우리나라 선의 주류로 등장한다.

위의 태고나 나옹의 선의 정신이 결국 조선시대를 거쳐 오늘날 대한불교 조계종의 뿌리라 할 것이다.

그 외에 『조당집』 17권은 동리산 혜철선사, 실상산의 홍척선사, 성주산 무염선사, 사자산의 도윤선사가 실려 있는 우리나라 초기 9산선문의 귀중한 자료다.

2. 한국의 선시

9산선문 개창 후 200여 년이 지나 한국적인 선을 정착시킨 보조 지눌(普照知訥, 1158~1210)이 출세한다. 사굴산파 법일의 후예인 종휘의 제자인 보조는 희미해가던 9산선문을 중창한다. 그의 제자인 진각 혜심(眞覺 慧諶, 1178~1234)에 이르러서는 본격적인 한국의 선시가 나타난다. 혜심은 우리 글의 양대 텍스트라 할 『선문염송(禪門拈頌)』의 저자다. 선적으로 보아 중국에 『전등록』이 있다면 우리나라엔 『선문염송』이 있다. 『전등록』은 선화집인 반면에 『선문염송』은 본칙에 대한 염과 송으로 되어 있다. 염송에 송은 오늘날 운문시로, 염은 본칙과 더불어 산문시로 보아도 무방하다. 보조 지눌과 진각 혜심을 거쳐 6대에 내려가면 원감 충지(圓鑑沖止, 1226~1292)가 출현하여 본격적인 면밀 심오한 선시를 썼고, 고려 말엔 백운 경한(白雲景閑, 1299~1375), 태고 보우(太古普愚, 1301~1382), 나옹 혜근(懶翁惠勤, 1320~1376)이 출세하여 임제종 선풍이 도입되고 임제종류의 선시가 출현하

게 된다.[4]

　고려조가 멸망하고 조선이 개국하며 태조의 국사가 된 무학 자초는 나옹의 제자이고 무학을 이은 조선 초 함허 득통(涵虛得通, 1376~1433)이 출세하여, 우리나라 불교강원의 필수 교재인 『금강경오가해』[5]가 그의 손에 의해 편집된다. 그리고 이때 선시 작가로는 매월당 설잠(梅月堂雪岑, 1435~1493)이 출현한다.

　조선 중기에 이르러 허응 보우(虛應普雨, 1515~1565)와 청허 휴정(淸虛休靜, 1520~1604)이 성종조의 박해를 거치면서 오랜 진통 끝에 출세하니 우리나라 선시의 절정을 맞는다. 청허는 우리에게 서산대사라는 별칭으로 더 잘 알려진 임진왜란 당시 승군 총사령관이었으며, 한국의 선맥에 중심에 있다. 조선 초기 설잠에 와서 토착한 하기 시작한 체념적이고 은둔적이며 단순하고 검박하며 비애와 한이 갈무리된 한국적 선시가 비로소 서산에 이르러 자리를 잡는다. 이때부터 중국 임제선풍의 기미가 섞여 있는 선시에서 탈피되어 한국의 선시라 부를 수 있게 된다. 그리고 조선 중기 선시 작가로는 서산의 직전 제자인 사명 유정(四溟惟政, 544~1610)과 소요 태능(逍遙太能, 1562~1649), 편양 언기(鞭羊彦機, 1581~1644) 그리고 아랫대인 환성 지안

---

4)　임제 의현(6조-남악-마조-백장-황벽-임제)-흥화 존장-남원 혜옹-풍혈 연소-수
　　산 성념-분양 선소-석상 초원-양기 방회(양기파)-백운 수단-오조 법연-원오 극
　　근-호구 소룡-응암 담화-밀암 함걸-파암 조선-무준 사범-설암 조흠-

```
                        ↗백운 경한
            석옥 청공-태고 보우
  -급암 종심
            ↘평산 처림-나옹 혜근
```

5)　『금강경오가해』는 『금강경』을 다섯 명의 선지식이 해의한 것을 묶고 함허 자신의 설
　　의한 책이다. 즉 당나라 규봉 종밀의 「금강경론소찬요」와 6조 혜능의 「금강경구결해
　　의」와 양나라 부대사 선혜의 「금강경제강송」, 송나라 야보 도천의 「금강경착어와 송」,
　　송나라 예장 종경의 「금강경제강」을 한데 모으고 자기의 「설의」를 붙여 간행했다. 운
　　흥사판에 붙은 세조 3년(1455)의 어제발문에 보면 세조가 함허의 설의를 첨부하도록
　　하였다. 지금까지 남아 있는 최고본은 운흥사판(중종 20년)이다. 이 『금강경오가해』
　　에서 6조 혜능의 해의는 선리를 보편화하였고, 부대사, 야보, 종경, 함허는 오늘날 선
　　시를 방불케 하는 격외의 선리시를 읊고 있다.

(喚醒志安, 1664~1729), 완당 김정희(阮堂 金正喜, 1786~1856), 초의 의순(草衣意恂, 1786~1866) 등이 있다. 그리고 드높은 선의 경지를 종횡한 보월거사 정관이라는 한 속인의 선시가 몇 수 전해지니, 참으로 우리나라 선시의 진경을 보여준다.

조선 말에 선승이며 시승으로는 경허 성우(鏡虛惺牛, 1849~1912)가 출세하여 꺼져가던 선풍을 드날리니 한국의 달마라는 칭송을 받는다. 그는 진실로 이 땅에 동화되어 육신을 가진 인간이기에 오는 비애와 드높은 선정의 경지가 융섭되는 백미의 선시를 남긴다. 그리고 용성 진종(龍城震鍾, 1864~1940)의 웅혼한 기상의 선시가 있고, 그 외 경허의 제자인 만공 월면(滿空月面, 871~1946)과 한암 중원(漢巖重遠, 1876~1951)이 있고, 독립투사이며 선승이며 시승인 만해 봉완(龍雲奉玩, 1879~1944)이 있다. 이어 근래의 한문 선시 작가로는 경봉 원광(鏡峰圓光, 1895~1969)이 있고, 퇴옹 성철(退翁性徹, 1912~1993)과 서옹 상순(西翁尚純, 1912~2003)의 선시가 남아 있다.[6] 특히 만해가 남긴 한글 선시집이라 할『님의 침묵』은 우리나라 현대 선시의 기초가 되며 또 한글 선시를 남긴 미당거사 서정주와 조지훈을 들 수 있다. 그리고 고전 선시의 정통과 그 수사법을 이으며 한글 선시를 깊고 넓게 펴 보인 설악(오현)의 시를 들 수 있다. 한편으로는 서구 수사법에 의한 모더니즘과 포스트모더니즘 시를 연구하고 작시하던 이승훈은 근래에 와서는 서구적 수사법과 동양적인 선 사상에 침잠한 전위선시(Abant garde-Seon poetry)를 보여준다.[7]

---

6) 필자가 우리나라 선시의 큰 줄기를 쓰는 데 참고한 자료는 忽滑谷快天,『조선선교사』, 大東佛教研究院, 1970 ; 김달진,『한국선시』, 열화당, 1985 ; 이종찬,『한국불가시문학사론』, 불광출판부, 1993 ; 석지현,『선시감상사전』, 민족사, 1997 ; 졸저,『표현방법으로 본 선시 연구』, 청송출판사, 2001이다.

7) 송준영,「선시의 수사학과 아방가르드 시」『시와세계』2006 봄호. 90~121쪽 참조. 필자는 역사상 한자로 쓰여진 선시를 고전 선시로 보았을 때, 한글로 작시되며 선시의 덕목인 명징 청량 단순 방일한 전통적인 선의 맛을 보여주는 시를 **현대 선시**로 분류한다. 그리고 **현대 선시**에서도 서구의 아방가르드적 수사법과 선시의 적기 수사법으로 작시된 시를 **전위선시**(Abant garde-Seon poetry)로 명명하였다.

1) 고전선시

(1) 고려

진각 혜심(眞覺慧諶, 1178~1234)

그림자(對影)

못가에 홀로 앉으니	池邊獨自坐
물밑 한 스님과 우연히 만났네	池底偶逢僧
말없이 마주 보며 웃음 짓는 건	默默笑相視
그대는 아네, 말로 통하지 않음을	知君語不應

만 권의 경서

경서 만 권도 외려 그 반쯤인데	經書萬卷猶中半
기침 소리 한 번에 몰록 드러나네	咳嗽一聲方大全
지혜로운 이 이 말 듣고 바로 취하여	智者聞之猛提取
지금에 윤회의 법 원융히 마치네	如今轉法得輪圓

원감 충지(圓鑑沖止, 1226~1292)

일(即事)

개었다가 비 오다가 하늘은 어둑하고	半晴半雨天陰陰
따뜻한 듯 쌀쌀한 듯 봄 또한 그렇다	似暖似寒春寂寂
문 닫고 오래 누워 황혼에 이르면	閉門憨臥到黃昏
은은한 쇠북 소리 가끔 창벽을 어루만지네	隱隱疎鐘撼窓壁

백운 경한(白雲景閑, 1299~1375)

지공화상에게(上指空和尙)

돌여자가 문득 아이 낳으니	石女忽生兒
나무사람이 가만히 점두하네	木人暗點頭
곤륜족이 쇠말을 타니	崑崙騎鐵馬
순간 누가 금채찍을 치네	舜若着金鞭

태고 보우(太古普愚, 1301~1382)

태고암가(太古庵歌)

내가 사는 이 암자 나도 알 수 없네	吾住此庵吾莫識
깊고 깊어 빽빽해도 막힘이 없고	深深密密無壅塞
건곤이 꼭 맞아 앞과 뒤 없으니	函蓋乾坤沒向背
동서남북 어디에도 머물지 않는다네	不住東西與南北
주옥 같은 고대광실도 비길 수 없고	珠樓玉殿未爲對
소실봉 선풍도 본받지 않아도	少室風規亦不式
팔만사천 문 깨뜨려 벗어나니	爍破八萬四千門
저쪽 구름 밖 청산만 푸르러네	那邊雲外靑山碧
산정 백운은 희고 또 흰데	山上白雲白又白
산속 물을 흐르고 또 흐르고 있네	山中流泉滴又滴
누가 백운의 얼굴을 볼 수 있는가	誰人解看白雲容
개었다 때론 천둥번개 울리네	晴雨有時如電擊
누가 이 물소리 들을 줄 아는가	誰人解聽此泉聲
천회만전하며 쉼 없이 흐르고 흐르네	千回萬轉流不息
한 생각 일 땐 이미 틀렸거니	念未生時早是訛
다시 입 열면 더더욱 잘못되네	更擬開口成狼藉
가을 서리 봄비에 몇 해나 지나나	經霜經雨幾春秋
이 모두 부질없음 오늘에야 아네	有甚閑事知今日
거칠어도 음식 입맛에 맞아도 음식	麤也湌細也湌
사람마다 식성에 맞추어 취하네	任爾人人取次喫
운문의 호떡 조주의 차	雲門糊餅幷趙州茶
이 암자의 맛없는 음식에 어찌 비기리	何似庵中無味食
본래 이와 같은 오랜 가풍을	本來如此舊家風
누가 감히 기특하다 말하리	誰敢與君論奇特
한 티끌 끝에 태고암이여	一毫端上太古庵
넓어도 넓지 않고 좁아도 좁지 않네	寬非寬兮搾非搾
거듭된 세계가 이 속에 갈무리되고	重重刹土箇中藏

넓고 큰 길 하늘을 뚫고 뻗네 過量機路衝天直
삼세의 여래들도 만나지 못하고 三世如來都不會
역대 조사들도 얻지 못하고 나오네 歷代祖師出不得

어리석은 말더듬이 주인공아 愚愚訥訥主人公
그 행위는 뒤죽박죽 전혀 법도 없네 倒行亦施無軌則
다 해진 '청주의 베적삼' 걸치고 着却青州破布衫
칡덩굴 그늘 속 절벽에 기대네 藤蘿影裏倚絶壁

눈앞에 경계 없고 또 사람도 없으니 眼前無法亦無人
아침저녁 그저 푸른 산빛을 대하네 旦暮空對青山色
오롯이 앉아 하릴없는 이 노래 부르니 兀然無事歌次曲
서래의 비밀한 가락 더욱 선명해지네 西來音韻愈端的

이 세상 누가 있어 내 노래에 화답하나 徧界有誰同唱和
부처와 달마는 괜히 손뼉만 치네 靈山少室謾相拍
누가 태곳적의 '줄 없는 거문고' 들고 와 誰將太古沒絃琴
지금 내 '구멍 없는 피리 소리'에 답하리 應此今時無孔笛

그대 보지 못하는가 君不見
태고암의 태고 때 일을 太古庵中太古事
다만 지금 여기 분명역력함이여 只這如今明歷歷
백천삼매 모두 이 가운데 있어 百千三昧在其中
인연 따라 이익 주나 늘 고요하네 利物應緣常寂寂

이 암자엔 비단 노승만 사는 것 아니라 此庵非但老僧居
수많은 불조들도 다 함께 머무네 塵沙佛祖同風格
바로 말하노니 그대여 의심 말라 決定說君莫疑
지혜도 어렵고 지식도 측정하기 어렵네 智亦難知識莫測

빛을 돌려 비춰도 오히려 막막하여라 回光返照尚茫茫
곧바로 안다 해도 그 흔적은 남네 直下承當猶滯跡
무엇인가 물으면 다시 잘못되나니 進問如何還大錯
여여하고 부동하여 돌덩이 같네 如如不動如頑石

놓아라 망상하지 말라 放下着莫妄想
이는 바로 여래의 대원각이니 卽是如來大圓覺

禪, 빈자들의 언어

| 내 일찍 역겁에 이 문을 나왔으나 | 歷劫何曾出門戶 |
| 이제 잠시 이 길에 머무네 | 暫時落泊今時路 |

이 암자 본이름은 태고가 아니나	此庵本非太古名
오늘이 있으므로 태고라 부르네	乃因今日云太古
하나 속 일체고 모든 것 속 하나이니	一中一切多中一
그 하나마저 없으니 늘 분명하여라	一不得中常了了

모나기도 하고 또한 둥글기도 하네	能其方亦其圓
그 흐름 따라 구르는 곳 모두 그윽해	隨流轉處悉幽玄
그대 나에게 이 산속 경계 묻는다면	君若問我山中境
'솔바람 불고 달은 하늘에 가득타' 하리	松風蕭瑟月滿天

도도 닦지 않고 참선도 하지 않으니	道不修禪不參
침향은 다 타서 향로에 연기가 없네	水沈燒盡爐無煙
단지 이래이래 살아갈 뿐이니	但伊騰騰恁麼過
내 어찌 구구히 이렇게 되길 바라리	何用區區求其然

뼈를 뚫는 맑음, 뼛속을 뚫는 가난이여	徹骨淸兮徹骨貧
스스로 자재로운 삶 있어 위음불 앞이네	活計自有威音前
한가로이 태고가를 높이 부르며	閑來浩唱太古歌
무쇠소를 거꾸로 타고 인천에 노니네	倒騎鐵牛遊人天

아이들 눈엔 보이는 모두가 신기하나	兒童觸目盡技倆
굴려도 안 되고 한갓 눈꺼풀만 피곤하네	曳轉不得徒勞眼皮穿
암자 안 누추와 졸렬이 이와 같나니	庵中醜拙只如許
무얼 다시 알려고 하겠는가	可知何必更重宣
노래와 춤은 끝나 돌아간 뒤면	舞破三臺歸去後
푸른 산은 예대로 숲과 물을 마주 보네	靑山依舊對林泉

　보우가 삼각산 중흥사 동편에 태고암을 짓고 주석하며 지은 가송이다. 중국의 석옥 청공(石屋淸珙)을 만났을 때 이 노래를 보이니 석옥은 높이 칭찬하며 시를 본 감상문을 썼다. 백 마디 해설보다 석옥이 읽고 쓴 글을 직접 보는 것이 훨씬 좋을 것 같다.

고려 남경 중흥 만수선사 장로의 휘는 보우요 호는 태고다. 그는 일찍이 하나
의 큰일에 뜻을 세우고 힘들게 공부한 뒤에 깨달은 바가 뛰어나, 뜻의 길이 끊어
지고 생각을 벗어났으며 말로 표현할 수도 없었다. 그리하여 숨어 살기 위해 삼
각산에 암자를 짓고 자기의 호로써 그 현판을 붙이어 태고라 하였다. 그리하여
스스로 도를 즐기고 산수의 경치에 마음을 놓아 태고가 한 편을 지었다.

병술년 봄에 고국을 떠나 이고 대도에 이르자, 먼 길의 고역도 꺼리지 않고 취
를 찾아오다가, 정해년 7월에 나의 산석암에 이르리서는 쓸쓸히 서로 잇은 듯 반
달 동안 도를 이야기하였다. 그 동정을 보면 침착하고 조용하며 그 말을 들으면
분명하고 진실하였다.

이별할 때가 다다라 전에 지었던 태고가를 내어 보였다. 나는 그것을 밝은 창
앞에서 펴보고 늙은 눈이 한층 밝아졌다. 그 노래를 외워보면 순박하고 무거우
며, 그 글귀를 음미해보면 한가하고 맑았으니, 참으로 공겁 이전의 소식을 얻은
것으로서 요즘의 새롭게 빼족하고 현란한 것들에 비할 것이 아니었으니 태고라
는 이름이 틀리지 않았다. 나는 오랫동안 수응을 끊었더니 붓이 갑자기 날뛰어
나도 모르는 길에 종이 끝에 쓴다. 그리고 다시 노래를 짓는다.

먼저 이 암자가 있은 뒤에 비로소 세계가 있었으니
세계가 무너질 때에도 이 암자는 무너지지 않으리
암자 안의 주인이야 있고 없고 관계없이
달은 먼 허공을 비추고 바람은 온갖 소리를 내리

지정 7년 정해 8월 1일 호주 하무산에 사는 석옥노납은 76세에 쓴다

나옹 혜근(懶翁惠勤, 1320~1376)

자찬 1(自讚 一)

쯔쯔 이 시골 중이여	咄這村僧
한 개도 취할 거 없구나	一無可取
자세히 살피니	細細看來
수행이라곤 털끝만큼 없구나	行無毛分
얼굴의 자비로운 듯하지만	面似慈悲
심중은 아주 독하구나	心中最毒
부처와 그 법을 비방하니	謗佛謗法
그 죄는 하늘에 넘치리	過犯漫天

너에게 보시하는 자 　　　　其施汝者
복 받지 못하리라 　　　　　不明福田
너에게 공양하는 자 　　　　供養汝者
삼악도에 떨어지리라 　　　　墮三惡道

자찬 2(自讚 二)

예 갖춰 절하는 모습 제법 사람 모습이나 　　　　當胸揩手像如人
가슴속엔 한 점의 진실도 원래 없네 　　　　肚裏元無一點眞
부처를 비방하고 수행자들을 헐뜯으니 　　　　罵佛謗僧心最毒
지금 내 정체를 몽땅 드러낼 수 없네 　　　　至今不得露全身

자찬 4(自讚 四)

허공을 찢어 뼈다귀 꺼내들고 　　　　打破虛空出骨
번갯불 저 빛 속에 토굴 마련하네 　　　　閃電光中作窟
누구가가 내 가풍을 묻는다면 　　　　有人問我家風
이 밖에 다른 특별한 것 없네 　　　　此外更無別物

산거 1(山居 一)

발우 하나 물병 하나 가느다란 주장자 하나 　　　　一鉢一瓶一瘦籐
깊은 산에 홀로 숨어 되는대로 맡겨두다 　　　　深山獨隱任騰騰
바구니 들고 나가 고사리 캐어 뿌리째 삶나니 　　　　休籃採蕨和根炙
누더기 옷으로 머리 싸맴은 아직 서툴다 　　　　衲被蒙頭我不能

산거 4(山居 四)

흰 구름 떠도는 산속의 삼간초옥 　　　　白雲堆裏屋三間
앉고 눕고 거닐기에 스스로 한가하네 　　　　坐臥經行得自閑
차고 맑은 시냇물은 반야를 얘기하는데 　　　　磵水冷冷談般若
맑은 바람 달빛과 어울려 온몸이 차가워라 　　　　淸風和月遍身寒

(2) 조선

함허 득통(涵虛得通, 1376~1433)

부채(扇)

옛날엔 환인과 콧구멍을 쌓더니   昔與桓因築鼻孔
오늘은 산승과 허공을 치네   今伴山僧解打空
쳐가고 쳐올 때 허공의 탄식   打去打來空自噫
휴휴 소리 날 때 방 안에 가득한 바람   一噓噓出滿堂風

매월당 설잠(梅月堂雪岑, 1435~1493)

아침햇살 창을 뚫고

아침햇살 창을 뚫고 쏟아지는데   窓透朝陽愛日喧
단정히 앉아 말이 없네   蕭然端坐欲無言
유마는 일찍 문수의 뜻을 누설하니   維摩曾漏文殊印
청산엔 구름 가득 난간엔 바람 가득   雲滿靑山風滿軒

법화경 찬(蓮經讚)

구름 이니 온 산이 새벽이고   雲起千山曉
바람은 높아 나무마다 가을 드네   風高萬木秋
나그네 성 아래 머물고   石頭城下泊
물결은 고기잡이 뱃전을 두드리네   浪打釣魚舟

허응 보우(虛應普雨, 1515~1565)

임종게(臨終偈)

허깨비가 허깨비의 고향을 찾아 들어   幻人來入幻人鄕
50여 년 온갖 미친 짓 하며 놀았네   五十餘年作戲狂
인간의 영욕의 일 모두 장난쳐 마치고   弄盡人間榮辱事
중이란 괴뢰 벗고 맑은 하늘에 오르네   脫僧傀儡上蒼蒼

청허 휴정(淸虛休靜, 1520~1604)

옛 절을 지나며 2(過古寺 二)

꽃 지는 곳 절문 깊이 닫혔고　　　　　　　花落僧長閉
봄 따라온 객 돌아갈 줄 모르네　　　　　　春尋客不歸
바람은 둥지의 학 그림자 흔들고　　　　　　風搖巢鶴影
구름은 좌선하는 옷깃을 적시네　　　　　　雲濕坐禪衣

삼몽사(三夢詞)

주인은 손님에게 제 꿈 이야기하고　　　　　主人夢說客
손님은 주인에게 제 꿈 이야기하네　　　　　客夢說主人
이 꿈을 이야기하는 이 두 사람　　　　　　今說二夢客
역시 모두 꿈속 사람이니라　　　　　　　　亦是夢中人

고향에 돌아와(還鄉)

30년 만에 고향에 돌아오니　　　　　　　　三十年來返故鄉
사람은 죽고 집은 허물고 마을은 황폐해　　　人亡宅廢又村荒
청산은 말없고 봄 하늘은 저문데　　　　　　靑山不語春天暮
두견새 소리 멀리서 들려오네　　　　　　　杜宇一聲來杳茫
한 떼의 여아들 창호지 구멍으로 엿보고　　　一行女兒窺窓紙
백발의 이웃 늙은이 내 성명을 묻네　　　　　鶴髮隣翁問姓名
젖먹이 적 이름 알고 서로 눈물 흘릴 때　　　乳號方通相泣下
푸른 하늘 바다 같고 달은 삼경이네　　　　　碧天如海月三更

사명 유정(四溟惟政, 1544~1610)

청학동 가을(靑鶴洞秋坐)

하늬바람 불어오자 비 처음 씻기고　　　　　西風吹動雨初歇
만리장공에 조각구름 간데없네　　　　　　　萬里長空無片雲
빈방에 앉아 중묘를 관하는데　　　　　　　虛室戶居觀衆妙
하늘엔 계수나무 향기 어지러이 떨어지네　　　天香桂子落紛紛

소요 태능(逍遙太能, 1562~1649)

종문곡(宗門曲)

물 위에 진흙소가 달빛을 밭 갈고	水上泥牛耕月色
구름 속 나무말이 풍광을 끌고 가네	雲中木馬掣風光
위음의 옛 곡조 허공 속의 뼈다귀라	威音古調虛空骨
외로운 학 울음 하늘 밖에 길에 가네	孤鶴一聲天外長

나무닭 울음소리에

나무닭 울음소리에 새벽종은 은은한데	木鷄啼罷曉鐘殘
돌계집 혼이 놀라 밤비는 차갑네	石女魂驚夜雨寒
종풍은 이 세상 가락에 섞이지 않으니	宗風不落宮商曲
이 곡조 듣는 이 없어 혼자 웃고 있네	彈出無人笑破顏

임종곡(臨終曲)

해탈이여 비해탈이여	解脫非解脫
열반이 어찌 고향이리	涅槃豈故鄉
사무치는 저 취모검	吹毛光爍爍
혀 놀리면 바로 목이 잘리네	口舌犯鋒芒

편양 언기(鞭羊彦機, 1581~1644)

박 상사의 운에 따라(次朴上舍長遠韻)

굳게 잠긴 사립문은 천 봉우리 안고	柴門迴世擁千岑
인적 없는 숲길엔 흰 눈만 깊네	林逕無人雪色深
저 하늘에 정이 있는 무슨 물건 있기에	何物有情天上在
밤이 되면 명월이 홀로 와서 엿보는가	夜來明月獨竅尋

환성 지안(喚醒志安, 1664~1729)

누더기 대자리로

누더기 대자리로 창 앞에 누우니	雲衣草簟臥前欄
뜬세상 헛된 이름 털처럼 가볍네	浮世虛名一髮輕

산살구꽃 뜰에 가득 사람 발길 없고 　　山行滿庭人不到
숲 건너 우는 새는 봄소식 보내네 　　隔林啼鳥送春聲

완당 김정희(阮堂 金正喜, 1786~1856)

제목 잃은 시, 그 2 (失題 其二)

약초 소롯길은 깊고 먼 곳으로 통하고 　　藥徑通幽竇
칡덩굴 처마에 안개구름으로 쌓이네 　　蘿軒積雲霧
산사람 저 홀로 술을 마실 적에 　　山人獨酌時
다시 꽃잎이 날다 술잔과 마주치네 　　復與飛花過

초의 의순(草衣意恂, 1786~1866)

수사 심공에게 전운으로 시를 지어 드리다(用前韻奉呈水使深公)

그대를 보내고 고개 돌려 석양 하늘 보니 　　離來回首夕陽天
생각은 몽몽한 안개비 가를 맴도네 　　思入濛濛煙雨邊
오늘 아침 안개비 쫓아 봄이 가버리고 　　煙雨今朝春倂去
텅 빔, 마주한 꽃잎 지는 속 잠 　　悄然空對落花眠

보월거사 정관(普月居士 正觀, ?~1862?)

성정에게 보이다(降示性淨)

백 척 장대에서 일보 더 나가는 곳 　　百尺竿頭進步處
나가라는 이 말　나가는 것 아니니 　　只說進步不進步
어떻게 나가느냐고 묻지 말라 　　莫問如何須進步
백 척 장대 그대로 한 송이 연꽃이리 　　百尺竿爲一朶蓮

관성에게 보이다(降示觀性)

있음/없음은, 있음 없음이 아니니 　　似有似無非有無
언어 말씀, 역시 진리 아니네 　　無言無說亦無法
한 줄기 가을 물, 저 끝 다한 곳 　　一帶秋水無煙處
물결 잠드는 데 배 한 척 가네 　　浪花初靜舟自橫

보월거사 정관의 시를 석지현의 『선시감성사전』을 통하여 처음 접한다. 위의 시에서도 잘 나타나듯이 '일즉다(一卽多) 다즉일(多卽一)'의 도리를 거침없이 드러낸다. 거사의 몸으로 선의 도리를 확연하게 깨닫고 사방팔면을 종횡무진하는 놀라운 진경을 보여준다. 위의 책에 의하면 1862년경에 바람같이 구름같이 어느 저자 틈새에서 비 스며들듯 살다 간 각자다. 두 수의 게송 모두 강한 깨달음의 기운이 넘치고 있다. 그렇다. '한 척의 배는 가을 배나무에 매달린 달은 아니며 한 송이 연꽃 역시 연못에 뜬 꽃배가 아니다.'

경허 성우(鏡虛惺牛, 1849~1912)

오도송(悟道頌)

문득 콧구멍 없다는 말을 듣고	忽聞人語無鼻孔
삼천대천세계가 내 집임을 알았네	頓覺三千是我家
유월 연암산 아랫길	六月鷰巖山下路
들사람이 하릴없는 태평가를 부르네	野人無事太平歌

우연히 읊다 27(偶吟 27)

허공이 무너지고 있다.	當處殞空虛
허공에 핀 꽃이 열매를 맺는다	空花方結實
이 역시 봄빛인 줄 알거라	知此亦春光
향기 짙게 날아와 내 방에 꽂힌다	幽香吹我室

위의 게송은 조선 말 선의 전등이 희미해질 때, 돌연히 솟아오른 한국의 달마라 일컫는 경허 성우(鏡虛惺牛, 1849~1912)의 '우연히 읊는다'고 제한 「우음(偶吟)」이다. 우연히 읊은 시가 많은데 이것은 우연일 때 선리가 포착되는 순간이기 때문일 것이다.

무얼 해설하겠는가? 「우음」 몇 수 더 감상하는 것이 훨씬 더 선사의 마음에 계합될 것이 아닌가.

偶吟 1

해질 무렵 빈 절 안에   斜陽空寺裡
무릎을 껴안고 한가로이 졸다가   抱膝打閒眠
스산하여 놀라 깨어보니   蕭蕭驚覺了
서리 잎 섬돌 앞에 그득하네   霜葉滿階前

偶吟 2

일 없음이 외려 일을 이루어   無事猶成事
문 닫고 대낮에 조네   掩關白日眠
한적한 새도 나의 외로움 알아   幽禽知我獨
그림자 그림자 창앞을 지나고   影影過窓前

偶吟 6

고개를 끄덕이며 늘 졸고 있나니   低頭常睡眼
조는 일 외에 다른 일 없네   睡外更無事
조는 일 외에 다른 일 없나니   睡外更無事
고개를 끄덕이며 늘 졸고 있네   低頭常睡眼

偶吟 28

물에 할하니 물소리 끊어지고   喝水和聲絕
산을 가리키니 산그림자 끊어지네   聲山亦影非)
소리와 그림자 전신에서 되살아나   聲影通身活
금까마귀가 한밤중에 높이 나네   金烏夜半飛

偶吟 29

눈에는 강물 소리 급하고   眼裡江聲急
귓가에 우레 바퀴 번쩍이네   耳畔電光閃)
예와 지금의 인간 만사를   古今無限事
석인이 알았다 점두하네   石人心自點

(3) 근대

용성 진종(龍城震鍾, 1864~1940)

낙동강을 지나며(過洛東江)

금오산에는 천추의 달이요	金烏千秋月
낙동상에는 만 리의 파도네	洛東萬里波
고기잡이배는 어디로 가는가	漁舟何處去
옛날처럼 갈대꽃 속에 잠드네	依舊宿蘆花

용성선사의 오도송이다. 천하를 경영하는 웅대한 스케일, 생각을 뛰어넘는다. 스님은 3·1독립만세 불교 대표로 3년 옥고를 치렀다. 그의 한글 역경 불사는 세종조의 간경도감 이후 최대의 역사였다.

용성대선사 진영에 자찬하다(龍城大禪師寫照自讚)

물과 산은 너의 모습	水水山山爾形
꽃과 풀은 너의 뜻이니	花花草草爾意
한가로이 왔다 한가로이 가니	等閒來等閒去
명월이 비추고 청풍이 설레네	明月照淸風拂

'물과 산은 물과 산의 모습이고/꽃과 풀은 스스로의 뜻을 나타내다/이렇게 왔다가 이렇게 가노니/ 무심한 명월과 청풍 또한 이렇다네.' 달리 생각 마라, 달리 생각 마라.

만공 월면(滿空月面, 1871~1946)

경허스님 영찬(鏡虛法師影讚)

거울이 비었으니 본래 거울이 없고	鏡虛本無鏡
소가 깨달았으니 이미 소가 아닐세	惺牛曾非牛
거울도 아니요 소도 없는 도처에서	非無處處路
잠 깬 눈이여 술과 여자네	活眼酒與色

경허선사의 진면목을 20자의 글자로 유감없이 드러낸 글. 경허가 생포되었다, 빈 글자에.

한암 중원(漢巖重遠, 1876~1951)

월곡선자 마음을 보이다(示月谷禪子)

푸른 소나무 깊은 골 말없이 앉았나니	碧松深谷坐無言
어젯밤 둥근 달은 하늘에 가득하네	昨夜三更月滿天
백천삼매가 여기 무슨 소용 있으리	百千三昧何須要
목마르면 차 마시고 피곤하면 잠드네	渴則煎茶困則眠

만해 용운(萬海龍雲, 1879~1944)

병들어(病愁)

푸른 산속 쓸쓸한 집	青山裡白屋
사람 가고 병만 늘어	人少病何多
시름만 끝없는데	浩愁不可極
가을꽃 피어나네	白日生秋花

가을꽃은 또 피어난다. 올해도 피고 작년도 피었고 내년에도 필 가을꽃. 마침 '청산 속 외로운 집'에 '사람은 없고 병은 늘어만 간다'. 그래도 '가을꽃은 자꾸 피고 또 피고'.

깨달아도 인간의 정은 가이없음을 알 것 같다.

독립운동가요 시인이며 선승인 그 가슴속도 매양 같구나.

벚꽃을 보는 느낌(見櫻花有感)

지난겨울 그 눈은 꽃과 같더니	昨冬雪如花
이 봄에 핀 꽃 되려 눈 같네	今春花如雪
눈도 꽃도 모두 진짜가 아닌데	雪花共非眞
이 마음 어찌 찢어지려 하는가	如何必欲裂

『금강경』 말미에는 다음과 같은 사구게가 있다. "일체의 함이 있는 법은/꿈

과 물거품과 같고/또 이슬이며 번개와 같다/응당히 이와 같이 관하여야 한다
(一切有爲法 如夢幻泡影 如露亦如電 應作如是觀)." 그렇다 하더라도 나의 마음은
갈기갈기 찢어지는 듯하다. 무상을 노래하고 있다. 무상은 원래 찢어지는 것.

경봉 원광(鏡峰圓光, 1892~1982)

흰 눈(對雪)

바람 기운 법계에 가득하여 허공 삼키니	風氣呑虛徧法界
봄빛은 아닌데 가지마다 꽃 피었네	不依春色萬枝花
천지가 백은 같은 광명 속에	白銀天地光明裏
진흙소 거꾸로 타고 꽃 한 송이 들었네	倒騎泥牛把一花

허수아비(題偶人)

마른풀과 헌옷으로 허수아비를 세우니	枯草弊衣化作人
들새와 산짐승들 진짜라 의심했네	野禽山獸慇疑眞
험한 세상 흉년에도 걱정 없는 나그네요	荒年險世無憂客
난리 때 징병에도 호적에 빠진 백성이네	戰國徵兵漏籍民
언제나 태세는 춤추는 듯하고	態勢長時終似舞
그 형용은 야밤에 더욱 선명하네	形容深夜更生新
들소는 힘세고 눈까지 밝아	野牛有力兼明眼
밭 가운데 바로 들어 허수아비를 다 먹네	直入田中喫偶身

경봉은 당호(堂號)이고 원광은 시호(詩號)이며 정석(靖錫)은 법명이다. 당
대의 선승이며 시승이다. 제1행과 2행은 눈꽃이 만발함을 나타내었고 3행과
4행은 격외도리를 읊고 있다. 4행의 '진흙소'는 한없고 끝없는 두두물물의 실
상을 형상화하였고 '꽃 한 송이'를 닮은 현상의 응용을 그리고 있다.

경봉의 「제우인」 한 수를 더 감상해보자. 허수아비는 아무런 걱정 없는 무
사한인을 그리고 있다. 난리 중에도 언제나 춤추는 듯한 태도와 자세는 어두
운 밤일수록 더욱 뚜렷하고 허허하다. 그래서 남에게 자신의 몸까지 잡아먹
혀도 아무렇지도 않다. 마음 비운 도인의 풍모를 허수아비에 가탁한 시이다.

퇴옹 성철(退翁性徹, 1912~1993)

오도송(悟道頌)

황하는 역류하여 곤륜산 정상을 흐르니	黃河西流崑崙頂
해와 달은 빛을 잃고 대지는 잠기네	日月無光大地沈
갑자기 웃으며 고개 돌리고 서니	遽然一笑回首立
청산은 옛날 그대로 흰 구름 속에 있네	靑山依舊白雲中

열반송(涅槃頌)

한평생 사람들을 속였으니	生平欺狂男女群
그 죄업은 하늘에 넘치네	彌天罪業過須彌
산 채로 지옥에 떨어져 그 한 만 갈래니	浩陷阿鼻恨萬端
한 덩이 붉은 해 푸른 산에 걸려 있네	一輪吐紅掛碧山

퇴옹 성철(退翁性徹, 1912~1993)의 오도송, 1행과 2행은 성철스님의 기걸 찬 기백과 담력이 보이는 동시 4행의 기저엔 적요가 깔려 있다. 되비침(照)은 고요(寂)에서 나왔고 적(寂)은 조(照) 위에 서 있다. 적조가 쌍전하고 동시이 니 이 역시 불생불멸(不生不滅)이고 부증불함(不增不減)이다.

그리고 열반송은 일체가 역설의 시다. 할 일 다 하고 사라지는 표백된 무사 한인의 풍모, 성철선의 진수를 보고 있다.

서옹 상순(西翁尙純, 1912~2003)

저절로 마음대로(任運登登)

삽살개 눈썹에 검은 누더기 한 어리석은 중이	尨尾緇衲一癡僧
지팡이에 의지해 시내 따라 걷는 걸음 능숙하구나	倚杖隨溪步自能
연기 같은 구름을 보니 깨고 또 취하고	看到雲煙醒又醉
신변을 마음대로 놀리니 어긋남이 도리어 더하도다	翫弄神變錯還增
가을바람이 단풍을 살짝 처음처럼 붉게 물들이고	金風暗換楓初紫
가을달이 밝아지니 물이 차츰 맑아가도다	秋月方明水愈澄
범부와 성인을 모두 잊고 한가히 젓대를 불며	凡聖都忘閑吹
거꾸로 수미산을 타고 자유자재하게 오르리라	倒騎須彌任運登

송월조에게 마음을 보이다(示宋越祖居士)

부처와 조사를 초월하니 이 사람이 진인이다	超佛越祖是眞人
면밀한 데서 일보 이동하니 나는 용을 보았도다	密移一步見飛龍
진리의 향주머니를 따 깨뜨리니 온나라가 훈훈하고	摘破香囊熏大國
하늘 틈 열어젖히니 맑은 바람 청풍이 불어오네	撥開天竅孔淸風

서옹 상순(西翁尙純, 1912~2003)은 우리나라 조계종 5대 종정을 역임하다. 만암 종헌의 법을 이었고 백양사 고불총림에서 '참사람 결사'를 주창하였으며, 선풍을 진작하였다. 앞의 게송은 오도송이고 뒤의 노래는 그의 법제자 월조에게 법을 부촉하는 전법게. 근래에 고식으로 쓰여진 보기 드문 게송이다. 좌탈입망하다. 입적 하루 전인 2003년 12월 12일에 열반송을 남기니 게송은 다음과 같다.

운문의 해는 긴데 이르는 사람 없고	雲門日永無人至
백운산정에는 눈이 분분하다	白雲山頂雪紛紛
한번 백학이 나니 천 년 동안 고요하고	一飛白鶴千年寂
솔솔 부는 솔바람 붉은 노을 보내네	細細松風送紫霞

2) 현대 선시

만해 용운(萬海龍雲, 1879~1944)

알 수 없어요

바람도 없는 공중에 垂直의 파문을 내이면 고요히 떨어지는 오동잎은 누구의 발자취입니까?

지리한 장마 끝에 서풍에 몰려가는 무서운 검은 구름의 터진 틈으로 언뜻언뜻 보이는 푸른 하늘은 누구의 얼굴입니까?

꽃도 없는 깊은 나무에 푸른 이끼를 거쳐서 옛 塔 위의 고요한 하늘을 스치는 알 수 없는 향기는 누구의 입김입니까?

근원은 알지도 못할 곳에서 나서 돌부리를 울리고 가늘게 흐르는 작은 시내는 굽이굽이 누구의 노래입니까?

연꽃 같은 발꿈치로 가이없는 바다를 밟고, 옥 같은 손으로 끝없는 하늘을 만지면서 떨어지는 날을 곱게 단장하는 저녁놀은 누구의 詩입니까?

타고 남은 재가 다시 기름이 됩니다. 그칠 줄을 모르고 타는 나의 가슴은 누구의 밤을 지키는 약한 등불입니까?

차라리

님이여 오셔요 오시지 아니하랴면 차라리 가셔요. 가랴다 오고, 오랴다 가는 것은

나에게 목숨을 빼앗고, 죽음도 주지 않는 것입니다.

님이여 책망하랴거든, 차라리 큰소리로 말씀하야 주셔요. 沈默으로 책망하지 말고,

沈默으로 책망하는 것은 아픈 마음을 얼음 바늘로 찌르는 것입니다.

님이여 나를 아니 보랴거든, 차라리 눈을 돌려서 감으셔요. 흐르는 곁눈으로 흘겨보지 마셔요. 곁눈으로 흘겨보는 것은 사랑의 보(褓)에 가시의 선물을 싸서 주는 것입니다.

서정주(1915~2000)

내가 돌이 되면

내가
돌이 되면

돌은
연꽃이 되고

연꽃은
호수가 되고

내가
호수가 되면

호수는
연꽃이 되면

연꽃은
돌이 되고

동천

내 마음속 우리 님의 고은 눈섭을
즈문 밤의 꿈으로 맑게 씻어서
하늘에다 옮기어 심어놨더니
동지 섣달 나르는 매서운 새가
그걸 알고 시늉하며 비끼어 가네,

설악 무산(雪嶽霧山, 1935~)

아득한 성자

하루라는 오늘
오늘이라는 하루에

뜨는 해도 다 보고
지는 해도 다 보았다고

더 이상 더 볼 것 없다고
알 까고 죽은 하루살이 떼

죽을 때가 지났는데도
나는 살아 있지만
그 어느 날 그 하루도 산 것 같지 않고 보면

천 년을 산다고 해도
성자는
아득한 하루살이 떼

부처—무자화 6

강물도 없는 강물 흘러가게 해놓고
강물도 없는 강물 범람하게 해놓고
강물도 없는 강물 떠내려가는 뗏목다리

나는 말을 잃어버렸다

내 나이 일흔둘에 반은 빈집뿐인 산마을을 지날 때

늙은 중님, 하고 부르는 소리에 걸음을 멈추었더니 예닐곱 아이가 감자 한 알 쥐어주고 꾸벅

절을 하고 돌아갔다 나는 할 말을 잃어버렸다

그 산마을 벗어나서 내가 왜 이렇게 오래 사나 했더니 그 아이에게 감자 한 알 받을 일이 남아서였다

오늘도 그 생각 속으로 무작정 걷고 있다

이승훈(1942~)

연꽃 옆에

연꽃 옆에 물고기 있고 물고기
옆에 게도 있고 거북이도 있고
거북이가 한 세상이네 거북이
옆에 개구리도 있네 바람자면
바람이 그대로 거북이 바람이
그대로 물고기 저 물고기 하늘
을 나는 물고기 연꽃과 연꽃
사이에 한 세상이 있네

비누

비누는 가늘게 내리는 가랑비 가랑비 내리던 아침 그대와 길을 떠났지 비누를 가방에 넣고 떠났던가? 오늘도 가랑비 온다 가늘게 내리는 가랑비 밤이면 하얀 눈발 어둠 속에 비누가 반짝인다 비누는 마루에 있고 거실에 있고 화장실 거울 앞에 있지만 비누는 과연 어디 있는가? 비누는 씨앗도 아니고 열매도 아니다 아마 추운 밤 깊은 산속에 앉아 있으리라

도적아 도적아

도적아 도적아

이제 모든 사람들에게 기도를 드리고 나 자신에게 참회하며 이 짓거리를 마치고자 한다. 사실 그동안 많은 선학들이 선에 대해 혹은 선시에 관하여 지금까지 많이 논의하였고 또 저술되었고 출판되어왔음을 우리는 안다. 그러나 이러한 것들이 순수선의 체험과는 무슨 관계가 있으리오. 또한 선을 구하고자 하는 이들이 선에 관한 어떠한 이해와 실재의 체험에 도달하지 않는 한, 23장에 걸친 많은 말들은 우리를 칭칭 동여매게 하는 악담이나 실재를 씹고 남은 글의 찌끼에 지나지 않을 것이다. 이것들에 우리는 막막해하고 얼떨떨해할 수밖에 없다.

이 책은 선시와 선시를 짓게 한 본칙 곧 선화의 소개와 또 후대 선장들이 우리를 선문에 성큼 들게 하기 위한 염(拈)으로 되어 있다. 이런 내용들을 처음 접한 독자들은 한동안 어쩔 수 없이 캄캄해짐을 느낄 수밖에 없을 것이다. 곧 내용에 있어 진기한 일화(逸話), 엉뚱한 사건들, 신비하고 은밀한 발언들, 여러 가지 모순 당착, 기행(奇行), 어긋남에 오는 위트와 유머의 사태(沙汰), 비논리적인 횡설수설, 알고도 시치미를 떼는 것 같은 천연덕스러움 등은 어디서 왜, 오는 것인가? 이런 방편적인 예는 서구적인 논리에 길들어온 우리로서는 분명히 확연한 이해에 닿지 못하게 하는 다른 하나의 암호임이 분명하다. 이것은 선이 우리에게 전하고자 하는 밀의적(密意的)인 목적이 있기 때문이다. 이 목적에 가장 가까이 다가갈 수 있는 길은 이런 앞의 언술과 행위와 상황이 우리가 보고자 하는 본질 그대로를 사량(思量)하게 하려는 선장들의 간절노파심절(懇切老婆心切)에 있고 우리는 그들의 마음에 영회(領會)하면 그뿐임을 깨닫는 것이다.

삶을 비밀의 영지(領地)에서 만나게 하기 위한 가장 직선적인 가르침의 하나인 선은 우리에게 있어서 삶의 체계적 설명도, 이데올로기도, 종교적인 계시(啓示)도 구원의 교의(敎義)도 아니다. 서구에서 대다수 지성들에 의해 이해되는 신비주의나 허무주의에 대한 가르침은 더욱 아니다. 전통에 의한 합리주의적 배경을 지닌 사람들은 우리가 여태 공부해온 것과 마찬가지로 선을 본능적으로 서로 경쟁하는 이데올로기의 사유의 체계나 혹은 낯선 세계관이나 도저히 받아들일 수 없는 사이비 교설 정도로 해석하기 때문에 당초부터 그릇된 편견에서 시작하게 된다. 이럴 경우 도저히 선이 보여주고자 하는 곳에 이를 수 없다. 선은 우리들의 앎의 영역에 속하지 않는다. 선은 인위적 생각이나 논리적 이해 차원을 넘어서 있다. 아니 생각이나 이해와 똑같이 서로 침범하지 않는 언어나 문자 밖에 덤덤히 자존(自存)하기 때문이다. 선은 우리가 이해하고 만들어진 어떤 철학적 종교적 범주에 맞추어도 적합하지 않다.

그러나 선가에서는 그 뜻을 드러내기 위하여 문자를 무시하지 않고, 징(徵), 염(拈), 대(代), 별(別), 송(頌), 가(歌)하여 이치를 드러내어 우리들에게 보여준다. 조사들의 간절노파심이 이와 같았고 반면에 이런 언어의 불완전성, 또는 이것으로 인하여 이론적인 선으로 오전됨을 두려워하여 '뭍에 오르면 뗏목을 버리는(捨筏登岸)' 경구나 '고기를 잡으면 그물을 잊는다(得魚忘筌)'는 말씀으로 경책한다.

그중 산스크리트어로 '가테', '게테'가 '게'로 음사되고 중국에 본래부터 있던 송(頌)과 합쳐지며 게송이라 부르는 선가 특유의 시적 표현이 나타난다. 이 게송(偈頌)과 염(拈)이 오늘날 선시이다. 우선 선시라 하면 선사상을 시적으로 표현한 언어 양식을 말한다. 곧 선사들의 선적 체험, 이른바 선수행의 결과 체득된 오도의 경지를 선시적 수사법으로 표현한 시다.

여기서 선시적이라 함은 내용적으로 선사의 오도송을 비롯하여 불경이나 어록, 공안집을 바탕으로 하거나 혹은 형태적으로 고전 선시에 자주 나타나는 절연, 압축, 기상과 적기적(賊機的) 어법(語法)의 조화를 말한다. 결국 절연, 압축, 기상을 적기어법에서 충분히 읽을 수 있으므로 적기어법을 철저히 규명하면 선시의 바탕을 대략 읽게 된다. 따라서 적기수사법(賊機修辭法)을 세 가지로 요약하면, 선시의 반상합도(反常合道) 선시의 초월은유(超越隱喩) 선시의 무한실상(無限實相)을 일컫는다. 이 세 수사법은 선시를 표현하는데 불가분의 관계를 서로 내포하고 있다. 물론 선시, 특히 선적 사유는 언어를 만나 표현된다는 것을 염두에 두었을 때 그 기표야말로 바로 사상의 한 표현일 수밖에 없다. 선에 있어서 선사상이란 일상을 배제하고 이루어질 수 없다. 바로 현장이 선의 알갱이다. 선은 항상 삶의 중심 사실을 파악하고 있을 뿐 아니라 일상의 삶 자체다. 그래서 선은 지성의 해부대 위에 오를 수 없다. 지적 파악으로 들어갔을 때는 이미 선이 아니라 선학일 수밖에 없다. 그래서 선은 아무것도 가르치지 않는다고 한다. 선은 맨마음으로 잡을 때만 만날 수 있다. 곧 합리적 방식으로는 만날 수 없다. 본문의 많은 선어와 선화들은 바로 염통에서 쏟는 대동맥이며 자명종의 울림이며 꿈꾸는 자의 반응과 같다. 선시 역시 같다. 그래서 당대의 이름난 선사인 스즈키 박사는 중세기 기독교의 신비주의자 에크하르트의 말을 인용한다. "내가 그 안에서 하나님을 보는 그 눈은 그 안에서 나를 보는 눈과 같다." 이는 선의 불이사유(不二思惟)인 반야지혜(般若智慧)를 표현하는 말이 된다. 따라서 선에서 사용하는 언어 역시 철저히 반어적이어서 철학적 분석과 논리를 완전히 뒤바꾼다. 이런 것이 문자로 표현될 뿐 아니라 선시로 나타날 때 역시 같다. 그리고 여기서 우러나는 청량(淸凉), 명징(明徵), 단순(單純), 표일(飄逸), 격외(格外), 무사(無事) 등으로 그 맛을 드러낸다.

다시 돌이켜 생각하면 선과 선시 또한 아무리 말해도 모자랄 뿐이고 아무 말을 하지 않아도 선으로 가득 찰 뿐이니 이 쓸데가 없는 짓거리를 그만두고 스스로 공부에 매진할 때 나를 채찍으로 편달하던 에피소드 몇 편과 자비심을 감추지 않으시던 은법사 스승님들을 소개하여 지금까지 지은 구업을 대신하고자 한다.

1) 동암스님에 대한 회상

어느덧 햇수로 6년이 넘게 월간 『현대시』에 천삼라(天森羅)와 지만상(地萬象)을 종횡무진으로 넘나들며 사라져간 선장들의 선화와 그들의 선시를 풀어 연재하고 있다. 필자는 열여덟 살 청년기에 우리가 사는 세계가 안이비설신의(眼耳鼻舌身意)로 감지되는 색성향미촉법(色聲香味觸法)인 6식(六識)의 세계와 6식으로 감지되지 않는 무의식의 이면세계가 이 세상에 있음을 알게 되는데, 그건 그 흔한 종교나 철학 서적을 통해서가 아니라 별것이 아닌 것 같은 우연한 체험에 의해서다.

내 고향 경북 영주에는 천년고찰 부석사가 있다. 부석사의 큰 법당인 무량수전은 고색창연하고 그 자태가 우아하여 보는 사람마다 감탄을 쏟을 뿐 아니라, 우리나라에서 가장 오래된 목조 건물로도 유명하다. 1965년 여름, 나는 대학입시 공부를 하기 위해 어머니가 다니는 부석사 취현암 뒤켠 구석방을 하나 얻어 달포 정도 있게 된다.

산사에서 대학 입시생으로 몰두하기보다 세상의 대소사를 모두 고민하고 불안해하고 사색하고 몽상하며 그래도 고독하여 산사를 배회하던 때다. 밤엔 책상 앞에 붙어 앉아서 입시 공부에 열중하려고 하였지만, 종일 끌려오던 생각들이 어느새 방으로 끌고 들어와서 점점 산사에 온 목적과는 멀어져 간다. 천진무구한 노선객, 절의 주지이신 동암 성수(東庵性洙) 선사는 늘 나를 불편하게 만드는 어릿광대였다. 하루는 내가 취현암 봉당에 앉아 공연히 스님들이 울력을 하다가 놓아둔 낫을 들고 아무런 생각 없이 톡톡 쪼고 있는데, 지네 한 마리가 내 앞을 지나가고 있었다. 시야에 드는 순간 어느새 지네가 토막이 났다. 나는 나도 모르게 한 번 두 번 세 번 자꾸자꾸 쪼았고, 지네는 토막토막이 나서 꼼지락거렸고, '정말 지네야, 나는 너에게 무엇도 생각한 게 아니야' 혼자 이렇게 중얼중얼 생각하고 있는 이때, "이놈아, 지네가 너에게 너를 달라 하더냐? 그건 왜 그래?" 하며 지나시는 큰스님의 영혼이 울리는 듯한 음성이 들렸다. 어찌 보면 애처로운 것 같은, 어찌 보면 안타까운 것 같은 촉촉한 자비의 말씀을 듣는다.

또 어느 하루 석양, 무렵 찌는 듯한 더위가 물러난 범종각. 넓은 누각은 스님의 와선(臥禪) 자리였다. 퇴침을 벤 채 우협으로 비스듬히 누운 노스님은 한 마리 학이었다. 나는 조심조심 다가가 스님을 한참 훔쳐보고 있었다. 갑자기 들려오는 소리, "무다, 무여!" 하늘 가슴에 울려 퍼지는 듯한 울림 소리. "무다, 무여!" 나는 여기서 스님의 반찬 투정, 나를 울리는 장난기 섞인 놀림 소리를 모두 빼앗기고 스님을 맑은 눈으로 보게 되었다. 선사들의 빼앗음의 가르침을 적기(賊機)라 하는데, 이것은 슬기를 고요에 들게 하여 오랜 관습으로 누더기로부터 본래의 '참나'로 돌이키게 하는 방편 법문이다. 이날 이런 스님의 낙초자비실절에 힘입어 나의 길을 바꾸는 큰 사건이 일어난다.

어느 날 밤 자정 무렵, 취현암 골방. 절 행사에 쓰고 남는 흔한 촛불을 너덧 개 켜놓고 영어 독해력을 기르기 위해 영자 문고판을 읽고 있을 때였다. 갑자기 엄습해오는 선연한 냉기와 낯선 느낌에 고개를 드니 촛불이 스스로의 몸을 태우며 밝은 빛을 뿜어내고 있었다. 찰나였다. 그 순간 나는 나를 이상한 기운에 의해 빼앗기고, 탈각된 나, 멍한 빈자리 빈 생각으로 어쩔 줄 몰라 하는 나를 보았다. 아, 초는 자기 몸을 태우며 세상을 정말 밝게 하는구나! 단지 그것에 합일된 나를 보았다.

누구나 그 시기에 그랬듯이 인생과 우주에 대해 생각이 많을 때. 그 후 필자는 20년 넘는 오랫동안 부석사 골방에 있었던 새로운 세계를 체험하려고 많은 노력을 하였지만 그럴수록 점점 더 미궁으로 빠지게 되었고, 이런 방법과 생각들이 오히려 하루하루 가슴에 응어리진 고질덩이로 변하였다. 어느덧 필자는 이 병을 풀고 정신적인 걸림이 없는 자유인이 되는 것을 인생의 목적으로 삼게 되는데, 당시 나의 좌우명은 대사일번한철골(大死一番寒徹骨)이나 장부일대사인연(丈夫一大事因緣)의 통철(通徹)이었다.

이때의 느낀 체험은 일체의 '함이 있는 것들'이 탈각된 천진한 것이어서 그 후 많은 노력을 기울일수록 멀어져갔다. 아무리 애써도 마음을 시원하게 해 줄 그때의 찰나의 느낌은 없었다. 오랜 세월이 흐른 뒤에야, 밖을 향한 천변의 논지나 수많은 경전과 철학서, 종교의 주장도 모두 어린아이를 달래는 지폐

나 군것질에 불과하다는 것을 깊이 느낀 후, 수선(修禪)에 침잠하게 되었다.

그 후 동암선사는 경북 도리사에서 신도가 가지고 온 사과를 한입 물고 앉은 채 입적하였다. 필자는 늘 돌아가신 은사이신 동암 큰스님의 자취를 남기고 싶었다. 되는대로 느낀 대로 적고자 한다.

2) 동암 성수선사 행장

거북이 상호 노스님은 까르르 배꼽 웃음이 제일이라고 공양주 꼭지보살님은 말하지만, 절 촌수로 조카 된다는 부전스님은 스님이 금강산 마하연 선방에서 용성 큰스님한테 뭘 묻다가 주장자로 직살나게 맞았다고 뒷구멍으로 흉보지만, 내가 본 조실 큰스님이 만들어낸 몇 가지 얘기를 잊지 못한다.

> 1967년 부석사 큰 법당인 무량수전을 빙 돌아 배꽃 만발할 때, 긴 긴 삼동
> 벗어나, 초파일이 지나야 정미소 빌린 장리쌀 갚고 배불리
> 한 발우의 이밥을 먹을 수 있는 것이 그리울 때, 배고플수록
> 길이 코밑에 드러날 때, 별이 쏟아지면 그 자리마다 어둠의
> 눈알이 빠꼼빠꼼 내밀 듯한 칠흑 오밤중만 이어질 때, 취현암
> 지댓방에서 곤한 잠을 밀고 해우소 가다가 범종각에 앉아 졸고 있는
> 조실스님을 보았다. "아, 무다아, 무여!"
> 허공을 매달 듯한 빈 소리 허방 벽면에 무가 주렁주렁 달렸다.
> 사라진 자리. 스님도 산도 하늘도.

나는 진정 스님을 본 게다. 물줄기가 어느 가을 돌들을 돌돌 감아 도는 듯한 바닥 소리로 스님은 나에게 말씀하고 계셨다.

"난 한 달에 세 번밖에 이놈이 서지 않는다 말이야."

"시님, 그래가지고서야 어디 성불하시겠습니까. 그놈이 실해야 이놈도 실할 거 아닙니까?"

"허, 고놈, 살림살이가 오 전짜리 송편만큼 익어가는군. 허, 기특타. 그런데 한 번 서면 열흘은 장히 가안다. 너는?"

"시님, 저야 아직도 설 턱이 없지요."

"거 안 서는 놈은 너 몸 어디 있더냐?"

"???"

어둠을 쓸어내는 그 빛의 광채를 나는 보았다. (아아, 스님, 우리 스님)

어느 초봄 양지바른 부석사 취현암 뜨락. 고향 생각 집 생각 하루는 스님들이 울력하다가 차 공양하러 간 빈자리에 앉아, 낫을 들고 맨 땅을 콩콩 찧곤 했다. 눈 안에 확 드는 큰 지네 한 마리. 난 무심코 내리찧었다. 자꾸자꾸 토막 나는 지네 육신들, "야, 그건 왜 그래?" 슬픔이 뚝뚝 떨어져 내리는 말의 시체를 나는 보았다. (아아, 스님, 우리 스님)

한여름 시주님들이 모두 떠난 어스름. 스님 뒤를 서너 발자국 떨어져 따라다니는 나는 불콰해진 주정뱅이일 뿐. "석단을 봐라. 천 년 전이나 천 년 후나 하루도 빈 날 없이 밝음과 어둠을 동무 삼고 있는, 큰 돌 작은 돌 어디 하나 가벼운 게 있더냐."(아아, 스님, 우리 스님)

스님께서는 경북 선산 도리사로 가시고 나는 스님이 없는 빈자리를, 반찬이 맞지 않다고 특히 여름엔 고소무침, 가을엔 도토리묵무침이 맘에 들지 않는다고 웅얼거리시던 스님을 가슴 가득 담고 살고 있었다. 이때는 내가 비로소 '초가 자기 몸을 태우며 세상을 밝게 한다는 것'을 체득하고 울곤 할 때였다(이것이 평생을 나를 먹여 살리긴 했지만). 몇 해······

봄날 모처럼 산사에서 보게 되는 신문에 '동암 큰스님 열반', '사리 88과 수거', '안거 80하' 등등의 몇 토막의 기사가 나의 모든 걸 박살내고 있었다. 그럴수록 공부에 대한 뿌리가 나의 가슴 깊은 곳간에 씨앗이 되어 발아하고 있었다. 그리움만 쌓이다가 동암 큰스님은 풍문과 전설에 묻혀갔다.

하루 낮 하루 밤 누워 있다가
배꽃 감춘 시월 가을
한 석 달 장좌불와하고
한 삼백 리 산길 포행하다가
귀 없는 풍문에
동암 늙은 중
왕보살이 가져온 능금

크게 한입 베어 먹다가

몸 벗고
우르륵 지는 배꽃송이 따라
한 30년 사라졌다던가
달빛 무게에 겨워
부석사 조실 창에 어린
시나브로 지는 꽃잎
또 본다던가 배추흰나비
허공울음 되어 난다던가

　인연 없는 중생, 스승에게 '동암 성수선사 찬'이란 제로 글을 짓고, 무한 창공으로 긴 숨을 쏟았다. 그 후 스님의 자췰 살피니 1904년 7월 26일 평안북도 원흥리에서 부친 박봉오 선생과 모친 최씨의 차남으로 태어났다. 성은 밀양 박씨요, 당호는 동암(東庵)이고 법명은 성수(性洙)이며 속명은 박승수(朴承洙). 강원도 희천인이며, 희천에서 일어난 독립운동에 가담했다가 묘향산 보현사 산내 암자인 상원암에서 은신한 것이 인연 되어 경기도 봉선사로 피했고, 15세 들던 해(1921)에 남양주 봉선사에서 인담화상을 은사로 출가했다. 다음 해에 용성선사에게 동암이란 당호를 받고 건당하였다. 고성 건봉사에서 불교전문강원 대교과를 졸업하였다. 1925년부터 10여 년간 중국 상해와 북간도 등에서 독립운동에 적극 참여하였다. 1934년 봉선사에 대덕품계를 받은 스님은 금강산 장안사에서 진허 율사에게 비구계를 수지하였다. 법사인 용성선사께서 불령선인으로 요시찰 인물이 되었으므로 은밀히 용성선사의 지시를 받아 상해나 만주로 가서 임시정부 비밀요원에게 독립자금을 전달하는 역할을 주로 맡았다.

　해방 후 임시정부 봉영회(奉迎會)를 결성해 서울 대각사에서 환영회를 열었다. 이때 초대 회장으로 소임을 다했다. 김구, 이범석, 조소앙 등 임정 요원들이 대거 참여하였다. 이는 용성스님을 비롯한 용성 문도들이 독립운동에 적극 참여했기 때문일 것이다. 그리고 특기할 것은 스님은 상좌인 초안(超安,

1938~1998)에게 오봉산 석굴암은 아주 좋은 나한도량이니 소실된 절은 네가 복원하라고 당부하였고, 은사의 뜻을 받든 초안은 45년간 중창불사를 원만히 회향했다. 현금 스님의 손상좌인 도일화상이 주석하고 있다.

지금도 기억되는 것은 필자가 스님 회상에 있던 1968년의 일이다. 부석사의 나한전은 무량수전 뒤편 봉황산 중턱에 있었는데, 꼭 스님께서 나한전 예불을 참례하였다. 공양주 보살들이 뒷전에서 큰스님 나한전에 비가 오나 눈이 오나 꼭 참석하시는 게, 나한님들에게 혼난 모양이라고 궁시렁거리던 기억이 지금도 난다. 또 하나는 스님은 계율에 엄하였으며 반찬은 고춧가루와 양념이 들어가지 않게 하였고, 고기는 전혀 입에 대지 않았고, 삼복에도 행전을 꼭 착용하였다. 대중방 스님들은 큰스님께서는 율맥을 잇는 분이라서 그렇다고 수군거리던 기억이 재삼 났다. 스님은 조선불교 중흥률 제6조 용성조사의 율맥과 선맥을 이은 분이었다.

이후 스님은 효봉, 동산, 청담 스님과 함께 정화불사에 적극 참여하였다. 어지럽고 어려운 시절에 총무원 재무부장과 초대 중앙종회위원을 역임했고, 전강, 동산, 고암 스님과는 각별한 사이었다. 고암스님께서 상좌인 해안에게 "너의 스님은 당대의 여섯 선지식에게 인가를 받은 분이다" 하는 말씀을 하셨는데 당시 너무 어려서 여섯 분이 누구냐고 묻지 못했다고 전언하였다. 그런 스님은 정화불사 이전에는 선방에 방부를 들이고 수선에 매진하는 선객이었고 특히 전강스님과는 교류가 많았다.

보은 법주사, 강화 보문사, 서울 대각사, 봉은사, 양양 낙산사, 영주 부석사의 주지를 역임하였다. 선산 도리사 주지로 재임하던 중, 홀연히 스님께서 불사하신 서울 도봉산 녹야원에 올라가 하룻밤 자고 다음 날 신도들이 깎아준 사과를 드신 후, 잠시 산책을 하고 돌아와, 제자 도안과 광철이 보는 가운데 임종게를 남기고 좌탈입망하였다. 1969년 11월 2일(음력 9월 23일), 세수 66세, 법랍 48년. 스님의 비는 서울 녹야원에 모셔져 있다. 상좌로는 도안, 대인, 초안, 적조, 광철, 석운, 공철, 용택, 석천, 해안, 우철, 도천, 법안, 천관, 봉묵과 거사 취현이 있다.

스님의 임종게는 다음과 같다.

원숭이와 말같이 어지러운 마음자리　　　　心猿意馬志牛繁
꿰뚫어 하나로 사바세계를 관철했노라　　　貫頭單成肯婆界
고덕을 계승해 법신을 성취했으니　　　　　繼承古德成法身
시종 변함없이 삼보에 귀의하노라　　　　　如是始終歸依寶

스님 입적 다음 날『동아일보』1969년 11월 8일자에「동암스님 몸에서 사리 40」(이성주 기자)의 기사와『불교신문』2502호 2009년 2월 21일자에 실린 이성수 기자의 글을 참조 발췌하였고 필자가 보고 들었던 말씀들을 옮겼다.

용성문하구제(龍城門下九弟)로는 동산, 동암, 동헌, 인곡, 운암, 혜암, 고암, 자운, 소천이 법자로 기록됨을『불교신문』2393호 2010년 2월 2일자에서 읽을 수 있었다.

오라, 낙수는 멀수록 소리가 크고
사람의 그리움은 죽음에 가까울수록 또렷쿠나.
서른 해가 지난 2001년, 창틈에 비 스미는
늦봄 지는 복사꽃을 보며
삼가 제자 취현 적다[1]

3) 꿈속 만공스님의 회상에서

내 나이 마흔이 들 때였다. 나는 강원도 정선 처가에서 설날을 맞게 되었다. 이때 역시 아직 아무것도 얻은 것이 없고 아무것도 이룬 것이 없는 나를 되돌아보며 18세의 부석사 취현암의 청년으로 있었고 머리가 터질 것 같다가 간혹 어떨 때는 뭔가 퍼뜩 스쳐가는 기쁨이 교차하며 이를 악물고 더욱 정진을 거듭하며 늘 아내에게 미안한 세월이었다. 그러나 밖으로 나갈 수 없는

---

1)　졸저(『선시의 세계』, 2006, 푸른사상사)에 실린「동암선사의 행장」은 젊은 나이에 오직 그리움만으로 확실한 사실을 증빙하지 못하고 쓴 감상적인 글이어서, 당시에 발표되었던『동아일보』나『불교신문』의 글을 발췌하여 다시 보완하여 쓰게 되었음을 참회합니다.

닫힌 세계에서 정신의 촉각을 곤두세우곤 했다. 이때에 나를 지배하던 생각은 깨치든지 죽든지 하는 벼랑 끝에서 몰려 있다는 것이었다. 6층 아파트에서 뛰어내려 두둥실 구름 위로 떠오르면 나를 빼앗겨 나도 없는 자유인이 되는 실재 상황이 펴지지 않을까?

나의 살림살이는 긴 터널을 내닫는 열차와 같이 외길로 치닫고 있었다. 향상일로(向上一路)는 진공과 같은 한 길이고 틈도 없는 무간지옥(無間地獄)을 돌고 돌다 천 길 낭떠러지 끄트머리에 발가벗고 서 있다가 한 발을 내딛었다는 생각. 이 생각이 옳은 것이냐 그렇지 않은 것이냐, 이것이 그 당시 나에게는 가장 큰 일이었다. 열여덟 살에 초발심 후, 이 일은 장부일대사(丈夫一大事)였고, 가장 큰 문제였고, 생명을 건, 늘 내려가지 않는 체증으로 남는 내 가슴에 맴도는 문제였다. 이 일대사가 마흔 전후에 무너져 내리는 실제 체험을 얻고, 나는 이 일이 사실인가를 확증받기 위해 제방 선지식님네를 찾아 나섰다. 그때의 수도일지인 「자정일지(子正日誌)」 몇 토막을 옮긴다.

1985년 11월 14일
꿈이든 생시이든
말하고 싶지 않다.
이 기막힌 가슴이 탁 트이는 기쁨을
간 밤 무수한 "이 뭣꼬?"를 반복하였다.
너무 또렷한 오롯이 드러난 '이 한 물건'
어, '요놈 봐라' 요놈 봐라.
봐라는 놈 봐라.
새벽잠을 깨우는데도 이 아침까지도 오롯이
반복되는 '이 뭣꼬'
또다시 돌아오는 '요놈 봐라'
긴 죽음과 삶에 걸쳐지는
그 어디에도 떨어지지 않는 '요놈 봐라'
나는 말하고 싶지 않다.
아무것도 생각하고 싶지 않다.

1985년 11월 15일

선불장(選佛場)

만공선사의 회상.

선객이 너덧 명 벽을 등지고 좌선 중에 있고, 그중 나도 한 참학문도였다.

눈 푸른 납자들이 안광이 형형한 가운데

만공스님만 더 이상도 아니고 더 이하도 아닌 표정과 모습,

무공용(無功用)의 행위.

나는 스님의 입실제자였다.

스님은 나를 보고 계시었다.

그 후 밤마다 찾아드는 공부

그 후 밤마다 오롯함을 더하면서 찾아드는 선기(禪機).

1985년 12월 21일

꿈은 꿈이었다. 삶도 꿈이었다.

꿈 아래 홀연히 찾아드는 꿈.

허! 그건 의식의 반영 없이 그대로 보라는 꿈이었지.

결국 그 꿈은 의식을 절실히 간직한 후

도장과 같이 찍혀 남는 흔적.

무무인(無拇印), 도장을 찍되, 도인을 남기지 마라는

꿈, 연발 일어나는 그놈은,

그렇다. 도장을 찍더라도 도인은 남기지마는,

남길 수 없는 그놈

고놈은?

1986년 2월 9일

생일이었지.

음 정월 정일

나는 졸업을 하고 쌓여도 쌓여도 더 쌓일 것 없는

그런 생일이었지.

부모미생전(父母未生前)의 나

그런 건 개한테나 주어, 참학인(參學人)의 속이나 편하게 하라.

그러나 말 마라, 먹어도 먹어도 먹지 않는 내 나이.

날마다 나는 생일, 나는 생일

이날 나는 무시 이래(無始以來) 고향에서 생일을 맞다.

소쩍새 소쩍다
소쩍다 소쩍새
옛 하늘 속에 소쩍다는 소리
옛 물결에 물결 이어서 일고
옛 사람 오늘도
소쩍다 소쩍새
소쩍새 소쩍다

나는 위산선사(潙山禪師)가 그의 제자 향엄(香嚴)에게 "자네의 총명과 재주가 대단함을 나는 짐작하네. 그러나 우리에게 생사 문제가 가장 근본적이라는 걸 자네는 인정할 걸세. 자, 그럼 나에게 자네가 부모에게서 태어나기 이전의 어떤 상태에 있었는지 이야기 해주게"를 읽다가 문득 어디선가 병과 병이 마주치는 소리를 듣다가, 홀연히 심안(心眼)이 빛을 따라감을 보다가, 부모미생전(父母未生前)의 나가 '나'임을, 도저히 알 수 없음을 알았다. 나는 웃었다. 콸콸콸 물 빠지듯 꼭 하루하고도 하루 낮을 웃었다. 끝내는 우스워 웃었다―고불(古佛)의 공부도 별로 기특할 것이 없었군―1,700공안 모두 한데 묶어 화장실 벽에 꽂아두라. 다시 한 수 적다.

옛 사람 홀연히 안광이 길을 찾는단 그 말
우린 속지 말자
눈 감아도 감아도 안광의 길은
암흑만큼의 깊이에서 빠져나고
온 우주에 올연히 솟아 오른 병 부딪는 소리
이 사람아 조주(趙州) 그 영감 차 말고
내 한잔 주지 휘파람으로
달빛이 연못을 뚫어도 흔적 없다 누가
말하던가
오직 연못을 뚫고
있을 뿐일세

이「자정일지」는 나의 40세 무렵의 파편이다. 그리고 1985년 2월 9일은 마흔 들던 1월 1일 설날(元旦)이었다. 지금도 생각하면 나와는 일면식도 없고 『만공어록』 제대로 한 번 읽지 않은 만공 월면(滿空月面)선사와의 꿈속 조우였고 스님한테 받은 큰 은혜였다.

4) 선법사 서옹 상순화상

서옹 상순(西翁尙純)선사를 만나게 된 것은 내 삶의 크나큰 광영이었다. 스님께서 80 노구에도 불구하고 강원도 강릉에서 참문하러 간 나를 한 번도 마다 하시지 않고 7년간 일곱 차례나 일천한 공부를 점검해주시는 두터운 법은을 내리셨다. 참으로 지극한 낙초자비(落草慈悲)였고 간절노파심절(懇切老婆心切)이었다. 백골(白骨)이 난망(難忘)되어도 잊을 수 없는 은혜다.

지금까지 감동 덩어리로 뭉쳐져 날이 갈수록 더욱 짙어지고 있는 생생한 기억은 그를 처음 만났을 때다.

1980년 땡여름, 8월 15일이었다. 당시 도반이었던 부운수자가 나의 참문을 미리 연통하였기 때문에 이내 서옹스님을 친견할 수 있었다.

8월 15일, 부운수좌와 함께 임제선원 조실에 시봉스님의 안내를 받고 들어갔다. 아랫목에 앉아 계시는 큰스님은 차라리 단아한 한 마리 청학이었다. 형형한 안광(眼光), 입가에 깃든 미미소(微微笑), 몸에 우러나오는 간단명료함, 심신에서 우러나오는 고적함, 바로 노고추(老古錐)[2]였다. 나는 그때 '바로 이분이구나' 하는 탄성이 마음에서 저절로 우러났다.

나는 스님에게 삼배의 예를 올리고 꿇어앉았다. 부운수좌가 미리 전화를 드려서 참문하러 가는 수선행자(修禪行者)임을 연통한 까닭에선지 스님은 전신에 온화한 기운을 보이신다.

"공부하는 학자라고?" 하시는데 조실이 온기로 가득 차 넘실거린다.

---

2) 노고추는 오랜 옛 송곳이니, 송곳은 빼족하여 아무리 감추어도 자연 드러난다. 이와 같이 덕 높고 법력이 높은 조사스님들도 아무리 감추려 해도 자연 드러나니 옛 송곳과 같다는 의미다.

나는 아무런 말도 하지 못한다. 시자가 따라주는 작설차를 입안에 머금으며 내 공부를 여기서 마감해야 하고, 내 공부를 마땅히 조사스님한테 인가를 받음으로 이 한계상황에서 자유롭게 훨훨 날아야 한다는 결심이 앞선다. 돌이켜보면 처음 우리가 살고 있는 현실 세계 말고 또 다른 세계가 있다는 걸 알고 금생에 이 일을 마쳐야 한다고 초발심(初發心)한 일(이때 나는 18세였다)이 엊그저께 같은데, 벌써 20년이 지나 돌아와 다시 18세 나이로 스승님 앞에 꿇어앉은 나를 본다.

"그래, 묻고 싶은 게……."

(이 멍충이 놈아 뭘 묻고 싶은거냐?)

나는 부끄러운 새악시마냥 겨우겨우 말씀을 올린다.

"스님, 제가 알고 싶은 게, 8식 이전의 소식입니다. 이 소식을 한말씀 해주십시오."

(8식 이전의 소식이란, 부모미생전 본래면목(父母未生前 本來面目)을 나에게 내 보여주시란 말입니다.)

스님께서는 어눌한 내 말을 제대로 듣지 못하셨는지, 6근과 6경의 12처, 6식을 합친 18계. 7식. 제8식인 아뢰야식에 이르는 유식철학과 프로이트 정신분석학에 배대하여 한 20여 분에 달하도록 친절한 가르침이 계셨다. 스님의 잔잔한, 동서를 회통하는 말씀. 너무나 오랜 세월이 흐른 듯한 진공 상태인 것 같은 스님의 말씀 끝에 나는 허기지고 지쳐 있었다.

"스님 저는 생사 문제가 무너진 자리, 이 소식을 묻고 있습니다."

(전 그 말씀을 물은 것이 아닙니다. 전 생사 문제가 허물어졌습니다.)

"수선납자인가?"

부운선화가 곁에서 열심히 참선하는 선객이라고 보충하는 말이 들렸다. 그리고 이즈음 소식이 있어 점검받고자 하여 같이 오게 됨을 대략 말한다.

실눈을 뜨시고 미미소를 머금은 채, 어눌한 나의 말을 들으신 스님은 가느다란 솔바람 같은 소리로 나에게 물었다.

"거 참 좋은 거 알았군. 그럼 내 다시 묻겠네."

삼복이라서 더운지 하여튼 나는 꿇어앉아 얼굴의 땀을 훔치고 있었다. 나는 심신을 다시 가다듬고 말씀을 기다렸다.

"움직일 때나 움직이지 않을 때나 너는 너를 잘 보고 있느냐?"

나는 망설이지 않고 언하에, "예, 그러합니다."

"그래, 그렇군. 그럼 깊은 잠에서도 너는 너 자신을 잘 지키고 있느냐?"

"예, 그렇습니다." 냉큼 대답을 올렸다.

"그래 그렇다. 너는 너를 참 잘 알고 있구나. 그러면 꿈 가운데도 너는 너를 마음대로 쓸 수 있느냐?"

"예, 그렇습니다. 그렇지 않고서야 어디 우리가 이 자리에 앉아 있을 수가 있겠습니까?"

나는 몹시 냉정을 잃고 흥분을 즐기고 있었다. 고요가 깨어지고 있었다.

"거 참 대단하군, 그래 꿈도 없고 잠도 없고 낮도 밤도 아니다. 그럴 때 너는 너를 잘 알 수 있느냐? 그러할 때 너는 어디에 있더냐?"

나의 의식은 아득해지고, 몽롱해지고, 바래지고 있었다. 황망하여 갈피를 잡지 못하고 있었다.

나는 나도 모르게 "꿈속에 있습니다." 모기 소리를 내었을 뿐이었다.

"봐라, 그건 모르는 거여, 하나를 몰라도 다 모르는 거여."

말씀이 들렸다. 넌 가짜야, 가짜. 나는 나 자신에 대한 자책감과 자괴감으로 온몸이 무너져 내려앉았다. 깊은 수렁으로 빠져들고 있었다.

나는 긴 세월이 흐르는 착각의 침묵 속에 꼼짝 못 하고 꿇어앉아 있었다. 얼마가 지났는지 부운수좌가 나의 겨드랑이를 부축하며 큰스님이 피곤하시니 물러가자고 하였다. 일어서는 순간 나는 나의 몸을 가눌 수 없이 지쳐 있음을 알았다. 무너져 내리고 있었다. 캄캄하였다.

스님이 일어나시어 문밖까지 나오셔서 '요즘 수좌치고 그만큼 공부하는 사람도 없다. 기특하다. 내년 이때 다시 오라' 대략 이런 말씀을 하시며 어깨를 두드려주셨다.

나는 버스 차창에 얼굴을 기대고 영동고속도로를 버스가 되어 달리고 있었다. 차창엔 하염없이 눈물을 흘리는 사내의 얼굴이 비쳤다.

1985년 서옹스님과 첫 만남은 이렇게 끝났다.

그 후 나는 1년간 서옹스님을 가슴에 안고, 공부가 순일하지 않을 때는 스님의 미미소를, 형형한 안광을, 스님의 가늘고 긴 목소리를 떠올리며, 오직 이 문제를 끌어안고 1986년 8월을 맞이한다.

1년을 여삼추(餘三秋)와 같이 보낸 나는 백양사와 운문암, 서울 백운암으로 전화를 하면서 스님이 계시는 곳을 확인하였다. 다음 일요일에 무학재 너머 수국사에서 대중법문을 한다는 것을 알게 된다. 한걸음에 강릉에서 달려간 나는 수국사에 들어서자마자 스님을 찾았다. 마치 스님께서 대웅전 옆 작은 방에서 법문할 준비를 하고 계셨다. 급히 스님께 삼배의 예를 올렸다.

"너 왔구나."

하시며 얼굴에 환한 표정을 지으셨다. 그때 시자가 와서 '스님 법문을 할 시간입니다' 하는 전갈을 올렸는데도 아무런 내색 없이 나를 물끄러미 건너보시더니 말씀을 하셨다.

"그래, 그때 어디까지 했지?"

"예, 스님. '오매중일여(寤寐中一如)하냐? 그렇다면 이 일여할 때 너는 어디에 있더냐? 속히 일러보아라'까지 지난해에 했습니다."

나는 기다렸다는 듯이 소프라노로 읊었다.

"응, 그렇군. 그럼 그럴 때 너는 어디에 있더냐?"

나는 일어섰다 앉으며 단숨에 여쭈었다.

"바로 여기입니다."

그러자 스님은 말이 떨어지자마자 이르셨다.

"거긴 그 자리라 해도 맞지 않는 거여. 이럴 때는 무어라 대답할 것인고?"

하시며 대중법문이나 들어라 하시는데 또 앞이 아득해졌다. 막 내 앞을 지나시는데, 장삼 깃을 낭기며 나는 외쳤다.

"이 자리입니다."

하니 잡은 나의 손을 홱 뿌리치시며 법상으로 올라가셨다.

나는 비를 맞으며 영동고속도로를 달릴 수밖에 없었다. 속절없이 내 앞에도 내 위에도 내 뒤에도 비는, 비는 내리고.

다시 1년, 또다시 1년. 8월 어느 날.

매년 신춘문예를 기다리는 문학도가 된 듯 어김없이 8월은 다가오고 나는 바싹바싹 여위어만 가고, 공부는 점점 비워져만 가고, 이젠 살림살이랄 것도 없어지고.

어느 8월 한 해. 다시 백운암 방장에서 스님과 마주 앉게 되었다.

다짜고짜로 스님은 인사도 여쭙기 전에 물었다.

"왜, 억울하냐? 억울한 건 네가 아니고 나다. 그럼 너라고 부르는 취현(나의 법명)은 뭐냐?"

"스님, 이 자리입니다."

"그곳은 이 자리라 해도 맞는 것이 아니다. 다시 일러봐라."

스님은 사정없이 정신을 차리지 못하게 나를 몰고 갔다. 나는 막다른 절벽에서 뛰어내리지도 못하고 돌아설 수도 없는 곳에서 1년 또 1년을 보내고 다시 1년 같은 하루를 진공 속에서 맞이하고 있었다.

"그래, 그래도 억울하냐? 그럼 다시 한 번 해보자. '나에게 보배로운 지팡이가 하나 있는데, 네가 가졌다면 나는 이것을 너에게 줄 것이고, 너에게 이 지팡이가 없다면 너의 지팡이를 빼앗아가겠노라' 하는 법문이 있는데, 너의 견해를 한 번 일러봐라."

일반적으로 이 법문을 이해코자 하면, 주장자가 없으면 주장자를 주고 주장자가 있을 때는 주장자를 빼앗는 것이 우리의 상식이다. 그런데 스님은 전혀 일상을 뛰어넘는 법문으로 나의 살림살이를 점검하신다. 잠시 후 나는 말씀을 올린다.

"스님, 스님과 저, 모두 같은 지팡이 안에 있는데, 무얼 주고받는단 말씀입니까?"

한참 침묵하시던 스님께서 나를 넌지시 건너보시다 하시는 말씀.

"아니야, 아니야. 탕기에 때가 묻어, 때가 묻어나. 다시 참구해라. 왜, 국민학생이 100미터 달리기를 하는데 얼마나 열심히 달리는지 옆에 누가 뛰는지 누가 뒤따라오는지 모르고 달리지, 그렇게 참구하라. 마치 철봉대에서 마지막 턱걸이 하듯 말이야."

이렇게 다시 1년의 세월을 지푸라기같이 구겨지고 혹은 날 선 작두와 같이 시퍼런 상태에서 나를 추스르며 스님을 되삭이며, 스님을 따라 실참실수(實參實修)하길 어느덧 7년이 흘렀다. 돌이켜볼 수 없는 시간 속에 나는 아무것도 남지 않았다. 당시 나는 강릉 포교당에서『반야심경』을 강(講)하게 된다. 그리고 틈틈이『반야심경』 주소를 나름대로 사기(私記)하고 이해한 부분을 새로운 체계로 적어내려가 한 권 분량의 책이 되어서 출판을 하게 된다. 이 책을 쓰게 된 것 역시 스님을 처음 참문할 때부터 시작한 것이니, 한 7년 열심히 참구한 도리를『반야심경』의 말씀과 같이 적은 것이니, 곧 나의 살림살이 전부이고, 또 스님에게 보여줄 나의 전부인 셈이다.

이렇게 쓰여진 육필 원고를 들고 다시 백운암에 들렀다. 당시 스님께서 심장이 좋지 않아 건강에 문제가 있다 하시며 일본에 병원을 하는 신도가 있는데, 한번 다녀와야겠다고 말씀하셨다. 마침 그 당시 도반인 성철스님께서 입적한 때였다.

"거, 보따리에 든 것이 무어냐?"

"예, 저가 스님을 처음 찾아뵐 때부터 수선일지 삼아 쓴『반야심경』 육필 원고입니다. 스님께서 서문을 받고자 합니다."

"허허, 선승이 뭐 글이 있나."

하시며 한사코 사양하신다. 허나 나도 물러설 수 없는 외길이라 계속 졸랐다.

"스님, 바로 그것이지요. 선승이 글이 없다고 한 자 적어주시면 서문으로 싣겠습니다."

"그럼『심경』을 오래 탐구하였으니, 물어보자. 어떤 이는 반야바라밀(般若波羅蜜)을 요체라 하고, 어떤 이는 마음 심(心) 자를 요체라 하고, 또 어떤 이는 색즉시공 공즉시색(色卽是空 空卽是色)을 요체라 하는데, 너는 무엇을 '반야'의 요체(要諦)라 할 거냐?"

"예, 저는 모든 이들이 보는 바를 부정하지는 않습니다. 그렇지만 스님께서 물으셔서 굳이 말씀을 드린다면, 마하는 반야요 반야는 바라밀이고 바라밀은 다이고 다는 심이며 심은 경입니다. 또 관은 자재이고 자재는 보살이며 보살은 행이요 행은 심이고 심은 반야이며 반야 역시 바라밀이며 다이고 시며 조

견이고 5온이며 개공도입니다. 저는 이 도리가 이러하다고 생각합니다.”

그리고 『반야심경』 270자를 이어 암송하려 하는데,

“그래 그래, 그만 됐어. 그럼 어디 무지역무득(無智亦無得)을 펼쳐보게. 그곳을 읽어봐.”

나는 무지역무득의 장을 펼쳐 열심히 읽는다. 2쪽 가량 읽는데,

“그만 되었다. 그것 두고 가거라.”

한 달포 후 스님한테서 기별이 와서 달려갔더니 다음과 같은 게송을 서문으로 주셨다.

반야의 칼이여 부처와

조사를 처죽이고

시퍼런 칼을 쓰고는

급히 갈어라 나무까치는 날러서

하늘 밖에 사모치니

바로 천 봉오리 만

산악을 통과해 가도

다

佛紀 2535年 辛未年 4월 3일 西翁

이날 나는 카메라 필름 한 통에 스님의 사진을 담았다. 어쩐 일인지 스님과 혹시 마지막일지도 모른다는 생각이 들었기 때문이다. 나는 내내 마음으로 울곤 했다.

그리고 다시 1년의 세월이 흘렀다. 되돌아보면, 이 당시 심신이 지칠 대로 지쳐 74킬로그램의 몸무게가 57킬로그램 정도로 바싹 말라갔고, 공부의 무게는 모두 발산되어 1그램도 안 될 정도였을 터이니. 나는 죽음도 무방하다는 생각이 자연스럽게 들곤 하였다.

가을 백운암으로 스님을 뵈러 가고 있었다. 봄에 찍었던 스님의 진영을 확대해가지고 조실을 찾았다.

“오, 너 왔구나. 가지고 온 것은 뭐냐?”

“예, 스님의 진영입니다. 제 마음에 쩍 들어서 한 장 크게 뽑았습니다.”

하며 20호 크기의 스님의 진영을 내놓자 '거 참 천진하게 되었구나' 하시며 기뻐하셨다. 갑자기 스님께 나도 모르게 물었다.

"스님, 저가 만약 마지막 참문제자로 너의 스승 서옹의 진면목(眞面目)이 어떻더냐고 묻는 사람이 있다면 저는 어떻게 대답해야 되겠습니까?"

말이 떨어지자마자 스님은 벌떡 일어서시며 나를 의미심장히 보며 외쳤다.

"너, 반야 있잖냐? 반야 말이야. 나는 반야다, 반야야."

움츠린 스프링이 튀듯이 지금도 잔음(殘音)이 남도록 고유한 가늘고 긴 소리, 나를 꼼짝할 수 없도록 몰아갔다. 나는 이제는 속지 않는다 하는 마음으로 조용히 일어서서 스님을 부축하며 말씀을 드렸다.

"선지식이 중생들에게 그렇게 어렵게 법문을 하시며 누가 알아듣겠습니까? 스님, 진중하십시오."

"그래, 그럼 너는 어떻게 말할 거냐?"

언하(言下)에 전광벽력(電光霹靂)과 같이 외쳤다.

"나도 반야다. 나도 반야야."

스님은 나를 한참 보시더니 크게 웃으시며 말씀하셨다.

"넌, 역시 반야를 잘 숙지하고 있구나. 그러할 뿐이다."

대략 더듬어보니 스님께 참문한 지 7년이란 세월이 갔고, 조사 앞에 머리 숙여 서래밀지(西來密旨)를 물은 지 꼭 일곱 번이 될 때였다.

서옹당 상순 대종사님의 간절노파심은 이와 같았다.

다시 한 해가 가고 여름 어느 날 새벽 4시경 혼곤한 잠 속에서 스님의 전화를 받는다.

"취현이여, 나 아마 5일 정도에는 일본에 가야 할 것 같아. 가슴이 영 좋지 않아. 아마 수술을 할지도 모르지."

힘이 없는 목소리. 피곤하게 느끼는 목소리가 전화를 타고 들려왔다.

이날 나는 새벽 6시 버스를 강릉에서 타고 곧바로 스님에게로 달려갔다. 한여름이 막바지인 8월 말일인 듯싶다.

10시쯤 백운암 조실에 드니 제주도에서 올라온 법화원에 계시는 시몽스님이 앉아 있고, 당시 스님의 시자가 있은 듯하다. 스님은 반가워하시며 나에게 몇 가지 물건을 주시고 징표로 삼으라고 하셨다. 고방선사의 『벽암록』과 스님 직접 친필로 현토하신 『신심명』, 수처작주(隨處作主)라고 쓴 스님의 대필 글씨, 스님이 직접 수결 낙관한 스님의 저서 서옹 연의 『임제록』 그리고 백양사 법맥을 인쇄한 계보첩. 그리고 「시 송월조 거사(示宋越祖居士)」라고 쓴 진리의 노래를 주셨다. 그 게송은 아래와 같다.

송월조 거사에게	示
마음을 열어 보이다	宋越祖居士
부처와 조사를 초월하니 이 사람이 진인이다	超佛越祖是眞人
면밀한 데서 일보 이동하니 나는 용을 보았도다	密移一步見飛龍
진리의 향주머니를 따 깨뜨리니 온나라가 훈훈하고	摘破香囊熏大國
하늘 틈 열어젖히니 맑은 바람 청풍이 불어오네	撥開天窺吼淸風
임신년 8월 15일 서옹	壬申八月十五日 西翁

게송을 주시며 말씀하셨다.

"내가 네 이름을 하나 지었지. 월조야, 월조."

인사차 조실방에 들른 시몽스님이 옆에 잠자코 있다가, "월조는 달 월(月) 비칠 조(照) 자입니까" 하고 물으니 스님께서 "아니야, 뛰어넘을 월(越) 자에 할아비 조(祖) 자야" 하시었다.

아! 돌이켜보면 조사께서 나투신 간절노파심이 이토록 지극하셨는데, 스님의 뜻을 전혀 받들지 못한 나는 오늘도 이렇게 허무맹랑(虛無孟浪)하게 살고 있지 않는가.

스님이 이르신 직절(直截)의 말씀, 끝내 가르쳐주지 않은 그 적절의 말씀. 부처와 조사, 천하의 선지식도 말씀하지 않은 그 말씀을, 오늘 전 매스컴을 통해 세간에 또 한 번 열반의 소식을 전하니 눈 있는 자 듣고 귀 있는 자 볼 뿐입니다.

『금강경』에 이르기를,

만약 모습으로 나를 보려 하거나
음성으로 나를 구하려 하면
이 사람은 삿된 도를 행함이니
여래를 보지 못하리라.

하신 것과 같이 스님의 가르침은 무릇 이와 같았습니다.

극락에서 무간지옥으로 들었다 해도,
무간지옥에서 극락으로 가셨다 해도,
무간지옥에서 무간지옥으로 옮기지 않았다 해도
부족합니다.
실눈을 잘게 뜨신 참사람이
걸음도 당당하게 무간지옥에 들고
가없는 광명의 하늘 틈이 펼쳐집니다.
무간지옥이 된 눈먼 당나귀
몰록, 일할(一喝)을 바칩니다.

2016년 2월 8일 門人 越祖居士 醉玄 謹識

선종의 선맥보와 선맥도

선종의 선맥보와 선맥도

1. 선종의 선맥보[1]

1) 초기 선맥보

(1) 선의 시원

선은 멀리는 석가세존으로부터 연원되어 마하가섭(摩訶迦葉)을 1대로 하여 28대 보리달마(菩提達摩)로 비롯된다. 선의 근원을 이야기할 때 선문에서는 흔히 삼처전심(三處傳心)을 말한다. 삼처전심이라 함은 세존께서 가섭에게 세 곳에서 마음을 전함을 이른다. 세존께서는 기사굴산에서 대중들에게 법을 베풀었다. 한참 무아경으로 말씀을 잇다가 말문을 닫았다. 잠시 후 연꽃을 집어 들고 대중에게 보이셨다. 그러나 대중들은 세존께서 무엇을 의미하는지 아무도 몰랐고 어리둥절할 뿐이었다. 그때에 가섭만이 엷은 미소를 띠었다.

---

1) 이 선맥보는 조선 영조 40년(1764) 사암 채영(獅巖采永)이 편찬한 『西域中華海東佛祖源流』를 참조하였고, 그리고 1983년에 경운 형준(畊雲炯埈)이 불서보급사에서 간행한 『해동불조원류』를 살펴보았다. 그 이후에 고승들의 사자상승은 여러 어록과 발품을 팔은 결과다. 선을 참하는 선객들에겐 뼈대를 분명히 하는 일이라 느껴 감히 도표를 그렸다.

> "나는 정법안장(正法眼藏)과 열반의 미묘한 통찰력을 가지고 있습니다. 이 열
> 반은 무형의 모양과 실제의 모양을 다 같이 갖춘 것이며, 문자로써 알 수 있는
> 건 더욱 아니며, 모든 경전 밖에 따로 전달되는 것입니다. 이제 나는 이 비전을
> 마하가섭에게 부촉합니다."
>
> 吾有正法眼藏 涅槃妙心 實相無相 微妙法門 不立文字 敎外別傳 付囑摩訶迦葉

이와 같이 선의 기원은 모호한 전설 속에 가려져 있다. 따라서 선의 근원
을 말할 때 자연 석가모니로 올라간다. 인류의 정신 유산 중 가장 미묘한 선
은 한 송이의 연꽃과 한 번의 미소에서 탄생되었다. 삼처전심 중 오직 염화
시중 미소만이 출처가 분명하지 못하나, 얼마나 낭만이 있고 멋있고 아름다
운가는 이야기를 접해본 사람이 바로 직감하게 된다. 선의 멋은 선화가 정말
이냐 거짓이냐에 있는 것이 아니다. 염화시중의 미소가, 선 이야기가 우리에
게 전수되면서 만들어졌다 해도 이것은 아주 정확하게 선의 정곡을 찌른 이
야기다. 어쨌든 선은 미소 짓는 한 송이 꽃이 피어나는 미소를 자아낸다고
보는 이 이야기야말로 선의 핵심이 아닌가.

곧 삼처전심은 염화시중 미소, 다자탑전 분좌, 곽시쌍부를 일컫는다. 다
자탑전 분좌는 '세존이 다자탑 앞에서 설법을 하는데 가섭이 늦게 도착했다.
그와 자리를 나누어 앉히자 대중이 모두 어리둥절하였다'는 내용이고, 곽시
쌍부는 세존이 사리쌍수 사이에서 열반에 들자 가섭이 7일이나 늦게 도착하
여 관을 세 바퀴 돌면서 "생사의 무상을 초월하셨다 말씀하시더니 어찌하여
이렇게 빨리 돌아가셨습니까?" 하니 세존께서 관 밖으로 두발을 내어 보였
다는 선화다. 염화시중의 미소와 함께 세존이 세 곳에서 마음을 전했다 하여
선가에서는 선의 근원으로 삼는다. 따라서 선의 원조(遠祖)는 석가세존이고
종조(宗祖)는 보리달마이다. 1대 가섭으로부터 면면이 곧게 전하여 28대 보
리달마에 이르러 인도로부터 중국 남북조 시대에 양무제 때 광동으로 달마
가 들어왔다. 달마와 양무제의 선문답은 『벽암록』제1칙「확연무성」으로 나
타난다.

(2) 선맥의 정립기

선은 본래 불교 이전 인도 고대 각종의 고행자인 구도자들의 명상을 내용으로 하던 것이 중국으로 전파되면서 선수련자들에 의하여 본체에 대한 돈오나 자성에 대한 직관적 자각 즉 증득을 본질로 하게 되었다. 선사들은 하나같이 제자들에게 명상과 사유로 선의 본질에 들 수 없음을 강조해왔다.

6조 혜능. 석가모니의 선의 등불을 이은 마하가섭을 1대로 하여 28대에 이르러 달마가 중국으로 건너와 중국 선종의 씨앗을 뿌린다. 다시 달마를 초조로 하여 2조 혜가(二祖慧可), 3조 승찬(三祖僧璨), 4조 도신(四祖道信), 5조 홍인(五祖弘忍)을 잇는 선의 여섯 번째 조사 혜능이란 뜻이다.

6조 이전에 분파된 선종은 4조 도신의 제자인 우두 법융(牛頭法融)에 의해서 우두종이 성립된다. 이 우두종은 다음 초기 선맥도에서 보듯이 법융으로부터 6대 경산 도흠(徑山道欽), 7대 작소 도림(鵲巢道林)에 이르러 선종사에서 사라진다. 우리나라에 최초의 선을 전한 법랑(法朗)도 4조 도신의 전법제자다.

5조 홍인 대에 이르러 자주 지선(資州智詵), 숭산 법여(崇山法如), 옥천 신수(玉泉神修), 6조 혜능(六祖慧能) 등이 있으며, 옥천 신수와 6조 혜능에 의해 점오사상인 신수는 북종으로, 돈오사상인 혜능은 남종으로 종파가 분파된다. 북종 신수는 그의 제자 대조 보적(大照普寂)이 있고 정주 석장(定州石藏)에 이르러 선종사에서 자취가 사라지고 남종 혜능에게는 많은 용상들이 배출되니 남악 회양(南嶽懷讓), 청원 행사(靑原行思), 남양 혜충(南陽慧忠), 영가 현각(永嘉玄覺), 하택 신회(荷澤神會) 등이다.

5조 홍인의 제자인 지선(智詵)은 사천불교의 지주로 처적(處寂)을 낳고 처적은 정중 무상(淨衆無相)을, 무상은 보당 무주(保塘無住), 정중 신회(淨衆神會)를 낳는다. 이어 성수 남인(聖修南忍) 대를 거쳐 의만(義俒)에 이르러 선종사에 자취를 감추니 이를 정중종이라 한다. 특히 정중 무상은 신라 성덕왕의 3자이며 티베트에 선을 전파한 조사이다. 그의 인성염불(引聲念佛)과 삼구법문은 오늘날까지 이어져 많은 영향을 주고 있다.

6조 혜능의 많은 제자 중, 남악 회양과 청원 행사의 후손들이 선의 황금시대를 펼치니 이를 일컬어 선문의 5가 7종(五家七宗)이라 일컫는다. 남악은 마조 도일(馬祖道一, 709~788)를 낳고 청원은 석두 희천(石頭希遷)을 두니 천하는 강서의 마조와 호남의 석두의 천하가 되어 이것이 강호라는 말의 어원이 된다. 특히 마조의 일문이 번창하니 선의 각 종파가 난립될 때, 이를 홍주종(洪州宗)이라 불렀다. 마조는 원래 정중 무상의 제자라는 설이 있다.

다음 하택 신회가 이룬 종파를 하택종이라 한다. 하택 – 자주 법여(磁州法如) – 형남 유충(荊南惟忠) – 대덕 도원(大德道圓) – 규봉 종밀(圭蜂宗密)과 자주 법여를 잇는 오대 무명(五臺無明)과 그의 제자 화엄 징관(華嚴澄觀)은 모두 하택종의 선장들이다. 그리고 마조의 홍주종은 초기 불교의 한 지파였지만, 후대에 5가 7종이 형성됨에 따라 선문의 주파로 떠오른다.

초기의 여러 종파 곧 우두종, 하택종, 정중종, 보당종, 북종, 남종, 홍주종이란 여러 선문들의 이름은 정립기에 들어서면서 차츰 사라지고 6조 혜능의 남종 계열만이 흥성하였고, 오늘날까지 임제종과 조동종이 면면이 선맥을 잇고 있다.

2) 5가 7종의 선맥보

5가 7종 중 가장 먼저 종파를 이룬 것은 위앙종이다. 남악은 마조를 낳고 마조는 『전등록』에 의하면 135명의 용상을 배출한다. 서당 지장(西堂智藏), 백장 회해(百丈懷海), 남전 보원(南泉普願), 석공 혜장(石鞏慧藏), 대주 혜해(大珠慧海), 염관 제안(鹽官齊安), 창주 신감(滄州神鑑), 마곡 보철(麻谷普徹), 불광 여만(佛光如滿), 장경 회휘(章敬懷暉), 대매 법상(大梅法常), 방온거사(龐蘊居士) 등이 그들이다.

마조는 위산 영우(潙山靈祐)와 황벽 희운(黃檗希運)을 낳고 위산은 앙산 혜적(仰山慧寂)과 향엄 지한(香嚴智閑), 영운 지근(靈雲志勤) 같은 용상을 두었다. 위산과 앙산에 의해 이루어진 위앙종이 탄생하니 5가 중 가장 먼저 성립된 종파이다. 그리고 황벽의 상족 백장 회해(百丈懷海)에게 선문의 영웅이 출생하니 이가 임제 의현(臨濟義玄)이다. 의현이 임제종의 개창조이며, 임제 하에는 삼성 혜연(三聖慧然), 위부 대각(魏府大覺), 흥화 존장(興化存獎)이 있고 흥화에겐 남원 혜옹(南院慧顒)이 있고 남원 하엔 수산 성념(首山省念)이 있고 수산 하에는 분양 선소(汾陽善昭)가 출현하고 분양은 석상 초원(石霜楚圓)을 낳는다. 석상의 양 고족 황룡 혜남(黃龍慧南)과 양기 방회(楊岐方會)가 탄생하니(북송 시대) 이가 바로 황룡파와 양기파의 시조가 된다. 황룡 아래엔 동림 상총(東林常總), 융경 경한(隆慶慶閑), 회당 조심(晦堂祖心)이 있고 그 아래에는 원통 가선(圓通家僊)이 있고 원통에겐 부산 법진(浮山法眞)이 있다. 양기의 상족에는 백운 수단(白雲守端)이 있고 백운은 오조 법연(五祖法演)을 낳고 오조는 장수 원정(長隨遠靜)과 원오 극근(圜悟克勤)을 두었다. 장수는 확암 지원(廓庵志遠)을 출생하고 원오는 호구 소륭(虎丘紹隆)을 낳는다. 호구는 응암 담화(應庵曇華)를 낳고 응암은 밀암 함걸(密庵咸傑)을 낳고 밀암은 파암 종신(破庵祖先)을 낳고 파암은 무준 사범(無準師範)을 낳고 무준은 운암 조흠(雲庵祖欽)을 낳고 운암은 급암 종신(及庵宗信)을 낳았다. 급암의 두 상족이 있으니 석옥 청공(石屋淸珙)과 평산 처림(平山處林)이다. 석옥은 고려의 태고 보우(太古普愚)와 백운 경한(白雲景閑)을 두고 평산은 나옹 혜근(懶翁慧勤)에게 전법을 하였다. 태고 보우는 9산선문의 가지산문 후손이며 동시에 임제종 양기파의 법손이 된다. 때문에 우리나라 조계종은 양기파와 9산선문은 법계를 잇고 있다.

그리고 청원에게선 석두를 거쳐 상족들이 출생하니 천황 도오(天皇道吾), 약산 유엄(藥山惟嚴), 단하 천연(丹霞天然), 대전 보통(大顚寶通) 등이 있다. 약산에게 도오 종지(道吾宗知), 선자 덕성(船子德誠), 운암 담성(雲巖曇晟)이 있고, 운암이 동산 양개(洞山良价)를 낳으니 이분이 조동종의 종조이다. 동산에게는 운거 도응(雲居道膺), 용아 거둔(龍兒居遁), 조산 본적(曹山本寂), 흠산 문료(欽山文遼) 등의 상족이 있다. 일반적으로 조동종이란 이름은 동산과 그의 제자 조산의 이름을 합친 이름이라 한다. 하지만 제자의 이름 첫자가 스승의 이름 위에 있을 수 없으니 조계 혜능의 조(曹)라 하기도 한다. 조산의 문중은 선종사에는 금봉 종지(金峰從志) 이외는 뚜렷한 이름이 보이지 않고, 운거 하에 동안 도비(同安道丕) 동안 상찰(同安常察) 등의 이름이 나타난다. 동안을 잇는 양산 연관(梁山緣觀), 그 아래 대양 경현(大陽警玄)은 투자 의청(投子義靑)을 낳고 투자는 부용 도해(芙蓉道楷)를 낳고 부용은 단하 자순(丹霞子淳)을 두니, 단하 아래에 천동 정각(天童正覺)이 출현하여 조동종이 크게 용틀임한다. 이 무렵 천동사 천동 여정(天童如淨, 1163~1228)에게 법을 얻은 일본 승 도원(道元, 1200~1229)에 의해 일본으로 전파되니(1227) 지금도 일본에서는 조동종이 제1종파로 융성하고 있다. 천동 정각과 여정은 거의 동시대에 묵조선을 대표하는 거장이다.

석두의 법자 천황은 용담 숭신(龍潭崇信)을 낳고 용담은 덕산 선감(德山宣鑑)을 낳으니 덕산에겐 설봉 의존(雪峰義存), 암두 전활(巖頭全豁) 등의 용상이 출현한다. 이어 설봉은 운문 문언(雲門文偃), 현사 사비(玄沙師備) 등 고족들을 두니 바로 운문은 운문종의 개조다. 그 아래에 향림 징원(香林澄遠)을 거쳐 지문 광조(智門光祚)가 출현하고 지문 하에 설두 중현(雪竇重顯)이 나타나 선문을 크게 중흥시킨다. 현사는 나한 계침(羅漢桂琛)을 거쳐 법안 문익(法眼文益)이 출현하니 이분이 법안종의 시조가 되며 2대 천태 덕소(天台德韶)와 3대 영명 연수(永明延壽) 이후에 법계가 희미해진다.

3) 우리나라 선맥보

초기 선맥보에서 보았듯이 우리나라에 선종을 처음 가지고 들어온 선사는 4조 도신에게 법을 받은 법랑(法郎)이나 멀리 이어지지 못하고 곧 사라진다.

(1) 9산선문의 선맥보

우리나라에 오늘날까지 지속되는 남종선은 서당 지장과 백장 회해에게 인가를 받은 도의 원적(道義元寂)이 귀국하니 우리나라 남종선의 초조가 된다. 제자 염거(廉居)를 거쳐 법손 보조 체징(普照體澄) 때에 가지산문을 열게 된다. 서당에게 인가를 받은 홍척(洪陟)은 우리나라 최초의 산문인 실상산문을 개산하고, 또한 서당에게서 전법한 혜철(惠徹)에 의해 동리산문이 형성된다. 염관 제안에게서 사굴산문 범일(梵日)이 출생하고, 남전 보원에서 사자산문 도윤(道允), 마곡 보철과 불광 여만으로부터 성주산문 무염(無染)이 출생하고, 장경 회운에게 봉림산문의 현욱(玄昱), 창주 신감의 진감으로부터 희양산문 도헌(道憲)이 탄생되니 우리나라 9산선문 중 8산선문이 출생한다. 그리고 청원과 석두를 조상으로 하는 동산 양개(洞山良价·조동종)의 제자 운거 도응(雲居道膺)으로 전법한 이엄(利嚴)이 수미산문을 개산하니 9산선문 중 가장 늦다. 다른 산문은 신라 때 개산되고 수미산문만이 조동종 개열이며 고려 태조 때가 된다.

이렇게 신라 8산산문과 고려의 수미산문을 통합하여 9산선문이 형성된다. 모두 남종선의 법맥을 이었는데 회양산문은 4조 도신의 법을 이은 법랑이 귀국하여 신행에게 법을 전하고, 또 신행은 입당하여 보지공에게 인가를 받기도 한다. 신행은 준범에게 준범은 혜은에게, 혜은은 지선 도헌에게 법을 전하니 이분이 회양산문을 개창한다(헌강왕 5년[879]). 그리고 마조의 법자 창주 신감으로부터 인가를 받은 쌍계 혜소에게 거듭 전법을 받으니 지선이 개창한 경북 문경에 주찰인 봉암사 회양산문은 법랑의 법손인 동시에 마조계의 법을 동시에 잇게 된다.

때문에 9산선문 모두가 크게 보아 혜능의 남종선의 법손들로 가득 찬다. 또 세분화해보면 가장 나중인 고려 태조 15년(932)에 개창한 수미산문은 청원계인 석두의 법맥을 잇는 조동종의 종조 동산 양개의 전법제자인 운거 도응으로부터 법을 이은 이엄에 의해서 개산되니 남종선인 동시에 조동종의 법맥이 흐른다.

이 두 산문을 제외한 7산산문은 모두 남악계인 마조의 직전제자들에게 법을 잇게 된다. 우리나라 초조 도의는 서당 지장과 백장 회해에게 제일 먼저 법을 받고 헌덕왕 13년(821) 귀국하였으나 법손인 보조 체징에 의해 가지산문이 개창된다(문성왕 1년[839]). 가지산문은 고려 중엽 보각 일연(普覺一然)

을 배출하였고 고려 말 태고 보우(太古普愚)를 낳았다. 그의 법계는 오늘날까지 전승되고 있다.

같은 서당에게 법을 받은 홍척은 9산선문 중 남원 실상사를 주찰로 하여 제일 먼저 개산(흥덕왕 3년[828])하니 실상산문이다. 이어 서당에게 법을 받고 귀국한 혜철에 의해 전남 곡성의 태안사에서 동리산문(문성왕 1년[839])이 개산되며, 문손으로는 풍수지리의 원조인 도선을 배출하였다.

다음은 마조의 법자 염관 제안에게 사법한 범일이 강릉 굴산사를 주찰로 사굴산문을 개창하였다(850). 개청과 행적 등의 제자를 두었으며, 고려 중엽 보조 지눌(普照知訥)을 잇는 15국사와 나옹 혜근(懶翁慧勤)과 무학, 함허는 사굴산문의 문손들이다.

다섯 번째로 개산한 성주산문은 무염이 입당하여 불광 여만과 마곡 보철에게 인가를 받고 문선왕 7년(845)에 귀국하여 공주 성주사에서 개산한 것이다.

여섯 번째로 개산한 사자산문은 헌강왕 때(825) 입당하여 마조의 제자 남전 보원에게 인가를 받고 847년에 귀국한 도윤이 오랫동안 전남 무순 쌍봉사에서 선풍을 진작하다가 입적함에 상족인 증효 절중이 영월 사자산 흥녕사를 확장하여 스승 도윤의 선풍을 천양한 것이다. 사자산문의 뿌리는 도윤에게 있고 실제로 사자산문을 개창한 분은 절중이다.

일곱 번째로 산문을 개창한 회양산문에 대해서는 위에서 기록하였고, 여덟 번째로 개창한 산문은 봉림산문이다. 개산조 현욱이 헌덕왕 16년에 입당하여 마조의 고족인 장경 회휘에게 사법하고 837년에 귀국하여 여주 혜목산 고달사를 창건하고 선법을 폈으며, 그의 제자 심희가 현 경남 창원읍 봉림리에 봉림사를 창건하여 혜목 현욱을 개산조로 하였다.

아홉 번째로 진성여왕 10년(870)에 이엄이 입당하여 조동종 운거 도응에게 사법한 후, 효공왕 15년에 귀국하였다. 왕건과 인연이 있어 설법하였으며, 고려 태조가 된 후 932년 교칙을 내려 황해도 해주 수미산에 광조사를 개창하니 수미산파이다.

흔히 우리나라는 신라 때 9산선문이 통칭하여 선종 혹은 조계종으로 불리어왔다. 상고해보면 신라시대 교종인 5교와 대칭하여 9산선문을 선종이라 범칭하여 부르다가 고려 숙종 시 대각 의천에 의해 천태종이 성립되매, 조계 보림사 혜능을 종조로 하는 9산선문을 총칭하여 조계종이라 부르게 된다. 그리고 조선 세종 때에 화엄, 자은, 중신, 시흥 등 4종을 합해 교종으로 삼고, 조계, 천태, 총남 등 3종을 합해 선종으로 불렀지만 고려 이후 300여 년 불려오던 조계종이란 말로 상전되고 있었다. 선조 때 교종인 5교와 선종인 천태종 총남종이 사라지자 오직 우리나라는 조계종만이 일체 종을 통합하는 조계선종을 우선하는 통불교가 된다.

(2) 태고 · 나옹의 선맥보

우리나라 남종선의 초조인 도의 원적은 입당하여 마조의 상수제자 서당 지장과 백장 회해에게 사법하고 귀국해 염거에게 전법한다. 염거의 제자 보조 체징은 도의를 종조로 삼아 실상사에서 9산선문 중 가지산문을 개창한다. 가지산문이 배출한 인물로 고려 중엽에 『삼국유사』를 저술한 보각 일연(普覺一然)이 있다. 일반적으로 9산선문 이래 고려 말엽에 이르러 여태 득도사(得度師)를 정사승(正師僧)으로 하던 것을 태고 보우에 대에 이르러는 차츰 수법사(受法師)를 정사승으로 보게 된다. 예건대 환암 혼수는 사굴산문에서 출신하여 태고에게 사법하였으며, 전례로 보아 사굴산문 아래 혼수로 두어야 하던 것이 태고 문손들에 의해 태고의 정맥을 이은 이로 간주된다. 도의가 입당하여 서당과 백장에게 전법하여 내려온 법맥이 태고에 이르러 중국으로 들어가 임제종 양기파 11대 석옹청 공에게 사법하니 태고는 가지산문과 양기파의 법맥을 아우르게 된다. 곧 태고는 석가세존 이후 57대가 된다.

9산선문의 사굴산문은 통효 범일(通曉梵日)이 중국에 들어가 마조의 법자 염관 제안에게 사법하고 귀국하여 강릉 학산에 굴산사를 주찰로 개산한 것이다. 범일은 상족인 개청과 행적을 두었으며, 예종 때는 혜소국사가 굴산문중을 번성케 하였고, 그의 제자로는 광지, 탄연, 영보, 이자현 등이 있다. 곧 이어 범일의 후손인 종휘(宗暉)에게 고족인 보조 지눌(普照知訥)이 출생하니 수선사(순천 송광사)에서 정혜결사를 하여 혼란한 불교를 바로 잡은 이분이 불일 보조선사이다. 12세기에 고려는 무신의 정변을 맞아 100여 년간 타락하고 피핍하였다. 보조는 동학 10여 인이 정혜결사로 청정한 선문의 가풍을 진작하였으며 보조 이후 9산선문을 조계종이라 통칭하게 되는데, 대각 의천(大覺義天)이 부르짖은 천태종에 반하여 9산선문을 조계종이라 통칭하게 된 것이다. 보조의 상족 진각 혜심(眞覺慧諶)은 바로 『선문염송』과 『무의자시집』에 선시 400여 수를 남긴다. 이분이 우리나라 선시의 초조가 된다. 사굴산문에서 송광사의 16국사와 나옹 혜근(懶翁慧勤)이 출현한다. 나옹이 중국에서 임제종 양기파 11대 평산 처림에게 사법하니 나옹은 9산선문의 사굴산문과 양기파의 법통을 같이 잇고 있다. 나옹은 무학 자초(無學自超)를 두고 무학의 제자 함허(涵虛)가 출현하여 오늘날 조계종의 한 뿌리가 된다.

(3) 조선시대와 근대의 선맥보

신라시대의 5교 양종은 조선조에 들어와서 모든 법맥이 단절되고 그 종풍을 후세에 전하지 못하나 선종은 신라 헌강왕 이래 현금까지 이어져 조선 천하가 조계종 일색이 된다. 큰 흐름으로 보았을 때, 신라불교를 통칭하는 5교 9산 중 교종인 5교에 상대하여 선종의 9산선문이라 호칭하고 다시 이것을 합하여 오늘날 조계종의 뿌리가 되는 것이다. 고려 말엽 태고와 백운이 양기파의 석옥의 법맥을 받아왔고 나옹은 석옥의 사형제 되는 평산에게 양기파의 법맥을 받아와 지금까지 사자상승된다. 환암 혼수(幻庵混脩, 1320~1392)와 무학 자초(無學自超, 1327~1403)는 굴산선문 나옹의 제자이다. 그러나 나옹과 태고, 즉 두 분의 제자로 비문에 나온다. 또 구곡 각운(龜谷覺雲)은 보조 지눌의 제6세 법손으로 환암 혼수의 제자가 아니라 졸암의 제자이고 졸암은 보조의 법맥이기 때문에 오는 혼돈이다.[2]

---

2)　조계의 법맥은 여기에 와서 학자들 간에 異說이 많다. 그중 대표적인 것을 몇 가지 들고자 한다. 이설이 있는 서산대사의 법계는 그의 오대조 되는 환암 혼수를 살펴야

그리고 구곡에게 멀리 원사한 벽계 정심(碧溪正心)이 벽송 지엄(碧松智嚴, 1454~1534)에게 사법한다. 벽계 정심은 성종 때 사태(沙汰)로 황악산에 숨어서 머리를 기르고 처자를 거느리며 일생을 마친 거사이다.[3][4] 고려 말이나 초선 초의 법계에 대해서는 학자들의 이론이 분분[5]하나 필자는 여기서 이미

한다. 나옹파는 환암을 나옹의 사법제자라고 나옹의 행장이나 碑銘(고려 우왕 3년 [1377]), 이색이 撰한 「驪州神勒寺普濟禪師舍利石鐘碑後陰記」)에 '門生 前住持 松廣 廣通無碍圓妙大智普濟大禪師 幻庵混修'라 실렸고, 또 우왕 10년(1384)에 이색이 찬한 「平壤道延山府 妙香山安心寺 懶翁舍利石鐘碑後陰記」에 '門生 名目 比丘國師大曹 溪宗師 禪敎都摠攝…… 幻庵混修' 라 記載되어 있다. 그리고 태고파에서도 환암 혼수가 태고의 사법제자라는 기록이 있다. 즉 태고의 비명과 행장이 전하고 있다. 고려 우왕 11년(1385)에 이색이 찬한 「太古普愚 圓證國師塔碑銘後陰記」에 '門徒 國師智雄 尊者混修'라 실려 있고 또 그의 제자 유창이 쓴 『圓證國師行狀記』는 우왕 9년(1383)에 찬한 것인데, '其推爲上首輩者 曰幻菴和尙 今爲國師正辯智雄尊者'라 실려 있다. 그러나 사자상승된 기록은 없다. 연대는 나옹의 기록들이 모두 태고의 기록보다 앞서 있음을 볼 수 있다(정황진,「조선불교의 사법계통」,『불교』 신집 제5호 참고).

3)　金映遂,「조계선종에 대하여」,『한국조계선종의 성립사연구』 불교사학회 편, 1981, 141~149쪽 참조.

4)　『조선선교사』 259항,『동문선』 51, 131항의 구곡 각운의 기사에 의하면 각운은 호남 용성인이다. 공민왕과 각운이 『전등록』을 법담하기에 공민왕이 그 그릇을 알고 숭상하여 〈달마절노도강도〉, 〈보현육아백상도〉에 구곡 각운 4자를 친필로 써주어 각운에게 하사하고, 대조계종사선교도총섭숭신진승근수지도대선사란 법호를 내렸다는 기록으로 보아 고려 말과 조선 초 스님으로 추측된다. 또 각운의 법계는 보우, 환암, 구곡 각운(송광사 개창비)으로 이어지는 비문이 있고, 또 평남 평원군 법흥산 법흥사 전등법맥엔 제1조 태고 보우―제2조 환암 혼수―제3조 구곡 각운―제4조 벽계 정심―제5조 벽송 지엄―제6조 부용 영관―제7조 청허 휴정이란 기록이 있다 (장원규,「조계종의 성립과 발전에 대한 고찰」, 불교사학회 편,『한국조계선종의 성립사연구』, 1981, 214~215쪽 참조).

5)　수법의 중요성이 대두되면서, 태고와 나옹 시대에서 시작되는 正師僧이 得度師냐 受法師냐 하는 문제는 9산선문이 조계종으로 통칭되어온 시대를 살펴보면 그 시대에 보각 일연이나 혹은 중국으로 유학하여 심법을 받은 승려들이 법을 이은 분의 법계를 따른 것이 아니고 모두 귀국하여, 가지산문이면 조계종 가지산, 조계종 실상사, 대종사라고 본래 득도한 산문을 그대로 썼음을 그 비문들이 증명하고 있다. 한 예로 가지산문에서 득도한『삼국유사』의 저자 일연은 나라에서 보각존자로 사호를 받는 한 시대의 큰 스승이었지만, 그가 拈香할 때 목우자 보조 지눌에게 법을 잇는다는 발표를 한다. 그렇지만 그의 비석명에는 '曹溪宗麟角寺迦智山下普覺國尊'으로

청허 휴정(淸虛休靜, 1520~1604) 사후에 그의 법자들에 의해 정립되어 오늘날까지 이어지는 법계를 존중하여 그대로 기재한다. 곧 비문에 의하면 나옹이나 태고의 상수제자이며 사법제자인 환암 혼수에 의해 구곡 각운에게 사법되고 구곡을 원사(遠嗣)한 벽계 정심, 곧 환속한 거사 정심에 의해 조계종맥이 이어지게 된다. 구곡원사(龜谷遠嗣)라는 청허의 전언을 그대로 존숭하여 벽송 지엄, 부용 영관(芙蓉靈觀), 청허 휴정으로 잇게 됨을 살필 수가 있다. 나옹의 법계는 무학 자초와 환암 혼수에게 전법하였고, 무학은 함허 득통(得通己和, 1376~1433), 함허 이후는[6] 선종사에 나타나지 않고, 성종의 불

기록되어 있다.

6) 혜각존자 신미(慧覺尊者 信眉, 1403~1480) : 세종으로부터 禪敎都摠攝 密傳正法 悲智雙運 祐國利世 圓融無碍 慧覺尊者란 사호를 받은 수암당 신미는 훈민정음 창제에도 일등공신이었다. 그는 당대에 유일하게 산스크리트어, 팔리어, 티베트어, 몽고어, 일본어와 한문에도 능통한 대학자였다. 세종실록에서는 신미가 훈민정음 창제에 참여했다는 기록을 찾아볼 수 없으나, 『복천보감』 『수암실기』 『영산김씨대동보』 『허균문집』 『김수온문집』에서는 관련 자료를 찾을 수 있다. 그리고 동시대의 학자 성현(1439~1504)의 『용재총화』나 『지봉유설』에는 훈민정음이 범어나 티베트어에서 나왔다고 실려 있고 그때 산스크리트어(범어)에 능통한 사람으로는 신미가 있을 뿐이다. 『영산김씨대동보』에는 김수생(신미)은 '집현전 학사였고 세종의 총애를 받았다(集賢院學士 得寵於世宗)'고 기재하고 있다. 세종실록에 집현전 학자들의 상소문을 통하여 볼 수 있는 것은 모두 사대주의와 숭유억불이 조선의 정책이며 그들의 정신이었고 불교는 단지 말살해야 할 반대편의 요설로 간주된다. 당시 조선 건국 초기로 臣權이 강하던 시대, 사대주의와 숭유억불 정책의 정사인 실록에 기록될 수 없었다.

   실록뿐만 아니라 말살의 증거로서 언해한 초간본에 있던 신미의 이름이 복간본엔 삭제된 고서들을 볼 수 있다. 그러나 세종은 신미를 왕사 격으로 공경하고 역마를 타고 궁궐 내 정음청을 드나들게 하였다. 더욱 확증적인 증거로, 용암화상(龍巖和尚)이 찬술한 『실담장해의총론(悉曇章解義總論)』에 있는 범자오십자모실담장(梵字五十字母悉曇章)을 주석한 내용에서 훈민정음 자모인 칠음(七音 : 牙·舌·脣·齒·喉·半舌·半齒)과 또한 '·ㅣㅡ' 삼재(三才)의 근원을 확인할 수 있다. 따라서 실담장 오십자문이 훈민정음 창제의 근거인 사성과 칠음 원리의 자료가 되기에 충분하다고 확인된다. 또 훈민정음의 표기법과 언해 자료, 자음병서의 이치를 실담어(범어·산스크리트)와 비교, 분석함으로써 훈민정음의 기초를 세운다.

   신미대사는 산스크리트어와 티베트어, 몽고어, 일본어 등에 통달하였고 학문을 겸비한 최고의 석학이었다. 계해 정통 11년(1446) 9월 상한 세종대왕께서 훈민정음 28

자를 공표하셨다. 정음 창제는 정음지작무소조술(正音之作無所祖述), 즉 어떤 조사(祖師)도 창제할 수 없다는 결정적인 고백을 집현전 학자들이 하게 된다. 산스크리트어 음운법칙과 자음합용병서(字音合用竝書)는 훈민정음과 일치한다. 때문에 훈민정음 창제의 주역이 신미라 보는 학설의 근거가 한층 확실해진다 하겠다.

세종이 병환으로 붕어할 때 문종에게 禪敎都摠攝 密傳正法 悲智雙運 祐國利世 圓融無碍 慧覺尊者란 시호를 내리라는 유언을 하였다. 발표하자 모든 유학자들은 우국이세와 혜각존자라는 문구를 사제할 것을 상소하였고, 많은 논란 끝에 '우국이세'와 '존자'란 칭호를 빼고 大曹溪禪敎宗 禪敎都摠攝 密傳正法 承揚祖道 體用一如 悲智雙運 度生利物 圓融無碍 慧覺宗師란 이름으로 사호를 내리게 된다. '우국이세' 곧 '나라를 돕고 세상을 이롭게 하다'란 말은 훈민정음의 기초를 닦아 백성들에게 이롭게 하였음을 말한다. 그 후, 세조가 신미를 찾아 법주사 복천암을 찾았다는 기록이나, 또 당시 상원사 주지였던 신미를 찾아 오대산 상원사에 간 기록과 유물이 남아 있다(국보 292호, 상원사중창권선문이 월정사 박물관에 보관). 지금 상원사에 있는 국보 221호 문수동자상이나 그 복장에서 나온 세조의 속옷이나 권선문에 기록이 있다. 또 신미의 부도탑 속에서는 그의 친필인 산스크리트어 문서나, 1443년 창제되고 1446년에 반포된 훈민정음보다 8년이나 앞서 있는, 세종 8년(1438)에 만들어진 『圓覺禪宗釋譜』라는 책이 발견되었다. 이것은 공식 발표 이전에 누군가에 의해 실기되었음을 말한다. 위의 책의 언해는 세조 6년(1461)에 신미가 언해한 『수능엄경언해』와 음운 표기가 정확히 일치함을 보아 두 책 모두 신미의 소작이라는 것을 알 수 있다.

나옹의 법맥을 상기해보면 나옹의 법자 무학 자초와 함허 득통으로 이어지고, 함허 이후는 無後로 나타난다. 무학은 태조의 국사였고 그의 제자 함허 득통은 유교와 불교에 능통한 당대의 대석학이며 조선 초 불교를 대표하는 인물이었다. 그의 저술 『금강경오가해설의』가 신미와 학조, 학열 등에 의해 언해되었다. 또 당시 훈민정음을 널리 알리기 위한 언해한 서책의 대부분은 집현전 학자에 의한 유교의 전적이 아니라 80퍼센트가 불경이었고 세종의 직계인 문종, 수양대군, 안평대군, 정의공주 등에 의해 비밀리에 훈민정음이 만들어졌고 언해된다. 이것은 훈민정음 해례를 지은 정인지의 서문에도 잘 나타난다. 이와 같은 정황을 볼 때, 신미가 훈민정음의 주역이라 봄이 타당할 것이다.

이능화의 『조선불교통사』에 의하면 함허를 잇는 법계가 신미, 다음 학열·학조로 이어짐을 상기할 수 있다. 이들은 모두 당시에 드러난 학자이며 선사였다. 세종실록이나 문종, 세조실록에 의하면 신미와 훈민정음이 연관된 흔적을 찾을 수 없고 신미나 그의 제자 학열, 학조는 요승, 간승으로 나타난다. 이것은 세종과 문종, 세조를 잇는 명실상부한 왕사 신미와 그의 후예인 학열, 학조 그 법계 자체인 곧 함허─신미─학열·학조의 선맥이 훈민정음 창제나 언해에 유학자들과 맞서 있던 관계로 불교를 옹호하던 세종, 문종, 세조의 시대가 지남에 따라 극도의 핍박을 받았음을 시사한다. 더욱이 성종 2년에 간경도감이 폐지되고 적극적인 억불의 사태를 맞이하여 유학자들의 핍박을 받던 함허 이후의 선맥은 말살된다. 태고 보우와 환암 혼수를 잇는 선맥이 성종 때 불교 사태(沙汰)에 의해 환속한 벽계 정심으로 이어지고, 이 법계가 서산(淸虛

교 사태를 맞아 법맥이 희미해져버린다.

부용 영관(芙蓉靈觀, 1485~1571)은 청허 휴정과 부휴 선수(浮休善修, 1543~1615)를 얻으니 우리나라 모든 조계종 문도는 이 두 분의 제자들이 된다. 특히 청허에겐 많은 제자가 있지만 4대문파가 뚜렷하다. 우리나라 계맥은 대부분 이분의 계맥을 계승한다.

청허의 4대문파라 함은 송운유정파(松雲惟政派), 편양언기파(鞭羊彦機派) 정관일선파(靜觀一禪派), 소요태능파(逍遙太能派)를 가리킨다.

먼저 송운은 송월 응상을 낳고 송월은 허백 명조, 춘파 의언, 금봉 천오를 둔다. 또 허백은 송파 의흠, 청맥 학흠, 취월 송헌 등을 두고, 금봉에게는 백화 망수 등이 있다.

다음 편양 언기의 법은 풍담 의심, 청엄 석민 등에 부촉하여 문파가 7파로 나누어진다. 그중 풍담파가 가장 융성하였다. 풍담의 고족에 월저 도안, 월담 설제 등이 있어 14파로 나누어진다. 풍담의 14파 중 가장 융성한 파는 월저 도안이니 그의 입실제자로 설암 추붕과 추곡 처호 등 10인이 있고, 월담파에서 환성 지안(喚醒志安, 1664~1729)이 출생하여 호암 체정(虎岩體淨), 설송 연초(雪松蓮初), 함월 해원(涵月海源)과 용성 진종(龍城震鐘)이 원사하니 그의 선맥이 오늘날까지 흥성하고 있다.

그리고 부용 영관의 법자 부휴 선수는 벽암 각성과 환적 인문, 고한 휘언을 낳고 벽암 각성은 취미 수초와 백곡 처능을 낳았고, 취미는 백암 성총을 두었다. 이 문파는 소수이지만 선종사에 나타난다.

호암에게 청봉 거안(靑奉居岸), 설파 상언(雪坡尙彦), 연담 유일(蓮潭有一), 풍악 보인(楓嶽普印) 등이 있고 청봉에서 5대에 이르러 만화 보선이 경

休靜)의 법손들에 의해 태고 보우-환암 혼수-구곡 각운-벽계 정심-벽운 지엄-부용 영관-청허 휴정·부휴 선수로 정리되었음을 추론할 수 있다.

허 성우(鏡虛惺牛, 1849~1912)를 낳으니 이분이 우리나라의 달마라 불리어 진다. 경허는 수월 음관(水月音觀), 혜월 혜명(慧月慧明), 한암 중원(漢岩重遠) 만공 월면(滿空月面) 등의 당대 거선을 출현시킨다. 혜월은 운봉 성수를 , 운봉은 향곡을, 향곡은 현 조계종정인 진제를 낳는다. 그리고 한암 중원(漢岩重遠, 1876~1951)은 대강백 탄허 택성(吞虛宅成, 1913~1983)과 보문 현로를 낳는다. 다음 설파는 설봉 회정을, 설봉은 백파 긍선을 낳고 백파로부터 6대에 이르러 설유 처명이 출현하고 그의 제자에 당대의 대강백인 영호 정호(映湖鼎鎬, 1870~1948)와 금화 수성이 있고 영호는 청담 순호(青潭淳浩, 1902~1971)를, 금화는 학명 계종을 두었다. 그리고 호암의 한 고족인 연담으로부터 6대에 이르러 만암 종헌(曼庵宗憲, 1876~1957) 조계종 종정이 탄생되고 그의 법자로 조계종 5대 종정인 서옹 상순(西翁尙純, 1912~2003)과 벽산 금타(碧山金陀, 1898~1948)가 있다. 이어 서옹은 제산 종성(濟山宗成, 1930~2004)을, 금타는 무주 청화를 낳는다.

또 호암에게 풍악 보인이 있으니 풍악으로부터 9대에 이르러 불세출의 정신 용운 봉완(龍雲奉琓, 1879~1944)이 출생하니 이분이 만해다.

환성 지안의 한 파인 설송 연초에서 8대에 이르러서 성해 남거가 경봉 정석(鏡峰靖錫, 1892~1982)과 구하 천보를 두니 근래의 선지식들이다. 다음 환성의 법자인 함월 해원으로부터 9대에 이르러 석두 보택이 출생하니 석두는 조계종정을 지낸 효봉 학눌(曉峰學訥, 1888~1966)을 낳고, 그의 제자로 구산 수련과 길상 법정이 있다.

그리고 근래의 대선지식인 용성 진종(龍城震鐘, 1864~1940)이 있으니 그는 200여 년을 뛰어넘어 환성 지안에게 원사했다. 많은 경전을 한글로 번역했으며 3 · 1독립운동에 불교 대표로 참가하였다. 그의 문하에 기라성 같은 선지식이 출현하니 동산 혜일(東山慧日, 1862~1937), 동헌 완규(東軒完奎), 동암 성수(東庵性洙), 고암 상언(古庵祥彦, 1899~1988, 조계종 3, 4, 6대 종정), 인곡 창수(麟谷暢洙), 자운 성우(慈雲盛祐) 등 많은 영납을 배출하였다. 특히 동산은 퇴옹 성철(退翁性徹, 1912~1993, 조계종 7, 8대 종정)을 낳고 퇴옹은 도림 법전(道琳法田, 조계종 11, 12대 종정)을 낳고, 인곡은 10대 종정을 지낸 혜암 성관(慧菴性觀, 1885~1985)을 두었고, 고암은 성준 성각을, 성준은 설악 무산(雪嶽霧山)을 낳으니 이분이 현대 선시의 시맥을 잇고, 만해축전과 만해대상을 출현시킨 오현이다. 자운은 근래의 대강백인 가산 지관(伽山智冠, 1932~2011)을 배출하였다.

2. 선종의 선맥도

1) 초기 선맥도

菩提達磨(28) – 二祖慧可 – 三祖僧瓚 – 四祖道信 ┬ 五祖弘忍 ┬ 六祖慧能 ┬ 靑原行思
                                                ├ **牛頭法融** ├ **大通神秀** ├ 南嶽懷讓
                                                └ **新羅法郞** ├ **資州智詵** ├ 南陽慧忠
                                                                      └ 崇山法如 ├ 永嘉玄覺
                                                                                                └ **荷澤神會**

* **牛頭法融**(32) – 知嚴 – 慧方 – 法持 – 智威 ┬ 玄素慧忠 ┬ 淸凉澄觀 –
  (우두종)   ├ 五臺無着
                                                           └ 佛窟唯則
                                                  └ 鶴林玄素 – 徑山道欽 – 鵲窠道林

禪, 민가들의 안음

大通神修 ↘
   大照普寂 – 志空
                ↘

* **新羅法郞** – 海東信行 – 遵範 – 惠隱 – **智詵道憲** – 伯岩楊孚 – 靜眞
                                         ↗ (회양산문)
        南嶽懷讓 – 馬祖道一 – 滄州神鑑 – 雙溪慧昭
                             (眞鑑)

* **資州智詵** – **資州**處寂 – **靜衆無相** ┬ 淨衆神會 – 聖壽南印 – 義俛
                    (정중종) └ 保塘無住

* **大通神秀** – 大照普寂 ┬ 定州石藏　– 義晩
   (북종)   ├ 志空　　　– 海東信行
                    └ 敬愛法玩　– 少林淨業

* 荷澤神會 – 磁州法如 – 惟忠 – 遂州道圓 – 圭峰宗密
  (하택종)

2) 5가 7종 선맥도

靑原行思 (34) – 石頭希遷 (35)
天皇道吾 (36) – 龍潭崇信 – 德山宣鑑
雪峰義存 –
巖頭全豁
丹霞天然 – 翠微無學 – 投子大同
大顚寶通
藥山惟嚴
道吾宗知 – 石霜慶諸
九峰道虔
雲蓋志元
覆船洪存
船子德誠 – 夾山善會 – 洛浦元安
雲巖曇晟 – 洞山良价 – (38)
● 六祖慧能 (33)
南陽慧忠
耽源眞應
肅宗帝
永嘉玄覺
荷澤神會 (하택종)
磁州法如 – 荊南惟忠 – 大德道圓 – 圭峰宗密
五臺無明 – 華嚴澄觀
南嶽懷讓 – 馬祖道一 (홍주종) (36)
西堂智藏
新羅慧哲
新羅洪陟
道義原寂 –
百丈懷海 (36)
黃檗希運 (37)
臨濟義玄(38) –
裴休
睦州道明 – 陳操尙書
潙山靈祐 (위앙종)
仰山慧寂
南塔光湧 – 芭蕉慧情
無着文喜
西塔光穆 – 資福如寶
香嚴智閑
靈雲志勤
劉鐵磨
伍峯常觀
百丈涅槃
長慶大安 – 大隋法眞

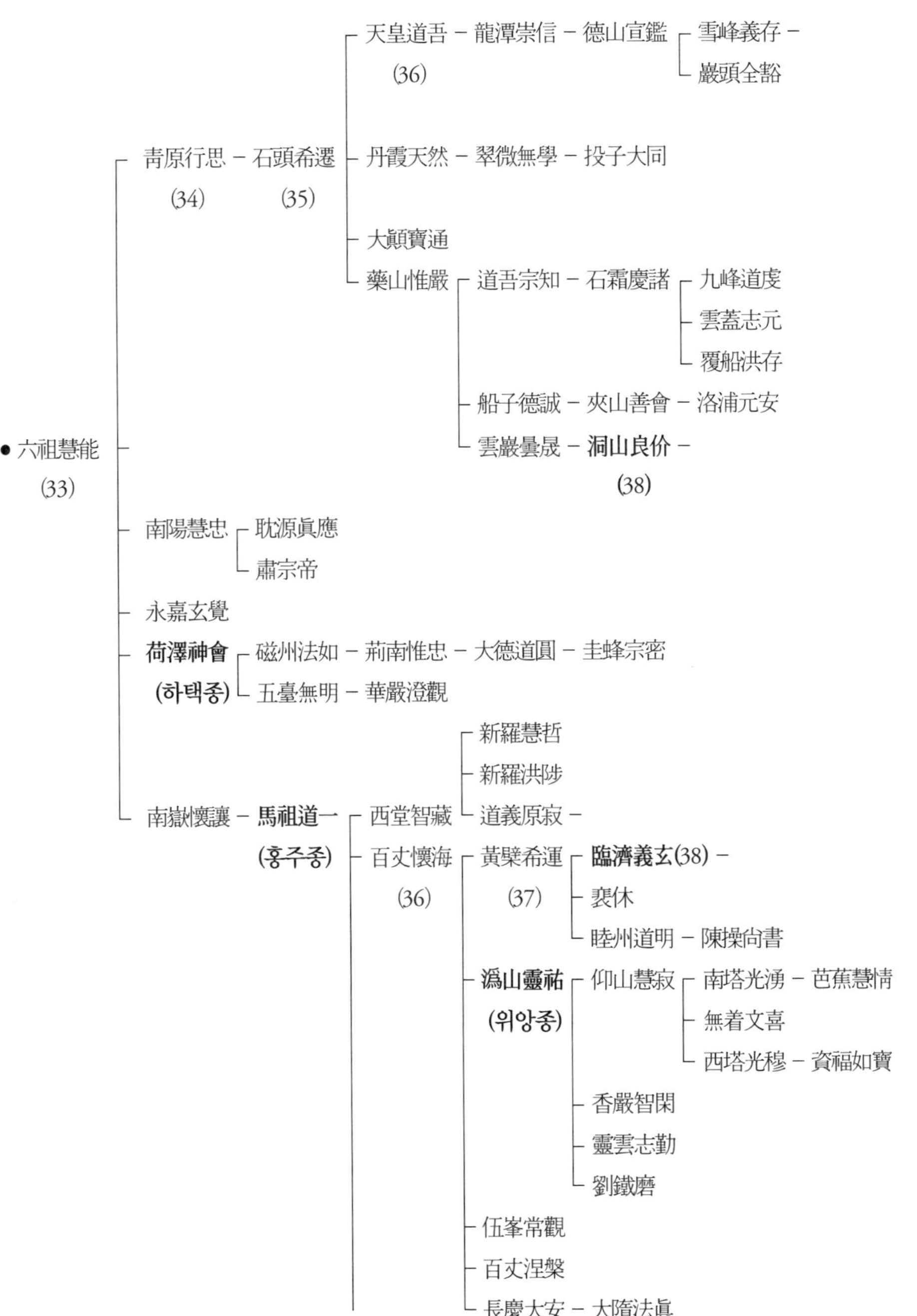

南泉普願 (36) ─ 趙州從諗
　　　　　　 ─ 長沙景岑
　　　　　　 ─ 陸亘大夫
石鞏慧藏
佛光如滿 ─ 新羅無染
　　　　 ─ 白居易
歸宗智常 ─ 高安人愚
鹽官齊安 ─ 通曉梵日
　　　　 ─ 宣宗帝
大珠慧海
滄珠神鑑 ─ 新羅眞鑑
麻谷寶徹 ─ 新羅無染
大梅法常 ─ 杭州天龍 ─ 金華俱胝
盤山寶積 ─ 鎭州普化
龐蘊居士
滄州神鑑 ─ 新羅眞鑑 ─ 智詵道憲
興善惟寬

禪, 민가들의 언어

● 雪峰義存 (39)
├─ 雲門文偃 (운문종)
│　├─ 雙泉師寬 – 五祖師戒 – 泐潭懷澄 – 大覺懷璉 – 金山寶覺
│　├─ 洞山守初 – 福嚴良雅 – 北禪智賢 – 法昌倚遇
│　├─ 香林澄遠 – 智門光祚 – 雪竇重顯 – 天衣義懷 – 慧林宗本
│　└─ 圓明緣密 – 文殊應眞 – 洞産曉聰 ─ 雲居曉舜
│　　　　　　　　　　　　　　　　　　 └─ 佛日契嵩
├─ 長慶慧稜 – 報慈慧朗
├─ 玄沙師備 (40) – 羅漢桂琛 – 法眼文益 (법안종) ─ 天台德韶 – 永明延壽
│　　　　　　　　　　　　　　　　　　　　　　　　 └─ 歸宗策眞
│　└─ 清溪洪進
├─ 鼓山神晏 – 鼓山智巖
├─ 鏡淸道怤 – 保福從展
└─ 翠巖令參

● **洞山良价** ─ 雲居道膺 ┬ 同安道丕 ─ 同安觀志
(38 조동종)　　　　　　　└ 同安常察 ─ 梁山緣觀 ─ 大陽警玄 ─ 投子義靑 ┬ 芙蓉道楷 ┐
　　　　　　　　　　　　　　　　　　　　　　　　　　　　　　　　　　　└ 大洪報恩 ┘
　　　　　　　　　　　　　　┬ 丹霞子淳 ─ 天童正覺
　　　　　　　　　　　　　　└ 枯木法成 ─ 長蘆淸了
　　　　　　├ 龍兒居遁
　　　　　　├ 曹山本寂 ─ 金蜂從志
　　　　　　└ 欽山文遂

　　　　　　　　　　　　　　　　　　　　　　　　　　　　　　　┬ 翠巖
● 臨濟義玄 ┬ 三聖慧然　　　　　　　　　　　　　　　　　　　├ **楊岐**
(39 임제종)├ 興化存奬 ─ 南院慧顯 ─ 風穴延沼 ─ 首山省念 ┬ 汾陽善昭 ─ 石霜楚院 └ **黃龍**
　　　　　　├ 寶壽 沼　─ 二世寶壽　　　　　　　　　　　　├ 葉縣歸省 ─ 浮山法遠
　　　　　　└ 灌溪志閑　　　　　　　　　　　　　　　　　　└ 興敎守芝 ─ 雲峰文悅

　　　　　　　　　　　　　　　　　　　　　　　┬ **大慧宗杲**(50) ─
● **楊岐方會** ─ 白雲守端 ─ 五祖法演 ┬ 圜悟克勤 ┬ 虎邱紹隆 ─ 應庵曇華 ─ **密庵咸傑**(52) ─
(46 양기파)　　　　　　　　　　　　　│　　　　　│　　　　　　　─ 長隨元靜 ─ 廓庵志遠
　　　　　　　　　　　　　　　　　　├ 佛鑑慧懃 └ 佛眼淸遠 ┬ 雪堂道行
　　　　　　　　　　　　　　　　　　│　　　　　　　　　　└ 竹庵士珪
　　　　　　　　　　　　　　　　　　└ 開福道寧 ─ 月庵善果 ─ 老衲祖燈 ─ 月林師觀 ─ 無門
　　　　　　　　　　　　　　　　　　　　　　　　　　　　　　　　　　　　　　慧開

▶ 大慧宗杲 ┬ 佛照德光 ─ 北礀居簡 ─ 物初大觀 ─ 晦機元熙 ─ 笑隱大訢 ─ 季潭宗泐
　　(50)　 ├ 無用淨全 ─ 笑翁妙堪 ─ 無文道燦
　　　　　　└ 懶庵鼎需 ─ 木庵安永 ─ 晦翁悟明 ─ 苦口良益 ─ 筏渡普慈 ─ 相國道顯

▶ 密庵咸傑 ┬ 松源崇嶽 ─ 運庵普巖 ─ 虛堂智愚　寶葉妙源
　　(52)　 └ 破庵祖先 ─ 無準師範 ─ 雪庵祖欽 ┬ 及庵宗信 ┬ 石屋淸珙 ┬ 白雲景閑
　　　　　　　　　　　　　　　　　　　　　　　│　　　　　│　　　　　└ **太古普愚**
　　　　　　　　　　　　　　　　　　　　　　　│　　　　　└ 平山處林 ─ **懶翁惠勤**
　　　　　　　　　　　　　　　　　　　　　　　└ 高峰原妙　　　　　　　　(58)

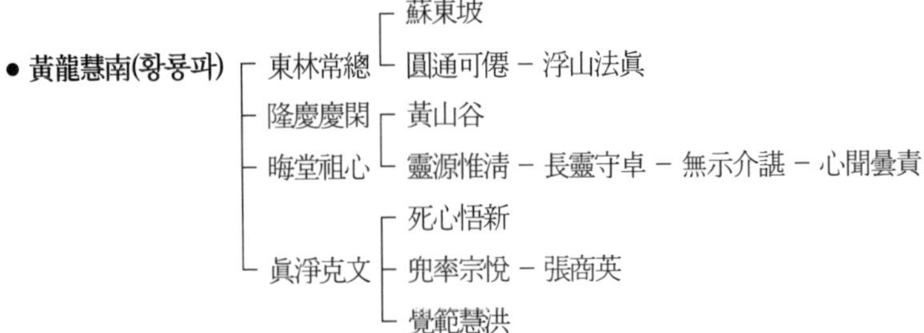

● **黃龍慧南(황룡파)** ┬ 東林常總 ┬ 蘇東坡
　　　　　　　　　　　└ 圓通可僊 – 浮山法眞
　　　　　　　　　├ 隆慶慶閑 ┬ 黃山谷
　　　　　　　　　├ 晦堂祖心 └ 靈源惟淸 – 長靈守卓 – 無示介諶 – 心聞曇賁
　　　　　　　　　└ 眞淨克文 ┬ 死心悟新
　　　　　　　　　　　　　├ 兜率宗悅 – 張商英
　　　　　　　　　　　　　└ 覺範慧洪

● 翠巖可眞 – 眞如慕喆 – 普融道平 – 淨因繼成 – 冶父道川

3) 우리나라 선맥도

(1) 9산선문 선맥도

● 菩提達磨 – 二祖慧可 – 三祖僧瓚 – 四祖道信 ┬ 五祖弘忍 – 六祖慧能 ┬ **靑原行思**
　　　　　　　　　　　　　　　　　　　　　　└ **新羅法郞**　　　　　　└ **南嶽懷讓**

▶ **靑原行思** – 石頭希遷 – 藥山惟嚴 – 雲巖曇晟 – 洞山良价 – 雲居道膺 – **利嚴**
　　　　　　　　　　　　　　　　　　　　　　　　　　　　　　　　(수미산)

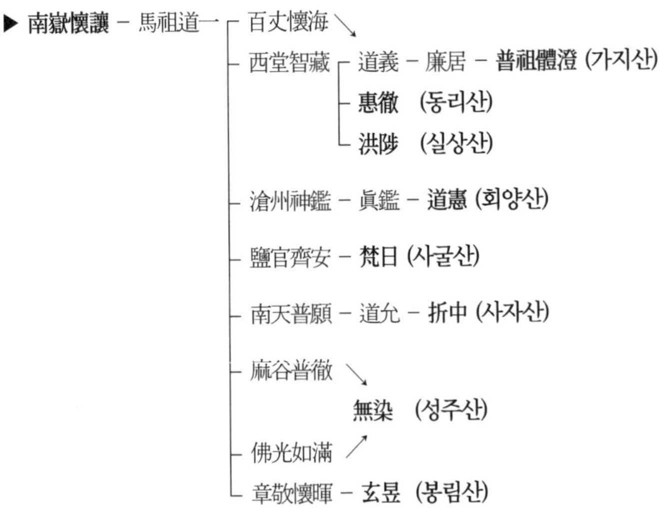

▶ **南嶽懷讓** – 馬祖道一 ┬ 百丈懷海 ↘
　　　　　　　　　　├ 西堂智藏 ┬ 道義 – 廉居 – **普祖體澄** (가지산)
　　　　　　　　　　　　　　├ **惠徹** (동리산)
　　　　　　　　　　　　　　└ **洪陟** (실상산)
　　　　　　　　　　├ 滄州神鑑 – 眞鑑 – **道憲** (회양산)
　　　　　　　　　　├ 鹽官齊安 – **梵日** (사굴산)
　　　　　　　　　　├ 南天普願 – 道允 – **折中** (사자산)
　　　　　　　　　　├ 麻谷普徹 ↘
　　　　　　　　　　　　　　　　無染 (성주산)
　　　　　　　　　　├ 佛光如滿 ↗
　　　　　　　　　　└ 章敬懷暉 – **玄昱** (봉림산)

大通神修↴

　　大照普寂 － 志空

● **新羅法郞** － 海東信行 － 遵範 － 惠隱 － **智詵道憲** － 伯岩楊孚 － 靜眞

　　　　　　　　　　　　　　　　　／(희양산문)

　　　南嶽懷讓 － 馬祖道一 － 滄州神鑑 － 雙溪慧昭

　　　　　　　　　　　　(眞鑑)

(2) 임제종 양기파와 태고, 나옹의 법계도

● 菩提達磨(28)……六祖慧能 － 南嶽襄讓 － 馬祖道一 － 百丈懷海 ┌ **潙山靈祐**
　　　　　　　　　　　　　　　　　　　　　　　　　　　　　　　(위앙종)
　　　　　　　　　　　　　　　　　　　　　　　　　　　　　└ 黃檗希運 － **臨濟義玄**
　　　　　　　　　　　　　　　　　　　　　　　　　　　　　　　　　　(임제종)

　　　－ 興化存獎 － 南院慧顒 － 風穴延沼 － 首山省念 － 石霜楚圓 ┌ **陽岐方會**
　　　　　　　　　　　　　　　　　　　　　　　　　　　　　　　└ 黃龍慧南

　　　　　　　　　　　　　　　　　　　　┌ 大慧宗杲
● **陽岐方會** － 白雲守端 － 五祖法演 － 圜悟克勤 ┤
　(양기파)　　　　　　　　　　　　　　　└ 虎丘紹隆 － 應庵曇華 － 密庵咸傑 －

　　　－ 破庵祖先 － 無準師範 － 雪庵祖欽 － 及庵宗信 ┌ 石屋淸珙 ┌ **太古普愚**
　　　　　　　　　　　　　　　　　　　　　　　　　　│　　　　└ 白雲景閑
　　　　　　　　　　　　　　　　　　　　　　　　　　└ 平山處林 － **懶翁慧勤**

(3) 조선과 근대의 선맥도

● 及庵宗信(55) ┌ 石屋淸珙 － **太古普愚**(57) － 幻庵混修 － 龜谷覺雲 － 碧溪淨心 － 碧松智嚴
　　　　　　　└ 平山處林 － 懶翁慧勤(57) － 無學自超 － 涵虛己化 － 慧覺信眉 ┌ 學悅
　　　　　　　　　　　　　　　　　　　　　　　　　　　　　　　　　　　└ 燈谷學祖

　　　　　芙蓉靈觀 ┌ **淸虛休靜**(63) ┌ 逍遙太能
　　　　　　　　　│　　　　　　　　├ 靜觀一禪
　　　　　　　　　│　　　　　　　　├ 四溟惟政 － 松月應祥
　　　　　　　　　│　　　　　　　　└ 鞭羊彦機 － 楓潭義諶 － 月潭雪霽 － **喚惺志安**(67)

浮休善修(63) ┬ 碧岩覺性 ┬ 翠微守初 ─ 栢庵性聰
　　　　　　 │　　　　　 └ 白谷處能
　　　　　　 ├ 幻寂印文
　　　　　　 └ 孤閑希彦

▶ 喚惺志安(67) ┬ 雪松蓮初
　　　　　　　 ├ 涵月海源
　　　　　　　 ├ 龍城震鐘
　　　　　　　 └ 虎岩體淨

▶ 雪松蓮初(68) ─ 凝庵希裕 ─ 慶破敬審 ─ 東溟萬羽 ─ 鶴松理性 ─ 雙湖會瓘 ─ 普雨敏希 ─
　　　　　　　 ─ 鷲峰泰逸 ─ 聖海南巨 ┬ 鏡峰靖錫(77)
　　　　　　　　　　　　　　　　　　 └ 九河天輔 ─ 月下喜重

▶ 涵月海源(68) ─ 翫月海弘 ─ 鶴峰益綻 ─ 白坡妙華 ─ 永惺錦潛 ─ 凌波耳順 ─ 永潭藏學 ─
　　　　　　　 ─ 龍嶽慧堅 ─ 白荷晴昊 ─ 石頭普澤 ─ 曉峰學訥 ┬ 九山秀蓮(79)
　　　　　　　　　　　　　　　　　　　　　　　　　　　　　　 └ 佛日法頂

▶ 龍城震鐘(68) ┬ 東山慧日 ─ 退翁性徹 ─ 道林法傳
　　　　　　　 ├ 麟谷暢洙 ─ 慧菴性觀
　　　　　　　 ├ 古庵祥彦 ─ 性準成覺 ─ 雪嶽霧山
　　　　　　　 ├ 東庵性洙
　　　　　　　 ├ 東軒完奎 ┬ 利山導光 ─ 慧光宗山
　　　　　　　 │　　　　　└ 佛心道文
　　　　　　　 └ 慈雲盛祐 ─ 伽山智冠

▶ 虎岩體淨(68) ┬ 靑奉巨岸
　　　　　　　 ├ 雪坡尙彦
　　　　　　　 ├ 蓮潭有一
　　　　　　　 └ 楓嶽普印

▶ 靑奉巨岸(69) ─ 栗奉靑杲 ─ 錦虛法沾 ─ 龍岩慧彦 ─ 永月奉律 ─ 萬化普善 ─

鏡虛惺牛(75)┬ 慧月慧明 – 雲峰性粹 – 香谷蕙林 – 眞際法遠(79)
　　　　　├ 漢岩重遠 ┬ 呑虛宅成(77)
　　　　　│　　　　　└ 普門玄路
　　　　　├ 滿空月面 ┬ 惠庵玄門 – 大義東元
　　　　　│　　　　　├ 寶月性印 – 金烏太田 – 聖林月山(79)
　　　　　│　　　　　├ 高峰景昱 – 崇山行願
　　　　　│　　　　　└ 田岡永信 – 松潭正隱
　　　　　└ 水月音觀 – 摩訶默言 – 太古道川

▶ **雪坡尙彦**(69) – 雪峰懷淨 – 白波亘璇 – 道峰國粲 – 正觀快逸 – 白岩道圓 – 雪竇有炯 –
　　– 茶輪翼振 ┬ 雪乳處明 – 映湖鼎鎬 – 靑潭淳浩(79)
　　　　　　　└ 錦華雖性 – 鶴鳴啓宗

▶ **蓮潭有一**(69) ┬ 白蓮禱演 – 琓虎倫佑 – 草衣意恂
　　　　　　　　└ 羊嶽啓璇 – 枕松聖詢 – 德雲天君 – 漢陽龍珠 – 翠雲道珍 – 曼庵宗憲 –
┬ 西翁尙純 – 濟山宗成(77)
└ 碧山金陀 – 無住淸華

▶ **楓嶽普印**(69) – 雲溪敬一 – 大雲宇平 – 松源處坤 – 夢月泳泓 – 眞覺呂玉 – 麟峰道澄 –
　　– 晚性錦玹 – 萬化寬俊 – 龍雲奉玩(78) – 春城春性

3. 九山禪門 法系

(1) 實相山門

홍척은 도의와 동시대인으로 서당에게
사법하기로는 도의보다 늦었으나 산문
을 개창한 것은 9산선문 중 가장 빠르다.
흥덕왕 3년(828) 편운 수철 등 문도가 천
여 인이었다.
(참조 : 『조당집』 17권)

(2) 迦智山門

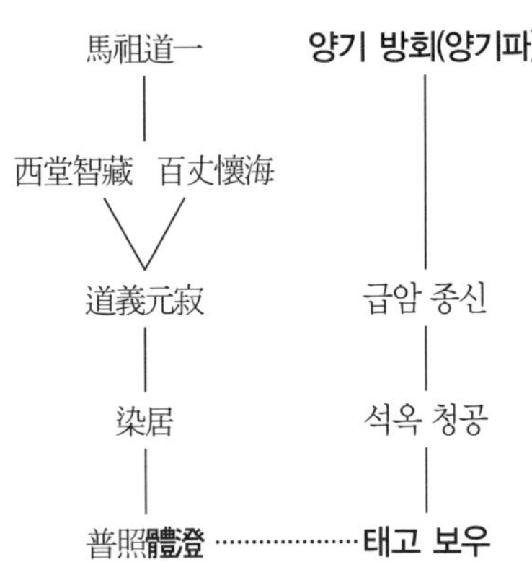

헌안왕 4년(860) 전남 장흥 보림사에서
개산함. 문하에 영혜, 청환 등 8백여 인
의 문도가 따랐다.
(참조 : 보조비문, 『조당집』 17권)

(3) 桐裡山門

馬祖道一
│
西堂智藏
│
寂忍**惠徹**

신라 문성왕 1년(839) 귀국하여, 전남 곡성 태안사에서 혜철이 개산하였다. 문하에는 道詵 등 수백 인의 제자가 있다.

〔5. 聖住山門 法系〕

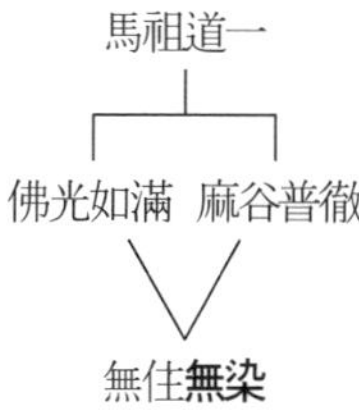

馬祖道一
│
佛光如滿　麻谷普徹
│
無住**無染**

입당하여 불광 여만과 마곡에게 인가를 받고, 문성왕 7년(845)에 귀국하여 공주 성주사에 법석을 여니 문하에 순차, 원장, 영원, 현영 등 무려 2천여 인이 배출되었다.

(참조 : 최치원이 선한 비석과 진정국사 저인『선문보장록』상권)

(4) 闍崛山門

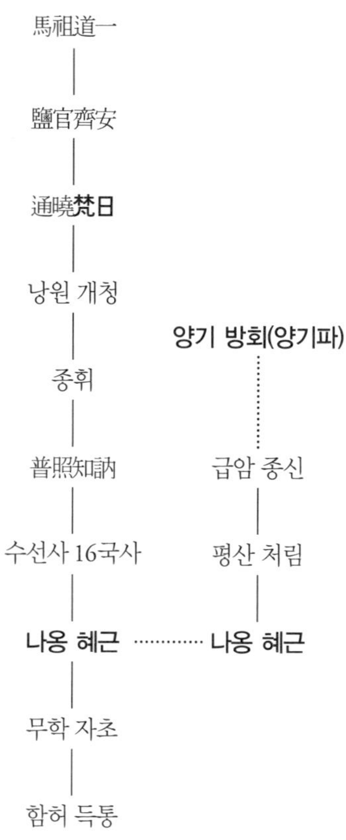

馬祖道一
│
鹽官齊安
│
通曉**梵日**
│
낭원 개청
│
종휘　　　　　양기 방회(양기파)
│　　　　　　　　⋮
普照知訥　　　　급암 종신
│　　　　　　　　│
수선사 16국사　　평산 처림
│　　　　　　　　│
나옹 혜근 ⋯⋯⋯⋯ 나옹 혜근
│
무학 자초
│
함허 득통

575

굴산파는 당시 9산선문에서 가장 번창하였다. 강원도 강릉시 학산에 위치하고 있으며 굴산사를 창건하고(850년경) 경문왕, 헌강왕, 정강왕의 귀의를 받아 3대 국사로 청하였으나 나가지 않았다. 문하에는 낭원 개청, 낭공 행적 등 10성을 배출하였고 가지산파와 같이 우리나라 선종의 뿌리가 되었다.

(참조 :『조당집』17권, 낭원국사비)

(6) 獅子山門

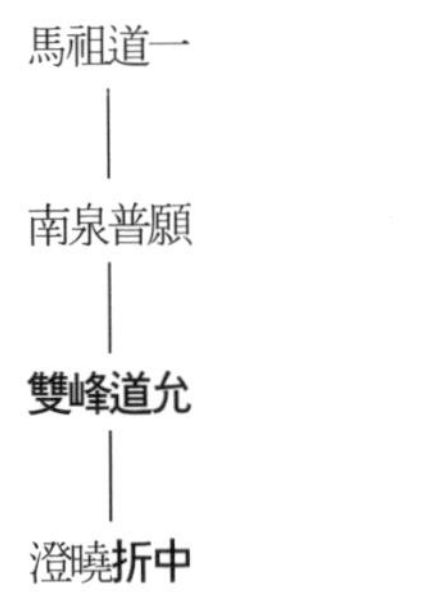

현 영월군 수주면 흥녕사 유지가 도윤이 헌강왕 때 개창한 도량이다. 쌍봉사에 오래 머물러서 호를 쌍봉이라 했다.
헌강왕 17년(825)에 입당하여 남전 보원에게 인가받고 847년에 귀국하여 오랫동안 전남 무순 쌍봉사에서 선풍을 진작하다가 입적하자 고족 징효 절중이 사자산 흥녕사를 확장하여 도윤의 선풍을 천양하였다. 문하에 종홍, 단지 등 수백 인의 영납을 배출하였다.
(참조 : 『조당집』 17권)

(7) 曦陽山門

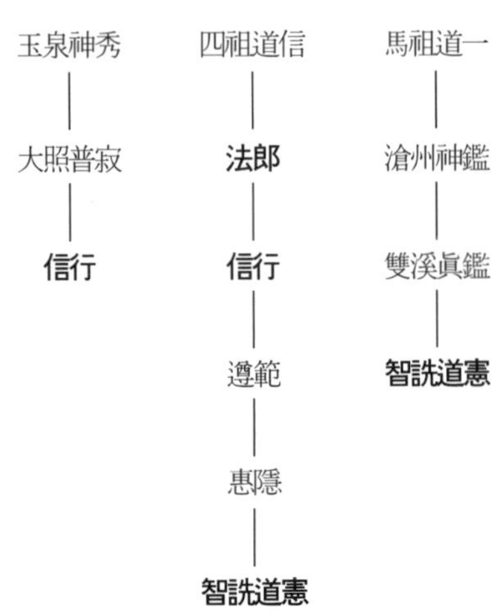

지선 도헌에 이르러 회양산문이 개창된다. 회양산은 현 경북 문경군에 있는 봉암사다. 헌강왕 5년(879)에 창건. 지선국사 도헌은 4조 도신에서 이어지는 혜은에게 현리를 통하고 법랑의 말손이 된다. 위의 법계도에서도 보이듯이 신행은 법랑의 법제자인 동시에 북종 신수의 제자 보적의 법을 잇는다. 그리고 회양산문의 개산조인 도헌은 마조의 제자 창주의 제자 진감에게 법을 받으니, 결국 회양산문은 4조의 법을 이었을 뿐 아니라 북종의 보적에게도 사법을 하였고, 개산조 도헌은 법랑의 직전 말손인 동시에 남종 혜능의 후손 창주 신감에게 사법한 쌍계사 진감의 법을 잇게 된다.
(참조 : 최치원 선 봉암사 지증국사비에 의하면 법랑-신행-준범-혜은-도헌의 법계. 봉암사 도헌의 손제자인 정진국사의 비문에 의하면 마조-창주-진감-도헌-양부-정진)

(8) 鳳林山門

馬祖道一
|
章敬懷暉
|
慧目玄昱
|
眞鏡審希

봉림산의 현 경남 창원읍 상남 봉림리에
있는 봉림사다. 현욱은 헌덕왕 16년에
입당하여 마조의 제자인 장경 회휘에게
사법하고 837년에 귀국하여 여주 혜목
산 고달사를 창건하니 별호를 혜목화상
이라 부른다 그의 제자 심희가 봉림사를
창건하고 현욱을 개산조로 하니, 500여
명의 문도를 이끌었다.
(참조 :『조당집』17권, 봉암사 지증국사
비)

(9) 須彌山門

六祖慧能
|
靑原行思
|
石頭希遷
|
雲巖曇晟
|
洞山良价
|
雲居道膺
|
利嚴

수미산파는 9산선문 중 가장 늦게 성립
된다. 이엄은 진성여왕 10년(870)에 입
당하여 운거 도응에게 수법건당한 후 효
공왕 15년에 귀국하였다. 915년 왕건이
대사를 서울로 맞아 법을 들었으며 그
후 고려 태조(918)가 된 후 태조 15년
(932)에 태조가 교칙으로 황해도 해주 수
미산에 광조사를 개창하다. 이엄이 문도
를 이끌고 개산하여 종풍이 진작하였다.
(참조 : 해주 광조사 진철 이엄의 寶月乘
空塔碑)

선, 즉 깨달음은 현대인의 삶에 어떠한 역할을 할 수 있을까?

이 질문은 결국 선과 선시는 현대를 사는 우리에게 어떤 필요와 도움을 줄수 있느냐 하는 것과 같다고 볼 수 있습니다. 우리는 우리의 본래 자리인 근본을 모르고 형이상학적 경계에 끄달리어 끝없이 허공꽃[空華]과 같이 아롱대는 일체의 두두물물(頭頭物物)을 모두 붙잡아두려 내닫고 있습니다. 이것은 우리가 본래 밝음[明]으로 태어남을 망각하기 때문에 생겨나는 현상입니다. 그 원인은 오온(五蘊, 색·수·상·행·식)에서 솟는 갈애(渴愛)이며, 곧오온이 있기에 갈애가 있으며 갈애가 없으면 오온도 정지되며 명(明)으로 돌아서고 명은 투명인 그대로 무아일 뿐입니다. 이 무아에 합일, 우리는 본래의그 자리에 앉게 되는 것입니다. 이 밝고 맑고 투명한 이곳은 아무것도 번잡할수 없는 그 자체입니다. 이곳은 열반이고 극락이며 천당이고 참 나의 본향입니다. 이곳이 우리와 떨어진 적이 촌각도 없지만 너무도 아무렇지 않기에 딴청스럽게 "그건 원래 내 사는 곳 서쪽에 있다(元是住居西)"로 선장들이 '알아라 알아라' 하면서 표현하고 있습니다.

바로 이것은 무아인 동시에 무아행(無我行)으로 드러나는 온전한 삶인 것입니다. 우리의 온전한 삶을 보여준 『아함경』에 있는 선의 스승인 석가세존의 마지막 설법을 예들며 특히 현대인과 현대의 삶, 그 정신적 소외와 겹겹이 둘러싸인 눈에 보이지 않는 우상을 타살하여 본향으로 환지하는 바로 나, 몰록 그만큼 트이어 우울, 번뇌, 망상, 탐욕, 어리석음, 시기심 등의 가애(罣礙)로부터 벗어난, 나의 자리에 앉기를 기원합니다. 세존은 자아인 참 나를 찾는 이를 위한 설법 중 떠오르는 구절은 'Atta hi attano natho'(『법구경』 160장) 곧 '자기는 자기 자신의 피난처'입니다.

세존의 말씀에는 늘 무아란 형이상학적인 것을 말함이 아니라 무아는 실재이며, 이 실재인 무아행의 실천을 요체로 하고 있습니다. 곧 선은 추상이나 관념에 의해 스스로를 얽어매지 않는 지극한 현실, 실재를 이릅니다.

越祖 醉玄 송준영

1. 기초 자료

『경덕전등록』, 보련각, 1971, 1982.

『마조록』, 장경각, 1988

『백장록』, 장경각, 1988.

『법안록』, 장경각, 1989.

『벽암록』, 현암사, 1978.

『본지풍광』, 해인총림, 1984.

『양기록』, 장경각, 1988.

『오가정종찬』 하, 장경각, 1988.

『운문록』 상, 장경각, 1990,

『전등록』, 동국역경원, 1970.

『조당집』, 동국역경원, 1981, 1986.

『조동록』, 장경각, 1987

『조주록』, 경서원, 1986,

『현사록』 상, 백련선서간행회, 1988.

신회, 『신회어록』(호적교돈황본 사본), 대북, 1968.

이지관, 『사집사기』, 해인총림, 1986.

진각 혜심, 『선문염송』, 동국역경원, 1981.

─────, 『선문염송』, 설봉 학몽 현토, 불서보급사, 1979.

청허 휴정, 『선가구감』, 용담 역, 인물연구소, 1982.

탄허, 『육조단경』, 영은사, 1959.

퇴옹 성철, 『돈황본단경』, 장경각, 1988.

─────, 『선문정로』, 장경각, 1987.

함허 득통, 『금강경오가해』, 김운학 역주, 현암사, 1980

2. 단행본과 논문

경허 성우,『선문촬요』, 보련각, 1982.

김달진,『한국선시』, 열화당, 1985.

──── 외,『당시전서』,「두보」, 민음사, 1990.

金映遂,「조계선종에 대하여」,『한국조계선종의 성립사연구』, 불교사학회 편, 1981.

김준오,『詩論』, 삼지원, 2000

김지견,『대화엄일승법계도주병서』, 보련각, 1982.

두송백,『선과 시』, 박완식 · 손대각 역, 민족사, 2000,

서옹,『사람』, 고요아침, 2003.

서옹 연의,『임제록』, 임제선원, 1992.

석지현,『선시감상사전』, 민족사, 1997

송준영,「서옹선사」,『시와세계』권5, 2004년 봄호.

────,「선시의 수사학과 아방가르드 시」,『시와세계』, 2006 봄호

────,「현대선시의 새로운 기미」,『현대시』, 2002. 11.

────,『표현방법으로 본 선시 연구』, 청송출판사, 2001.

송취현,『반야심경강론』, 경서원, 1993.

오경웅,『선학의 황금시대』서돈각 · 이남영 역, 삼일당, 1978.

운허 용하,『불교사전』, 동국역경원, 1986.

유전 성산,『조기선종사Ⅱ』, 양기봉 역, 김영사, 1990

이종찬,『한국불가시문학사론』, 불광출판부, 1993

이형기,『현대문학과선시』「현대시와 선시」, 불지사, 1992.

정성본,『중국선종의 성립사 연구』,「보림전의 성립과 정법안장」, 민족사, 1991.

주커프,『춤추는 物理』, 김영덕 역, 범양사, 1979.

토마스 머튼,『장자의 길』, 고려원미디어, 1991.

F. 카프라,『현대물리학과 동양사상』(원제 : The Tao of Physics), 이성범 · 김유정 역, 범양사, 1979.

忽滑谷快天,『조선선교사』, 大東佛敎硏究院, 1970.

인명

禪, 발가벗의 오오

ㅈ

찾아보기

도서, 논저, 작품

용어

594

禪, 민가울의 언어

禪, 민거둘의 언어

禪, 민거둘의 안오

찾아보기

◆◆◆ **송준영** 宋俊永 Song, Jun-Young

　시인. 경북 영주 출생. 법명 醉玄. 당호 越祖. 18세 때 선문에 든 후, 동암 성수·탄허 택성·고송 종협·퇴옹 성철·서옹 상순·설악 무산 등 제 조사를 참문하다. 서옹선사에게 7년간 일곱 차례 西來密旨를 묻고 受法建幢하다(임신년 8월). 설악선사에게 전법게를 받다(임진년 2월).

　시집으로『눈 속에 핀 하늘 보았니』『습득』『조실』과 신서 저술로『취현 반야심경강론』『현대언어로 읽는 선시의 세계』『禪, 초기불교와 포스트모더니즘 너머』, 선사열전인『황금털 사자의 미미소』와 시론『禪, 언어로 읽다』『현대시의 실기와 이론』이 있고, 편저로『이승훈의 문학탐색』『'빈 거울'을 절간과 세간 사이에 놓기』외 다수가 있다. 제6회 박인환문학상과 제17회 현대불교문학상을 수상했다.

禪,
빈거울의 언어

인쇄 · 2016년 8월 22일
발행 · 2016년 8월 30일

지은이 · 송준영
펴낸이 · 한봉숙
펴낸곳 · 푸른사상사

편집 · 지순이, 김선도 | 교정 · 김수란
등록 · 1999년 7월 8일 제2-2876호
주소 · 경기도 파주시 회동길 337-16 푸른사상사
　　　　서울시 중구 을지로 148 중앙데코플라자 803호
대표전화 · 031) 955-9111~2 | 팩시밀리 · 031) 955-9114
이메일 · prun21c@hanmail.net
홈페이지 · http://www.prun21c.com

ⓒ 송준영, 2016
ISBN 979-11-308-1045-4 93220
값 43,000원

禪,
빈거울의 언어